HISTOIRE NATURELLE DES ÊTRES VIVANTS

TOME PREMIER

COURS D'ANATOMIE ET PHYSIOLOGIE
ANIMALES ET VÉGÉTALES

Ouvrages de M. E. AUBERT
Docteur ès sciences, Agrégé de l'Université, Professeur au lycée Charlemagne.

HISTOIRE NATURELLE
DES ÊTRES VIVANTS

Tome I.

Cours d'Anatomie et de **Physiologie animales** et **végétales**.

Conforme aux programmes du Certificat d'études physiques, chimiques et naturelles (Enseignement supérieur), aux conditions d'admission à l'Institut national agronomique, au programme d'Histoire naturelle des classes de philosophie, de première moderne et des lycées de jeunes filles (Enseignement secondaire) et des Écoles normales primaires (Enseignement primaire). Un volume in-8°, relié toile **(564 pages et 582 figures)**. *Deuxième édition, revue et corrigée*.. **6 fr.**

Ce tome est adopté par le Ministère de l'Instruction publique pour les bibliothèques des professeurs, les bibliothèques de quartiers (lycées et collèges de garçons et de jeunes filles), les bibliothèques populaires, et pour distributions de prix ; il a été honoré d'une souscription du Ministère de l'Instruction publique et du Ministère de l'Agriculture. Il est recommandé par le Ministre de l'Instruction publique **en Russie** *pour toutes les Bibliothèques d'Enseignement supérieur et d'Enseignement secondaire.*

Tome II.

Fascicule 1. — **Reproduction chez les animaux.** 1 vol. in-8°, relié toile **(108 pages et 69 figures)**....... **3 fr.**

Fascicule 2. — **Classifications zoologiques et botaniques.** 1 vol. in-8°, relié toile **(829 pages et 946 figures)**.. **7 fr.**

Ouvrages conformes au programme du Certificat d'études physiques, chimiques et naturelles (Enseignement supérieur).

Ce tome est adopté par le Ministère de l'Instruction publique pour les bibliothèques des professeurs (lycées et collèges de garçons). Il est recommandé par le Ministre de l'Instruction publique **en Russie** *pour toutes les Bibliothèques d'Enseignement supérieur et, à l'exclusion du Fascicule I, pour toutes les Bibliothèques d'Enseignement secondaire.*

Le **Tome II** *a été honoré d'une souscription du Ministère de l'Agriculture.*

ÉLÉMENTS D'HISTOIRE NATURELLE

A l'usage de tous les établissements d'Enseignement secondaire. 1 beau volume in-8°, relié toile **(plus de 1000 pages et plus de 1100 figures)**......... **8 fr.**

ÉLÉMENTS DE GÉOLOGIE

(Extrait des *Éléments d'Histoire naturelle*)

A l'usage des candidats à la licence ès sciences naturelles, des candidats au professorat des Écoles normales et à l'admission aux Écoles de Sèvres, Saint-Cloud et Fontenay-aux-Roses. Conformes aux programmes de l'Enseignement secondaire. 1 magnifique volume in-8°, relié toile **(211 pages et 221 figures)**......... **3 fr.**

COURS ÉLÉMENTAIRE D'HYGIÈNE

Par MM. E. AUBERT et A. LAPRESTÉ, rédigé conformément aux programmes officiels de l'Enseignement secondaire, des Écoles normales primaires et de l'Enseignement primaire supérieur.

1 volume in-12, cartonné.... **1 40** | *Le même ouvrage*, relié toile.. **1 60**

Ouvrage honoré d'une souscription des Ministères de l'Agriculture, du Commerce et de l'Industrie.

HISTOIRE NATURELLE
DES ÊTRES VIVANTS

TOME PREMIER

COURS D'ANATOMIE & PHYSIOLOGIE
ANIMALES & VÉGÉTALES

Conforme aux programmes du Certificat d'études physiques,
chimiques et naturelles (Enseignement supérieur),
Aux programmes d'admission à l'Institut National Agronomique,
Au programme d'Histoire naturelle des classes de Philosophie,
de Première moderne et des Lycées de jeunes filles (Enseignement secondaire),
et des Écoles normales primaires (Enseignement primaire),

PAR

E. AUBERT

Docteur ès sciences, Agrégé de l'Université,
Professeur au lycée Charlemagne.

DEUXIÈME ÉDITION, REVUE ET CORRIGÉE

PARIS
LIBRAIRIE CLASSIQUE DE F.-E. ANDRÉ-GUÉDON

E. ANDRÉ Fils, Successeur

6, rue Casimir-Delavigne (près l'Odéon)

(CI-DEVANT, 15, RUE SÉGUIER)

1897

PRÉFACE

L'enseignement des sciences physiques, chimiques et naturelles, attribué par le décret du 31 juillet 1893 aux Facultés des sciences, doit y être inauguré en novembre 1894. Les programmes de cet enseignement ayant été arrêtés par le Conseil supérieur de l'Instruction publique, je m'y suis conformé, pour la partie concernant les sciences naturelles, dans la rédaction de l'ouvrage intitulé « *Histoire naturelle des Êtres vivants* »; il m'a paru nécessaire toutefois de modifier le plan contenu dans l'arrêté ministériel, et d'en adopter un qui me paraît plus méthodique.

Exposer toute la matière des cours que sont appelés à suivre les nouveaux étudiants, telle ne pouvait être ma pensée. J'ai voulu seulement rassembler, dans un cadre restreint, les connaissances que doivent acquérir en Histoire naturelle les candidats au certificat récemment institué, et proposer à ces jeunes gens un *ouvrage propre à les guider dans leur travail personnel*, à les éclairer sur les points demeurés douteux dans leur esprit, à leur faciliter enfin le classement des notes prises aux cours. Des *tableaux synoptiques*, insérés au début de chaque chapitre, permettent d'envisager rapidement, *avec leur importance relative*, les divers sujets qui y sont traités. J'ai pensé que de *nombreuses figures schématiques*, des *représentations simples*, montrant la position, la forme, les relations, la structure et le rôle physiologique des organes rendraient des services bien autrement précieux que les belles figures d'ensemble qui flattent l'œil et sont d'une faible utilité pour l'étudiant. Celui-ci pourra toujours, par la dissection, contempler de telles dispositions artistiques.

L'*Histoire naturelle des Êtres vivants* comprend deux volumes. J'ai groupé, dans le premier tome, les matières du programme d'admission à l'Institut national agronomique, identique dans ses lignes générales à celui des lycées (classes de Philosophie et de Première moderne); ces matières embrassent l'Anatomie et la Physiologie animales et végétales avec des notions d'Anatomie et de Physiologie comparées. Pour le second volume ont été réservées les Fonctions de reproduction chez les animaux (non comprises dans les études secondaires) et toutes les Classifications.

En procédant ainsi, j'ai cru faciliter, dès le début, les efforts des jeunes gens qui se proposent d'aborder l'étude sérieuse des sciences naturelles dans les établissements d'enseignement secondaire, en vue des études médicales, de la préparation à l'Institut agronomique, etc. Les élèves des écoles normales primaires ayant en vue le brevet supérieur, puis le professorat, pourront tirer également profit des matières ainsi traitées.

Je m'estimerai trop heureux si l'ouvrage que je livre à l'appréciation des jeunes travailleurs répond au but que je me suis proposé.

E. AUBERT,
Professeur au lycée Charlemagne.

Paris, le 20 mai 1894.

TABLE DES MATIÈRES

Préface... v

ANATOMIE ET PHYSIOLOGIE GÉNÉRALES

Chapitre premier. — **Notions générales sur les êtres vivants**... 1
    Distinction entre les corps bruts et les êtres vivants, 1. — Phénomènes qui caractérisent la vie, 2 — Conditions indispensables à l'entretien de la vie, 4. — Distinction entre les Végétaux et les Animaux................................. 7

Chapitre II. — **De la Cellule**...................................... 9
    Description de la cellule, 9. — Structure du protoplasme, 10; du noyau, 13; de la membrane, 14. — Multiplication cellulaire, 14. — Spore : Œuf; Segmentation de l'œuf, 15. — Division du travail physiologique............................... 16

PREMIÈRE PARTIE
ANATOMIE ET PHYSIOLOGIE ANIMALES

Chapitre premier. — **Notions d'Histologie animale. Tissus**...... 17
    Sang, 17. — Tissu épithélial, 18. — Tissu conjonctif proprement dit, 20. — Tissu cartilagineux, 21. — Tissu osseux, 22. — Tissu musculaire, 23. — Tissu nerveux, 25. — Organes : appareils... 27

Chapitre II. — **Organisation générale des Animaux**.............. 29
    Fonctions et appareils, 29. — Répartition générale des organes du corps... 30

FONCTIONS DE NUTRITION

Chapitre premier. — **Digestion**................................... 32
§ 1. — **Aliments**... 32
    L'alimentation est nécessaire, 32. — Elle doit être suffisante, 32. — Notions sommaires sur les aliments................ 36

§ 2. — **Appareil digestif et ses fonctions**....................... 40
    Appareil digestif de l'Homme.................................. 40
    Bouche : Préhension des aliments, 42; Mastication, 43; Dents, 44; Insalivation, 47; Glandes salivaires, 48. — *Pharynx* : Déglutition, 50. — *Œsophage*, 51. — *Estomac*, 52; Suc gastrique, 52; Chymification, 54. — *Intestin*, 54. — Péritoine, 55. — Glandes de l'intestin : Gl. intestinales, 58; Pancréas, 58; Foie, 59; Bile, 61. Chylification, absorption intestinale et défécation, 62. — Nature du phénomène de l'absorption intestinale; rôle des villosités.. 63

§ 3. — **Appareil digestif dans la série animale**................. 65
    Appareil masticateur. — Vertébrés, 63. — Arthropodes, 70. — Vers, 72. — Mollusques, Échinodermes........................ 73
    Tube digestif. — Vertébrés, 73. — Arthropodes, 75. — Vers, Mollusques, 76. — Échinodermes, Polypes...................... 79

TABLE DES MATIÈRES.

CHAPITRE II. — **Respiration**...... 80
§ 1. — **Considérations générales**...... 80
    Mode général de respiration, 80. — Modes spéciaux de respiration, 80. — Conditions dans lesquelles doit s'effectuer la respiration...... 83
§ 2. — **Appareil respiratoire de l'Homme**...... 83
  I. *Appareil respiratoire.* — Trachée-artère et ses ramifications, 83. — Poumons...... 87
  II. *Physiologie de la respiration.* — Cage thoracique, etc...... 87
    Cage thoracique, 89. — Phénomènes mécaniques : Inspiration, 92 ; expiration, 93. — Circulation dans l'arbre pulmonaire, 94. — Phénomènes chimiques : Modifications de l'air inspiré, 94 ; circulation des gaz O et CO^2 dans l'organisme, 95. — *Respiration des tissus*, 96. — Axphyxie...... 97
§ 3. — **Appareil respiratoire dans la série animale**...... 99
    Poumons, 99 ; Vessie aérienne des Poissons, 100. — Trachées, 101. — Branchies...... 101

CHAPITRE III. — **Circulation**...... 106
§ 1. — **Considérations générales**...... 108
    Composition d'un appareil circulatoire...... 108
§ 2. — **Sang ou Milieu nutritif**...... 110
    A. Sang rouge, 110. — Propriétés et Composition : Globules du sang, 110 ; Hémoglobine, 112. Plasma, 114. — Gaz du sang, 116. — B. *Lymphe*...... 118
§ 3. — **Appareil circulatoire de l'Homme**...... 110
    Appareil circulatoire proprement dit. — Cœur : Situation, Description, 119 ; Structure, 122. — *Artères* : Description, 122 ; Structure et position, 126. — *Vaisseaux capillaires*, 127. — *Veines* : Description, 127 ; Veine porte, 130 ; Structure, Valvules...... 131
    Fonctions de l'appareil circulatoire proprement dit.—Cœur,132. Cardiographe, 133. — Artères, 136. Sphygmographe, 138. — Capillaires, 138. — Veines, 139. — Circulation du sang...... 139
    Appareil lymphatique. — Description, 139. — Structure des vaisseaux et des ganglions lymphatiques...... 141
§ 4. — **Appareil circulatoire dans la série animale**...... 143
    Appareil vasculaire clos : Vertébrés, 143. — Annélides, 149. — *Appareil lacunaire* : Arthropodes, 149. — Mollusques, 151. — Échinodermes, 153. — Polypes...... 154

CHAPITRE IV. — **Nutrition de la Cellule**...... 155
    Assimilation et désassimilation, 156. — *Sécrétion et excrétion glandulaires* : Classification des glandes...... 159
  I. *Glandes à rôle nutritif*, 160. — Glandes digestives. Glandes nutritives proprement dites, 160 : Foie, laboratoire de réserves (glycogène, graisses et réserves azotées). Tissu adipeux, 162. — Glandes agissant sur la composition du sang : Rate, Foie, 163. — Glandes excrétrices : Poumons, 163. Reins et appareil urinaire, 163. — Appareil excréteur dans la série animale... 169
  II. *Glandes à rôle défensif* ; Glandes sudoripares, 171. Glandes sébacées, 173. Foie...... 173

CHAPITRE V. — **Chaleur animale**...... 174
§ 1. — **Température du corps**...... 174
    Température moyenne, 174. Température d'une région du corps ; carte calorimétrique...... 176
§ 2. — **Équilibre thermique dans l'organisme**...... 177
    Chaleur produite, 177. — Chaleur perdue, 178. — Lutte contre les variations thermiques du milieu, 179. — Formations tégumentaires des Vertébrés...... 181

TABLE DES MATIÈRES.

FONCTIONS DE RELATION

Considérations générales	185
Chapitre premier. — Squelette de l'Homme	185
Forme, constitution, accroissement des os, 185. — Production et résorption	188
§ 1. — **Description du squelette**	190
I. *Tronc :* Colonne vertébrale, 190 ; Côtes et sternum	191
II. *Tête*	192
III. *Membres.* Membre supérieur, 193. — Membre inférieur	194
§ 2. — **Anatomie comparée du squelette dans la série animale**	196
Plan général, segment vertébral, 196. — Membres, 199. — Formations squelettiques des Invertébrés	207
§ 3. — **Articulations**	209
Chapitre II. — Système musculaire	211
Description d'un muscle, 211. — Propriétés physiques des muscles, 212. — Phénomènes chimiques qui s'accomplissent dans les muscles, 215. Rigidité cadavérique, 216. — Dénomination et classement des muscles, 217. — Fonctions des muscles.	219
Chapitre III. — Des Sensations	221
Disposition générale des organes des sens	222
§ 1. — **Sens et organe du toucher**	223
Peau, 223. — Terminaisons nerveuses	224
§ 2. — **Sens et organe du goût**	228
Langue, 228. — Muqueuse linguale, Bourgeons gustatifs, 230. — Organe du goût dans la série animale	232
§ 3. — **Sens et organe de l'odorat**	233
Nez, 233. — Muqueuse pituitaire, Cellules olfactives, 234. — Organe de l'odorat dans la série animale	236
§ 4. — **Sens et organe de l'ouïe**	236
Description succincte chez les animaux aquatiques, 236. — Développement embryogénique chez les Vertébrés, 237. — Description élémentaire et fonction chez l'Homme, 239. — *Oreille de l'Homme.* Oreille externe, 240. Oreille moyenne, 241. Oreille interne, 244. — Organe de l'ouïe dans la série animale.	249
§ 5. — **Sens et organe de la vue**	249
Taches oculaires ; Yeux simples, 249. — Développement embryogénique chez les Vertébrés	250
Appareil visuel de l'Homme.—A. *Œil :* Membranes, 252. Milieux.	255
Rôle physiologique de l'œil, 256 : L'œil est un instrument d'optique, 256 ; c'est un appareil sensible, 259. — Perception des couleurs, daltonisme, 261.—Vision uninoculaire et binoculaire, 262. — B. *Appareil protecteur de l'œil,* 263. — Organe de la vue dans la série animale	265
Chapitre IV. — Larynx	266
Description et structure, 267. — Phonation	270
Chapitre V. — Système nerveux	272
Considérations générales, 272. Acte réflexe	274
Système nerveux des Vertébrés	277
Origine du système nerveux et développement chez l'Homme.	277
§ 1. — **Description du système nerveux céphalo-rachidien**	282
Méninges, 282. — *Centres nerveux.* A. *Moelle épinière :* Description et structure, 285. — B, *Encéphale.* Description générale.	287
Structure : Bulbe rachidien, 289. Cervelet et protubérance annulaire, 291. Tubercules quadrijumeaux et pédoncules cérébraux, 292. Couches optiques, Hémisphères cérébraux, 293. — *Nerfs* rachidiens et crâniens, 295. — Grand sympathique	298

§ 2. — **Physiologie du système nerveux**..................... 301
    Composition et nutrition de la substance nerveuse, 301. — *Fonctions du système nerveux*, 301. — Propriétés spéciales et fonctions des nerfs, 302. — Propriétés spéciales des centres nerveux, 306. — Fonctions de la moelle épinière, 307. — Fonctions de l'encéphale.................................... 309
    Analyse des actes réflexes conscients, 314.
    Fonctions du grand sympathique........................ 317
§ 3. — **Système nerveux dans la série animale**............ 320
    Vertébrés, 320. — Arthropodes, 322. — Vers, Mollusques, 324. — Échinodermes, 327. — Appendices................. 327

DEUXIÈME PARTIE

ANATOMIE ET PHYSIOLOGIE VÉGÉTALES

CHAPITRE PREMIER. — **Constitution sommaire d'une plante**.... 329
    Phanérogames, Cryptogames........................... 331
CHAPITRE II. — **Structure générale de la plante. Cellule végétale**. 332
§ 1. — Leucites ou plastides............................... 293
    Chloroleucites, 334 : Chlorophylle, 335. — Hydroleucites. Suc cellulaire, 337. — Turgescence et Plasmolyse.......... 337
§ 2. — Membrane externe de la cellule végétale............. 338
    Modifications éprouvées par la membrane externe : Épaississement, 339. Cutinisation, 341. Lignification, 342. Gélification. 342
    Liquéfaction... 433
§ 3. — Modes de multiplication cellulaire.................. 343
    Rénovation, 343. — Fusion et conjugaison, 343. — Division.. 345
CHAPITRE III. — **Des Tissus végétaux**........................ 345
    Cellules libres, 345. — Colonies de cellules, Pseudoparenchyme, 346. — Tissu proprement dit, 348. — Classification des tissus... 349
§ 1. — Parenchymes....................................... 351
    Forme des cellules, méats, lacunes, 351. — Diverses sortes de parenchymes, 351. — Parenchyme chlorophyllien, 352. — Parenchyme de réserve, 353. — Parenchyme sécréteur...... 353
§ 2. — Tissus à fonction mécanique prédominante........... 356
    Tissus de protection : 1° Épiderme, 356. Accidents de l'épiderme : Poils et stomates, 357. — 2° Liège et endoderme, 360. — *Tissus de soutien* : Collenchyme, Sclérenchyme, 362. — *Tissu vasculaire*, 363. — Tissu criblé........................ 365
    Des appareils.. 367
CHAPITRE IV. — **Des Organes. — Grandes divisions du règne végétal**.. 369
    I. *Végétaux unicellulaires et Colonies de cellules identiques*..... 370
    II. *Végétaux pluricellulaires*, 374. — Répartition du travail nutritif entre des organes perfectionnés, 375. — Perfectionnement de l'appareil reproducteur............................... 377

FONCTIONS DE NUTRITION

    Rapports généraux entre les membres essentiels de la plante. 381
CHAPITRE PREMIER. — **La Racine**............................ 382
§ 1. — Morphologie de la Racine........................... 382
    Insertion de la racine, 382. — Constitution externe, 386. — Croissance en longueur, 389. — Ramification............ 391
§ 2. — Structure de la Racine............................. 393
    Structure primaire, 393. — *Structure de la région de crois-*

sance et développement, 396. — Phanérogames : Cellules initiales, leur mode de cloisonnement, 397.—Cryptogames vasculaires, 397. — *Origine et développement des radicelles*, 39. — *Structure secondaire*, 401. — Mode de multiplication cellulaire dans une assise génératrice, 401. — Croissance en épaisseur : Cambium, 403. — Assise génératrice externe................. 404

§ 3. — **Physiologie de la Racine**............................... 405
Causes extérieures influant sur sa croissance, 405. — Température, 405. Humidité, 405. Lumière, 406. Pression, 406. Pesanteur. 406
Fonctions de la racine, 409. — La racine est un organe fixateur, 409. La racine est un organe d'absorption, 410. Respiration, 410. Absorption des liquides, 412. Dissolution de matières solides, 413. — La racine est un organe conducteur de la sève, 414.— La racine est un organe de réserve nutritive, 414.
— *Caractères de la Racine*............................... 415

CHAPITRE II. — **La Tige**............................... 416
§ 1. — **Morphologie de la Tige**............................... 418
Direction, 418. — Constitution externe, 419. — Croissance en longueur, 422. Ramification............................... 423
§ 2. — **Structure de la Tige**............................... 426
Structure primaire, 426. — Rapports de la tige avec la racine et les feuilles, 429. — Tiges adventives, 431. — *Structure de la région de croissance et développement*, 432. — *Origine des racines dans la tige*, 433. — *Structure secondaire*, 434. Assise génératrice interne, 435. Assise génératrice externe......... 437
§ 3. — **Physiologie de la Tige**............................... 437
Causes extérieures influant sur sa croissance, 437. — Température, 437. — Humidité, 438. Lumière, 438. Pression, 439. Pesanteur............................... 439
Fonctions de la tige, 442.— La tige est un organe de soutien, 442. — La tige transpire, respire et assimile le carbone, 442. La tige est un organe de transport de la sève, 444. — La tige est un organe de réserve nutritive, 445.— *Caractères de la tige*, 447.
— Caractères essentiels comparés de la tige et de la racine.... 447

CHAPITRE III. — **La Feuille**............................... 448
§ 1. — **Morphologie de la Feuille**............................... 448
Description, 448.—Constitution externe, 451.— Nervation, 452. Croissance en surface, 452.— Ramification, 454.— Modifications. 455
§ 2. — **Structure de la Feuille**............................... 459
Structure primaire, 459. — *Origine et Phyllotaxie*, 462. — *Formations secondaires; mort et chute des feuilles*............................... 465
§ 3. — **Physiologie de la Feuille**............................... 466
Causes extérieures influant sur sa croissance, 466.— Lumière, Pesanteur, 466.— *Causes diverses influant sur ses mouvements*, 467. — Veille et sommeil, 467. Mouvements spontanés, 468. Mouvements provoqués............................... 468
Fonctions essentielles de la Feuille, 469. — Transpiration et Chlorovaporisation, 469. — Respiration, 472. — Assimilation chlorophyllienne, 473. — Accroissement des Végétaux chlorophylliens, 475. — *Caractères de la Feuille*............................... 476

CHAPITRE IV. — **De la Nutrition chez les Végétaux**............................... 477
§ 1. — **Composition et origine des matières absorbées**............................... 477
Origine des matières absorbées par les Végétaux chlorophylliens, 480. — Destination des matières absorbées, circulation et élaboration de la sève, 482. Fonction chlorophyllienne et assimilation, 483. — Plantes saprophytes et plantes parasites, 485. — Symbiose, 487. — Accumulation de réserves nutritives, 488. — Hydrates de carbone, 488. — Corps gras, 490. — Matières albuminoïdes, 491. — Digestion des réserves, 491. — Diastases principales, 492. — Produits de désassimilation..... 493

Sources de l'énergie chez les Végétaux.
Vie aérobie et anaérobie, 494. — *Fermentations*, 495.
Cultures microbiennes, 496. — Procédés de stérilisation........ 497

FONCTIONS DE REPRODUCTION

Multiplication végétative, 498. — Reproduction proprement dite.. 499

REPRODUCTION CHEZ LES PHANÉROGAMES.

CHAPITRE PREMIER. — **La Fleur**... 501
  § 1. — Inflorescence.. 501
        Inflorescence solitaire, 501. Grappe et Cyme................ 501
  § 2. — Description d'une fleur. — Diagramme..................... 508
        Pièces florales; leur origine foliaire, 510. — Fleurs normales,
        Fleurs monstrueuses.. 512
  § 3. — Rôle attribué aux diverses pièces florales.................... 513
  § 4. — Classification des fleurs.. 514
        Nombre de pièces florales par verticille, 515. — Nombre des
        verticilles floraux, 515. — Préfloraison, 517. — Concrescence
        des pièces florales, 519. — Régularité, irrégularité des fleurs... 522
  § 5. — De l'étamine.. 523
        Cas des *Angiospermes* : Origine, développement et structure
        de l'étamine, 523. — Déhiscence de l'anthère, 524. —
        Pollen, 526. — Cas des *Gymnospermes*................................ 527
  § 6. — Du pistil... 528
        Cas des *Angiospermes* : Liberté, concrescence des
        carpelles, 528. — Placentation, 529. — Origine, développement
        et structure du carpelle, 530; de l'ovule, 531; du sac
        embryonnaire, 532. — Cas des *Gymnospermes*................... 532
  § 7. — Fécondation... 533
        Cas des *Angiospermes* : Pollinisation, 534. — Germination
        du pollen sur le stigmate, 534. — Développement du tube polli-
        nique, 534. — Fécondation, 535. — Cas des *Gymnospermes*.... 535
CHAPITRE II. — **Développement de l'ovule en graine**................. 536
        Cas des *Angiospermes* : Développement de l'œuf. Plantule ou
        Embryon, 536. — Développement de l'albumen, 538. — Modifi-
        cations de l'ovule, Nucelle et téguments, 538. *Graine*, 539. —
        Nature de la réserve nutritive, 539. — Tégument, 540. —
        Cas des *Gymnospermes*.. 540
CHAPITRE III. — **Développement de l'ovaire en fruit**................. 541
        Structure du péricarpe, 541.— Fruits secs, fruits charnus, 542.
        — Dissémination des graines, déhiscence des fruits............. 544
CHAPITRE IV. — **Germination de la graine**................................ 547
        Conditions internes, 547. — Conditions externes................ 547
        Phénomènes morphologiques de la germination, 547. — Cas des
        graines avec albumen, 548 (Ricin, Maïs). — Cas des graines sans
        albumen (Lupin, Pois, Fève)... 548
        Phénomènes physiologiques de la germination, 549. — Phéno-
        mènes externes, 549. — Phénomènes internes...................... 551
        Durée du développement d'un végétal................................... 552

REPRODUCTION CHEZ LES CRYPTOGAMES.

  § 1. — Cryptogames vasculaires.. 552
        Fougères, 552. — Autres Cryptogames vasculaires........... 553
  § 2. — Muscinées... 555
        Mousses, 555. — Hépatiques.. 557
  § 3. — Thallophytes... 557
        Cas du *Cystopus candidus*, 558. — Cas des Algues Floridées. 559

L'IRRITABILITÉ CHEZ LES VÉGÉTAUX........................ 561
Adaptation des Végétaux au milieu................................ 563
Compléments... 565

HISTOIRE NATURELLE
DES ÊTRES VIVANTS

CHAPITRE PREMIER

NOTIONS GÉNÉRALES SUR LES ÊTRES VIVANTS

La nature renferme deux sortes d'êtres : les *corps bruts* (minéraux) et les *êtres vivants* (végétaux et animaux).

Distinction entre les corps bruts et les êtres vivants. — Un minéral conservera indéfiniment sa forme, ses dimensions, sa structure et sa composition chimique, *si aucune cause extérieure n'agit sur lui*. Toutefois, sous l'influence du milieu dans lequel il est placé, le minéral peut s'enrichir d'éléments nouveaux qui se disposent autour de lui, irrégulièrement dans la plupart des cas (agglutination de grains de sable), quelquefois avec régularité (accroissement d'un cristal de sulfate de cuivre dans une dissolution saturée de ce sel).

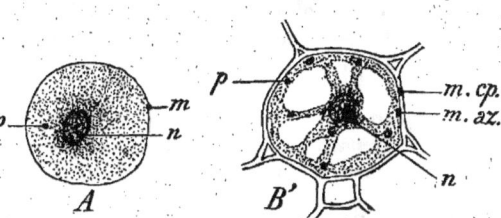
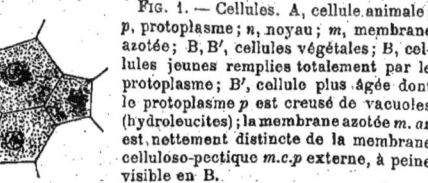

Fig. 1. — Cellules. A, cellule animale; p, protoplasme; n, noyau; m, membrane azotée; B, B', cellules végétales; B, cellules jeunes remplies totalement par le protoplasme; B', cellule plus âgée dont le protoplasme p est creusé de vacuoles (hydroleucites); la membrane azotée m. az est nettement distincte de la membrane celluloso-pectique m.c.p externe, à peine visible en B.

Les corps bruts s'accroissent à l'extérieur, par apposition.

Les êtres vivants ont une *structure cellulaire* que ne possèdent pas les corps bruts; ils sont *organisés*.

Une cellule (fig. 1) se compose d'une matière azotée, visqueuse, appelée *protoplasme p*, qui en est la partie fondamentale, entourant un *noyau n* d'apparence plus obscure; une *membrane m* enveloppe et protège le protoplasme.

La cellule emprunte *continuellement* au milieu extérieur les substances qui lui sont *nécessaires ;* ces substances *pénètrent dans le protoplasme* à travers la membrane et en assurent l'accroissement. Comme la cellule est l'un des membres de la colonie plus ou moins vaste que nous appelons plante ou animal, et que toutes les cellules se comportent d'une manière identique, l'être vivant subit le même mode d'accroissement.

Les êtres vivants s'accroissent par pénétration, par osmose.

Tout être vivant ne saurait donc se passer du milieu extérieur dont il utilise les principes constituants et l'énergie sous toutes ses formes (mouvement, chaleur, électricité, lumière). Aussi l'*instabilité* dans la composition chimique, qui a pour conséquence la variation de la forme et des dimensions, caractérise les plantes et les animaux.

Toute petite d'abord, une plante *croît*, atteint son *développement maximum, se fane* et *meurt ;* avant de disparaître, elle a laissé quelque chose de sa substance, une spore ou une graine capable de *reproduire* une autre plante identique. Une spore ou une graine a été aussi l'*origine* du végétal considéré.

L'existence de toute plante a donc une origine (*naissance*), une certaine durée et une fin (*mort*). Le temps écoulé entre la naissance et la mort mesure la durée de la *vie* de la plante.

Ces considérations étant applicables aux animaux, nous dirons que :

Tout être vivant descend d'un être auquel il **ressemble** ; *il a une existence limitée pendant laquelle s'accomplit son* **évolution**. Dès que la vie cesse, l'être se désorganise, se décompose.

Phénomènes qui caractérisent la vie. — La matière vivante, comme toute machine qui fonctionne, a besoin d'être réparée. Le travail chimique qui s'y accomplit intérieurement étant continuel, *incessante* aussi doit en être la réparation qui se fait au moyen de matériaux empruntés au milieu extérieur. Ces emprunts sont régis par deux principes :

1° *Tout être vivant emprunte constamment au milieu extérieur* (substances nutritives) *et lui restitue constamment* (déchets).

2° *Les échanges entre l'être vivant et le milieu dépendent étroitement de l'énergie vitale de cet être.*

L'activité d'une tortue est plus faible que celle d'un oiseau; aussi n'a-t-elle besoin que de peu de chose pour vivre, tandis que l'oiseau consomme et dépense en abondance.

Tableau I.

Notions générales sur les êtres vivants.

ÊTRES..
- bruts, *non organisés*. Accroissement par *apposition*. — **Minéraux.**
- vivants, *organisés* (structure cellulaire). Accroissement par *pénétration*. { **Végétaux.** **Animaux.**

ÊTRES VIVANTS.

I. **Cellule** (élément fondamental, fig. 1) composée de *protoplasme*, d'un *noyau* et d'une *membrane*. Elle est le siège d'échanges avec le milieu extérieur pendant toute sa *vie*.

II. **Phénomènes qui caractérisent la vie.** Échanges entre l'être et le milieu extérieur (fig. 2) régis par deux principes :
  1° *Tout être vivant emprunte et restitue constamment au milieu qui l'entoure.*
  2° *Les échanges entre l'être vivant et le milieu dépendent de l'énergie vitale de cet être.*

Matières échangées.
- absorbées
  - continuellement : Oxygène (respiration).
  - par intervalles : Aliments (digestion).
- rejetées..
  - continuellement : Ac. carbonique et eau (respiration, transpiration).
  - par intervalles : Excréments solides et liquides { digestion. excrétions diverses.
  - localisées : Tanins, résines, oxalate de calcium, silice, etc.

III. **Conditions indispensables à l'entretien de la vie.**

Conditions internes : Protoplasme actif.

Conditions externes.
- 1° *Eau*....
  - Privation momentanée : suspension de la vie : Anguillules, graines.
  - Privation prolongée : mort de l'être.
- 2° *Oxygène* (fig. 3).
  - Activité maximum de l'être pour une pression de $\frac{1}{5}$ d'atmosphère.
- 3° *Chaleur* (fig. 4).
  - Température θ à laquelle l'être manifeste le maximum d'activité (tempér. optimum).
  - θ = 37°,5 pour l'Homme, = 40 à 42° pour les Oiseaux.

Caractères distinctifs des végétaux et des animaux.

Aucun caractère distinctif absolu.

Les végétaux possèdent de la *chlorophylle* (sauf les Champignons) ; les animaux en sont dépourvus (sauf l'Hydre verte, l'Euglène et quelques autres). Les premiers seuls peuvent décomposer, sous l'influence de la lumière, l'acide carbonique qu'ils ont puisé dans l'air, dégager de l'oxygène et fixer le carbone dans leurs tissus, à l'état de composés ternaires (C,H,O) sous forme de glucose, d'amidon, etc. (*assimilation chlorophyllienne*.)

1ᵉʳ Exemple. — Spallanzani remarqua que les anguillules du blé niellé, qui vivent d'ordinaire pendant quatre mois seulement, peuvent être conservées pendant dix-huit ans si on les dessèche; en leur redonnant de l'eau au bout de plusieurs années, on les voit reprendre leur activité première. Les anguillules étaient en état de *mort apparente;* elles ne faisaient que de faibles échanges avec l'air environnant.

2ᵉ Exemple. — Trois lots renfermant le même nombre de graines de pois mûres et pesées sont abandonnés : le premier à l'air libre, le deuxième dans un volume d'air limité, le troisième dans le gaz carbonique. Au bout de deux ans, les graines dans l'air libre ont notablement augmenté de poids, et 90 p. 100 d'entre elles ont pu germer; le second lot a peu varié, et 45 p. 100 seulement de ses graines ont germé; toutes celles qui avaient été placées dans le gaz carbonique sont mortes.

Ainsi les graines sèches, en apparence intactes, vivent, mais d'une vie ralentie, et leurs échanges avec le milieu extérieur sont très restreints.

On peut représenter schématiquement le courant matériel qui traverse le corps d'un être vivant, courant que Cuvier appelait le *tourbillon vital.*

Les *matières absorbées* (fig. 2), aussitôt en *contact intime* avec l'être, s'y divisent en deux parts : les *matières immédiatement assimilées,* c'est-à-dire faisant partie intégrante de la substance vivante, et les *matières mises en réserve* que l'être utilisera suivant ses besoins. Or les réactions chimiques qui s'accomplissent incessamment dans la substance vivante nécessitent la consommation de combustible emprunté à cette substance même et produisent des *matières excrétées* que l'être rejette de suite et des *matières inutiles, localisées* en certains points.

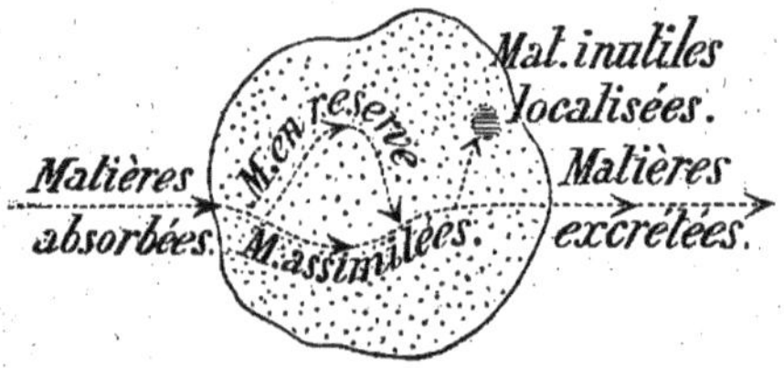

Fig. 2. — Schéma représentant le courant matériel à travers un être vivant.

Parmi les échanges matériels d'un être vivant avec le milieu ambiant, les uns sont *continus,* les autres *intermittents.* Ainsi un animal absorbe continuellement de l'oxygène (respiration) et, par intermittence, les aliments solides et liquides qu'il prépare en vue de l'absorption (digestion); de même, il rejette continuellement le gaz carbonique et la vapeur d'eau (respiration) et, par intermittence, les excréments solides et liquides (résidus de la digestion et de sécrétions diverses).

Des substances localisées, telles que tanins, résines, cristaux de silice et d'oxalate de calcium, etc., se rencontrent surtout chez les végétaux où elles semblent ne plus jouer de rôle dans la nutrition.

Conditions indispensables à l'entretien de la vie. — Parmi ces conditions, les unes dépendent de la constitution même de l'être; les autres, de la composition du milieu dans lequel il se développe.

L'être vivant, formé d'une substance fondamentale complexe, le *protoplasme*, ne peut en modifier à son gré la composition et doit en subir les exigences ; *aussi est-il tenu de vivre dans un milieu approprié à ces exigences.*

Le milieu doit fournir au protoplasme l'*eau* et l'*oxygène*, indispensables aux manifestations de la vie, et des *radiations* (chaleur, etc.), qui sont la source du mouvement.

1° *Eau.* La vie est suspendue momentanément chez tout être vivant privé d'eau : anguillules du blé niellé, graines sèches (page 4). *L'absence prolongée d'eau entraîne avec elle la mort.* C'est ainsi que la plupart des plantes fourragères ont été tuées par la grande sécheresse de l'année 1893.

La perte d'eau éprouvée par le protoplasme (transpiration) doit être compensée par une absorption au moins égale à la perte.

2° *Oxygène.* Le protoplasme absorbe de l'oxygène dans le milieu ambiant; *il meurt par privation d'oxygène; il meurt aussi par excès de ce gaz.*

Paul Bert a soumis des animaux :
    dans l'air, à des pressions variables de 0 à 20 atmosphères;
    dans l'oxygène pur, à des pressions variables de 0 à 4 atmosphères.

Il a remarqué que leur énergie vitale croît de 0 à 1 atmosphère d'air $\left(\frac{1}{5}\text{d'atm.}\right)$ d'oxygène), est maximum dans l'air ordinaire, puis diminue rapidement avec l'augmentation de pression. Dans l'air à 17 atmosphères, ou dans l'oxygène pur sous la pression de 3 atm. 5, les animaux sont pris de convulsions et meurent.

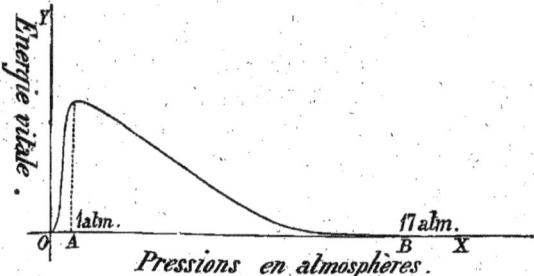

Fig. 3. — Courbe des variations de l'énergie vitale d'un être, comparées aux variations de pression de l'air ambiant. Sous les pressions 0 (*vide*) et 17 atmosphères d'air, l'être meurt; son maximum d'énergie correspond à peu près à la pression atmosphérique.

La figure 3 montre que l'ordonnée, mesurant l'énergie vitale d'un être, qui correspond à 1 atmosphère d'air, est plus grande que pour toute autre pression. La courbe de l'énergie s'abaisse rapidement pour se confondre en O et en B avec l'axe des abscisses, indiquant qu'aux pressions 0 et 17 atmosphères, l'activité de l'être est nulle.

Agissant sur des graines en germination, Paul Bert a montré que sous la pression de 5 atmosphères elles germent plus difficilement; sous la pression de 12 atmosphères, elles ne germent plus; sous 15 atmosphères, elles sont tuées.

Certains êtres, en l'absence d'oxygène libre, puisent ce gaz dans des combinaisons chimiques dont ils provoquent la destruction. Ainsi la levure de bière, dans une dissolution sucrée, à l'abri de l'air, décompose le sucre pour y prendre l'oxygène nécessaire à son entretien; elle produit une *fermentation* (fermentation alcoolique).

3° *Chaleur.* Quand on soumet un être vivant, dans son milieu d'élection, à des températures variées sur une large échelle, on remarque qu'il meurt au-dessous d'une température minimum t et au-dessus d'une température maximum T, mais qu'il ne donne signe de vie qu'entre des limites plus étroites : $t' > t$ et $T' < T$. Entre ces limites, il est doué de la plus grande énergie vitale à la température θ, dite *température optimum*.

C'est ce qu'indique la courbe (fig. 4) dont le point le plus élevé correspond à la température θ et se confond avec l'axe des abscisses aux températures t' et T'.

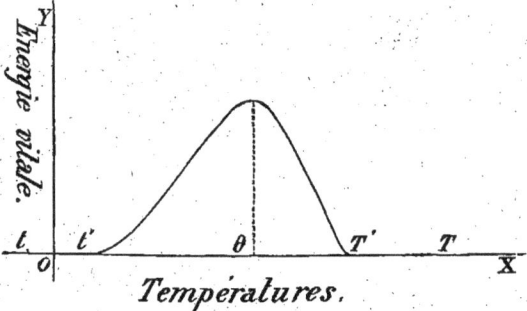

Fig. 4. — Courbe des variations de l'énergie vitale d'un être avec la température du milieu ambiant. Aux températures t et T, l'être meurt; son activité s'éveille à la température t', devient maximum à θ et s'éteint à T'.

Ces températures t, t', θ, T' et T sont variables avec les espèces et même avec les individus considérés entre des limites très espacées.

	t'	θ	T'
Moutarde	0°,	27°,	37°.
Blé	5°,	29°,	42°.
Haricot	9°,	34°,	46°.

La température optimum θ, variable entre 10 et 35° pour la plupart des êtres vivants, est de 15 à 20° pour les animaux supérieurs. Toutefois on a vu certaines Algues prospérer dans l'eau à 50°, à 64°; des Microcoques ont été cultivés à 74°. *A ces températures élevées, l'évolution des êtres observés était normale*. Mais aux températures de 100 à 120°, le protoplasme périclite et meurt.

En ce qui concerne les basses températures, de récentes expériences ont donné les résultats suivants : dans une enceinte à — 92°, un chien est mort au bout de deux heures; les poissons rouges, congelés dans la glace à — 10°, peuvent être rappelés à la vie par un réchauffement lent ; à — 20°, ils meurent; des escargots, refroidis à — 110° et à — 120° pendant plusieurs jours, survivent à ce traitement. Les microbes, les spores, les graines *bien sèches* semblent défier les froids les plus intenses : des graines sèches, soumises à une température de — 200°, se sont ensuite développées de la même façon que des graines identiques conservées à la température ordinaire.

Des considérations précédentes nous pouvons conclure que :

L'*énergie vitale d'un être est très grande*, lorsque les conditions du milieu extérieur sont voisines des optima pour l'humidité, l'oxygène et la température (*vie active*);

L'*énergie vitale d'un être est presque nulle*, quand il est privé à peu près totalement d'humidité ou d'oxygène, et quand il vit dans un milieu à une température très basse ou très élevée, suffisante toutefois pour ne pas le tuer (*vie ralentie*). Alors l'être vit aux dépens de ses réserves (animaux hibernants : rongeurs, reptiles, etc...; arbres de nos contrées pendant l'hiver).

Un organisme peut passer par une foule d'états intermédiaires à la vie très active et à la vie très ralentie, en s'*accommodant* aux conditions climatériques qu'il est contraint de subir. Cette étude de la lutte contre les variations du milieu sera faite plus tard.

Distinction entre les animaux et les végétaux. — A ne considérer que les *animaux et les végétaux supérieurs*, il semble aisé d'établir une ligne de démarcation tranchée entre ces deux sortes d'êtres. Quel contraste entre l'animal impressionnable, libre de se déplacer dans l'espace et la plante impassible et fixée au sol au lieu même où elle mourra! Aussi traduisait-on ces différences de la manière suivante :

Les animaux sont sensibles et doués de mouvement, les végétaux sont immobiles et dépourvus de sensibilité.

On a remarqué aussi que les plantes possèdent une matière verte appelée *chlorophylle*, qu'on ne rencontre pas chez les animaux. Tandis que les animaux absorbent de l'oxygène dans l'air et y rejettent de l'acide carbonique, comme le font d'ailleurs les plantes, celles-ci présentent, en outre, un phénomène inverse à la lumière, grâce à la chlorophylle, c'est-à-dire qu'elles tirent l'acide carbonique de l'air, le décomposent dans leurs tissus où elles fixent le carbone, tandis qu'elles dégagent de l'oxygène : c'est l'*assimilation chlorophyllienne*.

On disait encore : *Les végétaux sont le siège de l'assimilation chlorophyllienne dont ne jouissent pas les animaux.*

Mais le microscope a révélé, dans la nature, l'existence d'une foule d'êtres inférieurs qui renversent la ligne de démarcation établie parmi les êtres vivants.

1° Ceux-ci ont, en effet, *un élément constitutif identique*, la *cellule*, que nous étudions plus loin ;

2° *Alors que les végétaux supérieurs renferment de la chlorophylle, les Champignons forment un groupe important de plantes qui n'en possèdent pas ;* l'*Euglène*, le *Stentor*, l'*Hydre verte*, les *Planaires* (Vers inférieurs), au contraire, et *nombre d'autres animaux, sont pourvus de cette matière colorante*.

Si la plupart des plantes se nourrissent exclusivement de substances minérales empruntées au sol par leurs racines et à l'air par leurs feuilles, d'autres, telles que la *Dionée*, le *Drosera*, etc., sécrètent, comme les animaux, des sucs digestifs leur permettant de dissoudre les matières animales et d'en tirer profit.

3° *Il n'est pas davantage exact que la plante soit insensible et incapable d'effectuer des mouvements.* Les zoospores d'un grand nombre d'Algues, les anthérozoïdes des Mousses et des Fougères (fig. 5) sont doués d'un mouvement actif dans l'eau ; les folioles des feuilles de la *Sensitive*, du *Lupin*, du *Pois*, du *Robinier*, du *Trèfle oscillant*, etc., s'appliquent les unes contre les autres pendant la nuit et s'épanouissent à la lumière ; les parties jeunes des tiges, rameaux et feuilles des plantes supérieures se meuvent pour recevoir la lumière, l'humidité, etc., propices à leur développement.

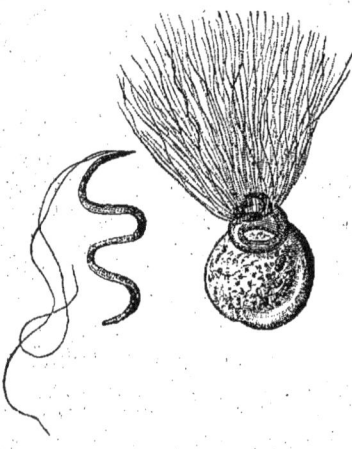

Fig. 5. — Anthérozoïdes d'une Muscinée (*Pellia*, à gauche) et d'une Cryptogame vasculaire (*Angiopteris*, à droite).

Ces mouvements sont dus à ce que *la plante est irritable ;* la lenteur avec laquelle ils sont exécutés est la seule cause pour laquelle ils ont été si longtemps ignorés.

Ce sujet sera d'ailleurs plus fructueusement traité après l'étude des organes végétaux.

Retenons, de ce rapide exposé, qu'*aucune distinction absolue entre les Animaux et les Végétaux ne peut être formulée*.

CHAPITRE II
DE LA CELLULE

La cellule est l'élément fondamental de tout être vivant. Elle comprend :

1° Le *protoplasme*, partie essentielle, vivante, de nature albuminoïde (albumine : $C^{250}H^{409}Az^{67}O^{84}$) avec de nombreuses granulations et des produits divers (gouttelettes graisseuses, glycogène, etc.) résultant de son activité ;

2° Le *noyau*, originaire du protoplasme, dans lequel il occupe une position quelconque ;

3° La *membrane azotée*, résultant de la condensation du protoplasme à la périphérie de la cellule.

* Chez la plupart des végétaux, une seconde membrane de nature pectique ou celluloso-pectique (cellulose et principes pectiques) entoure la membrane azotée.

4° Des *leucites*, de forme et de couleur variables, se rencontrent chez les plantes où ils jouent un rôle précieux dans la nutrition. Quand la cellule végétale grandit, le volume du protoplasme est trop petit pour la remplir ; alors apparaissent, dans le protoplasme, des lacunes où s'accumule le *suc cellulaire* (eau chargée de matières en dissolution), constituant ainsi les *hydroleucites* (Van Tieghem) qui refoulent peu à peu le protoplasme sur le bord de la cellule.

Toute cellule dépourvue de protoplasme est morte.

Parfois, le noyau n'est visible qu'après traitement de la cellule par des réactifs appropriés : tel est le cas pour les globules blancs du sang additionnés d'eau ou d'une trace d'acide acétique. Une même cellule peut aussi renfermer plusieurs noyaux : cellules cartilagineuses, laticifères d'Ortie (fig. 6) ; certaines algues filamenteuses, comme la Vauchérie, ont un protoplasme *continu* avec une multitude de noyaux.

Quant à la membrane azotée, elle est visible avec d'autant plus de netteté que la condensation périphérique du protoplasme est plus accentuée.

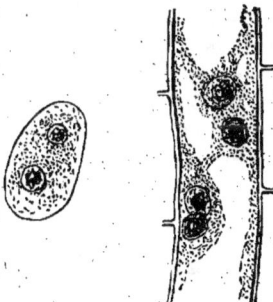

Fig. 6. — Cellules à plusieurs noyaux ; à droite, portion d'une cellule laticifère d'Ortie.

Les Amibes (fig. 23, A) n'ont pas de membrane ; la cellule qui les compose peut se déformer facilement et pousser tout autour d'elle des prolongements destinés à capter les menus objets en suspension dans l'eau.

Structure du protoplasme. — Le protoplasme, étudié avec soin chez nombre d'Infusoires ciliés (fig. 7), est formé d'un réseau appelé *hyaloplasme h* (fig. 8) dans les mailles duquel se trouve une substance fluide, transparente et homogène, le *paraplasme p*.

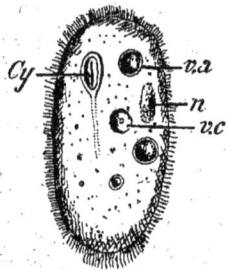
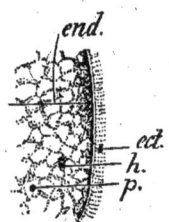

Fig. 7. — Infusoire cilié (*Cyrtostomum leucas*). *Cy*, cytobouche; *n*, noyau; *v.c*, vésicule contractile; *v.a*, vacuole alimentaire.

Fig. 8. — Portion du protoplasme de *Cyrtostomum*. *h*, hyaloplasme formant un réseau dont les mailles sont remplies de paraplasme *p*; *ect*, ectoplasme; *end*, entoplasme.

Le paraplasme, extrait du réseau par une légère pression, difflue dans l'eau, l'absorbe et y disparaît rapidement.

Propriétés physiques. — *L'hyaloplasme est la partie vivante et contractile du protoplasme,* auquel il donne une consistance ferme ou molle, suivant que ses mailles sont plus ou moins étroites. A la périphérie du corps de l'Infusoire, les mailles très serrées constituent l'*ectoplasme ect*, couche contractile et plus résistante que l'*entoplasme ent* sous-jacent, à larges mailles.

L'hyaloplasme est perméable à l'eau, ne se mélange pas avec elle et constitue la région où s'accomplissent les phénomènes intimes de la nutrition.

Propriétés chimiques. — Le protoplasme vivant n'est pas un composé chimique, mais un groupement de substances albuminoïdes, ternaires, minérales, à chaque instant modifié par l'activité vitale de l'être qu'il constitue. Toutefois il est *coagulable* par la chaleur, l'alcool, etc., comme les matières albuminoïdes; la coagulation en entraîne la mort.

Propriétés physiologiques. — Les variations du protoplasme sont dues au courant matériel dont nous avons parlé déjà (page 4).

Le protoplasme se **nourrit** et *la propriété qu'il a de se mouvoir* (**motilité**) *favorise sa nutrition.*

1° *Modes de nutrition du protoplasme.* — Si la membrane qui l'enveloppe est très ténue, le protoplasme se déforme, lentement en général, pousse des prolongements amiboïdes dans lesquels s'engage peu à peu toute la masse protoplasmique. Ces changements de forme sont faciles à observer chez les cellules migratrices de

TABLEAU II.

De la cellule.

I. — Protoplasme.
- Sa composition (fig. 1).
  - *Protoplasme*; existe dans toute cellule vivante.
  - *Noyau*....
    - n'est visible parfois qu'après l'action d'un réactif (globules du sang).
    - plusieurs noyaux dans une cellule (cell. cartilagineuse; laticifères d'Ortie) (fig. 6).
  - *Membrane*.
    - azotée, plus ou moins visible chez tous les êtres vivants.
    - celluloso-pectique (Végétaux seulement).
  - Leucites et suc cellulaire (Végétaux).
- Sa structure (fig. 8).
  - *Hyaloplasme*
    - réseau *vivant*, contractile, non soluble dans l'eau;
    - siège des échanges avec le milieu extérieur;
    - très condensé à la surface de la cellule (ectoplasme);
    - peu condensé au centre de la cellule (entoplasme).
  - *Paraplasme*, remplit les mailles du réseau.
- Ses propriétés chimiques : coagulable par la chaleur, l'alcool, etc. (matière albuminoïde).
- *La motilité du protoplasme favorise sa nutrition.*
- Ses propriétés physiologiques.
  - Modes de nutrition chez les cellules.
    - avec membrane.
      - ténue : prolongements protoplasmiques (fig. 9 et 23 : leucocytes du sang, Monères, Amibes).
      - nette; déplacement total du corps, cils vibratiles : Infusoires (fig. 7).
    - associées = milieu intérieur nutritif (sang, sève). Êtres pluricellulaires.
  - Effets de la nutrition.
    - *Assimilation.* (a) Production de matière organisée par voie de *réduction* (accumulation d'énergie potentielle).
    - *Désassimilation.* (b) *Oxydation* de la matière organisée. (Énergie potentielle transformée en énergie actuelle).
    - a > b Croissance de l'être.
    - a = b État stationnaire.
    - a < b Dépérissement et mort.

II. — Noyau (fig. 11).
- *Réseau nucléaire* (matière albuminoïde phosphorée).
- *Liquide nucléaire. Nucléoles.*

Sphères directrices dans le protoplasme, très voisines du noyau.

Multiplication cellulaire par division.
- Directe...
  - *Scissiparité* (Bacilles du choléra, fig. 12).
  - *Bourgeonnement* (Levure de bière, fig. 13).
- Indirecte. *Karyokinèse* (fig. 11).
  - Déplacement et opposition des sphères directrices.
  - Apparition du fuseau ; fragmentation du filament nucléaire.
  - Plaque nucléaire.
  - Dédoublement des anses et des sphères directrices.
  - Déplacement des anses jumelles vers les pôles du fuseau.
  - Soudure des anses en deux noyaux jeunes.
  - Disparition du fuseau. — Apparition ou non d'une membrane.

L'être pluricellulaire dérive d'une seule cellule..........
- *Spore.* Originaire d'un protoplasme.
- *Œuf.* Originaire de deux protoplasmes distincts.

La segmentation de l'œuf produit trois feuillets (fig. 14)..........
- Ectoderme....
- Mésoderme... Leurs dérivés.
- Entoderme...

La *différenciation cellulaire* a pour conséquence la *division du travail physiologique*.

la lymphe (fig. 9), chez des êtres libres comme les Monères, les Amibes (fig. 23), etc...

Les Infusoires (unicellulaires) ont une membrane résistante qui assure la fixité de leur forme; ils ne peuvent pousser de prolongements amiboïdes pour chercher leur nourriture et doivent, en général, se déplacer dans l'eau. Cependant leur membrane est recouverte, en totalité ou non, de cils vibratiles particulièrement bien développés

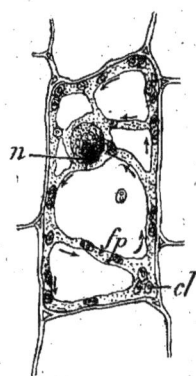

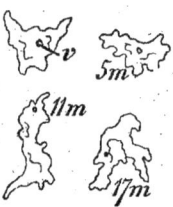

Fig. 9. — Cellule de la lymphe en migration; v, vacuole; 5 m, 11 m, 17 m, déformations successives *de la même cellule* observées au bout de 5, 11, 17 minutes (Ranvier).

Fig. 10. — Cellule de la feuille d'*Elodea canadensis* montrant le noyau n, le protoplasme vacuolaire avec des filaments fp et des chloroleucites cl. Les flèches indiquent le sens du mouvement protoplasmique.

au voisinage d'un orifice, appelé *cytobouche* Cy (fig. 7), par lequel pénètrent toujours les corpuscules alimentaires. Si l'animal est au repos, le jeu des cils vibratiles assure la circulation de l'eau autour de lui et particulièrement près de son orifice buccal.

Chez les êtres pluricellulaires, où la plupart des cellules sont à poste fixe, le protoplasme est également mobile dans la cellule (fig. 10); mais comme celle-ci ne peut être *directement* en contact avec le milieu extérieur, elle se nourrit aux dépens d'un *milieu intérieur*, liquide constamment en mouvement (sang des animaux, sève des plantes).

2° *Phénomènes intimes de la nutrition.* — La nutrition comprend des phénomènes d'*assimilation* et de *désassimilation* dont la résultante concourt :

à la croissance de l'être, { quand l'assimilation est plus grande que la désassimilation;

à l'état stationnaire, quand l'assimilation est égale à la désassimilation;

au dépérissement de l'être, { quand l'assimilation est plus petite que la désassimilation.

*Par le *travail d'assimilation*, l'organisme puise à l'extérieur divers matériaux nutritifs qu'il transforme en matière organisée, par *réduction* et par des combinaisons variées. Cette substance organisée répare les pertes du protoplasme dans lequel apparaissent de nombreux principes combustibles (albuminoïdes

[C, H, O, Az], graisses et féculents [C, H, O], etc...) qui représentent, accumulée dans l'être vivant, une forte proportion d'énergie potentielle.

Puis des phénomènes d'hydratation et les dédoublements corrélatifs précèdent et préparent les phénomènes d'*oxydation* qui résoudront les principes complexes de la substance vivante en corps organiques plus simples, puis en matières minérales dont l'acide carbonique, l'eau et les sels ammoniacaux sont les termes élémentaires. C'est en ce travail d'oxydation que consiste la *désassimilation* avec transformation de l'énergie potentielle en énergie actuelle qui se manifeste sous la forme de mouvement, de chaleur, etc.

Structure du noyau. — Le noyau n (fig. 1 et 11) comprend une membrane d'enveloppe nette, un contenu clair (*suc nucléaire*), un

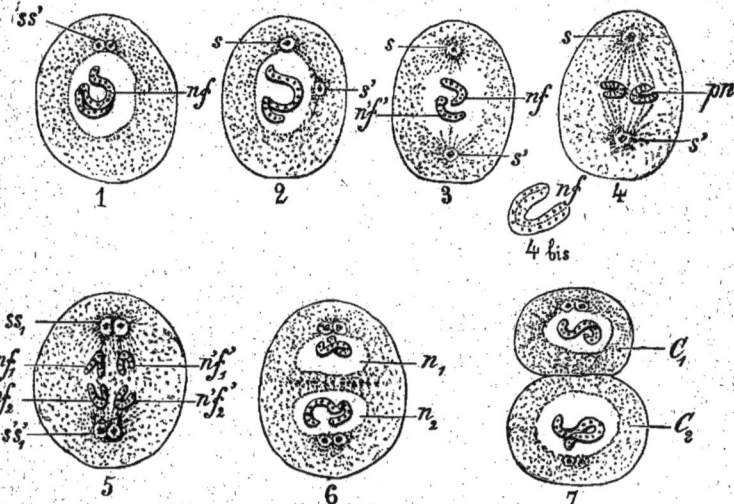

Fig. 11. — Division du noyau (fig. schématique). 1, cellule dont le noyau contient le filament nucléaire nf (fragment); ss', sphères directrices voisines du noyau. 2, début du phénomène : les sphères directrices ss' se séparent et le filament se déroule. 3, sphères directrices opposées; apparition du fuseau et fragmentation du filament qu'on suppose divisé seulement en 2 anses nf, $n'f'$. 4, les anses nucléaires, orientées suivant une *plaque nucléaire* équatoriale, se dédoublent (4 *bis*) ainsi que les sphères directrices. 5, les anses jumelles nf_1, nf_2 se portent chacune vers l'un des pôles opposés, formés par les sphères dédoublées. 6, soudure des anses, à chaque pôle, en un filament unique ; n_1, n_2, noyaux jeunes. 7, deux cellules C_1 et C_2 ont pris naissance.

réseau formé, au moment de la division étudiée plus loin, par un ou plusieurs filaments contournés, nf, pourvus de grains de *chromatine* qui retiennent avec énergie le vert de méthyle (réactif colorant), enfin des *nucléoles* ou petits corps paraissant constitués par des matériaux de nutrition. La substance du réseau est albuminoïde et phosphorée. A l'extérieur du noyau et appliquée contre lui est une petite sphère (*sphère directrice* dédoublée au moment de la division, s, s') et difficilement visible.

Structure de la membrane. — Chez tous les êtres vivants, la membrane azotée constituée par la condensation de l'hyaloplasme est colorable en jaune par l'iode. La membrane celluloso-pectique spéciale aux végétaux sera étudiée dans le cours d'anatomie végétale.

Multiplication cellulaire. — Quand la cellule vivante, par suite d'une nutrition abondante, a atteint son maximum de développement, elle se multiplie, elle se *segmente* et donne lieu à deux cellules nouvelles qui, bientôt égales à leur mère, se dédoublent à leur tour. D'une cellule primordiale procèdent ainsi 2, 4, 8, 16 ... cellules.

La divison cellulaire est *directe* ou *indirecte*.

Dans la division directe, la structure intime du protoplasme et du noyau se modifie peu ; un étranglement progressif partage la cellule en deux parties égales (scissiparité, fig. 12) ou inégales (bourgeonnement, fig. 13).

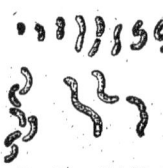

Fig. 12. — Bacille du choléra (*bacille virgule de Koch*). Diverses formes qu'il présente dans son accroissement et sa division cellulaire. (Grossissement : 12 000.)

La division indirecte ou *karyokinèse* présente une série de phénomènes intéressants.

Le signal de la division cellulaire est donné par la sphère directrice dédoublée dont les 2 parties (ss', fig. 11,1), presque accolées au noyau, se placent aux extrémités d'un même diamètre.

La membrane du noyau disparaît (2) et, par pénétration réciproque des substances du protoplasme et du noyau, se forme le *fuseau nucléaire*, constitué par des filaments hyalins très délicats, s'étendant de l'une à l'autre des sphères directrices. Ces dernières sont les pôles du fuseau.

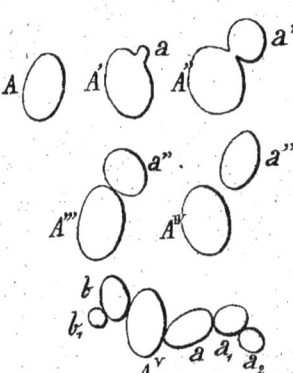

Fig. 13. — Bourgeonnement d'une cellule de Levure de bière. a, a' a'', états successifs du bourgeon devenu indépendant en a'''.

Le réseau nucléaire se résout en un filament, primitivement en peloton serré, qui se déroule, se raccourcit en s'élargissant, puis se divise en un nombre donné de fragments (*anses*) orientés d'abord d'une manière quelconque (3). Les anses nucléaires se rassemblent dans le plan équatorial du noyau, forment la *plaque nucléaire* (4) et se divisent longitudinalement chacune en deux (4 *bis*), pendant que se dédoublent les sphères directrices en ss et $s's'$ (5).

Chaque anse nucléaire a donné deux anses jumelles dont l'une se dirige vers l'un des pôles du fuseau et l'autre au pôle opposé.

Lorsque toutes les anses se rendant à un même pôle y sont parvenues, elles se soudent bout à bout et constituent un noyau jeune (n_1, n_2, 6).

Ainsi deux noyaux coexistent dans la cellule primitive, chacun avec deux sphères directrices nouvelles. Les filaments du fuseau disparaissent, une membrane azotée se développe ordinairement entre les noyaux jeunes et donne deux cellules distinctes C_1, C_2 (7) formées à la place et aux dépens de la cellule primitive.

Tout être vivant pluricellulaire provient d'un œuf ou d'une spore. — L'œuf résulte de la combinaison de deux protoplasmes originaires d'êtres semblables; la *spore* provient de tout ou partie du protoplasme d'une seule cellule. En un mot, *l'œuf émane de deux êtres, la spore tire son origine d'un être seulement*. Œuf et spore ont un protoplasme doué d'une grande activité vitale et très riche en matières nutritives, surtout azotées (vitellus nutritif).

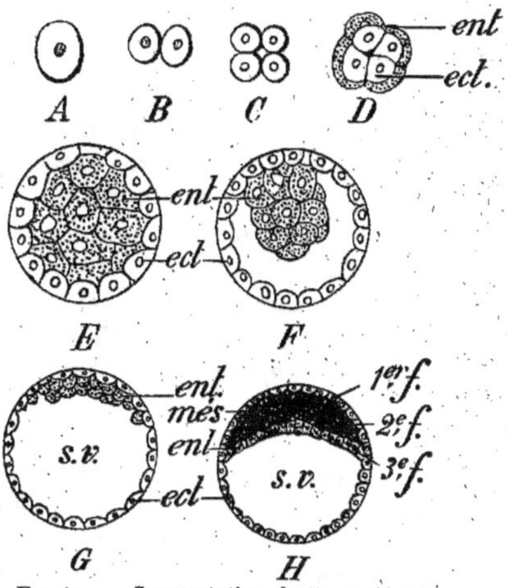

Étudions la segmentation de l'œuf du Lapin, par exemple. Cet œuf A (fig. 14) se divise en 2 (B), en 4 (C), en 8 cellules (D) dont 4 plus petites et 4 plus grandes. Les petites cellules *ect* se multiplient

Fig. 14. — Segmentation de l'œuf du Lapin. A, cellule primitive. B, C, D, E, etc.; dédoublements successifs de la cellule. D, *ect*, ectoderme; *ent*, entoderme. G, les cellules de l'entoderme *ent* forment une masse lenticulaire contre la couche ectodermique qui constitue le *feuillet* externe de l'embryon; *s. v.*, sac vitellin. H, apparition du mésoderme *més*. L'embryon possède 3 feuillets de cellules, d'où tirent leur origine les diverses parties du jeune être.

plus rapidement que les autres *ent*, les enveloppent (E, F) et forment bientôt une couche superficielle complète, l'*ectoderme*, renfermant une cavité de plus en plus vaste ou sac vitellin *s.v* (G).

Contre une petite région seulement de la paroi ectodermique, les cellules internes forment une masse lenticulaire qui s'aplatit et constitue un nouveau feuillet, l'*entoderme*. Par le dédoublement ultérieur de ces cellules *ent*, apparaîtra un feuillet intermédiaire, le *mésoderme més* (H).

L'œuf primitif a ainsi engendré un être pluricellulaire composé de trois feuillets : ectoderme, mésoderme et entoderme, d'où dériveront toutes les parties de l'être, même le plus complexe comme organisation. Chacune de ces parties est composée alors de cellules caractérisées par des formes et des propriétés spéciales, différentes (*différenciation cellulaire*).

Feuillets   Leurs dérivés

Ectoderme : Épiderme et ses dérivés (système nerveux et organes des sens)
Mésoderme : Squelette, Systèmes musculaire et vasculaire, Conjonctif.
Entoderme : Tube digestif et ses dérivés.

La différenciation cellulaire a pour conséquence la division du travail physiologique. — Le protoplasme des êtres unicellulaires est chargé de remplir diverses fonctions qui, chez les êtres supérieurs, pluricellulaires, sont attribuées à des groupes de cellules *appropriées*.

Or un ermite, chargé de subvenir à tous ses besoins, se fait tour à tour agriculteur, mécanicien, bûcheron, tisserand, etc., et ne joue qu'imparfaitement ces rôles ; tandis que, dans une société organisée, chaque genre de travail, confié à des artisans spéciaux, est accompli avec toute la perfection désirable.

Ainsi, chez les êtres supérieurs, contrairement aux Bactéries, aux Amibes, etc., l'application du principe économique de la *division du travail physiologique* assure le fonctionnement parfait de chaque organe, considéré seul, aussi bien que de l'association entière.

En revanche, à cause de la solidarité qui existe entre toutes les parties d'un organisme élevé, si l'un quelconque des groupements fonctionnels subit une sérieuse altération, l'harmonie du travail de l'association est troublée, la sécurité de l'être compromise et son existence menacée.

PREMIÈRE PARTIE

ANATOMIE ET PHYSIOLOGIE ANIMALES

CHAPITRE PREMIER

NOTIONS D'HISTOLOGIE ANIMALE.- TISSUS

Les cellules différenciées en vue de fonctions diverses, dont se composent les animaux pluricellulaires, ne sont pas éparses dans leur corps, mais groupées en *tissus*.

M. Ranvier divise les tissus en quatre groupes :

1° Ceux dont les cellules libres flottent dans une substance unissante liquide très abondante : tels sont le *sang rouge* et le *sang lymphatique*;

2° Ceux dont les cellules sont soudées les unes aux autres par une substance unissante peu abondante : *tissu épithélial* ou *épithéliums*;

3° Ceux dont la substance intercellulaire est très abondante : *tissu conjonctif proprement dit, tissu cartilagineux, tissu osseux* (ces deux derniers sont des formes particulières du tissu conjonctif);

4° Ceux dont les cellules sont profondément modifiées et presque méconnaissables : *tissu musculaire, tissu nerveux*.

Sang. — Ce tissu, jouant un rôle fondamental dans la nutrition de l'être vivant, exige une étude approfondie dont la place est tout indiquée au chapitre de la circulation. Nous pouvons dire toutefois qu'il est formé de cellules vivantes, *globules rouges et blancs*, nageant dans un liquide appelé *plasma*.

Tissu épithélial. — Les *épithéliums* sont des membranes qui revêtent les surfaces libres et toutes les cavités du corps; ils recouvrent donc la peau (fig. 15, C.), pénétrant dans ses moindres replis, conduits et culs-de-sac glandulaires (fig. 15, B, B' et fig. 16); ils forment la surface interne du tube digestif, la cavité du cœur et celle des vaisseaux.

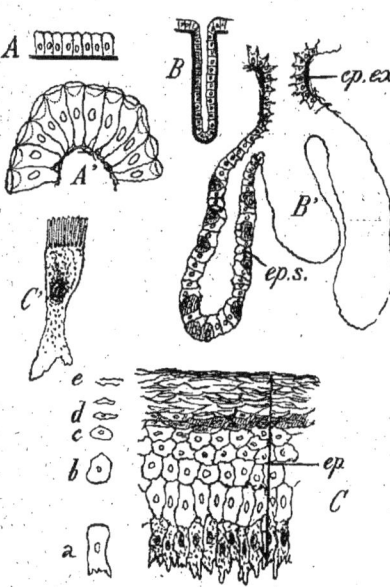

Les cellules composant les épithéliums sont juxtaposées, soudées les unes aux autres par un ciment peu épais en général; elles ont des formes diverses et sont disposées suivant une ou plusieurs couches. On a classé les épithéliums en se basant sur ces caractères.

1° *Nombre de couches cellulaires.* — Les épithéliums *simples* sont formés d'une seule couche de cellules (fig. 15, A) (épithélium pulmonaire, épithélium de l'estomac, A'); les épithéliums *stratifiés* comprennent plusieurs

Fig. 15. — Tissu épithélial. A, A', B, B', épithélium simple. C, épithélium stratifié. A', épithélium de l'estomac, formé de cellules caliciformes. B, glande de Lieberkühn (intestin). B' coupe (un peu schématisée) d'une glande gastrique (estomac); *ep. ex.*, épithélium formé de cellules caliciformes tapissant le canal excréteur; *ep. s.*, épithélium sécréteur formé de cellules claires et de cellules granuleuses (à pepsine). C, *ep*, épiderme recouvrant toute l'étendue de la peau; *a*, cellules dentelées, actives, placées le plus profondément; *b, c, d, e*, modifications éprouvées par ces cellules à mesure qu'elles deviennent plus superficielles. C', cellule vibratile (les cils en ont été exagérés à dessein).

couches de cellules (épiderme, *ep*, C, épithélium de la bouche, du pharynx, etc.).

2° *Forme des cellules.* — L'épithélium est dit *cylindrique* (A, B, B') quand la couche superficielle est formée de cellules allongées, aplaties latéralement les unes contre les autres (épithélium de l'estomac A' et de l'intestin); il est *pavimenteux* quand les cellules superficielles sont très aplaties (bouche, pharynx); il est

NOTIONS D'HISTOLOGIE ANIMALE. — TISSUS.

Tableau III.

Des tissus.

TISSUS FORMÉS DE	Cellules libres dans une substance unissante liquide.	**Sang**	Globules. Plasma.	
	Cellules soudées par une substance peu abondante.	**Tissu épithélial** (fig. 15 et 16)	formé de 1 couche cellulaire...... *Épithélium simple*. formé de plusieurs couches cellulaires........................ — *stratifié*. à cellules superficielles. { cylindriques. *Épithélium cylindrique*. ciliées..... — *vibratile*. aplaties... — *paviménteux*. Fonctions. { Épithéliums de revêtement (protecteurs). — glandulaires (sécréteurs).	
	Cellules soudées par une substance très abondante.	**Tissu conjonctif**	*proprement dit* (fig. 17). { *Tissu muqueux* (substance fluide). — *tendineux* (fibres élastiques). — *adipeux* (cellules graisseuses). *cartilagineux* (fig. 18). { Cellules cartilagineuses. Capsules cartilagineuses. Substance interstitielle (chondrine). *osseux* (fig. 19). { Substance osseuse. { Cellules osseuses. Matière interstitielle { organique : Osséine. minérale : Sels calcaires. Périoste. Moelle des os. Fonctions. { Rôle mécanique : Soutien des organes. Rôle nutritif : Vaste réservoir lymphatique où baignent tous les organes.	
	Cellules modifiées profondément.	**Tissu musculaire** (fig. 20).	Fibre lisse. Fibre à stries transversales. Fibre à stries transversales et longitudinales. Muscles { de la vie animale (contraction volontaire). — organique (contraction involontaire).	
		Tissu nerveux (fig. 21).	*Cellules nerveuses.* *Fibres nerveuses* { à myéline. de Remak. Nerfs... { de la vie animale. — végétative.	

vibratile lorsque les cellules superficielles (C') sont terminées par un plateau supportant des cils vibratiles, prolongements du protoplasme (épithélium de la trachée, des bronches, des fosses nasales, etc.).

Dans l'épithélium stratifié C (fig. 15) qui constitue la peau, les cellules profondes *a* sont cylindriques, granuleuses et très actives; puis à mesure qu'on s'approche de la surface, les cellules de plus en plus aplaties *b*, *c*, *d* perdent leur protoplasme, s'incrustent de *kératine* et se réduisent à un squelette *e* qui se détache de la peau sous forme de pellicules blanches souvent abondantes dans la tête.

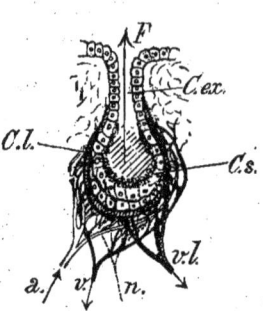

Fig. 16. — Coupe schématique d'une glande. *C.s*, région des cellules sécrétrices; *C. ex*, conduit excréteur: *a*, artère; *v*, veine; *v.l*, vaisseau lymphatique (vaisseaux dans lesquels circule le sang qui nourrit la glande); *C.l*, gaine lymphatique (représentation absolument théorique); *n*, nerf. La flèche *F* indique la direction suivie par la substance excrétée.

Fonctions des épithéliums. — On appelle *épithéliums de revêtement* ceux qui recouvrent et protègent les surfaces libres du corps, réservant le nom d'*épithéliums glandulaires* à ceux qui pénètrent dans les *glandes* formées par ces surfaces (fig. 15, B, B' et fig. 16); ces glandes sont chargées d'extraire certaines substances du sang qui les alimente. Les cellules qui revêtent les cavités de ces glandes sont toutes de même forme (glande de Lieberkühn, B), ou les unes cylindriques (dans le canal excréteur, B', *ep. ex*), les autres irrégulières dans la région profonde (B', *ep. s*. et fig. 16, *C.s*).

« La division des épithéliums en épithéliums de revêtement et épithéliums glandulaires, tout en conservant sa valeur au point de vue pratique, n'est pas fondée au point de vue histologique, car presque toutes les cellules épithéliales jeunes, dans leur période d'activité, peuvent être considérées comme des glandes unicellulaires; les unes retiennent dans leur intérieur les produits élaborés (glycogène, graisse), les autres les laissent exsuder à leur surface (mucus).

« Tout en formant des couches de revêtement et de protection, ces cellules sont donc aussi des organes de sécrétion, aussi bien que celles qui tapissent les parois des glandes. La seule différence, c'est que, dans les glandes, le produit de la sécrétion d'un grand nombre de cellules est réuni dans un canal commun, tandis que hors des glandes chaque cellule a une sécrétion individuelle. » (Ranvier).

Tissu conjonctif proprement dit. — Ce tissu enveloppe tous les organes qu'il relie entre eux et les réduit à une immobilité relative. Il constitue le derme de la peau, les aponévroses des muscles, les tendons, les ligaments, etc., la membrane sur laquelle reposent les cellules épithéliales et glandulaires est formée de tissu conjonctif.

Les éléments du tissu conjonctif (fig. 17, A) sont des cellules plates *a* de diverses formes, des faisceaux *b* de fibres très ténues qui leur donnent une apparence striée et des fibres élastiques *c*.

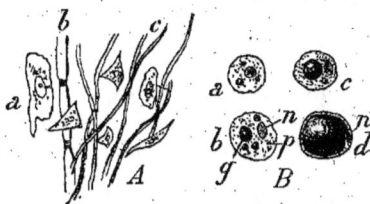

A l'état normal, les cellules *a* sont appliquées sur les faisceaux *b* sans y former de revêtement continu.

Au milieu des éléments du tissu conjonctif, on voit souvent accumulées un grand nombre de cellules chargées de masses glo-

Fig. 17. — Tissu conjonctif. A, tissu élastique ; *a*, cellule conjonctive avec quelques gouttelettes de graisse à peine visibles ; *b*, *c*, les gouttelettes *g* sont plus grosses ; *d*, cellule envahie par la graisse ; le protoplasme et le noyau sont refoulés à la périphérie.

buleuses très réfringentes de graisse. La figure 17, B, montre ces *cellules* dites *adipeuses* avec quelques gouttelettes petites en *a*, plus nombreuses et plus grosses en *b*, se soudant en *c*, et remplissant totalement en *d* les cellules dont le protoplasme et le noyau ont été refoulés à la périphérie.

Le tissu conjonctif ainsi envahi par des cellules chargées de graisse est le *tissu adipeux*, très abondant dans la partie profonde de la peau (tissu cellulaire sous-cutané), autour du cœur, du hile du rein, dans le péritoine, etc.

Tissu cartilagineux. — Ce tissu forme le squelette permanent des Poissons cartilagineux, et passagèrement celui des Poissons osseux et des autres Vertébrés ; l'extrémité déformable du nez, les paupières de l'homme renferment des cartilages ; les surfaces d'articulation des os en sont pourvues.

Le tissu cartilagineux est formé de *cellules cartilagineuses* (fig. 18), généralement ovales, noyées dans une substance fondamentale qui, par ébullition prolongée dans l'eau, s'y transforme en *chondrine* soluble et gélifiable par refroidissement.

Fig. 18. — Tissu cartilagineux. *a*, cellules indépendantes ; *b*, segmentation d'une cellule ; les deux cellules jeunes sont encore comprises dans la même capsule cartilagineuse ; en *c*, la matière interstitielle *m. int* les a séparées.

Les cellules cartilagineuses, d'abord indépendantes (*a*), peuvent se multiplier (*b*, puis *c*) et constituer des familles de 2, 4, 8 cellules enveloppées dans une capsule cartilagineuse sécrétée par ces cellules elles-mêmes.

Tissu osseux. — Le squelette osseux des Vertébrés en est tout entier formé.

Un os présente à considérer trois parties, qui sont de dehors en dedans : le *périoste*, membrane fibreuse ; la *substance osseuse* proprement dite ; la *moelle de l'os*, masse adipeuse jaunâtre.

Le tissu osseux (fig. 19, A et A′) est constitué par des cellules de forme très irrégulière (*corpuscules osseux* B), présentant de nombreux prolongements, noyés dans une *substance interstitielle* (B, *m. int*).

Corpuscules osseux. — Les protoplasmes des corpuscules communiquent entre eux par leurs prolongements, et aussi avec des *canaux de Havers* H plus ou moins ramifiés, distribués irrégulièrement dans la substance osseuse. Les corpuscules sont disposés :

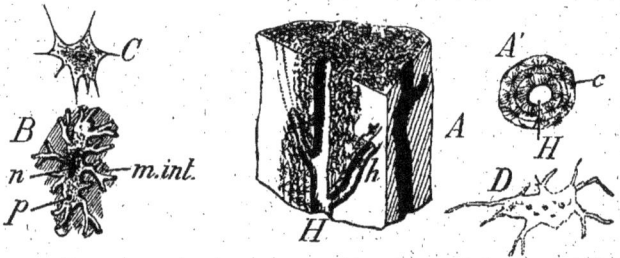

Fig. 19. — Tissu osseux. A, coupe d'un os, montrant les canaux de Havers *H* et leurs anastomoses *h* (figurées en pointillé); autour de chaque canal, sont groupés des systèmes concentriques A′ de corpuscules osseux *c*. B, un corpuscule osseux isolé ; ses prolongements à travers la matière interstitielle *m. int* sont réunis à ceux des corpuscules voisins. C, ostéoblaste. D, cellule du tissu muqueux primitif.

1° en lamelles concentriques (A et A′) autour des canaux de Havers qui renferment les vaisseaux sanguins nourriciers et les fibres nerveuses provenant de la moelle et du périoste de l'os (systèmes de Havers) ; 2° en deux systèmes continus de lamelles disposés l'un sous le périoste, l'autre autour de la moelle osseuse (système périphérique et système périmédullaire).

Grâce à leurs anastomoses nombreuses, particulièrement visibles dans la figure A′, les corpuscules osseux sont le siège du courant matériel propre à toute cellule vivante.

Matière interstitielle. — Cette substance est formée de matière organique (*osséine*) incrustée de sels calcaires (*phosphate, carbonate et fluorure de calcium*).

Pour préparer l'osséine, on traite un os par l'acide chlorhydrique froid et étendu d'eau ; au bout de quelques jours, toute la substance minérale est dissoute. La matière organique isolée, molle, transparente et élastique, conserve la forme générale de l'os ; soumise à l'action prolongée de l'eau bouillante, elle se transforme en *gélatine*.

L'os, calciné au contact de l'air, donne au contraire comme résidu la matière minérale, par suite de l'oxydation de l'osséine.

Périoste. — C'est une membrane fibreuse qui constitue une gaine autour de l'os auquel elle est unie par une série de fibres connectives; ces fibres (de *Sharpey*) pénètrent dans les parties les plus profondes de la matière interstitielle, entre les systèmes lamellaires de Havers. Dans la partie la plus interne du périoste sont des vaisseaux sanguins qui, après un certain trajet, s'incurvent dans l'os et pénètrent dans un canal de Havers. *La couche sous-périostique est la couche ostéogène;* c'est là que les cellules dites *ostéoblastes* (fig. 19, C), en voie de multiplication active, s'entourent de la matière interstitielle qu'elles sécrètent elles-mêmes et deviennent partie intégrante de la substance osseuse.

Moelle des os. — De même que la substance osseuse s'organise sous le périoste, de même elle se résorbe au centre de l'os, où se trouve un espace occupé par la *moelle osseuse*, substance molle composée de cellules diverses (cellules adipeuses, cellules arrondies appelées *leucoblastes* et *érythroblastes*). Des vaisseaux sanguins et des nerfs s'y ramifient.

La moelle est *rouge* dans le canal central de tous les os, sauf dans les os longs des adultes où elle se charge de graisse et devient *jaune*.

Les leucoblastes donnent naissance aux globules blancs du sang ; les érythroblastes se chargent d'hémoglobine et deviennent des globules rouges sanguins (voir page 110).

Développement du tissu conjonctif. — A son origine, le tissu conjonctif est entièrement constitué par des cellules ramifiées (fig. 19, D) séparées par une substance intercellulaire liquide : c'est le *tissu muqueux*. Ce tissu présente plus tard des faisceaux connectifs, soit parallèles (*tissu tendineux*), soit entrecroisés dans toutes les directions (*tissu conjonctif lâche*) et englobant parfois des cellules adipeuses (*tissu adipeux*). Le *tissu cartilagineux* dérive tantôt du tissu muqueux, tantôt du tissu tendineux dont les cellules libres s'entourent d'une capsule sécrétée par elles. Enfin la résorption du tissu cartilagineux, au sein duquel prolifèrent les ostéoblastes d'origine encore obscure, donne lieu au *tissu osseux*.

Phase muqueuse, phase tendineuse, phase cartilagineuse, phase osseuse, tels sont les états successifs de la substance osseuse.

Fonctions du tissu conjonctif. — Le tissu conjonctif joue dans l'organisme un rôle double : rôle mécanique et rôle nutritif.

Son *rôle mécanique* est de former la charpente qui soutient tous les organes du corps ; il suffit, pour s'en convaincre, de remarquer qu'il y a continuité absolue entre tous les éléments conjonctifs, les fibres connectives passant sans interruption du tissu fibreux, par exemple, dans la substance fondamentale des cartilages et des os.

Son *rôle nutritif* est manifeste : toutes les mailles du réseau conjonctif, les cavités séreuses, les vaisseaux chylifères et lymphatiques communiquent entre eux et forment un vaste réservoir rempli d'un liquide blanc, toujours en mouvement : la *lymphe*, qui baigne et enveloppe tous les organes du corps. La lymphe ou *sang lymphatique est*, en effet, *le véritable milieu intérieur avec lequel nos organes sont dans le rapport le plus intime.*

Tissu musculaire. — Il forme les muscles destinés, par leur *contractilité*, à faire mouvoir la charpente du corps.

Toutefois, c'est moins par la contractilité que par la structure intime de ses éléments que le tissu musculaire peut être reconnu.

M. Ranvier classe les muscles en :

Muscles à contraction involontaire et lente (muscles des intestins, des artères, etc.);

Muscles à contraction involontaire et brusque (muscle du cœur);

Muscles à contraction volontaire (muscles des membres, de la paroi thoracique, etc.).

Existe-t-il entre les éléments qui composent ces diverses sortes de muscles des différences importantes ?

Les éléments du muscle sont les *fibres musculaires* (fig. 20), enveloppées d'une membrane conjonctive, le *sarcolemme* (A, *e*, *sl*), qu'il suffit de déchirer pour pouvoir extraire quelques fibres du muscle.

1er *Stade*. — Les fibres d'un muscle de l'intestin, par exemple (A, *h* et B, *a*), sont des cellules fusiformes, de longueur 40 à 200 μ (μ = $\frac{1}{1\,000}$ de millimètre) avec un protoplasme granuleux et un noyau allongé. On les appelle *fibres-cellules* où *fibres lisses*. Trai-

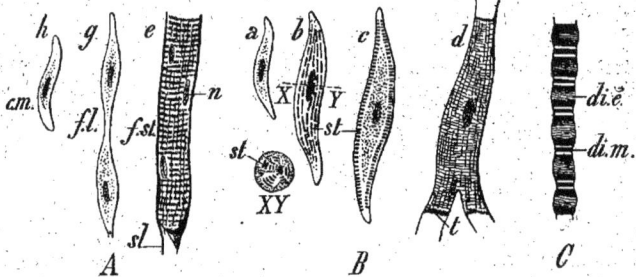

Fig. 20. — Tissu musculaire. A, éléments musculaires : *h*, cellule contractile ; *g*, fibre lisse ; *e*, fibre striée ; *sl*, sarcolemme. — B, passage de la cellule contractile *a* à la fibre striée A. *e*; *a*. cellule contractile de l'intestin (Homme) ; *b*, la même fibre traitée par l'alcool et montrant quelques stries longitudinales (XY, coupe montrant ces stries *st*) ; *c*, fibre du cœur de la Grenouille striée transversalement sur les bords ; *d*, fibre musculaire du cœur de l'Homme (apparition des deux sortes de stries) ; les cellules sont encore distinctes ; A, *e*, fibre musculaire striée proprement dite, les cellules y sont fusionnées ; *n*, leurs noyaux. (Dans la figure A, *e*, les stries transversales sont nettes et les stries longitudinales trop peu accusées.) C, fibrille musculaire formée de disques clairs et de disques obscurs superposés.

tées par l'alcool, elles présentent quelques *stries longitudinales* (*st*, B, *b*; coupe en XY, *st*).

2° *Stade*. — Les fibres du cœur de la Grenouille (B, *c*) sont composées d'un protoplasme *strié transversalement* sur le bord et granuleux à l'intérieur.

3° *Stade*. — Sur une fibre musculaire du cœur de l'Homme (B, *d*), traitée par l'azotate d'argent, on voit apparaître des traits scalariformes *t* qui délimitent les cellules constituantes. Dans chaque cellule, le protoplasme est strié dans toute son étendue et suivant les deux sens, longitudinal et transversal.

4° *Stade*. — Enfin les fibres détachées d'un muscle du bras chez l'Homme (A, *e*), fibres dont la structure est la plus complexe, présentent, dans le sarcolemme *sl*, une substance protoplasmique striée avec un certain nombre de noyaux *n* irrégulièrement distribués et déjetés sur le côté. Ce sont là les *fibres musculaires striées* dont les striations transversales apparaissent par le traitement à l'acide chlorhydrique (dilué à 1 pour 200), et les striations longitudinales par le traitement à l'alcool.

Une fibre musculaire striée résulte donc de la fusion des protoplasmes de plusieurs cellules et diffère d'une fibre lisse par un état particulier du protoplasme. Celui-ci est décomposé, dans la fibre striée, en un certain nombre de fibrilles C formées de la superposition de disques alternativement épais *di.é*, et minces *di.m*, séparés par des espaces clairs.

Le parallélisme longitudinal de toutes ces fibrilles produit la striation du protoplasme dans ce sens; la correspondance dans le sens transversal des disques épais et des disques clairs de toutes les fibrilles parallèles explique la striation transversale du protoplasme.

C'est à la déformation des éléments de ces fibrilles qu'est due la contractilité des fibres musculaires.

L'association des fibres constitue des *faisceaux* musculaires, entourés d'une gaine conjonctive qui n'est elle-même qu'une des nombreuses ramifications du réseau conjonctif interne dépendant de l'*aponévrose* protectrice du muscle total. Au milieu de ce réseau se ramifient les vaisseaux nourriciers et les nerfs excitateurs du muscle.

Tissu nerveux. — Ce tissu, qui régit les multiples fonctions de l'organisme, forme des *centres nerveux* reliés par des *nerfs* aux diverses parties du corps.

Deux formes élémentaires y sont à considérer : des *cellules nerveuses* concourant à la formation des centres et des *fibres nerveuses* qui composent les nerfs.

Cellule nerveuse. — La cellule nerveuse est d'aspect grisâtre et *ramifiée*; elle s'appelle cellule *uni-*, *bi-*, *multipolaire*, suivant qu'elle possède 1, 2 ou *n* prolongements (fig. 21, A, *C.n*). Tous ces prolongements sont eux-mêmes ramifiés ; on les désigne sous le nom de rameaux ou *expansions protoplasmiques*. L'un d'eux, dit *prolongement de Deiters*, *p. D*, considéré à tort comme simple jusqu'à ces dernières années, présente des ramifications latérales (*collatérales*, *r. co*, fig. 21 *bis*) et des *arborisations terminales*.

La cellule nerveuse et l'ensemble de ses ramifications constitue un **neurone,** unité nerveuse indépendante qui ne s'anastomose jamais ni par ses expansions protoplasmiques, ni par les arborisations de son cylindre-axe. Les ramifications d'un neurone sont en connexion *par contiguïté*, c'est-à-dire par simple contact, *et non par continuité* de substance, avec les corps ou les prolongements d'autres neurones dans la matière nerveuse.

On distingue, dans la substance grise, deux sortes de cellules nerveuses :

1° Des *cellules à cylindre-axe court, cy. c* (fig. 21 bis B) avec une arborisation terminale autour des cellules voisines ;

2° Des *cellules à cylindre-axe long, cy.l* (C), dont le prolongement se continue avec une fibre nerveuse de la substance blanche ; cette fibre émet elle-même des ramilles collatérales dans la substance blanche et s'y divise parfois en 2 ou plusieurs autres fibres.

Ces deux types de cellules sont *indistinctement* répartis dans tous les centres nerveux (voir p. 276), mais *non distribués d'une manière quelconque*.

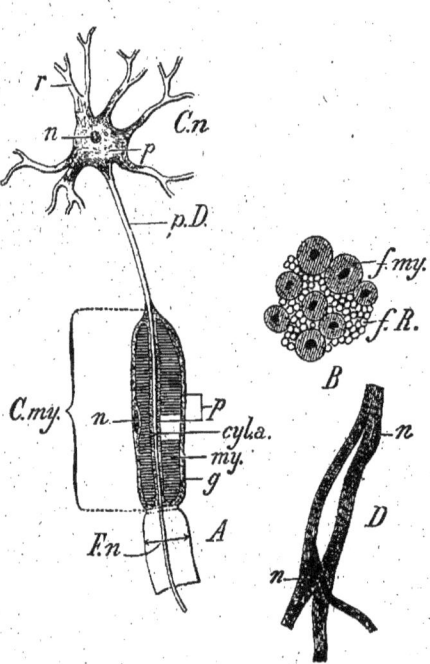

Fig. 21. — Tissu nerveux. A, cellule nerveuse multipolaire, *C.n* et son prolongement de Deiters, *p.D.*, devenant le cylindre-axe, *cyl.a*, d'une fibre nerveuse, *F.n* ; *C.my*, cellule à myéline protectrice du cylindre-axe. *p*, protoplasme de cette cellule formant la gaine de Schwann, *g*, avec le noyau, *n* ; *my*, myéline. — B, coupe transversale d'un nerf montrant l'association des fibres à myéline, *f.my* et des fibres de Remak, *f.R.* — D, fibres de Remak isolées.

Le protoplasme de la cellule nerveuse est nu, avec un noyau généralement sphérique ou ovoïde, peu riche en chromatine. La substance protoplasmique comprend deux substances : l'une granuleuse, l'autre fibrillaire dont les fibrilles variqueuses se continuent dans les expansions cellulaires ; dans le prolongement cylindre-axile, elles forment un faisceau plus cohérent et sont plus difficiles à observer : d'où l'apparence hyaline de ce prolongement.

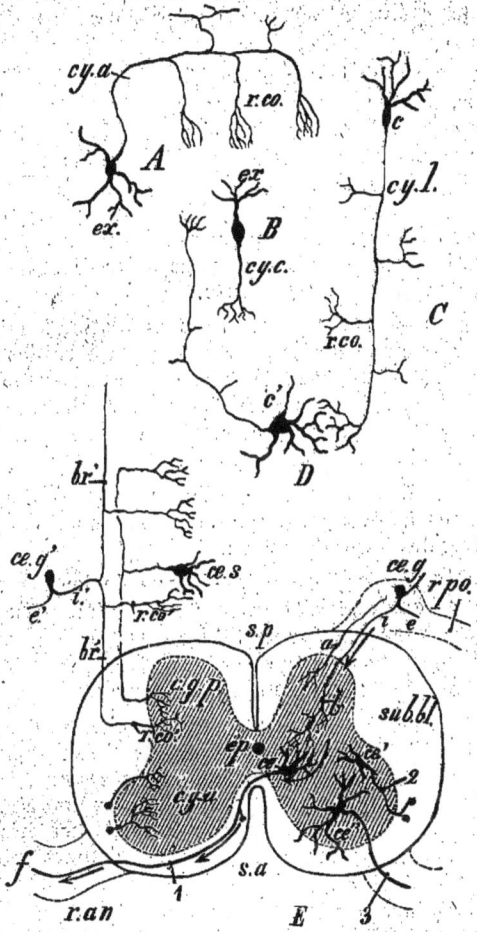

Fig. 21 bis. — Structure du système nerveux. — A, cellule nerveuse avec expansions protoplasmiques, *ex*, et cylindre-axe, *cy.a*, émettant des ramilles collatérales, *r.co*. — B, cellule nerveuse à cylindre-axe court, *cy.c*. — C, cellule nerveuse à cylindre-axe long, *cy.l*. — D, contact. — E, section schématisée de la moelle épinière. *s.a*, sillon antérieur ; *s.p*, sillon postérieur ; *sub.bl*, substance blanche ; *c.g.a*, *c.g.p*, cornes grises antérieure et postérieure ; *ép*, canal de l'épendyme ; *r.an*, racine antérieure d'un nerf rachidien du côté droit ; *r.po*, racine postérieure d'un nerf rachidien du côté gauche ; *ce*, cellule commissurale ; *ce'*, cellule de cordon ; *ce''*, cellule radiculaire motrice ; *ce.g*, cellule nerveuse (appartenant au ganglion de la racine postérieure, *r.po*) à cylindre-axe bifurqué : *e*, branche externe ; *i*, branche interne ramifiée dans la substance blanche comme il est indiqué pour la branche, *i'*, d'une cellule ganglionnaire identique, *ce.g'* (on supposera que cette dernière appartient au ganglion d'une racine nerveuse insérée au-dessus de la section de la moelle figurée ici) ; *ce.s*, cellule de la substance grise (corne grise postérieure), située à un niveau supérieur à la section ci-jointe.

Fibre nerveuse. — Les nerfs sont formés de deux sortes de fibres : les *fibres à myéline* et les *fibres de Remak* sans myéline.

Pour comprendre la structure d'une *fibre à myéline*, il suffit d'imaginer, enfilées autour du cylindre-axe, sur toute sa longueur et comme autant de grains d'un chapelet, des cellules adipeuses très allongées dont la graisse, appelée *myéline*, renferme beaucoup de lécithine (matière grasse phosphorée). Chaque cellule (fig. 21, *C. my*) présente alors une faible gaine protoplasmique, *p*, contiguë au cylindre-axe, un manchon de myéline *my*, une gaine protoplasmique extérieure *g*, appelée *gaine de Schwann*, avec le noyau, *n*, de cette cellule adipeuse.

Les *fibres de Remak*, *D*, présentent une striation longitudinale et sont entourées d'une masse protoplasmique avec des noyaux, *n*, au voisinage des points où elles se séparent. Dans les nerfs, en effet, tandis que les fibres à myéline sont parallèles, les fibres de Remak forment, en s'unissant et en se divisant, un plexus à mailles orientées dans tous les plans.

Sur une section transversale d'un nerf (B), on aperçoit les grosses fibres à myéline, *f.my*, et tout autour les fibrilles, *f.R*, constitutives des fibres de Remak.

Les nerfs se divisent, au point de vue de leurs fonctions, en *nerfs de la vie animale* (sciatique, radial, cubital, etc.), et en *nerfs de la vie organique* (nerfs sympathiques, etc.). Les premiers (B) possèdent en majeure partie des fibres à myéline ; les autres ne contiennent presque que des fibres de Remak.

Quelle que soit la nature de ces fibres, elles sont enveloppées dans une gaine conjonctive (*gaine de Henle*) ; la substance conjonctive se complique à mesure que l'on considère des faisceaux plus importants de fibres nerveuses. Des vaisseaux sanguins pénètrent dans le tissu intrafasciculaire pour y porter les matériaux utiles à l'entretien de la substance nerveuse. Les échanges entre la fibre nerveuse et le plasma sanguin qui la baigne sont très actifs, dans la fibre à myéline, au niveau des étranglements qui limitent les cellules adipeuses, *C.my* ; ils sont beaucoup moins rapides dans la fibre de Remak.

Nous trouvons ici, comme au sujet des muscles lisses et des muscles striés, un rapport évident entre l'activité d'un tissu (mesurée par ses étranges nutritifs) et la fonction qu'il doit remplir.

Organes. Appareils. — Ces divers tissus s'associent de manières diverses et constituent des *organes* chargés de produire un travail déterminé . l'œil, l'oreille, le rein, l'estomac sont des organes.

Les organes qui concourent à l'accomplissement d'une même fonction générale forment ensemble un *appareil*.

Tout **appareil** *remplit une* **fonction**.

L'étude des appareils dont se compose un être est le but de l'*Anatomie ;* la *Physiologie* en envisage les fonctions.

CHAPITRE II

ORGANISATION GÉNÉRALE DES ANIMAUX

Fonctions et appareils. — Les animaux sont *sensibles* et se *meuvent* pour chercher leur *nourriture :* ces caractères nous permettent de comprendre l'organisation de tous les animaux.

Sollicités par la *sensation* de la faim, ces êtres se mettent en **relation** avec le monde extérieur et explorent l'espace de manières diverses (*mouvements* de cils vibratiles, de tentacules, jeu d'organes spéciaux, dits *organes des sens*), en vue de capturer une proie. . . . . [**Fonctions de relation**].

Quand ils se sont emparés de l'*aliment*, les animaux s'en **nourrissent** : pour cela, ils lui font subir des transformations propres à le rendre liquide et absorbable : ils le *digèrent*. En même temps, ils puisent dans le milieu extérieur l'oxygène, sans lequel tout être ne saurait vivre : ils *respirent*. Aliments absorbés et oxygène pénètrent dans le milieu intérieur du corps (sang) qui *circule* entre les organes pour porter à chacun d'eux les matériaux nécessaires (*assimilation*) et drainer les résidus de leur activité vitale (*désassimilation*).

Des organes spéciaux (glandes) éliminent ces résidus du milieu intérieur par la *sécrétion* de produits qu'ils rejettent au dehors (*excrétion*). . . . . [**Fonctions de nutrition**].

En résumé, l'organisme animal accomplit deux sortes de fonctions : les *fonctions de nutrition* (digestion, respiration, circulation, assimilation et sécrétion) et les *fonctions de relation* (locomotion et sensibilité).

A chaque fonction correspond un appareil spécial, tout au moins chez les animaux supérieurs, tandis que chez les êtres inférieurs cette distinction est moins nette.

Répartition générale des organes dans le corps. — Le corps de l'Homme, considéré en particulier, présente trois parties essentielles : la tête, le tronc et les membres (fig. 22).

Le squelette et les muscles forment la charpente de ces trois régions :

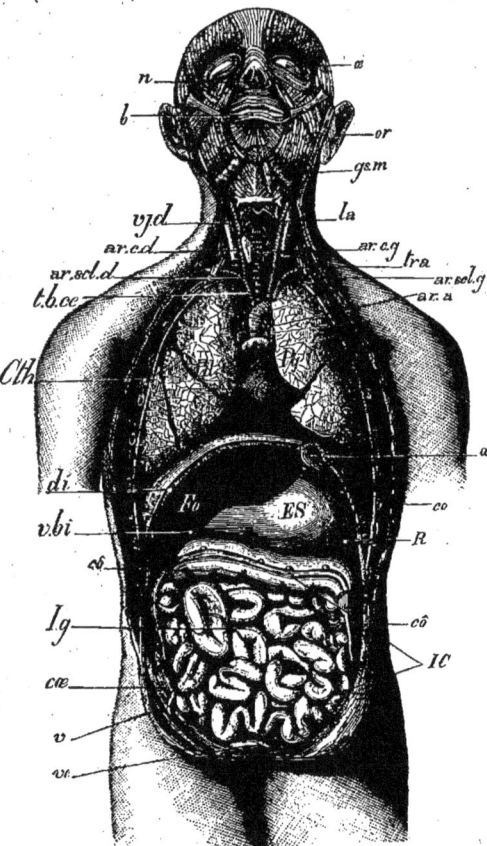

Fig. 22. — Répartition des principaux organes du corps. Tête : œ, œil ; n, nez ; b, bouche ; or, oreille ; gsm, glande sous-maxillaire. Tronc : la, larynx ; tra, trachée-artère ; Pd et Pg, poumons droit et gauche ; Cth, cavité thoracique ; co, côte ; di, muscle diaphragme ; C, cœur ; ar.a, artère aorte ; t.b.ce, tronc brachio-céphalique ; ar.c.d et ar.c.g, artères carotides droite et gauche ; ar.scl.d, et ar.scl.g, artères sous-clavières droite et gauche ; vj.d, veine jugulaire droite. Œs, œsophage. ES, estomac ; I.g, intestin grêle ; cæ, cæcum ; cô, côlon ; Fo, foie ; v.bi, vésicule biliaire ; R, rate ; ve, vessie.

1° Dans la *tête* sont logés les *centres nerveux* formant l'encéphale (cerveau, cervelet et bulbe), les organes *des sens* (vue, ouïe, odorat et goût) et la première partie du *tube digestif* (bouche et pharynx).

2° Le *tronc* comprend la *moelle épinière*, centre nerveux logé dans le canal rachidien de la colonne vertébrale, et une *cavité*

TABLEAU IV.
Des fonctions et des appareils.

		Fonctions.	Appareils chez l'Homme.
FONCTIONS	de nutrition	Digestion...............	Appareil digestif.
		Respiration.............	Poumons. Peau.
		Circulation.............	Cœur et vaisseaux.
		Assimilation...........	Cellules vivantes.
		Sécrétion et excrétion...	Glandes.
	de relation	*de mouvement.* { Locomotion............	Squelette et muscles.
		Phonation.............	Appareil vocal (larynx).
		de sensibilité. { Innervation............	Système nerveux.
		Cinq sens..............	Organes des sens.

Répartition générale des organes du corps (Homme).

CORPS.
- Tête....................... { Centres nerveux (encéphale). / Organes des sens spéciaux. / Première partie du tube digestif.
- Tronc.
  - Moelle épinière.
  - *Cavité générale.*
    - *Cavité thoracique.* { Cœur. / Poumons.
    - ———Muscle diaphragme.———
    - *Cavité abdominale.* { Estomac. Intestin. Foie. Pancréas. / Rate. / Reins et vessie.
- Membres.

Le squelette et les muscles forment la charpente du corps.

---

générale qui abrite les viscères du corps. Cette cavité est divisée par le *muscle diaphragme* en deux parties : la *cavité thoracique* renfermant le *cœur*, la *trachée-artère* et les *poumons*, l'*œsophage*; la *cavité abdominale* avec la dernière partie du *tube digestif* (*estomac*, *intestin* et ses glandes annexes, le *foie* et le *pancréas*), la *rate*, l'*appareil urinaire* (*reins* et *vessie*).

3° Les *membres* sont formés en majeure partie par des *os* et des *muscles* très développés.

La forme extérieure du corps est symétrique par rapport à un plan médian vertical dirigé d'avant en arrière. Tout être possédant un pareil plan de symétrie est pourvu d'une *symétrie bilatérale*.

D'un rapide coup d'œil jeté sur l'organisation de l'Homme et des animaux supérieurs tout au moins, on peut tirer la déduction suivante : la tête est le siège des organes qui président à l'harmonie des fonctions de l'individu et à ses relations avec le monde extérieur; le tronc contient les appareils de nutrition; les membres comprennent les organes de locomotion.

FONCTIONS DE NUTRITION

CHAPITRE PREMIER

DIGESTION

La digestion est la fonction par laquelle tout animal puise, dans le milieu qui l'entoure, des substances nutritives (*aliments*) qu'il transforme en matières liquides et absorbables, par l'action de réactifs appropriés ou *sucs digestifs*. Les résidus de la digestion sont rejetés au dehors ; ce sont les excréments.

Le *tube digestif* dans lequel s'accomplissent ces réactions est donc un véritable laboratoire.

Nous étudierons successivement les aliments et les transformations qu'ils peuvent subir, puis l'appareil digestif dont nous définirons le mode d'action sur les matières qui lui sont confiées.

§ 1. — ALIMENTS

L'alimentation est nécessaire. — Tout être vivant grandit pendant le jeune âge, acquiert un certain développement qu'il conserve dans l'âge adulte, puis s'affaisse et meurt.

Pendant son existence, les cellules ouvrières de la première heure se sont épuisées ; elles ont disparu et ont été remplacées par d'autres n'ayant elles-mêmes qu'une courte durée, et ainsi de suite.

Nous devons donc entretenir ou remplacer constamment les cellules qui forment nos organes. Pour remplir ce but, nous prenons des *aliments* destinés à couvrir les pertes subies sous la forme d'eau, de gaz carbonique, d'urée, de cholestérine, etc.

L'alimentation doit être suffisante. — Elle doit suffire au double point de vue de la *quantité* et de la *composition* des substances absorbées.

1° *Quantité. Rations.* — *L'être adulte* doit simplement réparer ses pertes, puisqu'il ne grandit plus ; la quantité de nourriture qui lui est nécessaire par jour s'appelle *ration d'entretien*.

Tableau VII.

Digestion.

Alimentation.
- *Elle est nécessaire.* Mort d'un animal par *inanition* quand il a consommé les $\frac{4}{10}$ de sa propre substance.
- *Elle doit être suffisante* comme :
  - *Quantité* : Rations d'entretien, de travail, d'accroissement.
  - *Composition chimique.*
    - 12 corps simples nécessaires : (C, H, O, Az, S, Ph, Cl, Na, Ca, K, Mg, Fe).
    - Matières alimentaires (leur proportion).
      - Matières azotées. 1
      - Hydrates de carbone......... 3.48
      - Corps gras..... 0.45
      - Sels minéraux.
- *Elle doit être mixte* · formée d'aliments ternaires (C, H, O) et d'aliments azotés (C, H, O, Az).

Classification des aliments organiques
- *ternaires..*
  - Hydrates de carbone.
    - Sucres.....
      - Glucose (sucre de raisins).
      - Fructose (— fruits).
      - Saccharose (— cannes, de betteraves).
    - Amylacés..
      - Amidon Fécule.
      - Dextrines Glycogène.
  - Corps gras............
    - Graisses (origine animale).
    - Huiles (— végétale.
    - Beurres (préparations artificielles).
- *azotés*............
  - Albumines (animales et végétales).
  - Caséines (id.).
  - Globulines (globules du sang).
  - Myosine (muscles).
  - Fibrine (sang).
  - Peptones (transformation chimique des précédentes).

Cette ration n'a rien d'absolu ; elle dépend uniquement de la déperdition du corps, variable elle-même avec les saisons, les climats, la nature du travail effectué, etc. Un homme dont les muscles fatiguent beaucoup par le travail des champs a besoin d'une nourriture plus substantielle que celui qui fait des écritures de bureau. De même, la ration d'entretien du journalier doit être plus faible dans les jours de repos que pendant les jours de travail. Cette dernière s'appelle *ration de travail.*

L'animal jeune, dont les organes grandissent, doit recevoir une quantité de nourriture supérieure à celle qui est nécessaire à un être adulte du même poids. Il lui faut une *ration d'accroissement* proportionnée à la rapidité de son développement.

Une nourriture insuffisante comme quantité détermine l'*inanition* chez l'être qui la subit, avec perte graduelle de poids et refroidissement; la mort survient chez l'homme en état d'inanition, quand il a perdu les $\frac{4}{10}$ de son poids primitif. Les tissus atteints d'abord sont les graisses, puis la rate, le foie, le cœur, les muscles; ceux qui sont attaqués en dernier lieu sont les centres nerveux.

2° *Composition des matières absorbées.* — La nature des principes destinés à réparer un organisme vivant doit être identique à celle des éléments qu'il a perdus. Or l'analyse chimique des tissus animaux y révèle la présence de 12 corps simples, dont quatre absoluments essentiels, le *carbone*, l'*hydrogène*, l'*oxygène* et l'*azote*; le *phosphore* et le *soufre* sont très fréquents; le *chlore*, le *sodium*, le *calcium*, le *magnésium*, le *potassium* et le *fer* sont moins abondants dans nos tissus.

L'être vivant doit trouver ces corps simples dans son alimentation et proportionnellement à leur fréquence.

Ainsi l'homme adulte, dont le poids moyen est de 65 kilogrammes, perd en 24 heures environ 20 grammes d'azote, 300 grammes de carbone, 30 grammes de sels et 2 000 grammes d'eau.

Les matières alimentaires propres à réparer ces pertes sont des substances minérales (eau, sel marin, carbonates et phosphates de sodium, de calcium, etc.) et des matières organiques rangées habituellement en trois catégories :

1° Les *matières azotées* composées de : carbone, hydrogène, oxygène et azote (albumine de l'œuf, caséine du fromage, myosine des muscles, gluten ou fibrine végétale des céréales, légumine des pois, des haricots, etc.) ;

2° Les *hydrates de carbone* formés de . carbone, hydrogène et oxygène (glucose, sucre des fruits et du lait, fécule de pommes de terre, amidon du blé, glycogène du foie, etc.) ;

3° Les *matières grasses*, de même composition élémentaire que les hydrates de carbone (graisses, huiles, beurres).

Dans l'*alimentation complète* de l'homme adulte, ces matières figurent :

Substances azotées, pour la proportion de............ 1
Hydrates de carbone.................................. 3,48
Matières grasses..................................... 0,45

L'alimentation ainsi entendue est dite *mixte*; elle renferme à la fois des substances ternaires (C, H, O) et des substances azotées (C, H, O, Az).

L'alimentation complète qui, *sous le plus petit volume*, convient à un homme adulte, conformément à ces données, est fournie par les types de la ration d'entretien et de la ration de travail (ration de campagne) usitées dans l'armée française :

DIGESTION.

Tableau VIII.

Appareil digestif.

Appareil digestif dans la série animale (fig. 23).................
- Simple vacuole digestive (Protozoaires)..
- Cavité avec un seul orifice : bouche (Cœlentérés, quelques Échinodermes).
- Cavité avec deux orifices : bouche et anus (Animaux supérieurs).

Appareil digestif chez l'Homme (fig. 24).

SES DIVERSES RÉGIONS	SES GLANDES ANNEXES	SES FONCTIONS
Bouche. Pharynx. Œsophage.	Gl. salivaires.	Préhension, Mastication, Insalivation. Déglutition.
Estomac. Intestin grêle. Gros intestin. Anus.	Gl. gastriques. Pancréas, Foie et Gl. de Lieberkühn.	Chymification. Chylification et Absorption intestinale. Défécation.

(Gl. muqueuses)

I. — Bouche.

Sa description (fig. 25).

1° **Préhension** des aliments solides et liquides.

2° **Mastication** due
- à la *mobilité* du maxillaire inférieur (fig. 26) dans les cavités glénoïdes des os temporaux.
- au jeu des *dents* portées par les os maxillaires.

Muscles moteurs du maxillaire infér. (fig. 27 et 28).
- M. élévateurs = M. *temporal* et M. *masséter*.
- M. abaisseur = *Muscle digastrique*.
- M. pour mouvements latéraux = M. *ptérygoïdiens*.

Dents (fig. 29 à 33)

leur constitution....
- *Couronne* hors de la gencive.
- *Collet*..............
- *Racine* dans l'alvéole dentaire.

leurs formes..
- *Incisives* servent à *couper* les aliments.
- *Canines* — *déchirer* —
- *Molaires* — *broyer* —

leur structure.
- *Émail* : protège l'ivoire (couronne).
- *Ivoire* : partie fondamentale.
- *Cément* : protège l'ivoire (racine).
- *Pulpe dentaire* : nourrit la dent.

leur position sur les maxillaires. *Formule dentaire*....
- *Dentition de lait* : $I = \frac{2}{2}$, $C = \frac{1}{1}$, $M = \frac{2pm}{2pm}$.
- — *remplacement* : $I = \frac{2}{2}$, $C = \frac{1}{1}$,
- $M = \frac{2pm + 3gm}{2pm + 3gm}$.

Ration d'entretien.

Pain....................	1 000 gr.		121 gr. de matières azotées.
Viande non désossée.....	300 —	correspondant à	430 — d'hydrates de carbone.
Légumes frais...........	100 —		55 — de graisses.
— secs..........	30 —		

Ration de travail (ration de campagne).

150 grammes de matières azotées.
500 — d'hydrates de carbone.
60 — de graisses.

Aucun aliment unique ne possède une composition répondant aux exigences de la ration d'entretien, de travail ou d'accroissement, sauf le lait et l'œuf, qui sont des aliments parfaits pour le jeune animal. C'est précisément en partant de ces deux types d'aliments qu'on a pu déterminer les rapports 1, 3,48 et 0,45 mentionnés plus haut.

Notions sommaires sur les aliments. — Aliments ternaires. — Ils comprennent les *hydrates de carbone* de formule générale $C^m(H^2O)^n$ et les *corps gras* de formule générale $C^mH^nO^p$.

1° *Hydrates de carbone.* — Ce sont les *sucres* et les matières *amylacées* qui, par ébullition prolongée au contact de l'eau légèrement acidulée, se transforment en sucres.

(*a*). *Sucres.* Le plus important de tous est le *glucose* ou sucre de raisins ($C^6H^{12}O^6$), abondamment répandu dans la nature vivante (urine des diabétiques, miel, fruits sucrés), très soluble dans l'eau et l'alcool; il jouit de propriétés réductrices (liqueur de Fehling, azotate d'argent).

Le *fructose* ou sucre de fruits ($C^6H^{12}O^6$) accompagne le glucose dans la plupart des fruits sucrés; il est plus soluble que lui dans l'eau. Le sucre de cannes ou *saccharose* ($C^{12}H^{22}O^{11}$) est abondant dans la sève de beaucoup de plantes (canne à sucre, érable, betterave); c'est le sucre du commerce, soluble dans l'eau, peu dans l'alcool. Quand sa solution aqueuse, additionnée de quelques gouttes d'acide chlorhydrique ou sulfurique, est soumise à l'ébullition pendant quelque temps, le saccharose s'hydrate et se transforme en *sucre interverti*, mélange de glucose et de fructose en parties égales :

$$C^{12}H^{22}O^{11} + H^2O = C^6H^{12}O^6 + C^6H^{12}O^6$$
$$\text{Saccharose.} \qquad \text{Glucose.} \qquad \text{Fructose.}$$

(*b*). *Matières amylacées.* Très abondantes dans les végétaux surtout, où on les trouve sous la forme d'*amidon*, de *fécule*, de *dextrine*, d'*inuline*. Ces substances se rencontrent aussi dans les cellules animales sous la forme de *glycogène*, de *paramylon*, etc. Leur formule générale est $(C^6H^{10}O^5)^n$, n valant 5, 4, 3 ou 2.

L'*amidon* ou la *fécule* se présente en grains arrondis ou ovoïdes, de dimensions variables avec les espèces végétales considérées, formés de couches superposées (voir *Anatomie végétale*, page 489).

Soumis à l'action de l'eau à la température de 60° environ, les grains d'amidon s'y gonflent sans s'y dissoudre et donnent l'empois d'amidon. En réalité, les grains d'amidon sont formés de deux substances: la *granulose*, rapidement soluble dans l'eau légèrement acidulée par l'acide sulfurique et colorable en bleu par l'iode, et l'*amylose*, moins facile à attaquer et colorable en jaune par l'iode.

Par l'action prolongée de l'eau à l'ébullition, l'amidon subit une hydratation progressive, se transforme en une série de *dextrines* $(C^6H^{10}O^5)^5$, $(C^6H^{10}O^5)^4$, $(C^6H^{10}O^5)^3$, $(C^6H^{10}O^5)^2$ et en *maltose* $C^{12}H^{22}O^{11}$; enfin la dextrine proprement dite $C^6H^{10}O^5$ et le maltose s'hydratent et se transforment en *glucose*.

DIGESTION.

TABLEAU IX.

Appareil digestif (suite).

I. — BOUCHE (suite).

3° **Insalivation.** Les aliments mâchés sont imprégnés de *salive* sécrétée par les *glandes salivaires* (fig. 36).

- Glandes salivaires
  - Diverses sortes.
    - *Glandes parotides* : canal de Sténon.
    - *Glandes sous-maxillaires :* canal de Wharton.
    - *Glandes sublinguales :* canaux de Rivinus.
  - Leur structure. Glandes en grappe (fig. 35).

- Salive.
  - Sa composition. Eau, sels, *ptyaline*.
  - Son rôle
    - mécanique...
      - Salive parotidienne aide à la mastication.
      - Salive sous-maxillaire aide à la gustation.
      - Salive sublinguale aide à la déglutition.
    - chimique.
      - *Transformation des matières amylacées en glucose par hydratation.*

II. — PHARYNX.

Sa constitution et ses rapports (fig. 25).

4° **Déglutition.** Les aliments, roulés en bols alimentaires, sont avalés en deux temps :
1° Oblitération des fosses nasales postérieures.
2° Ascension du pharynx, oblitération de la trachée-artère, chute du bol alimentaire dans l'œsophage.

III. — ŒSOPHAGE.

- Constitution.
  - Tunique *fibreuse* externe.
  - Tunique *musculeuse* moyenne
    - à fibres longitudinales.
    - — annulaires.
  - Tunique *muqueuse* interne.

Les contractions des fibres musculaires font progresser les aliments vers l'estomac.

IV. — ESTOMAC.

Sa forme et ses rapports (fig. 25 et 38).

- Paroi.
  - Tunique *séreuse* externe (*Péritoine*, fig. 42).
  - Tunique *musculeuse* (fig. 38 A).
  - Tunique *muqueuse* (fig. 15 A') avec glandes
    - gastriques (fig. 15 B').
    - muqueuses.

5° **Chymification.** Les aliments forment une bouillie épaisse (chyme) dans l'estomac.
Glandes gastriques en tubes ramifiés, sécrètent le suc gastrique.

- Suc gastrique.
  - Sa composition. Eau, sels, *acide chlorhydrique* et *pepsine*.
  - Son rôle.
    - *Dissocie les matières albuminoïdes et les transforme, par hydratation, en peptones solubles.*

2° *Corps gras*. — Les graisses et les huiles se rencontrent chez les animaux et les végétaux dont elles constituent les réserves nutritives. Elles résultent du mélange e plusieurs substances, dont la *stéarine*, la *margarine* et l'*oléine* sont les principales.

Soit la *stéarine* : c'est un éther obtenu par la combinaison d'une molécule de *glycérine* (alcool triatomique) avec 3 molécules d'*acide stéarique* et perte de 3 molécules d'eau :

$$\left\{\begin{array}{l} CH^2OH \\ | \\ CH\ OH \\ | \\ CH^2OH \end{array}\right\} + 3[C^{17}H^{35}(COOH)] = \left\{\begin{array}{l} CH^2O \\ | \\ CH\ O \\ | \\ CH^2O \end{array}\right] (C^{17}H^{35}.CO)^3\right\} + 3H^2O.$$

Glycérine.   Acide stéarique.   Stéarine.   Eau.

$(C^3H^8O^3)$ $(C^{18}H^{36}O^2)$ $C^3H^5O^3(C^{18}H^{35}O)^3$

La *margarine*, formée de la même manière avec l'acide margarique $[C^{15}H^{31}(CO^2H)]$ a pour formule $C^3H^5O^3(C^{17}H^{33}O)^3$; et l'*oléine*, formée par la combinaison de la glycérine avec l'acide oléique $[C^{17}H^{33}(CO^2H)]$, se représente par $C^3H^5O^3(C^{18}H^{33}O)^3$.

Ces composés peuvent être détruits, *saponifiés*, par l'action de l'eau surchauffée ; les acides organiques sont mis en liberté et la glycérine reformée par hydratation. Une base comme la potasse forme avec les acides stéarique, margarique et oléique des stéarate, margarate et oléate de potasse solubles dans l'eau.

Plus un corps gras renferme de stéarine, plus il a une consistance solide ; plus il renferme d'oléine, plus sa consistance est huileuse.

Aliments azotés. — Les matières azotées constituent la plus grande partie des tissus animaux et végétaux ; ce sont des composés très complexes, incristallisables, que les réactifs altèrent facilement. On y range :

Les *albumines animales et végétales* (blanc d'œuf, sérum du sang), solubles dans l'eau, *coagulables* par la chaleur et par les acides minéraux ; les flocons d'albumine coagulée se dissolvent à chaud dans l'acide chlorhydrique étendu, dans l'acide acétique, etc. ;

Les *caséines* (substance albuminoïde principale du lait, gluten du blé, légumine des pois et des fèves, etc.), qui précipitent de leurs dissolutions ou plasmas naturels dès que, par addition des acides les plus faibles, on neutralise les carbonates ou phosphates alcalins auxquels elles sont unies ;

Les *globulines* (globules rouges du sang), insolubles dans une dissolution étendue de sel marin et alors coagulables par la chaleur ;

La *fibrine* du sang, insoluble dans l'eau, très gonflable mais insoluble dans l'eau acidulée faible, très lentement soluble dans l'eau additionnée de chlorure de sodium ;

La *myosine* des muscles ; les *peptones*, très solubles dans l'eau.

L'une des propriétés fondamentales des substances albuminoïdes, même solubles dans l'eau, est de ne pouvoir traverser les membranes, les peptones exceptées. Elles ne sont pas *dialysables*.

Ainsi les matières albuminoïdes contenues dans l'intestin ne pourront en traverser la paroi, si elles ne sont amenées à l'état de peptones. Si donc dans un *dialyseur* (manchon de verre fermé à l'une de ses extrémités par une membrane animale) on verse une solution d'albumine et des sels, et qu'on plonge à moitié dans l'eau pure le vase ainsi constitué, les sels traverseront la membrane, tandis que l'albumine y restera seule. Les peptones, au contraire, eussent facilement dialysé.

Sous l'influence des sucs digestifs, toutes ces catégories d'aliments subissent des modifications chimiques ayant pour but de les hydrater et de les rendre solubles et dialysables à travers la paroi intestinale.

DIGESTION.

TABLEAU X.

Appareil digestif (suite)

V — INTESTIN.
- Parties constitutives (fig. 24, 40 à 44)
  - Intestin grêle.
    - Duodénum (ampoule de Vater, fig. 43).
    - Jéjunum.
    - Iléon (fig. 41).
  - Valvule iléo-cæcale.
  - Gros intestin.
    - Cæcum (fig. 41).
    - Côlon (fig. 24).
    - Rectum. — Anus.

- Paroi.
  - Tunique séreuse externe (Péritoine, fig. 42).
  - — musculeuse à fibres longitudinales et annulaires.
  - — muqueuse.
    - Valvules conniventes (fig. 41 et 43).
    - Villosités intestinales (fig. 44).
    - Glandes de Lieberkühn; de Brünner; follicules clos.

6° **Chylification.** — Le chyme de l'estomac est transformé en chyle très liquide, dans l'intestin.

- Glandes annexes de l'intestin grêle.
  - Glandes intestinales..
    - En tube (Lieberkühn), en grappe (Brünner).
    - Elles sécrètent le suc entérique.
  - Suc entérique.....
    - Sa composition : eau, sels, invertine.
    - Son rôle...
      - Transforme en peptone la fibrine du sang.
      - Transforme en glucose le sucre de cannes.
  - Pancréas (fig. 40).
    - Glande en grappe; sécrète le suc pancréatique conduit dans le duodénum à l'ampoule de Vater.
    - Suc pancréatique.
      - Composition : eau, sels, pancréatine.
      - Rôles..
        - Aliments féculents transformés en glucose.
        - Aliments albuminoïdes transformés en peptones.
        - Aliments gras émulsionnés.
  - Foie (fig. 40, 45 à 48).
    - Ses rapports.
    - Sa description : 4 lobes et lobules; H hépatique; hile et vésicule biliaire.
    - Lobules (fig. 47).
      - Cellules hépatiques.
      - Vaisseaux sanguins.
        - Veine porte ⟹ vaisseaux extra-lobulaires.
        - Veine sushépatique ⟸ vais. intralobulaires.
      - Canalicules biliaires ⟹ canal hépatique ⟹ canal cholédoque.
    - Bile.....
      - Composition : eau, sels à acides organiques, pigments.
      - Rôles.
        - Émulsionne les aliments gras.
        - Empêche la putréfaction du contenu intestinal.
        - Balaye les cellules épithéliales de l'intestin.

7° **Absorption** par les villosités intestinales et **défécation**.

§ 2. — APPAREIL DIGESTIF ET SES FONCTIONS

*Considérations générales. — *Un être unicellulaire ne saurait avoir de tube digestif.* L'Amibe (fig. 23, A) se déforme en poussant, dans la direction du corpuscule alimentaire dont elle veut s'emparer, des prolongements protoplasmiques ou pseudopodes. Une fois atteint, le corpuscule *c* est englobé dans les prolongements qui se soudent entre eux; une *vacuole digestive vd*, un peu plus grande que le corpuscule, renferme un *liquide acide sécrété par le protoplasme* et destiné à attaquer le corps étranger *c* pour en retirer toutes les parties assimilables. Phénomène à peu près identique chez les Infusoires.

Un grand nombre d'êtres pluricellulaires (Hydre, fig. 23 B, Corail, Méduse, etc.)

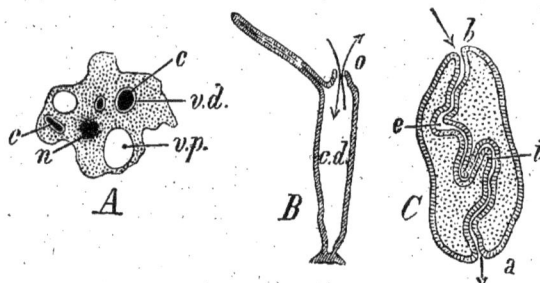

Fig. 23. — Schéma de l'appareil digestif des animaux. A, Amibe; *c*, corpuscule étranger inclus dans une vacuole digestive *v.d*; *v.p*, vacuole pulsatile; *n*, noyau. — B, Hydre; *c.d*, cavité digestive pourvue d'un seul orifice *o*. — C, Animal supérieur; *b*, bouche; *e*, estomac; *i*, intestin; *a*, anus.

présentent une cavité digestive *cd*, pourvue d'une seule ouverture *o*, servant à la fois pour l'entrée des matières alimentaires (bouche) et pour la sortie des résidus (anus).

Chez les êtres plus élevés en organisation, le tube digestif traverse le corps de part en part (fig. 23, C) et possède deux orifices : une *bouche b*, qui servira toujours à l'introduction des aliments, un *anus a* par lequel seront rejetés les excréments. Ce tube se complique d'autant plus que le degré de perfectionnement physiologique de l'animal est plus accentué; il présente alors des expansions *e* où les aliments séjournent plus longtemps (estomac), des contours *i* (intestin) d'autant plus nombreux que les transformations chimiques des aliments sont plus laborieuses.

A. — APPAREIL DIGESTIF DE L'HOMME

DESCRIPTION ANATOMIQUE ET ÉTUDE PHYSIOLOGIQUE

Les diverses régions du tube digestif de l'Homme (fig. 24) sont : la *bouche*, le *pharynx*, l'*œsophage*, l'*estomac*, l'*intestin grêle*, le *gros intestin* terminé par l'*anus*.

Cet appareil, primitivement réduit à un tube simple, présente un certain nombre de *glandes annexes* dont les unes sécrètent les réactifs (*sucs digestifs*) nécessaires à l'élaboration des aliments, et les autres une matière visqueuse facilitant la progression des substances alimentaires dans tout le trajet du tube digestif.

Tableau XI.
Digestion (fin).

APPAREIL DIGESTIF DANS LA SÉRIE ANIMALE.

2 Rôles : *Trituration* et *modification chimique* des aliments.

1° APPAREIL MASTICATEUR.

- **Vertébrés.**
  - *Mammifères*
    - homodontes (Dauphin, Tatou, ...)
    - hétérodontes
      - type carnivore (fig. 52).
      - — omnivore (fig. 30).
      - — rongeur (fig. 54).
      - — ruminant (fig. 55 et 56).
  - *Oiseaux*.....
    - actuels : bec corné; pas de dents.
    - fossiles : quelques-uns pourvus de dents les rapprochant des Reptiles Dinosauriens.
  - *Reptiles et Amphibiens*.
    - Tortues : bec corné.
    - Les autres, homodontes (fig. 57 à 61).
    - Cas des Serpents. Plusieurs rangées de dents.
  - *Poissons* : En général, plusieurs rangées de dents.
- **Arthropodes.**
  - *Insectes* (fig. 63). { Armature buccale adaptée au mode de vie : Insectes *broyeurs, lécheurs, suceurs, piqueurs*.
  - *Myriapodes. Arachnides. Crustacés* : Adaptation des appendices des segments antérieurs du corps, en vue de la mastication (mandibules, mâchoires, pattes-mâchoires (fig. 64).
- **Vers**......... Mâchoires de la Sangsue (fig. 65), crochets du Ténia.
- **Mollusques**.... *Radula;* bec corné des Céphalopodes (fig. 66).
- **Échinodermes.** Lanterne d'*Aristote* des Oursins (fig. 67).

2° TUBE DIGESTIF.

Le tube digestif d'un animal est d'autant plus long que son régime alimentaire est plus herbacé.

- **Vertébrés (fig. 68).**
  - Plus on descend dans la série des *Vertébrés*, plus le tube digestif se simplifie, en se rapprochant de la forme embryonnaire.
  - *Mammifères.*
    - Estomac simple.
    - Estomac complexe : cas des Ruminants. { Panse, bonnet, feuillet ; *caillette* (estomac chimique).
  - *Oiseaux*....
    - Estomac complexe... { Jabot (magasin); *ventricule succenturié* (est. chimique); gésier (estomac mécanique).
    - Intestin court; 2 cæcums. *Cloaque.*
  - *Reptiles* (cloaque).
  - *Amphibiens. Poissons.* { Appendices pyloriques. Valvule spirale dans l'intestin (Requin).
- **Arthropodes.**
  - *Insectes.* Estomac complexe : Jabot, gésier, *ventricule chylifique* (fig. 69).
  - *Crustacés.* Armature stomacale de l'Écrevisse.
- **Vers**......... Sangsue : 11 estomacs successifs. — Typhlosolis du Lombric (fig. 71).
- **Mollusques**..
  - Tube digestif des *Lamellibranches* (fig. 73), des *Gastéropodes* fig. 74).
  - Cas des *Céphalopodes* (estomac et sac pylorique; hépato-pancréas (fig. 75).
- **Échinodermes.** Tube digestif avec ou sans anus (quelques Stellérides).
- **Polypes.**...... Tube avec 1 orifice. Cavité gastro-vasculaire (fig. 76).

I. Bouche.

Description. — C'est une cavité (fig. 25) limitée en avant par les lèvres et les dents, sur les côtés par les joues, en haut par la voûte du palais, en bas par la langue; en arrière, le voile du palais ou *luette* sépare incomplètement la bouche du pharynx.

Cette cavité est tapissée par une membrane *muqueuse* formée

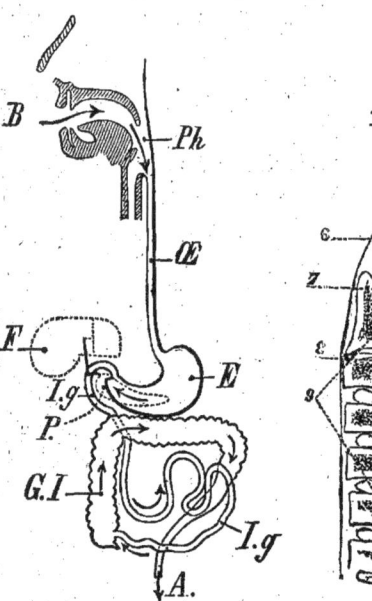
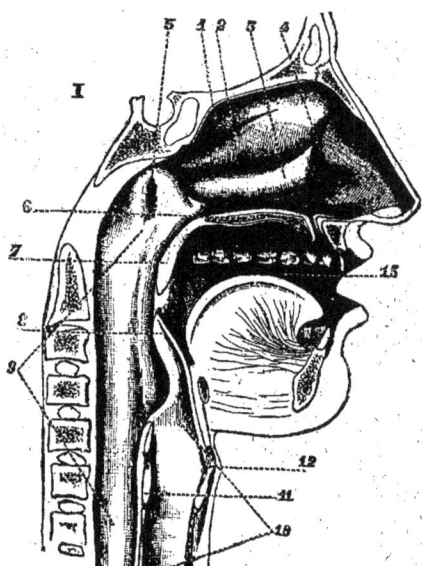

Fig. 24. — Tube digestif de l'homme. *B*, bouche; *Ph*, pharynx; *Œ*, œsophage; *E*, estomac; *Ig*, intestin grêle; *G.I*, gros intestin; *A*, anus. *F*, foie; *P*, pancréas. Les flèches indiquent la direction suivie par les aliments.

Fig. 25. — Coupe antéro-postérieure de la face : 1, 2, 3, cornets du nez; 4, orifice du canal lacrymal; 5, orifice de la trompe d'Eustache dans les fosses nasales postérieures; 6, voûte palatine; 7, voile du palais; 8, épiglotte; 9, pharynx; 10, larynx et trachée-artère; 13, bouche.

d'un derme conjonctif et d'un épithélium stratifié, continuation de l'épiderme qui recouvre la peau. Il n'existe, en effet, au niveau des lèvres, aucune interruption entre l'épiderme et l'épithélium buccal.

La muqueuse buccale recouvre intérieurement les joues, tapisse les gencives et laisse apparaître les *dents* de très bonne heure; elle présente de nombreux petits orifices par lesquels s'écoulent les produits de sécrétion des glandes qui dépendent de la bouche.

1° Préhension des aliments. — L'homme aspire les liquides après y avoir plongé les lèvres; il se saisit des aliments solides avec les lèvres et les dents.

2° **Mastication des aliments.** — Les aliments solides une fois introduits dans la bouche y sont triturés, grâce à la *mobilité de la mâchoire inférieure* qui, en se relevant, les comprime entre les *dents* dont elle est pourvue et celles de la mâchoire supérieure.

La mobilité de la mâchoire inférieure est due au jeu des muscles qui actionnent l'os maxillaire inférieur.

Maxillaire inférieur. — C'est un os en fer à cheval (fig. 26 et 27) dont les extrémités forment des branches montantes et quelque peu divergentes. Chacune d'elles est terminée en avant par une proéminence appelée *apophyse coronoïde Ap.cor*, en arrière par un *condyle Co*, surface oblongue mobile dans la *cavité glénoïde* du temporal où elle est engagée.

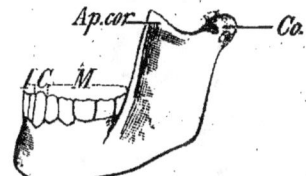

Fig. 26. — Os maxillaire inférieur. *Co*, condyle; *Ap.cor*, apophyse coronoïde; *I*, incisives; *C*, canines; *M*, molaires.

Les directions des deux condyles prolongées forment un angle obtus dont le sommet, porté en arrière, est compris dans le plan de symétrie du corps (Omnivores, fig. 53).

Le maxillaire inférieur effectue trois sortes de mouvements autour des deux points à peu près fixes constitués par ses condyles :

1° Des mouvements de haut en bas par le jeu d'un muscle abaisseur : le *muscle digastrique*;

2° Des mouvements de bas en haut par le jeu de muscles releveurs : le *muscle temporal* et le *muscle masséter*;

3° Des mouvements latéraux sous l'influence des *muscles ptérygoïdiens*.

Ces muscles sont évidemment pairs, c'est-à-dire qu'il en existe un à droite et un à gauche du plan de symétrie.

Muscle abaisseur. — Le *muscle digastrique* (fig. 27, DD') possède deux ventres; il présente l'une de ses insertions sur l'apophyse mastoïde *ap. m* du temporal (point fixe); il se dirige obliquement en avant (*D*), s'engage dans un anneau fibreux porté par l'os hyoïde *Hy*, puis va se fixer (*D'*) à la partie antérieure du maxillaire inférieur *M.i* (point mobile).

En se contractant, le digastrique fait pivoter le maxillaire inférieur autour des condyles et l'abaisse.

Muscles releveurs. — Le *muscle temporal* T, en forme d'éventail, a une insertion fixe sur l'os temporal et une insertion mobile sur l'apophyse coronoïde *ap. cor* du maxillaire inférieur.

44   DIGESTION.

Le *muscle masséter* M s'insère sur la face interne de l'arcade zygomatique *a. zyg.* (insertion fixe) et sur la face externe de la branche montante du maxillaire *M.i* (insertion mobile). Tous deux, par leur contraction, relèvent la mâchoire inférieure que la contraction du digastrique avait abaissée.

Muscles pour mouvements latéraux. — Les *ptérygoïdiens internes Pt.i* et *externes Pt. ex* (fig. 28) ont leur insertion fixe sur les

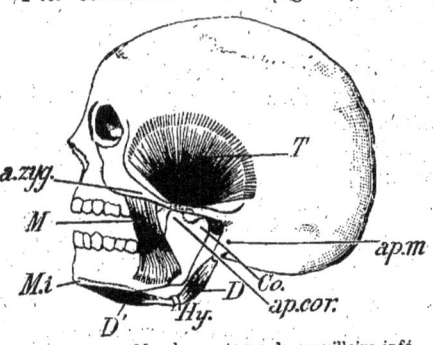

Fig. 27. — Muscles moteurs du maxillaire inférieur *M.i*. Muscles releveurs : *T*, muscle temporal inséré en bas sur l'apophyse coronoïde *ap. cor* de l'os maxillaire ; *M*, muscle masséter inséré en haut sur l'arcade zygomatique *a. zyg*. Muscle abaisseur : *D,D'*, muscle digastrique inséré en arrière sur l'apophyse mastoïde *ap.m* de l'os temporal ; il s'engage, par sa partie médiane, dans un anneau fibreux porté par l'os hyoïde *Hy* et se porte en avant vers le maxillaire inférieur.

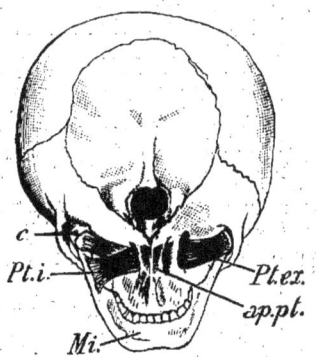

Fig. 28. — Tête vue d'arrière pour montrer les insertions des muscles ptérygoïdiens interne *Pt.i* et externe *Pt.ex* sur les apophyses ptérygoïdes *ap. pt* de l'os sphénoïde et sur l'os maxillaire.

apophyses ptérygoïdes *ap. pt* de l'os sphénoïde, à la base du crâne ; l'insertion mobile du muscle ptérygoïdien interne se trouve sur la branche montante (face interne) du maxillaire inférieur. Le muscle externe s'insère sur le condyle lui-même en *c*.

L'effet de ces muscles est un déplacement latéral des condyles dans les cavités glénoïdes ; par suite, les dents correspondantes des deux mâchoires peuvent glisser les unes sur les autres pour broyer les aliments, tout en les écrasant.

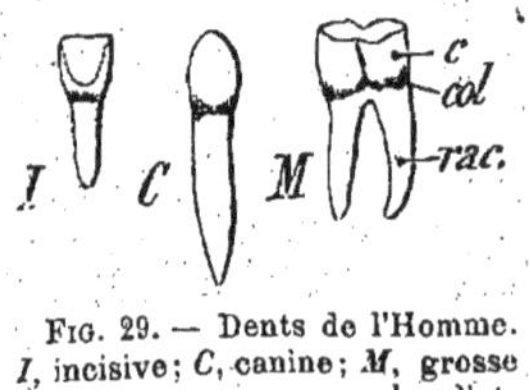

Dents. — Les dents (fig. 29) sont des corps durs résultant du bourgeonnement de l'épithélium buccal dans le derme conjonctif ; elles sont logées dans des cavités (*alvéoles dentaires*) présentées par les maxillaires supérieur et inférieur[1].

Fig. 29. — Dents de l'Homme. *I*, incisive ; *C*, canine ; *M*, grosse molaire : *c*, couronne ; *col*, collet ; *rac*, racine.

Constitution externe — Une dent M se compose de la *couronne*, *c*, extérieure à la gencive, de la *racine*, *rac*, implantée dans l'alvéole dentaire ; le *collet*, *col*, sépare ces deux régions.

1. Voir développement d'une dent, T. II, fasc. 2, p. 344.

DIGESTION. 45

Forme. — La mâchoire humaine porte trois sortes de dents :
Les *incisives* I à couronne tranchante et petite racine;
Les *canines* C à couronne conique et longue racine;
Les *molaires* M à couronne aplatie et racine simple ou ramifiée.
On appelle *prémolaires* les molaires pourvues d'une seule racine dont la couronne est assez restreinte; les *grosses molaires* possèdent une racine ramifiée.

Position des dents sur les mâchoires. Formule dentaire. — Les

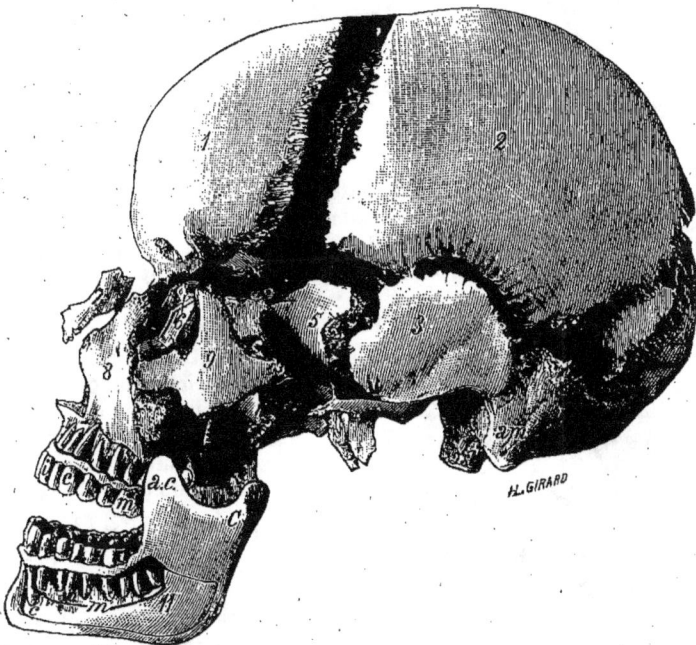

Fig. 30. — Tête désarticulée de l'Homme. 1, os frontal; 2, pariétal; 3, temporal (*am*, apophyse mastoïde; *a.st*, apophyse styloïde); 4, occipital; 5, sphénoïde; 6, ethmoïde; 7, os nasal; 8, maxillaire supérieur (*i*, incisives; *c*, canine; *m*, molaires); 9, os jugal; 11, maxillaire inférieur (*ac*, apophyse coronoïde; *C*, condyle).

incisives sont placées au milieu des mâchoires (fig. 30) et servent à *couper* les aliments, comme l'indique leur nom; les canines encadrent les incisives et servent à *déchirer*, comme les crocs du chien; les molaires, placées sur les côtés, servent à *écraser* et *broyer* les aliments, comme le feraient des meules.

Le nombre des dents est constant pour une espèce animale et peut être exprimé par une *formule dentaire*. Sur une demi-mâchoire supérieure (fig. 31) $M.s$ et sur la demi-mâchoire inférieure correspondante $M.i$, on trouve 2 incisives, 1 canine et 5 molaires (2 prémolaires et 3 grosses molaires).

Au numérateur d'une fraction spéciale aux incisives I, on écrit le nombre d'incisives (I = 2) de la mâchoire supérieure $M.s$, et au dénominateur le nombre (I = 2) de celles de la mâchoire inférieure $M.i$. On en fait de même pour les canines et les molaires.

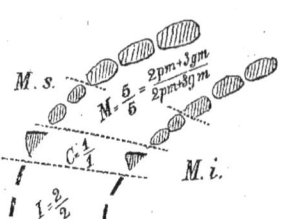

Fig. 31. — Figure schématique représentant la disposition des dents sur un demi-maxillaire supérieur $M.s$ et sur le demi-maxillaire inférieur correspondant $M.i$. La formule dentaire est inscrite entre les deux séries de dents.

Formule dentaire de l'Homme adulte :

$$I = \frac{2}{2};\ C = \frac{1}{1};\ M = \frac{5}{5} = \frac{2\ pm + 3\ gm}{2\ pm + 3\ gm}.$$

Total : 32 dents.

Cette formule ne s'applique pas à l'enfant chez qui apparaît une première série de dents (dents de lait) (fig. 32). Les dents de lait tombent à partir de six à sept ans, poussées en dehors des gencives par le bourgeonnement des dents définitives (*dents de remplacement*), qui dérivent d'ailleurs des dents de lait.

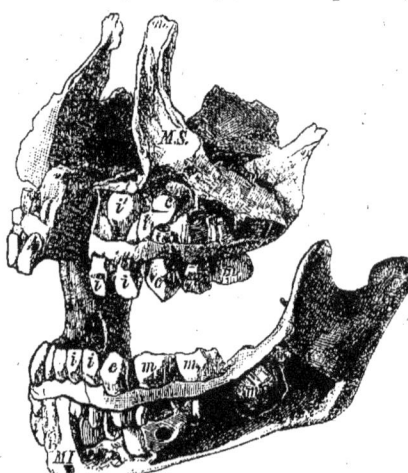

Fig. 32. — Dentition de lait. Les bourgeons des dents de remplacement sont très visibles en i', c', m' sur les os maxillaires; mg, bourgeon d'une grosse molaire.

Formule dentaire (dentition de lait) :

$$I = \frac{2}{2};\ C = \frac{1}{1};\ M = \frac{2pm}{2pm}.$$

Total : 20 dents.

Quand une grosse molaire tombe, elle n'est jamais remplacée.

Structure d'une dent. — Une dent vue en coupe (fig. 33), présente quatre parties à considérer : 1° l'*ivoire Iv*, qui en forme la substance fondamentale ; 2° l'*émail Em* protégeant l'ivoire dans toute l'étendue de la couronne ; 3° le *cément Cé* qui enveloppe la racine ; 4° la *pulpe dentaire Pu* occupant une cavité creusée dans l'ivoire.

L'*ivoire* est une substance dure, non vasculaire, traversée de dedans en dehors par une série de fibrilles molles fi plus ou moins divisées, se prolongeant dans l'ivoire d'une part et dans la pulpe d'autre part. Ces fibrilles font suite à des cellules (*odontoblastes*) *od* disposées autour de la pulpe dentaire *Pu*. Chaque fibrille est entourée d'une gaine calcifiée qu'elle a sécrétée (phosphate, carbonate et fluorure de calcium) : l'ensemble de toutes ces gaines constitue l'ivoire.

L'*émail*, couche blanche et brillante, recouvre l'ivoire ; il était composé au début de cellules prismatiques *e* qui se sont calcifiées et forment des piles assez régulières de prismes aplatis *Em*. Une cuticule mince préserve l'émail lui-même de l'attaque des acides contenus dans nos aliments ou dans leur assaisonnement.

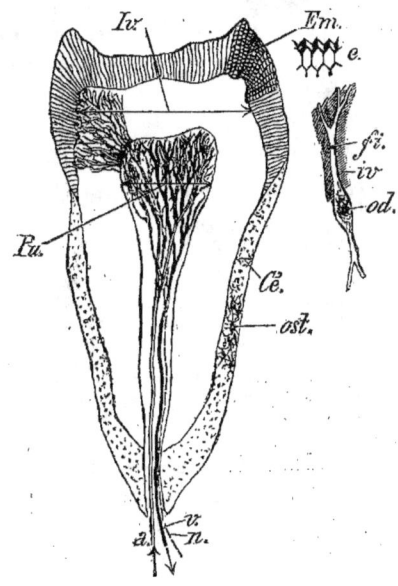

Fig. 33. — Coupe d'une dent : *Iv*, ivoire ; *Pu*, pulpe dentaire (*a*, artère ; *v*, veine ; *n*, nerf) ; *Em*, émail (à droite : *e*, cellules prismatiques primitives) ; *Cé*, cément ; *ost*, corpuscules osseux ; *od*, odontoblastes se continuant dans l'ivoire *iv* par des fibrilles ramifiées.

Le *cément* jaunâtre, qui enveloppait à l'origine toute la dent (la cuticule de l'émail en est le reste), présente une certaine analogie avec la substance osseuse : on y trouve des corpuscules osseux *ost* et des canaux de Havers dans sa partie inférieure plus épaisse.

La *pulpe dentaire* est une partie molle formée de tissu conjonctif au milieu duquel se ramifient des vaisseaux sanguins nourriciers (artère *a* et veine *v*) et un filet nerveux *n* qui donne à la dent une extrême sensibilité, lorsque l'émail et l'ivoire sont détruits en un point.

3° **Insalivation des aliments**. — A mesure qu'ils sont mâchés par les dents, les aliments sont imprégnés de *salive* sécrétée par les *glandes salivaires* et d'un mucus produit, soit par des cellules isolées, soit par de petites glandes muqueuses, logées dans l'épaisseur de la muqueuse buccale. Des glandes à mucus se trouvent d'ailleurs dans toute l'étendue du tube digestif et facilitent le glissement des matières alimentaires contre sa paroi.

Disons quelques mots de ces *cellules à mucus*. Elles sont caliciformes (fig. 15, A'); elles revêtent en particulier toute la paroi interne de l'estomac, des glandes muqueuses et des glandes sous-maxillaires de certains animaux domestiques D'abord remplies d'un protoplasme granuleux abondant a (fig. 34, A), elles présentent ensuite à leur surface libre une excavation de plus en plus prononcée b, c, remplie de mucus. Une fois ce mucus entraîné par le passage d'une matière alimentaire, la cellule, dont l'excavation est vide, a la forme d'un calice d. Elle reprendra peu à peu sa forme primitive, grâce aux éléments nutritifs qui lui sont apportés par les vaisseaux sanguins contenus dans le derme conjonctif sous-jacent.

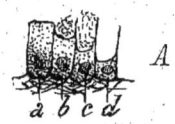

Fig. 34. — Cellules glandulaires. A, cellules à mucus à divers états : a, cellule remplie d'un protoplasme granuleux ; b, c, le mucus s'y rassemble ; d, cellule caliciforme (le mucus vient d'en être entraîné). B, cellules en croissant situées au fond de l'acinus d'une glande salivaire. C, cellules épithéliales striées d'un canal excréteur.

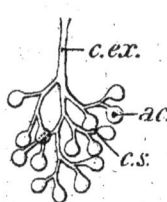

Fig. 35. — Glandes en grappe; $ac.$, acinus; $c. s.$, canal excréteur de l'acinus; $c. ex.$, canal excréteur de la glande.

Glandes salivaires. — *Leur forme.* Ce sont des *glandes en grappe*; on les appelle ainsi à cause de leur ressemblance extérieure avec une grappe de raisin. Chaque grain représenterait un *lobule* ou *acinus* $ac.$ (fig 35); les pédoncules de tous les *acini*, transformés en canaux $c.s.$, se rassemblent en un canal commun, dit *canal excréteur* de la glande $c.ex.$

Sortes de glandes salivaires. — Les glandes salivaires sont, chez l'Homme, au nombre de trois paires :

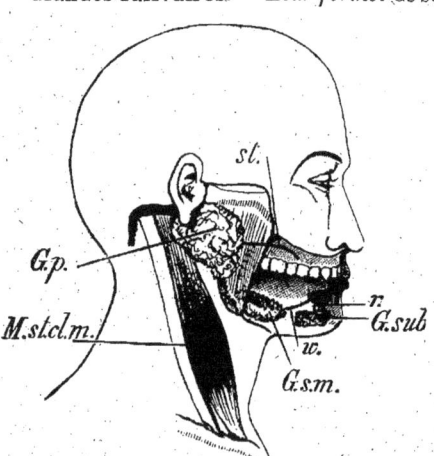

Fig. 36. — Glandes salivaires. $G. p$, glande parotide ; st, canal de Sténon. $G. s. m$, glande sous-maxillaire ; w, canal de Wharton. $G. sub$, glande sublinguale ; r, canaux de Rivinus.

1° Les *glandes parotides* (fig. 36, $G. p$) développées en avant de l'oreille et en dehors du muscle masséter ;

la salive sécrétée par chacune d'elles s'écoule dans la bouche par le *canal de Sténon st*, au niveau de la deuxième molaire supérieure;

2° Les *glandes sous-maxillaires G.s.m*, logées dans la région sus-hyoïdienne ; les deux *canaux de Wharton w* versent leur sécrétion dans la bouche de chaque côté du frein de la langue, à l'extrémité de petites papilles ;

3° Les *glandes sublinguales G. sub*, placées sous la langue ainsi que l'indique leur nom, sont formées chacune d'un certain nombre d'îlots glandulaires pourvus de canaux spéciaux (6 à 20), appelés *canaux de Rivinus r*. Ces canaux s'ouvrent dans la bouche également sous la langue.

Structure d'une glande salivaire. — Une glande, envisagée d'une manière générale, se compose d'une *portion sécrétrice Cs* (fig. 16) et d'un *canal excréteur C.ex*, revêtus de cellules épithéliales plus ou moins variées. Les cellules sécrétrices reposent sur le derme conjonctif baigné par la lymphe, les espaces libres entre les éléments conjonctifs forment une véritable gaine lymphatique *Cl* (représentée schématiquement sur la figure). A cette zone lymphatique aboutit une artère *a* qui distribue le sang nourricier autour de la glande par de nombreuses ramifications (vaisseaux capillaires) ; une veine *v* en emporte le sang rouge foncé ; la lymphe, résultant de la filtration du plasma sanguin à travers la paroi des capillaires, s'écoule par le vaisseau lymphatique *vl;* un nerf *n* apporte à la glande les ordres de sécrétion.

Les glandes salivaires sont constituées de cette manière; chaque acinus forme un cul-de-sac tel que *Cs*, revêtu de diverses sortes de cellules : des cellules granuleuses à sécrétion très liquide (glandes parotides = système aquipare de Claude Bernard), des cellules à mucus (caliciformes A, fig. 34) et des cellules en croissant *B* situées au fond des acini, dont le produit de sécrétion est épais, visqueux (glandes sous-maxillaires et sublinguales = système mucipare de Claude Bernard).

Les canaux excréteurs sont formés de cellules épithéliales striées *C*.

Composition et rôle mécanique de la salive.— La salive est un liquide renfermant des substances dissoutes et des débris épithéliaux en suspension. Elle est dite *mixte*, car elle résulte du mélange des salives *parotidienne*, *sous-maxillaire* et *sublinguale* qui n'ont ni la même composition ni le même rôle, étant donné qu'elles proviennent de glandes à épithélium différemment constitué.

La *salive parotidienne*, très liquide (995 pour 1 000 d'eau), est toujours alcaline; elle contient une quantité appréciable de phosphate et de carbonate de calcium. Elle sert à la *mastication* : les glandes parotides sont très développées chez tous les animaux qui mangent beaucoup d'aliments secs (Cheval) ; peu volumineuses chez le Chien, elles sont nulles chez les animaux aquatiques (Loutre).

La *salive sous-maxillaire*, visqueuse et alcaline, sert à la *gustation*: on voit les glandes sous-maxillaires très développées chez les Carnivores, tandis que les Oiseaux granivores en sont presque complètement dépourvus.

La *salive sublinguale*, plus épaisse que la précédente, ne peut se fragmenter en gouttes; riche en mucus, elle sert à la *déglutition* des aliments.

La *salive mixte* renferme 990 pour 1 000 d'eau tenant en dissolution des chlorures de potassium et de sodium, des carbonates et phosphates alcalins (faciles à déceler par les réactifs chimiques sur de la salive fraîche filtrée), des matières albuminoïdes, dont la *ptyaline* (ferment soluble) est précipitable par l'alcool.

Rôle chimique de la salive. — Outre son rôle consistant à maintenir toujours humide la muqueuse buccale, à en lubrifier la surface, la salive permet de transformer les aliments solides, par trituration, en une pâte grossière, partagée en *bols alimentaires* tour à tour avalés.

La salive n'a pas seulement un rôle mécanique; elle agit chimiquement sur une catégorie de substances, les matières amylacées (amidon, fécule, dextrines...) qu'elle hydrate et transforme assez rapidement en glucose. Cette saccharification de l'amidon est due à l'action énergique de la ptyaline à la température d'environ 37 degrés.

II. Pharynx.

Le pharynx (fig. 37, *Ph*) est un carrefour où aboutissent : en haut, la bouche *B* et les fosses nasales postérieures *F, np*; en bas, la trachée-artère *T.A* (par le larynx) et l'œsophage *Œ*. La base de la langue, avec l'épiglotte *Ep* au-dessus du larynx, forme la paroi antérieure du pharynx; en haut et sur les côtés sont les amygdales, comprises entre les quatre piliers du voile du palais *Lu*. Ce dernier est suspendu entre la bouche et le pharynx, au niveau de l'isthme du gosier (fig. 37, 1 à droite).

C'est dans cette région que s'accomplit la fonction de déglutition, c'est-à-dire le passage des aliments de la bouche dans l'œsophage à travers le pharynx, suivant le trajet FF.

4° Déglutition des aliments. — Ce phénomène s'opère en deux temps :

1° Le bol alimentaire, pressé contre le fond de la bouche par la langue, dont la pointe s'appuie sur le palais, s'engage sous le voile du palais qu'il relève légèrement en arrière. — 2° A ce moment, les piliers postérieurs du voile se contractent latéralement en

ff (1) et forment avec le voile une paroi pleine (2, 3) qui oblitère complètement les fosses nasales postérieures. En même temps, les fibres musculaires longitudinales de la paroi du pharynx se

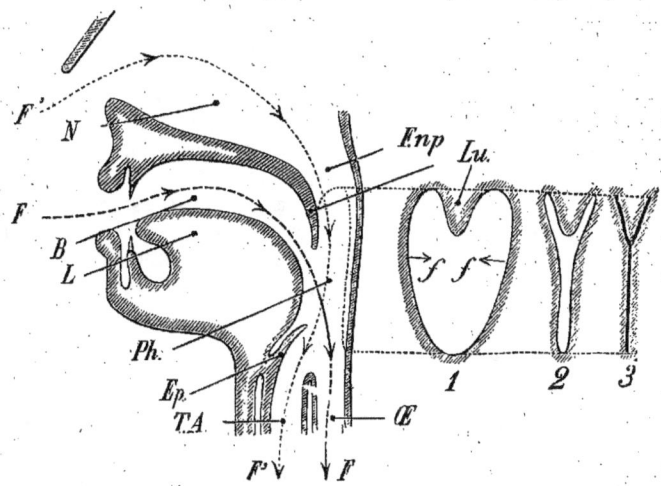

Fig. 37. — Section antéro-postérieure de la bouche et du pharynx. *B*, bouche; *Ph*, pharynx; *N*, cavité nasale; *Œ*, œsophage; *T.A*, larynx et trachée-artère; *L*, langue; *Ep*, épiglotte; *Lu*, luette ou voile du palais; *F. np*, fosses nasales postérieures. FF, trajet des aliments; F'F', trajet suivi par l'air inspiré. — 1, 2, 3, déformations successives de l'isthme naso-pharyngien pendant la déglutition.

contractent, soulèvent la trachée-artère (dont l'orifice est fermé par l'épiglotte) et l'œsophage qui, large ouvert, recueille le bol alimentaire.

III. Œsophage.

Désormais l'appareil digestif est un véritable tube membraneux comprenant trois tuniques : 1° une *muqueuse* interne ; 2° une *enveloppe musculeuse* formée de fibres musculaires circulaires en dedans et de fibres longitudinales en dehors ; 3° une enveloppe *fibreuse* pour l'œsophage, mais *séreuse* pour l'estomac et l'intestin.

L'œsophage est un tube long de 20 à 25 centimètres qui descend à travers la cage thoracique, en arrière de la trachée-artère et du cœur, et en avant de la colonne vertébrale. Il franchit le muscle diaphragme et débouche presque aussitôt dans l'estomac par l'orifice appelé *cardia*.

La muqueuse qui le tapisse possède des glandes qui facilitent le glissement du bol alimentaire. Celui-ci progresse aussi par les contractions alternatives des fibres musculaires longitudinales et circulaires de la paroi.

52 DIGESTION.

Lors de la déglutition des liquides, le diaphragme s'abaisse légèrement et tend l'œsophage transformé, par la rigidité de sa paroi, en un tube dans lequel les liquides coulent par l'effet de leur poids.

IV. Estomac.

L'estomac est une poche oblongue (fig. 24 E et fig. 38, A et B) placée transversalement au-dessous du foie et du diaphragme, à la partie supérieure de la cavité abdominale, en avant du pancréas et au-dessus du gros intestin (côlon transverse); l'estomac présente une grande courbure gc et une petite courbure pc qui s'étendent du cardia Ca (orifice de l'œsophage) au pylore Py (orifice de l'intestin).

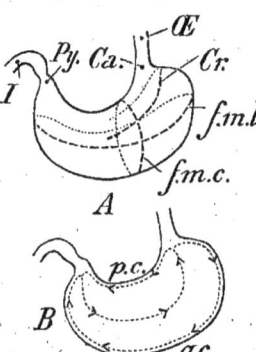

Fig. 38. — Estomac. A, figure schématique montrant la disposition des fibres dans les trois couches musculaires qui composent la paroi de cet organe : $f.m.l$, fibres longitudinales; $f.m.c$, fibres circulaires; Cr, cravate de Suisse. $\mathit{Œ}$, œsophage; Ca, cardia; Py, pylore; I, intestin. B, figure montrant le trajet suivi par les aliments brassés dans l'estomac : gc, grande courbure; pc, petite courbure.

Structure de la paroi. — L'estomac possède une *muqueuse* interne, tapissée exclusivement de cellules caliciformes (fig. 15, A'); on y voit les orifices de glandes en tubes (*glandes gastriques*, fig. 15, B') plus particulièrement nombreuses dans la région cardiaque, tandis que les glandes muqueuses sont logées au voisinage du pylore. Un réseau sanguin alimente ces organes. — La *membrane musculeuse* possède trois couches de fibres musculaires : fibres obliques internes ou cravate de Suisse (fig. 38, A, Cr), fibres circulaires $f.m.c$ et fibres longitudinales externes $f.m.l$. La membrane *séreuse* externe est formée des replis du *péritoine* (Voir page 55). La paroi du pylore contient un muscle sphincter (à fibres circulaires) qui étrangle la lumière de cet orifice.

Glandes gastriques. — Ces glandes (fig. 15, B'), en tube simple ou ramifié, renferment : des cellules caliciformes disposées dans le canal excréteur; des cellules sécrétant un liquide clair qui tient en dissolution un ferment soluble (*pepsine*) et des cellules sécrétant un liquide acide par l'acide chlorhydrique. Le suc gastrique résulte de la réunion de ces produits de sécrétion.

Suc gastrique. — 1° *Moyens de l'obtenir.* — Au dix-huitième siècle, Spallanzani obtint du suc gastrique en faisant avaler à des oiseaux de petites sphères d'argent percées de trous et contenant des fragments d'éponge. Les sphères, pourvues d'un fil, étaient retirées au bout de quelque temps et les éponges exprimées. La quantité de suc obtenu était très faible.

Aujourd'hui, on en obtient abondamment par le *procédé de la fistule* dû à l'observation suivante : Un chasseur canadien reçut la décharge de son fusil au niveau de l'abdomen ; la blessure béante qui en résulta rendit accessible à l'observation l'intérieur de l'estomac du malade. Le médecin William Beaumont parvint à guérir la plaie et fit ensuite sur le chasseur, transformé en sujet d'expérience, des observations relatives au suc gastrique et à son rôle sur les aliments.

On pratique maintenant des fistules gastriques sur le Chien.

Soit la paroi abdominale d'un Chien (fig. 39, P). On y pratique une incision au voisinage de la paroi P' de l'estomac E ; on saisit avec une pince la paroi P' qu'on fait saillir par l'ouverture de la peau. Une incision de même grandeur que la première est faite à la paroi P'. On recoud ensemble les deux membranes séreuses *sé* (l'une intérieure à la peau, l'autre extérieure à l'estomac) et ensemble aussi les deux membranes épithéliales *ep* (l'une intérieure à l'estomac, l'autre extérieure à la peau) : car deux membranes vivantes de même nature se ressoudent facilement. On introduit par l'orifice ainsi déterminé le plateau d'une canule d'argent *c* ; ce plateau, appliqué contre la paroi interne de l'estomac, porte un tube fileté sur lequel on visse une autre canule dont le plateau s'appuie sur la peau à l'extérieur. Les deux parois P et P', réunies au niveau de l'incision, sont ainsi serrées entre les deux plateaux. L'intérieur de l'estomac communique avec l'extérieur. On peut à volonté fermer l'ouverture de la canule ou y ligaturer un récipient V dans lequel s'accumulera le suc gastrique sécrété par l'animal.

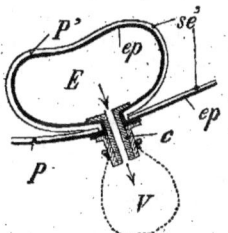

Fig. 39. — Fistule gastrique. E, estomac ; P', sa paroi ; P, paroi de l'abdomen ; *c*, canule d'argent à laquelle est adapté un récipient V. *ep*, épithélium de l'estomac et épiderme de l'abdomen ; *sé*, séreuse.

2° *Composition du suc gastrique.* — Le suc gastrique est un liquide clair, transparent, légèrement jaunâtre, dont la composition n'est pas absolument stable.

Il renferme environ 980 pour 1000 d'eau, $\frac{7}{1000}$ de substances salines (chlorure de sodium, phosphate de calcium), de l'*acide chlorhydrique* $\left(\frac{4}{1000}\right)$ quand le suc est frais et un ferment soluble, la *pepsine* $\left(\frac{1}{1000}\right)$, de nature albuminoïde.

Les deux éléments importants du suc gastrique sont l'acide et la pepsine. *L'acide chlorhydrique n'est pas libre ;* il paraît être, dans le suc gastrique, à l'état de *chlorhydrate de leucine* (Richet), peut-être *combiné à la pepsine* elle-même. — Quant à la pepsine, elle paraît n'être qu'à l'état de substance *pepsinogène* en sortant de la muqueuse stomacale. Cette substance devient active lorsque, dans les réactions *in vitro*, après l'avoir acidulée très légèrement, on la met au contact de matières albuminoïdes (Voir page 38) qu'elle transforme en *peptones* solubles dans l'eau.

Le suc gastrique est sécrété par contact d'un corps quelconque avec la muqueuse de l'estomac, mais *ce n'est qu'un mucus sans pepsine si la matière ingérée n'est pas albuminoïde.*

Le suc gastrique transforme les matières albuminoïdes en peptones absorbables, grâce à l'action simultanée de la pepsine et de l'acide chlorhydrique qu'il renferme.

5° **Chymification.** — Les phénomènes auxquels sont soumis les aliments, pendant leur séjour dans l'estomac, sont de deux natures : les uns mécaniques, les autres chimiques.

1° *Phénomènes mécaniques.* — Les muscles de la paroi de l'estomac (fig. 38, A) se contractent en brassant les aliments qui suivent le trajet indiqué par les flèches (fig. 38, B). Le mucus, qui recouvre la surface interne, facilite le glissement des matières qui s'imprègnent constamment de suc gastrique. (Grâce au mucus qui s'oppose également à l'attaque de la paroi de l'estomac par son propre suc gastrique, cet organe ne peut se digérer lui-même.)

2° *Phénomènes chimiques.* — Les aliments sont parvenus dans l'estomac, imbibés de salive, qui poursuit son action hydratante sur les féculents ; ils s'imprègnent maintenant de suc gastrique, qui *dissocie* d'abord les albuminoïdes (gonflement, séparation des fibres musculaires), puis les *liquéfie* en les transformant en *peptones*. Cette dernière modification ne se produit qu'à la longue et lorsque la bouillie alimentaire (*chyme*) a passé dans l'intestin.

V. **Intestin.**

L'intestin est un tube composé de deux parties :
L'*intestin grêle* (fig. 24, *Ig*), dont la longueur est de 8 mètres environ et le diamètre moyen de 3 centimètres ; le *gros intestin GI* mesurant en moyenne $1^m,50$ de longueur et $0^m,10$ de diamètre.

L'*intestin grêle* comprend trois régions : le *duodénum*, long de 12 travers de doigt (12 à 15 centimètres), qui fait suite à l'estomac (fig. 40, *Ig*) ; le *jejunum*, de couleur rosée, traversé assez rapidement par les matières alimentaires, et l'*iléon*, de teinte verdâtre, qui forme la base du paquet intestinal, au niveau des os iliaques. L'iléon (fig. 41, *I.g*) communique avec le gros intestin *GI* par une sorte de boutonnière constituée par la *valvule iléo-cæcale V. i. cæ*.

Le jejunum et l'iléon sont enroulés très irrégulièrement et forment les *circonvolutions* de l'intestin.

Le gros intestin comprend également trois régions : le

cæcum (fig. 41, *Cæ*), peu important chez l'homme, pourvu de l'*appendice vermiculaire Av;* le *côlon Co,* qui encadre l'intestin grêle par ses branches : *ascendante* à droite, *transverse* de droite à gauche sous l'estomac et *descendante* en arrière ; le *rectum*, plus large que le côlon, est la dernière partie du gros intestin et se termine par l'*anus.*

Péritoine. — L'intestin est tout entier enveloppé par une vaste membrane séreuse, le *péritoine*, qui en soutient les nombreux replis dans la cavité abdominale (fig. 42), et permet aux diverses anses intestinales de subir librement les changements de forme nécessaires à la progression des aliments depuis le pylore jusqu'à l'anus.

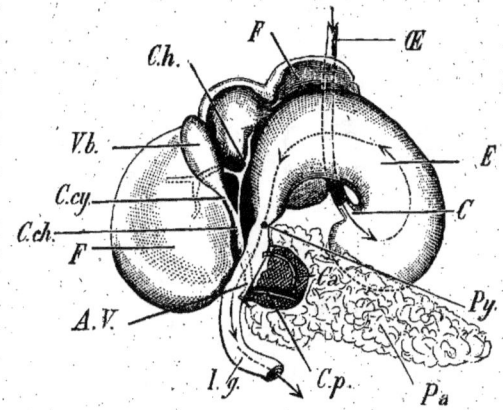

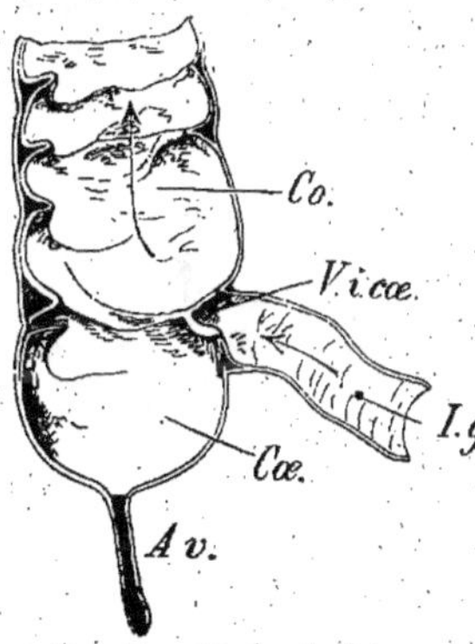

FIG. 40. — Estomac et intestin grêle. Glandes annexes du duodénum. *Œ*, œsophage ; *E*, estomac relevé pour laisser voir le pancréas *Pa* ; *Ig*, intestin grêle (duodénum). *C*, cardia ; *Py*, pylore ; *F*, foie ; *V.b*, vésicule biliaire et canal cystique *C.cy* se réunissant au canal hépatique *C.h* pour former le canal cholédoque *C.ch*. — *C.p*, canal pancréatique principal. — *C.a*, canal accessoire. Les flèches indiquent le trajet suivi par les aliments.

Qu'est-ce qu'une séreuse? Imaginons un sac constitué par une membrane, sac complètement fermé et aplati sur lui-même ; il présente deux parois appliquées l'une contre l'autre, deux *feuillets*. Si les cellules composant ces feuillets sécrètent un liquide, une *sérosité*, remplissant le sac, c'est-à-dire l'intervalle compris entre les deux feuillets, ceux-ci pourront facilement glisser l'un sur l'autre. Soit un organe appliqué contre l'un des feuillets *f* et le poussant peu à peu devant lui ; à un moment

FIG. 41. — Section de l'intestin au niveau de la valvule iléo-cæcale. *V.i.cæ. I.g*, intestin grêle ; *Cæ*, cæcum ; *Co*, côlon ; *Av*, appendice vermiculaire.

donné, cet organe pourra être totalement enveloppé par le feuillet *f* en contact direct avec lui, et par le feuillet *f'* séparé de *f* par la sérosité. Il en est ainsi de toutes les séreuses (péritoine

56　DIGESTION.

autour de l'intestin, plèvres autour des poumons et péricarde autour du cœur, etc.).

Le feuillet f, en contact avec l'organe, avec le viscère, est dit *feuillet viscéral* (fig. 42, fv); f' est dit *feuillet pariétal*, fp. L'examen de la figure 42 montre, en effet, les feuillets fv du péritoine P entourant immédiatement les organes divers de la cavité abdominale (foie Fo, estomac Es, intestin grêle Ig, gros intestin GI). Le feuillet pariétal fp tapisse la paroi de la cavité abdominale en avant, en bas, où il est appliqué sur la vessie, en arrière où il recouvre la colonne vertébrale $C.v$ et les reins (non visibles sur la figure), la rate, etc.

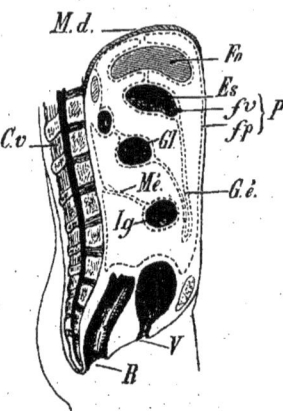

FIG. 42. — Péritoine. fp et fv, feuillets pariétal et viscéral du péritoine P qui enveloppe le foie Fo, l'estomac Es, le gros intestin GI; Ig, intestin grêle maintenu par le mésentère $Mé$. $M.d$, muscle diaphragme; $C.v$, colonne vertébrale; V, vessie; R, rectum, $G.é$, grand épiploon.

Ce feuillet pariétal émet en avant de la colonne vertébrale un prolongement désigné sous le nom de *mésentère* $Mé$, qui enveloppe l'intestin grêle en le tenant suspendu pour ainsi dire à la paroi postérieure de la cavité abdominale.

Surface interne de l'intestin. — La membrane qui revêt intérieurement l'intestin présente de nombreux replis (fig. 43, r et fig. 41) appelés *valvules conniventes*. En outre, dans l'intestin grêle en

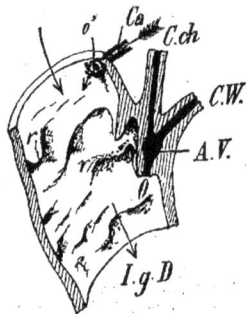

FIG. 43. — Section du duodénum $Ig. D.$ $A.V.$, ampoule de Vater; $C.ch$, canal cholédoque; $C.W.$, canal pancréatique (de Wirsung); Ca, canal accessoire; r, r, valvules conniventes.

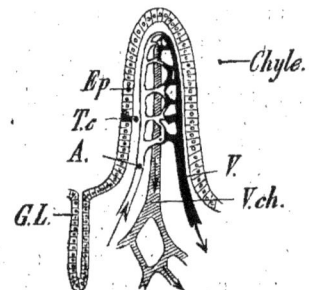

FIG. 44. — Villosité intestinale (figure schématique). Ep, épithélium; $T.c$, tissu conjonctif; $G.L.$, glande de Lieberkühn; A, artériole; V, veinule. $V.ch$, vaisseau chylifère.

particulier, les valvules et les sillons sont hérissés d'une multitude de petits cônes, appelés *villosités intestinales* (fig. 44), atteignant au plus 1 millimètre de haut. Sur toute la paroi on distingue, à la loupe, plusieurs millions d'orifices glandulaires ; dans le duodénum on en voit deux importants : l'orifice *o* (fig. 43) de l'ampoule de Vater A.V. (réunion du canal pancréatique *C.W.* venant du pancréas *Pa* et du canal cholédoque *C.ch* issu du foie *F*), et l'orifice *o'* du canal pancréatique accessoire *Ca* (fig. 40 et fig. 43).

Structure de l'intestin. — La paroi de l'intestin comprend trois tuniques qui sont de l'intérieur à l'extérieur : 1° une *membrane muqueuse* avec de nombreuses *glandes en tube de Lieberkühn* (fig. 44, *G.L.*), des *glandes en grappe de Brünner* et des *follicules clos* ; 2° une *membrane musculeuse* avec une couche interne de fibres annulaires lisses et une couche externe de fibres longitudinales lisses également ; 3° une *membrane séreuse* intimement unie au feuillet viscéral du péritoine.

Dans l'épaisseur de la paroi intestinale sont logées les ramifications des *artères mésentériques* (fig. 50, *A.m* et fig. 44, *A*), issues de l'artère aorte, reliées par un réseau capillaire aux terminaisons de la *veine porte intestinale* (fig. 50, *V.p* et fig. 44, *V*), et les origines *V.ch* du réseau formé par les *vaisseaux chylifères R.ch* (fig. 50), dépendant du canal thoracique *C.th*.

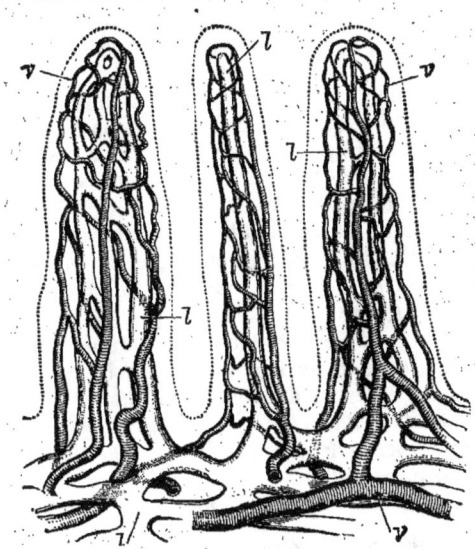

Fig. 44 bis. — Irrigation des villosités intestinales ; *v*, réseau sanguin ; *l*, réseau chylifère.

L'intestin est innervé par le grand sympathique et le pneumogastrique.

Les terminaisons vasculaires et chylifères sont contenues dans les villosités intestinales.

Une *villosité intestinale*, vue en coupe (fig. 44), est tapissée d'un épithélium simple cylindrique *Ep* avec quelques cellules caliciformes à mucus. Dans le derme conjonctif sous-jacent se trouve le réseau capillaire, qui relie l'artériole A afférente (rameau d'une artère mésentérique) à la veinule V efférente (rameau de la veine porte); dans l'axe de la villosité est le vaisseau chylifère $V. ch$, qui paraît terminé en cul-de-sac l (fig. 44 *bis*), mais qui communique en réalité avec la gaine lymphatique formée par les espaces libres du derme conjonctif.

Glandes de l'intestin.

Elles comprennent les glandes logées dans la paroi de l'intestin (*glandes intestinales*) et les *glandes annexes* du duodénum (*pancréas* et *foie*), qui résultent d'un bourgeonnement primitif de cette région.

1° *Glandes intestinales*. **Suc entérique.** — Les *glandes en tube de Lieberkühn* (fig. 44, $G.L.$) et les *glandes en grappe de Brünner* sont réparties, les premières dans tout l'intestin, les secondes surtout dans le duodénum. Elles sécrètent le *suc entérique* ou suc intestinal, alcalin, renfermant 980 pour 1 000 d'eau, des chlorure, phosphate et carbonate acide de sodium, des matières albuminoïdes dont un ferment soluble, l'*invertine, qui transforme en peptones la fibrine du sang et qui hydrate le sucre de canne en le transformant en glucose et fructose absorbables* (Voir page 36). (Le sucre de canne, bien que soluble dans l'eau, ne peut être utilisé sous cette forme par les cellules vivantes; injecté dans le sang, il en est totalement rejeté par les urines).

Les *follicules clos* sont, d'après les uns, des glandes sans canal excréteur; d'après les autres, des ganglions lymphatiques (Voir page 142).

2° *Glandes annexes de l'intestin :*

Pancréas. — Cette glande est située derrière l'estomac; elle est visible dans la figure 40, Pa, parce que l'estomac a été relevé; elle a la forme d'un triangle allongé. Sa constitution est celle des glandes en grappe ramifiées; en cela, elle a une grande analogie avec les glandes salivaires. Un canal principal la traverse suivant son axe, c'est le *canal de Wirsung* (fig. 40, $C.p$) qui débouche dans le duodénum à l'ampoule de Vater (fig. 43, $C.W.$); un rameau s'en détache qui décrit une courbe et s'ouvre dans l'intestin (fig. 43, o') au-dessus du canal principal.

Suc pancréatique. Sa composition et son rôle. — On peut recueillir le suc pancréatique pur en pratiquant la fistule pancréatique chez un Chien. Après avoir ouvert l'abdomen de l'animal, on introduit dans le canal de Wirsung un tube d'argent (canule), dont on fait aboutir l'orifice libre en dehors de la plaie recousue.

Le suc pancréatique est un liquide incolore, sirupeux, facilement altérable à l'air; sécrété abondamment pendant la digestion, il est produit en faible quantité à tout autre moment. Il contient 90 pour 100 d'eau seulement, des chlorures et des phosphates alcalins, des matières albuminoïdes. Parmi ces dernières, il se trouve une substance de la nature des ferments solubles, la *pancréatine*, en réalité formée de trois ferments.

Aussi *le rôle de la pancréatine est triple* :

Elle complète l'action hydratante de la salive sur les aliments féculents; elle complète l'action du suc gastrique sur les matières albuminoïdes qu'elle transforme en peptones en milieu alcalin; elle émulsionne les graisses, c'est-à-dire qu'elle les divise en gouttelettes d'une finesse extrême et favorise ainsi leur absorption.

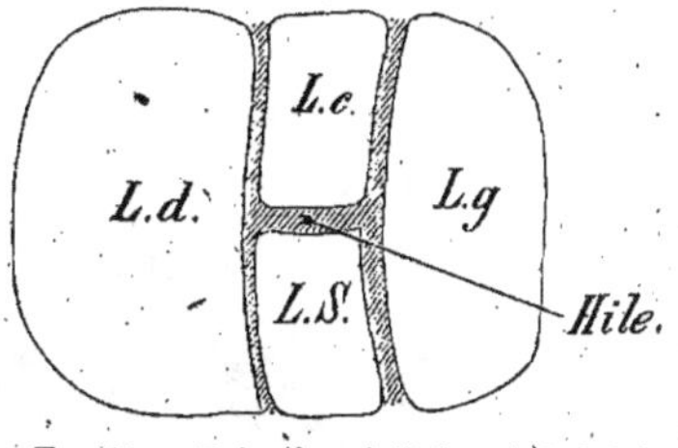

Foie. — Le foie (fig. 40, F ; fig. 42, 45 à 48) est une grosse masse d'un rouge brun, développée à droite et en haut de la cavité abdominale, sous le muscle diaphragme. Ce viscère recouvre l'estomac, le duodénum et le côlon transverse; il est entouré du péritoine (fig. 42) qui le maintient étroitement appliqué contre le diaphragme.

FIG. 45. — Foie (face inférieure). *L.d*, lobe droit; *L.g*, lobe gauche; *L.c* lobule carré; *L.S*, lobule de Spiegel.

Aspect extérieur du foie. — La face supérieure du foie est lisse et sa face inférieure échancrée suivant un H (fig. 45). Le viscère est enveloppé dans la *capsule de Glisson*, membrane fibreuse qui, en formant des compartiments à travers la substance du foie, divise cet organe en quatre lobes, eux-mêmes partagés en lobules et en lobulins.

Les quatre lobes sont : le *lobe droit* (fig. 45 et 46, *L.d*), le *lobe gauche L.g* environ quatre fois moins volumineux que le précédent et qui forme une languette au-dessus de l'estomac, le *lobule carré L.c* en avant et le *lobule de Spiegel* L.S. en arrière.

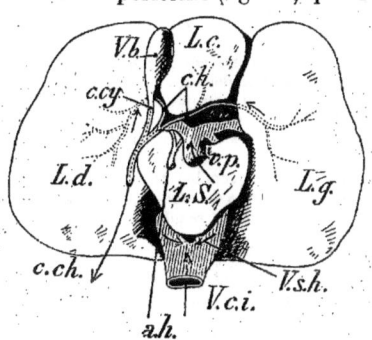

FIG. 46. — Foie (face inférieure). Mêmes indications que la fig. 45. — *v.p*, veine porte hépatique; *a.h*, artère hépatique; *V.c.i*, veine cave inférieure recevant les veines sus-hépatiques *V.s.h* (représentées schématiquement); *c.ch*, canal cholédoque; *c.cy*, canal cystique; *V.b*, vésicule biliaire; *c.h*, canaux hépatiques.

La dépression médiane du foie est appelée *hile*. C'est en ce point que pénètrent dans l'organe : la *veine porte v.p* (fig. 46), l'*artère hépatique a.h* et les filets nerveux; c'est aussi du hile que part le *canal cholédoque* c.ch (conducteur de la bile), formé de la réunion du *canal cystique* c.cy (qui se rend à la *vésicule biliaire* V.b) et des *canaux hépatiques* c.h émanant des divers lobes du foie.

En arrière et contre le lobule de Spiegel est enserrée la *veine cave inférieure* V.c.i qui reçoit dans cette région les *veines sus-hépatiques* V.s.h dès leur émergence du foie.

Structure interne du foie. — Le foie est l'agglomération d'un grand nombre de parties élémentaires appelées *lobules* (environ 500 par centimètre cube). Les lobules sont incomplètement séparés par les cloisons émanant de la capsule de Glisson; il y a donc continuité de substance entre les lobules voisins. L'examen de l'un d'eux suffit à faire connaître la structure intime du foie entier.

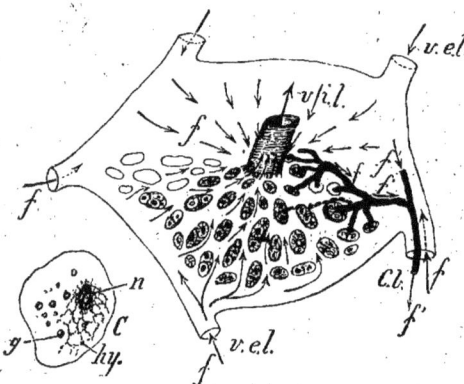

Fig. 47. — Figure schématique d'un lobule du foie. — *v.e.l*, vaisseaux interlobulaires; *v.i.l*, vaisseau intralobulaire; les flèches *f* indiquent le trajet suivi par le sang se rendant des vaisseaux interlobulaires (rameaux ultimes de la veine porte) aux vaisseaux intralobulaires (origines des veines sus-hépatiques). *C.b*, canaux biliaires (origines des canaux hépatiques). Les flèches *f'* indiquent le trajet suivi par la bile sécrétée par les cellules *C* logées dans les mailles du réseau sanguin. L'artère hépatique et ses ramifications n'ont pas été figurées.

Lobule hépatique. — Dans un *lobule* (fig. 47) se trouvent des *cellules hépatiques C*, sans membrane visible et pourvues d'un protoplasme avec des granulations jaunâtres, graisseuses et autres. *Ces cellules sont entourées de deux réseaux :* l'un *sanguin*, émanant de la veine porte et représenté en blanc sur la figure, avec les flèches *f* indiquant le trajet du sang de la périphérie au centre du lobule; l'autre *biliaire*, représenté en noir avec les flèches *f'* indiquant le trajet de la bile de l'intérieur du lobule vers l'extérieur.

Le réseau sanguin est donc formé d'un *système de vaisseaux extralobulaires* v.e.l qui apportent au lobule le sang de la veine porte hépatique (afférente au foie), et d'*un vaisseau intralobulaire* v.i.l qui emporte le sang du centre du lobule vers les veines sus-hépatiques (efférentes).

Les cellules hépatiques sont logées dans les mailles du réseau sanguin, et entourées par lui presque de toutes parts; aussi sont-elles, pour ainsi dire, baignées par le sang.

DIGESTION. 61

Chacune des cellules hépatiques est une cellule glandulaire qui forme la bile avec les principes qu'elle reçoit du sang. Les canaux biliaires $C.b$ débutent par une foule de petits tubes en cul-de-sac qui enserrent les cellules hépatiques et en retirent la bile; aussi les voit-on surgir de toutes les mailles du réseau sanguin, s'anastomoser entre eux et former des conduits de plus en plus importants (pointillés sur la fig. 46).

Les *canaux hépatiques* $c.h$ (fig. 48), récepteurs de la bile, conduisent ce liquide dans la *vésicule biliaire* $V.b$ par le *canal cystique* $c.c$. Ce n'est qu'au moment de la digestion que la bile s'écoule simultanément, du foie et de la vésicule biliaire, par le *canal cholédoque* $c.ch$ dans l'intestin, à l'ampoule de Vater.

La figure 48 montre, d'une façon schématique, le réseau biliaire en A et le réseau sanguin en B ; ces deux réseaux étroitement

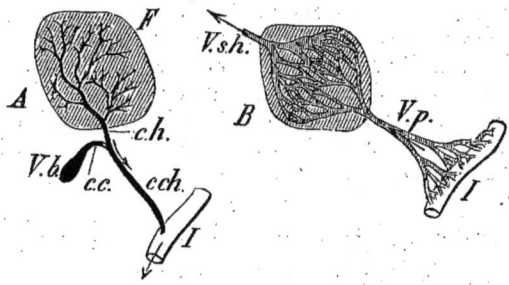

Fig. 48. — Figures schématiques représentant : en A, le réseau des canaux biliaires dans le foie ; en B, la circulation du sang dans cet organe. — A : $c.h$, canal hépatique; $c.c$, canal cystique se rendant à la vésicule biliaire $V.b$; $c.ch$, canal cholédoque ; I, intestin. — B : I, intestin ; $V.p$, veine porte ; $V.sh$, veine sus-hépatique.

enlacés renferment entre eux les cellules hépatiques. En B, on voit le sang, recueilli par les ramifications de la veine porte $V.p$ sur l'intestin I, conduit au foie où il est réparti dans tout l'organe ; les branches de cette sorte d'arbre sont opposées aux branches d'un autre tronc, la veine sus-hépatique $V.sh$ qui conduira le sang dans la veine cave inférieure $V.ci$ (fig. 50).

Bile. *Sa composition et son rôle.* — La bile est un liquide jaune d'or à l'état frais, rapidement altérable à l'air, et qui prend alors la couleur verte. Elle est neutre ou légèrement alcaline quand elle est fraîche et possède une saveur un peu amère.

Elle renferme 850 pour 1000 d'eau, des sels et des pigments. Les sels principaux sont : les chlorures de sodium et de potassium, les phosphates de sodium, de calcium, etc.; on y trouve des traces de fer, des substances organiques variées, parmi lesquelles des graisses, de la *cholestérine*[1], du *glycocholate de sodium* ($C^{26} H^{43} Az O^6$) et du *taurocholate de sodium* ($C^{26} H^{45} Az SO^7$).

Les pigments sont en petite quantité : la *bilirubine* (rougeâtre), prédominant dans la bile fraîche, et la *biliverdine*, qui, dérivée de la première, se trouve surtout dans la bile altérée. Ces matières colorantes proviennent sans aucun doute de l'hémoglobine du sang.

La bile paraît jouer divers rôles dans la digestion :

1° *Elle émulsionne les graisses* comme le suc pancréatique qui, de plus, les saponifie, c'est-à-dire les dédouble en acides gras et glycérine. Si on opère un chien de la fistule biliaire en s'opposant au passage de ce liquide dans l'intestin, le suc pancréatique agissant seul, on voit sur le péritoine les vaisseaux chylifères fins, étroits et remplis d'une matière grasse concrète (ce sont les acides gras). Quand la bile et le suc pancréatique agissent simultanément, les vaisseaux sont très distendus et leur contenu très liquide (matières grasses absorbées en nature).

2° *La bile s'oppose à la putréfaction des matières alimentaires dans l'intestin;* les excréments d'un chien opéré de la fistule biliaire, ou d'un malade atteint d'ictère, dégagent une vive odeur repoussante.

3° *La bile dissout vite les éléments cellulaires* (globules sanguins, par exemple); aussi sert-elle à renouveler l'épithélium intestinal en balayant les vieilles cellules qui ont servi pendant l'absorption digestive.

6° **Chylification. — Absorption intestinale et défécation.** — Le chyme, contenu dans l'estomac, sort de cet organe par petites ondées, à travers le pylore, parvient dans le duodénum au niveau de l'ampoule de Vater et s'y imprègne de suc pancréatique (la bile n'interviendra qu'un peu plus tard); la matière alimentaire devient plus liquide encore par l'adjonction du suc entérique.

Les divers aliments progressent dans l'intestin par les contractions de sa paroi

Les mouvements de l'intestin sont dits *mouvements péristaltiques;* ils sont dus aux contractions de haut en bas des fibres annulaires de la paroi, qui poussent toujours le contenu intestinal vers la partie suivante où les fibres musculaires sont relâchées; grâce à ces mouvements faibles et lents, l'oblitération de l'intestin n'est pas à craindre.

Pendant leur séjour dans l'intestin, les aliments subissent, chacun en ce qui le concerne, de la part de la salive, des sucs gastrique, pancréatique et entérique et de la bile, les transformations indiquées précédemment.

---

1. La cholestérine est dissoute dans la bile grâce à la présence du glycocholate de sodium; si celui-ci est en quantité insuffisante, la cholestérine se précipite en formant les *calculs biliaires* dont l'expulsion si douloureuse produit les *coliques hépatiques*.

DIGESTION.

Le chyme s'est transformé en *chyle*, c'est-à-dire en une dissolution aqueuse de glucose, de peptones et de sels minéraux, avec une émulsion des matières grasses.

Toutes les parties liquides et dialysables sont presque totalement absorbées à travers la paroi de l'intestin par les vaisseaux sanguins et chylifères. Les résidus passent ensuite par la valvule iléo-cæcale dans le gros intestin dont les mouvements péristaltiques amènent les excréments jusqu'au rectum.

L'expulsion des matières fécales ou *défécation* dépend de la volonté; elle est due à toute une série d'actes réflexes dans lesquels intervient le système nerveux; le *muscle sphincter anal*, formé de deux séries de fibres striées parallèles, constitue une boutonnière fermée complètement lorsque les fibres sont à l'état de repos. La boutonnière s'ouvre sous le poids des résidus de la digestion, qui sont ainsi rejetés au dehors.

NATURE DU PHÉNOMÈNE DE L'ABSORPTION INTESTINALE.
ROLE DES VILLOSITÉS.

L'intestin grêle renferme une dissolution aqueuse de glucose, de peptones et de sels minéraux et des graisses émulsionnées; ces principes sont absorbés par l'épithélium Ep (fig. 44), par le tissu conjonctif $T.c$, puis par les vaisseaux sanguins A, V, et les chylifères $V.ch$ qui viennent les y puiser.

Comment s'opère cette absorption?

Si, dans le fond d'une éprouvette à pied, on verse de l'eau saturée de sel marin, et qu'on achève de remplir l'éprouvette avec de l'eau pure versée lentement, les deux liquides sont superposés et non mélangés dans l'éprouvette maintenue complètement immobile (on peut s'en assurer avec un agitateur plongé dans une dissolution d'azotate d'argent et amené au contact de la surface de l'eau : aucun précipité ne se produit). Au bout de quelques heures, les deux liquides seront totalement mélangés, bien que l'éprouvette soit demeurée intacte.

On dit que les deux liquides se sont pénétrés, ont *diffusé*.

Le même phénomène aurait eu lieu si, sur la surface de l'eau salée, on avait formé une couche de collodion ou appliqué une membrane poreuse avant de verser l'eau pure.

Dutrochet a fait l'expérience suivante pour montrer les échanges qui se produisent à travers les membranes : un vase de verre sans fond (fig. 49, V) est pourvu d'une membrane humide m bien tendue (vessie de porc, parchemin végétal), et totalement rempli d'eau saturée d'un sel quelconque; on le ferme à l'aide d'un bouchon, traversé par un tube de verre, de telle sorte que l'excès du liquide monte en *a* dans le tube au lieu de s'écouler au dehors. Le vase est plongé dans un cristallisoir *Cr* contenant de l'eau pure. Au bout de quelque temps, le niveau *a* du liquide s'élève peu à peu jusqu'en *b* et au delà; donc il y a eu passage, *osmose*, de l'eau pure vers l'eau salée à travers la membrane *m*, suivant la flèche *f* : c'est un phénomène d'*endosmose*. L'analyse de l'eau du cristallisoir y révèle la présence d'une petite quantité du sel employé; il y a donc eu passage inverse, suivant *f'*, de la dissolution vers l'eau pure : c'est l'*exosmose*. Le déplacement du niveau *a* vers *b* prouve que l'endosmose a été plus grande que l'exosmose ; ce déplacement est d'autant plus rapide que la différence de concentration des liqueurs employées est plus considérable.

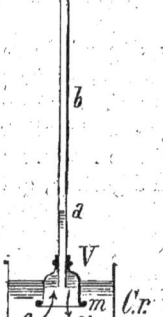

Fig. 49. — Osmomètre. *V*, vase fermé par une membrane *m* et contenant de l'eau saturée d'un sel; *Cr*, cristallisoir renfermant de l'eau pure; *a*, niveau primitif du liquide se déplaçant vers *b*. *f*, endosmose — *f'*, exosmose.

La même expérience peut être effectuée en mettant de l'albumine ou blanc d'œuf dans le vase V; mais alors l'endosmose seule se produit, puisque l'albumine n'est pas sensiblement dialysable.

De pareils échanges de substance à substance se produisent à travers les membranes, à condition que celles-ci soient *humides*, *osmotiques* pour les substances envisagées.

En réalité, l'osmose est un cas particulier de la diffusion ; on peut admettre que l'*absorption intestinale* est aussi *une diffusion* des matières dialysables du chyle à travers l'épithélium intestinal. Il y a toutefois une différence importante entre ce phénomène et l'expérience de Dutrochet : dans cette dernière, la membrane est inerte ; tandis que, *dans l'absorption intestinale, les cellules épithéliales de l'intestin sont vivantes et participent au phénomène d'une manière active*.

La paroi libre des cellules épithéliales joue, vis-à-vis du glucose, des peptones et des sels, le rôle de la membrane *m*, dans le mécanisme de l'absorption. Ces substances passent ainsi par osmose dans les cellules dont elles saturent le protoplasme, puis pénètrent dans le derme conjonctif et sont recueillies par les vaisseaux sanguins et chylifères. Quant aux gouttelettes graisseuses (émulsion), elles envahissent plus lentement les cellules épithéliales dont elles gagnent la profondeur, puis le corps de la villosité où elles sont recueillies par la gaine lymphatique et pénètrent surtout dans les vaisseaux chylifères.

Après ce travail d'absorption, les cellules épithéliales de l'intestin tombent et sont entraînées par la bile, avec les résidus de la digestion, tandis qu'un nouvel épithélium fait son apparition, formé par des cellules jeunes situées à la base de l'épithélium ancien.

DIGESTION.

Destination des matières absorbées. — Le glucose, les peptones et les sels, surtout absorbés par les veinules V (fig. 44), sont emportés par le sang de la veine porte $V.p$ (fig. 50) dans le foie F, où le glucose est en partie mis en réserve sous la forme de glycogène. Les veines sus-hépatiques $V.sh$ assurent le trajet du sang nourricier vers la veine cave inférieure $V.ci$, et de là à l'oreillette droite $O.D.$ Le contenu surtout graisseux des chylifères est conduit par le réseau chylifère $R.ch$ dans le *canal thoracique* $C.th$, principal canal récepteur de la lymphe qu'il verse dans la veine sous-clavière gauche $V.s.cl.g.$ Cette veine est une ramification de la veine cave supérieure $V.cs$, qui aboutit aussi à l'oreillette droite.

Ainsi l'oreillette droite contient du sang chargé d'abondantes matières nutritives, particulièrement pendant la digestion.

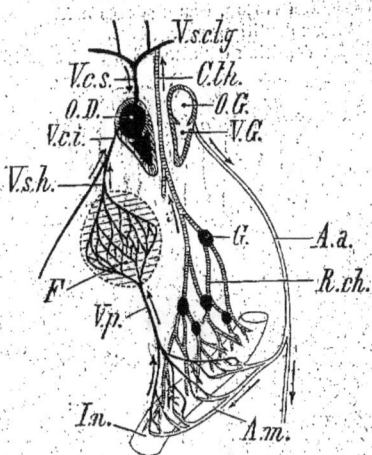

Fig. 50. — Schéma de l'absorption intestinale. $O.G.$ et $V.G.$ oreillette et ventricule gauches du cœur; $O.D.$, oreillette droite recevant les veines caves supérieure $V.cs$ et inférieure $V.ci$. $A.a$, artère aorte envoyant à l'intestin In l'artère mésentérique $A.m$; $V.p$, veine porte; F, foie; $V.sh$, veine sus-hépatique (les flèches indiquent le cours du sang depuis l'artère aorte jusqu'à l'oreillette droite). $R.ch$, réseau chylifère avec ganglions G; $C.th$, canal thoracique qui porte la lymphe à la veine sous-clavière gauche $V.s.cl.g.$

§ 3. — APPAREIL DIGESTIF DANS LA SÉRIE ANIMALE.

Les aliments introduits dans l'appareil digestif subissent une *trituration* mécanique préalable, propre à multiplier leur surface de contact avec les sucs digestifs qui, les *modifiant chimiquement*, transforment ces aliments en substances liquides absorbables par le sang.

L'étude de l'appareil digestif comprend donc :

1° Les dispositifs variés à l'aide desquels les aliments sont divisés mécaniquement (*dents* des Vertébrés, *armature buccale* des Arthropodes, *radula* des Mollusques, *lanterne d'Aristote* des Oursins, etc.);

2° Les modifications de forme du tube digestif consistant en *circonvolutions* plus ou moins nombreuses, *dilatations* variées (estomac, jabot, gésier, cæcum), *replis* de la surface interne (valvules, villosités) adaptés au régime alimentaire. Ces formes diverses assurent une *stagnation* plus prolongée dans l'intestin des matériaux lentement attaquables.

1° APPAREIL MASTICATEUR.

VERTÉBRÉS. — *Mammifères.* — Ces animaux sont tous pourvus de dents, sauf certains Édentés (Pangolin, Fourmilier), la Baleine (fig. 51, VI) qui possède des *fanons* VII disposés en rangées transversales sur la voûte palatine, et les Monotrèmes (Ornithorhynque, Échidné), armés d'un bec corné.

Les dents sont toutes semblables chez les *homodontes* qui ont une seule dentition (Tatou, Dauphin); les *hétérodontes* présentent diverses sortes de dents et deux dentitions successives.

La dentition définitive des hétérodontes, le développement des maxillaires et des muscles qui les animent, la forme des condyles du maxillaire inférieur sont adaptés au mode de nutrition, ainsi qu'il est facile de l'établir par l'étude de quelques types principaux.

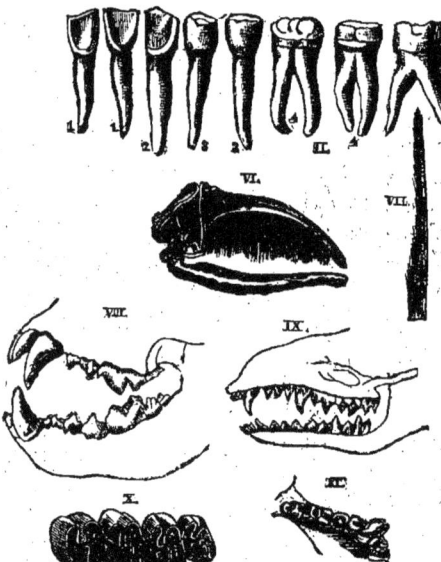

Fig. 51. — Dentition des Mammifères. II, Homme; 1, incisives; 2, canine; 3, prémolaires; 4, grosses molaires. VI, tête de Baleine; VII, un fanon isolé; VIII, Carnivore; IX, Insectivore; X, Herbivore; XI, Frugivore.

1° *Type carnivore* (fig. 52 et fig. 51, VIII). Maxillaires d'autant plus courts que l'animal est plus nettement carnivore; grand développement des arcades zygomatiques $a.z$, des crêtes d'insertion des muscles masséter et temporal; *condyles cylindriques disposés sur un axe normal au plan de symétrie de la tête* (fig. 53, C), de telle sorte que le maxillaire inférieur se meut dans le sens vertical seulement.

Formule dentaire :

$$I = \frac{3}{3}; C = \frac{1}{1}; M \text{ variable.}$$

Les incisives i (fig. 52) sont petites, les canines c très développées (crocs). Les molaires m, en forme de feuilles de trèfle, sont disposées sur les mâchoires suivant deux rangées qui se croisent comme les lames d'une paire de ciseaux, lorsque la bouche se ferme; la dernière prémolaire supérieure $m.ca$ et la première molaire inférieure très fortes s'appellent *carnassières*. En arrière des carnassières se trouvent les molaires *tuberculeuses*, en nombre d'autant moindre que l'animal est plus féroce.

Valeur de M : *Machairodus*...... $pm = \frac{1}{2}$; carnass. $= \frac{1\,pm}{1\,m}$; $m = \frac{1}{0}$.

Panthère, Lion...... $= \frac{2}{2}$; $= \frac{1\,pm}{1\,m}$; $= \frac{1}{0}$.

Chien, Ours........ $= \frac{3}{4}$; $= \frac{1\,pm}{1\,m}$; $= \frac{2}{2}$.

A une telle dentition correspondent des griffes qui terminent les doigts.

Chéiroptères, Insectivores (fig. 51, IX) à molaires hérissées de pointes aiguës pour trouer la carapace des Insectes, Amphibies se rapprochent de ce type.

2° *Type omnivore* (fig. 30 et fig. 51, II, XI). La dentition de l'Homme en offre les caractères. Muscles masticateurs de développement moyen; *condyles disposés*

DIGESTION.

obliquement (fig. 53, O), de telle sorte que le maxillaire inférieur effectue des mouvements verticaux et des mouvements latéraux peu étendus.

Formule dentaire :
Singes inférieurs $I = \frac{2}{2}; C = \frac{1}{1}; pm = \frac{3}{3}; m = \frac{3}{3}.$
Homme Singes supér. $= \frac{2}{2}; = \frac{1}{1}; = \frac{2}{2}; = \frac{3}{3}.$
Sanglier $= \frac{3}{3}; = \frac{1}{1}; = \frac{4}{4}; = \frac{3}{3}.$

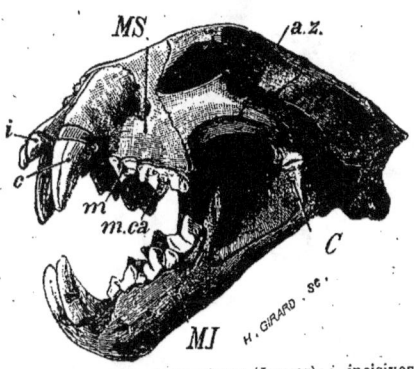

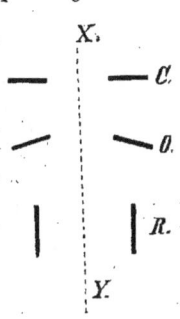

Fig. 52. — Tête de Carnivore (Jaguar); *i*, incisives; *c*, canine; *m*, molaires; *m.ca*, dent carnassière. *MS*, maxillaire supérieur; *a.z*, arcade zygomatique très saillante; *MI*, maxillaire inférieur; *C*, condyle transversal.

Fig. 53. — Disposition des condyles du maxillaire inférieur par rapport au plan de symétrie XY de la tête. *C*, carnivore; *O*, omnivore; *R*, rongeur.

Les molaires sont tuberculeuses; les canines sont plus développées chez les êtres plus sauvages.

3° *Type rongeur*. Le maxillaire inférieur chez le Rat, le Castor, le Porc-épic (fig. 54) présente des *condyles parallèles au plan de symétrie de la tête* (fig. 53, R); aussi, grâce au jeu des muscles masticateurs, l'animal peut-il mouvoir sa mâchoire inférieure verticalement et d'avant en arrière.

Formule dentaire :
Lapin $I = \frac{1}{1}; C = \frac{0}{0}; M = \frac{5}{5}.$

Les incisives (1) sont très grandes, avec une racine large ouverte où pénètrent, dans la pulpe dentaire, des vaisseaux sanguins nombreux; elles ont une *croissance continue*.

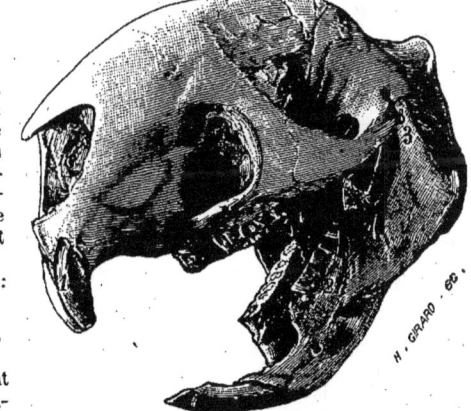

Fig. 54. — Tête de Rongeur (Porc-épic); 1, incisives; 2, molaires; 3, condyls parallèle au plan de symétrie de la tête.

Pourvues d'émail seulement sur leur face antérieure, les

incisives s'usent en biseau et présentent un bord tranchant que l'animal utilise pour couper en fines lamelles les substances dont il se nourrit. Pas de canines. Les molaires (2) ont une couronne aplatie et *l'émail y forme des plis transversaux*. La pulpe alimentaire, due au jeu des incisives, s'engage sur la table des molaires où elle est *râpée* par le mouvement d'avant en arrière du maxillaire inférieur.

4° *Type ruminant*. Le maxillaire inférieur possède chez le Mouton (fig. 55), le

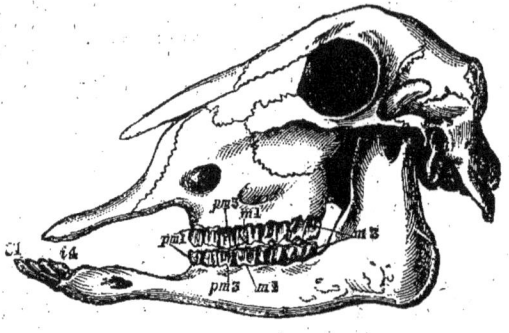

Fig. 55. — Tête de Mouton.

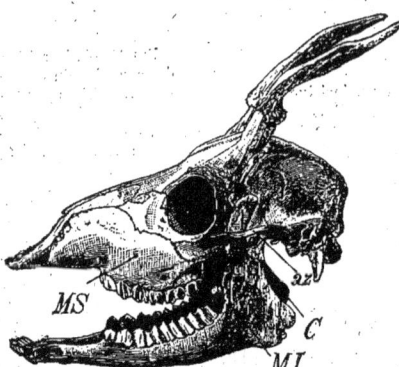

Fig. 56. — Tête de Chevreuil. *MS, MI*, maxillaires; *C*, condyle; *az*, faible arcade zygomatique.

Chevreuil (fig. 56) des *condyles plats* qui se meuvent sur une surface arrondie et non plus dans une cavité glénoïde; aussi les *déplacements latéraux et circulaires* du maxillaire sont-ils *très étendus*.

Formule dentaire : Mouton $\quad I = \frac{0}{4}; \; C = \frac{0}{0}; \; M = \frac{6}{6}$.

A la place des incisives, à la mâchoire supérieure, se trouve un bourrelet de chair contre lequel le Mouton presse la touffe d'herbe dont il s'est emparé et qu'il détache d'un coup de tête; la table des molaires (fig. 51, X) est garnie d'un certain nombre de replis d'émail qui servent à écraser l'herbe, lorsque l'animal fait mouvoir sa mâchoire inférieure à la manière d'une meule.

L'Éléphant (Proboscidiens) a pour formule dentaire :

$$I = \frac{1}{0}; \; C = \frac{0}{0}; \; M = \frac{1+1+1+1+1+1}{1+1+1+1+1+1}.$$

DIGESTION. 69

Les deux incisives supérieures très développées forment les *défenses*; quant aux molaires, recouvertes de replis ellipsoïdes ou losangiques d'émail, elles apparaissent les unes après les autres : aussi ne voit-on jamais nettement que deux molaires à la fois.

Le Cheval (Équidés) a pour formule dentaire :

$$I = \frac{3}{3};\ C = \frac{1}{1};\ pm = \frac{3}{3};\ m = \frac{3}{3}.$$

Ses dents présentent un fort développement du cément; les incisives sont tranchantes, les canines peu accusées et les molaires pourvues de crêtes sinueuses propres à broyer l'herbe.

Tous ces animaux offrent une corrélation absolue entre le développement des maxillaires et des muscles masticateurs et le rôle joué par l'armature dentaire.

Oiseaux. — Le maxillaire inférieur y est articulé avec le crâne par l'intermédiaire de l'*os carré*. Les os maxillaires des Oiseaux actuels sont dépourvus de dents et revêtus d'un bec corné; cependant l'*Archeopteryx*, l'*Ichthyornis*, l'*Hesperornis* fossiles avaient les dents toutes semblables (homodontes) et se rapprochaient, par d'autres caractères encore, des *Dinosauriens*, Reptiles fossiles dont le *Ptérodactyle*, le *Rhamphorhyncus*, le *Chompsognathus*, l'*Iguanodon* étaient les représentants.

Reptiles. — Sauf les Tortues pourvues d'un bec corné, tous les Reptiles portent des dents coniques (fig. 57) soudées chez les Lézards et le *Mosasaure* sur le bord des maxillaires (acrodontes, fig. 58, *a*); ces dents sont logées dans une rainure (pleurodontes, *b*) chez l'*Ichtyosaure* (fig. 59), ou dans des alvéoles (thécodontes, *c*) chez le Crocodile (fig. 60), le *Téléosaure*, etc.

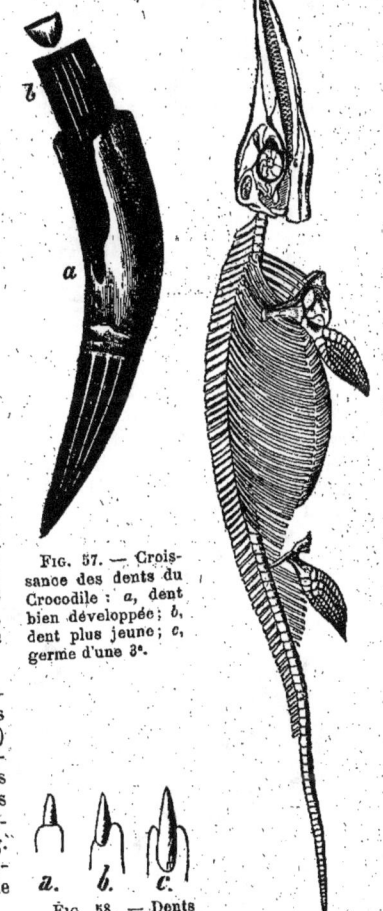

Fig. 57. — Croissance des dents du Crocodile : *a*, dent bien développée; *b*, dent plus jeune; *c*, germe d'une 3ᵉ.

Fig. 58. — Dents des Reptiles : *a*, acrodonte; *b*, pleurodonte; *c*, thécodonte.

Fig. 59. — Squelette d'Ichthyosaure.

Les Serpents (Boa, fig. 61) ont les maxillaires inférieurs réunis par un ligament *l* qui les rend plus mobiles; les os de la tête sont plus indépendants et des dents, inclinées d'avant en arrière, sont portées par les maxillaires, les os palatins et ptérygoïdiens; une fois la proie engagée dans la bouche, l'animal ne peut l'en retirer; il *glisse* en quelque sorte sur elle. Les Serpents venimeux possèdent, en outre, deux crochets portés par le maxillaire supérieur et capables de basculer par le jeu d'un os transverse; ces crochets, creux ou cannelés, sont en rapport avec la glande à venin et n'ont aucun rôle dans la mastication.

70   DIGESTION.

Amphibiens. — Les Amphibiens n'ont que de petites dents coniques ; l'*Archegosaurus* fossile en avait de cette sorte et plissées longitudinalement ; chez le *Labyrinthodon*, les replis d'émail formaient des circonvolutions nombreuses.

Poissons. — Les dents sont disposées jusque dans le pharynx chez les Poissons,

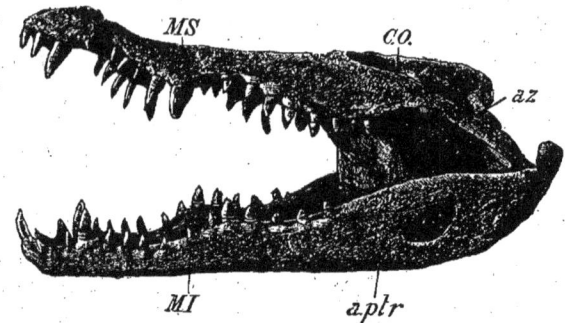

Fig. 60. — Tête et dentition du Crocodile.

où elles deviennent en général très nombreuses et alignées suivant plusieurs rangées. L'armature dentaire des Requins (fig. 62) est formidable.

***ARTHROPODES.** — L'armature buccale varie profondément ici avec le régime alimentaire de l'animal. Savigny l'a étudiée avec soin chez les Insectes classés à cet égard en *broyeurs*, *lécheurs*, *suceurs* et *piqueurs* ; il a reconnu, dans un assemblage en apparence fort divers, les mêmes pièces modifiées en vue d'une adaptation au régime alimentaire.

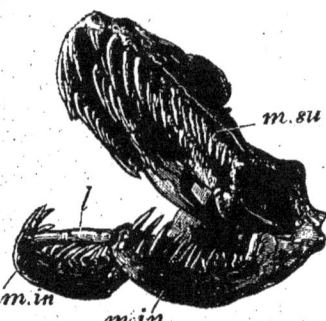

Fig. 61. — Tête du Boa. *m.su* maxillaire supérieur ; les maxillaires inférieurs *m.in* sont reliés par un ligament *l*.

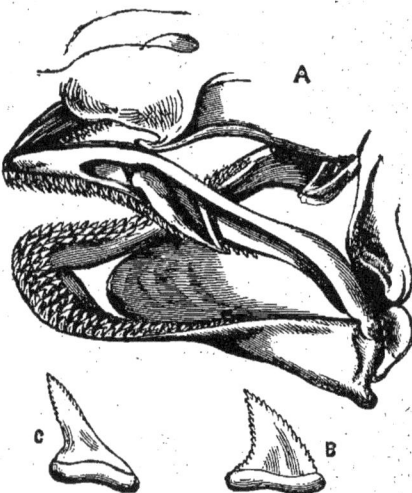

Fig. 62. — Dentition du Requin. B, dent de la mâchoire supérieure ; C, dent de la mâchoire inférieure.

Insectes. — 1° Insectes *broyeurs* (Coléoptères, Névroptères, Orthoptères). Au-dessous du *labre* impair *l* (fig. 63, A) se trouve une paire de très fortes *mandibules m*, avec une dent robuste (agent principal de la mastication) ; les *mâchoires*

M, situées au-dessous des mandibules, se composent d'une pièce foliacée supportant un *galea g* et un *palpe maxillaire p* très réduits; une *lèvre inférieure l'*, avec palpe, limite la bouche inférieurement : c'est là le type fondamental.

2° Insectes *lécheurs* (Hyménoptères). L'abeille B présente les mêmes pièces buccales, mais les mâchoires sont plus allongées avec le galea en forme de cuiller; la lèvre inférieure est aussi plus différenciée et ses palpes *p'* sont très allongés.

3° Insectes *suceurs* (Lépidoptères). On ne distingue, à première vue, dans ce type C qu'une longue trompe M enroulée sur elle-même ; mais cette trompe est formée de deux tubes creux et concaves M (C') accolés par leurs bords internes (XY). Labre *l* et mandibules *m* sont représentés par trois petites écailles supérieures, et la lèvre inférieure *l'* porte deux palpes *p'* saillants à la base de la trompe.

4° Insectes *piqueurs* (Hémiptères, Diptères, Puces). Dans une Punaise, D, on reconnaît la lèvre inférieure *l'*, composée de deux gouttières formant un étui où sont logés quatre stylets qui représentent les mâchoires et les mandibules. Le labre *l* est visible à la partie supérieure du rostre.

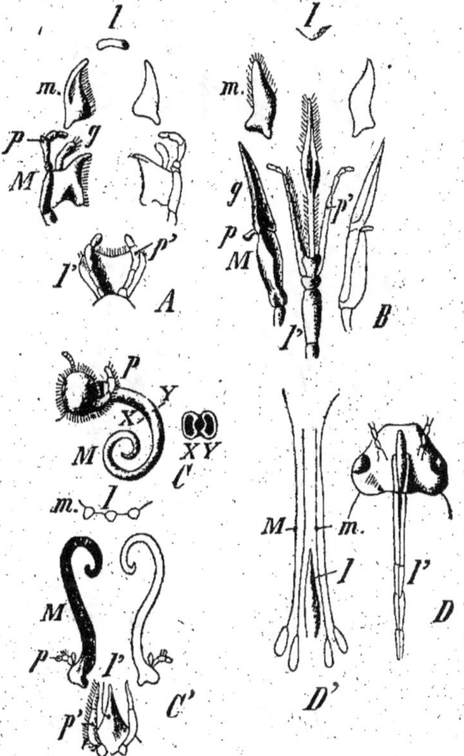

Myriapodes. — La Scolopendre présente deux paires de mâchoires auxquelles succède une paire de *pieds-mâchoires* avec crochet venimeux (pattes modifiées en vue de la captation d'une proie).

Arachnides. — La bouche des Araignées est pourvue d'un labre impair et d'une lèvre inférieure armée d'une seule paire de mâchoires avec un palpe maxillaire très développé ressemblant un peu à une patte. Chez le Scorpion,

FIG. 63. — Armature buccale des Insectes : A, broyeur ; B, lécheur; C, C', suceur; D, D' piqueur. *l*, labre; *m*, mandibule; *M*, mâchoire pourvue du palpe *p* et du galea *g*; *l'*, lèvre inférieure.

les palpes maxillaires (fig. 101) forment deux pièces très saillantes en avant du corps et terminées par des pinces. La base des deux premières paires de pattes concourt à la mastication et les antennes sont transformées en *chélicères* (pinces venimeuses).

Crustacés. — Dans cette classe, l'appareil masticateur est très complexe et variable avec les animaux considérés. Chez le Homard, on distingue, outre un labre B (fig. 64) et le métastome C, une paire de mandibules F, deux paires de mâchoires G, H et trois paires de pattes-mâchoires I, J et K.

72 DIGESTION.

Toutes ces pièces sont les appendices homologues de segments successifs, adaptés en vue de la mastication.

VERS. — Les Vers présentent un appareil masticateur de forme variée ; tandis

Fig. 64. — Appendices du Homard. A, yeux ; B, labre ; C, métastome ; D, antennules ; E, antenne ; F, mandibule ; G, H, mâchoires ; I, J, K, pattes-mâchoires (*g*, branchie) ; L, M, etc., pattes ambulatoires ; *ex*, exopodite ; *en*, endopodite ; *ep*, épipodite ; *sc*, scaphognathite ; *p*, protopodite.

que la Sangsue possède trois mâchoires chitineuses (fig. 65) armées de dents et mobiles dans trois plans à 120°, l'Eunice présente un labre double et deux pinces mandibulaires ; le Lombric est dépourvu d'armature buccale.

La tête du *Tenia solium* se fixe à la paroi intestinale de l'Homme par une quarantaine de crochets chitineux répartis en deux rangées.

MOLLUSQUES. — Outre les deux mâchoires chitineuses $m.s$ et $m.i$ (fig. 66, B) en forme de bec de perroquet dont sont pourvus les *Céphalopodes*, on remarque une *radula*, r, r, r, A, qui se trouve aussi chez les *Gastéropodes*. C'est une bande flexible, pourvue de séries de dents C, que des muscles animent longitudinalement pour râper les aliments introduits dans la bouche B.

Fig. 65. — Mâchoire chitineuse de la Sangsue.

ÉCHINODERMES. — L'appareil masticateur de l'Oursin, appelé *lanterne d'Aristote* A (fig. 67), est composé de cinq pyramides triangulaires accolées D, portant chacune une dent d dont le prolongement est visible à travers la fenêtre f et terminé par une partie

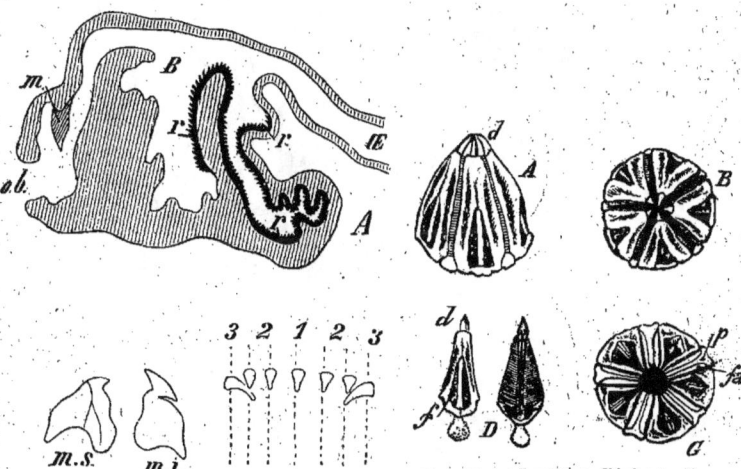

Fig. 66. — Armature buccale des Mollusques. A, Escargot. B, bouche avec radula r, r; Œ, œsophage. B, pièces dures du bec des Céphalopodes. C, séries de dents sur la radula.

Fig. 67. — Lanterne d'Aristote d'un Oursin, A; d, dents isolées en D; B, vue de face, les 5 dents rapprochées forment la bouche; C, vue par la face opposée; au milieu est le canal où est logé l'œsophage. fa, faux; p, pièce en Y.

molle chargée de renouveler constamment par sa base la dent qui s'use au sommet. Les cinq pyramides sont réunies par de nombreux muscles et associées par des pièces calcaires ou *faux* fa, C, que recouvrent des *pièces en* Y, p.

L'œsophage est logé dans la cavité cylindrique limitée par les pyramides masticatrices.

2° TUBE DIGESTIF.

VERTÉBRÉS. — Plus on descend dans la série des Vertébrés, plus le tube digestif se simplifie et se rapproche de l'intestin embryonnaire. Nous envisagerons seulement la forme de l'estomac et la longueur de l'intestin.

Mammifères. — L'estomac est plus petit et l'intestin plus court chez les Carnassiers que chez les Herbivores. La grande tubérosité de l'estomac est d'autant plus développée que la sécrétion du suc gastrique est plus abondante (Lion A, fig. 68); une poche accessoire (*proventricule*) pourvue de glandes gastriques se remarque chez le Castor, B. Le Rat C présente, ainsi que l'Hippopotame, une poche

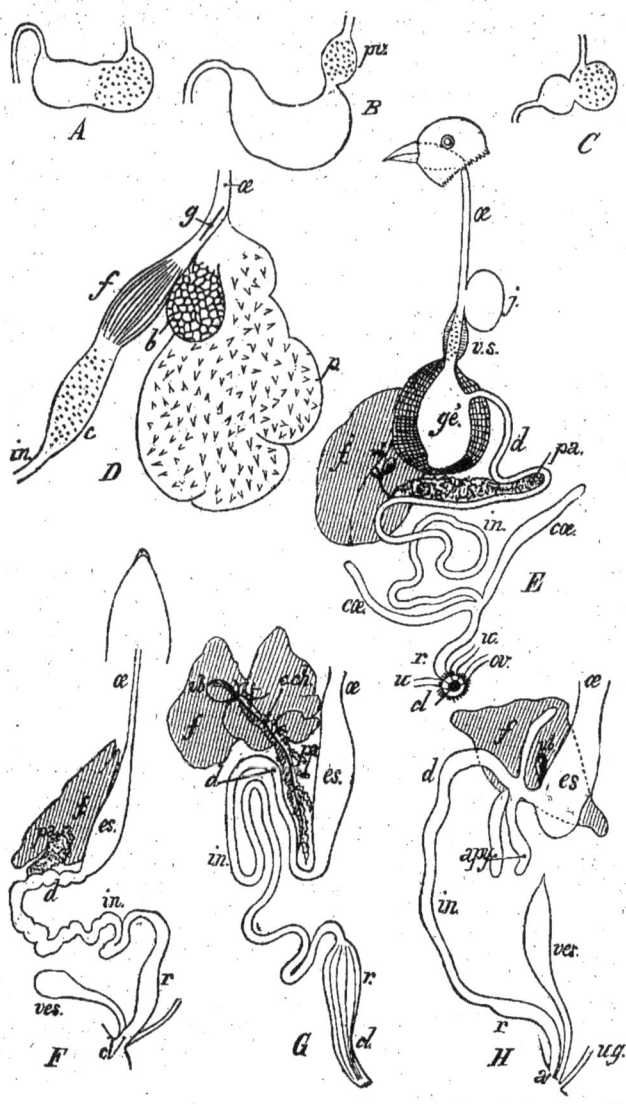

Fig. 68. — Appareil digestif des Vertébrés. — Estomac du Lion A, du Castor B (*pv*, proventricule), du Rat C. — D, Estomac de Ruminant; *œ*, œsophage; *g*, gouttière; *p*, panse; *b*, bonnet; *f*, feuillet; *c*, caillette; *in*, intestin. — E, Oiseau; *j*, jabot; *v.s* ventricule succenturié; *gé*, gésier; *d*, duodénum; *pa*, pancréas; *f*, foie; *cœ*, cœcums; *r*, rectum; *cl*, cloaque. — F, Lézard. — G, Grenouille. — H, Perche; *a. py*, appendices pyloriques.

cardiaque sécrétrice et une poche pylorique distinctes. Chez les Ruminants D, l'estomac se compose de quatre poches (*panse p, bonnet b, feuillet f, caillette c*) dont la dernière seule fournit la sécrétion gastrique.

Rumination. — Les Ruminants présentent à cet égard un phénomène particulier. L'herbe grossièrement mâchée d'abord est transformée en boulettes d'un diamètre supérieur à celui de l'œsophage qu'elles distendent beaucoup en descendant vers l'estomac; parvenues au niveau *g* (fig. 68, D), ces boulettes écartent les deux lèvres de la gouttière longitudinale *g*, et tombent dans la *panse p*. Dans ce vaste réservoir séjournent les aliments soumis à l'action chimique des ferments qui y pullulent et à l'action mécanique de la paroi qui les brasse. Quand l'animal est au repos, il se couche et fait remonter par le même chemin, à travers l'œsophage et jusque dans la bouche, la bouillie contenue dans la panse. Par une nouvelle mastication et insalivation, la matière alimentaire, devenue très liquide, glisse le long de l'estomac sans le distendre, passe directement dans le *feuillet* où elle est divisée par les lames parallèles de la paroi; dans la *caillette* seule, *véritable estomac chimique*, le suc gastrique exerce son action sur les matières albuminoïdes. (La caillette est ainsi appelée parce que, chez les jeunes veaux, c'est dans cette poche que le lait est coagulé.)

La longueur de l'intestin du Lion (carnassier) égale trois fois la longueur du corps; celle du Mouton (herbivore) est de 28 fois cette longueur : les matières végétales sont d'une digestion plus difficile que les aliments d'origine animale.

Oiseaux. — Les Oiseaux n'ayant pas de dents sont pourvus d'une poche très musculeuse *gé* (fig. 68, E) et d'une paroi cornée servant à la trituration des aliments. Leur estomac comprend : un *jabot j* (magasin pour les graines en particulier), un *ventricule succenturié v.s* (*estomac chimique* dont la paroi renferme des glandes gastriques) et le *gésier gé* (*estomac mécanique*). L'oiseau avale souvent de petites pierres qui, mêlées à l'aliment, en facilitent la trituration par les fortes contractions du gésier. Cette dernière poche est peu développée chez les Oiseaux carnivores, tels que l'Aigle, le Vautour, etc. A l'intestin grêle court, succède un gros intestin pourvu de deux cæcums *cæ*. Le rectum s'ouvre dans un *cloaque cl* où débouchent aussi les uretères et les conduits génitaux.

Reptiles (F), **Amphibiens** (G) **et Poissons** (H). — Chez tous ces animaux, l'estomac n'a plus l'importance signalée plus haut; le tube digestif est d'ailleurs court; chez les Poissons, au début du duodénum, se trouvent des *appendices pyloriques* dont on ignore le rôle exact (glandes gastriques extra-stomacales?) L'intestin présente chez les Poissons cartilagineux, comme le Requin, un repli intérieur appelé, à cause de sa forme, *valvule spirale*; ce repli augmente la surface de contact de l'intestin avec la matière alimentaire. Un cloaque distingue aussi les Poissons cartilagineux des Poissons osseux (Tanche, Perche) qui ont un anus non confondu avec les orifices urinaires et génitaux.

Le *foie* et le *pancréas*, bien distincts chez les Vertébrés supérieurs, perdent peu à peu de leur autonomie aux derniers échelons de la série. Ainsi le pancréas *pa* de la Grenouille G est divisé en lobules très échancrés, répartis le long du canal cholédoque *C.ch*, où ils déversent leur sécrétion. La même glande n'est plus distincte chez la plupart des Poissons; la Perche H n'en a pas. Le foie paraît même ne présenter ni vésicule biliaire, ni canal cholédoque chez les Poissons inférieurs.

*ARTHROPODES. — **Insectes.** — Le tube digestif est très varié d'aspect; il comprend d'ordinaire un œsophage court *œ* (fig. 69) suivi d'un jabot *j* et d'un gésier *g*, tapissés d'une membrane chitineuse interne; un *ventricule chylifique e*, plus vaste, est le véritable estomac; un intestin court *in* est terminé par le rectum *r*. Dans l'intestin s'ouvrent des *tubes de Malpighi cM* (canaux urinaires) auxquels on a longtemps attribué la fonction hépatique.

Le plan du tube digestif est le même à peu près chez les *Myriapodes* et les *Arachnides*.

Crustacés. — Chez les Crustacés supérieurs, comme le Homard (fig. 70), les matières alimentaires, triturées d'abord par l'appareil masticateur, sont conduites par un œsophage court dans un vaste estomac s, occupant presque toute la partie antérieure du corps. Cette poche comprend, en réalité, une chambre cardiaque en avant et une chambre pylorique en arrière, dans lesquelles se meuvent les pièces chitineuses d'une *armature stomacale* qui triture à nouveau les aliments. Un intestin rectiligne *in* traverse le corps pour s'ouvrir à la base du telson (article caudal). — Deux conduits, émanant de deux *glandes hépatiques* volumineuses, débouchent dans la chambre pylorique.

On trouve avant chaque mue, dans l'estomac de l'Écrevisse, deux amas de concrétions calcaires (*gastrolithes*) que l'animal résorbe ensuite pour former les premiers éléments de sa nouvelle carapace.

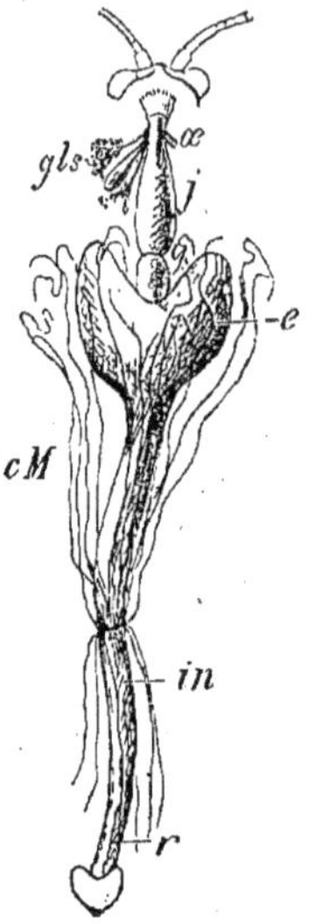

Vers. — Les Annélides, les Géphyriens et la plupart des autres Vers possèdent un tube digestif; quelques Helminthes parasites, le Ténia entre autres, en sont dépourvus. Cet appareil, en général assez simple, présente, chez la Sangsue (fig. 71, A), une bouche b s'ouvrant au milieu de la ventouse antérieure *v.a*, avec trois mâchoires chitineuses (fig. 65) et un anus *an* débouchant au-dessus

Fig. 69. — Appareil digestif d'un Insecte herbivore (Sauterelle verte); α, œsophage; j, jabot; g, gésier; c, ventricule chylifique; *in*, intestin; *r*, rectum. *cM*, tubes de Malpighi.

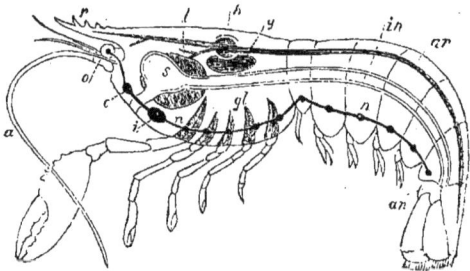

Fig. 70. — Coupe longitudinale théorique de l'Écrevisse. S, estomac; *in*, intestin; *an*, anus.

de la ventouse postérieure *v.p*; entre ces deux orifices, on compte onze chambres stomacales séparées par des diaphragmes musculaires avec une petite ouverture médiane; de la onzième chambre part un rectum court *r*.

Chez le *Lombric* B, le tube digestif rectiligne présente un sillon médian supérieur (*typhlosolis*) qui en augmente beaucoup la surface interne.

La *Douve du foie* (fig. 72) présente un tube digestif pourvu d'une seule ouverture antérieure et deux cæcums avec de nombreux prolongements latéraux.

Aucun Trématode n'a d'anus. Aucun Cestode ne possède de tube digestif; ces êtres, qui vivent en parasites, absorbent par osmose une partie des sucs nutritifs de leur hôte.

* **Mollusques.** — Les *Lamellibranches* présentent, en avant du muscle adducteur antérieur *m.a* (fig. 73) et en arrière du pied P, la bouche b, qui communique, par un court œsophage, avec un vaste estomac *es* enveloppé par le foie f. Un intestin *in*, deux fois recourbé sur lui-même, parcourt la masse générale et se porte en arrière du corps; il traverse obliquement le ventricule *ve* du cœur et se termine par un orifice anal, à la face postérieure du muscle adducteur postérieur *m.p*.

(Le foie est en réalité, chez tous les Mollusques, un *hépatopancréas*, c'est-à-dire

DIGESTION.

une glande digestive double, tenant lieu de foie et de pancréas en même temps.) Chez l'Escargot, parmi les *Gastéropodes* (fig. 152) et l'Agathine (fig. 74), le bulbe

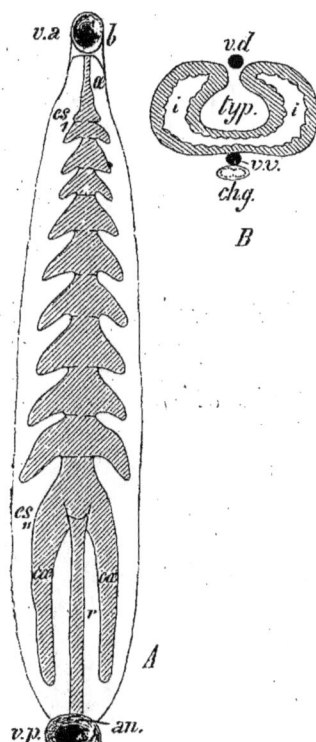

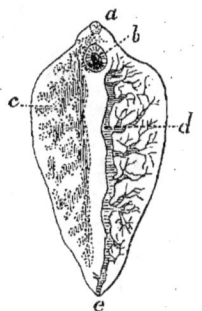

Fig. 72. — Douve du foie (*Distomum hepaticum*). *a*, bouche; *b*, ventouse ventrale; *c*, portion de l'intestin et ses ramifications (à gauche seulement dans la figure); *d*, portion du système excréteur (à droite seulement); *e*, pore excréteur.

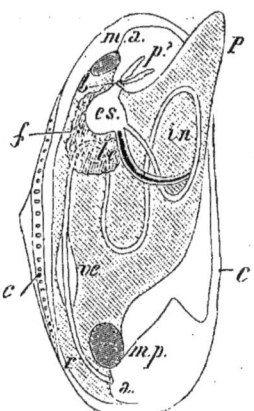

Fig. 71. — Appareil digestif de la Sangsue A; *v.a*, ventouse antérieure avec bouche *b*; *œ*, œsophage; $es_1,...,es_{11}$, estomacs successifs; *cæ*, cæcums; *r*, rectum; *an*, anus; *v.p*, ventouse postérieure. B, Coupe de l'intestin *i* du Lombric; *typ*, typhlosolis; *v.d*, *v.v*, vaisseaux dorsal et ventral; *ch.g*, chaîne ganglionnaire.

Fig. 73. — Appareil digestif de Lamellibranche (Anodonte); *m. a*, *m.p.*, muscles adducteurs antérieur et postérieur; *b*, bouche avec palpes *p'*; *es*, estomac (*t.c.* tige cristalline); *in*, intestin; *r*, rectum traversant le ventricule du cœur; *a*, anus; *f*, foie.

pharyngien se continue par un estomac assez volumineux (2) dans lequel s'écoule la sécrétion du foie (tortillon 5). L'intestin recourbé se termine par l'anus à l'angle interne de la coquille, au voisinage du pneumostome.

78 DIGESTION.

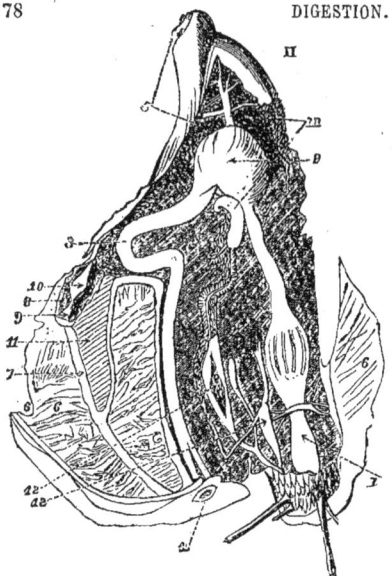

Fig. 74. — Appareil digestif de Gastéropode (Agathine). 1, pharynx; 2, estomac; 3, intestin; 4, anus; 5, foie.

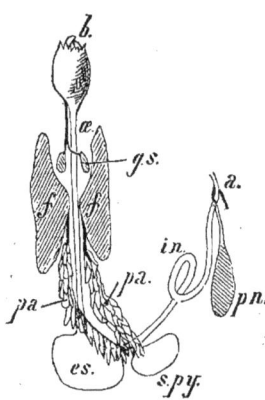

Fig. 75. — Appareil digestif de Céphalopode (Seiche). *b*, bouche; *œ*, œsophage; *es*, estomac; *s.py*, sac pylorique; *in*, intestin; *a*, anus; *gs*, glandes salivaires; *f*, foie; *pa*, pancréas; *p. n*, poche à encre.

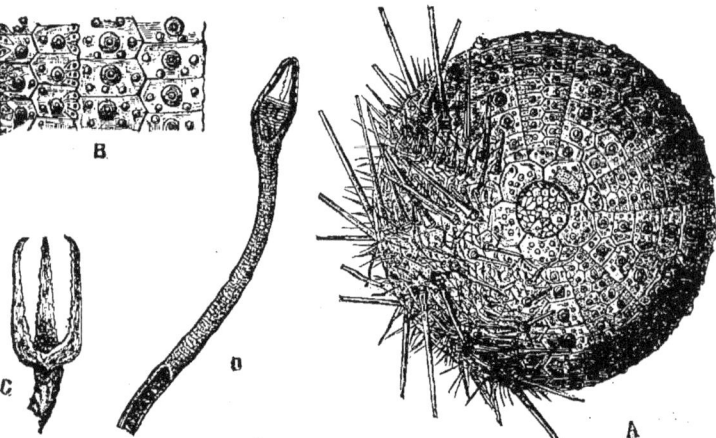

Fig. 76. — Test d'un Oursin (*Echinus*). A, face supérieure ou aborale; à gauche, le test est garni de ses piquants; à droite, on distingue 2 zones interambulacraires larges et 3 zones ambulacraires étroites, composées de plaques pentagonales avec mamelons saillants; les plaques des zones ambulacraires sont percées de trous. Au milieu de A, membrane où s'ouvre l'anus, entourée de 5 grandes plaques pentagonales (*plaques génitales* dont l'une, en haut et à droite, est la *plaque madréporique*). B, fragment du test; à gauche, 6 plaques d'une zone ambulacraire avec perforations latérales. C, extrémité d'un pédicellaire dont les 3 branches sont rapprochées en D.

C'est chez les *Céphalopodes* que l'appareil digestif est le plus compliqué; l'œsophage très allongé (œ, fig. 75) se continue par l'estomac *es*, puis le sac pylorique *s.py* et l'intestin *in*. L'anus débouche dans la cavité palléale, au-dessous de l'entonnoir après avoir reçu la sécrétion de la poche à encre *p.n*. L'hépatopancréas prend chez les Céphalopodes un très grand développement; il sécrète un liquide acide qui reflue dans l'estomac où s'opère la digestion.

ÉCHINODERMES. — Le tube digestif des *Oursins* (fig. 76) est pourvu d'un œsophage œ (fig. 77) qui se porte d'abord dans l'axe de l'animal et dans le plan contenant la plaque madréporique située au pôle aboral. Puis le tube digestif se courbe brusquement pour gagner la paroi, fait un tour complet in_1, en décrivant des sinuosités ayant leurs points les plus élevés dans les cinq zones ambulacraires, et

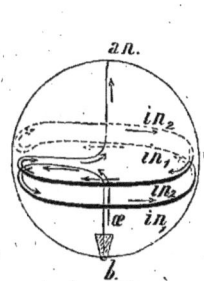

Fig. 77. — Figure schématique du tube digestif de l'Oursin. *b*, bouche; œ, œsophage; in_1, in_2, deux tours successifs et complets de l'intestin (on n'en a pas représenté ici les sinuosités); *an*, anus.

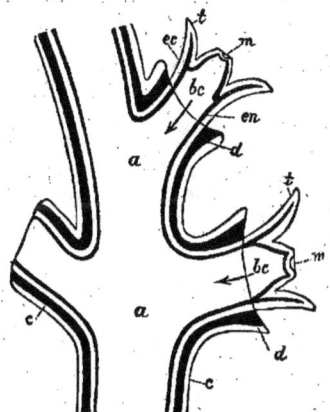

Fig. 78. — Section-diagramme des cavités digestives communes des polypes d'une même colonie (*Sertularia*).

leurs points les plus bas dans les cinq zones interambulacraires. Ce tube rebrousse chemin et, après un nouveau tour in_2 en sens inverse, il se porte vers l'anus *an* aboutissant à la membrane aborale.

Chez les *Étoiles de mer*, le tube digestif est beaucoup plus simple. La bouche, située au centre de la face ventrale, donne accès dans une vaste poche stomacale envoyant, dans chacun des cinq bras, deux cæcums avec des diverticules nombreux; l'anus, quand il existe, est opposé à la bouche.

POLYPES. — Le tube digestif, présentant un seul orifice (bouche et anus), consiste en une cavité terminée en cul-de-sac chez les animaux isolés (Hydre, fig. 23) ou bien en rapport avec un système de canaux communs à tous les membres d'une colonie, quand ces animaux sont associés (fig. 78). C'est un appareil *gastro-vasculaire* dont les canaux reçoivent le liquide nutritif préparé par la digestion.

CHAPITRE II
RESPIRATION

§ 1. — CONSIDÉRATIONS GÉNÉRALES

La respiration est la fonction par laquelle s'accomplissent des échanges gazeux entre un être vivant et le milieu extérieur.

Par la digestion, l'être vivant prend des *aliments solides et liquides* qui, après transformation, passent dans le sang; par la respiration, il acquiert l'*aliment gazeux* (oxygène), distribué également à toutes les parties de l'organisme par l'intermédiaire du sang. L'émission d'acide carbonique et de vapeur d'eau est corrélative de cette absorption d'oxygène.

DE LA RESPIRATION ENVISAGÉE AU POINT DE VUE GÉNÉRAL

1° Mode général de respiration. — *Tout être vivant monocellulaire ou pluricellulaire respire*, c'est-à-dire que, *par osmose* à travers la paroi de son corps (fig. 79), il absorbe de l'oxygène dans le milieu ambiant (eau ou air) et y rejette de l'acide carbonique. Ces échanges gazeux s'effectuent à travers la membrane limitante de l'être, après dissolution des gaz O et CO^2 dans la substance même de cette membrane.

Fig. 79. — Schéma de la respiration d'un être vivant A.— O, oxygène absorbé; CO^2, acide carbonique dégagé.

La grande solubilité des gaz oxygène et acide carbonique dans les substances colloïdes (albuminoïdes, etc.), la combinaison de l'oxygène avec l'hémoglobine du sang et la pauvreté du milieu extérieur en acide carbonique, expliquent le passage facile de ces gaz à travers les membranes respiratoires.

Ce mode de respiration est dit *respiration cutanée*; c'est le seul que possèdent les Protozoaires (Amibes, Rhizopodes, Infusoires) et les Cœlentérés (Corail, Hydre, Méduse). Chez tous les autres animaux, la respiration cutanée joue un rôle plus ou moins important. La Grenouille, par exemple, respire très activement par la peau, ainsi que le montre l'expérience suivante :

On suspend une Grenouille dans une éprouvette à pied fermée à l'aide d'un bouchon, de telle sorte que sa tête seule dépasse le

TABLEAU XII.

Respiration.

§ 1ᵉʳ. — Considérations générales.

Définition : Échanges gazeux (O et CO^2) entre l'être vivant et le milieu extérieur (fig. 78).

Modes de respiration :
- *général* s'applique à tous les animaux... *Respiration cutanée*... Peau.
- *spéciaux* :
  - Animaux aquatiques......... *Respiration branchiale*. Branchies (fig. 82).
  - Animaux aériens :
    - Mamm., etc..... *Respiration pulmonaire*. Poumons (fig. 82).
    - Insectes, etc.... *Respiration trachéenne*. Trachées (fig. 82).

L'intensité respiratoire dépend de :
- La *minceur* et l'*humidité* de la membrane respiratoire ;
- L'*étendue* de cette membrane ;
- La rapidité du *renouvellement* du milieu ambiant sur sa face externe ;
- ————— du sang sur sa face interne.

§ 2. — Appareil respiratoire de l'Homme et ses fonctions.

Sa description (fig. 84). 2 poumons :
- *Arbre pulmonaire* : trachée-artère, bronches, bronchioles, alvéoles.
- Lobes, lobules (alvéoles et vésicules pulmonaires).
- Vaisseaux sanguins :
  - Artère pulmonaire
  - vaisseaux capillaires
  - Veines pulmonaires
- Nerfs.

Enveloppés par les *plèvres*.

Sa structure :
- Arbre pulmonaire :
  - Membrane *fibro-cartilagineuse et fibro-musculaire*.
  - Membrane *muqueuse* : Épithélium vibratile. — pavimenteux (vésicules).
- Poumons :
  - Tissu conjonctif et réseau sanguin autour des vésicules.
  - Surface... des vésicules : 200 mètres carrés.
  - de la nappe sanguine : 150 mètres carrés.

Physiologie de la respiration [O absorbé — CO^2 rejeté].

Phénomènes mécaniques (fig. 89 à 93).
- Cage thoracique ; muscle diaphragme (fig. 89).
- Renouvellement de l'air dans les poumons par *inspiration* et *expiration*.
- Inspiration ordinaire *active* (jeu des muscles inspirateurs).
- Expiration ordinaire *passive*.
- Quantité d'air inspiré en 24 h. = 10 000 litres (2 100 litres d'oxygène).

Phénomènes chimiques.
1° Modifications dans la vésicule pulmonaire : 530 litres d'oxygène y sont absorbés, dont :
   - 400 l. contenus dans 400 l. de CO^2 rejetés.
   - 130 l. mis en réserve momentanée.
2° La combustion respiratoire se fait dans les *tissus* (fig. 95 et 96).
3° Asphyxie :
   - Par manque d'oxygène.
   - Par excès d'acide carbonique.
   - Par intoxication (CO, H^2S, etc.).

§ 3. — Appareil respiratoire des animaux.

Poumons (fig. 97) :
- des Mammifères.
- des Oiseaux ; sacs aériens.
- des Reptiles (Crocodile, Serpent, etc.) et des Amphibiens adultes.
- Vessie aérienne des Poissons (Dipnoï).

Trachées des Insectes (Abeille) (fig. 99).

Branchies :
- Des Poissons (fig. 104 à 107).
- Des Crustacés (fig. 109), des Vers (fig. 82), des Mollusques (fig. 111), etc.

82 RESPIRATION.

bouchon et plonge dans l'air extérieur; dans l'éprouvette, on a versé un peu de chloroforme dont les vapeurs se répandent autour de l'animal en expérience; la Grenouille est anesthésiée au bout de peu de temps.

Paul Bert a conservé plus de vingt jours des Axolotls auxquels il avait coupé les organes spéciaux de la respiration (branchies et poumons).

2° **Modes spéciaux de respiration**. — Chez la plupart des êtres pluricellulaires, la respiration par la peau étant insuffisante, on trouve des appareils spéciaux qui en complètent l'effet. Ces appareils sont :

Pour les animaux aquatiques, des saillies plus ou moins ramifiées qui pourront se déployer facilement dans l'eau;

Pour les animaux aériens, des cavités plus ou moins subdivisées

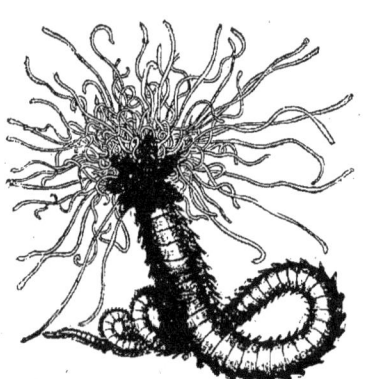

Fig. 80. — Térébelle (*Terebella Edwardsii*).

Fig. 81. — Serpule (*Serpula contortuplicata*).

en loges dans lesquelles s'enfonce l'enveloppe cutanée (épithélium), cavités où l'air peut pénétrer.

Les saillies des animaux aquatiques sont les *branchies* : Poissons, Térébelle (fig. 80), Serpule (fig. 81), Têtard de grenouille (fig. 102) : on dit que ces êtres ont une *respiration branchiale*.

Les cavités des animaux aériens sont : les *poumons* des Mammifères (Homme, fig. 23), des Oiseaux et des Reptiles; les *trachées* des Insectes (Abeille, fig. 99). Les premiers ont une *respiration pulmonaire;* les Insectes ont une *respiration trachéenne*.

Branchie. — Dans la branchie Br (fig. 82, A), saillie du corps A baignée par l'eau, se rend une *artère branchiale* $A.b$ avec du sang rouge foncé qui abandonne son acide carbonique au milieu extérieur et y puise de l'oxygène; le sang, devenu rouge vermeil, s'éloigne (f') de l'organe respiratoire par une *veine branchiale* V.b et va distribuer l'oxygène aux diverses parties du corps A.

Poumon. — C'est une cavité Po (fig. 82, A') où pénètre l'air destiné à recueillir l'acide carbonique contenu dans le sang rouge foncé de l'*artère pulmonaire* A.p; l'oxygène de l'air est réparti dans le corps A' par l'intermédiaire du sang vermeil que contient la *veine pulmonaire* V.p.

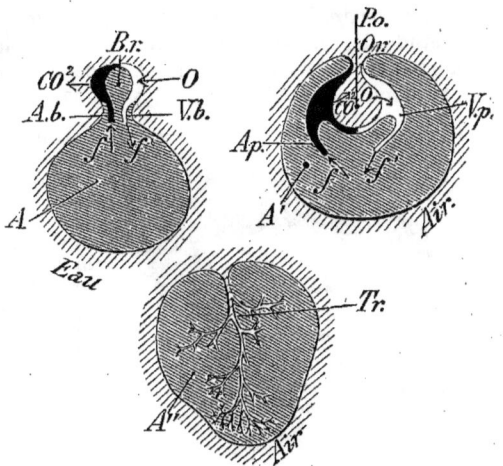

Trachée. — Une trachée Tr (fig. 82, A'') diffère d'un poumon en ce que ses ramifications, au lieu d'être localisées dans une région limitée, se distribuent à tous

Fig. 82. — Figure schématique. A, corps d'un animal aquatique; Br, branchie; A.b, artère branchiale; V.b, veine branchiale. — A', corps d'un animal aérien; Po, poumon; A.p, artère pulmonaire; V.p, veine pulmonaire. — A'', animal aérien pourvu de trachées Tr. Les flèches f et f' représentent le cours du sang.

les organes du corps A'' dont ils circonscrivent les moindres parties; une trachée porte donc l'oxygène vivifiant à destination.

Des fermentations. — Nous avons vu (page 6) que certains êtres peuvent respirer en l'absence d'oxygène libre, en décomposant des matières qui leur fournissent ce gaz. On appelle ces organismes des *ferments*, et *fermentations* les décompositions qu'ils opèrent.

Les ferments se divisent en deux catégories :

1° Les *ferments aérobies* qui, comme la levure de bière, certaines moisissures (Champignons), etc., peuvent vivre en présence d'oxygène libre et décomposent des produits organiques seulement quand ce gaz leur manque;

2° Les *ferments anaérobies* qui, à l'exemple du *Bacillus Amylobacter*, sont tués par l'oxygène libre et vivent seulement au milieu de dissolutions qui leur fournissent des principes organiques oxygénés.

Ce mode de respiration ne s'applique-t-il pas en réalité à toutes les cellules vivantes placées dans la profondeur de nos tissus, cellules qui, en l'absence d'oxygène libre, décomposent l'oxyhémoglobine du sang? (Voir page 114.)

Conditions dans lesquelles doit s'effectuer la respiration. — Paul Bert les a ainsi définies :

L'intensité de la respiration dépend :

1° *De la minceur et de l'humidité de la membrane respiratoire*, puisque les échanges gazeux sont des phénomènes osmotiques (voir page 64);

2° De l'étendue de cette membrane;
3° De la rapidité du renouvellement du milieu ambiant à sa surface externe;
4° De la rapidité du renouvellement du sang à sa surface interne.

L'étude des appareils respiratoires et de leur mode de fonctionnement précisera les limites dans lesquelles ces conditions sont remplies chez l'homme et les animaux.

Toutefois on peut dire, dès maintenant, qu'il existe des relations étroites entre l'appareil respiratoire spécial d'un animal et son cœur (organe de propulsion du sang), et une adaptation remarquable de la forme de cet appareil aux conditions de milieu dans lesquelles doit vivre l'animal. Pour ne citer qu'un exemple de cette adaptation, la Serpule (ver sédentaire), vivant dans un tube, porte toutes ses branchies au voisinage de la tête, tandis que chez les Vers errants, comme l'Eunice, l'Arénicole (fig. 82 bis), la Branchiobdelle, elles sont réparties sur toute l'étendue du corps ou à peu près.

Fig. 82 bis. — Arénicole des pêcheurs (*Arenicola piscatorum*).

§ 2. — APPAREIL RESPIRATOIRE DE L'HOMME

I. — **Appareil respiratoire.** — **Sa description.**

L'appareil respiratoire de l'Homme se compose des *voies respiratoires* et des *poumons*. Les *voies respiratoires* sont la cavité du nez et la bouche, le pharynx, le larynx, la *trachée-artère* (fig. 83, 3) et les *bronches*, 4 et 5, dont les ramifications ou *bronchioles* sont logées dans toute l'étendue des poumons. Les deux *poumons* sont abrités dans la cavité thoracique avec le cœur qu'ils enveloppent étroitement (fig. 84 et 87).

La cavité du nez n'ayant qu'un rôle accessoire dans la respiration sera étudiée comme organe du sens de l'odorat; la bouche et le pharynx (fig. 25) ont été décrits à propos de la digestion; le larynx (fig. 84, *La*) est l'organe de la voix.

Trachée-artère et ses ramifications. — La *trachée-artère* TA (fig. 84) peut être comparée à un tronc d'arbre creux se divisant d'abord en deux ramifications appelées *bronches Br*, qui se subdivisent elles-mêmes dans chaque poumon en un nombre incalculable de rameaux de plus en plus fins, dits *bronchioles primaires*, *secondaires*, etc. Le tronc et ses branches sont creux; ils forment ainsi des tubes dont les ramifications ultimes, d'une finesse extrême, se terminent dans des cavités closes appelées *alvéoles pulmonaires* (A, *ap* et B, *al. p*). Les alvéoles sont eux-mêmes divisés intérieurement, par des cloisons incomplètes, en *vésicules pulmonaires* B, *vlp*. M. Mathias Duval évalue à 1 800 millions le nombre des vésicules qui terminent l'arbre aérien de l'Homme.

La trachée-artère, de longueur moyenne 12 centimètres et de diamètre moyen 21 millimètres, fait suite au larynx et communique par son intermédiaire avec le pharynx.

Elle descend le long du cou, en avant de l'œsophage *Œs* (fig. 85),

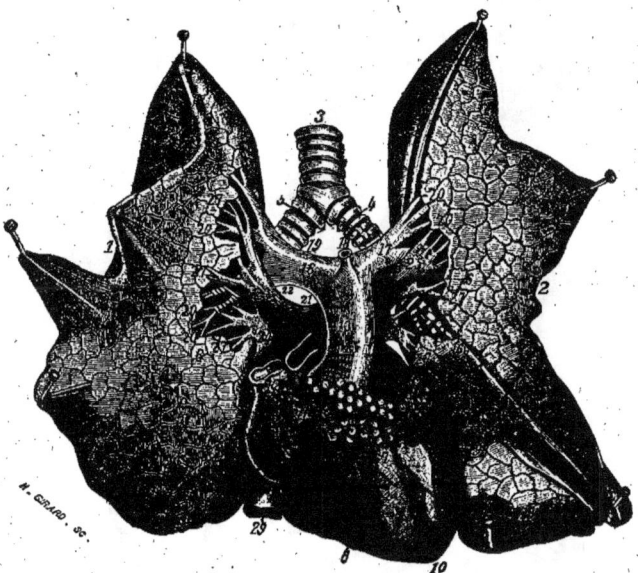

Fig. 83. — Poumons, cœur et gros vaisseaux vus par leur face antérieure. 1, poumon droit; 2, poumon gauche; 3, trachée-artère; 4 et 5, bronches; 7, cœur; 8 et 9, ventricules droit et gauche; 11 et 14, oreillettes droite et gauche; 12, veine cave supérieure coupée; 13, aorte coupée à côté de la veine cave; 15, artère pulmonaire; 16 et 17, branches de l'artère pulmonaire se rendant aux poumons; 20, leurs ramifications; 23 à 26, veines pulmonaires; 29, veine cave inférieure.

pénètre dans la cage thoracique et s'y bifurque après un trajet de 4 centimètres environ. Les bronches forment entre elles un angle droit, se dirigent l'une à droite, l'autre à gauche, vers les poumons où elles se ramifient dès leur entrée (*hile* du poumon).

Trachée, bronches et bronchioles présentent des cerceaux cartilagineux assez régulièrement disposés au nombre de 18 environ dans la trachée seulement.

Vues en section, la trachée-artère TA (fig. 85) et les bronches ont une forme demi-circulaire en avant et aplatie en arrière.

Structure de l'arbre pulmonaire. — La trachée-artère et les bronches présentent, de l'extérieur à l'intérieur, deux tuniques : 1° une *mem-*

brane *fibro-cartilagineuse* en avant et sur les côtés *Mf* (fig. 86), *fibro-musculeuse* en arrière; 2° une *membrane muqueuse* interne.

La *tunique fibro-cartilagineuse* présente des cerceaux cartilagineux incomplets *Ca* reliés entre eux par des fibres élastiques. En arrière, dans la portion aplatie de la trachée et des bronches, les

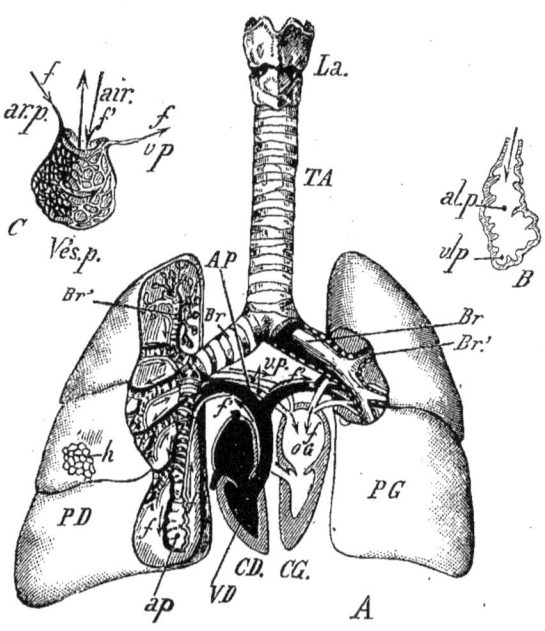

Fig. 84. — Figure schématique des poumons et du cœur de l'Homme. — *La*, larynx; *TA*, trachée-artère; *Br*, bronches; *Br'*, bronchioles terminées dans les alvéoles pulmonaires *ap* (l'un de ces alvéoles *ap* a été très exagéré); *PD* et *PG*, poumons; *CD* et *CG*, divisions du cœur en cœur droit et cœur gauche. Du ventricule droit *VD*, l'artère pulmonaire *AP* emporte le sang rouge foncé aux deux poumons, suivant les flèches *f'*; les veines pulmonaires *vp* ramènent à l'oreillette gauche *OG* le sang hématosé, suivant les flèches *f*. — B, alvéole pulmonaire grossi montrant les vésicules pulmonaires *v/p*.— C, irrigation sanguine d'une vésicule *Vés.p* : *ar.p*, artériole; *vp*, veinule.

bords des cartilages sont reliés entre eux par des fibres musculaires lisses, transversales et obliques.

La *membrane muqueuse* est formée d'un tissu conjonctif recouvert par un épithélium stratifié dont les cellules superficielles sont ciliées (fig. 16, *C*); dans l'épaisseur de la muqueuse sont des glandes *GM* (fig. 86) qui déversent un mucus à la surface interne de l'arbre pulmonaire. Ce mucus retient les poussières qui ont pu être entraînées par l'air vers les poumons, et les mouvements des cils vibratiles de l'épithélium ont pour effet de protéger les cavités pulmonaires, en chassant progressivement vers le pharynx toutes ces particules nuisibles.

La structure des *bronchioles* est comparable à celle des bronches, avec cette différence que les cerceaux cartilagineux deviennent complets chez les bronchioles principales, puis se réduisent, dans les ramifications plus étroites, à des lames irrégulières qui disparaissent totalement au niveau des alvéoles pulmonaires. Les fibres musculaires lisses et les fibres élastiques sont plus abondantes dans les bronchioles où les cartilages tendent à disparaître; quant à l'épithélium cylindrique vibratile, il pénètre jusque près des alvéoles, se réduit à une couche unique de cel-

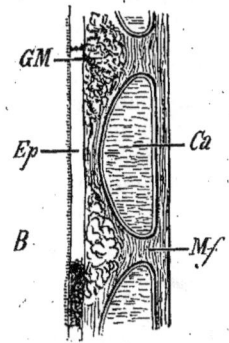

Fig. 86. — Coupe longitudinale de la trachée-artère (paroi antérieure). *Ep*, épithélium stratifié vibratile; *Ca*, cartilage; *Mf*, membrane fibro-cartilagineuse; *GM*, glandes à mucus.

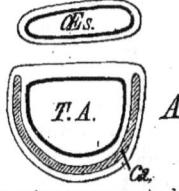

Fig. 85. — Section transversale de la trachée-artère *TA* et de l'œsophage *Œs*.

lules cubiques qui, dans les alvéoles et les vésicules, deviennent des cellules très aplaties : épithélium pavimenteux d'une minceur extrême.

Poumons. — L'Homme possède deux poumons : l'un *droit* PD (fig. 84), l'autre *gauche* PG, ayant chacun la forme d'un demi-cône dont la base est appuyée sur le muscle diaphragme *M.Di* (fig. 87). Leur face externe appliquée contre la paroi thoracique est convexe; par leur face interne, concave, qui embrasse le cœur, pénètrent dans chaque poumon une bronche, des vaisseaux sanguins et des nerfs.

Le poumon droit présente trois *lobes*; le poumon gauche, plus petit à cause de l'inclinaison du cœur de ce côté, est divisé seulement en deux lobes. Chaque lobe est composé lui-même de *lobules*, visibles à la surface du poumon qu'ils partagent en hexagones irréguliers *h* (fig. 84) d'environ un centimètre carré de surface; chaque lobule est subdivisé également en un nombre de lobules plus petits contenant eux-mêmes une série d'*alvéoles pulmonaires*; enfin l'alvéole est partagé en *vésicules pulmonaires*.

Ainsi lobe, lobule primaire, lobule secondaire, etc., alvéole pulmonaire, vésicule pulmonaire, tels sont les termes décroissants dont l'ensemble constitue la substance des poumons. Ces diverses parties sont reliées entre elles par du tissu conjonctif au milieu duquel se ramifient, pour chaque poumon, depuis le hile jusqu'à la périphérie, une *bronche Br* (fig. 84), une branche de l'*artère pulmonaire Ap* provenant du ventricule droit VD du cœur, deux *veines pulmonaires vp* aboutissant à l'oreillette gauche OG, une *artère bronchique* et une *veine bronchique* nourricières, des vaisseaux lymphatiques et des filets nerveux.

Les différents vaisseaux sanguins forment un réseau capillaire excessivement étendu à la surface de chaque alvéole, de chaque vésicule pulmonaire. La figure 84, C montre le réseau à mailles très serrées qui couvre et embrasse une vésicule pulmonaire *Vés.p.*, à la manière d'un filet enveloppant un ballon. Le sang, amené du cœur au poumon par l'artériole pulmonaire *ar.p.*, se répand en une véritable nappe à la surface de la vésicule dont il couvre les trois quarts et retourne au cœur par la veinule pulmonaire *v.p.*

Étant donné que le nombre des vésicules pulmonaires est de 1800 millions environ, la surface totale de ces cavités en contact avec l'air atteint 200 mètres carrés; la surface de la nappe sanguine qui recouvre les vésicules est de 150 mètres carrés, et le volume du sang que contient cette nappe est de 2 litres.

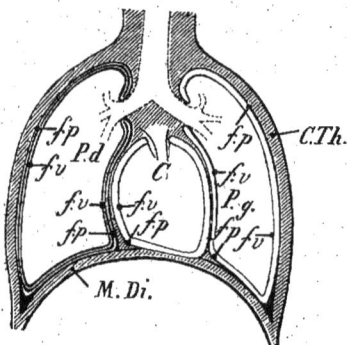

Fig. 87. — Figure schématique représentant les poumons *Pd* et *Pg* enveloppés par les plèvres et le cœur C contenu dans le péricarde.— *C. Th*, cage thoracique ; *M.Di*, muscle diaphragme ; *f.p*, feuillet pariétal et *f. v*, feuillet viscéral de chacune des 3 séreuses.

Des plèvres. — Les poumons sont enveloppés chacun dans une membrane séreuse appelée *plèvre* (fig. 87) dont le feuillet pariétal *f.p* est appliqué contre la paroi thoracique C. *T.h* et le diaphragme *M.Di*, tandis que le feuillet viscéral *f.v* est en contact avec le poumon.

Entre les feuillets *f.p* et *f.v* d'une même plèvre se trouve très peu de sérosité suffisant pour faciliter leur glissement l'un sur l'autre, lorsque la cage thoracique subit des variations de volume.

Entre les deux plèvres et en avant se trouve le cœur; en arrière sont logés l'œsophage, l'artère aorte, etc.

II. — Physiologie de la respiration.

La nappe sanguine qui recouvre les vésicules pulmonaires est séparée par un épithélium très mince de l'air contenu dans ces vésicules. Aussi des échanges actifs se produisent à travers l'épithélium entre le sang et l'air; constamment appauvri en oxygène et enrichi en gaz carbonique, l'air des vésicules doit être renouvelé, car il devient rapidement impropre à l'*hématose* du sang (transformation du sang rouge foncé de l'artère pulmonaire en sang rouge vermeil des veines pulmonaires).

Le renouvellement de l'air dans l'arbre pulmonaire est déterminé par la dilatation et la contraction successives de la cage thoracique; ces déformations constituent les *mouvements d'inspiration* (entrée de l'air pur dans les poumons) et d'*expiration* (rejet de l'air vicié hors des poumons).

Description de la cage thoracique. — La cavité thoracique est limitée par une paroi composée d'une charpente osseuse et d'un revêtement musculaire complexe.

Le *squelette* de cette région comprend : en arrière, la région dorsale de la *colonne vertébrale* formée de 12 vertèbres *Ver* (fig. 88); sur les côtés, 12 paires de *côtes Co*; en avant, le *sternum St*, auquel se rattachent directement, par des cartilages, les 7 premières paires de côtes (vraies côtes) et indirectement les 2 ou 3 paires de côtes suivantes (fausses côtes).

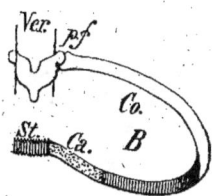

Fig. 88. — Segment vertébral vu en projection horizontale et totalement en A; le même, vu à moitié et du côté dorsal en B. *Ver*, vertèbre; *Co*, côte; *Ca*, cartilage; *St*, sternum; *pf*, tête de la côte; *p'f'*, sa tubérosité.

Chaque côte est un arc osseux appuyé en arrière sur une vertèbre *Ver*, A par deux de ses points (*tête* et *tubérosité*), et fixé au sternum *St* en avant par le cartilage *Ca* (A et B).

Une côte est oblique d'arrière en avant, de haut en bas et de dedans en dehors; elle peut donc effectuer autour de son point d'appui sur la colonne vertébrale, et sous l'influence des muscles qui l'actionnent, des mouvements qui la portent à la fois en haut, en avant et en dehors.

Le revêtement musculaire de la cage thoracique est composé d'un grand nombre de muscles dont le plus important est le *muscle diaphragme Di* (fig. 89) qui ferme en bas la cage thoracique; les côtes sont reliées entre elles par deux plans musculaires: l'un interne comprend tous les *muscles intercostaux internes* (7) (fig. 90); l'autre externe comprend tous les *muscles intercostaux externes* (2). D'autres muscles recouvrent ces deux plans.

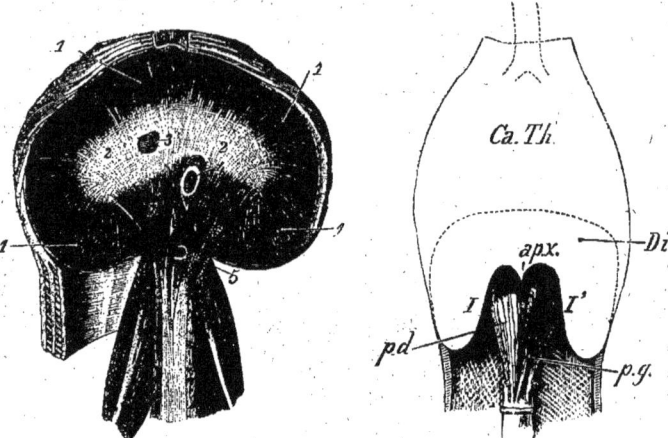

Fig. 89. — Diaphragme vu en dessous, à gauche; à droite, figure schématique montrant sa place à la base de la cage thoracique. 1, fibres musculaires radiées; 2, centre phrénique; 3, ouverture pour le passage de la veine cave inférieure; 4, œsophage coupé; 5, artère aorte coupée; 6 et *p.g*, pilier gauche; 7 et *p.d.*, pilier droit du diaphragme.

Les muscles de la paroi thoracique peuvent être ainsi classés, eu égard à leur fonction dans la respiration :

Leur RÔLE.		NOMS DES MUSCLES.	Numéro (fig. 90)	INSERTION FIXE.	INSERTION MOBILE.
Muscles de l'inspiration	ordinaire	surcostaux (fig. 91).		Apophyse transverse d'une vertèbre.	Côte immédiat¹ inférieure.
		petit dentelé post. sup.		Apoph. épineuse des 7° à 10° vertèbres.	2° à 5° côtes.
		intercostaux externes.	(2)	Côte n°.	Côte (n° + 1).
		diaphragme (fig. 89).		Base de la cage thoracique.	
	forcée	grand pectoral.	(4)	Humérus.	Clavicule et les 6 1ʳᵉˢ côtes.
		grand dentelé.	(5)	Bord spinal de l'omoplate.	6° à 9° côtes (face externe).
		sterno-cléido-mastoïdien.	(6)	Apophyse mastoïde (temporal).	Sternum et clavicule.
de l'expiration	ordinaire	intercostaux internes.	(7)	Côte n°.	Côte (n° — 1).
	forcée	grand droit abdominal.	(8)	Os iliaque (pubis).	Cartilages des 5° à 7° côtes.
		— oblique.	(9)	—	Les 8 dernières côtes.
		petit oblique.	(10)	—	Les 4 dernières côtes.

Nous n'envisagerons que les muscles de la respiration ordinaire.

Diaphragme. — C'est une lame musculaire en forme de voûte à concavité dirigée en bas, qui sépare la cavité thoracique de la cavité abdominale. Les fibres musculaires qui la composent s'insèrent sur tout le pourtour et à la base de la cage thoracique d'une part, et d'autre part convergent à une aponévrose centrale appelée *centre phrénique*, en forme de feuille de trèfle (fig. 89). Les fibres musculaires de sa partie postérieure se continuent par les *piliers droit p.d* et *gauche p.g*, qui s'insèrent eux-mêmes sur les vertèbres de la région lombaire.

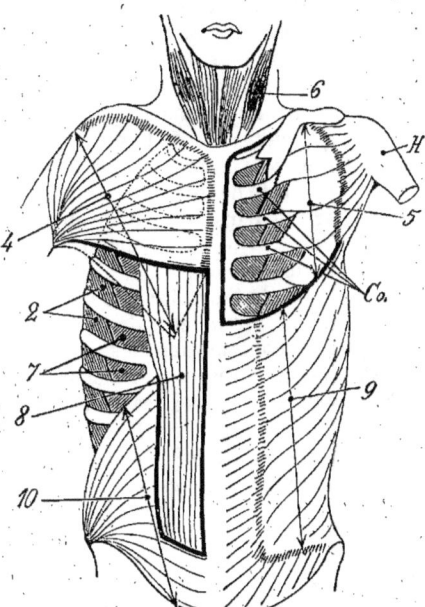

Le muscle diaphragme s'applique par sa face supérieure contre les plèvres des pou-

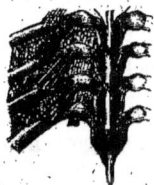

Fig. 90. — Muscles de la respiration (figure schématisée) : 2, muscles intercostaux externes ; 4, grand pectoral ; 5, grand dentelé ; 6, sterno-cléido-mastoïdien ; 7, intercostaux internes ; 8, grand droit abdominal ; 9, grand oblique ; 10, petit oblique ; Co, côtés.

Fig. 91. — Muscles surcostaux.

mons et la séreuse du cœur (péricarde) ; par sa face inférieure, il est en rapport avec le foie à droite, l'estomac et la rate à gauche. L'œsophage et la veine cave inférieure le traversent ; l'artère aorte passe entre ses deux piliers, près de la colonne vertébrale.

Muscles intercostaux. — Les muscles intercostaux *internes* 7 (fig. 90), I, I' (fig. 92) s'insèrent *d'une côte à la précédente* d'arrière en avant, tandis que les muscles intercostaux *externes* 2 (fig. 89), E, E' (fig. 92) s'insèrent d'arrière en avant, *d'une côte à la suivante*. Aussi jouent-ils des rôles opposés dans le mécanisme respiratoire.

Les indications du tableau précédent suffisent en ce qui concerne les muscles *surcostaux* et le *petit dentelé postérieur et supérieur*.

Phénomènes mécaniques de la respiration.

Dans ces phénomènes, le diaphragme a une action prédominante et joue, par rapport à la cavité thoracique prise pour corps de pompe, le rôle d'un piston convexe (fig. 89 et 93) qui, alternativement, s'y abaisse par sa partie médiane (*inspiration*) et s'y élève (*expiration*); lors de sa descente, la cavité thoracique s'agrandit; un vide partiel se produit dans les poumons qui subissent cette augmentation de volume, et l'air se précipite du dehors, par la trachée-artère, dans tout l'arbre pulmonaire. Quand le diaphragme revient à sa position première, la cavité thoracique et les poumons diminuent de volume; l'air contenu dans les alvéoles pulmonaires en est chassé en partie, puisqu'il est soumis à une pression supérieure à la pression atmosphérique.

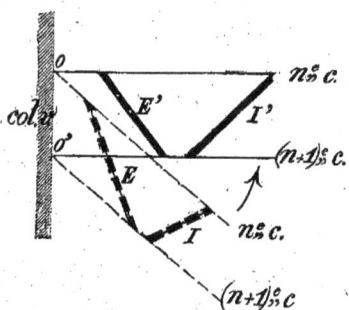

Fig. 92. — Schéma de Hamberger. E, I, muscles intercostaux externe et interne tendus entre la n^e et la $(n+1)^e$ côte dans la position d'expiration. Lors d'une inspiration, les côtes tournent autour de leurs points d'appui O et O' sur la colonne vertébrale; le muscle intercostal externe primitivement relâché en E est contracté en E'; l'inverse a lieu pour le muscle intercostal interne, contracté en I, relâché en I'.

En réalité, les phénomènes mécaniques de la respiration ne sont pas aussi simples.

1° Inspiration. — Le *muscle diaphragme*, s'appuyant sur tout le bord inférieur i'', i, i'' (fig. 93) de la cage thoracique, contracte ses fibres musculaires convergentes qui tirent sur le centre phrénique obliquement de haut en bas; la partie centrale du diaphragme s'abaisse donc de M en M' en pressant fortement sur les viscères abdominaux (foie, estomac) *légèrement* refoulés.

Le diaphragme ayant alors un excellent point d'appui sur ces viscères, la contraction de ses fibres musculaires a aussi pour effet de tirer de bas en haut les côtes inférieures et le sternum par sa base, les côtes tournent autour de leurs points fixes (insertions pf et $p'f'$, fig. 88, sur la colonne vertébrale) et sont projetées à la fois de bas en haut et de dedans en dehors, de C en C' (fig. 93); le sternum suit le même mouvement et passe de St en St'.

Grâce à cet effet simultané des contractions du diaphragme, la cage thoracique s'agrandit :

de haut en bas suivant d, par aplatissement du diaphragme (M en M');

d'arrière en avant suivant d', par projection du sternum en avant (St en St');

transversalement suivant d'', par élévation des côtes (C en C').

Les *muscles intercostaux externes* E (fig. 92), relâchés dans l'abaissement des côtes successives $n^e\,c$ et $(n+1)^e\,c$ sur lesquelles ils sont insérés, se contractent lors de l'élévation de celles-ci qui tournent autour de leurs points fixes o et o' sur la colonne vertébrale *col.v*.

Les *muscles intercostaux internes* I subissent une déformation

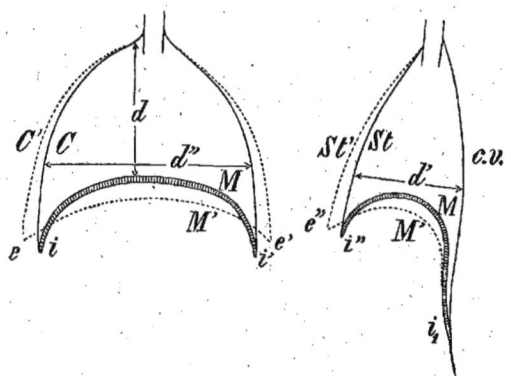

Fig. 93. — Figures théoriques représentant les déformations de la cage thoracique lors d'une inspiration. M, diaphragme abaissé en M'; C, paroi latérale déplacée en C'; St, sternum porté en avant en St'. (Agrandissement des 3 diamètres d, d', d'' de la cage.)

contraire et sont dans la position de relâchement pendant toute la durée de l'inspiration.

Les muscles *surcostaux, dentelé postérieur, supérieur* et *scalènes*, d'insertion fixe sur certaines vertèbres cervicales et dorsales, élèvent, par leur contraction, les côtes supérieures sur lesquelles se trouvent leurs insertions mobiles.

Ainsi l'accroissement de la cage thoracique est dû à l'*activité* de tous ces *muscles* dits *inspirateurs*.

Les *poumons*, appliqués contre la paroi thoracique par l'intermédiaire des plèvres, *suivent passivement la dilatation de la cage en raison de l'élasticité de leur tissu*. Il ne saurait, en effet, se produire de vide entre la paroi thoracique et le feuillet pariétal de la plèvre, ni dans celle-ci, ni entre son feuillet viscéral et la paroi du poumon.

2° **Expiration**. — Les muscles contractés pendant l'inspiration reviennent au repos et produisent l'expiration; les muscles intercostaux internes I (fig. 93) seuls se contractent (ils étaient relâchés pendant l'inspiration). Les poumons, pressés par la paroi thoracique, s'affaissent sur eux-mêmes, compriment et chassent au dehors l'excès d'air qu'ils renferment.

Ainsi l'*expiration ordinaire* est un phénomène *passif*, contrairement à l'inspiration qui est un phénomène *actif*. Elle ne devient active que lors de l'expiration forcée, où entrent en jeu les muscles abdominaux qui abaissent plus encore les côtes (toux, éternûment).

Circulation de l'air dans l'arbre pulmonaire. — *Vitesse du courant.* Grâce aux cerceaux cartilagineux et aux plaques de même nature que renferment la trachée-artère et ses ramifications, ces tubes sont toujours ouverts, quelles que soient les déformations des poumons. Mais comme l'inspiration résulte d'une *contraction progressive* des muscles inspirateurs, la trachée-artère de large calibre est traversée par un courant d'air *lent* venant du dehors ; les poussières en suspension, non arrêtées déjà par la muqueuse nasale et pharyngienne, sont fixées par le mucus qui imprègne la trachée et les bronches et seront expulsées grâce au jeu des cils vibratiles de l'épithélium pulmonaire. L'expiration est *brusque* par suite du relâchement instantané des muscles inspirateurs ; la vitesse très grande du courant d'air expiré facilite l'expulsion des mucosités qui ne peuvent obstruer ainsi l'arbre pulmonaire.

Quantité d'air inspiré. — Le volume total du réservoir d'air formé par les poumons est en moyenne de 4 à 5 litres, quand ces organes sont dilatés au maximum (inspiration forcée), et réduit à 1 litre $\frac{1}{2}$ quand ils ont le volume minimum (expiration forcée). La *capacité respiratoire* des poumons est la différence entre ces volumes extrêmes : soit 3 litres en moyenne.

Or, *dans une inspiration ordinaire, on introduit un demi-litre d'air* seulement dans l'appareil pulmonaire. Le nombre des inspirations effectuées par minute est de 15 environ ; la quantité d'air qui circule dans les poumons en 24 heures est donc :

$\frac{1}{2}$ lit. $\times 15 \times 60 \times 24 = 10\,800$ lit., soit 10 000 lit. ou 10 m. cubes.

Ces 10 000 litres d'air servent à l'hématose de 20 000 litres de sang rouge foncé qui traversent les poumons pendant le même temps.

Phénomènes chimiques de la respiration.

Modifications de l'air inspiré. — L'air expiré diffère de l'air inspiré par un appauvrissement en oxygène et une plus forte proportion d'acide carbonique et de vapeur d'eau.

	100 volumes Air inspiré contiennent :		Air expiré	
Azote........................	79 vol.,	2	79 vol.,	2
Oxygène....................	20	8	15	5
Gaz carbonique............	0	0003	4	
Total................	100		98	7

Une certaine quantité de gaz a disparu (1,3 pour 100); c'est de l'oxygène utilisé dans l'organisme autrement que pour brûler du carbone.

<small>On reconnaît la présence de la vapeur d'eau dans l'air expiré en exhalant cet air sur une vitre froide; il y a formation immédiate d'une buée (brouillard formé en hiver par l'air exhalé du nez et de la bouche).

Le gaz carbonique est mis en évidence par le trouble que l'on suscite en soufflant au moyen d'un tube de verre dans un vase renfermant de l'eau de chaux (formation de carbonate de chaux).

La détermination de l'oxygène se fait à l'aide de recherches plus précises.</small>

Sachant que l'air inspiré est composé de 21 pour 100 d'oxygène, de 79 pour 100 d'azote et de traces de gaz carbonique (3 à 4 dix millièmes), les 10 000 litres d'air inspiré renferment donc 2 080 litres d'oxygène, 7 900 litres d'azote et 3 à 4 litres de gaz carbonique.

Dans l'air expiré, la quantité d'azote est la même : *l'azote est donc un gaz inerte dans l'acte respiratoire proprement dit. Les poumons ont retenu* 530 *litres d'oxygène et exhalé, en revanche,* 400 *litres de gaz carbonique* avec de la vapeur d'eau.

Or, on sait que le gaz carbonique contient son volume d'oxygène : des 530 litres d'oxygène absorbés dans les poumons, 530 — 400 ou 130 litres n'ont pas été utilisés pour la production de gaz carbonique. Nous les retrouverons *mis en réserve par les cellules vivantes* ou bien contenus dans des produits variés (eau liquide ou en vapeur, urée, acide urique, cholestérine, etc.) résultant de combustions et d'hydratations qui s'accomplissent dans les organes eux-mêmes.

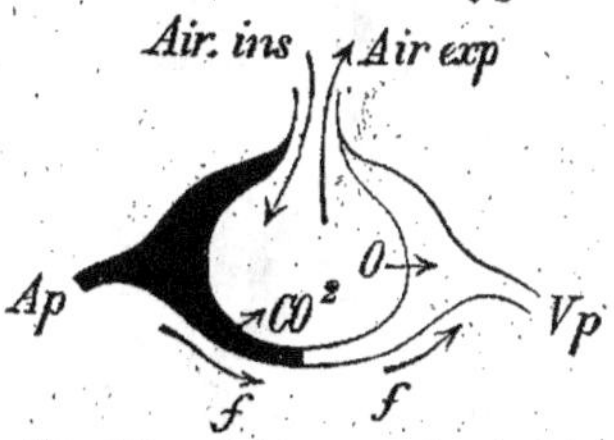

Siège des modifications de l'air.— L'air inspiré subit peu à peu des variations de *température* et d'*humidité* dans les fosses nasales et des modifications dans sa *composition* au niveau de la vésicule pulmonaire (fig. 94).

<small>Fig. 94. — Schéma représentant les échanges gazeux qui s'accomplissent entre le sang et l'air au niveau de la vésicule pulmonaire. Ap, artériole pulmonaire apportant le sang rouge foncé (dégagement de gaz carbonique dans la vésicule); Vp, veine pulmonaire emportant le sang rouge vermeil (absorption d'oxygène puisé dans l'air de la vésicule).</small>

L'artère pulmonaire Ap apporte à la surface de la vésicule du sang rouge foncé (contenant, pour 100 volumes de sang : 12 d'oxygène et 47 de gaz carbonique); celui-ci se transforme au contact de l'air de la vésicule en sang rouge vermeil (contenant, pour 100 volumes : 20 d'oxygène et 34,8 de gaz carbonique) emporté vers la circulation générale par la veine pulmonaire Vp.

Ces échanges gazeux entre l'air et le sang s'accomplissent très activement à travers l'épithélium mince de la vésicule.

Circulation des gaz O et CO^2 à travers l'organisme.—Cette circulation est une conséquence de la diffusion qui s'opère entre deux milieux, ou deux parties d'un même milieu, renfermant des gaz non en équilibre de tension.

La figure schématique 95 qui montre les relations entre l'appareil pulmonaire, l'appareil circulatoire et la cellule vivante, nous enseigne en même temps, d'après M. Frédéricq, que, depuis l'air extérieur jusqu'à la cellule vivante et par l'intermédiaire du sang, la proportion d'oxygène décroît dans le milieu extérieur de 20,8 à 16 pour 100, et dans le sang de 10 à zéro environ ; inversement, la proportion d'acide carbonique décroît dans le sang, depuis la cellule vivante jusqu'à la vésicule pulmonaire, dans la proportion de 9 à 4 environ, et de 2,8 à 0,03 depuis le poumon jusqu'à l'air extérieur. Ainsi s'explique le transport inverse des gaz O et CO^2 à travers le corps de tout être vivant : ce mouvement gazeux tend à établir un équilibre qui ne peut être réalisé toutefois à cause de l'activité vitale de l'organisme.

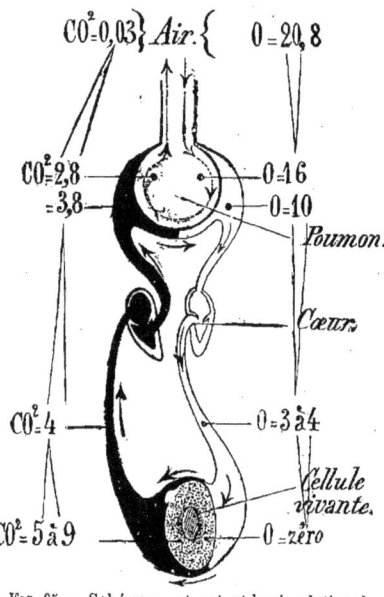

Fig. 95. — Schéma représentant la circulation des gaz O et CO^2 dans l'organisme. L'oxygène est peu à peu drainé de l'extérieur jusque dans la vésicule pulmonaire, pris par le sang et conduit à la cellule vivante ; l'acide carbonique suit un trajet inverse.

Respiration des tissus.

Lavoisier pensait que l'oxygène introduit dans les poumons y brûle les résidus de l'organisme apportés par le sang ; les poumons seraient ainsi le siège de la combustion respiratoire. Après *Lagrange*, *Spallanzani*, etc., *Paul Bert* a établi d'une manière irréfutable que le siège de la respiration est l'organisme tout entier, que *toute cellule libre ou associée respire*, que *les tissus respirent*.

Les tissus d'un animal récemment tué ne sont pas morts par le fait que l'animal ne donne plus signe de vie ; chacun d'eux peut conserver, pendant un temps plus ou moins long, ses propriétés caractéristiques.

Se basant sur ce fait, Paul Bert plaça sur de petites grilles en cuivre a, dans une éprouvette E (fig. 96) reposant sur le mercure, des fragments de tissus frais, taillés en cubes de 1 centimètre environ, et étudia les variations de composition de l'air confiné dans l'éprouvette en agissant : 1° sur les divers tissus d'un même animal; 2° sur un même tissu plongé dans des atmosphères différentes; 3° sur des tissus identiques pris chez des animaux différents.

Il reconnut que :

Les tissus animaux respirent;

Les divers tissus d'un même animal respirent avec une inégale activité; le tissu musculaire est, de tous, celui qui consomme le plus d'oxygène et exhale le plus de gaz carbonique;

Les tissus des animaux à température constante (Mammifères, Oiseaux) *respirent plus activement que les tissus identiques des animaux à température variable* (Reptiles, Amphibiens, Poissons).

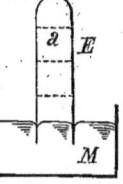

FIG. 96. — Respiration des tissus. Éprouvette E reposant sur le mercure M; de petites grilles a supportent les fragments de tissus en expérience.

Le sang est donc, chez les animaux pluricellulaires, *l'intermédiaire obligé entre le milieu extérieur et les cellules vivantes* auxquelles il apporte l'oxygène combiné à l'hémoglobine (matière colorante rouge des globules du sang); inversement il en enlève le gaz carbonique qui se combine au carbonate et au phosphate de sodium dissous dans le plasma.

Chaque cellule vivante est un véritable ferment (Voir p. 83) qui, ne trouvant pas d'oxygène libre dans le milieu ambiant, décompose l'oxyhémoglobine du sang pour se procurer ce gaz vivifiant; un animal complexe peut être considéré comme l'association d'une multitude de ces petits vibrioniens.

Plus un animal renferme de sang, plus il résiste au manque d'oxygène libre. Ex.: un Canard résiste 7 à 8 minutes à l'asphyxie, tandis que le Poulet meurt au bout de 2 à 3 minutes, car le premier renferme $\frac{1}{3}$ à $\frac{1}{2}$ de sang de plus que le second.

Des surfaces respiratoires. — La surface pulmonaire, malgré ses 200 mètres carrés de développement, n'est donc qu'une partie restreinte de la totalité des surfaces qui sont, par l'intermédiaire du sang ou non, le siège d'échanges gazeux avec le milieu extérieur. Toute surface d'ailleurs peut servir à la respiration, pourvu qu'elle soit humide et par suite perméable aux gaz. Si l'on incise la peau du ventre d'un Lapin anesthésié et qu'on étale à l'air les divers replis de son péritoine, on y verra devenir d'un rouge vermeil en quelques instants les vaisseaux primitivement remplis d'un sang noir.

* **Asphyxie.** — Tout animal est dit *asphyxié* lorsqu'il meurt par suite de la composition défectueuse du milieu ambiant.

L'asphyxie se produit : 1° par *manque d'oxygène;* 2° par *excès de gaz carbonique;* 3° par *intoxication* (présence d'un gaz délétère : CO, H^2S, Cl, etc... dans le milieu extérieur).

Asphyxie par manque d'oxygène. — Des observations nombreuses faites sur les ouvriers, dans les puits de mine particulièrement, ont montré que la respiration est gênée dans une atmosphère ne renfermant plus que 15,5 pour 100 d'oxygène (proportion de ce gaz dans l'air expiré); le malaise augmente à mesure que cette quantité diminue, et l'asphyxie est complète lorsque la proportion d'oxygène est descendue au-dessous de 9 pour 100.

P. Bert, ayant soumis à l'expérience des animaux divers dans une atmosphère dont il enlevait l'acide carbonique, a remarqué que :

Dans une atmosphère confinée, les animaux meurent quand ils ont épuisé presque tout l'oxygène, pourvu que l'acide carbonique leur soit enlevé à mesure qu'ils le produisent.

Les Oiseaux meurent quand il reste 3 à 4 pour 100 d'oxygène;
Les Mammifères   —   2   — ;
Les Reptiles meurent quand ils ont épuisé tout l'oxygène.

Les personnes qui font des ascensions en ballon ou sur les hautes montagnes se placent dans des conditions telles que la proportion d'oxygène de l'air respirable soit supérieure à 2 pour 100. Le gaz carbonique qu'elles rejettent est réparti dans l'atmosphère; mais à mesure qu'elles atteignent les régions supérieures, la pression atmosphérique diminue, et la quantité de gaz qu'elles puisent à chaque inspiration est réduite dans la même proportion.

Ainsi une personne qui absorbe 10 à 11 centimètres cubes d'oxygène par inspiration au niveau de la mer, n'en absorbe que 1 centimètre cube, pour une inspiration de même étendue, à une altitude telle que la hauteur barométrique soit réduite à 76 millimètres de mercure.

D'où malaises, nausées, vertige, bourdonnements d'oreilles, précurseurs de la syncope et du *mal de montagnes* qui n'est pas autre chose qu'une asphyxie par manque d'oxygène. Les inhalations d'oxygène pur doivent être pratiquées aussitôt que les premiers malaises se font sentir.

Asphyxie par excès d'acide carbonique. — Paul Bert a, de même, remarqué que :

Dans une atmosphère confinée, les animaux meurent lorsque la quantité de gaz carbonique est trop forte, quelle que soit d'ailleurs la proportion d'oxygène en présence.

Il faut, en effet, que la force élastique du gaz carbonique dans le milieu ambiant soit, *au plus*, égale à celle qu'il a dans le sang; à partir de ce moment et pour les raisons que nous avons données (page 96), il ne saurait y avoir drainage du gaz carbonique du sang vers le milieu extérieur qui est devenu asphyxiant.

Le plus souvent, quand l'asphyxie se produit, lorsqu'un être vivant est renfermé dans un local trop étroit et clos, c'est à la fois par manque d'oxygène et par excès de gaz carbonique; la *ventilation* s'impose alors comme moyen préservatif.

Air raréfié, air comprimé. — Le séjour dans l'air raréfié a été étudié à propos du mal des montagnes.

Dans certains cas, l'Homme est appelé à séjourner dans l'air comprimé (plongeurs); de même que les animaux, il peut séjourner dans l'air à la pression de 8 à 10 atmosphères ou dans l'oxygène sous la pression de 1,5 à 2 atmosphères. Certains animaux résistent jusqu'à 3 atmosphères 1/2 d'oxygène, correspondant à 17 atmosphères d'air; mais alors la combustion respiratoire est exagérée et l'animal meurt au bout de peu de temps.

Il faut se garder de ramener brusquement à la pression atmosphérique le milieu comprimé dans lequel l'animal est plongé, sinon celui-ci mourrait instantanément par suite d'embolies gazeuses dues au dégagement, dans les vaisseaux sanguins, de bulles des gaz dissous à haute pression dans le sang; ces bulles arrêteraient instantanément la circulation.

Asphyxie par intoxication. — Certains gaz sont vénéneux, c'est-à-dire que, *même à faible dose dans le milieu ambiant*, ils produisent une asphyxie d'autant plus lente que leur proportion est plus faible.

RESPIRATION.

De tous ces gaz, l'*oxyde de carbone* est le plus intéressant à considérer, puisque l'Homme y est souvent exposé. Quand l'oxyde de carbone existe dans l'air, il est absorbé dans les poumons par le sang, se fixe sur l'hémoglobine (des globules rouges) et forme avec elle un composé, l'*oxycarbo-hémoglobine*, absolument stable. Tout globule ainsi saturé par ce gaz méphitique est perdu pour l'organisme qui ne peut plus l'employer au transport de l'oxygène vers les tissus (Voir l'étude des gaz du sang, page 116).

§ 5. — APPAREIL RESPIRATOIRE DANS LA SÉRIE ANIMALE

Poumons. — Les poumons se rencontrent chez les Mammifères, les Oiseaux et les Reptiles pendant toute la vie; les Amphibiens en possèdent seulement pendant l'âge adulte. Ces organes proviennent d'un bourgeonnement du tube digestif dans la région pharyngienne : le pharynx émet d'abord une petite proéminence qui s'accroît, se divise en deux, et chacune de ces parties, suspendue à l'extrémité d'une bronche, se complique plus ou moins.

La série des transformations de l'appareil pulmonaire, qui peut être observée

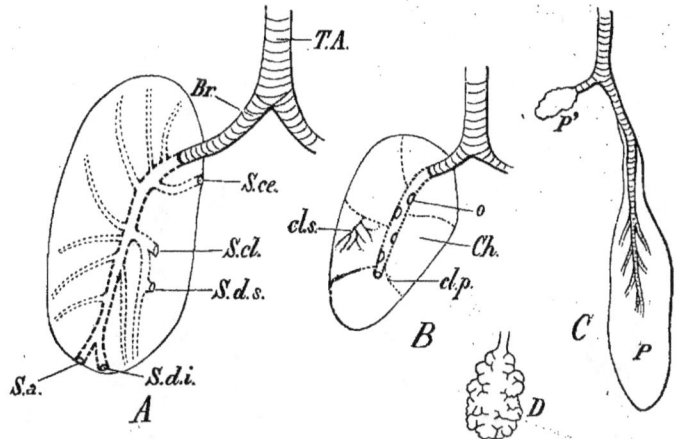

Fig. 97. — Poumons de divers Vertébrés. — A, Oiseau; *TA*, trachée-artère; *Br*, bronche traversant le poumon droit seul représenté; certaines ramifications de la bronche aboutissent à des sacs aériens : *S.ce*, sac cervical; *S.cl*, sac claviculaire; *S.d.s*, *Sd. i*, sacs diaphragmatiques supérieur et inférieur; *Sa*, sac abdominal. — B, Crocodile; *cl.p*, *cl.s*, cloisons primaire et secondaires; *o*, orifices de la bronche dans les chambres *Ch*. — C, Serpent: *P*, poumon développé; *P'*, poumon atrophié. — D, Grenouille.

aux âges successifs d'un embryon de Mammifère, se retrouve également dans la série des Vertébrés aériens adultes, comme nous allons le voir.

Mammifères. — Leur appareil respiratoire présente la plus grande analogie avec celui de l'Homme.

Oiseaux. — Les poumons, de structure assez grossière, sont ici appliqués contre la paroi thoracique en haut et en arrière et présentent sur leur face convexe postérieure des sillons profonds formés par le bord interne des côtes saillantes. Ils sont très incomplètement séparés des viscères abdominaux par un diaphragme rudimentaire.

La trachée-artère est pourvue de deux larynx : l'un supérieur pour les cris, l'autre à la naissance des bronches pour la modulation des sons. Chaque bronche traverse de part en part un poumon (fig. 96, A) et se bifurque près de son extrémité; les ramifications des bronches se terminent : les unes dans des alvéoles pulmonaires, les autres dans des *sacs aériens*.

Les sacs aériens, au nombre de 9, sont peu vascularisés et dépourvus d'épithélium vibratile ; tous communiquent, sauf les sacs diaphragmatiques, avec les cavités des os dont la moelle a disparu chez l'Oiseau adulte, parfois avec des espaces libres du tissu cellulaire sous-cutané.

Les poumons ne subissent que de faibles variations de volume par la respiration ; mais les sacs diaphragmatiques, se dilatant à chaque inspiration et reprenant leur volume primitif à chaque expiration, favorisent l'aération des poumons et l'hématose du sang. Les autres sacs aériens paraissent agir comme antagonistes des premiers.

Les sacs facilitent le vol des Oiseaux migrateurs et chasseurs, la puissance de la voix des Oiseaux chanteurs; ils jouent le rôle de flotteurs et de réservoirs d'air chez les plongeurs; ils s'opposent à la déperdition de chaleur chez les Oiseaux arctiques et aquatiques.

Reptiles. — Chez les Crocodiles B (fig. 97) et les Tortues, les poumons sont partagés par des cloisons primaires *cl.p* en grandes chambres communiquant avec une bronche centrale ; des cloisons secondaires *cl.s* augmentent la surface de contact de ces parois vascularisées avec l'air extérieur.

Les Serpents C ont deux poumons inégaux dont l'un, très réduit, P', manque quelquefois; dans le poumon le plus développé, la bronche se termine par une gouttière. La partie terminale du poumon P est une simple poche à air.

Tous les Reptiles absorbent de l'air par une véritable dilatation de la cage qui les enveloppe.

Amphibiens adultes. — Ils possèdent deux poumons rudimentaires D dans lesquels l'air pénètre par déglutition ; ces animaux sont en effet dépourvus de cage thoracique.

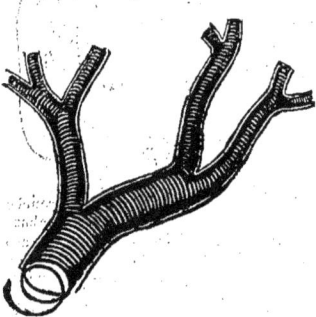

Fig. 98. — Fragment de trachée.

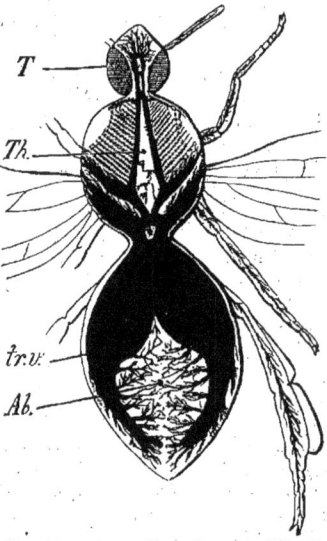

Fig. 99. — Appareil trachéen de l'Abeille (représenté en noir). *tr.v*, trachées vésiculaires. *T*, tête; *Th*, thorax ; *Ab*, abdomen.

Vessie aérienne des Poissons. — Chez certains Poissons (*Dipnoï : Lepidosiren*), on trouve un organe provenant d'un bourgeonnement de la face dorsale de l'œsophage; c'est la *vessie aérienne*, appelée improprement *natatoire*, dont la structure alvéolaire interne rappelle tout à fait un poumon d'Amphibien. Cet organe reçoit, par une artère, du sang rouge foncé qui y subit l'hématose.

Chez les autres Poissons, la vessie aérienne joue un rôle *exclusivement passif*, qui consiste à obliger l'animal à ne se déplacer dans l'eau qu'entre certaines limites : la vessie se gonfle, en effet, par la diminution de pression qui se manifeste si le Poisson veut se rapprocher trop de la surface de l'eau ; l'inverse a lieu

RESPIRATION. 101

s'il tente de trop s'enfoncer. Un certain nombre de Poissons bons nageurs n'ont pas de vessie aérienne.

Trachées. — Les Insectes, Myriapodes et Arachnides, sont les seuls animaux pourvus des *trachées* dont le type réel se trouve chez les Insectes.

Une trachée (fig. 98) est un tube ramifié indéfiniment autour des organes du corps, formant un réseau aussi complexe que le réseau vasculaire des Vertébrés; sur son trajet, elle peut conserver la forme *tubulaire* (larves) ou bien présenter des dilatations (*trachées vésiculaires*) comme chez les Insectes parfaits (Abeille, fig. 99). La disposition de ces dilatations semble être en rapport avec la locomotion aérienne. Les trachées s'ouvrent au dehors chacune par un *stigmate* (fig. 100); on trouve généralement ces orifices dis-

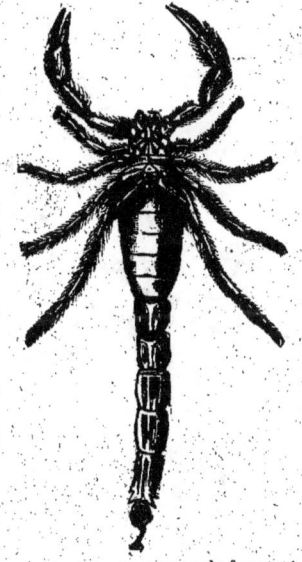

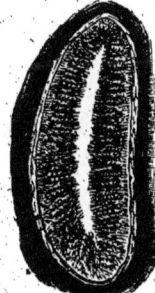

Fig. 100. — Stigmate très grossi.   Fig. 101. — Scorpion vu par la face ventrale.

posés par paires sur chaque anneau de l'abdomen (Hanneton); leur fermeture dépend de la volonté de l'animal.

Une trachée se compose de deux tuniques : l'une externe cellulaire, l'autre interne avec des épaississements chitineux formant un fil spiral pour chaque ramification; le tube trachéen est ainsi toujours ouvert.

Le renouvellement de l'air dans les trachées se fait par le rapprochement et l'éloignement alternatifs des arceaux dorsal et ventral composant chaque anneau du corps, ou par la rentrée et la sortie alternatives des anneaux de l'abdomen.

Sur la face ventrale des Scorpions (fig. 101), on aperçoit les orifices d'organes appelés improprement poumons, composés chacun d'une pile de vésicules aplaties et parallèles, s'ouvrant dans un vestibule commun pourvu d'un stigmate.

Branchies. — Ce sont les organes de la respiration des Poissons et de tous les animaux aquatiques à respiration cutanée insuffisante.

Amphibiens. — Le têtard de la Grenouille (fig. 102) possède d'abord des branchies externes, puis des branchies internes portées par des arcs cartilagineux de chaque côté de la tête; ce sont des lamelles délicates (fig. 103) baignées constamment par l'eau d'où elles tirent l'oxygène nécessaire à l'hématose du sang qui les traverse.

Les branchies, éphémères chez le Têtard, sont persistantes chez les Pérennibranches (Axolotl, Protée, Ménobranche).

Poissons. — Chez la Carpe, par exemple (fig. 104), les branchies sont des organes en forme de peignes, logés dans les *ouïes* de chaque côté de la tête et protégés par les *opercules* qui les recouvrent (fig. 105). Elles sont portées généralement par quatre paires d'arcs osseux 1, 2, 3, 4 (fig. 106 et 106 *bis*) soudés, en haut, aux os pharyngiens supérieurs *Ph. s* et fixés, sur le plancher de la cavité buccale, au prolongement médian de l'os hyoïde *Hy*.

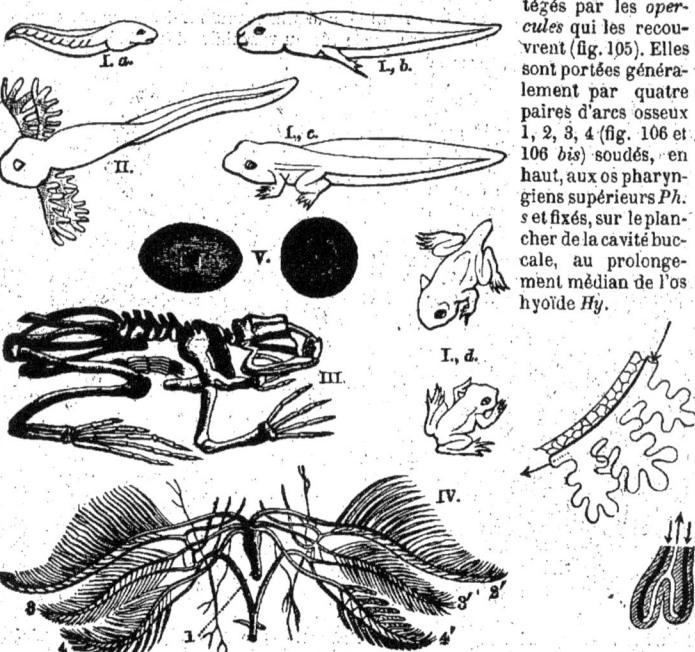

Fig. 102. — Métamorphoses de la Grenouille (I, *a* à I, *d*) ; II, Têtard avec branchies externes ; III, squelette de la Grenouille adulte ; IV, circulation branchiale ; V, œuf.

Fig. 103. — Fragment de la branchie du Têtard (d'après P. Bert).

Cet ensemble d'os forme une sorte de cage cylindrique dont l'axe est longitudinal et les barreaux transversaux. Cette cage dépend de l'os hyoïde, qui constitue un arc antérieur (*arc branchiostège A. br*) dont l'opercule fait partie. Les arcs sont situés dans les parois latérales du pharynx et séparés par des *fentes branchiales* qui font communiquer latéralement la cavité buccale avec les ouïes.

Sur chaque arc *A. Br* (fig. 107) sont fixées deux rangées parallèles de lamelles, à la base desquelles courent deux vaisseaux principaux : une *artère branchiale a. br* qui apporte le sang rouge foncé, et une *veine branchiale v. br*, qui emporte le sang rouge vermeil. En effet, l'artère et la veine branchiales émettent, dans chaque lamelle *La*, deux ramifications anastomosées par un réseau capillaire très fin dans lequel se fait l'hématose du sang.

La transformation du sang rouge foncé en sang rouge vermeil a lieu aux dépens de l'oxygène dissous dans l'eau que contiennent les ouïes. Le renouvellement nécessaire de l'eau s'effectue ainsi, d'après P. Bert :

Les cavités buccale et branchiale se dilatent toutes deux ensemble et l'eau, appelée à la fois par la bouche ouverte et les ouïes dont les opercules sont soulevés,

RESPIRATION.   103

remplit ces deux cavités, qui communiquent entre elles par les fentes branchiales ; puis le poisson, les contractant simultanément, ferme la bouche et chasse, par les ouïes seulement, l'eau privée d'oxygène et chargée de gaz carbonique dissous.

Remarque. L'eau ne renferme en dissolution, entre 0 et 15°, que 30 cen-

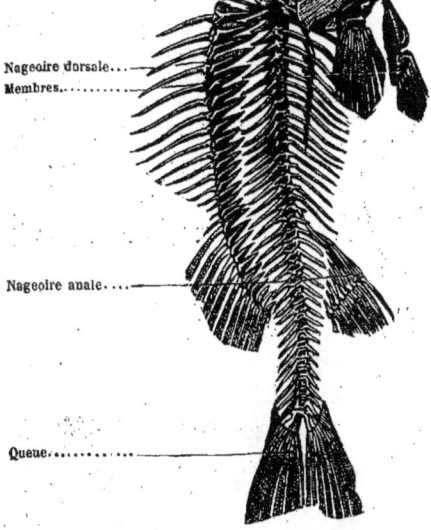
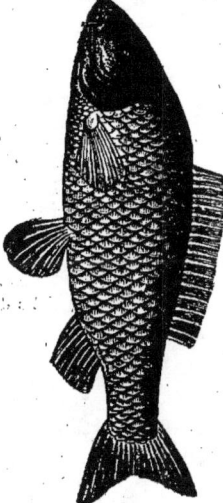

Fig. 104. — Squelette de la Perche.   Fig. 105. — Carpe.

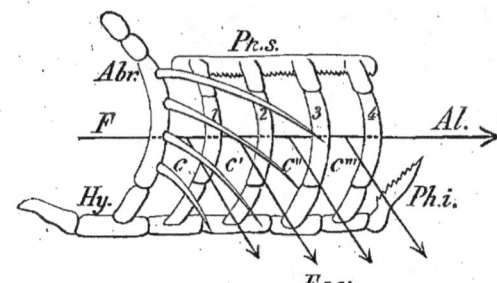

Fig. 106. — Squelette schématisé de la branchie (côté gauche). *Abr*, arc branchiostège portant les rayons branchiostèges ; 1, 2, 3, 4, arcs branchiaux réunis aux os pharyngiens supérieurs *Ph.s* en haut, et fixés en bas au prolongement de l'os hyoïde *Hy*. *C, C′, C″, C‴*, fentes branchiales par lesquelles l'eau est expulsée du pharynx dans les ouïes.

timètres cubes d'oxygène par litre, tandis que l'air, à volume égal, en contient 208 centimètres cubes ; mais *la pauvreté de l'eau en oxygène est contreba-*

lancée par la grande solubilité du gaz carbonique rapidement enlevé au sang, et par la grande surface respiratoire *des branchies qui flottent dans l'eau.*

Toutefois, chez les *animaux aquatiques très actifs*, ce mode de respiration, joint à la respiration cutanée, ne suffit pas; aussi voit-on, dans les aquariums, nombre de poissons venir respirer l'air

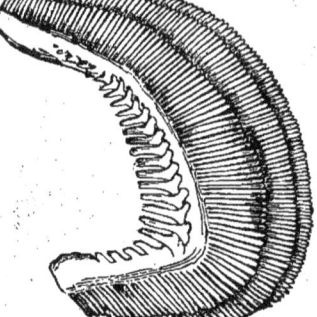

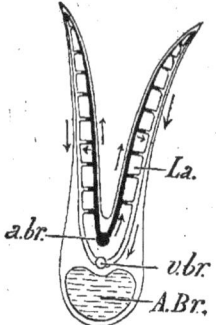

Fig. 106 *bis*. — Squelette de branchie.

Fig. 107. — Coupe transversale d'un arc branchial *A.Br* supportant 2 rangées de lamelles *La*; *a.br*, artériole branchiale afférente; *v.br*, veinule branchiale efférente. Les flèches indiquent le trajet du sang dans les capillaires.

Fig. 108. — Homard.

en nature à la surface de l'eau, et mettre ainsi leurs branchies humides largement en contact avec l'air atmosphérique.

RESPIRATION.

Invertébrés. — Tous les Invertébrés aquatiques, sauf les Polypes et les Protozoaires, sont munis de branchies. La position de ces appareils est variable avec le mode d'existence des animaux considérés, et leur développement est toujours fonction de leur activité vitale.

Les *Crustacés* possèdent des branchies pectinées qui occupent la base des membres thoraciques ou abdominaux, suivant les espèces; tandis qu'elles flottent librement dans l'eau chez la Squille, les branchies sont disposées de chaque côté de la carapace dorsale chez le Homard (fig. 108) et l'Écrevisse. Dans les chambres latérales *ch.br* (fig. 109) où elles sont abritées, les branchies *br* ne peuvent servir que s'il existe un appareil capable d'assurer le mouvement de l'eau : c'est le but des scaphognathites (appendices de la deuxième mâchoire chez l'Écrevisse) qui effectuent des oscillations rapides (4 par seconde). Les deux chambres branchiales de l'Écrevisse (fig. 109) s'ouvrent sur le bord antérieur et ventral de la carapace ; l'eau pénètre par une large fente au niveau de l'insertion des pattes ambulatoires et

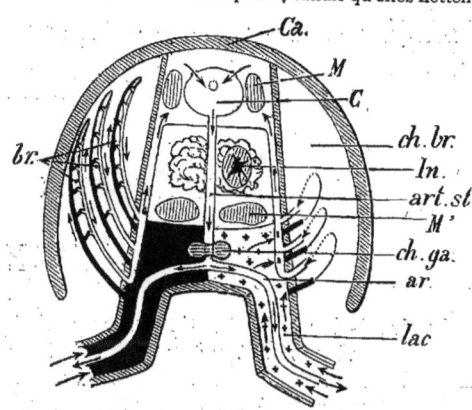

Fig. 109. — Section transversale du corps de l'Écrevisse au niveau du cœur et de l'artère sternale. *Ca*, carapace dorsale; *ch.br*, chambres branchiales où sont logées les branchies *br* (seulement indiquées à droite); *C*, cœur; *art. st*, artère sternale; *ar*, une artère pédieuse; *lac*, lacunes entre les organes non figurés; *In*, intestin; *ch.ga*, chaîne nerveuse ganglionnaire; *M,M'*, muscles. Les flèches indiquent le cours du sang (à gauche de la figure, le sang chargé de CO^2 a été représenté en noir, imprégnant les organes entre lesquels il circule ; le sang hématosé est figuré en blanc).

se dirige en avant pour sortir de chaque côté de la bouche aux points où se déplacent les scaphognathites.

Les *Vers* sont pourvus de branchies plus ou moins développées; quelques-uns toutefois n'en ont pas (Sangsue, fig. 110, Lombric, Vers parasites). Nous avons vu (page 84) que les Annélides errantes portent des branchies sur tout ou partie des anneaux de leur corps : Eunice,

Fig. 110. — Sangsue.

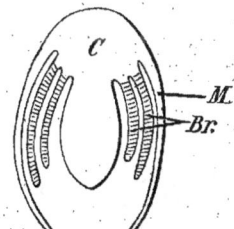

Fig. 111. — Coupe transversale d'un Mollusque Lamellibranche. *M*, manteau; *C*, corps; *Br*, branchies.

Branchiobdelle ; mais chez les Annélides sédentaires et tubicoles, ces organes sont portés sur les premiers anneaux du corps, tout autour de la tête (fig. 80 et 81).

106   CIRCULATION.

Les *Mollusques* possèdent pour la plupart des branchies Br (fig. 111), abritées dans la *cavité palléale* par le manteau M qui permet toutefois le déplacement rapide de l'eau dans le voisinage. On trouve, chez les Pulmonés (Escargot, Agathine, fig. 74,6), un sac rempli d'*air très humide* remplaçant les branchies.

Chez les *Échinodermes*, les branchies, quand il s'en trouve, sont rudimentaires.

La respiration cutanée s'effectue seule chez les *Polypes* et les *Protozoaires*.

CHAPITRE III

CIRCULATION

La circulation est la fonction par laquelle toutes les cellules d'un organisme vivant sont mises en rapport avec un *milieu* propre à les réparer constamment et à en enlever les déchets.

Ce milieu, appelé *sang*, appauvri sans cesse par les cellules vivantes, reçoit :

par intervalles, des matières nutritives provenant de l'appareil digestif ;

constamment, l'oxygène de l'air provenant de l'appareil respiratoire.

Le sang est le milieu intérieur du corps (Claude Bernard) ; c'est l'intermédiaire obligé entre les cellules et le milieu ambiant chez les animaux supérieurs.

§ 1. — CONSIDÉRATIONS GÉNÉRALES

Un *être unicellu'aire* (fig. 7) puise directement dans l'eau ou dans l'air les aliments de toute nature qui lui sont nécessaires ; une circulation intra-protoplasmique favorise ses échanges avec le milieu ambiant.

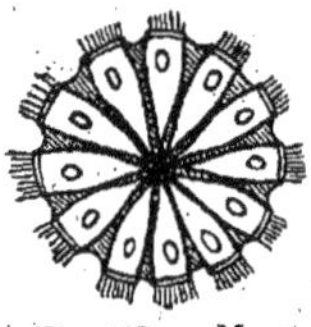

Une *colonie* cellulaire (fig. 112), formée de cellules disposées toutes à la périphérie de l'être (*Volvox, Magosphæra*), pourrait vivre sans plus de complication, puisque chaque cellule est en contact direct avec le milieu extérieur ; toutefois, ce contact étant restreint à la surface libre de la cellule, le renouvellement rapide du milieu extérieur s'impose ; les cellules sont hérissées de cils vibratiles.

Fig. 112. — *Magosphæra* (colonie cellulaire).

Une *colonie plus complexe*, dans laquelle se trouvent des *cellules*

CIRCULATION.

TABLEAU XIII.

Circulation.

Définition. — **Sang** : *milieu intérieur du corps.*

§ 1ᵉʳ. **Considérations générales.**
- Appareil circulatoire.
  - Absent chez un être monocellulaire ou formé d'une couche unique de cellules.
  - Présent chez tout être complexe.
- Il comprend :
  - Un *appareil de dissémination* du sang (capillaires, lacunes).
  - — *revivification* du sang (appar. respiratoire).
  - — *propulsion* du sang (cœur, vaisseaux contractiles).
- L'appareil circulatoire est *clos* (Vertébrés, Annélides) ou *lacunaire*.

§ 2. **Sang.** — *rouge.*
blanc ou *lymphe.*

Sang rouge.

Propriétés physiques.
Composition : tissu formé de cellules (*globules*) mobiles dans un liquide (*plasma*).

1° *Globules.*
- rouges.
  - Forme.
    - circulaire et aplatie (Mammifères, sauf les Caméliens).
    - elliptique et renflée (autres Vertébrés).
  - Dimensions : 8 μ et 2 μ. Nombre : 25 trillions (Homme).
  - Colorés par l'*hémoglobine*.
- blancs ou *leucocytes.*
  - Forme à peu près sphérique.
  - Émettent des prolongements amiboïdes.
  - Dimensions : 5 à 20 μ. — Nombre : 40 billions environ.
- Analyse des globules.
  - *Globuline* (matière albuminoïde).
  - *Hémoglobine*
    - cristallisable.
    - unie { à O : *Oxyhémoglobine* réductible par H, H^2S, CO^2.
    - à CO : *Oxycarbohémoglobine* stable.
  - *Sels de potassium* surtout.

2° *Plasma.*
- Composition.
  - Eau.
  - Matières albuminoïdes.
    - *Fibrinogène* coagulable spontanément.
    - *Albuminoïdes* non coagulables spontanément.
  - Corps gras et sucrés.
  - Matières extractives : urée, acide urique, etc. Principes colorants.
  - Sels minéraux (de sodium surtout).
  - Gaz : O et CO^2.
- Coagulation du sang.

	SANG FRAIS.	SANG COAGULÉ.	
	Globules...............	Globules.	Caillot.
	Plasma. { Fibrinogène dissous............	Fibrine coagulée.	
	Sérum...........	....	Sérum.

Sang blanc ou lymphe.
- *Globules blancs* (voir plus haut).
- *Plasma.* Composition à peu près identique à celle du plasma du sang rouge.
- Origines de la lymphe :
  - Transsudation du plasma sanguin à travers les capillaires.
  - Chyle absorbé par les vaisseaux dans l'intestin.

108   CIRCULATION.

profondes et des *cellules superficielles* différenciées en vue de l'accomplissement de fonctions spéciales, présente un milieu intérieur et nutritif, le *sang*, mis en mouvement par un *appareil circulatoire* également intérieur (c'est-à-dire compris entre l'ectoderme et l'entoderme).

Composition d'un appareil circulatoire. — En principe, tout appareil circulatoire comprend :

1° Un *appareil de dissémination* du sang, servant à la nutrition des organes : [*artères*, ⇒ *lacunes* entre les organes où *vaisseaux capillaires*, ⇒ *veines*] ;

2° Un *appareil de revivification* du sang [appareil respiratoire] ;

3° Un *appareil de propulsion* du sang [cœur].

L'appareil de dissémination peut être réduit aux espaces libres (*lacunes*) situés entre les organes du corps (Insectes) ou à quelques

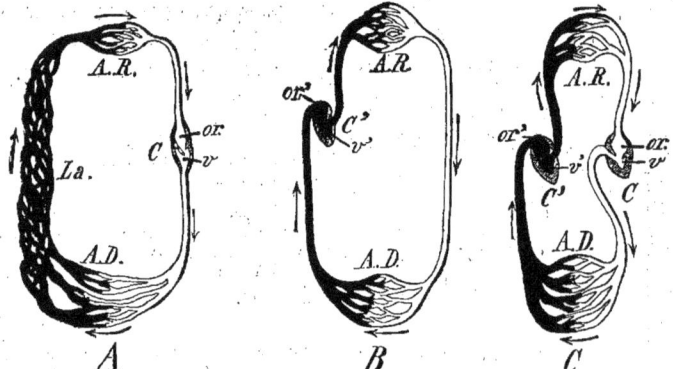

Fig. 113. — Schéma représentant la circulation : A, chez un Mollusque (appareil circulatoire lacunaire); B, chez un Poisson; C, chez un Mammifère (appareil vasculaire clos). — C : C, cœur gauche ; C', cœur droit; or, or', oreillettes ; v, v', ventricules. A.R, appareil de revivification du sang (poumon); A.D., appareil de dissémination du sang dans le corps. (Le sang chargé de CO^2 est représenté en noir et le sang hématosé en blanc.)

vaisseaux conduisant le sang au voisinage du cœur pour l'en emporter et l'y ramener (Arachnides, Crustacés, Mollusques). L'appareil circulatoire est dit *lacunaire* dans ce cas où le sang, incomplètement endigué, circule dans la cavité générale. — Si le sang circule, au contraire, dans un ensemble de vaisseaux qui le renferment pendant tout son trajet, l'appareil circulatoire est *clos* (Vertébrés, Annélides).

L'appareil de revivification a été étudié précédemment.

Quant à l'appareil de propulsion, il présente de multiples formes et sa place est tantôt sur le trajet du sang hématosé, comme chez les Mollusques, A (fig. 113) ; tantôt sur celui du sang

Tableau XIV.

Circulation (suite).

I. — APPAREIL CIRCULATOIRE PROPREMENT DIT.

- **a. Cœur.**
  - Composition.... { *Cœur.* / *Vaisseaux sanguins : artères, capillaires, veines.*
  - Situation. { dans la cage thoracique entre les poumons et au-dessus du diaphragme.
  - Description. {
    - extérieure : 2 sillons perpendiculaires entre eux.
    - intérieure = 2 cœurs. { 1 *oreillette* et 1 *ventricule* droits. / 1 — 1 — gauches. } { Valvules auriculo-ventriculaires.
    - Vaisseaux y aboutissant. { O. D. = 2 *veines caves.* / V. D. = *Artère pulmonaire*...... / V. G. = — *aorte*............ / O. G. = 4 *veines pulmonaires.* } { Valvules sigmoïdes.
  - Structure. {
    - *Péricarde* = tunique *séreuse* externe (2 feuillets).
    - *Myocarde* = tunique moyenne *musculaire*..... { *Fibres propres* (à chaque cœur). / *Fibres unitives* (des deux cœurs).
    - *Endocarde* = tunique interne *endothéliale* (cellules plates très minces).

- **b. Artères.** *Vaisseaux emportant le sang du cœur vers les organes.*
  - Distribution (fig. 120). {
    - *Artère pulmonaire.* 2 branches et nombreuses ramifications dans les poumons.
    - *Tronc aortique et ses rameaux vers* {
      - la tête = *artères carotides* droite et gauche.
      - les membres supérieurs = *artères sous-clavières.*
      - le tronc. {
        - Art. œsophagiennes, bronchiques, intercostales.
        - *Tronc cœliaque.* { Art. splénique (rate). / — stomacale (estomac). / — hépatique (foie).
        - Art. mésentériques sup. et inf. (intestin).
        - — rénales (reins).
      }
      - les membres inférieurs = *artères iliaques.*
  - Structure. {
    - Tunique externe fibreuse.
    - — moyenne élastique et musculaire. Position profonde des artères.
    - — interne. Endothélium prolongement de l'endocarde.

- **c. Vaisseaux capillaires.** { Relient les artérioles aux veinules. / Structure : Endothélium.

- **d. Veines.** *Vaisseaux rapportant le sang des organes vers le cœur.*
  - Distribution (fig. 124). {
    - *Veine cave supérieure* (tête et membres sup.) { Veines jugulaires (tête). / Veines sous-clavières (membres supérieurs).
    - *Veine cave inférieure* (tronc : viscères et m. inférieurs). {
      - Veines sus-hépatiques (foie).
      - Veine porte............ { Veine splénique. / Veines mésaraïques.
      - Veines rénales (reins).
      - Veines iliaques (membres inférieurs).
    - *Veine azygos* (paroi du corps : tronc).
  - Structure. {
    - Tunique externe fibreuse.
    - — moyenne *surtout musculaire. Valvules* des veines.
    - — interne. Endothélium.
  - Leur position : 2 réseaux veineux, l'un profond (gros troncs), l'autre superficiel.

chargé de CO^2, comme chez les Poissons, B; tantôt sur l'un et l'autre trajet, comme chez les Mammifères et les Oiseaux, C. La présence de deux cœurs indique une complexité plus grande de l'organisme.

L'étude de la circulation comprend deux parties : l'étude du *sang* et celle de l'*appareil circulatoire*.

§ 2. — SANG OU MILIEU NUTRITIF

Le *sang*, milieu intérieur du corps, *est un tissu* (page 17) dont les cellules libres sont mobiles dans une substance unissante liquide et abondante

*Il y a continuité entre les liquides de l'organisme. Chez tous les animaux pourvus d'un système vasculaire clos, *parmi les cellules mobiles, il en est qui franchissent la paroi des vaisseaux* et d'autres qui ne le peuvent pas; mais la *partie liquide du sang filtre* facilement à travers cette paroi et se répand entre les éléments anatomiques, comme cela se produit chez les animaux dont l'appareil circulatoire est lacunaire.

Le sang est donc bien tout le liquide interstitiel ou vascularisé dans lequel baignent les organes.

Le sang comprend, chez l'Homme et les Vertébrés, deux liquides :
Le *sang rouge* ou *hématifère*;
Le *sang blanc* ou *lymphe*.

A. — SANG ROUGE OU HÉMATIFÈRE

Ses propriétés. — Le sang hématifère est de couleur variable du rouge clair (rouge vermeil) au rouge très foncé (presque noir). Peu odorant, de saveur salée, légèrement alcalin, il a pour densité moyenne 1,055.

La quantité en est d'environ 5 litres chez l'Homme adulte; mais elle augmente un peu pendant la digestion.

Sa composition. — Une goutte de sang, extraite du doigt par une légère piqûre et examinée au microscope, comprend un liquide incolore (*plasma*) tenant en suspension des *globules*.

I. — Globules du sang.

Il existe deux principales sortes de globules : les *globules rouges* ou *hématies* et les *globules blancs* ou *leucocytes*, mélangés dans la proportion de 1 globule blanc pour 350 à 500 rouges.

Un millimètre cube de sang chez l'Homme renferme environ 5 millions de globules rouges et 8000 globules blancs; leurs dimensions sont donc très faibles.

L'Homme possède environ 25 trillions de globules rouges.

CIRCULATION.

Tableau XV.

Circulation (*suite*).

II. — APPAREIL LYMPHATIQUE.

- Sa description (fig. 135).
  - Canal thoracique.
    - *Citerne de Pecquet.*
    - *Vaisseaux lymphatiques* { de tout le corps sauf le côté droit de la tête et de la cage thoracique.
    - *Vaisseaux chylifères* (intestin).
    - *Ganglions lymphatiques.*
  - **Grande veine lymphatique droite** reçoit les vaiss. lymph. du côté droit de la tête et du thorax.
- Structure et rôle
  - des vaisseaux. { 3 tuniques comme les veines. Valvules (*Circulation de la lymphe*).
  - des ganglions. { Cavernes contenant les follicules lymphatiques. Multiplication des leucocytes.

L'appareil lymphatique est une annexe de l'appareil veineux et la lymphe est le véritable milieu intérieur du corps.

1° Globules rouges. — Les globules rouges de l'Homme sont de petits disques circulaires, amincis en leur milieu (fig 114, *a*, *b*) de diamètre 7 à 8 μ (1 μ ou micron vaut $\frac{1}{1000}$ de millimètre) et d'épaisseur moyenne 2 μ. Souvent indépendants, ils se présentent quelquefois empilés sur la préparation *c*. Abandonnés à l'air, les globules rouges s'altèrent rapidement et prennent un contour crénelé *d*.

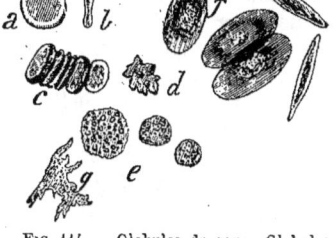

Les globules rouges du sang sont de forme circulaire et concave chez tous les Mammifères, sauf les Caméliens (Chameau); ils sont circulaires également chez les Poissons Cyclostomes; elliptiques et biconvexes chez tous les autres Vertébrés (fig. 114).

Fig. 114. — Globules du sang. Globules rouges de l'Homme : *a*, globule isolé vu de face; *b*, le même vu de profil; *c*, globules empilés; *d*, globule altéré; *e*, diverses formes des globules blancs; *g*, leucocyte avec ses prolongements amiboïdes; *f*, globules elliptiques des Oiseaux.

Leurs dimensions sont variables ainsi qu'il résulte des nombres suivants exprimés en fractions du millimètre :

Mammifères : Chevrotain $\frac{1}{480}$, Chèvre $\frac{1}{200}$, Cheval et Antilope $\frac{1}{200}$ à $\frac{1}{153}$, Singe $\frac{1}{140}$, Homme $\frac{1}{126}$, Éléphant $\frac{1}{110}$.

Oiseaux (Casoar $\frac{1}{80}$). Amphibiens (Grenouille $\frac{1}{43}$, Triton $\frac{1}{33}$, Protée $\frac{1}{18}$).

Ainsi, chez le Protée, les globules rouges sont visibles à l'œil nu.

Structure des globules rouges. — Les globules rouges sont des cellules présentant un protoplasme granuleux, un noyau nettement visible dans les globules jeunes des fœtus de Mammifères et dans les hématies des autres Vertébrés; ils sont facilement déformables et s'allongent en s'engageant dans les vaisseaux capillaires étroits.

<small>Une fois sortis des vaisseaux, les globules rouges meurent en s'épanchant dans les tissus.</small>

2° **Globules blancs.** — Les globules blancs ou leucocytes, dont les dimensions sont variables de 5 à 20 μ, ont une couleur blanc d'argent, une forme plus ou moins sphérique, *e*; ils se déforment facilement et présentent des prolongements amiboïdes, *g* (fig. 114 et fig. 9), qui les rendent absolument comparables aux Sarcodaires.

Ces cellules ont un protoplasme avec des granulations diverses (corpuscules de graisse, granulations de glycogène parfois), un ou plusieurs noyaux visibles surtout dans un milieu acidulé à 1 ou 2 pour 1000 par l'acide acétique.

Les globules blancs, identiques à ceux que renferme la *lymphe* ou sang blanc (ils en proviennent d'ailleurs), vivent et se meuvent dans les mêmes conditions. Essentiellement déformables, ainsi que nous l'avons vu (fig. 9), ils peuvent se déplacer indépendamment du sang qui les contient, sortir des vaisseaux, circuler dans le tissu conjonctif (d'où leur nom de *cellules migratrices*), émettre des prolongements amiboïdes, capturer des corpuscules albuminoïdes, tels que microbes, globules rouges, etc.

Ainsi disparaîtraient de l'organisme, par *phagocytose*, les globules rouges adultes.

L'origine des globules a été exposée précédemment (V. p. 23).

Analyse chimique des globules rouges. Hémoglobine. — Les globules rouges sont formés d'une trame incolore, lâche, albuminoïde : la *globuline*, elle-même saturée d'*hémoglobine*, matière également albuminoïde, ferrugineuse et de couleur rouge. Ces deux substances, unies dans la proportion moyenne de 1 à 10, sont accompagnées de sels de potassium divers. (Les sels de potassium font élection dans les globules, tandis que les sels de sodium se trouvent dans le plasma.)

L'*hémoglobine* forme en poids les $\frac{9}{10}$ environ des globules secs; elle y est combinée avec la globuline et la lécithine (substance grasse phosphorée).

<small>On prépare l'hémoglobine en ajoutant à du sang défibriné dix fois son volume d'une solution de sel marin à $\frac{2}{100}$; on laisse au repos à 0° pendant un ou deux jours. Les globules tombent au fond; on les sépare, on les additionne d'eau glacée,</small>

Tableau XVI.

Circulation (suite).

Physiologie de l'appareil sanguin :
- **du cœur.**
  - Le cœur est un muscle creux { qui se contracte : *Systole*. / qui se relâche : *Diastole*.
  - Étude des contractions du cœur à l'aide du *cardiographe* (fig. 129).
  - Résultats.
    - 1° Les oreillettes se contractent simultanément et brusquement.
    - 2° Les ventricules se contractent simultanément et longuement.
    - 3° La contraction des oreillettes précède immédiatement celle des ventricules.
    - Les valvules auriculo-ventriculaires empêchent le reflux du sang des ventricules vers les oreillettes.
    - Les valvules sigmoïdes empêchent le reflux du sang des artères aorte et pulmonaire vers les ventricules.
- **des artères.**
  - Leur *élasticité* transforme en jet continu l'afflux périodique du sang qui vient des ventricules.
  - Leur *contractilité* assure la répartition du sang dans les organes suivant leurs besoins.
  - Pression du sang.
    - *Ondée sanguine* : 180 grammes de sang.
    - *Ondulation sanguine* : Pouls (72 pulsations par minute).
- **des capillaires.**
  - Filtration du plasma sanguin à travers l'endothélium mince.
  - Diapédèse des leucocytes.
- **des veines.**
  - Rôle à peu près passif des veines dans la progression du sang.
  - Importance des valvules des veines (veines saphènes).
- **Circulation du sang.**
  - *Circulation générale.* Le sang part du V. G. par l'artère aorte, se répand dans les capillaires généraux, et revient à l'O. D. par les veines caves.
  - *Circulation pulmonaire.* Le sang part du V. D. par l'artère pulmonaire, se rend dans les poumons et revient à l'O. G. par les veines pulmonaires.

---

puis d'éther; on agite fortement. L'hémoglobine se dissout dans l'eau maintenue à 0°; séparée de l'éther, la solution aqueuse est additionnée d'alcool, puis abandonnée au-dessous de 0°; l'hémoglobine y cristallise.

L'hémoglobine, appelée encore *hématocristalline*, cristallise sous des formes variables avec les animaux desquels on l'extrait (fig. 115). Celle de l'Homme est très soluble dans l'eau.

Propriétés chimiques de l'hémoglobine. — Elle a pour formule chimique approchée $C^{544} H^{823} A^{147} O^{147} S^2 Fe$; la proportion de fer qu'elle contient est d'environ 4, 2 pour 1 000.

Au contact de l'air, la solution d'hémoglobine en absorbe l'oxygène et forme un composé rouge vermeil, l'*oxyhémoglobine* (acide faible), qui se dissocie facilement dans le vide. 100 grammes d'oxyhémoglobine abandonnent environ 160 centimètres cubes d'oxygène mesurés à 0° et sous la pression de 760 millimètres. —

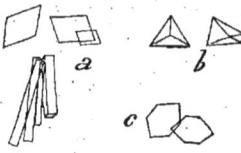

Fig. 115. — Cristaux d'hémoglobine : *a*, Homme; *b*, Cochon d'Inde; *c*, Écureuil.

Un courant de gaz inerte (H ou Az), traversant l'oxyhémoglobine, en détermine la dissociation. L'*acide carbonique en opère également la réduction* et ramène l'oxyhémoglobine d'un rouge vermeil à l'état d'hémoglobine rouge foncé.

L'*oxyde de carbone se fixe sur l'hémoglobine et en chasse instantanément un égal volume d'oxygène* (100 grammes d'hémoglobine fixent 159 centimètres cubes de gaz CO à 0° et 760 millimètres), il se forme une combinaison, l'*oxycarbo-hémoglobine*, assez stable pour s'opposer à l'acquisition nouvelle d'oxygène par l'hémoglobine.

Nous tirerons de ces faits des conséquences importantes en étudiant les gaz du sang (p. 116).

L'hémoglobine est étroitement liée à la *bilirubine* que renferme la bile; chaque fois qu'une cause quelconque détruit ou dissout les globules rouges dans l'organisme, les pigments biliaires (bilirubine, biliverdine) apparaissent en plus grande quantité dans le sang et la bile.

II. — **Plasma**.

Le plasma sanguin est un liquide légèrement ambré, alcalin, contenant en dissolution un grand nombre de principes divers. On ne peut l'obtenir en extrayant simplement du sang d'un animal, car le sang aussitôt sorti se *coagule*, c'est-à-dire se prend en une masse rouge (*caillot*) surmontée d'un liquide à peu près incolore (*sérum*).

La *coagulation du sang*[1] est due à la solidification d'une matière albuminoïde, le *fibrinogène*, dissoute dans le plasma du sang tant que ce liquide est contenu dans les vaisseaux. Aussitôt que le sang est exposé à l'air, le fibrinogène donne de la *fibrine* qui forme un réseau à mailles très serrées emprisonnant les globules : c'est là l'origine du caillot, et *le sérum est du plasma sans fibrinogène*.

	Sang frais.	Sang coagulé.	
Globules............................		Globules	} Caillot.
Plasma { Fibrinogène dissous.....		Fibrine coagulée	
{ Sérum............................		Sérum.	

___

1. La cause de la coagulation du sang a été précisée récemment par Arthus et Pagès qui ont montré l'influence des sels calcaires du sang dans ce phénomène. Quand on reçoit du sang frais dans une solution étendue d'oxalate de potassium, les sels calcaires en sont précipités à l'état d'oxalate de calcium et le sang ne se coagule pas. Les sels calcaires sont donc nécessaires à la formation de la fibrine; mais ils ne sont pas suffisants; il faut, en outre, un ferment-fibrine que fourniraient les globules après leur sortie des vaisseaux.
Fibrinogène, sels calcaires du sang et ferment-fibrine donnent la *fibrine*.

CIRCULATION. 115

Tableau XVII.

Circulation (*fin*).

APPAREIL CIRCULATOIRE DANS LA SÉRIE ANIMALE.

APPAREIL CLOS.
- **Vertébrés**
  - *Mammifères*. Grande analogie avec l'appareil de l'Homme............ ⎫
  - *Oiseaux*...... ⎰ Aorte recourbée à droite............
    ⎱ *Réseau admirable* des artères mammaire et épigastrique...... ⎬ *Cœur à 4 cavités. Circulation double et complète.*
  - *Reptiles*..... ⎰ *Crocodiliens*. 2 crosses aortiques. Foramen de Panizza............
    ⎱ Autres.... ⎰ Ventricule mal cloisonné.............
          ⎱ 2 crosses aortiques (1 paire d'arcs).... ⎬ *Cœur à 3 ou 2 cavités. Circulation double et incomplète.*
  - *Amphibiens* adultes. 1 ventricule non cloisonné, 2 oreillettes.................... ⎱ 3 paires d'arcs.
  - *Poissons Dipnoï*. 1 oreillette et 1 ventricule non cloisonnés..........................
  - *Amphibiens branchiaux*... ⎰ 1 oreillette, 1 ventricule, 1 bulbe...
    Poissons... ⎱ 4 paires d'arcs branchiaux........ ⎬ *Cœur à 2 cavités. Circulation simple et complète.*

- *Amphioxus* et **Annélides**..... ⎰ *Vaisseau dorsal contractile*, vaisseaux ventral et latéraux.
  ⎱ Anses de communication.

APPAREIL LACUNAIRE.
- **Arthropodes**
  - 1° *Trachéens*....... ⎰ *Insectes*. Vaisseau dorsal (ventriculites) et aorte. Lacunes interorganiques.
    ⎱ *Myriapodes*... ⎰ Vaisseau dorsal. Artères ± nombreuses suivant la complexité des types. Péricarde.
    Arachnides... ⎱
  - 2° *Branchiaux. — Crustacés*....., ⎰ Cœur dans un péricarde. Artères d'irrigation....................
    ⎱ Lacunes, sinus. Artères et veines branchiales................
- **Mollusques**
  - *Céphalopodes*. ⎰ 1 ventricule, 2 oreillettes, 2 artères d'irrigation principales..........
    ⎱ Lacunes, sinus. Artères, *Cœurs veineux* et veines branchiales.... ⎬ *Cœur gauche.*
  - *Lamellibranches*. 1 ventricule, traversé par le rectum, 2 oreillettes, 2 artères d'irrigation principales.....
  - *Gastéropodes*. 1 ventricule, 1 oreillette, 2 artères d'irrigation principales....................

Échinodermes..... ⎰ Système périviscéral.
⎱ Système aquifère.

Polypes. Système gastro-vasculaire.

Pour avoir du plasma, il faut ligaturer une veine importante (veine jugulaire de Cheval) en deux endroits éloignés de 15 centimètres environ, suspendre le boudin ainsi obtenu sans aucune agitation; les globules du sang, plus denses que le plasma, tombent au fond et, au bout de deux ou trois jours, on peut recueillir le liquide qui surnage et se coagule aussitôt.

Composition du plasma. — La composition moyenne en est donnée, chez l'Homme, par le tableau suivant :

Pour 1 000 grammes de plasma.

Eau...	904
Fibrinogène (albuminoïde coagulable spontanément).....	3,5
Albuminoïdes non spontanément coagulables............	78,2
Corps gras, lécithine, savons.........................	1,7
Cholestérine (alcool : $C^{26}H^{44}O$)...............	
Matières extractives. { Sucre.......... / Acides gras volatils.......... / Urée, acide urique, créatine, leucine, etc.. / Matières colorantes................... }	3,9
Sels minéraux { Bicarbonate et chlorure de sodium.... / Phosphates de sodium et de calcium... }	8,6

Le plasma est une solution complexe, modifiée à chaque instant par les cellules vivantes. Sa composition est variable aussi avec les points de l'organisme où le sang est puisé : ainsi le sang de la veine porte renferme, pendant la digestion, plus de peptones et de matières grasses; sa richesse en sucre est supérieure, à ce moment, à la proportion contenue dans les veines sus-hépatiques.

Sang défibriné. Transfusion du sang. — Quand, au sortir d'un vaisseau coupé, on reçoit du sang frais dans un vase et qu'on le bat activement avec un petit balai, la fibrine se coagule sous forme de filaments fixés aux brindilles du balai, et le sang demeure liquide dans le vase. *Ce sang défibriné, désormais incoagulable, est vivant pour quelque temps, et peut être transfusé dans les vaisseaux d'un animal de même espèce.*

Gaz du sang. — Le sang renferme des gaz qu'on en peut extraire de diverses manières, et en particulier par le vide. La composition moyenne fournie par diverses analyses du sang de Chien a donné :

Pour 100 centimètres cubes de sang.

	O	CO^2	Az
Sang rouge vermeil.................	$11^{cc},2$	$19^{cc},7$	$1^{cc},2$
— foncé.....................	4^{cc}	$25^{cc},5$	$1^{cc},1$

mesurés à 0° et 760 mill.

A quel état ces gaz sont-ils dans le sang ? — M. Fernet en a fait l'étude de la manière suivante que nous exposerons brièvement :

Du sang frais et défibriné d'un Chien est soumis à un courant d'hydrogène, puis au vide, afin d'en expulser tous les gaz; introduit dans un appareil contenant le gaz à étudier, le sang en absorbe une certaine quantité.

Oxygène. — 1° Si le gaz est simplement dissous dans le sang, *la quantité du gaz dissous doit être proportionnelle à la pression finale du gaz sur le liquide*. On doit avoir, en désignant par V et v les volumes gazeux dissous aux pressions H et h :

$$\frac{V}{v} = \frac{H}{h}.$$

L'expérience montre que $V < v\frac{H}{h}$. *L'oxygène n'est donc pas simplement dissous dans le sang :* il y est combiné; mais en tout ou en partie?

2° On cherche alors si, en augmentant progressivement la pression du gaz à la surface du sang, il y a un rapport constant entre l'augmentation v_1 du volume de gaz absorbé et l'accroissement p_1 de la pression de ce gaz.

On trouve $\frac{v_1}{p_1}$ = constante.

Donc *l'oxygène est en partie combiné et en partie dissous dans le sang.*

$$\frac{O \text{ combiné}}{O \text{ dissous}} = \frac{1}{5} \text{ environ.}$$

3° L'oxygène est-il combiné aux globules ou au plasma?

Agissant sur du sérum seul, M. Fernet a vérifié que le coefficient de solubilité de l'oxygène y est à peu près identique à celui qu'il a obtenu par l'étude du sang complet, tandis que la partie de ce gaz combinée au sérum est très faible.

Ainsi *l'oxygène est presque tout entier fixé sur les globules;* il y est *combiné avec l'hémoglobine* (oxyhémoglobine).

Acide carbonique. — Procédant de même avec CO^2, M. Fernet a vérifié que *l'acide carbonique, presque tout entier contenu dans le plasma, se combine avec les carbonate et phosphate de sodium* qu'il transforme en bicarbonate et phosphocarbonate de sodium. Ces sels se dissocient facilement dans le vide, ou par l'action d'un courant gazeux tel que l'accès d'oxygène qui les décompose en formant l'oxyhémoglobine acide (poumons).

Ainsi se trouvent expliqués les échanges gazeux qui s'accomplissent dans l'organisme.

Dans les poumons, le sang rouge foncé, dont le plasma contient de l'acide carbonique, dégage ce gaz à travers la paroi des vésicules pulmonaires, grâce à la formation d'oxyhémoglobine (légèrement acide). Le sang, devenu rouge vermeil, est porté aux organes dont les cellules vivantes (sortes de ferments) décomposent l'oxyhémoglobine et utilisent l'oxygène (fig. 95) ; le gaz carbonique dégagé par les cellules s'unit au plasma du sang, qui l'amène aux poumons.

Si dans l'air respiré se trouve de l'oxyde de carbone, en si petite quantité qu'il soit, ce gaz se fixe sur les globules en formant de *l'oxycarbo-hémoglobine stable* qui annihile désormais le rôle des globules envahis.

Les globules rouges sont le véhicule de l'oxygène; grâce à leur grand nombre (25 trillions), ils constituent une surface d'environ 3 000 mètres carrés chez l'Homme, surface dont une partie importante fixe l'oxygène dans les poumons, tandis que l'autre partie permet la diffusion de ce gaz dans les tissus.

B. — SANG BLANC OU LYMPHE

C'est un liquide jaune pâle, comparable au sang rouge, abstraction faite des globules rouges. Il est formé de *leucocytes* (étudiés précédemment) et de *plasma*.

La comparaison des plasmas sanguin et lymphatique de l'Homme a donné dans une expérience :

	Pour 1 000 grammes de plasma :	
	sanguin.	lymphatique.
Eau	902.90	986.34
Fibrinogène	4.05	1.07
Autres albuminoïdes	78.84	2.30
Matières extractives	5.66	1.31
Sels minéraux	8.55	8.78

La lymphe se coagule moins vite que le sang (5 à 20 minutes) ; elle est bien moins riche que lui en matières albuminoïdes, mais elle contient plus d'eau, d'urée, etc. La lymphe résulte en effet : 1° de la transsudation d'une partie du plasma sanguin à travers la paroi des vaisseaux capillaires très fins ; 2° de la réunion des produits excrémentitiels qu'y déversent *les cellules vivantes baignées véritablement dans la lymphe* ; 3° du chyle puisé dans l'intestin, pendant la digestion, par les vaisseaux chylifères (voir p. 65).

§ 3. — APPAREIL CIRCULATOIRE DE L'HOMME ET SES FONCTIONS

L'appareil circulatoire se compose de deux parties : l'appareil servant à la circulation du sang rouge, que nous appellerons *appareil circulatoire proprement dit*, et celui dans lequel est recueillie la lymphe ou *appareil lymphatique*.

I. — APPAREIL CIRCULATOIRE PROPREMENT DIT

Le *cœur*, organe de propulsion du sang, envoie ce liquide nourricier à tous les organes du corps par des *artères* ; celles-ci le leur distribuent par de nombreuses ramifications, appelées *vaisseaux capillaires*, qui se réunissent en d'autres troncs principaux ou *veines* chargées de ramener le sang au cœur.

Artères, vaisseaux capillaires et veines sont les *vaisseaux sanguins*.

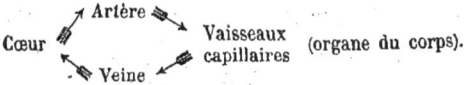

Cœur → Artère → Vaisseaux capillaires (organe du corps) → Veine →

CIRCULATION.   119

Toute artère emporte le sang du cœur vers les organes; toute veine rapporte le sang des organes vers le cœur.

a. — Cœur.

1° Situation du cœur. — Le cœur, de la grosseur du poing chez l'Homme, est placé dans la cage thoracique, entre les deux poumons (fig. 116); il a la forme d'un cône dont l'axe est incliné de dedans en dehors et de droite à gauche. Sa base est au niveau des hiles des poumons et sa pointe repose en avant et à gauche sur le muscle diaphragme; en arrière, l'œsophage et l'artère aorte le séparent de la colonne vertébrale. Il est d'ailleurs séparé de ces organes par la séreuse ou péricarde qui l'enveloppe entièrement sauf à sa base (fig. 87).

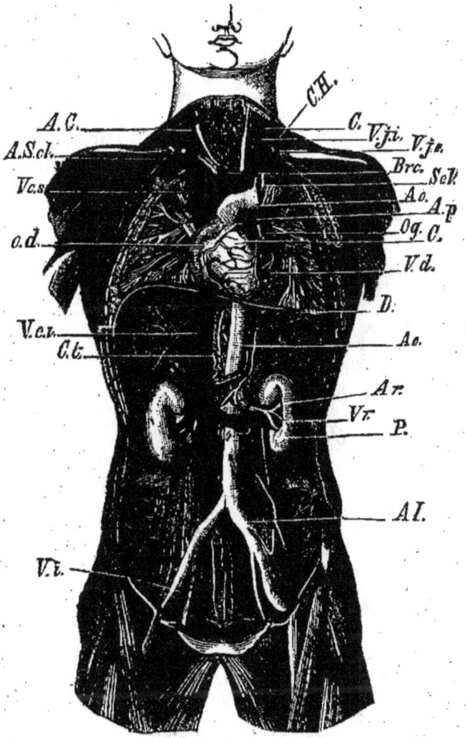

2° Description. — Le poids moyen du cœur est de 255 grammes environ chez l'adulte. Sa surface extérieure est divisée par deux sillons circulaires à peu près perpendiculaires l'un à l'autre (fig. 117, A). Le sillon transversal s,s le plus accusé, situé

Fig. 116. — Appareil circulatoire de l'Homme. *C*, cœur entre les deux poumons et au-dessus du diaphragme *D*. — *od*, oreillette droite; *og*, oreillette gauche; *V.d*, ventricule droit. *Ao*, artère aorte; *Brc*, tronc brachio-céphalique; *A.C*, artères carotides; *A.S.cl*, artère sous-clavière droite; *Ar*, artère rénale se rendant au rein *P*; *AI*, artères iliaques primitives. — *Ap*, artère pulmonaire. *Vcs*, veine cave supérieure; *V.j.i* et *V.j.e*, veines jugulaires interne et externe gauches se réunissant à la veine sous-clavière *S.cl*. — *Vci*, veine cave inférieure; *Vr*, veine rénale; *V.i*, veines iliaques. — *C.t*, canal thoracique débouchant en *C.H* dans la veine sous-clavière gauche.

dans un plan perpendiculaire à l'axe du cœur, partage cet organe en deux régions: la région *ventriculaire* inférieure plus grande, et la région *auriculaire* supérieure.

Le sillon s', s' longitudinal divise ces deux régions en deux ventricules et deux oreillettes. Le plan dans lequel est contenu le sillon s', s' est ininterrompu en traversant le cœur, c'est-à-dire qu'il ne rencontre aucun canal faisant communiquer les parties droite et gauche du cœur, tandis que le plan contenant le sillon s, s présente deux ouvertures : l'une o faisant communiquer l'*oreillette droite* OD avec le *ventricule droit* VD ; l'autre o' par laquelle l'*oreillette gauche* OG communique avec le *ventricule gauche* VG.

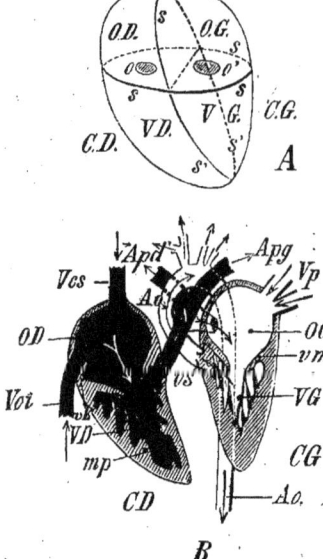

Fig. 117. — Figure schématique du cœur. — A; s', s', sillon longitudinal divisant le cœur en cœur droit C.D. et cœur gauche C.G; s, s, sillon transversal partageant chaque cœur en une oreillette (O.D. et O.G) et un ventricule (VD et VG); o, o', orifices faisant communiquer les oreillettes avec les ventricules correspondants. — B; OD, oreillette droite; VD, ventricule droit; OG, oreillette gauche; VG, ventricule gauche; vm, valvule mitrale (la valvule tricuspide du cœur droit a été figurée sans mention); vs, valvules sigmoïdes au début de l'artère aorte Ao et de l'artère pulmonaire divisée en 2 branches Apd (pour le poumon droit) et Apg (pour le poumon gauche); vE, valvule d'Eustachi à l'entrée de la veine cave inférieure Vci; Vcs, veine cave supérieure. Vp, veines pulmonaires; mp, muscles papillaires. — Les flèches indiquent le cours du sang rouge foncé (noir) et du sang rouge vermeil (blanc).

Le cœur est donc *en réalité formé de deux cœurs distincts* : le *cœur droit* et le *cœur gauche*, et chacun d'eux comprend une oreillette et un ventricule en rapport par un *orifice auriculo-ventriculaire* (fig. 117, B).

La paroi des oreillettes est molle, flasque et mince ; celle des ventricules est rigide et épaisse ; la paroi du ventricule gauche est plus épaisse que celle du ventricule droit.

Vaisseaux aboutissant au cœur. — Les cavités du cœur sont en communication par des orifices avec les vaisseaux qui en emportent ou qui y rapportent le sang.

A l'oreillette gauche OG se rendent quatre *veines pulmonaires* Vp provenant : deux du poumon droit, deux du poumon gauche. Du ventricule gauche VG se détache, dans l'angle supérieur droit, l'*artère aorte* Ao qui forme, dès sa sortie du cœur, une crosse au-dessus de cet organe et d'avant en arrière.

Du ventricule droit VD se détache, dans l'angle supérieur gauche et à côté de l'aorte, l'*artère pulmonaire*, formant une fourche dont les deux branches Apd et Apg se dirigent chacune vers le hile du

CIRCULATION. 121

poumon correspondant; entre les deux branches de la fourche repose la crosse de l'aorte. Enfin à l'oreillette droite OD aboutissent les deux *veines caves*; la *veine cave inférieure Vci* en arrière et en bas, la *veine cave supérieure Vcs* en haut, et la *grande veine coronaire* du cœur.

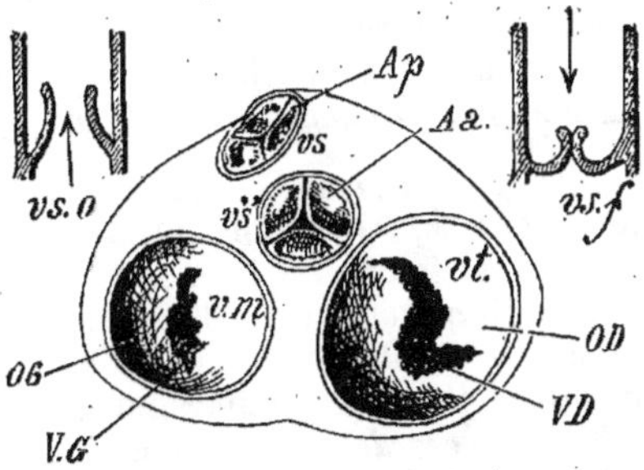

Valvules du cœur. — Les orifices auriculo-ventriculaires (fig. 118) sont entourés d'un anneau fibreux donnant du côté des ventricules des prolongements fibreux irréguliers où s'insèrent les tendons des *muscles papillaires mp*, sortes de colonnes charnues qui hérissent la paroi interne des ventricules (fig. 117, B et fig. 119). On appelle *valvules* ces sortes d'entonnoirs fibreux à bord déchiqueté, dont la pointe est dirigée du côté des ventricules et qui s'ouvrent largement du côté des oreillettes. La *valvule tricuspide vt* (fig. 118) voile en partie l'orifice auriculo-ventriculaire droit, la *valvule mitrale vm* obstrue de même l'orifice du cœur gauche.

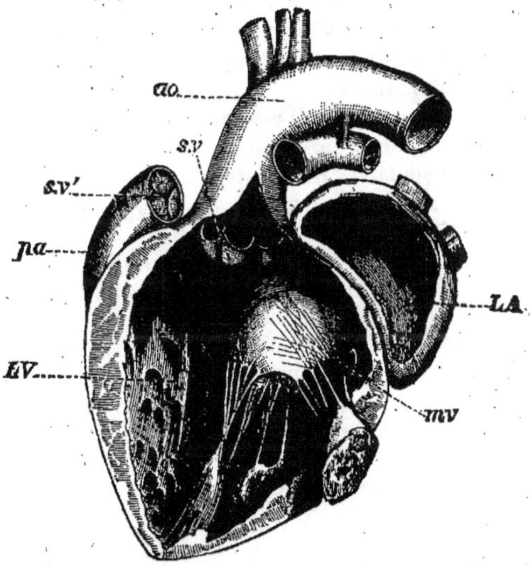

En outre, les artères aorte et pulmonaire sont

Fig. 118. — Coupe transversale du cœur un peu au-dessus du sillon transversal *ss* (fig. 117). *v.m*, valvule mitrale entre l'oreillette et le ventricule gauches; *v.t*, valvule tricuspide entre l'oreillette et le ventricule droits; *vs, v's*, valvules sigmoïdes à l'entrée des artères pulmonaire *Ap* et aorte *Aa*. *Vs.o*, valvules sigmoïdes ouvertes; *vs.f*, les mêmes fermées.

Fig. 119. — Vue intérieure du cœur gauche; LV, ventricule; LA, oreillette; *sv*, valvules sigmoïdes de l'aorte *ao*; *mv*, valvule mitrale avec les fibres tendineuses qui en relient les bords aux muscles papillaires dont l'un est coupé.

pourvues, à leur débouché dans les ventricules gauche et droit, de trois valvules en forme de nid, dites *valvules sigmoïdes* (*vs* pour l'artère pulmonaire *Ap*, *v's'* pour l'artère aorte *Aa*), dont la concavité est dirigée du côté de l'artère et la convexité du côté du ventricule correspondant.

La veine cave inférieure est pourvue d'une valvule rudimentaire appelée *valvule d'Eustachi* vE (fig. 117, B).

Structure du cœur. — Le cœur de l'Homme se compose de trois tuniques : le *péricarde*, le *myocarde*, l'*endocarde*.

1° Le *péricarde* est la membrane séreuse à deux feuillets *fv* et *fp* (fig. 87) qui entoure le cœur ; le feuillet viscéral y est étroitement soudé, le feuillet pariétal est en rapport avec les plèvres des poumons et avec le diaphragme.

2° Le *myocarde* est la tunique musculaire formée de fibres striées ramifiées et anastomosées (fig. 20), à contraction involontaire, dont nous avons parlé (p. 33). Cette tunique est composée de *fibres propres* spéciales à chaque oreillette et à chaque ventricule, et de *fibres unitives* qui sont communes aux deux cœurs et les relient entre eux.

Les orifices auriculo-ventriculaires, aortique et pulmonaire sont pourvus d'un anneau fibreux externe (squelette fibreux du cœur); or les fibres propres constituent des faisceaux musculaires en forme de boucles s'insérant par leurs deux extrémités sur l'un ou l'autre de ces anneaux, en faisant le tour soit d'une oreillette, soit d'un ventricule.

Les faisceaux de fibres unitives, contournant à la fois les deux cœurs, forment, en dehors et en dedans des fibres propres, des plans musculaires non distincts ; un grand nombre de ces faisceaux sont intercalés transversalement dans le lacis formé par les fibres propres.

Les fibres font plus ou moins saillie du côté interne, dans les ventricules où elles donnent les *colonnes charnues*; les plus grandes de ces colonnes sont les *muscles papillaires* d'où partent les tendons s'insérant d'autre part sur les valvules auriculo-ventriculaires.

3° L'*endocarde* est une lame de tissu conjonctif qui revêt toute la face interne du cœur et des vaisseaux sanguins, où sa face libre présente une couche unique de cellules pavimenteuses (endothélium) continue dans toute l'étendue de l'appareil vasculaire (artères, vaisseaux capillaires et veines).

b. — Artères.

Leur description. — *Les artères sont les vaisseaux qui emportent aux organes le sang venant du cœur;* elles proviennent toutes de deux artères principales :

1° L'*artère pulmonaire*, émanant du ventricule droit, qui se divise en deux branches (fig. 83, 84 et 117) portant à chaque poumon du sang rouge foncé (nous avons étudié son mode de ramification à propos de la respiration).

2° L'*artère aorte*, de beaucoup la plus importante, qui, partant du ventricule gauche, contient le sang rouge vermeil destiné à être réparti par ses nombreuses branches à tous les organes du corps.

L'aorte peut être aussi comparée à un tronc d'arbre présentant une infinité de branches; parmi ces rameaux, il en est d'importants que renferment la figure 120 et le tableau de la page 125.

A la sortie du ventricule gauche, l'artère aorte A. Ao (fig. 120) contourne en arrière l'artère pulmonaire entre les deux branches de laquelle elle se recourbe en *crosse*, pour gagner la colonne vertébrale et descendre verticalement en arrière (*aorte descendante*) dans les cavités thoracique et abdominale.

Il est facile, en connaissant la position relative des organes dans le corps, de retenir quelles sont les principales branches émises par l'aorte, puisque tous ces organes en reçoivent du sang.

A quelques millimètres au-dessus de la naissance de l'artère aorte s'en détachent les deux artères coronaires *A.cor* se ramifiant dans l'épaisseur même de la paroi du cœur.

La crosse de l'aorte émet les artères nourricières de la tête et des membres supérieurs (*artères sous-clavières droite* A.*s.cld* et *gauche* A.*s.clg*, *artères carotides droite* A.*capd et gauche* A.*ca.g*).

L'artère carotide droite et l'artère sous-clavière droite sont issues d'un même tronc dit *tronc brachio-céphalique droit Tr. br. cép.*; les artères carotide et sous-clavière gauches sont indépendantes. Chaque artère carotide se divise en deux rameaux : l'un *externe* A.*ca.e* qui distribue le sang aux parties superficielles de la tête, l'autre *interne* A.*ca.i* qui alimente les organes profonds (encéphale, organes des sens...).

Chaque artère sous-clavière donne une *artère vertébrale* le long du cou et, dans le membre supérieur, au voisinage des os, des rameaux appelés *artère humérale* pour le bras, *artères radiale et cubitale* pour l'avant-bras, *artère palmaire* pour la main.

L'artère aorte envoie ensuite de petites artères nourricières aux bronches (*artères bronchiques*), à l'œsophage (*artères œsophagiennes*) aux muscles et aux côtes de la paroi thoracique (*artères intercostales* A. *int.*); puis elle traverse le diaphragme et pénètre dans la cavité abdominale. Elle émet alors des *artères diaphragmatiques* (supérieure et inférieure) pour le diaphragme, un *tronc cœliaque Tr. cœl*. (branche d'origine de l'*artère hépatique* A.*h* nourricière du foie, de l'*artère coronaire stomacale* A.*co* nourricière de l'estomac et de l'*artère splénique* A.*sp* qui aboutit à la rate); puis se détachent de l'aorte : l'*artère mésentérique supérieure* A.*més.s*, l'*artère mésentérique inférieure* A.*més.i* se rendant à l'intestin, et les *artères rénales* A.*ré* qui irriguent les reins.

Au niveau de la région lombaire, l'aorte se divise en deux branches et donne les *iliaques primitives* A.*il p* dont chacune fournit

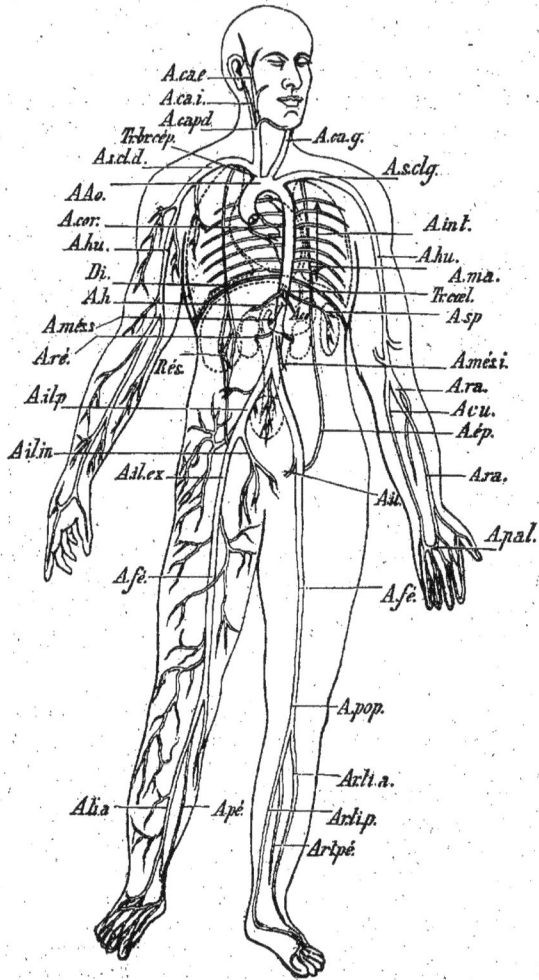

Fig. 120. — Aorte et ses ramifications principales. (La légende de cette figure est inscrite dans le tableau ci-joint.)

une *artère iliaque externe* A. *il ex* très importante et une *iliaque interne* A.*il in* qui nourrit les organes du bassin. L'iliaque externe continue son chemin dans les parties profondes des membres

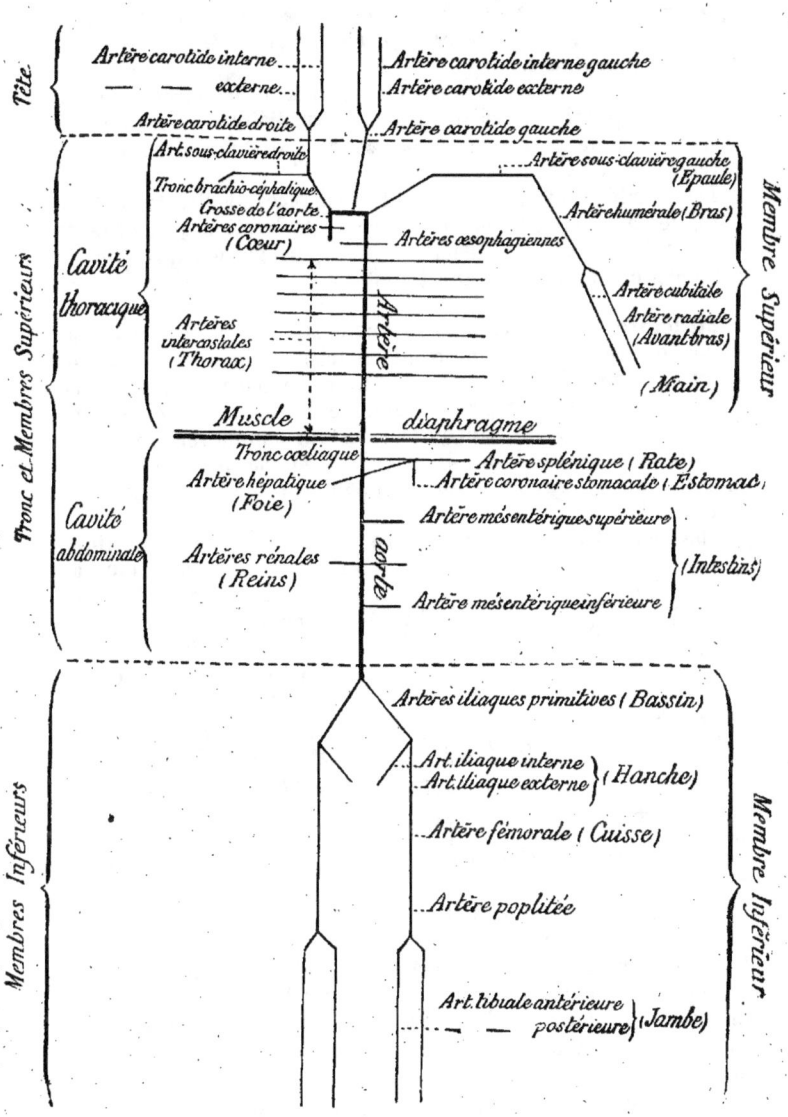

Représentation schématique de l'arbre aortique.

inférieurs et porte les noms d'*artère fémorale*, puis d'*artère poplitée* au voisinage du genou. Cette dernière donne naissance aux *artères tibiales antérieure et postérieure*, à l'*artère péronière* et aux *artères pédieuses*.

Des artères iliaques externes se détachent des *artères épigastriques A. ép* qui rejoignent, par l'intermédiaire d'un réseau *Rés* intrathoracique, les *artères mammaires A.ma* provenant des artères sous-clavières.

Les membres inférieurs peuvent ainsi recevoir directement du sang des artères sous-clavières. Quand la lumière de l'aorte se rétrécit dans certaines affections, une plus grande quantité de sang passe par ce réseau anastomotique.

Structure des artères. — Le tronc aortique et les artères principales qui en dérivent sont formés de trois tuniques : 1° la *tunique externe*, formée de tissu conjonctif avec d'abondantes fibres élastiques ; 2° la *tunique moyenne* composée de fibres élastiques et de fibres musculaires lisses disposées surtout annulairement et peu dans le sens longitudinal ; 3° la *tunique interne* que constitue un endothélium à cellules plates reposant sur une lame élastique mince.

Plus on pénètre dans les artérioles fines, plus l'élément élastique s'élimine ; le tissu musculaire seul y forme la tunique moyenne.

Enfin, dans les vaisseaux capillaires, l'endothélium seul subsiste (fig. 121).

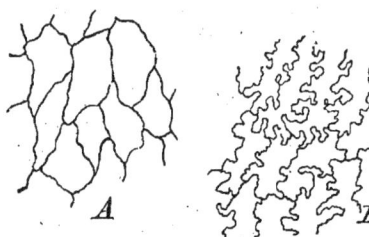

Fig. 121. — Endothélium des vaisseaux sanguins du Lapin. A, cellules endothéliales de la veine jugulaire. B, cellules des capillaires lymphatiques de l'intestin.

En raison même de cette distribution des éléments élastique et musculaire, les artères adoptent une section réglée par leur antagonisme ; avec une paroi exclusivement élastique, l'artère serait cylindrique et à large section 1 (fig. 122), tandis qu'elle aurait une faible lumière (2) si sa paroi était seulement musculaire. La section naturelle d'une artère est celle d'un ellipsoïde très allongé (3) ; mais l'afflux du sang la modifie constamment en imposant une forme cylindrique à l'artère qui réagit à son tour sur le liquide, ainsi que nous le verrons au sujet du rôle des artères.

Position des artères. — La pression exercée par une artère sur son contenu résulte de la propriété élastique et contractile de sa paroi. Il y a donc danger à couper une artère, car les deux bords de la fente qui y aura été pratiquée sont écartés par les éléments élastiques; de la boutonnière largement ouverte s'échappe alors un jet de sang (une telle blessure est d'autant plus dangereuse qu'elle est faite sur une grosse artère où l'élément élastique prédomine).

Les artères sont préservées de ces blessures accidentelles par leur situation profonde dans l'organisme; elles sont en effet placées d'ordinaire près des os, abritées sous d'épaisses couches musculaires, sauf les artères temporales et les artères radiales, dont on peut sentir les battements en dehors des arcades sourcilières pour les premières, et au poignet pour les secondes.

Fig. 122. — Sections d'une artère formée exclusivement : de tissu élastique en 1, de tissu musculaire en 2. 3, sa forme naturelle.

c. — Vaisseaux capillaires.

Les vaisseaux capillaires sont des tubes très étroits formant un réseau serré dans tous les organes (fig. 123). Quel que soit le point du corps où l'on fasse une piqûre, le sang s'échappe; il s'y trouve des capillaires qui relient les artères afférentes aux veines efférentes. Leur paroi est formée par des cellules endothéliales très aplaties (fig. 121) reposant sur une lame conjonctive d'une extrême minceur. *Les capillaires ne sont donc pas contractiles en tant que membranes;* mais les cellules vivantes qui les composent, ayant une contractilité propre, peuvent influer sur leur section.

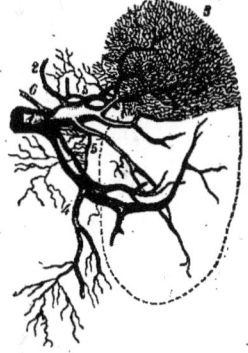

Fig. 123. — Vascularisation de la rate représentée partiellement en haut. 1, veine splénique; 2, branche gastrique de la veine splénique; 3, veinules; 4, petite veine mésaraïque coupée; 6, vaisseau lymphatique de la rate.

d. — Veines.

Leur description. — Les veines ramènent le sang des organes vers le cœur. *Les veines principales aboutissent aux oreillettes, tandis que les grosses artères se détachent des ventricules.*

Nous avons vu aboutir à l'oreillette gauche quatre *veines pulmonaires* (deux pour chaque poumon) qui ramènent au cœur gauche le sang hématosé dans ces organes.

A l'oreillette droite se rendent la *veine coronaire*, qui ramène le sang des parois du cœur, et les deux veines caves : la *veine cave supérieure VCS* (fig. 124) en haut et la *veine cave inférieure VCI* sur la face postérieure et en bas. Ces deux troncs émettent chacun un ensemble important de rameaux; ainsi à l'arbre aortique sont opposés deux arbres veineux.

La *veine cave supérieure* $V.C.S$ se dirige de bas en haut, reçoit la *veine azygos* $V. az$, dont nous parlerons plus loin, puis se bifurque; ses branches émettent chacune trois rameaux principaux qui sont,

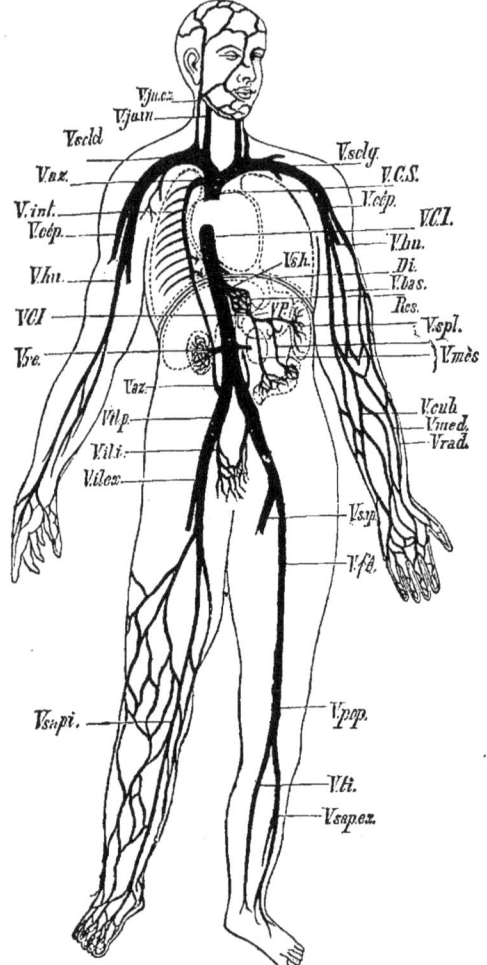

Fig. 124. — Troncs veineux et leurs rameaux chez l'Homme. (La légende de cette figure est inscrite dans le tableau ci-joint.)

pour la branche droite par exemple : les *veines jugulaires interne* $V. ju.in$ et *externe* $V. ju ex$, qui reçoivent le sang des parties internes et superficielles de la tête, et la *veine sous-clavière droite* $V.scld$, qui

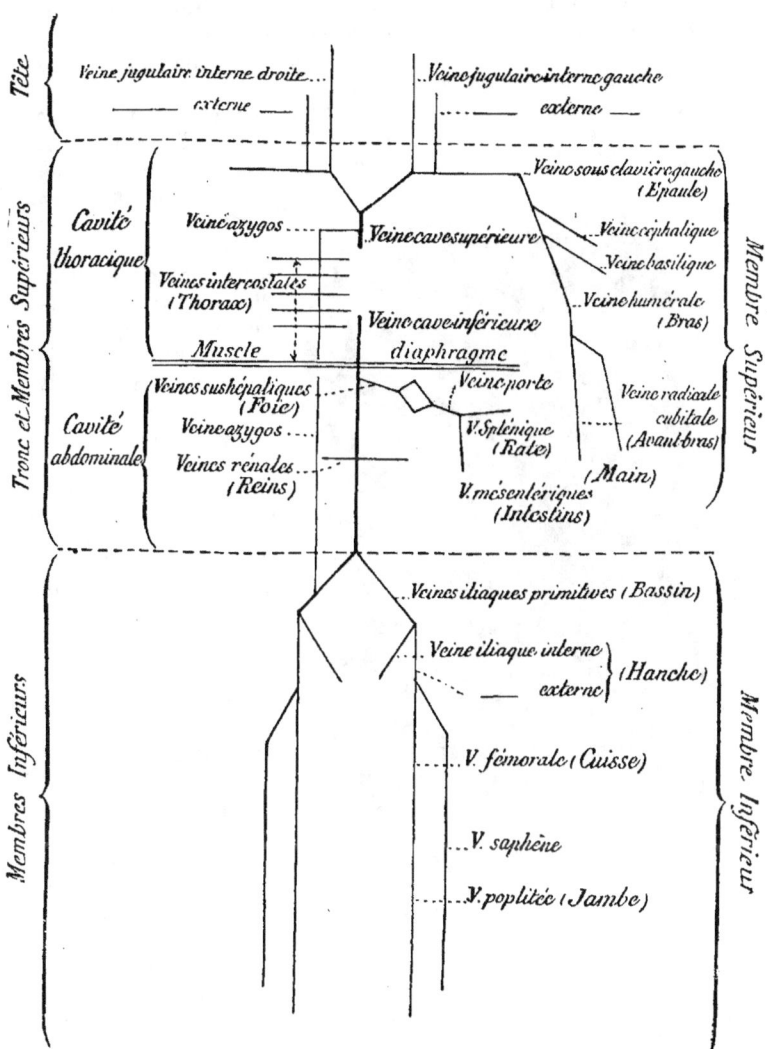

Représentation schématique des arbres veineux.

donne naissance, dans le membre supérieur droit, aux *veines humérale, basilique, cubitale, médiane, radiale*, etc. Il en est de même pour la distribution des veines dans la partie gauche de la tête et le membre supérieur gauche.

La *veine cave inférieure VCI* se dirige de haut en bas et traverse presque de suite le diaphragme; elle reçoit, dans l'abdomen, les *veines sus-hépatiques Vsh* qui ont recueilli dans le foie tout le sang apporté par la *veine porte Vp* (réunion de la *veine splénique V. spl*, originaire de la rate, et des *veines mésaraïques V.més*, originaires de l'intestin, fig. 125). La veine cave reçoit plus bas les *veines rénales V.ré* qui lui apportent le sang des reins. Elle se partage, au même niveau que l'aorte, en deux *veines iliaques Vilp* qui donnent chacune une *veine iliaque interne V. il. in.* et une *iliaque externe V. il. ex.* Cette dernière collectionne tout le sang ramené du membre inférieur par les *veines fémorales, poplitée, saphènes*, etc.

FIG. 125. — Grande veine mésentérique. 1, 1, veines intestinales; 6, 7, veines mésentériques supérieure et inférieure; 8, veine splénique; 9, veine porte hépatique.

La *veine azygos* (fig. 124, *V.az* et fig. 126) réunit la veine cave supérieure à la veine cave inférieure par l'intermédiaire des veines iliaques. En même temps elle reçoit le sang apporté de la région lombaire et des parois thoraciques par les *veines lombaires*, les *petites azygos supérieure* et *inférieure*. La veine azygos joue dans le réseau veineux, lorsque la veine cave inférieure est partiellement obstruée, le même rôle compensateur que les artères épigastriques et mammaires dans le réseau artériel.

Veine porte. — On appelle veine porte tout vaisseau collecteur intercalé entre deux séries de capillaires consécutifs que le sang doit traverser avant de revenir d'un organe à une veine principale. Il en existe plusieurs exemples chez l'Homme.

La *veine porte Vp* est dite *veine porte hépatique*; elle relie en effet les capillaires de l'intestin et de la rate à ceux du foie. (Voir aussi page 61 et fig. 48 et 50.)

Structure des veines. — Valvules. — La structure des veines est comparable à celle des artères, sauf que l'élément élastique y

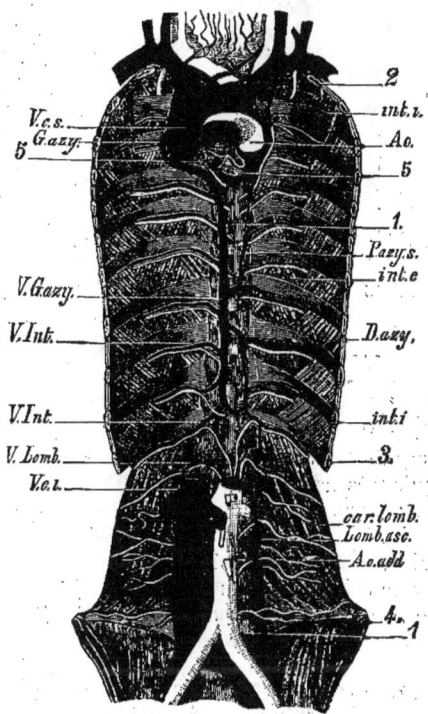

Fig. 126. — Veine azygos. *Vcs*, veine cave supérieure coupée à son origine dans l'oreillette droite; *V.G.azy*, veine azygos; *P.azy.s*, petite azygos supérieure; *V.Int*, veines intercostales (à gauche, elles débouchent dans la demi-azygos *D.azy*); *Ao.abd*, aorte abdominale; *V.ci*, veine cave inférieure.

est faiblement représenté, et le tissu musculaire assez irrégulièrement réparti. Ce tissu, très épais dans les veines principales, comme les *grandes veines saphènes*, y forme des replis appelés *valvules*, à concavité tournée du côté du cœur (fig. 127). Ces valvules jouent un rôle important dans la circulation. Un endothélium identique à celui des artères et des capillaires tapisse également les veines et leurs valvules.

Position des veines. — Grâce à la diminution du tissu élastique dans les veines, les blessures faites à ces vaisseaux, tout au moins aux veines superficielles, ne sont pas dangereuses. Les deux lèvres de la section, au lieu de s'écarter, se rabattent l'une contre l'autre ; le *sang s'y écoule en nappe* et non en jet ; la formation d'un caillot sanguin sur la blessure en favorise la fermeture et la cicatrisation.

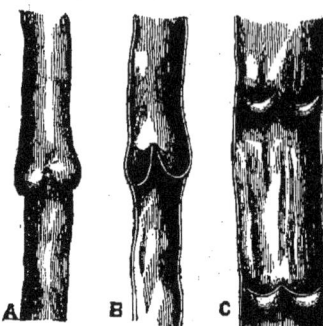

Fig. 127. — Valvules des veines C, des vaisseaux lymphatiques A et B.

Le réseau veineux est en réalité double ; il se compose d'un *réseau profond* et d'un *réseau superficiel*, dont nous avons esquissé les grands traits dans les membres supérieurs et inférieurs (fig. 124).

FONCTIONS DE L'APPAREIL CIRCULATOIRE PROPREMENT DIT

a′) **Rôle physiologique du cœur.** — *Le cœur est un muscle creux;* par cela même il est *contractile* et sa contraction diminue le volume des oreillettes et des ventricules; il est aussi *élastique*, c'est-à-dire qu'après la contraction il reprend sa forme première.

Le cœur est dit en *systole* quand ses fibres sont contractées ; en *diastole*, quand elles sont relâchées. Le cœur se contracte, chez l'homme adulte, de 65 à 70 fois par minute, et d'autant plus chez l'enfant que celui-ci est plus jeune.

Les diverses parties du cœur sont-elles simultanément en systole? Se dilatent-elles simultanément aussi?

Pour résoudre cette question, on a recours à un appareil enregistreur dit *cardiographe* dont le principe est le suivant :

Une poire de caoutchouc A (fig. 128) est reliée par un tube flexible *t* avec une ampoule B dont la paroi *m* est elle-même en caoutchouc ; un robinet *r* permet d'établir la pression atmosphérique dans cet appareil clos. Toute diminution de volume éprouvée par la poire A se traduit par un refoulement d'air en B et par une distension de la membrane *m* en dehors. L'inverse se produit quand la poire A est soumise à une pression extérieure moindre ; elle se gonfle, et la membrane *m* se déprime vers le dedans de l'ampoule B. Les mouvements de la membrane peuvent être transmis à un style *st*, articulé au point O sur un pivot vertical fixe (projeté en O sur la figure 128).

La pointe *o* du style porte légèrement sur la surface d'un cylindre mobile C, en rotation autour d'un axe horizontal XY. Cette surface est recouverte d'une feuille de papier blanc glacé recouverte d'une petite couche de noir de fumée. Si le cylindre est fixe, la pointe du style, se déplaçant vers la gauche ou vers la droite, enlève un peu de noir et trace un trait blanc *a* sur la feuille ; si le cylindre est mobile, les variations de position du style seront traduites par un trait $a, b, b', d, d', e, e'...$; l'amplitude variable bb', dd', ee' des sinuosités du trait exprime clairement les variations de la pression extérieure éprouvée par l'ampoule A.

L'appareil (fig. 129) est disposé pour l'étude extérieure des battements du cœur

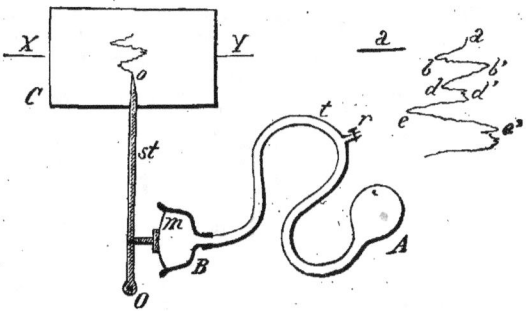

Fig. 128. — Figure schématique du cardiographe.

chez l'Homme. La membrane de caoutchouc qui limite en dehors le tambour A, porte un bouton b qu'on applique sur le 5ᵉ espace intercostal gauche. Les pressions

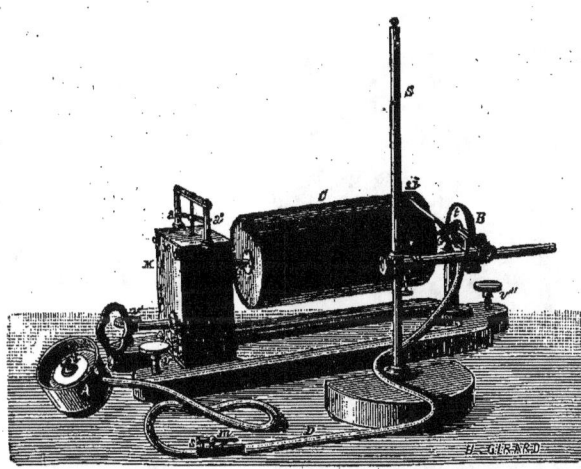

Fig. 129. — Cardiographe. A, tambour et ampoule exploratrice réunie par un tube de caoutchouc D à l'ampoule réceptrice B, mobile le long d'un axe horizontal porté par le support vertical S. — $s.i$, style inscripteur dont la pointe appuie légèrement sur le cylindre C mobile, en rotation autour de son axe GG, par le mouvement d'horlogerie M; v, v', v'', vis calantes; a, a', ailettes régulatrices.

successives exercées sur l'ampoule A sont transmises par le tube D à l'ampoule B. Cette dernière est pourvue du style inscripteur $s.i$ qui enregistre sur le cylindre C les impulsions diverses données par le cœur au tambour A.

Comme il est impossible d'agir sur l'Homme pour déterminer la nature, l'intensité

134 CIRCULATION.

et la succession des contractions des cavités cardiaques, on soumet le Cheval à l'expérience. Les ampoules exploratrices sont étroites, allongées et portées par des sondes flexibles creuses. Dans les recherches qui nous occupent, deux de ces ampoules sont associées et disposées comme l'indique la figure 130. On les fait pénétrer, chez le Cheval, par la veine jugulaire droite Vj et la veine cave supérieure Vcs, jusque dans le cœur droit, l'ampoule A dans l'oreillette et l'ampoule A' dans le ventricule. Comme on ne peut, sans tuer l'animal, sectionner au voisinage du cœur une artère importante, telle que l'artère carotide, pour y faire pénétrer une sonde avec ampoule, on se contente d'explorer du dehors le ventricule gauche en y appliquant une troisième ampoule dans l'épaisseur de la paroi thoracique. Les trois styles inscripteurs (deux seulement sont représentés dans la figure 130), dont les extrémités sont alignées sur une même génératrice du cylindre C, tracent simultanément les impulsions qui leur sont transmises. Les trois tracés obtenus, comparés entre eux, permettent de reconnaître l'époque, la durée et la nature des contractions de l'oreillette droite et des ventricules droit et gauche. On admet que les rapports existant entre les contractions de l'oreillette et du ventricule sont identiques pour les deux cœurs.

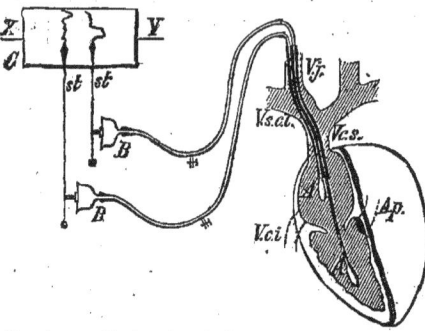

Fig. 130. — Exploration de l'oreillette et du ventricule droits du Cheval par les ampoules $A.A'$; celles-ci communiquent, par une double sonde et des tubes de caoutchouc, avec les ampoules B,B dont les styles st inscrivent, sur un même cylindre C noirci, les systoles et les diastoles auriculaires et ventriculaires.

Les courbes obtenues sont représentées par la figure 131. Leur interprétation, jointe à diverses autres observations faites sur le nombre des contractions du cœur, nous amène à des conclusions exposées ci-dessous.

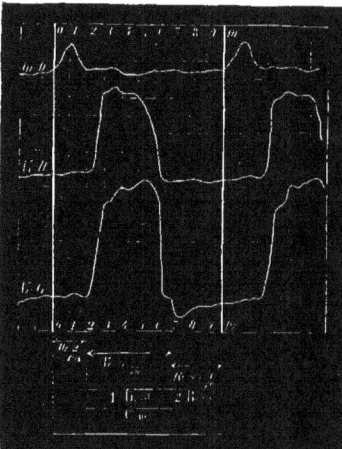

Fig. 131. — Courbes comparées des mouvements du cœur. $Or.D$, oreillette droite; $Ve.D$, ventricule droit; $Ve.G$, ventricule gauche.

1° *Les oreillettes se contractent simultanément; la contraction des deux ventricules est également simultanée.*

2° *La contraction des oreillettes précède immédiatement celle des ventricules.* Si l'on désigne par 10 la durée d'une *révolution cardiaque* R (c'est-à-dire le temps qui s'écoule entre deux situations identiques et consécutives du cœur), on peut représenter par $\frac{2}{10}$ de ce temps la durée de la contraction des oreillettes, puis par $\frac{5}{10}$ celle de la contraction des ventricules, il reste donc une période de *repos total* de $\frac{10}{10} - \frac{2+5}{10} = \frac{3}{10}$ pour le cœur entier.

Les oreillettes sont en relâchement pendant les $\frac{8}{10}$ et les ventricules pendant les $\frac{5}{10}$ de la révolution cardiaque.

Rôle des oreillettes. — Pendant le temps où elles ne se contractent pas, les oreillettes se remplissent, par une *dilatation progressive*, du sang que leur apportent les veines caves (oreillette droite) et les veines pulmonaires (oreillette gauche); elles se contractent *brusquement* (pendant $\frac{2}{10}$ R), et leur contenu passe dans les *ventricules vides* (les veines étant pleines, le sang n'y peut refluer).

Rôle des ventricules. — Les ventricules à peine remplis de sang se contractent *plus longuement* $\left(\frac{5}{10} R\right)$ pour envoyer le liquide dans les artères (artère aorte pour le ventricule gauche, artère pulmonaire pour le ventricule droit). Le sang ne peut refluer dans les oreillettes, à cause de la contraction simultanée des parois des ventricules, des muscles papillaires et grâce au jeu des valvules.

Soit le ventricule gauche : en même temps que la cavité se rétrécit par le rapprochement des parois, les muscles papillaires tirent sur l'entonnoir formé par la valvule mitrale et l'allongent ; le bec de l'entonnoir, engagé plus profondément dans le ventricule, est obstrué bientôt par la paroi ventriculaire qui le rejoint et le presse latéralement. Le sang, ne trouvant d'issue que dans l'artère aorte, écarte les *valvules sigmoïdes v. so* (fig. 118) et s'engage dans ce vaisseau et ses ramifications. Il en est de même pour le ventricule droit vis-à-vis de la valvule tricuspide ; le sang qu'il renferme s'engage dans l'artère pulmonaire.

Par sa contraction, le *ventricule se vide complètement;* et quand il se relâche, toutes les fibres musculaires du cœur sont au repos (*Repos total* $\frac{3}{10}$ R).

Au moment où le ventricule se relâche, le sang des artères n'y peut revenir par suite de la pression qu'il exerce sur les *valvules sigmoïdes v. sf* désormais fermées.

* La systole des ventricules est accompagnée d'un *bruit sourd* attribué aux vibrations des fibres musculaires de leur paroi et des muscles papillaires en contraction; un *deuxième bruit* plus sec succède au premier et semble dû à la tension des valvules sigmoïdes, au moment où le sang des artères tend à refluer vers le cœur.

On appelle improprement *choc* du cœur une impression particulière ressentie pendant la systole ventriculaire, lorsqu'on applique la main sur la poitrine, au niveau du cinquième espace intercostal gauche. Cette impression est due à ce que la paroi du ventricule devient plus ferme lors de sa contraction, avec un faible renversement de l'axe du cœur; dans ce mouvement à peine sensible, la pointe du cœur est légèrement projetée en avant.

b) **Rôle physiologique des artères.** — *Forme des arbres artériels et veineux.* Les artères se ramifient dichotomiquement; l'artère A (fig. 132) en donne 2 autres B, d'où en proviennent 4, et ainsi de suite. Or la somme des sections s

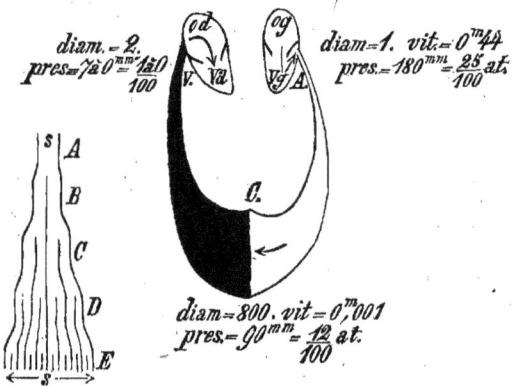

Fig. 132. — Schéma de la grande circulation. AC, cône aortique; CV, cône veineux; C, lac sanguin formé par les capillaires. A,B,C,D,E, division dichotomique d'une artère; variation de la section s des rameaux.

des branches de même ordre généalogique va en croissant à mesure que les rameaux sont plus nombreux. Vierordt admet que la somme des sections des capillaires généraux est 800 fois plus grande que la section de l'aorte; celle des veines caves en serait le double.

L'arbre aortique présente donc, au point de vue de l'ensemble des sections de ses rameaux, la forme d'un entonnoir largement évasé AC, auquel est opposé un arbre veineux de même forme CV, dont la lumière du bec V est 2, celle de A étant 1.

Effets de l'élasticité et de la contractilité des artères. — Le cœur projette une certaine quantité de sang *par intermittence* dans l'appareil circulatoire que nous venons d'envisager; ce liquide devrait donc s'y écouler de la même manière: *la paroi élastique des grosses artères a pour effet de transformer l'intermittence en continuité;* elle se distend, emmagasine l'effort déployé par le cœur et le dépense peu à peu, en transformant en un jet continu dans les artérioles et les capillaires le jet intermittent qui traverse les grosses artères; elle fait, par cela même, une économie du travail du cœur, travail réparti sur toute l'étendue de l'arbre artériel.

Grâce à leur contractilité, les artères distribuent le sang aux organes proportionnellement à leurs besoins. Supposons, en effet, deux organes X et Y irrigués par la même artère; si les artérioles de l'organe X sont comprimées à un moment donné, le sang s'écoulera plus en Y qui sera plus abondamment nourri; un effet inverse pourra se produire un peu plus tard : d'où compensation pour les deux organes.

Cette compensation est sous la dépendance du système nerveux. Nous l'étudierons dans le chapitre général relatif au rôle du système nerveux dans la nutrition.

Pression du sang. — Quand on annihile par une injection de curare l'action du système nerveux sur les vaisseaux, on remarque que la pression dans l'appareil circulatoire est d'environ 1 centimètre de mercure. Ainsi cet appareil est rempli outre mesure, puisque le contenant est plus petit que le contenu. L'excès de sang y est renfermé grâce à l'élasticité des vaisseaux.

Dans les circonstances normales, le ventricule gauche envoie dans l'aorte, à chacune de ses contractions, 180 grammes de sang en moyenne; c'est l'*ondée sanguine* qui ne peut de suite s'écouler dans les artérioles et les capillaires insuffisamment dilatés; une deuxième ondée succède à la première, et ainsi de suite, augmentant encore la pression dans les artères. Il arrivera un moment où la pression du sang sera telle que la somme des lumières de l'arbre artériel, suffisamment augmentée, permettra, entre deux systoles consécutives du cœur, l'écoulement des 180 grammes de sang par les capillaires dans les veines. A ce moment, si l'on détermine, à l'aide de manomètres branchés en divers points, la *pression artérielle* acquise, on trouve :

à l'origine de l'aorte, pression 180 mill. de mercure = $\frac{25}{100}$ d'atmosphère environ.

dans les fines artérioles, — 90 — = $\frac{12}{100}$ — —

à l'origine des veines caves, — 7 à 1 — = $\frac{1}{100}$ — —

Toutefois ces nombres n'indiquent que des pressions moyennes, un peu plus fortes pour l'aorte, par exemple, quand l'ondée sanguine y parvient, un peu plus faibles quand cette ondée est passée.

Ondulation sanguine. Pouls. — Tandis que l'*ondée sanguine* est une quantité déterminée de sang lancée dans l'arbre aortique (*la matière qui progresse*), l'*ondulation sanguine* est un mouvement ondulatoire qui résulte de ce jet de sang (*la forme de la matière qui progresse*).

Un mouvement ondulatoire est figuré par les cercles concentriques qui se forment sur l'eau tranquille où l'on a jeté une pierre.

La vitesse de propagation de l'ondulation sanguine est de 9 mètres 24 par seconde; comme la durée de la systole cardiaque est de $\frac{1}{3}$ de seconde, l'ondulation a pu se propager pendant ce temps à 3 mètres 08 : ainsi, quand une systole se produit, l'ondulation résultant de la systole précédente n'existe déjà plus dans le système artériel.

Au moment du passage de l'ondulation en un point *a* d'une artère, celle-ci se dilate légèrement par suite de l'augmentation de la pression; si on applique le doigt sur l'artère voisine d'un os (artère temporale, artère radiale...), le doigt recevra une impulsion qu'on appelle *pouls*.

Chez l'Homme, le pouls est régulier; le nombre des pulsations est de 72 par minute chez l'adulte.

On peut enregistrer le pouls et déterminer son caractère par la seule inspection de la courbe obtenue. Le *sphygmographe* est l'appareil employé à cet effet; le principe en est le suivant:

Un ressort R (fig. 133, 1), mobile autour d'un point fixe O', peut soulever une petite tige a articulée sur un levier O'b; l'extrémité mobile b de ce levier est mise en rapport en e avec la tige d'un style st capable de tourner autour d'un point

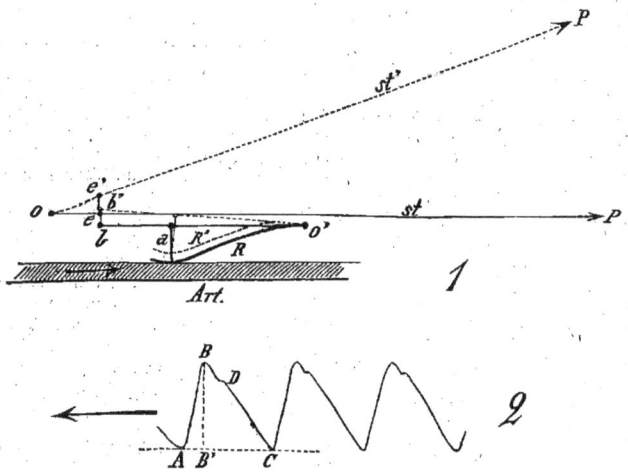

Fig. 133. — Figure schématique du sphygmographe en 1; en 2, tracé sphygmographique du pouls normal.

fixe o; la pointe P de ce style porte sur une feuille de papier glacé, préalablement recouverte de noir de fumée.

Le ressort R appliqué sur l'artère radiale (appuyée d'autre part sur l'extrémité inférieure du radius) sera repoussé chaque fois que se produira un battement du pouls, et la pointe P du style tracera sur la feuille de papier, affectée d'un mouvement de translation, un trait ABDC (fig. 133, 2). Ce tracé sphygmographique, dans le cas du pouls normal, montre que l'ondulation provoque une *diastole artérielle* rapide $\left[AB' = \frac{1}{3} B'C \right]$ suivie d'une contraction lente.

c') **Rôle des capillaires**. — La vitesse du sang dans l'appareil circulatoire est d'autant plus faible que sa section est plus large. Cet appareil a été comparé, par M. Mathias Duval, à *un lac (région des capillaires) dans lequel parvient le liquide du torrent sanguin*. Vu cette faible vitesse, le plasma et les globules blancs du sang peuvent traverser la paroi des capillaires (*diapédèse*), porter aux cellules les matériaux nutritifs et en enlever les déchets.

d') **Rôle des veines.** — Les veines sont très dilatables et reçoivent le sang provenant des vaisseaux capillaires; ce liquide y circule en se rapprochant du cœur, poussé toujours en avant par les ondées sanguines successives. Le retour du sang en arrière est impossible dans les veines supérieures où ce liquide progresse sous l'influence de son poids; dans les veines inférieures, les valvules, relevées par le flux sanguin, sont ensuite abaissées et celles du même niveau s'appliquent l'une contre l'autre pour s'opposer au reflux. Ainsi les grandes veines saphènes, fémorales, etc., sont de grandes colonnes de sang partagées en tronçons en quelque sorte indépendants et superposés, mobiles de bas en haut sous le plus léger effort.

Circulation du sang. — Supposons le sang rouge vermeil partant du ventricule gauche *b* par l'artère aorte *e* (fig. 134). Il est réparti par l'arbre aortique dans toute l'étendue de l'organisme, distribue les matières nutritives aux cellules vivantes par l'intermédiaire des vaisseaux capillaires *g*. De rouge vermeil et oxygéné qu'il était, le sang s'appauvrit en oxygène, s'enrichit en acide carbonique et prend la couleur rouge foncé de l'hémoglobine réduite; il est ramené à l'oreillette droite *c* par les arbres veineux *f* (veines caves supérieure et inférieure, veine azygos). Telle est la *circulation générale* ou *grande circulation*, dans laquelle le sang parti du cœur gauche (ventricule) revient au cœur droit (oreillette).

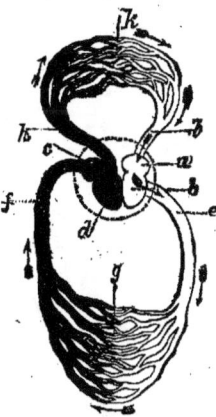

Fig. 134. — Circulation du sang chez l'Homme (fig. théorique). *b,e,g,f,c*, grande circulation; *d,h,k,l,a*, petite circulation.

Le sang passe de l'oreillette droite *c* dans le ventricule droit *d* qui l'envoie, par ses contractions, dans les poumons *k*; le sang se revivifie dans ces organes et revient à l'état rouge vermeil dans l'oreillette gauche *a*. C'est la *petite circulation* ou *circulation pulmonaire*.

II. — APPAREIL LYMPHATIQUE

Description. — La lymphe résulte, avons-nous dit (p. 118), de la transsudation du plasma sanguin à travers la paroi des vaisseaux; elle s'enrichit, pendant la digestion, des matières dialysables contenues dans le chyle de l'intestin. Ces indications générales nous permettent de concevoir l'*appareil lymphatique* comme *un vaste réservoir, occupant toutes les régions du corps*.

Cet appareil prend son origine dans les lacunes du tissu conjonctif, un réseau très délié y donne naissance à un ensemble de *capillaires lymphatiques*, pourvus de *renflements ganglionnaires*, *G.int, G.lom* (fig. 135), accompagnant les vaisseaux sanguins dans toute l'étendue du corps; des *vaisseaux chylifères* naissent de même dans l'épaisseur de l'intestin (fig. 136), se propagent dans le mésentère (où Aselli les a vus en 1622 pour la première fois chez

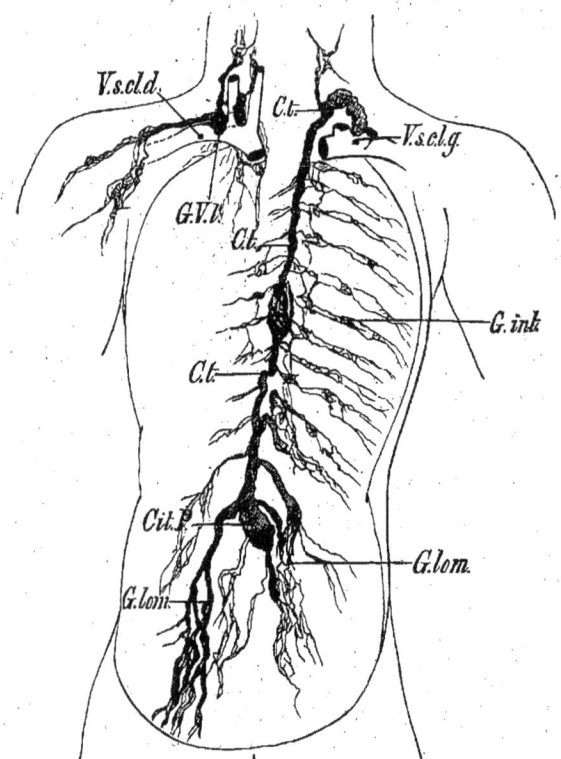

Fig. 135. — Appareil lymphatique central de l'Homme. *Ct*, canal thoracique; *Cit.P*, citerne de Pecquet; *G.lom*, *G.int*, ganglions lymphatiques. *V.s.cl.g*, veine sous-clavière gauche. *G.V.l*, grande veine lymphatique; *V.s.cl.d*, veine sous-clavière droite.

un Chien en digestion) et se réunissent avec les vaisseaux lymphatiques pour former la *citerne de Pecquet*, *Cit. P.* et le canal thoracique *Ct*. Ce canal, collecteur du chyle intestinal et de la lymphe provenant de la région sous-diaphragmatique du corps (abdomen et membres inférieurs) et de la région gauche sus-diaphragmatique (côté gauche de la tête et du thorax, membre supérieur gauche), monte le long de la colonne vertébrale derrière l'aorte, la dépasse et décrit une courbe à gauche pour aller verser son contenu dans la veine sous-clavière gauche $V.s.cl.g$, à sa réunion avec la veine jugulaire.

La *grande veine lymphatique droite* $G.V.l$, de longueur 1 centimètre, reçoit la lymphe émanant du côté droit de la tête et du thorax et celle du membre supérieur droit ; elle verse ce liquide dans la veine sous-clavière droite, à sa rencontre avec la veine jugulaire.

Structure des vaisseaux et des ganglions lymphatiques. — Les vaisseaux lymphatiques sont des canaux très grêles (fig. 137), difficiles à disséquer, pourvus de trois tuniques comparables à celles des veines, mais concourant toutes à la formation des *valvules* saillantes deux

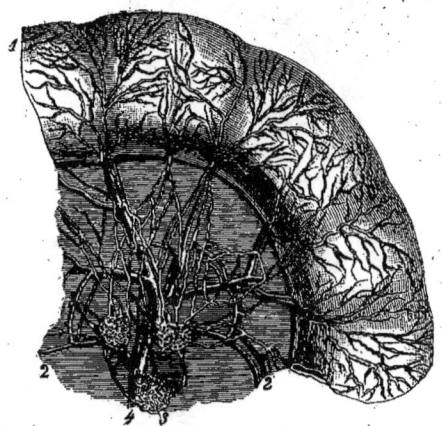

Fig. 136. — Portion du jéjunum 1,1 (intestin) et du mésentère 2,2 montrant la distribution des vaisseaux sanguins ; 3,5, ganglions lymphatiques dans lesquels se jettent les vaisseaux chylifères ; 4, rameaux de l'artère et de la veine mésentériques, voisins des chylifères.

à deux (fig. 127) et nombreuses à l'intérieur de tous ces canaux. Les valvules règlent le cours de la lymphe.

Les vaisseaux lymphatiques s'anastomosent entre eux et présentent çà et là des *ganglions lymphatiques*, nombreux surtout au voisinage des viscères et volumineux dans le tissu cellulaire sous-cutané, aux plis des membres.

Un ganglion est un sac formé d'une capsule fibreuse d'où se dégagent, vers l'intérieur, des travées fibreuses formant une sorte de charpente. Au milieu du réseau des travées est un système formé de vaisseaux sanguins anastomosés : l'un afférent (artère), l'autre efférent (veine) ; dans les cavernes du réseau sanguin se trouvent des *follicules lymphatiques*. Ces follicules contiennent un réseau conjonctif dont les cavités sont remplies d'une lymphe très riche en globules blancs ; plusieurs vaisseaux lymphatiques afférents 2 et efférents 1 (fig. 137, en bas et à gauche) sont en rapport avec ces cavités où la lymphe circule avec une extrême lenteur.

Fonction des ganglions lymphatiques. — Les ganglions lymphatiques paraissent être l'un des sièges de la multiplication des globules blancs : dans les maladies où la production des

142 CIRCULATION.

globules blancs est active, ces ganglions grossissent beaucoup.

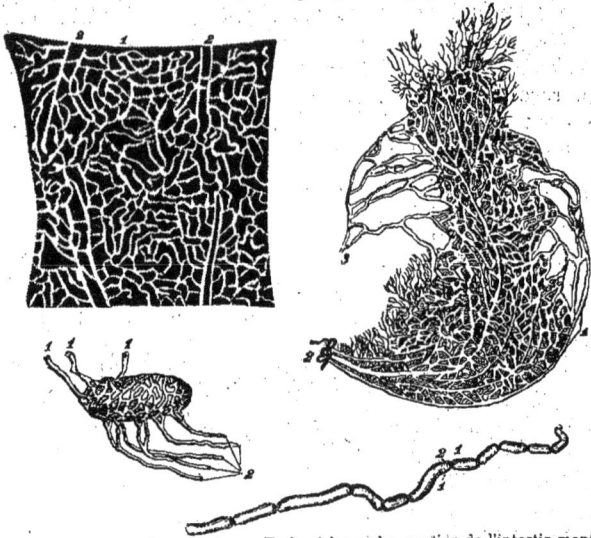

Fig. 137. — Vaisseaux lymphatiques. En haut à gauche, portion de l'intestin montrant le réseau chylifère ; à droite, portion du péritoine qui recouvrait la surface du foie (les vaisseaux lymphatiques y sont injectés de mercure). En bas à gauche, ganglion lymphatique avec 3 vaisseaux afférents ; à droite, tronc lymphatique.

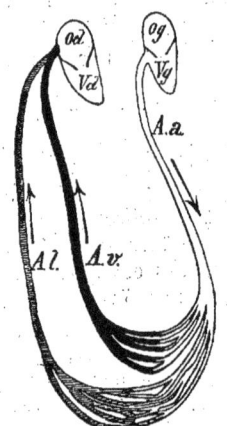

Fig. 138. — Figure schématique montrant le réseau lymphatique Al comme une annexe du réseau veineux Av ; Aa, tronc aortique. Les flèches indiquent le cours du sang.

Les *follicules clos* de l'intestin sont des ganglions lymphatiques associés pour former les plaques de Peyer.

L'appareil lymphatique est une annexe de l'appareil veineux. — Les connexions du canal thoracique et de la grande veine lymphatique droite avec les veines sous-clavières gauche et droite nous prouvent que l'appareil lymphatique n'est pas un système clos, mais une annexe importante du système veineux. L'expérience montre, en outre, que si l'on étrangle en partie la veine afférente d'un organe, le lymphatique satellite de cette veine se gonfle pendant toute la durée de l'étranglement.

Ainsi le tronc aortique Aa (fig. 138) envoie dans les capillaires sanguins du sang rouge vermeil qui revient au cœur par deux voies : l'une directe Av formée par les veines (pour le sang qui a continué son chemin dans l'appareil sanguin), l'autre indirecte Al formée par l'appareil lymphatique (pour le plasma et les leucocytes du sang qui, ayant filtré à travers la paroi des capillaires, se sont mis en rapport plus intime avec les cellules vivantes).

L'appareil lymphatique est donc l'intermédiaire obligé, indispensable à la nutrition de nos organes.

§ 4. — APPAREIL CIRCULATOIRE DANS LA SÉRIE ANIMALE

APPAREIL VASCULAIRE CLOS

L'appareil circulatoire est *clos* chez les Vertébrés, les Annélides ; il est *lacunaire* chez les autres animaux.

* I. **Vertébrés**. — **Mammifères**. — L'appareil circulatoire des Mammifères a beaucoup d'analogie avec celui de l'Homme. Le Dugong possède les deux cœurs distincts dans toute la région ventriculaire (fig. 139, A). Le squelette fibreux du cœur (anneaux auriculo-ventriculaires, aortique et pulmonaire) s'ossifie chez le Cerf, le Bœuf, etc... La crosse de l'aorte et les rameaux qui en partent présentent différentes dispositions (fig. 139).

La température moyenne du sang est de 37° environ.

* **Oiseaux**. — Le cœur n'est pas recouvert par les poumons ; sa pointe plonge entre deux lobes du foie. Il présente 4 cavités (fig. 140), mais la cloison interventriculaire est saillante dans le ventricule droit ; la valvule tricuspide est une simple lame musculaire qui se relève comme un clapet et vient buter contre la paroi du ventricule. Le ventricule droit *VD*, de paroi mince, a la forme d'un croissant appliqué sur le ventricule gauche *VG* dont la section est circulaire et la paroi musculaire très épaisse.

La *crosse de l'aorte A.a est recourbée à droite* et deux troncs brachio-céphaliques s'en détachent. Des artères sous-clavières partent les artères mammaires *a.m* très développées qui nourrissent les muscles pectoraux et s'anastomosent ensuite avec les artères épigastriques *a. ép* en un *réseau admirable*; ce réseau *r* tapisse la région abdominale ; la circulation y est active et la chaleur de l'abdomen, entretenue par le sang, permet l'incubation des œufs.

Peu de ganglions lymphatiques.

La température moyenne des Oiseaux, à peu près constante comme celle des Mammifères, est de 40 à 42°.

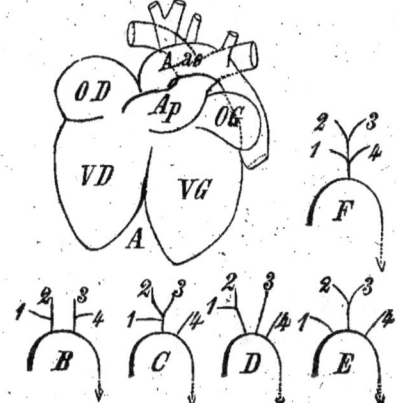

Fig. 139. — Cœur du Dugong A. — Dispositions diverses de la crosse aortique et de ses rameaux chez les Mammifères : B, Cheiroptères; C, Carnassiers, Insectivores ; D, Homme, Singes, Rongeurs, Édentés ; E, Éléphant ; F, Ongulés. — 1 et 4, artères sous-clavières droite et gauche ; 2 et 3, artères carotides droite et gauche.

Les Mammifères et les Oiseaux sont donc pourvus d'une circulation double, d'un cœur à 4 cavités; leur température est à peu près constante.

* **Reptiles.** — 1° *Crocodiliens.* Le Crocodile est pourvu d'un cœur à 4 cavités (fig. 141); mais dans le ventricule droit se trouvent deux orifices : l'un o', très large, est celui de l'artère pulmonaire (non marquée sur la figure); l'autre o, très étroit, est celui d'une *crosse aortique gauche* $A.a.g$. Dans le ventricule gauche V se trouve l'orifice o'' de la *crosse aortique droite* $A.a.d$. Ces deux crosses, à peine sorties du cœur, présentent un canal de communication (foramen de Panizza, f) dont les ouvertures sont tellement voisines des orifices o et o'' des aortes, que les valvules v relevées lors de la systole du cœur les ferment.

Dans le ventricule droit se trouve le sang rouge foncé apporté par les veines caves $v.c$ à l'oreillette droite; le ventricule gauche contient le sang hématosé apporté par les veines pulmonaires $v.p$ à l'oreillette gauche or.

Quand les ventricules se contractent, le sang rouge vermeil du ventricule gauche s'engage dans la crosse aortique droite $A.a.d$; le sang rouge foncé du ventricule droit remplit d'abord l'artère pulmonaire de large orifice o'; la crosse aortique gauche $A.a.g$, d'orifice étroit o, n'en reçoit qu'un faible résidu. Ainsi l'*aorte commune* $A.a.c$ reçoit du sang rouge vermeil presque pur.

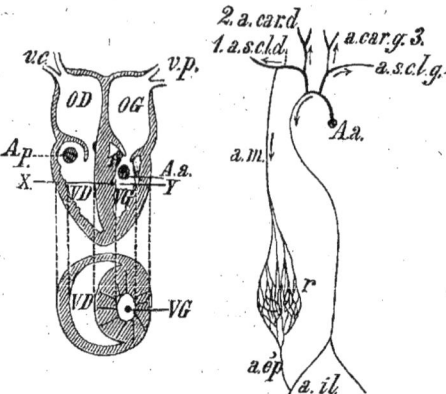

Fig. 140. — Circulation des Oiseaux. A gauche, cœur en coupe longitudinale; $v.c$, veines caves; $v.p$, veines pulmonaires; $A.p$ et $A.a$, orifices des artères pulmonaire et aorte; coupe transversale suivant XY, montrant le ventricule gauche VG, à paroi très épaisse, entouré par le ventricule droit VD en forme de croissant. — A droite, appareil aortique. $A.a$, artère aorte; 1, 2, 3, 4 mêmes désignations que dans la fig. 139; $a.m$, artère mammaire; $a.ép$, artère épigastrique; r, réseau admirable; $a.il$, artères iliaques.

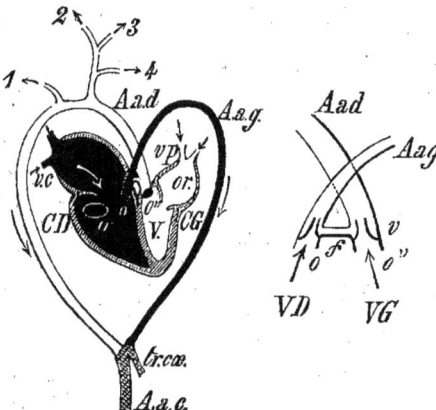

Fig. 141. — Cœur du Crocodile. CD, cœur droit; CG, cœur gauche. Du ventricule droit partent l'artère pulmonaire d'orifice o', et la crosse aortique gauche $A.a.g$, d'orifice o. Du ventricule gauche se détache en o'' la crosse aortique droite $A.a.d$. Les 2 crosses aortiques se réunissent en une aorte commune $A.a.c$. 1, 2, 3, 4, mêmes désignations que plus haut. — A droite, les deux crosses aortiques entrecroisées Aad et Aag communiquent par le foramen de Panizza f; v, valvules qui, relevées, ferment le canal f.

CIRCULATION.   145

2° *Tortues, Lézards, Serpents*. — Chez les autres Reptiles, la cloison interventriculaire *c* (fig. 142, II) est incomplète et les deux ventricules communiquent : ce qui a fait dire, assez inexactement d'ailleurs, que ces animaux ont un cœur à

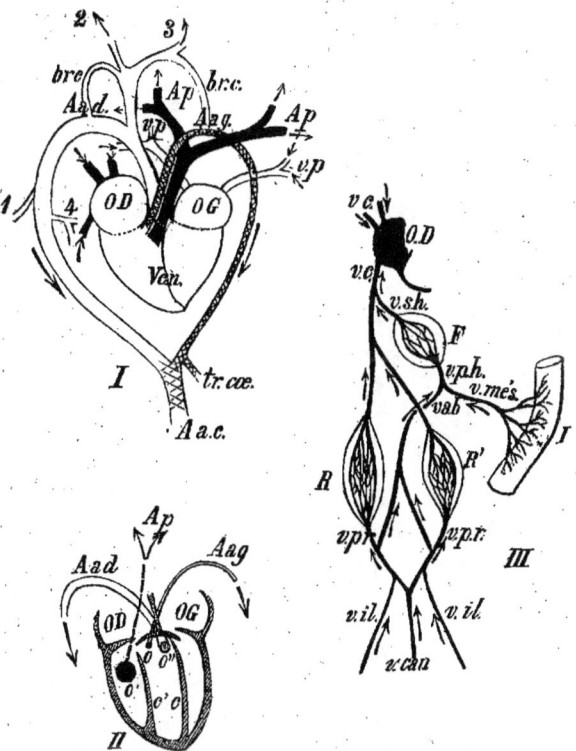

Fig. 142. — Circulation des Reptiles (Tortue, Lézard, Serpent). — I, cœur et principaux vaisseaux. *OD*, oreillette droite recevant le sang rouge foncé apporté par les veines caves. *OG*, oreillette gauche où aboutissent les veines pulmonaires *vp* remplies de sang rouge vermeil. *Ven*, ventricule unique d'où partent l'artère pulmonaire *Ap* et les crosses aortiques droite *A.a.d* et gauche *A.a.g*. — II, coupe du ventricule et orifice des artères afférentes. *c*, cloison médiane du ventricule ; *c'*, cloison de Sabatier. *o'*, orifice large de l'artère pulmonaire ; *o*, orifice étroit de la crosse aortique gauche ; *o''*, orifice large de la crosse droite. — III, figure schématique des ramifications de la veine cave inférieure *vc*, aboutissant à l'oreillette droite *OD*; *vsh*, veine sus-hépatique ; *F*, foie ; *v.p.h*, veine porte hépatique ; *v.més.*, veine mésentérique se ramifiant sur l'intestin *I*. *v.ab*, veine abdominale ; *v.p.r*, veines portes rénales aboutissant aux reins *R*; *v.il*, veines iliaques.

3 cavités. Les orifices *o* et *o''* des deux crosses aortiques se trouvent dans le ventricule droit.

Une cloison incomplète *c'* (*cloison de Sabatier*) sépare, dans ce ventricule, l'orifice large *o'* de l'artère pulmonaire des orifices *o* (étroit) et *o''* (large) des crosses. De la cloison séparatrice des oreillettes pend une membrane quadrangu-

Histoire naturelle. — I.   11

laire qui peut s'appliquer contre certains replis des parois, pour constituer des valvules auriculo-ventriculaires.

Les deux crosses aortiques forment, au début, un véritable *bulbe aortique* où elles sont nettement séparées toutefois. La crosse aortique droite $A.a.d$ (fig. 142, I) seule donne naissance aux artères carotides 2, 3, et sous-clavières 1, 4; chaque artère carotide 2, 3, communique par une branche ($br.c$) avec l'aorte du même côté.

Lors de la contraction des ventricules, le ventricule droit, plein de sang rouge foncé, semble devoir remplir l'artère pulmonaire et les deux aortes; mais *la presque totalité de ce sang foncé pénètre dans l'artère pulmonaire* Ap, II, parce que la section en est très large et les valvules plus flexibles; en outre, la pression est moindre dans le système pulmonaire. Une fois le ventricule droit à peu près vide, le sang rouge vermeil du ventricule gauche pousse devant lui la cloison c, pénètre dans l'espace cc' et masque, par l'inclinaison de la cloison c', l'orifice o'. Le sang hématosé s'engage de préférence dans le large orifice de l'aorte droite o'', tandis que la crosse aortique gauche en reçoit fort peu.

Ainsi *les divers organes du corps reçoivent du sang hématosé presque pur, et le système pulmonaire se remplit de sang rouge foncé uniquement*.

Les voies de retour au cœur du sang vicié sont indiquées par la figure 142, III, à laquelle nous renvoyons le lecteur.

Les Reptiles possèdent donc une circulation double (générale et pulmonaire) et *incomplète*, puisqu'il existe une communication entre les ventricules ou entre les artères qui s'en détachent.

* **Amphibiens adultes.** — Prenons comme type la Grenouille; elle possède un cœur assez haut placé dans le voisinage du pharynx. Ce cœur (fig. 143) est formé de *deux oreillettes* od, og non distinctes extérieurement

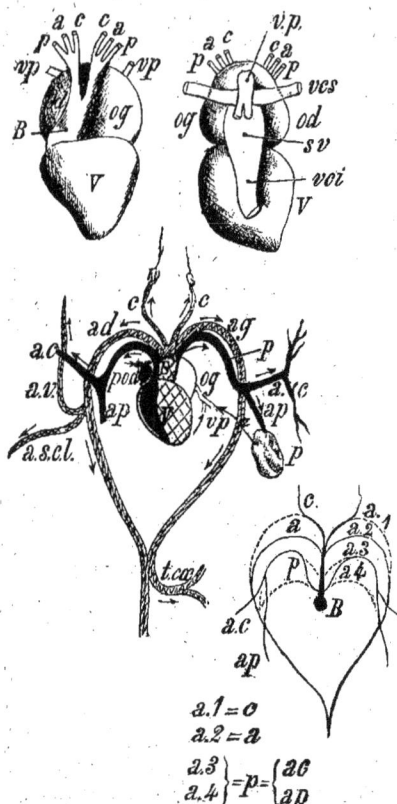

Fig. 143. — Circulation de la Grenouille. — En haut, cœur vu par sa face ventrale à gauche, et par sa face dorsale à droite. V, ventricule; od, og, oreillettes. B, bulbe artériel; c, a, p, artères carotides, aortes et pulmonaires; $v.p$, veine pulmonaire; $v.c.s$ et $v.c.i$, veines caves. — Au milieu de la figure, vaisseaux partant du cœur; c, artères carotides; ad, ag, crosses aortiques remplies de sang un peu mélangé; p, tronc pulmo-cutané se divisant en une artère cutanée ac et une artère pulmonaire ap se rendant au poumon P; $a.s.cl$ artère sous-clavière.— En bas, figure schématique montrant les origines des artères a, c, p, provenant des arcs aortiques primitifs.

et d'*un ventricule V*. Un *bulbe aortique B*, plus net que chez les Reptiles et incliné à droite, est le tronc commun des artères c, a, p qui partent du ventricule; ces artères, au nombre de trois paires symétriques, sont les restes de *quatre paires d'arcs primitifs* $a.1; a.2, a.3, a.4$. La première paire d'arcs a donné les deux *artères carotides* c, la seconde paire les *deux crosses aortiques a*, la troisième et la quatrième ont engendré l'*artère pulmo-cutanée p*, comprenant un rameau cutané ac et un rameau pulmonaire ap.

Quand le cœur est en diastole, on distingue, sur le ventricule, deux plages, l'une rouge, l'autre noire (représentées schématiquement sur la figure 143), correspondant aux oreillettes gauche et droite.

Dans la première partie de la systole, le sang rouge foncé passe dans le bulbe qui est incliné à droite vers le ventricule. Le système pulmo-cutané p se remplit presque uniquement de cette sorte de sang, car la pression y est plus faible que dans le système aortique a et c. *Dans la deuxième phase de la systole, le sang rouge clair de la portion gauche du ventricule passe à son tour dans le bulbe et remplit le système aortique et carotidien*, puisque le système pulmo-cutané est plein de sang noir.

Les *Amphibiens jeunes* et les *Pérennibranches* ont un appareil circulatoire identique à celui des Poissons en général, puis à celui des Poissons Dipnoï.

***Poissons.** — Chez les Dipnoï (*Lepidosiren, Ceratodus*), la troisième paire d'arcs aortiques correspond bien au système pulmo-cutané des Amphibiens; elle envoie des vaisseaux à la vessie aérienne qui joue le rôle de poumon chez ces animaux. *Oreillette et ventricule sont incomplètement cloisonnés*. Un pas de plus et les Poissons proprement dits nous offrent un cœur simple à deux cavités rempli de sang rouge foncé, avec les caractères du *cœur droit* des Vertébrés supérieurs (voir fig. 113).

Chez la plupart des Poissons, le cœur, situé dans la région du cou, tout au voisinage des branchies, est composé d'une *oreillette O* (fig. 144) à parois minces et molles, d'un *ventricule V* à parois épaisses fortement musculaires, qui se continue par un *bulbe artériel B*. La surface interne du bulbe est plissée longitudinalement et possède deux valvules près de l'orifice ventriculo-bulbaire (Téléostéens). A la base de cet organe, chez les Sélaciens et les Ganoïdes, se trouvent plusieurs séries de valvules à concavité tournée du côté de l'artère branchiale.

Le bulbe se continue par une *artère branchiale A.br* qui distribue aux branchies, par quatre paires de troncs principaux $a.1,... a.4$, le sang rouge foncé lancé par le cœur. Une fois hématosé, le sang est recueilli par quatre paires de *veines branchiales V.br*, qui le conduisent dans l'*aorte dorsale A.a*, d'où il est réparti dans tout l'organisme.

Le sang rouge foncé revient au cœur : 1° de la tête, par les *veines jugulaires v.j*, se rendant aux *canaux de Cuvier d.C*, qui aboutissent au *sinus veineux commun sv*; 2° de la partie postérieure du corps, par les *veines caves v.c*, qui aboutissent aussi aux canaux de Cuvier. Du sinus sv, le sang passe dans l'oreillette.

En résumé, l'appareil circulatoire des Vertébrés présente, en ce qui concerne le cœur, une complexité croissante des Poissons aux Vertébrés supérieurs; mais on y trouve tous les passages du cœur simple des Poissons au cœur double des Mammifères.

Poissons : cœur simple (1 oreillette, 1 ventricule); circulation simple et complète.

Dipnoï : cœur avec 1 oreillette et 1 ventricule cloisonnés incomplètement; circulation double et incomplète.

Amphibiens adultes : cœur avec 2 oreillettes et 1 ventricule; circulation double et incomplète.

Reptiles (moins Crocodiliens) : cœur avec 2 oreillettes et 1 ventricule 1/2 cloisonné; circulation double et incomplète.

148 CIRCULATION.

Crocodiliens : cœur droit et cœur gauche, mais foramen ; circulation double et incomplète.

Oiseaux et Mammifères : cœur droit et cœur gauche, circulation double et complète.

Au contraire, le nombre des arcs aortiques est simplifié : 4 paires chez les Poissons, 3 paires chez les Dipnoï et les Amphibiens, 2 paires chez les Reptiles

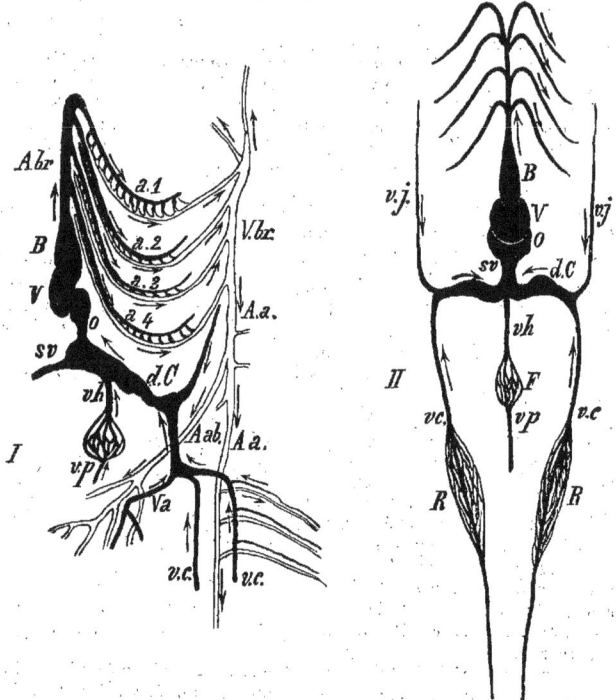

Fig. 144. — Appareil circulatoire des Poissons, vu de profil en I et vu de face en II. — *O*, oreillette ; *V*, ventricule ; *B*, bulbe ; *A.br*, artère branchiale qui distribue le sang dans les arcs branchiaux *a.1*,... *a. 4*. — *V.br*, veine branchiale renfermant le sang hématosé reçu par l'artère aorte *A.a* et distribué dans toutes les parties du corps. Le sang rouge foncé revient du corps, par les veines caves *v.c* et les veines jugulaires *v.j*, dans les canaux de Cuvier *d.C* qui forment le sinus veineux *s.v*. — *v.h*, veine sus-hépatique venant du foie *F*.

ordinaires, 1 paire chez les Crocodiliens, 1 arc droit chez les Oiseaux, 1 arc gauche chez les Mammifères.

Cette modification progressive est en rapport avec le changement de milieu extérieur dans lequel doit vivre le Vertébré : les métamorphoses de la Grenouille l'indiquent nettement ; et d'ailleurs l'étude du développement embryonnaire des Mammifères montre que l'appareil circulatoire de ces animaux débute dès les premiers jours de la vie fœtale par la phase poisson, à laquelle succèdent les phases amphibien et reptile, puis la forme définitive.

L'**Amphioxus**, animal le plus voisin des Vertébrés inférieurs, ne présente plus que deux vaisseaux principaux : une *veine sous-intestinale* et un *vaisseau dorsal* ou *aorte*, communiquant par des arcs branchiaux antérieurs où se fait l'hématose du sang incolore. L'aorte, pleine de sang hématosé, le distribue à tous les organes. *Pas de cœur chez cet animal dont les deux vaisseaux principaux sont contractiles; le sang y effectue des mouvements ondulatoires comme chez les Annélides.*

II. **Annélides.** — L'appareil circulatoire le plus simple est celui de la *Dero obtusa* (Oligochète); il se compose de deux troncs longitudinaux, l'un dorsal *v.d* (fig. 145), l'autre ventral *v.v* situé entre l'intestin *I* et la chaîne nerveuse ganglionnaire *ch.g*; ces deux vaisseaux sont réunis par un réseau sanguin aux deux extrémités du corps, et présentent dans chaque segment des anses de communication, les unes (*anses intestinales a.i*) enserrant étroitement le tube digestif qu'elles couvrent d'un riche réseau sanguin, les autres (*anses périviscérales a.p*) flottant dans la cavité générale où elles émettent elles-mêmes de nombreux rameaux.

Le système vasculaire est clos, sans lacunes et le sang, dépourvu d'éléments figurés, presque toujours rouge foncé, y ondule avec progression de la queue vers la tête dans le vaisseau dorsal, en sens inverse dans le vaisseau ventral.

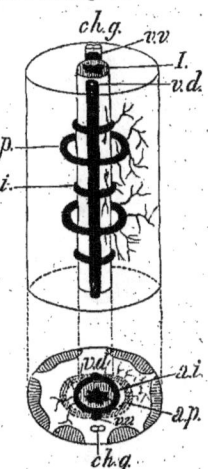

Fig. 145. — Portion de l'appareil circulatoire d'une Annélide (*Dero obtusa*). — *v.v*, vaisseau ventral; *v.d*, vaisseau dorsal; *a.p*, *a.i*, anses de communication. *I*, intestin ; *ch.g*, chaîne nerveuse ganglionnaire.

Chez les autres Annélides, l'appareil ne diffère que par une plus grande quantité de vaisseaux et des anastomoses plus complexes (Lombric, Sangsue); chez quelques-unes apparaît un appareil contractile faisant fonction de cœur (Arénicole). Les Vers sont pourvus, en outre, d'une cavité générale contenant un liquide en rapport avec le milieu extérieur; ce *liquide péri-entérique* joue un rôle important dans la nutrition des organes.

APPAREIL CIRCULATOIRE LACUNAIRE

I. **Arthropodes.** 1° **Arthropodes aériens : Insectes, Myriapodes, Arachnides.** — Ces animaux sont pourvus de trachées répandues, chez les premiers surtout, dans toutes les parties du corps (fig. 99). L'oxygène de l'air étant ainsi porté à destination par les trachées, le sang ne s'impose plus que comme dissolvant de ce gaz pour le mettre en rapport intime avec les cellules vivantes; aussi l'appareil circulatoire est-il d'une extrême simplicité et le sang incolore (véritable lymphe) circule dans de vastes lacunes périviscérales.

Chez les *Insectes*, c'est un simple *vaisseau dorsal Vd* (fig. 146, III), placé longitudinalement tout au haut de l'abdomen. Il est formé de 8 chambres ou *ventriculites ve* (Hanneton) et enfermé dans un péricarde incomplet que constituent les muscles *aliformes M.al* dorsaux et ventraux. Chaque ventriculite s'ouvre dans le précédent par un orifice étroit et communique avec la cavité générale par des orifices garnis de valvules *v*, placés à sa base. Le ventriculite antérieur se prolonge par une *aorte A.a*, située en haut du thorax et se terminant dans la tête. Le sang chemine d'arrière en avant dans cet appareil, par la contraction successive des ventriculites, s'écoule entre les organes de la tête, du thorax et revient dans la cavité générale de l'abdomen; il rentre dans le péricarde par le jeu des muscles aliformes qui redressent leur courbure et agrandissent la cavité péricardiaque.

Chez les *Myriapodes*, le sang est déjà mieux endigué. Le nombre des ventriculites du vaisseau dorsal *Vd* (fig. 146, II) est variable avec le nombre des segments du corps (21 chez la Scolopendre). L'aorte *A.a* se rend à la tête après avoir émis à sa base deux branches qui entourent l'œsophage (*collier vasculaire périœsophagien C.p.œs.*) et se confondent en une *artère sternale A.st* ; cette dernière envoie des *artères pédieuses*, par paires, aux membres. Le sang tombe dans la cavité générale et revient au cœur.

Les *Arachnides supérieurs* (Araignées et Scorpions) ont un appareil vasculaire moins ou plus complexe suivant les espèces ; réduit à un cœur et quelques vaisseaux chez la Lycose (fig. 146, I), il présente en outre, chez l'Épeire, un péricarde et des vaisseaux pneumopéricardiaques.

L'appareil circulatoire du Scorpion (fig. 147) consiste en un cœur (vaisseau dorsal) dont chaque ventriculite émet une paire d'artères

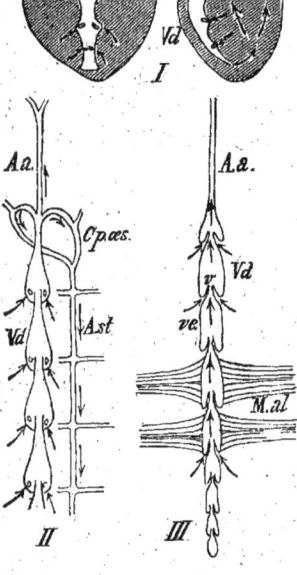

Fig. 146. — Vaisseau dorsal : I, chez une Araignée (Lycose); II, chez un Myriapode; III, chez un Insecte (II et III sont des figures schématiques). *Vd*, vaisseau dorsal; *A.a*, aorte. *C.p.œs*, collier périœsophagien; *ve*, ventriculites; *v*, valvules. *M.al*, muscles aliformes.

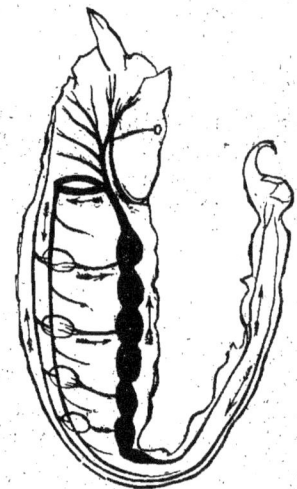

Fig. 147. — Appareil circulatoire du Scorpion.

pour les organes voisins ; le cœur est prolongé en arrière par une *aorte inférieure* et en avant par une *aorte céphalique* qui fournit des rameaux à tous les organes principaux. Le sang circule dans la cavité générale, s'accumule dans deux grands sinus latéraux englobant les *trachées pseudo-pulmonaires* où il subit l'hématose ; il revient au péricarde par des vaisseaux pneumo-péricardiaques et rentre dans le cœur par des orifices latéraux.

2° **Arthropodes aquatiques : Crustacés.** — L'appareil circulatoire des *Crustacés supérieurs* (Écrevisse, Homard, Crabe, etc.) est l'un des plus complexes parmi les appareils lacunaires. Chez l'*Écrevisse* (fig. 148), le cœur *C*, placé sous la base de la carapace dorsale, s'ouvre dans le péricarde qui l'entoure par 6 orifices munis de valvules. En se contractant, il envoie le sang dans 7 artères dont 5 antérieures (1, 2, 2, 3, 3), une postérieure (4) et une *artère sternale* dorso-ventrale (5) ; cette dernière se ramifie, après avoir traversé la chaîne nerveuse ventrale, en une branche antérieure (6) et une postérieure (7) qui émettent les artères pédieuses. Le sang incolore tombe alors dans des lacunes interorganiques, se rassemble dans un grand sinus longitudinal *LL'* et va subir l'hématose dans les branchies *Br*. De là, il revient au péricarde *P* par 6 vaisseaux branchio-péricardiques.

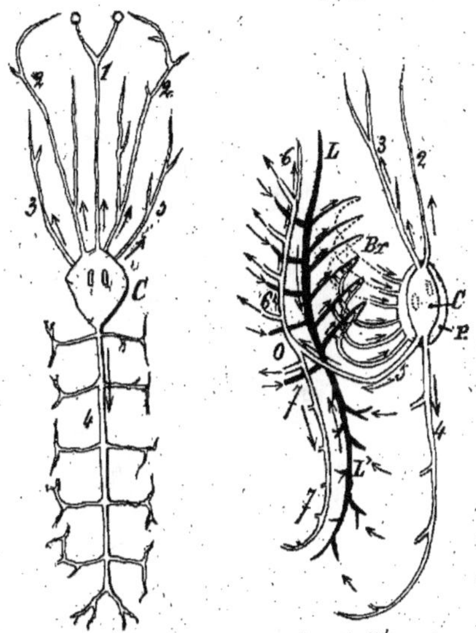

*II. **Mollusques.** — Les Mollusques ont un *appareil circulatoire lacunaire* ; cet appareil présente un cœur d'où partent des artères ramifiées parfois en capillaires fins (*Céphalopodes*) ; mais toujours le sang tombe dans des lacunes plus ou moins étroites, puis se rassemble dans des sinus qui le conduisent à l'appareil respiratoire où se fait l'hématose ; de là, le sang oxygéné retourne au cœur.

Tandis que le corps des Arthropodes est enveloppé de téguments rigides qui en limitent le volume, le corps des Mollusques, essentiellement mou et déformable, peut subir une extension et une diminution sensibles.

Certains naturalistes ayant observé le gonflement du *pied*, *Pi* (fig. 149, 1), chez le *Pecten*,

Fig. 148. — Appareil respiratoire de l'Écrevisse. — A gauche, vaisseaux emportant du cœur *C* le sang oxygéné (vue de face). A droite, figure schématisée de la circulation. Le sang oxygéné, lancé par le cœur *C* dans les organes [par les artères : ophtalmique 1, antennaires 2, hépatiques 3, abdominale dorsale 4, sternale 5, abdominale ventrale 6 et 7], tombe dans des lacunes et se rassemble dans le sinus ventral *LL'* ; le sang parvient aux branchies *Br*, y subit l'hématose et revient au péricarde *P*, d'où il rentre dans le cœur par 6 orifices.

la *Mye*, la *Natice*, etc., avaient expliqué le fait en admettant le libre accès de l'eau extérieure dans les lacunes interorganiques et son mélange avec le sang de ces animaux. Aujourd'hui cette opinion n'est plus admise. *Il ne paraît pas y avoir communication de l'appareil vasculaire sanguin des Mollusques avec l'eau extérieure ;* on attribue les variations de volume du pied à un afflux ou un retrait du sang, provoqués par la contraction ou le relâchement des muscles dans les autres régions du corps.

Le sang, incolore chez la plupart des Lamellibranches et des Gastéropodes, présente une teinte bleuâtre due à l'*hémocyanine* chez les Céphalopodes ; la Planorbe a le sang rouge : mais ce ne sont pas les globules qui possèdent ces teintes.

Le cœur et les artères principales sont toujours placés sous la face dorsale du corps. Ainsi que l'a montré Gegenbaur, la *forme du cœur des Mollusques présente des ressemblances fondamentales avec le vaisseau longitudinal des Vers pourvus de branchies*. La figure 150 montre nettement le passage du vaisseau dorsal des

Vers (1), au cœur du *Nautile* (2) [Céphalopode], puis du *Pecten* (3) [Lamellibranche, fig. 149], de la *Seiche* (4) [Céphalopode, fig. 151], enfin de l'*Escargot* (5)

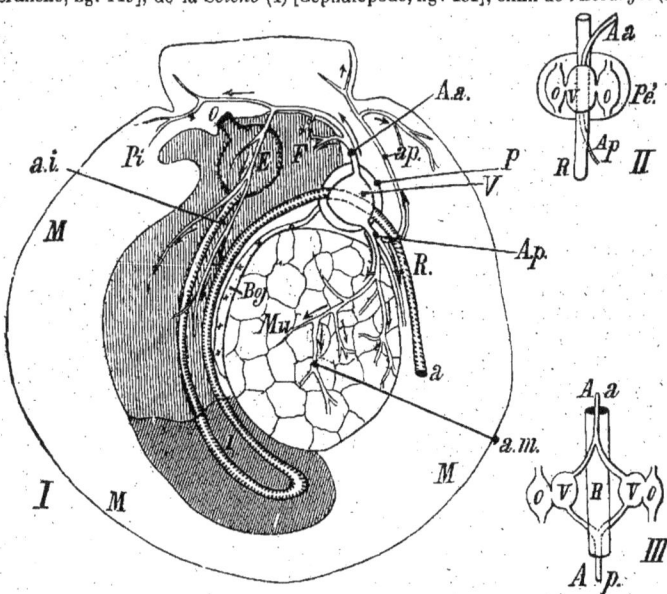

Fig. 149. — I, appareil circulatoire du *Pecten* (Lamellibranche). V, ventricule traversé par le rectum R; P, péricarde; A.a, aorte antérieure irriguant la plus grande partie de la masse viscérale, le pied et une partie du manteau M; A.p, aorte postérieure irriguant le muscle, Mu, le rectum et le manteau. M, manteau; Pi, pied. O, bouche; E, estomac au voisinage du foie F; I, intestin; Boj, corps de Bojanus. — II. cœur vu du côté dorsal; V, ventricule; O, O, oreillettes; Pé, péricarde. — III, cœur de l'Arche dont le ventricule est séparé en deux parties très écartées latéralement.

[Gastéropode, fig. 152]. Le ventricule des Mollusques, v, plus ou moins allongé, n'est qu'une portion différenciée et plus contractile du vaisseau dorsal des Vers, $v.d$; les oreillettes, o, sont des portions modifiées et contractiles des anses latérales remarquées chez les Vers.

Chez les Lamellibranches, le ventricule est traversé de part en part par le rectum, R (fig. 149). Les Céphalopodes offrent ce caractère intéressant que sur les artères branchiales *A. br* (fig. 151) se

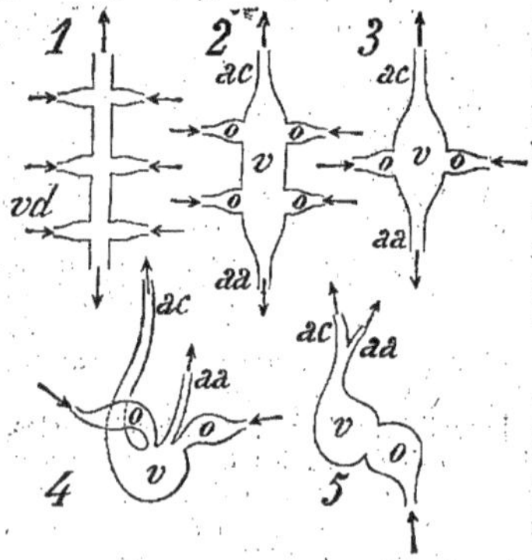

Fig. 150. — Formes de transition entre le vaisseau dorsal d'un Ver (1) et le centre de la circulation chez les Mollusques : Nautile (2); Lamellibranche (3); Céphalopode (4); Gastéropode (5). — v, ventricule; o, oreillette; ac, aorte céphalique; aa, aorte abdominale. Les flèches indiquent le cours du sang.

trouvent des cœurs veineux, $C.v$, c'est-à-dire des expansions très contractiles, qui activent le passage du sang dans les branchies.

Les animaux étudiés jusqu'ici nous ont montré que *le développement et la distri-*

CIRCULATION.

bution des organes respiratoires ont une influence profonde sur la répartition et la différenciation de l'appareil circulatoire.

Échinodermes. — Les Échinodermes possèdent un appareil complexe qu'on ne peut appeler exactement circulatoire, car les liquides qu'il renferme n'ont aucune analogie avec le sang des animaux supérieurs et leurs mouvements ne rappellent en rien une circulation. Chez les Oursins, on y distingue : 1° un *appareil ambulacraire* ; 2°, un *appareil lacunaire* ; 3° un *appareil plastidogène* ; 4° un *appareil absorbant*.

1° *Appareil ambulacraire*. — De la plaque madréporique, *pl. ma* (fig. 153) part le *tube hydrophore*, *t. hy*, qui descend verticalement à l'intérieur du test et aboutit à *l'anneau ambulacraire*, *ar. am*, appliqué sur la base

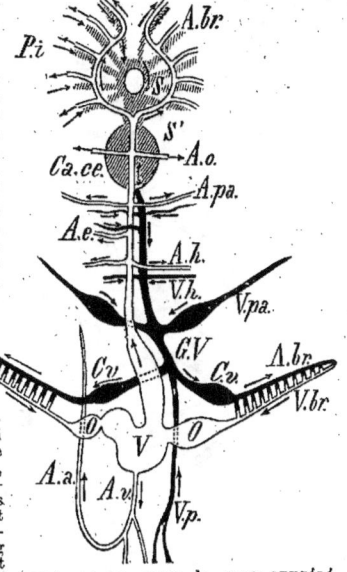

Fig. 151. — Appareil circulatoire de la Seiche (Céphalopode). *V*, ventricule, *O*, oreillettes. Du ventricule, le sang hématosé s'échappe par une aorte ventrale *A.v* et par une aorte dorsale qui donne : les artères hépatiques *A.h*, l'artère de l'entonnoir *A.e*, les artères palléales *A. pa*, les artères ophtalmiques *A.o*, les artères pédieuses *A.br*. Le sang se rassemble dans les sinus *S,S'*, et les veines qui forment la grande veine *GV*. Celle-ci envoie, par l'intermédiaire des *cœurs veineux* *C.v*, le sang chargé de CO^2 aux branchies où il subit l'hématose ; *V. br*, veines branchiales qui ramènent au cœur le sang oxygéné.

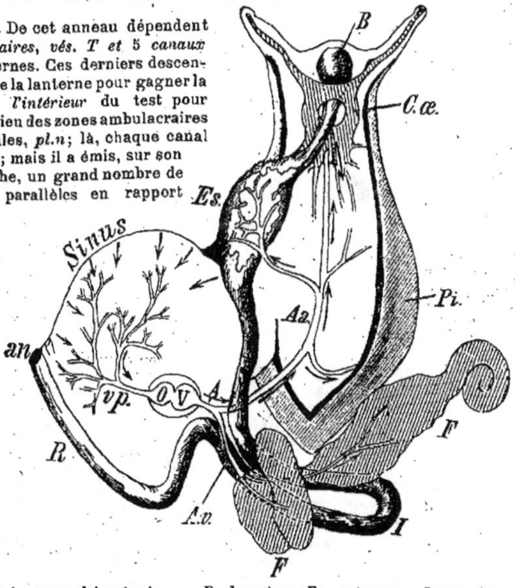

de la lanterne d'Aristote. De cet anneau dépendent 5 *prolongements vésiculaires*, *vés. T* et 5 *canaux ambulacraires*, *c. am*, alternes. Ces derniers descendent sur la face externe de la lanterne pour gagner la paroi et s'incurvent à *l'intérieur* du test pour remonter le long et au milieu des zones ambulacraires jusqu'aux plaques neurales, *pl.n* ; là, chaque canal se termine en cul-de-sac ; mais il a émis, sur son trajet, à droite et à gauche, un grand nombre de branches transversales parallèles en rapport avec autant de vésicules internes *vés. am* ; d'une *vésicule ambulacraire* partent deux tubes étroits, *t, t'* (G) indépendants jusqu'au niveau du test où

Fig. 152. — Appareil circulatoire de l'Escargot (Gastéropode). *O*, oreillette. *V*, ventricule du cœur. *A*, aorte et ses branches, *Aa* et *Av*. Le sang tombe dans des lacunes et se rassemble dans un sinus circonscrivant l'appareil respiratoire formé d'une cavité où l'air humide se renouvelle sans cesse ; *vp*, veine pulmonaire amenant à l'oreillette *O* le sang hématosé. — *B*, bouche ; *Es*, estomac ; *I*, intestin ; *R*, rectum ; *an*. anus (tube digestif) ; *F*, foie ; *Pi*, pied.

ils passent par un double pore d'une plaque ambulacraire, puis se fusionnent en un tube ambulacraire unique, *tu.a*, saillant à l'extérieur.

2° *Appareil lacunaire*. — Entre chaque canal ambulacraire, *c.am* (A, B) et le test, on distingue deux cavités longitudinales superposées *é.pé*, *é.in* (B), voisines du tissu nerveux, *n*. Ces espaces parambulacraires, *e.pé* (A), sont des lacunes qui accompagnent le canal ambulacraire correspondant jusqu'à la base de la lanterne d'Aristote, point où elles s'oblitèrent.

3° *Appareil plastidogène*. — C'est un tissu conjonctif lâche où naissent des *corpuscules amiboïdes* et des

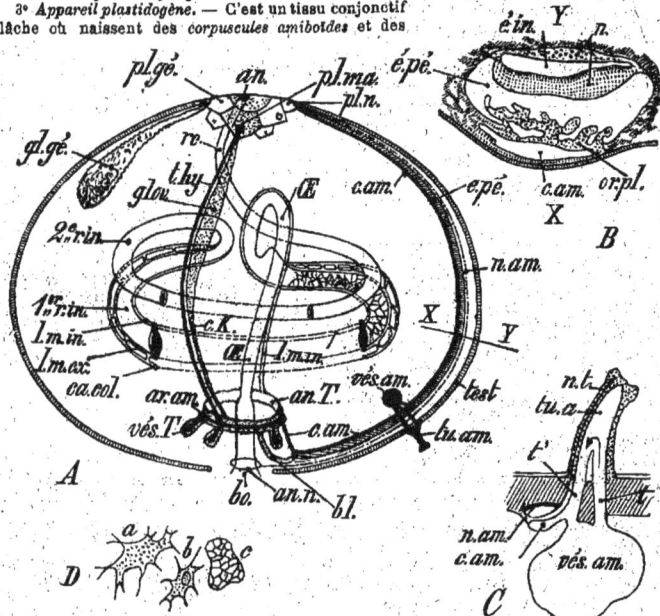

Fig. 153. — Figure schématique représentant l'organisation d'un Oursin régulier. — A; coupe médiane longitudinale passant par le radius IV à droite et par l'interradius I à gauche. *bo* bouche, *Œ*, œsophage; 1ᵉʳ *r.in*, 2ᵉ *r.in*, 1ʳᵉ et 2ᵉ courbures de l'intestin; *re*, rectum; *an*, anus situé sur le périprocte; *pl.gé*, plaque génitale; *gl.gé*, glande génitale; *pl.n*, plaque neurale; *pl. ma*, plaque madréporique. — **Appareil ambulacraire** (en noir); *t.hy*, tube hydrophore; *ar. am*, anneau ambulacraire avec 5 diverticules logés dans les vésicules de Tiedemann, *vés. T*; *c.am*, canal ambulacraire; *vés.am*, *tu.am*, vésicule et tubes ambulacraires. — **Appareil lacunaire** (hachures horizontales en A; voir aussi la coupe XY en B). *e.pé*, espace périnervien; *e.in*, espace intranervien dans le nerf, *n*. — **Appareil plastidogène** (en pointillé); *gl.ov*, glande ovoïde; *an.T*, anneau de Tiedemann; en D, corpuscules amiboïdes et globules muriformes contenus dans cet appareil. — **Appareil absorbant**. *l.m.in*, *l.m.ex*, lacunes marginales interne et externe; *ca.col*, canal collatéral. — C; coupe longitudinale d'un ambulacre.

globules muriformes, *a*, *b*, *c* (fig. 493, D), qui en envahissent ensuite les mailles et pénètrent, par diapédèse, dans les liquides des cavités lacunaire, ambulacraire et générale. La partie la plus importante de l'appareil plastidogène est la *glande ovoïde*, *gl.ov* (A), voisine du tube hydrophore. Le tissu conjonctif qui la compose, parvenu au niveau de l'anneau ambulacraire, forme autour de lui *l'anneau de Tiedemann*, *an. T*, de structure spongieuse.

Appareil absorbant. — De l'anneau de Tiedemann part une lacune, *l.m.in* (A) qui, longeant l'œsophage, *œ*, parvient au bord interne de la première courbure intestinale et devient la *lacune marginale interne*. Beaucoup de lacunes secondaires s'en détachent qui forment sur l'intestin un vaste réseau aboutissant à la *lacune marginale externe*, *l.m.ex*, parallèle à la 1ʳᵉ, mais située sur le bord externe de l'intestin (1ʳᵉ courbure). Un *canal collatéral*, *ca.col*, est situé plus en dehors chez nombre d'espèces, et communique par plusieurs rameaux avec la lacune marginale externe.

Polypes. — Ils possèdent un appareil *gastro-vasculaire* (p. 79.)

CHAPITRE IV

NUTRITION DE LA CELLULE

Le milieu intérieur du corps (sang rouge et lymphe chez les animaux supérieurs) reçoit, par la voie digestive, des matériaux nutritifs liquides et, par la voie respiratoire, l'oxygène gazeux qu'il porte à toutes les cellules vivantes, étant donné qu'il accède en tous les points de l'organisme. La cellule vivante puise dans ce milieu complexe les principes qui lui sont utiles, les transforme en sa propre substance (*assimilation*); or le protoplasme travaille, s'use et les déchets qui en résultent, éliminés de la cellule (*excrétion*), sont balayés par le sang.

Ainsi *le sang est un liquide réparateur et un collecteur de déchets*, il remplit sans interruption ces deux rôles, et cependant il ne reçoit que par intervalles, sauf l'oxygène, de nouveaux matériaux nutritifs.

Les éléments anatomiques sont adaptés à un milieu de composition définie qui ne saurait subir de variations trop profondes sans danger pour leur vie. Comment l'organisme peut-il concilier cette fixité approximative de la composition du sang avec l'intermittence de l'absorption digestive?

Certains membres de la colonie cellulaire qui nous compose ont pour rôle de *mettre en réserve* les matières nutritives dont le sang est trop riche par instants, et de les lui restituer à petites doses quand il en est besoin pour l'association (tel le glucose mis en réserve dans le foie). A d'autres éléments incombe la fonction de retirer du sang soit les déchets organiques (urée, cholestérine, gaz carbonique, etc.) qu'ils éliminent du corps, soit les principes utilisables en d'autres régions de l'organisme (principes actifs des sucs digestifs).

Ces deux catégories de cellules accomplissent un double travail : un travail de *sécrétion*, c'est-à-dire d'élaboration de substances chimiques définies, et un travail d'*excrétion*, c'est-à-dire d'élimination de ces substances.

On appelle *cellule glandulaire toute cellule qui*, conformément aux considérations précédentes, *ne travaille pas seulement pour son propre entretien, mais aussi dans l'intérêt de l'association entière*. Les cellules glandulaires peuvent être isolées ou groupées : on appelle *glande* une réunion de cellules glandulaires ayant la même fonction.

Comme toute cellule travaille en vue de sa conservation propre, nous étudierons d'abord le cas général de l'*assimilation et de la désassimilation ;* puis, considérant spécialement les cellules glandulaires, nous envisagerons successivement leur double rôle de *sécrétion* et d'*excrétion*, qui nous fournira les éléments d'une classification.

§ 1. — ASSIMILATION ET DÉSASSIMILATION CELLULAIRES

1° **Assimilation.**

La cellule vivante est en contact intime avec le plasma sanguin qui renferme en dissolution dans l'eau des peptones, des sucres, des corps gras et des sels variés. Elle ne reçoit de ces principes, dans chaque unité de temps, que la proportion nécessaire à son activité ; *la cellule vivante seule peut ainsi faire un choix, une sélection* dans ces matériaux que le milieu nutritif lui apporte. Aussi conçoit-on que, *vu la fonction spéciale attribuée à chaque élément organique, les cellules diverses consomment des principes différents ou les mêmes principes en quantité variable :* la cellule musculaire consomme plus d'hydrates de carbone ; la cellule nerveuse exige plus de matières azotées; toutes deux ont besoin d'oxygène qu'elles emprunteront à l'oxyhémoglobine.

Une même cellule très active consomme beaucoup plus d'un principe donné que lorsqu'elle est dans un repos relatif; ainsi le sang qui sort d'un muscle en contraction est plus appauvri en oxygène et en glucose que celui qu'abandonne le même muscle relâché.

La consommation règle l'absorption : c'est en vertu de cette loi que s'accomplissent les échanges de la cellule avec le milieu.

L'assimilation des substances organiques est plus ou moins directe, suivant leur nature : les matières albuminoïdes en particulier subissent de longues transformations que ne nécessitent pas les sucres. La *réduction* et la *déshydratation* de toute substance organique précèdent son incorporation à la cellule vivante. *Le résultat d'une assimilation active est l'accroissement de la cellule.*

2° **Désassimilation.**

La désassimilation se produit en même temps que l'assimilation, puisque l'activité de la cellule est continue. Le protoplasme rejette, en effet, dans le milieu nutritif des substances qui lui deviendraient nuisibles par leur accumulation incessante, substances qui résultent d'*hydratations* et d'*oxydations* des principes complexes protoplasmiques. Les phénomènes dans lesquels la cellule puise l'énergie

Tableau XVIII.

Nutrition.

Termes successifs de la nutrition.
- Absorption réalisée par toute *cellule vivante.*
- Mise en réserve (sécrétion) : rôle de la *cellule glandulaire.*
- Digestion des réserves.
- Assimilation.
- Désassimilation.
- Excrétion.

Principe qui régit la nutrition. — *La consommation règle l'absorption.*

Sécrétion et excrétion.

La cellule glandulaire, isolée ou associée (glande), *sécrète* aux dépens du sang et *excrète* de suite des substances nuisibles (urée, CO^2, etc.) ; elle sécrète des *réserves* (glycogène, graisses, etc.), qu'elle restituera à l'organisme, suivant ses besoins, sous forme de matières dissoutes immédiatement utilisables.

I. — GLANDES A RÔLE NUTRITIF.

(1) Glandes digestives (voir tableaux IX et X).

(2) Glandes nutritives proprement dites.

Foie......
- Laboratoire de réserves diverses.
- Ses fonctions.
  - 1° Il sécrète du *glycogène* par déshydratation du glucose.
  - 2° Il *hydrate le glycogène* en restituant du sucre au sang.
  - Fonction continue indépendante { de la nature de l'alimentation. / de l'alimentation (au début du jeûne).
  - 3° Il met en *réserve* des *graisses* et des *matières azotées.*

Tissu adipeux. — *Graisses en réserve dans le tissu conjonctif* par une alimentation variée surtout riche en hydrates de carbone.

(3) Glandes réparatrices du milieu intérieur.
- *Rate* et *foie* : formation de globules rouges.
- *Ganglions lymphatiques* : formation de globules blancs.

(4) Glandes excrétrices. Appareil urinaire.

Poumons. — Rejet de gaz carbonique.

Reins..... (fig. 155 à 159)
- *Sa composition :* reins, uretères, vessie, urèthre (fig. 154).
- Description.
  - Structure. { Glande en tubes contournés et anastomosés. / Bassinet, pyramides de Malpighi, *tubes urinaires.*
  - Irrigation sanguine. { Artère rénale, artériole, glomérule. / ← *Veine porte rénale.* → / Capillaires, veinule, veine rénale.
  - Sécrétion urinaire. { Filtration d'eau dans la capsule de Bowmann. / Fixation et excrétion d'urée, etc... par le tube urinaire.
- L'urine est une dissolution d'urée dans l'eau salée.
- Excrétion quotidienne 1 300 gr. contenant : { 34 gr. d'urée. / 0 gr. 5 à 0,8 d'acide urique.

II. — GLANDES A RÔLE DÉFENSIF.

Glandes sudoripares (fig. 167).
- Glandes en tube enroulé sécrétant la sueur.
- Excrétion quotidienne (1 200 gr. contenant 2 grammes d'urée.
- *L'évaporation cutanée* contribue à régulariser la température des *animaux à température constante.*

Glandes sébacées. — Le sébum épais enduit les poils et la couche cornée (peau).

Foie. — Rôle dépurateur. { Élimination d'urée et de cholestérine. / Combustion et élimination des *poisons.*

qui lui est nécessaire sont aussi peu connus, en général, que les phénomènes de réduction signalés plus haut; on n'en connaît guère que les termes définitifs, c'est-à-dire la vapeur d'eau (H^2O) et le gaz carbonique (CO^2), la *cholestérine* ($C^{26}H^{44}O$) et les matières extractives dont la présence a été signalée dans le plasma sanguin : *urée* (CH^4Az^2O), *acide urique* ($C^5H^4Az^4O^3$), *xanthine* ($C^5H^4Az^4O^2$), *sarcine* ($C^5H^4Az^4O$), *créatine* ($C^4H^9Az^3O^2$), *leucine* ($C^6H^{13}AzO^2$), *taurine* ($C^2H^7AzSO^3$), *acide hippurique* (C^9H^9AzO).

NOTIONS SUR L'ASSIMILATION ET LA DÉSASSIMILATION CELLULAIRES

I. Phénomènes généraux. — L'*eau*, les *sels* et les *ferments* jouent un rôle important dans ces phénomènes :

1° *Rôles de l'eau.* — L'eau sert à dissoudre les substances, à les mettre en circulation et en contact intime avec les cellules. La dissolution des matières minérales ou organiques est accompagnée d'une absorption de chaleur qui augmente d'autant l'énergie potentielle des molécules dissoutes. Les sels, les sucres, les albuminoïdes, en solution se comportent comme s'ils étaient échauffés de toute la chaleur disparue (dans certains cas, cet échauffement serait capable de produire leur volatilisation et même leur dissociation).

Le plasma sanguin, le paraplasme de toute cellule vivante sont de semblables dissolutions de sels minéraux et de matières organiques modifiées sans cesse par l'activité des cellules; dans ces dissolutions, chaque principe a son énergie propre, en vertu de laquelle elle réagit sur l'hyaloplasme cellulaire.

2° *Rôles des sels.* — Les sels contenus dans le plasma peuvent s'unir aux composés formés dans le protoplasme et les y maintenir, ou aider à leur désassimilation sous forme de substances chimiques définies; ainsi l'albumine, la caséine, sont unies à des sels de calcium, de potassium, etc., dans le lait, le blanc d'œuf.

Sous l'influence des doubles échanges qui se produisent dans l'organisme entre les sels des matières organiques et les sels des plasmas, une matière prend, suivant la cellule où elle passe, des propriétés nouvelles très dissemblables. Ainsi le plasma du sang additionné de sel marin est incoagulable; il se coagule dès qu'on l'étend d'eau.

3° *Rôles des ferments solubles.* — Les phénomènes de réduction et de déshydratation (assimilation), d'hydratation et d'oxydation (désassimilation) qui s'accomplissent dans toute cellule vivante, semblent résulter toujours de la présence de *ferments solubles ou diastases*.

Nous avons, lors de la digestion, défini le rôle attribué à la *ptyaline* (salive), la *pepsine* (suc gastrique), l'*invertine* (suc entérique) et la *pancréatine* (suc pancréatique).

II. Cas particuliers. Assimilation et désassimilation des matières organiques. — 1° *Matières albuminoïdes.* Les peptones sont les matières albuminoïdes solubles qui parviennent à la cellule vivante. On ne sait trop comment elles se transforment en sérines, vitellines, caséines, musculines, hémoglobines, nucléines et autres principes albuminoïdes propres à des groupes distincts de cellules vivantes.

C'est par hydratation et oxydation qu'elles produisent ces matières extractives nombreuses : leucine, créatine, xanthine, urée, que nous avons signalées précédemment.

2° *Hydrates de carbone.* — Les sucres sont apportés par l'alimentation, mais ils peuvent aussi se former dans l'organisme par la transformation des albuminoïdes et des graisses.

La fonction glycogénique du foie (p. 160) en est une preuve.

La désassimilation du glucose consiste : 1° en une déshydratation qui s'opère dans le foie, le sang, etc., avec production de glycogène et de graisses (ces dernières proviennent de transformations encore obscures qui ont lieu dans le foie et le tissu conjonctif); 2° en une oxydation complète avec émission de CO^2 et H^2O, surtout pendant la contraction musculaire.

3° *Corps gras.* — Leur assimilation par la cellule n'est pas directe; ils doivent subir des transformations préalables. Ils se produisent aussi, dans le protoplasme, par l'hydratation des matières albuminoïdes, quand celles-ci ne reçoivent pas une quantité d'oxygène suffisante. Cette transformation (*dégénérescence adipeuse*) atteint son maximum par l'ingestion dans l'économie de certains poisons (phosphore, arsenic...).

La désassimilation des graisses se fait par hydratation; les acides gras qui résultent de leur dédoublement s'unissent aux alcalis du sang et sont consumés en donnant de l'eau et de l'acide carbonique.

NUTRITION DE LA CELLULE. 159

§ 2. — SÉCRÉTION ET EXCRÉTION GLANDULAIRES

Outre l'assimilation et la désassimilation propres à entretenir son protoplasme, la cellule glandulaire, baignée par le plasma sanguin, *sécrète et accumule* dans son sein certains produits formés aux dépens de matériaux que son protoplasme a puisés dans le milieu ambiant; puis, quand elle est gorgée de *ces produits qu'elle a élaborés*, elle les rejette, les *excrète* tels ou transformés, suivant que ce sont des matériaux nuisibles ou utiles à l'organisme. Cette excrétion est dite *excrétion cellulaire*. Quand les cellules glandulaires sont associées, la *glande* qui en résulte présente généralement un canal dans lequel se rassemblent les produits d'excrétion de toutes les cellules, qui sont conduits ainsi en dehors de la glande (canal de Sténon pour la glande salivaire parotide, fig. 36) : ce phénomène est l'*excrétion glandulaire*.

Le produit recueilli dans le canal excréteur ne renferme pas seulement les matières formées par les cellules glandulaires, mais aussi les débris des cellules mortes appartenant à l'épithélium de la glande. Le plus souvent le produit excrété est liquide; quelquefois il est épais et résulte de l'agglomération des cellules elles-mêmes qui, vieillies et remplies de leur sécrétion, s'engagent dans le canal de la glande (glandes sébacées); elles sont remplacées par des cellules jeunes qui joueront le même rôle et auront le même sort.

Le mécanisme de la sécrétion est sous la dépendance étroite du système nerveux.

CLASSIFICATION DES GLANDES

Les principales glandes peuvent être ainsi classées au point de vue du rôle qu'elles jouent dans l'organisme :

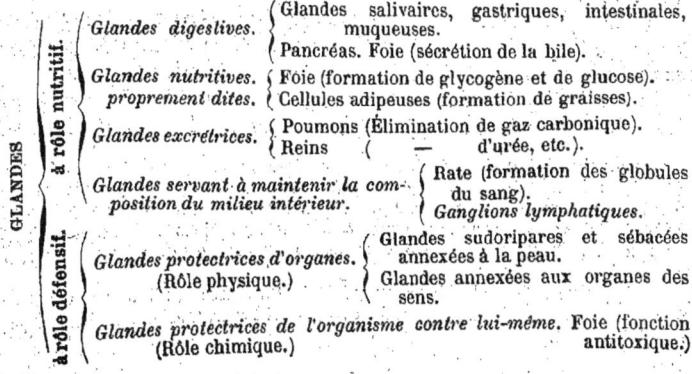

GLANDES
- à rôle nutritif
  - *Glandes digestives.* { Glandes salivaires, gastriques, intestinales, muqueuses. Pancréas. Foie (sécrétion de la bile).
  - *Glandes nutritives proprement dites.* { Foie (formation de glycogène et de glucose). Cellules adipeuses (formation de graisses).
  - *Glandes excrétrices.* { Poumons (Élimination de gaz carbonique). Reins (— d'urée, etc.).
- à rôle défensif
  - *Glandes servant à maintenir la composition du milieu intérieur.* { Rate (formation des globules du sang). Ganglions lymphatiques.
  - *Glandes protectrices d'organes.* (Rôle physique.) { Glandes sudoripares et sébacées annexées à la peau. Glandes annexées aux organes des sens.
  - *Glandes protectrices de l'organisme contre lui-même.* (Rôle chimique.) Foie (fonction antitoxique.)

I. — GLANDES A ROLE NUTRITIF

A. — Glandes digestives.

Elles ont été étudiées au chapitre de la digestion.

B. — Glandes nutritives proprement dites. — Des réserves nutritives.

Les matières nutritives recueillies par le sang dans l'intestin ne sont pas toutes immédiatement utilisées; une partie en est recueillie par certaines cellules qui la conservent en *réserve*, jusqu'au moment de son emploi ultérieur par l'organisme qui en aura besoin. Déjà nous avons fait allusion (page 95) à la mise en réserve d'oxygène dans les tissus. Le *glycogène et les graisses sont également des matières de réserve* accumulées dans le foie, les muscles (glycogène) et dans les cellules adipeuses (graisses).

Du Foie comme laboratoire de réserves. — Outre son rôle comme organe sécréteur de la bile, le foie remplit d'autres fonctions importantes : *il fabrique des réserves nutritives (glycogène, graisses, matières azotées); il transforme ces réserves en matières immédiatement utilisables.*

1° *Le foie est un organe producteur de glycogène.* — Magendie ayant découvert la présence du sucre dans le sang, Claude Bernard fait voir que ce sucre ne vient pas de l'alimentation, car on l'y trouve encore lorsqu'on supprime du régime alimentaire le sucre ou les substances capables d'en produire directement (matières amylacées).

Il remarque en outre que, pendant les digestions, le sang de la veine porte est plus riche en sucre que celui des veines sus-hépatiques; l'inverse a lieu dans l'intervalle de deux digestions consécutives.

Ainsi *le foie arrête au passage le sucre amené en abondance par la veine porte* pendant les digestions; *il restitue ensuite le sucre au sang*, à mesure que ce liquide en est appauvri par les organes.

En 1857, Claude Bernard trouve que le sucre est transformé par les cellules hépatiques en *glycogène* isomère de l'amidon $(C^6H^{10}O^5)^n$.

On peut obtenir beaucoup de glycogène en faisant macérer pendant cinq minutes, dans l'eau bouillante légèrement acidulée, des fragments de foie frais ou des moules fraîches; le liquide obtenu par filtration est recueilli dans une éprouvette à demi pleine d'alcool; à mesure que les gouttelettes liquides tombent, elles abandonnent à l'alcool le glycogène sous forme d'une substance blanche qui se rassemble au fond du vase.

Le glycogène est soluble dans l'eau qui devient opalescente; il donne avec l'iode une teinte rosée qui disparaît quand on chauffe et reparaît assez difficilement par refroidissement.

NUTRITION DE LA CELLULE.

La formation de glycogène dans le foie (*fonction glycogénique*) est due à une déshydratation du glucose apporté par la veine porte; la *fonction saccharifiante* du foie consiste dans le phénomène inverse, c'est-à-dire en une hydratation du glycogène.

1° *La fonction saccharifiante du foie est continue; elle est donc indépendante de la nature de l'alimentation.* — Un animal est-il nourri *exclusivement* d'aliments hydrocarbonés, ou de graisses, ou de matières albuminoïdes? Son foie fabrique toujours du sucre.

2° *Cette fonction est presque indépendante de l'alimentation.* — La quantité de glycogène contenue dans le foie d'une Tanche atteint jusqu'à 15 pour 100 du poids de cet organe; dans une telle réserve, l'organisme peut puiser pendant un jeûne de plusieurs jours, sans trop souffrir de la privation de nourriture; *il fabrique encore du sucre*. Dans ce cas, en effet, le sang des veines sus-hépatiques est toujours plus sucré que le sang de la veine porte.

La fonction saccharifiante du foie aux dépens du glycogène est démontrée par l'expérience du foie lavé. On injecte dans le foie d'un Chien vivant de l'eau salée à 6 pour 1000; on dose, d'une part, la proportion de glycogène et, de l'autre, la quantité de sucre dans une petite portion détachée de l'organe; dix minutes plus tard, on fait un nouveau dosage, et ainsi de suite. *La proportion de glycogène diminue, tandis que celle du sucre augmente.*

M. Dastre considère la transformation du glycogène en sucre dans les cellules hépatiques comme un pur phénomène d'activité cellulaire.

La fonction glycogénique du foie ne s'accomplit que si cet organe reçoit normalement du sang oxygéné par l'artère hépatique. L'oblitération de cette artère par une ligature entraîne l'asphyxie des cellules hépatiques et l'arrêt de leur fonction; la réserve hydrocarbonée du foie est vite épuisée.

Le glycogène se trouve aussi en petite quantité dans les muscles, quand ils ne brûlent pas tout le glucose qui leur parvient (surtout pendant leur repos). Cette réserve de glycogène est rapidement consommée par les contractions musculaires. Un exercice musculaire violent amène rapidement la disparition totale du glycogène musculaire, puis seulement celle du glycogène hépatique.

Inversement, par un repas copieux succédant à un jeûne prolongé, le foie se charge de glycogène avant les muscles.

2° *Le foie est un organe producteur de graisse.* — *La fonction adipogénique* du foie est évidente : après un repas abondant, les cellules hépatiques sont envahies par une foule de globules de graisse qui disparaissent d'ailleurs par une abstinence prolongée.

3° *Le foie est un organe producteur de réserves azotées.* — Ce fait est prouvé par l'augmentation considérable de poids que subit le foie par une nutrition surabondante de l'organisme, augmentation supérieure à celle qui peut être rapportée au glycogène et aux graisses.

En résumé, *le foie est un grenier d'abondance pour l'organisme, un régulateur de la proportion de sucre dans le sang (3 pour 1 000) aux dépens du glycogène qu'il garde en réserve, un dispensateur de matières grasses et albuminoïdes pendant la période de jeûne.*

Du tissu conjonctif comme lieu de réserve des graisses. — C'est surtout dans le tissu conjonctif adipeux que s'accumulent les graisses (page 21, fig. 17).

Formation des graisses. — Les corpuscules gras réfringents envahissent peu à peu les cellules adipeuses dont ils refoulent le protoplasme sur les bords ; cette modification survient dans les parties de l'organisme où l'oxygène a le plus difficilement accès (les matières albuminoïdes subissent dans ces conditions la transformation en substances grasses : *dégénérescence adipeuse*).

L'accumulation des graisses en tel ou tel point, par suite d'une nutrition abondante, ne résulte pas d'un simple transport des matières grasses ingérées ; alors que des animaux d'espèces diverses reçoivent comme aliment dominant une même sorte de graisse, chacun d'eux met en réserve une graisse de composition différente, résultant d'un travail complet d'assimilation effectué par les cellules qui l'ont sécrétée.

Les matières grasses de réserve résultent de l'assimilation, non seulement des graisses fournies par l'alimentation, mais aussi des hydrates de carbone et des albuminoïdes.

Une partie notable des féculents de l'alimentation peut, au moins chez les herbivores, servir à fabriquer la graisse :

Des Oies ayant été nourries avec beaucoup de féculents, peu de graisse et d'albumine, 19 pour 100 de la graisse formée provint des féculents. Un Porc, ayant ingéré en 80 jours une quantité de riz déterminée et de composition connue, sécréta 22 kilogr. 180 de graisse dont 81,6 pour 100 eurent pour origine l'amidon de riz.

La transformation des albuminoïdes en graisses a été prouvée également par de nombreuses expériences.

Les graisses sont une réserve alimentaire pour l'organisme. — A la suite d'une longue abstinence provoquée par une maladie, le corps a épuisé presque totalement sa réserve de graisse ; les animaux hibernants, replets à l'automne par une abondante nutrition, se réveillent amaigris au printemps. Leur réserve a disparu par une lente combustion avec production de CO^2, de vapeur d'eau et dégagement de chaleur.

C. — Glandes ayant une action sur la composition du milieu intérieur.

Rate. — C'est une glande d'un rouge violacé, située sous le diaphragme, à gauche de l'estomac; elle est irriguée par une *artère* et une *veine spléniques*, de section considérable par rapport au volume de l'organe. La rate, de structure comparable à celle d'un ganglion lympathique, présente un réseau conjonctif dont les mailles sont remplies de cellules arrondies formant de véritables cordons (*pulpe splénique*) où aboutissent les capillaires sanguins.

Ces cellules se chargent d'hémoglobine, deviennent des globules rouges entraînés par le sang dans la veine splénique. Outre ce rôle, la rate contribue aussi à la *formation de leucocytes* ainsi que le prouvent les nombres suivants :

Sang de l'artère splénique : 1 globule blanc pour 200 globules rouges;
— la veine splénique : 1 — — 5 à 60 —

Foie. — Alors que la rate est un organe formateur des globules (et des globules rouges en particulier), *le foie est destructeur des vieux globules rouges*.

Le sang de la veine porte contient en effet 1 globule blanc pour 740 rouges, et celui des veines sus-hépatiques 1 blanc pour 180 rouges. Ou bien le foie fabrique aussi des globules blancs, ou bien il détruit les rouges; c'est cette dernière fonction qu'il accomplit, puisque la bile renferme, comme matière colorante, *la bilirubine identique à l'hématoïdine, dérivée de l'hémoglobine des globules rouges.*

D. — Glandes excrétrices.

Poumons. — Les *poumons* sont de véritables glandes dont l'épithélium enlève au plasma sanguin le gaz carbonique qui y est combiné.

Appareil urinaire chez l'Homme. — L'appareil urinaire se compose de deux *reins* (fig. 154), glandes produisant l'urine que les *uretères* conduisent dans la *vessie;* accumulée dans ce réservoir, l'urine s'écoule au dehors par un canal appelé *urèthre*.

1° Reins. — *Leur description.* Les reins occupent dans la cavité abdominale une position symétrique; placés de chaque côté de la colonne vertébrale, ces organes, situés en dehors du péritoine, sont appliqués contre les vertèbres lombaires. Ils ont la forme d'un haricot allongé verticalement, dont l'échancrure ou *hile du rein* regarde le plan de symétrie. Le poids moyen de chaque organe est d'environ 160 grammes; leur surface est rouge ou rouge-jaunâtre.

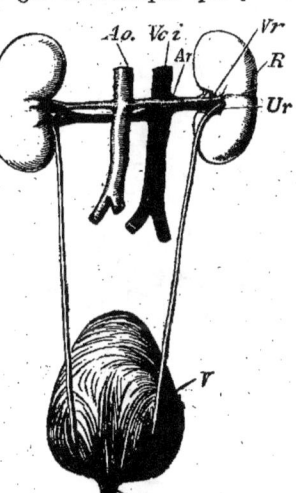

Fig. 154. — Appareil urinaire de l'Homme. *R*, rein; *Ur*, uretère; *V*, vessie; *U*, urèthre. *Ao*, artère aorte; *Ar*, artère rénale; *Vr*, veine rénale; *Vci*, veine cave inférieure.

Les reins sont surmontés par les *capsules surrénales* dont le rôle physiologique est encore incertain.

L'artère aorte *Ao* donne une *artère rénale Ar* pour chaque rein; cette artère pénètre par le hile dans la substance du rein *R*: le sang qu'elle y conduit est ramené par une *veine rénale Vr* à la veine cave inférieure *Vci*. Des nerfs y aboutissent également.

Leur structure. — Une coupe longitudinale du rein (fig. 155 et 156), menée par son plan de symétrie propre, montre l'uretère *Ur* s'ouvrant largement dans un réservoir intérieur appelé *bassinet Ba*. La paroi du bassinet présente 9 à 13 saillies coniques, appelées *pyramides de Malpighi PM*, dont le sommet est pourvu d'un grand nombre de petits orifices. La substance même du rein comprend la *substance médullaire* interne *S.m* d'un rouge foncé, d'aspect strié, et la *substance corticale* externe *S.co* plus jaunâtre et d'aspect granuleux.

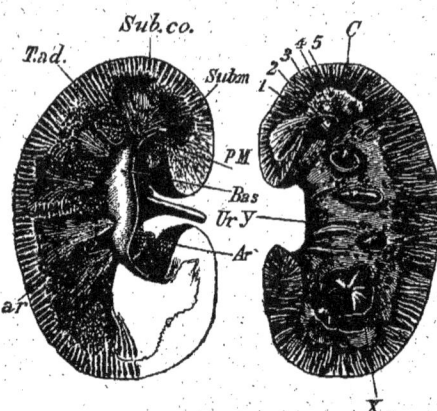

Fig. 155. — Coupes du rein. *Ur*, uretère; *Bas*, bassinet; *PM*, pyramide de Malpighi limitant la substance médullaire *Sub.m*; *Sub.co*, substance corticale; *T.ad*, tissu adipeux du hile. Les colonnes de Bertin, prolongements de la substance corticale, séparent les pyramides *PM*. *Ar*, rameau principal de l'artère rénale; *ar*, divisions de cette artère dans la substance du rein.

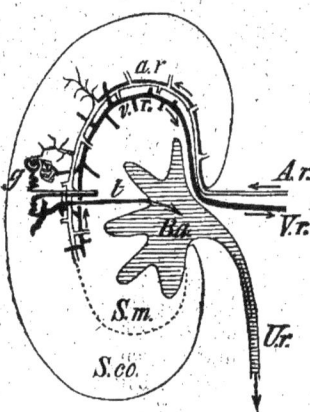

Fig. 156. — Figure schématique du rein vu en coupe. *Ur*, uretère; *Ba*, bassinet; *S.m*, substance médullaire; *S.co*, substance corticale; *t*, tube urinaire débouchant au sommet d'une pyramide de Malpighi; il s'enfonce dans la substance du rein, s'y ramifie et se termine par des capsules de Bowmann *g*. — *A.r*, artère rénale et ses ramifications *a.r*; *V.r*, *v.r*, veine rénale et ses branches.

Tout autour du rein est une capsule fibreuse (*capsule rénale*) séparée de la substance corticale par une gaine lymphatique; elle se recourbe au niveau du hile du rein, se continue sur l'uretère et accompagne les principales ramifications de l'artère et de la veine rénales.

L'examen d'un tube urinaire nous permettra de comprendre la différence de structure des substances médullaire et corticale.

NUTRITION DE LA CELLULE.

Le rein est une glande formée de tubes contournés et anastomosés. — Au sommet d'une pyramide de Malpighi *PM* (fig. 157) on distingue un grand nombre de petits trous *o* qui sont les orifices d'autant de tubes droits et ramifiés à angle très aigu. Ces tubes ou *canaux de Bellini C.B* se dirigent vers la substance corticale *Sub.c.* (à leur grand nombre et à leur disposition rayonnante est dû l'aspect strié de la substance médullaire *Sub.m*). Un canal de Bellini émet dans la substance corticale plusieurs rameaux contournés sur eux-mêmes, l'un quelconque d'entre eux, suivi dans toute sa longueur, présente une *pièce intermédiaire pi* à large section, continuée par une *anse de Henlé A.H*, dont la branche *t.l* est un tube large et l'autre *t.e* un tube étroit; ce dernier se prolonge par un *tube contourné de Ferrein t.c.F* également large, terminé par une sorte de coupe dite *capsule de Bowmann GM*; la capsule renferme un peloton de capillaires et forme le *glomérule de Malpighi*.

Toute la substance corticale du rein est ainsi formée de tubes contournés, orientés dans tous les sens; et comme les glomérules de Malpighi renferment un paquet vasculaire rempli de sang rouge, l'ensemble de tous les glomérules donne à cette région du rein l'aspect granuleux signalé plus haut.

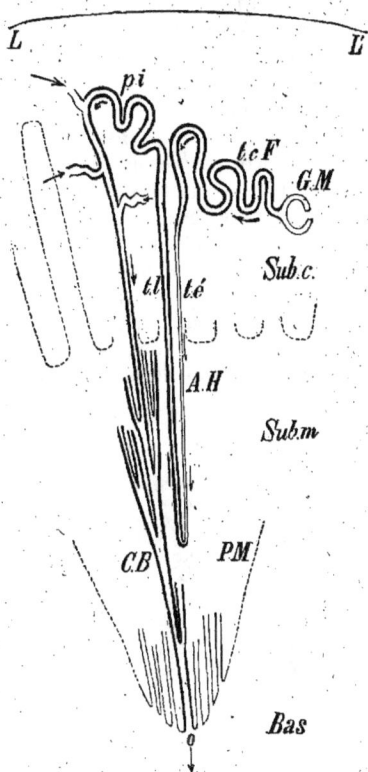

Fig. 157. — Tube urinaire (fig. théorique). *o*, orifice du tube au sommet d'une pyramide de Malpighi *PM*, saillante dans le bassinet *Bas*; *C.B*, tube droit de Bellini et ses branches principales se détachant sous un angle très aigu; *pi*, pièce intermédiaire prolongeant l'une de ces branches elles-mêmes ramifiées; *A.H*, anse de Henlé; *t.c.F*, tube contourné de Ferrein; *GM*, glomérule de Malpighi (capsule de Bowmann); *Sub.m*, substance médullaire; *Sub.c*, substance corticale. LL', limite du rein. Les flèches indiquent le trajet suivi par l'urine.

Dans les parties étroites du tube urinaire se trouve un épithélium transparent et clair, tandis que dans les parties larges (tube de Ferrein, branche ascendante de l'anse de Henlé, pièce intermédiaire), l'épithélium est sombre, cylindrique et granuleux.

Irrigation de la substance du rein. — L'artère rénale *A.r* (fig. 156 et 158), dès son entrée dans le rein, s'y ramifie en artérioles qui, contournant le bassinet, pénètrent dans les intervalles des pyramides de Malpighi et parviennent à la région séparatrice des substances médullaire et corticale.

Les artérioles *a.r* (fig. 158) et *Ar.r* (fig 159) envoient des ramifications dans la substance médullaire, et d'autres dans la substance corticale ; ces dernières *a* forment de véritables arborescences dont les branches *a.f* sont des vaisseaux afférant chacun à une capsule de Bowmann.

Le vaisseau *a.f* (fig. 159) pénètre en *b* dans la capsule à laquelle il apporte du sang rouge vermeil par un 1er système de capillaires ;

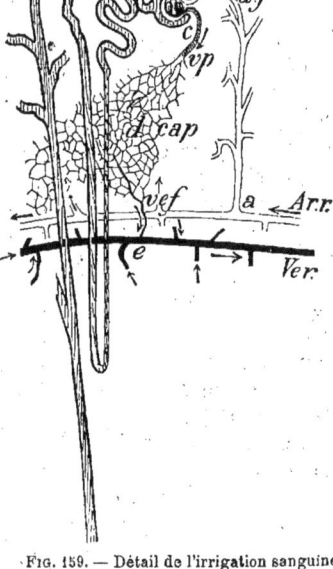

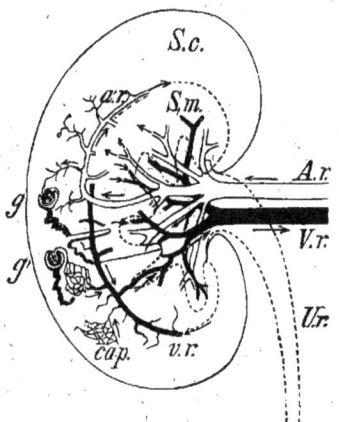

Fig. 158. — Irrigation sanguine du rein (fig. théorique). *A.r*, artère rénale et ses ramifications *a.r*; *V.r*, veine rénale et ses branches *v.r*.

Fig. 159. — Détail de l'irrigation sanguine du rein. *Ar.r*, artériole rénale émettant des branches *a* dont l'une *a.f* pénètre dans une capsule de Bowmann et y forme un 1er réseau de capillaires *b*; en *c*, le sang s'est rassemblé dans la veine porte rénale *vp* qui donne un 2e réseau de capillaires *cap* entourant les tubes urinaires et les anses de Henlé en *d*; *v.ef*, veinule efférente qui amène le sang des capillaires en *e* dans la veinule rénale *Ve.r*.

le sang, encore rouge clair, s'échappe en *c* de la coupe par un vaisseau *vp*, petite *veine porte rénale*, qui donne naissance à un second système de capillaires *d*, *cap*; ces derniers entourent étroitement les tubes de Ferrein, les anses de Henlé et les pièces intermédiaires. Une veinule ou vaisseau efférent *v.ef* emporte une partie du sang rouge foncé de ce 2e réseau dans la veine *Ve.r* qui est l'un des rameaux de la veine rénale *V.r* (fig. 158).

Trajet suivi par l'urine.- Uretères.- Vessie.- Urèthre.- Excrétion urinaire. — L'urine prend naissance dans la capsule de Bowmann et le tube contourné; elle s'engage dans l'anse de Henlé, dans le canal de Bellini et parvient au sommet d'une pyramide de Malpighi d'où elle tombe dans le bassinet *Ba* (fig. 156).

Du bassinet, l'urine passe dans l'*uretère* qui la porte jusqu'à la *vessie*, située à la partie inférieure de l'abdomen, en dehors du péritoine (fig. 42).

Les uretères s'ouvrent dans la vessie sous un angle très aigu (fig. 160), de telle sorte que, une fois la vessie pleine, l'urine, par sa pression *f* contre la paroi, ferme les uretères et s'oppose à son propre reflux vers les reins.

La vessie est un réservoir très extensible, à paroi musculaire (fibres lisses) revêtue d'un épithélium à cellules aplaties; l'épithélium vésical, chez l'être vivant, est absolument imperméable à l'urine; quelques heures après la mort, il a perdu cette imperméabilité.

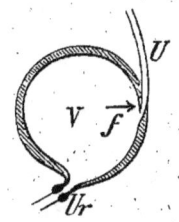

Fig. 160. — Vessie, *V*; *U*, uretère; *Ur*, urèthre.

L'excrétion de l'urine se fait par le canal de l'*urèthre* dont la lumière est fermée d'ordinaire par un sphincter à fibres peu nombreuses et par le muscle de Wilson.

**Mécanisme de la sécrétion urinaire.*—D'après Bowmann et von Wittich, la production de l'urine paraît se faire en deux fois :

1° L'eau du plasma sanguin apporté par le vaisseau *a.f* (fig. 159), dans un glomérule, filtre à travers la paroi de la capsule qui l'entoure et s'engage dans le tube contourné de Ferrein.

2° Les cellules épithéliales granuleuses avec bâtonnets, le tube de Ferrein, la partie large de l'anse de Henlé et la pièce intermédiaire retirent du sang des capillaires *cap*, par le fonctionnement de l'épithélium granuleux dont ces parties larges sont revêtues, l'urée et les autres principes nuisibles qui sont expulsés par l'urine.

L'urée existe dans le sang; le rein est l'organe principal affecté à son élimination.

L'accumulation progressive d'urée dans le sang d'un animal est la conséquence de l'ablation de ses reins. L'injection d'un excès d'urée dans le sang en augmente la proportion dans l'urine. — Si on *ligature les uretères*, l'excrétion urinaire est empêchée et le sang renferme plus d'urée.

De l'urine. — C'est surtout *une dissolution d'urée dans de l'eau salée* (Dastre). Liquide jaune citron, limpide chez l'Homme, l'urine a une réaction légèrement acide ; elle se compose en grande partie d'eau tenant en dissolution de l'*urée*, de l'*acide urique* et du chlorure de sodium, quelques matières colorantes et extractives (créatine, leucine).

Elle présente une certaine analogie avec le plasma sanguin et le sérum de la lymphe.

La comparaison de ces liquides effectuée sur 1 000 centimètres cubes, chez l'homme adulte, a donné les résultats suivants :

	Urine.	Plasma sanguin.	Sérum lymphatique.
Eau.......................	960	901.51	957.60
Matières albuminoïdes.....	»	81.92	32.02
Fibrine...................	»	8.06	»
Urée.....................	23.30	0.15	3 à 4
Acide urique.............	0.50	»	»
Chlorure de sodium........	11	5.55	5.65
Acide phosphorique........	2.30	0.19	0.02
— sulfurique...........	1.30	0.13	0.08
Phosphates terreux........	0.80	0.52	0.20

La quantité d'urine excrétée par un homme adulte en 24 heures est de 1250 à 1350 centimètres cubes Sa composition est variable avec l'âge, l'alimentation, etc , dans une même journée, elle n'est pas constante.

L'*urée* représente de 87 à 90 pour 100 de l'azote total contenu dans les urines; l'homme en rejette de 30 à 34 grammes par 24 heures. C'est un déchet azoté dont la présence atteste l'activité vitale et la destruction matérielle de l'organisme qui la produit. L'urée se forme dans les organes, mais elle n'y séjourne pas; les centres nerveux en produisent beaucoup, lors d'un travail cérébral exagéré.

L'accumulation d'urée dans le sang produit des empoisonnements dont les symptômes sont : l'accélération de la respiration, des convulsions, etc.

L'urée contenue dans l'urine se transforme en carbonate d'ammonium par l'action d'un ferment (*Micrococcus ureæ*).

L'*acide urique* existe dans la proportion de 5 à 8 décigrammes dans l'urine humaine produite en 24 heures.

Tout excès de travail quelconque de l'organisme élève les proportions d'urée et d'acide urique contenues dans les urines; le travail musculaire exagéré produit toutefois un effet moindre que le travail cérébral.

L'*acide hippurique* n'existe que pour 3 à 4 décigrammes dans l'urine humaine de 24 heures.

Origine de l'urée. — Sa composition étant connue, l'urée provient de substances azotées; de plus, la quantité d'urée excrétée augmente après une alimentation riche en azote; enfin, l'urée persiste pendant l'inanition. Cette substance a donc pour origine la désagrégation des matières azotées de l'organisme.

Quelles sont les modifications subies par les albuminoïdes pour aboutir à l'urée comme terme final? On ne les connaît pas encore; on sait seulement que *l'urée et l'acide urique sont deux substances résultant de l'oxydation des matières azotées de l'organisme*, l'acide urique étant un terme d'oxydation moins avancé que l'urée.

NUTRITION DE LA CELLULE.

APPAREIL URINAIRE DANS LA SÉRIE ANIMALE.

Vertébrés. — *Mammifères*. Chez l'enfant très jeune, le *rein est lobé* (fig. 161); chacun des lobes *L* est pourvu d'une seule pyramide de Malpighi et d'un calice récepteur *Ca* se rendant à l'uretère *Ur*.

On trouve les reins lobés chez les Carnassiers (Hyène, Loutre, Ours), les Ruminants, etc.

Oiseaux. — Les reins y sont extrêmement lobulés et contigus, comme confondus dans la région pelvienne (fig. 162). Les uretères *Ur* s'ouvrent directement dans le cloaque *Cl*.

Reptiles. — La forme des reins est variable avec celle du corps de ces animaux. Quand ils sont pourvus d'une vessie, cet organe est indépendant des uretères.

Les Amphibiens et les Poissons ont également des reins logés dans la région abdominale avec deux uretères et une vessie qui débouchent dans le cloaque chez les Amphibiens (fig. 163).

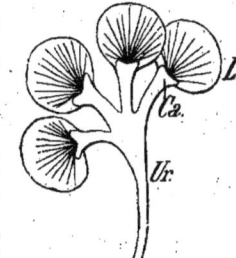

Fig. 161. — Rein lobé de l'embryon.

L'étude du développement des organes urinaires chez les Vertébrés supérieurs montre que les *reins* ne sont pas la forme primordiale des organes excréteurs; ils en ont conservé imparfaitement le caractère

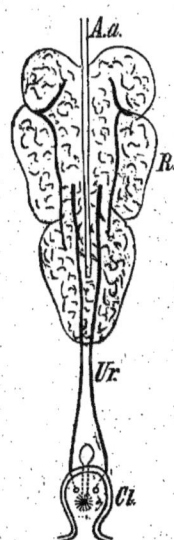

Fig. 162. — Rein d'Oiseau (Cigogne).

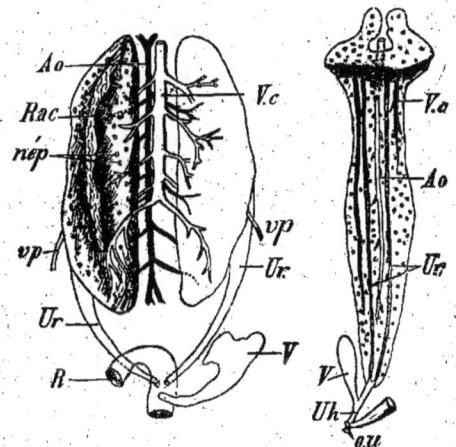

Fig. 163. — Rein de Grenouille (à gauche). Sur le rein droit, on voit le rein accessoire *R.ac; nép*, néphrostomes; *Ur*, uretères débouchant dans un cloaque à côté de la vessie *V*, avec le rectum *R; Ao*, aorte descendante; *V.c*, veine cave; *vp*, veine porte rénale afférente (les teintes blanche et noire ont été interverties dans ce dessin).

Rein de Perche (à droite). *Uh*, urèthre et son orifice *ou* situé en arrière de l'orifice génital.

dans la capsule de Bowmann et le tube contourné qui constituent la première partie du tube urinaire A (fig. 164) (Voir T. II, fasc. 1er, pages 24-28.)

L'examen microscopique du rein de la Grenouille nous révèle un organe complémentaire du tube contourné ; c'est un pavillon cilié, le *néphrostome nép*, B, qui

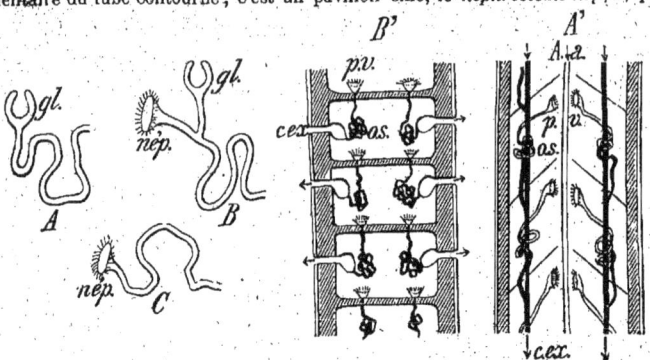

Fig. 164. — Organes excréteurs. Terminaisons du tube urinaire : chez les Vertébrés supérieurs, A ; chez la Grenouille, B ; chez l'embryon du Squale et les Vers, C ; *gl*, glomérule ; *nép*, néphrostome ou pavillon cilié. — A', appareil excréteur de l'embryon du Squale ; *p.v*, pavillon cilié de l'organe segmentaire *os* ; *c.ex*, canal excréteur commun. B', appareil excréteur des Vers.

s'ouvre dans la cavité générale de l'animal ; le tube est pourvu de la capsule avec le peloton vasculaire.

Chez l'embryon de Squale, C, la capsule a disparu, et il ne reste plus que le néphrostome à l'extrémité du tube contourné qui, d'autre part, se termine dans le canal excréteur *c.ex* (fig. 164, A'). Mais on voit une disposition générale de l'appareil excréteur très importante à mentionner ; c'est la répétition régulière du tube excréteur, d'avant en arrière du corps de l'animal : *l'embryon de Squale présente donc une segmentation très nette.*

Vers. — Si l'on compare l'appareil excréteur A' de *l'embryon de Squale* avec celui d'un *Ver* B' (fig. 164), on est frappé de l'analogie presque absolue qui existe entre eux.

Les éléments constitutifs y comprennent tous deux un néphrostome ou *pavillon vibratile p.v* s'ouvrant dans la cavité générale (cloisonnée chez les Vers, non cloisonnée chez l'embryon de Squale) et un tube enroulé, l'*organe segmentaire os*, ainsi appelé à cause de sa répétition dans chaque segment du corps. Les organes segmentaires débouchent au dehors indépendamment les uns des autres chez les Vers en *cex*, tandis que chez le Squale ils aboutissent dans un canal commun également en communication avec l'extérieur.

Ainsi la cavité générale communique directement avec l'extérieur chez les embryons des Vertébrés supérieurs, chez les Amphibiens, les Poissons, les Vers.

Les **Mollusques** présentent un appareil excréteur appelé *corps de Bojanus* composé, chez les Lamellibranches, de deux parties symétriques. Chacune de

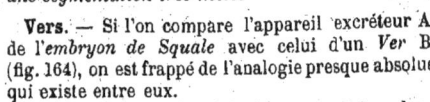

Fig. 165. — Appareil excréteur (corps de Bojanus) des Mollusques. 1, disposition normale. 2, disposition du même organe ramenée à l'organe segmentaire des Vers. *P*, péricarde ; *C.g*, chambre glandulaire communiquant avec le péricarde ; *C.ng*, chambre non glandulaire s'ouvrant à l'extérieur par l'orifice *o'*.

ces parties (fig. 165, 1) est formée d'une chambre glandulaire *C.g* communiquant avec le péricarde P et avec une chambre non glandulaire, $C.ng$, en rapport avec l'extérieur par l'orifice o'. Les cellules qui tapissent la chambre glandulaire sont ciliées ; certaines sont très volumineuses et renferment des concrétions d'acide urique.

Si l'on admet que la partie glandulaire, $C.g$, est rentrée à l'intérieur de la chambre, $C.ng$, on peut représenter le corps de Bojanus sous la forme théorique (fig. 165, 2), à peu près comparable à l'organe segmentaire des Vers.

Arthropodes. — Les organes excréteurs y sont considérés comme faisant partie du tube digestif ; ce sont les *tubes de Malpighi* cM (fig. 69), non ramifiés, en nombre variable, qui marquent par leur insertion le début de l'intestin.

Excrétions des animaux. — *Mammifères.* Chez les Carnivores, l'urine est claire et très acide ; chez les Herbivores, elle est trouble et alcaline et donne par le repos un abondant précipité de phosphate et de carbonate de calcium ; l'urine des Omnivores est intermédiaire (cas de l'Homme). Si l'on fait jeûner un Herbivore, son urine prend les caractères de celle des Carnivores, car l'animal à jeun consomme ses propres réserves. L'urine des Carnivores contient plus d'acide urique, celle des Herbivores plus d'acide hippurique.

Les *Oiseaux* excrètent beaucoup d'acide urique et de la *guanine ;* leur urine est très épaisse et revêt les excréments d'une couche blanche. Chez les *Reptiles*, ce produit est consistant et renferme des cristaux d'acide urique libre, de l'urate de sodium et du phosphate de calcium ; les Boas rejettent de l'acide urique presque pur.

L'urée et l'acide urique sont rejetés par les *Amphibiens* et les *Poissons*.

Dans les tubes de Malpighi des *Insectes* se trouvent de l'acide urique et de l'oxalate de calcium ; la guanine est rejetée par les Araignées.

L'acide urique a été trouvé dans le corps de Bojanus d'un certain nombre de *Mollusques* avec des phosphates et des carbonates.

II. — GLANDES A ROLE DÉFENSIF

Les glandes défensives répandues le plus largement dans l'organisme sont les *glandes sudoripares* et les *glandes sébacées*, dont les produits sont déversés à la surface de la peau.

L'épiderme de la peau est formé de deux couches principales : l'une superficielle ou *couche cornée* $co.c$ (fig. 166) ; l'autre profonde, très active, appelée *couche de Malpighi* $co.M$. La couche de Malpighi pousse dans la profondeur du derme des bourgeons (1) qui, pleins de cellules actives d'abord (2), se creusent d'un canal (3, $c.ex$), formant un tube simple enroulé sur lui-même à son extrémité inférieure (*glande sudoripare*), extrémité ramifiée ou non (*glande sébacée*).

Glandes sudoripares.

Au nombre de deux millions environ chez l'Homme (120 en moyenne par millimètre carré), les glandes sudoripares ont une longueur moyenne de 2 millimètres et forment un appareil excréteur dont la masse est à peu près le quart de celle des reins.

Chacune d'elles consiste en un peloton $Gl.sud$ (fig. 167), formé par un tube étroit, qui se continue par une partie ondulée dans l'épaisseur du derme De, spiralée $c.ex$ dans l'épiderme Ep ; ce canal débouche à la surface de la peau.

Le tube présente un revêtement épithélial *ep*, 3 (fig. 166) dont la fonction est d'émettre la *sueur*.

Composition de la sueur. — La sueur est un liquide transparent, incolore, de saveur saline; sa réaction est normalement alcaline.

C'est une solution aqueuse très étendue de sels minéraux, où

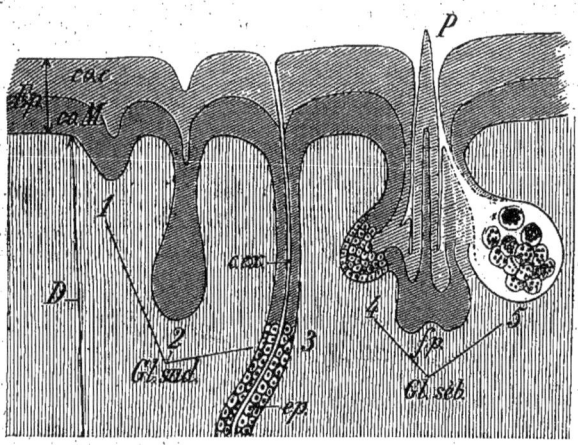

Fig. 166. — Coupe théorique de la peau. *Ep*, épiderme. *D*, derme; *co.c*, couche cornée; *co.M*, couche de Malpighi. — 1, 2, 3, bourgeonnement de la couche *co.M* engendrant une glande sudoripare *Gl.sud* dont on voit seulement la portion terminale du canal excréteur *c.ex*. — 4, 5, bourgeonnement de la même couche avec formation d'un poil *P* et d'une glande sébacée *Gl.séb*. jeune (à gauche), à l'état adulte (à droite).

le chlorure de sodium domine; on y trouve un peu d'*urée*, de matières grasses et de produits volatils divers. D'après Fünke, elle comprend pour un litre : Eau $988^{gr},4$; partie soluble ou non dans l'eau $4^{gr},36$; partie soluble dans l'alcool $7^{gr},24$ dont $1^{gr},55$ d'urée; débris épithéliaux $2^{gr},49$. Par la sueur est éliminée une quantité très sensible d'alcalis.

La *quantité de sueur* rejetée par l'Homme en 24 heures est de $1^{k},200$; cette quantité est variable avec la nature de l'alimentation, l'exercice musculaire, etc. Les boissons chaudes, l'alcool ingéré l'augmentent beaucoup.

Effets de l'excrétion sudorale. — L'émission de sueur débarrasse l'organisme de 2 grammes d'urée par jour ($\frac{1}{17}$ de la perte par les reins); *elle compense la fonction rénale* quand celle-ci n'est pas régulière. Par la peau s'échappe aussi du gaz carbonique en petite quantité : *la fonction sudorale est donc une véritable respiration cutanée.*

La sueur, parvenue à la surface de la peau, imprègne la couche cornée, s'évapore et abaisse la température du corps : *cette fonction contribue à régulariser la température de nos organes.*

Les fonctions rénale, sudorale et pulmonaire règlent la quantité d'eau nécessaire à l'organisme; leurs valeurs respectives se mesurent par les quantités d'eau qu'elles émettent : soit 1 500 grammes pour la première, 1 200 grammes pour la seconde, 400 grammes environ pour la troisième. Ces fonctions peuvent se compenser, grâce à l'action directrice du système nerveux.

Glandes sébacées.

Ces glandes *Gl.séb* (fig. 166, 4 et 5) accompagnent généralement les poils *P*. Elles produisent le *sébum*, matière très consistante formant un vernis sur les poils qui ne peuvent ainsi se dessécher; en imprégnant la couche cornée de la peau, le sébum empêche une chute aussi active des cellules mortes qui la composent et s'oppose à l'absorption de la sueur par la peau.

Foie. — Le foie joue un rôle important comme *dépurateur;* à l'aide de la bile, il débarrasse l'organisme d'*urée* et de *cholestérine* et en élimine les *poisons*.

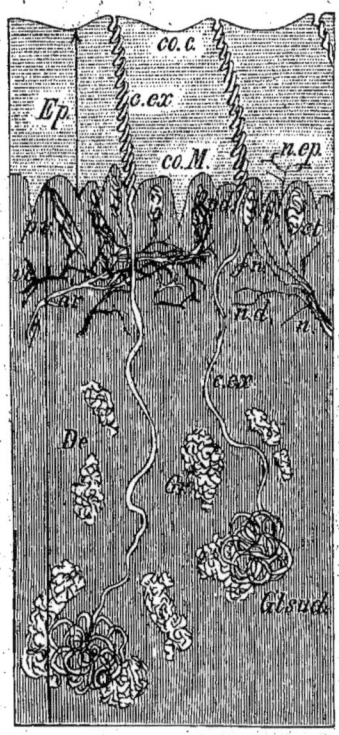

Fig. 167. — Coupe de la peau. Mêmes lettres que pour la figure 166. *Gr*, cellules adipeuses ; *pd*, papilles dermiques ; *n*, nerf et ses terminaisons dermiques *n.d* et épidermiques *n.ép; fn*, fibre nerveuse aboutissant à un corpuscule du tact *c.t.* — *ar* et *ve*, artérioles et veinules formant un réseau de capillaires dans une papille vasculaire *p.v.*

En résumé, les principales substances éliminées *normalement* par l'organisme, substances dont l'accumulation y serait nuisible ou provoquerait des accidents toxiques, sont :

Le gaz carbonique rejeté par les poumons (18^{gr}) et la peau;
L'urée éliminée par les reins (34^{gr}), la peau (2^{gr}) et le foie;
L'acide urique rejeté par les reins (0^{gr},5 à 0^{gr},8);
La cholestérine éliminée par le foie.

CHAPITRE V
CHALEUR ANIMALE

§ 1. — TEMPÉRATURE DU CORPS

La chaleur est une condition nécessaire à la vie de tout organisme ; nous l'avons vu au début de ce cours (page 6). Mais si la température du milieu extérieur doit être comprise entre des limites déterminées, la température de l'être vivant en est plus ou moins indépendante ; car l'état thermique d'un organisme est une conséquence de ses fonctions, le résultat de son énergie vitale.

Température moyenne des animaux. — Une cellule libre ou un être pluricellulaire simple ne saurait avoir une température notablement différente de celle du milieu extérieur ; en est-il de même pour les animaux supérieurs ? Comme le contact du milieu ambiant (air ou eau) influe beaucoup sur la température des parties extérieures du corps, pour avoir la température moyenne d'un être, il est préférable de prendre celle du sang qui en est le milieu intérieur.

Or, l'expérience a montré que :

1° *Chez aucun être, la température n'est absolument constante;*

2° *Les variations de température éprouvées par certains êtres sont très sensibles et suivent celles du milieu extérieur;*

3° *Pour les animaux supérieurs adultes, la température est à peu près constante.*

Les animaux à température moyenne très variable sont : les Invertébrés, les Poissons, les Amphibiens, les Reptiles, les Mammifères hibernants en hiver, les Mammifères et les Oiseaux nouveau-nés.

Les animaux à température moyenne à peu près constante sont les Oiseaux et les Mammifères adultes.

Animaux à température moyenne
- *variable* :
  - pouvant vivre quand leur température est inférieure à 20° : Invertébrés, Poissons, Amphibiens, Reptiles.
  - s'engourdissant au-dessous de 20° sans mourir : Animaux hibernants.
  - mourant quand leur température est inférieure à 20° : Mammifères, Oiseaux nouveau-nés.
- *à peu près constante* : Mammifères et Oiseaux adultes.

CHALEUR ANIMALE.

Tableau XIX.
Chaleur animale.

Principe. *La chaleur est nécessaire à l'entretien de la vie.*
Définition de la *température moyenne* du corps.

I. — Température du corps.

La température des animaux inférieurs subit, sans danger pour ces êtres, des variations assez considérables :
  Animaux à température variable.

Les êtres supérieurs ne sauraient subir de grandes variations de température sans mourir :
  Animaux à température presque constante.

Classification des animaux (page 174).

Mesure de......
 - la température moyenne du corps.
 - — précise d'une région. *Carte calorimétrique* (fig. 169).

Conclusions pour l'Homme...
 1° *La température des organes est de 37°5 environ.*
 2° *La température des organes superficiels est moindre que celle des organes profonds.*
 3° *La température de l'aorte est constante (37°5).*
 4° *La température du cœur droit est supérieure à celle du cœur gauche.*
 5° *La température du foie est la plus élevée (38°2).*

II. — Équilibre thermique dans l'organisme.

Production de chaleur par *hydratation, oxydation*, etc., de principes divers provoquées par.....................
 - la *contraction des muscles* ;
 - la *sécrétion des glandes* ;
 - le *travail des centres nerveux* ;
 - l'*oxydation* de l'*hémoglobine* du sang dans les poumons.

Perte de chaleur
 - par *réduction, déshydratation*, etc., de principes divers ;
 - par *rayonnement* ;
 - par *transpiration* cutanée et pulmonaire ;
 - par les *échanges avec le milieu extérieur*.

Lutte contre les variations extérieures :

1° Contre le froid. Lutte
  - consciente..
    - Abri naturel. Vêtements peluchoux.
    - Affaissement, diminution de la surface rayonnante.
    - Exercices musculaires violents.
  - inconsciente.
    - Suractivité de la respiration.
    - Retrait de la nappe de sang superficielle.
    - Poils, plumes. Couche adipeuse sous-cutanée.

2° Contre la chaleur. Lutte
  - consciente..
    - Abri. Étoffes peluchouses.
    - Repos absolu.
  - inconsciente.
    - Transpiration.

Le système nerveux joue un rôle précieux dans la régulation de la température.

Détermination de la température moyenne du corps. — Cette détermination se fait d'une manière approximative, quand on place le réservoir d'un thermomètre très sensible dans la bouche, sous l'aisselle du bras appliqué contre le corps, dans le pli de l'aine ou dans le rectum. On opéra d'abord sur des animaux immédiatement tués en plongeant le réservoir d'un thermomètre, ou une aiguille thermo-électrique, en divers points de leur corps. Magendie et Claude Bernard portèrent leurs investigations sur le sang de l'artère carotide et de la veine jugulaire du Cheval vivant.

Détermination de la température précise d'une région donnée. Carte calorimétrique. — On explore aujourd'hui les principales régions de l'appareil circulatoire à l'aide d'aiguilles thermo-électriques renfermées dans une sonde flexible formée d'huile de lin figée; ces appareils prennent au bout de quelques secondes la température du milieu dans lequel ils sont introduits.

Le principe en est le suivant : quand, dans un circuit fermé, sont intercalés un galvanomètre G (fig. 168) et deux couples thermo-électriques FM, $F'M'$ formés, par

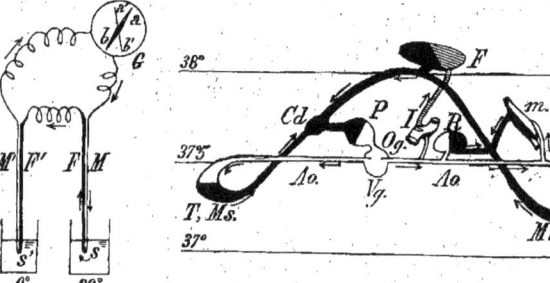

Fig. 168. — Aiguilles thermo-électriques (couples) associées pour la comparaison des températures de deux points de l'organisme.

Fig. 169. — Carte calorimétrique du corps de l'Homme. Og, Vg, cœur gauche; Ao, aorte; Mi et $T.Ms$, capillaires des membres inférieurs et supérieurs et de la tête; Cd, cœur droit; P, poumons; I, intestin; R, reins; m, muscles; F, foie. $O.su$, organes superficiels; $O.pr$, organes profonds. (Le foie a la température la plus élevée.)

exemple, d'un fil de fer F et d'un fil de maillechort M soudés en s et en s', si on porte les deux soudures s et s' à la même température, l'aiguille ab du galvanomètre ne bouge pas; mais si l'une des soudures est chauffée plus que l'autre, un courant électrique se produit dans le circuit, et l'aiguille dévie à droite ou à gauche sur le cadran, suivant le sens du courant. La figure 168 montre le sens dans lequel se développe le courant quand la soudure s est portée à une température plus élevée que s'. L'intensité du courant et, par suite, la déviation de l'aiguille sont d'autant plus grandes que la différence de température des deux soudures est elle-même plus accusée.

Mode expérimental. — A l'aide d'un semblable appareil, Claude Bernard a montré que la température est différente aux diverses régions du corps dont il a construit la carte calorimétrique (fig. 169).

Après avoir immobilisé un Chien par exemple, on introduit l'une des sondes graduées dans la veine crurale (cuisse) et l'autre dans l'artère crurale. Laissant en place la première, on peut pousser la seconde successivement dans l'artère iliaque, l'aorte, le ventricule gauche et déterminer leur température par rapport à celle du sang de la veine crurale. Laissant en place la sonde artérielle, on peut déplacer de même la sonde veineuse dans la veine iliaque et la veine cave inférieure.

Il résulte de ces recherches que :
1° *La température des organes du corps est comprise entre* 37° *et* 38°5.
2° *La température des organes superficiels est moindre que celle des organes profonds.*
3° *La température du cœur droit est supérieure à celle du cœur gauche.*
4° *La température du foie est la plus élevée* (38°2).
5° *La température de l'aorte et de ses branches principales est constante* (37°5).

Lavoisier voyait dans le poumon le siège de la combustion respiratoire et pensait que sa température était la plus forte; l'expérience montre au contraire, que le sang se refroidit dans le poumon, au contact de l'air froid provenant du dehors.

§ 2. — ÉQUILIBRE THERMIQUE DANS L'ORGANISME

L'état thermique d'un organe dépend : 1° de la *production de chaleur résultant des réactions chimiques qui s'accomplissent dans l'organe*; 2° de ses *échanges calorifiques avec le milieu extérieur*.

1° Chaleur produite.

La chaleur développée dans l'organisme est la résultante de deux sortes de phénomènes chimiques :

Les *phénomènes de synthèse organique* (assimilation ou nutrition des organes) qui s'accomplissent avec absorption de chaleur ;

Les *phénomènes de destruction organique* (fonctionnement des organes et désassimilation) qui dégagent de la chaleur.

Comme la synthèse et la destruction organiques sont simultanées, suivant que l'une ou l'autre prédomine, la quantité de chaleur dont dispose l'organisme est variable ; elle subit des oscillations qu'atténue la circulation du sang en chacun de ses points, en *répartissant la chaleur produite*.

Les sources de chaleur sont des oxydations, des hydratations, des combinaisons d'acides et de bases, des transformations de sels neutres en sels acides. Tous ces phénomènes s'accomplissent surtout dans les *muscles*, les *glandes*, les *centres nerveux* et le *sang*.

Muscles. — L'observation vulgaire a montré que la quantité de chaleur produite augmente avec l'activité musculaire ; comme le poids des muscles représente à peu près la moitié du poids du corps, la contraction musculaire est donc une source de chaleur importante.

Une aiguille thermo-électrique, piquée dans le biceps d'un

homme, ayant indiqué une température de 36°5, on fit scier du bois pendant un quart d'heure au patient : la température du même muscle s'éleva à 37°4. D'ailleurs, la température d'un muscle est toujours supérieure à celle du tissu conjonctif et des organes voisins, sauf quand ce muscle est paralysé.

L'élévation de température due à la contraction du muscle correspond à une active combustion des matières ternaires (sucres, féculents, corps gras) que lui apporte le sang.

* REMARQUE : On sait que le travail T, produit par une machine, correspond à une dépense de chaleur Q telle qu'on a $\frac{T}{Q}=$ constante E (*équivalent mécanique de la chaleur*); c'est-à-dire qu'à la disparition de 1 *calorie* correspond la production d'un travail de 436 *kilogrammètres*.

Or, quand un muscle se contracte, il travaille et dépense une quantité de chaleur équivalente ; il devrait donc se refroidir, et pourtant il s'échauffe.

La cause de cet échauffement est la suivante : la contraction du muscle détermine une suractivité de la circulation du sang dans cet organe, une augmentation des combustions internes et la production d'une quantité de chaleur Q; une partie q seulement de cette chaleur est transformée en travail musculaire; la quantité Q-q de chaleur disponible élève la température du muscle.

Glandes.—Quand on excite la sécrétion de la glande sous-maxillaire, par exemple, en agissant sur la *corde du tympan* qui l'innerve, la température de la glande s'élève de plusieurs degrés et correspond à une consommation plus grande d'oxygène. — La température des viscères d'un animal à jeun est moindre que s'il est en pleine digestion.

Centres nerveux.—La suractivité cérébrale se traduit par l'augmentation d'urée et de cholestérine rejetées par les urines et par la bile. *L'urée étant le déchet résultant de la combustion des matières azotées*, le travail cérébral s'effectue donc aux dépens de cette sorte d'aliments.

Sang.— M. Berthelot a évalué à $\frac{1}{7}$ de la quantité totale de chaleur produite dans l'organisme, celle qui résulte de l'oxydation de l'hémoglobine dans les poumons[1].

2° Chaleur perdue.

L'air froid qui nous entoure nous enlève de la chaleur.
Les principales causes de cette déperdition sont :
1° Le rayonnement de la peau ;

---

1. M. Berthelot a montré que « la chaleur développée dans un être vivant, *pendant une période quelconque de son existence* accomplie sans le secours d'aucune énergie étrangère à ses aliments, est égale à la chaleur produite par les métamorphoses chimiques de ses tissus et de ses aliments, diminuée de la chaleur absorbée par les travaux extérieurs effectués par l'être vivant ».

2° La perte de chaleur que nous subissons en introduisant dans notre corps de l'air à une température moyenne de 12° et des aliments dont quelques-uns sont froids, alors que nos produits d'excrétion sont rejetés à une température moyenne de 35°;

3° La perte de chaleur causée par la transpiration à la surface de la peau et du poumon.

Des calculs approximatifs ont permis d'évaluer à 2604 calories environ la quantité de chaleur produite en 24 heures par l'Homme adulte recevant une *ration d'entretien* composée de 100 grammes d'albuminoïdes, 49 grammes de graisses et 403 grammes d'hydrates de carbone. *Cette quantité de chaleur produite est égale à celle qu'il perd pendant le même temps.*

Le système nerveux règle les rapports de ces pertes de chaleur, comme il règle les oxydations, hydratations, etc.; il assure ainsi l'équilibre thermique des animaux supérieurs, appelés *animaux à température constante.*

M. Berthelot, comparant les gains et les pertes d'énergie éprouvés par l'être vivant, en a déduit le principe suivant : *L'entretien de la vie ne consomme aucune énergie qui lui soit propre;* c'est là une conséquence du principe de la conservation de l'énergie.

LUTTE CONTRE LES VARIATIONS THERMIQUES DU MILIEU EXTÉRIEUR

L'équilibre thermique chez un animal est troublé par les variations de température du milieu extérieur; aussi l'animal lutte soit contre le froid, soit contre la chaleur, et d'autant mieux que son organisation est plus élevée.

Il importe de remarquer d'abord que *les animaux vivent dans des milieux* (air, eau) *mauvais conducteurs de la chaleur* et propres, par suite, à les garantir des variations de la température extérieure ; mais comme ces milieux doivent être incessamment renouvelés pour fournir l'oxygène nécessaire à la vie, l'avantage qui résulte de leur faible conductibilité est singulièrement atténué. Les animaux inférieurs, organisés d'une manière insuffisante pour lutter contre ces variations, sont obligés de les subir; néanmoins leur protoplasme conserve une certaine vitalité à des températures même inférieures à 0° (page 7).

Les animaux supérieurs luttent, consciemment ou non, par des moyens divers que nous allons exposer, en ce qui concerne les Mammifères et les Oiseaux plus particulièrement.

Lutte contre le froid. — L'animal lutte *consciemment* contre le froid en cherchant un abri naturel (tanière, grotte, feuillage, etc.) ou artificiel (vêtements pelucheux, fourrures) qui maintient à la surface de son corps de l'air qu'il a plus ou moins échauffé par son rayonnement ; il se roule en boule de manière à diminuer sa surface de rayonnement ; parfois il se livre à des exercices musculaires violents qui dégagent, par une active combustion de ses réserves, une grande quantité de chaleur.

L'animal *lutte inconsciemment* contre le froid :

1° *En produisant plus de chaleur par une suractivité de ses combustions internes* (M. Frédéricq a montré que si la consommation d'oxygène est de 4 litres 1/2 en un quart d'heure à la température de 15°, elle est de 5 litres à 10° ; cette *augmentation de l'activité respiratoire* résulte de la sensibilité de la peau ; les aliments consommés alors doivent être surtout des hydrates de carbone et des graisses qui dégagent beaucoup de chaleur en brûlant).

2° *En perdant moins de chaleur par rayonnement.* Cette perte dépend de la masse de sang qui irrigue la surface de la peau ; par le froid, la nappe sanguine superficielle diminue (pâleur du visage) et la peau anémiée, recouverte d'une couche de cellules mortes (couche cornée), de poils ou de plumes[1], constitue pour le corps un écran mauvais conducteur. (Voir *Formations tégumentaires*, p. 181.)

Lutte contre la chaleur. — Les animaux supérieurs souffrent plus de l'excès de chaleur que de l'excès de froid, parce que leur organisme est mal conçu pour lutter dans ce cas. En effet, l'élévation de température provoque une augmentation de la circulation cutanée ; une quantité de sang plus grande est exposée à cet excès de chaleur, et la mauvaise situation de l'être est accentuée.

La lutte *consciente* consiste, pour l'animal, à se mettre à l'abri dans un milieu à température moins élevée, à ne faire aucun exercice musculaire (repos complet, sieste au milieu du jour) ; l'Arabe se couvre de vêtements pelucheux emprisonnant une épaisse couche d'air mauvais conducteur, qui s'oppose à l'arrivée de la chaleur extérieure jusqu'au corps.

La *lutte inconsciente* consiste dans une transpiration abondante ; l'évaporation de la sueur enlève à la nappe de sang superficielle l'excès de chaleur qu'elle reçoit et abaisse la température du corps.

L'excès de température doit être évité à tout prix ; Claude Bernard a reconnu que si la température d'un Mammifère s'élève à 45°, l'animal meurt paralysé (le cœur cesse de battre, les muscles ne peuvent effectuer de mouvements).

Le système nerveux joue, dans cette lutte de l'organisme contre le milieu extérieur, un rôle très important que nous exposerons dans la suite.

---

1. Les animaux qui habitent les pays froids sont protégés par une fourrure touffue, un duvet extrêmement abondant ou par une couche épaisse de tissu adipeux sous-cutané, si le revêtement pileux manque (Baleine).

racine ou *lunule* l (fig. 171). Le derme sous-unguéal d est séparé de l'ongle par une couche épithéliale molle *ép*, de couleur rose, qui se continue en avant avec la couche de Malpighi du doigt et en arrière avec la base de l'ongle. Les cellules qui composent cet épithélium, cylindriques d'abord, deviennent polygonales, puis très aplaties dans la partie antérieure et superficielle de l'ongle.

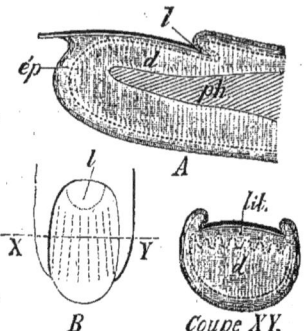

Muscles horripilateurs. — Ce sont des faisceaux de fibres musculaires lisses *m.h* (fig. 170) insérés à la base des follicules pileux et se dirigeant obliquement vers la surface du derme. Quand ils se contractent par le froid, ils redressent les poils dont les follicules font légèrement saillie au dehors et produisent la *chair de poule*.

Mammifères. — Ils possèdent en général deux sortes de poils : les uns, courts, fins, forment le *duvet* qui constitue la fourrure des animaux habitant les pays froids (Martre, Hermine); les autres longs et raides, appelés *jarres*, se rencontrent chez les animaux des pays chauds. Toutes les formes de transition existent entre ces deux sortes de poils, et les habitants des régions tempérées modifient souvent leur robe avec la saison. De là ces variétés appelées : *laine* (Mouton), *soies* (Porc), *crins* (Cheval), *piquants* (Porc-épic), etc.

Fig. 171. — Coupe de l'extrémité du doigt montrant la disposition d'un ongle. — A ; *ph*, phalange ; *d*, derme ; *ep*, épiderme ; *l*, lunule vue de face en B. La coupe XY montre la forme du lit de l'ongle.

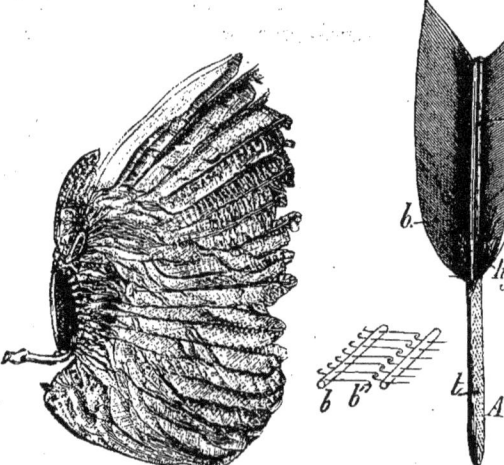

Fig. 172. — Aile d'oiseau montrant l'insertion des plumes sur les os de l'avant-bras et de la main.

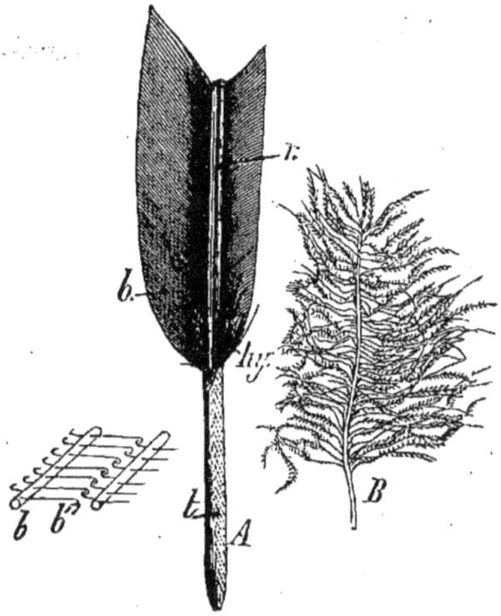

Fig. 173. — Plumes. A, grande plume ; *t*, tuyau ; *r*, rachis ; *b*, barbes ; *hy*, hyporachis. — A gauche, *b*, barbe portant les barbules crochues *b'*. — B, plume à barbules disjointes.

Les *griffes* des Onguiculés (Chat, Chien, Loutre, etc.), les *sabots* des Ongulés (Cheval, Bœuf, etc.), sont des formations de même nature que les ongles de l'Homme ; tandis que la griffe couvre incomplètement l'extrémité du doigt, le sabot l'enveloppe complètement.

Fig. 174. — Squelette de Tortue enveloppé de la carapace.

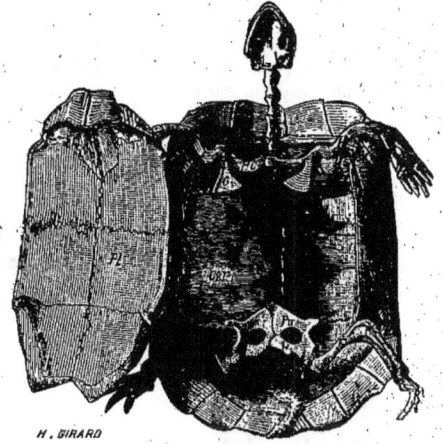

Fig. 175. — La carapace de la Tortue sciée latéralement et ouverte permet de voir la colonne vertébrale, libre dans les régions cervicale et coccygienne, soudée dans ses autres parties avec la carapace dorsale. *PC*, procoracoïde ; *C*, coracoïde ; *H*, humérus ; *Pu*, pubis ; *Is*, ischion.

Oiseaux. — Aucun Oiseau n'est dépourvu de *plumes* ; tel est le caractère extérieur fondamental de ces êtres. Les plumes *tectrices* revêtent le dos et les parois latérales du corps ; sur les ailes (fig. 172) et la queue sont les *pennes: rémiges* appartenant aux ailes qui rament dans l'air, *rectrices* insérées sur la queue qui dirige le vol.

Une plume a une origine épidermique comme le poil et son développement est identique, au début tout au moins [1]. Parvenue à sa forme définitive, la plume A (fig. 173) présente une hampe composée d'un *tuyau t*, tube corné surmonté d'une tige ou *rachis r* qui porte les *barbes b* et les barbules *b'*. Le tuyau est percé à la base d'un petit orifice par lequel pénètre l'air qui, desséchant le *bulbe* dermique, donne lieu à de petites calottes cornées emboîtées. A la naissance du rachis est une touffe de petits poils *hy* (*hyporachis*). Les barbes sont munies de barbules en crochet *b*, *b'*, qui les retiennent fortement ; grâce à ce dispositif, la plume est une véritable rame aérienne. Les barbes sont indépendantes chez les Autruches ; le *duvet* est formé par des plumes sans rachis et pourvues de filaments longs et fins (Cygne, Oie, Eider).

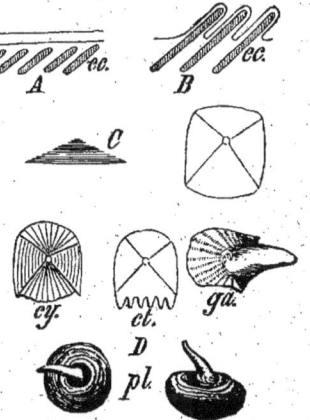

Fig. 176. — Écailles des Poissons. — A ; *ec*, écailles jeunes, plus développées en B. C, lamelles superposées formant l'écaille vue à droite. D, différentes formes d'écailles : *cy*, cycloïde ; *ct*, cténoïde ; *ga*, ganoïde ; *pl*, placoïde.

Reptiles. — Ces animaux sont couverts d'écailles épidermiques de déve-

---

[1]. Voir T. II, fasc. 2, page 410.

loppement considérable chez les Tortues ; le *Caret* en particulier fournit l'écaille travaillée dans l'industrie. En outre, les Crocodiles, les Tortues, etc., présentent des plaques dermiques dures (*scutelles*), soudées très fortement à la tête chez les Crocodiles. Les plaques épidermiques et les plaques dermiques de la Tortue ne se correspondent pas (fig. 174 et 175). Les Serpents ont seulement des écailles épidermiques, soudées par leurs bords, dont ils se débarrassent comme d'un doigt de gant lorsqu'ils muent.

Amphibiens. — Leur tégument est nu en général.

Poissons. — Les écailles qui recouvrent les Poissons sont *dermiques* et logées dans de petits alvéoles du derme *ec* (fig. 176, A). A mesure qu'elles grandissent, les écailles deviennent saillantes, mais sont toujours recouvertes par l'épiderme *ec*, B, renouvelé sans cesse. Les écailles des Poissons sont formées de lamelles superposées C ; d'après leur aspect, on les divise en écailles *cycloïdes cy* (Carpe), *cténoïdes ct* (Perche), *ganoïdes ga* (Lépidostée), *placoïdes pl* (Raie) (fig. 176, D).

FONCTIONS DE RELATION

Considérations générales. — Tout animal doit chercher sa nourriture; pour cela il se déplace, soit totalement, soit partiellement (émission des pseudopodes des Sarcodaires, mouvements des cils chez les Infusoires et certains Vers). Cette déformation du corps de l'Amibe et de l'Infusoire est due à la présence de substance musculaire amorphe, diffuse dans le protoplasme. Chez les Polypes (Hydre), qui peuvent effectuer des mouvements mieux déterminés, on voit apparaître des cellules *névro-musculaires*, dont la partie externe est *sensible* et la partie interne *contractile* (fig. 271).

Les animaux supérieurs présentent une différenciation plus complète: cellules musculaires, éléments nerveux y deviennent distincts, tout en conservant des relations intimes. Les mouvements sont plus variés; mais la complexité du corps exige pour chaque organe une position déterminée dont il ne devra s'écarter que dans des limites restreintes. Alors apparaît une charpente plus ou moins résistante, un *squelette* auquel la plupart des organes sont rattachés (squelette externe chez les Arthropodes, interne chez les Vertébrés).

Le *squelette* devra être mû par des *muscles*, pour que tout ou partie des organes se déplace; des *organes des sens* permettront l'orientation de ces mouvements dans la direction convenable dont sera juge le *système nerveux*.

L'appareil locomoteur comprend le *squelette* et le *système musculaire*; l'appareil sensible et directeur des mouvements comprend les *organes des sens* et le *système nerveux*.

CHAPITRE PREMIER

SQUELETTE DE L'HOMME

Le squelette est la charpente du corps (fig. 177). Il est composé d'*os* formés eux-mêmes de tissu osseux (page 22).

Forme et constitution des os. — Les os sont *longs* (fémur 23, tibia 25, humérus 16, cubitus 17), *plats* (frontal 1, pariétaux 2, omoplate 14, iliaques 22) ou *courts* (os du carpe 12 et du tarse 27).

Les *os longs* présentent une région moyenne appelée *diaphyse* (fig. 178, 1) formée d'un tissu très compact, entourant la moelle *m*; aux deux extrémités sont les *épiphyses* constituées par du tissu spongieux; toutes les mailles du réseau épiphysaire sont occupées par des cellules de la moelle.

Les *os plats* (2) sont constitués par deux lamelles externes de tissu compact réunies par une lamelle de tissu spongieux (*diploé di*).

186　　　SQUELETTE DE L'HOMME.

Les *os courts* (3) ont une enveloppe mince de tissu compact enveloppant le tissu spongieux qui les forme en entier.

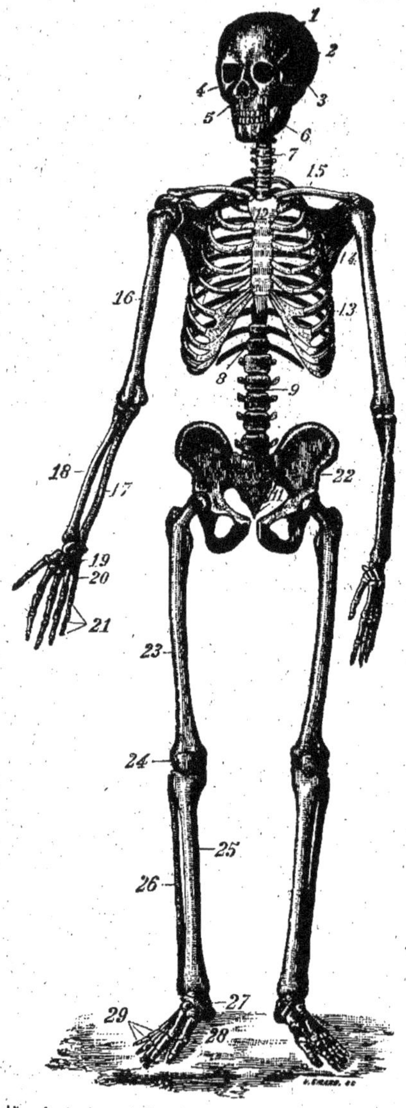

Accroissement des os. — Chez l'embryon, le squelette est *muqueux*, puis *cartilagineux*, enfin *osseux* (page 23). C'est aux dépens d'un cartilage qu'un os se développe le plus souvent (fig. 179); la résorption du cartilage est active grâce à la présence de vaisseaux sanguins autour desquels apparaissent les *points d'ossification*.

Dans un os long, on distingue généralement trois points d'ossification primitifs : un diaphysaire et deux épiphysaires. Diaphyse et épiphyses se soudent à un moment donné.

Tant que la soudure n'est pas opérée, le cartilage séparant deux points d'ossification (*cartilage de conjugaison*) s'accroît et permet à l'os de grandir; *une fois la soudure réalisée, l'os ne croît plus en longueur*. On comprend ainsi pourquoi l'Homme cesse de grandir à partir de

Fig. 177. — Squelette de l'Homme. — Tête : 1, frontal (en avant); 2, pariétal; 3, temporal; 4, jugal; 5, maxillaire supérieur; 6, maxillaire inférieur. — Colonne vertébrale : 7, région cervicale; 8, région dorsale; 9, région lombaire; 10, région sacrée (sacrum); 11, région coccygienne; 12, sternum; 13, côtes. — Membre supérieur : 14, omoplate; 15, clavicule; 16, humérus; 17, cubitus; 18, radius; 19, carpe; 20, métacarpe; 21, phalanges. — Membre inférieur : 22, os iliaque; 23, fémur; 24, rotule; 25, tibia; 26, péroné; 27, tarse; 28, métatarse; 29, phalanges.

Tableau XX.

Squelette.

Définition. — Ensemble des parties dures qui forment la charpente du corps

DESCRIPTION DU SQUELETTE (fig. 177).

Os.
- Leur forme (fig. 178).
  - *Os longs* : Fémur, tibia, humérus, etc.
  - *Os plats* : Omoplate, frontal, pariétaux, etc.
  - *Os courts* : Vertèbre, os du carpe et du tarse.
- Leur mode
  - de formation et d'accroissement par substitution au cartilage (en général) (fig. 179).
  - de rénovation
    - par la multiplication des cellules de la *couche ostéogène*.
    - par résorption du côté de la moelle osseuse.

I. — TRONC.

Colonne vertébrale. 33 *vertèbres* (fig. 180).
- Vertèbre (fig. 181).
  - Corps et trou de la vertèbre.
  - Apophyses (1 épineuse, 2 transverses, 4 articulaires).
- Régions
  - *cervicale* : 7 vertèbres.
  - *dorsale* : 12 vertèbres portant les *côtes*.
  - *lombaire* : 5 vertèbres.
  - *sacrée* : 5 vertèbres soudées (*sacrum*).
  - *coccygienne* : 3 ou 4 vertèbres déformées.

Sternum. (Poignée, *appendice xiphoïde*.)
Côtes. 12 paires
- 7 paires de *vraies côtes*.
- 5 paires de *fausses côtes* (côtes *flottantes* : 2 ou 3 paires).

II. — TÊTE (fig. 183).

Crâne.
- 1 *frontal*, 2 *pariétaux*, 1 *occipital*, 1 *sphénoïde*, 1 *ethmoïde*.
- 2 *temporaux*.

Face..
- 2 *nasaux*, 2 *jugaux*, 2 *lacrymaux*, 2 *maxillaires supérieurs*.
- 1 *vomer*, 2 *palatins*, 1 *maxillaire inférieur*. [Os *hyoïde*].

Les membres supérieurs et les membres inférieurs sont *homologues*.

III. — MEMBRES (fig. 184 à 187).

MEMBRES SUPÉRIEURS.		MEMBRES INFÉRIEURS.	
Épaule......	Omoplate. Apophyse coracoïde [Clavicule].	Hanche.	Ilium. Pubis. Ischion. } Os iliaque.
Bras........	Humérus.	Cuisse..	Fémur. [Rotule].
Avant-bras.	Radius. Cubitus.	Jambe..	Tibia. Péroné.
Main......	Carpe : 8 os. Métacarpe : 5 os. Doigts : 3 phalanges sauf le pouce.	Pied....	Tarse : 7 os (Astragale. Calcanéum). Métatarse : 5 os. Orteils : 3 phalanges, sauf le pouce.

188 SQUELETTE DE L'HOMME.

20 à 25 ans : à cette époque, son squelette est entièrement formé.

Production et résorption de la substance osseuse. — Les os, abondamment nourris par les vaisseaux contenus dans les canaux de Havers, sont le siège d'une active multiplication d'ostéoblastes sous le périoste (*couche ostéogène*); ces ostéoblastes sécrètent eux-mêmes la substance interstitielle qui les séparera et les éloignera les uns des autres; ils conservent cependant des relations directes

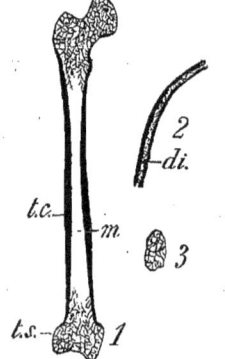 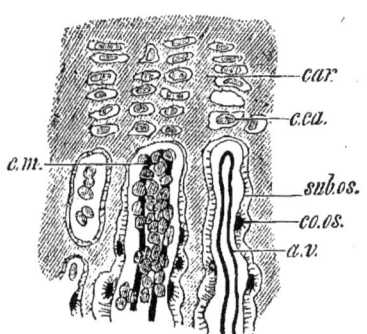

Fig. 178. — Structure d'un os : 1, os long; *t.c*, tissu compact; *t.s*, tissu spongieux; *m*, moelle. 2, os plat; *di*, diploé. 3, os court.

Fig. 179. — Résorption du tissu cartilagineux et ossification, *car*, cartilage ; *c.ca*, cellule cartilagineuse; *a.v*, anse vasculaire; *sub.os*, substance osseuse déposée autour des corpuscules osseux *co. os*.

par leurs prolongements protoplasmiques. Mais en même temps, il y a résorption du côté interne occupé par la moelle des os.

L'expérience suivante en est une preuve : on soulève une petite partie du périoste d'un os chez un jeune animal, on y glisse un fil de platine et l'on referme la plaie; si plus tard l'animal est sacrifié, on retrouve le fil métallique dans la cavité médullaire.

C'est en raison de l'activité de la couche ostéogène que les deux parties d'un os brisé se soudent à nouveau. La *greffe animale osseuse* est une application chirurgicale importante de ce phénomène; on régénère une partie osseuse détruite en disposant des lambeaux de *périoste vivant* à l'endroit de la plaie; peu à peu les couches osseuses nouvelles se mettent en rapport avec le tissu non altéré de l'os.

Une *alimentation riche en sels calcaires* est indispensable pendant cette période de régénération osseuse, comme d'ailleurs pendant la période de croissance des êtres pourvus d'un squelette. Un jeune animal privé totalement de sels calcaires devient rachitique.

Tableau XXI.

Squelette *(fin)*.

Le squelette des vertébrés est une succession de *segments vertébraux* (fig. 190), précédée d'une végétation anormale (tête) et pourvue d'appendices locomoteurs (membres).

Segment vertébral (fig. 190, E). { *Corps* de la vertèbre (*centrum*). { *Arc neural*. *Arc hémal*.

Modifications du squelette (surtout des membres) dues à *l'adaptation* :

au mode de vie chez les animaux divers (fig. 195 à 204).
- dans l'eau : Animaux *aquatiques* : nageoires (Poissons, Ichthyosaure).
- dans l'air : Animaux *aériens*............ { Membrane alaire (Chauve-souris, Ptérodactyle). Aile (Oiseaux).
- sous le sol : Animaux *fouisseurs* : palette (Taupe).
- sur la terre. { Mammifères onguiculés pentadactyles. Mammifères ongulés { périssodactyles. artiodactyles... { Réduction du nombre des doigts.

Nageoire, aile, palette, membre, sont des organes homologues.

à la fonction chez un même animal. { Différences entre les membres antérieur et postérieur dues au déplacement des surfaces articulaires de l'humérus et du fémur sur les ceintures thoracique et pelvienne (fig. 206).

INVERTÉBRÉS.

Tuniciers. Enveloppe de *tunicine* avec 2 orifices.

Arthropodes. { Squelette externe formé de *chitine*. Anneaux successifs { *Arceau* dorsal ou *tergal* (fig. 207). — ventral ou *sternal*. répartis en 3 régions : Tête, Thorax et Abdomen (fig. 208).

Vers. Pas de squelette en général. *Tube* de la Serpule (fig. 81).

Mollusques. *Coquille* { externe { bivalve. Lamellibranches (fig. 210). univalve. Gastéropodes (fig. 212). Nautile. interne. Quelques Céphalopodes.

Échinodermes. *Test calcaire* (fig. 76).

Polypes et Spongiaires. *Spicules* (Polypiers) (fig. 213 et 214).

Protozoaires. { Sécrétion calcaire des Foraminifères (fig. 215). Squelette siliceux des Radiolaires.

ARTICULATIONS.

Articulations { fixes ou *sutures* entre les os du crâne (fig. 182). presque fixes ou *symphyses* entre les vertèbres (fig. 216), les os pubis, etc. mobiles ou *diarthroses* entre la plupart des os (fig. 216).

DESCRIPTION DU SQUELETTE

Le squelette de l'Homme comprend trois parties : le *tronc*, la *tête* et les *membres*.

1. Tronc.

On y distingue la *colonne vertébrale*, les *côtes* et le *sternum*.

Colonne vertébrale. — La *colonne vertébrale* (fig. 180) forme la partie centrale du squelette ; elle supporte la tête ; les côtes s'y

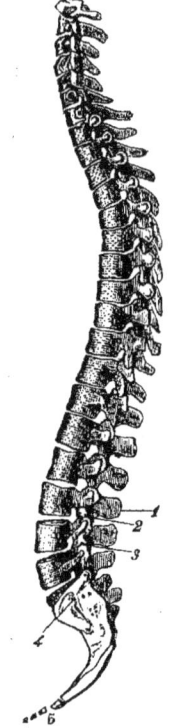

Fig. 180. — Colonne vertébrale de l'Homme. 1, apophyse épineuse ; 2, facette articulaire ; 4, sacrum.

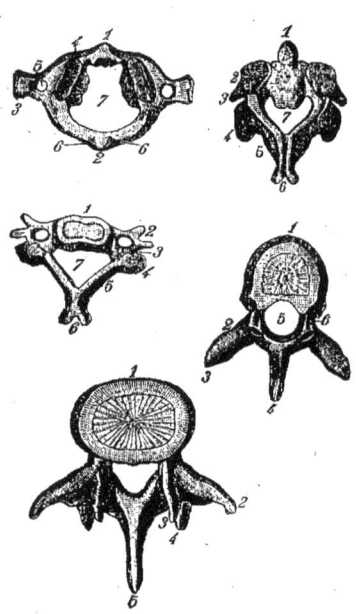

Fig. 181. — Vertèbres diverses. En haut : à gauche, atlas (1re vertèbre) ; à droite, axis (2e vertèbre). Au milieu : à gauche, vertèbre cervicale ; à droite, vertèbre dorsale. En bas, vertèbre lombaire. — Atlas : 1, apophyse odontoïde. Vertèbre dorsale : 1, corps ; 2, 3, apophyse transverse ; 4, apophyse épineuse ; 5, anneau vertébral (trou) ; 6, facette articulaire.

rattachent et les membres y prennent leur point d'appui. Elle est formée de 32 ou 33 segments superposés appelés *vertèbres*.

Une *vertèbre* (fig. 181) se compose d'une partie pleine antérieure (*corps*) et d'un arc osseux postérieur (*arc neural*) circonscrivant le *trou* de la vertèbre, 5 (à droite et en bas). L'arc neural se prolonge en arrière par *une apophyse épineuse*, 4 ; sur les côtés se trouvent *deux apophyses transverses*, 3, et *quatre facettes articulaires* symétriquement placées deux à deux, 6.

Les vertèbres étant superposées, leurs corps sont reliés par des *disques intervertébraux* cartilagineux *l. in*, A (fig. 216) et leurs arcs neuraux en contact par les facettes articulaires ; les facettes supérieures d'une vertèbre sont *recouvertes* par les facettes inférieures de la vertèbre précédente et les facettes inférieures sont *recouvrantes* pour les facettes supérieures de la vertèbre suivante.

Les trous des vertèbres forment, par leur ensemble, le *canal rachidien* qui abrite la moelle épinière. Les pédicules des arcs neuraux sont étranglés et présentent des *trous de conjugaison* par lesquels sortent les nerfs émanant de la moelle épinière.

La colonne vertébrale se divise en 5 régions : *cervicale* (7 vertèbres), *dorsale* (12 v.), *lombaire* (5 v.), *sacrée* (5 v.), *coccygienne* (4 v.).

Les *vertèbres des diverses régions présentent des variations de forme importantes* (fig. 181).

Les *vertèbres cervicales* ont un petit corps, un arc neural et deux anneaux osseux latéraux dans lesquels sont logées les artères vertébrales. La première vertèbre, appelée *atlas*, porte deux surfaces d'articulation avec la base du crâne qu'elle soutient ; elle est dépourvue de corps ; le corps de la deuxième vertèbre dite *axis* se prolonge par une saillie conique supérieure, l'*apophyse odontoïde*, qui tient la place du corps de l'atlas ; cette dernière et la tête qu'elle supporte peuvent donc tourner autour du pivot formé par l'apophyse odontoïde.

Les *vertèbres dorsales* sont pourvues d'apophyses épineuses obliques de haut en bas ; elles portent chacune une paire de côtes.

Les *vertèbres lombaires* sont les plus fortes de toutes ; leurs apophyses épineuses sont horizontales et leurs apophyses transverses très développées.

Les *vertèbres sacrées* sont soudées en un os, le *sacrum*, qui constitue une solide base d'insertion pour les membres inférieurs.

Les *vertèbres coccygiennes* sont presque atrophiées et soudées (*coccyx*).

Côtes et sternum. — Au nombre de 12 paires, les côtes sont articulées avec les vertèbres dorsales par leur *tête* et leur *tubérosité*. Le tête de la côte porte latéralement contre le corps vertébral en pf (fig. 88), et la tubérosité contre la face antérieure de l'apophyse transverse en $p'f'$.

En avant, les côtes sont rattachées au *sternum* 12 (fig. 177). Cet os est plat, en forme de glaive, large à sa partie supérieure (poignée), et terminé en pointe du côté inférieur (appendice xiphoïde).

La lame du sternum donne insertion latéralement aux cartilages des 7 premières paires de côtes appelées *vraies côtes* (13) ; les cartilages des 2 ou 3 paires de côtes suivantes (*fausses côtes*) sont reliés au cartilage de la côte précédente. Les côtes inférieures sont dites *flottantes* (8) ; elles n'ont d'insertion fixe qu'en arrière sur les dernières vertèbres dorsales.

II. Tête.

La tête comprend le *crâne*, boîte osseuse qui renferme l'encéphale, et la *face* où sont abrités les organes des sens délicats (fig. 182).

Crâne. — Les os plats qui limitent le crâne sont soudés entre eux par engrènement. Ils comprennent : le *frontal* (2) en avant, les

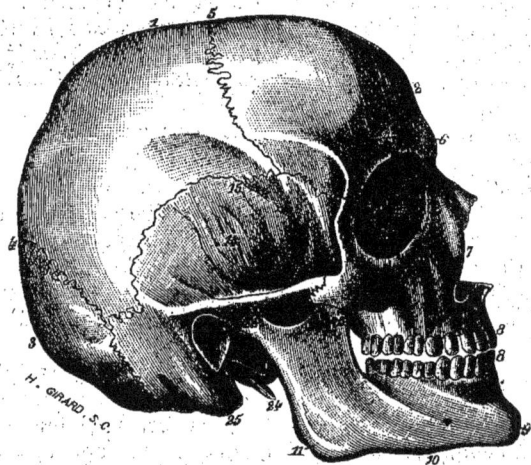

Fig. 182. — Tête de l'Homme vue de profil. 1 pariétal ; 2, frontal ; 3, occipital ; 14, temporal avec le trou auditif externe, les apophyses styloïde 24 et mastoïde 25 ; 16, jugal formant avec le temporal l'arcade zygomatique ; 17, lacrymal ; 18, ethmoïde ; 20, maxillaire supérieur soudé en haut et à droite avec l'os nasal ; 9, 10, 11, maxillaire inférieur avec l'apophyse coronoïde 23 et le condyle 22.

pariétaux (1) en haut et sur les côtés, les *temporaux* (14) sur les côtés, l'*occipital* (3) en arrière et à la base postérieure, le *sphénoïde* (5, fig. 30) au milieu de la base, l'*ethmoïde* (6, fig. 30) formant la base antérieure du crâne.

La partie basilaire de l'occipital est percée d'un large orifice (*trou occipital*) par lequel l'encéphale communique avec la moelle épinière ; de part et d'autre de cet orifice sont deux proéminences, les *condyles occipitaux*, qui reposent sur les facettes supérieures de l'atlas.

Le *sphénoïde* est la clef de voûte du crâne ; il est articulé avec la plupart des os qui composent la tête et se prolonge en bas par les apophyses ptérygoïdes (p. 44, fig. 28).

L'*ethmoïde* est très irrégulier, présente sur sa face supérieure l'*apophyse crista galli*, crête médiane de chaque côté de laquelle se trouve une lame osseuse perforée de nombreux trous (*lame criblée*) pour le passage des filets nerveux des lobes olfactifs ; de chaque côté, cet os forme les cornets supérieurs et moyens du nez (fig. 228) ; il porte en dessous une 2ᵉ crête (cloison du nez).

L'*os temporal*, qui abrite les oreilles moyenne et interne dans une partie très dure appelée *rocher*, présente en avant du trou auditif la *cavité glénoïde* qui reçoit le condyle *co* de la mâchoire inférieure (fig. 27) et la partie postérieure de l'*arcade zygomatique a.zyg* que complète en avant l'*os jugal* (fig. 30).

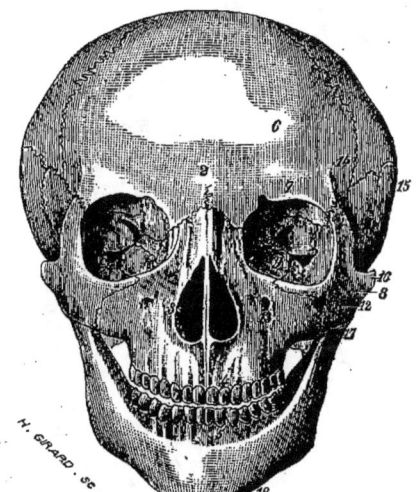

FIG. 183. — Tête de l'Homme vue de face. 2, frontal ; 3, vomer ; 4, dents portées par les maxillaires supérieurs 13 ; 5, dents insérées sur le maxillaire inférieur 18 ; 8, os jugal avec l'arcade zygomatique 16 ; 10, sphénoïde ; 15, temporal.

Face. — Les os de la face sont : 2 *nasaux*, 2 *lacrymaux* 17 (fig. 182), 2 *maxillaires supérieurs* 13 (fig. 183) soudés aux *os incisifs* 4, 1 *vomer* (3) dans la cloison du nez, 2 *jugaux* (12), 2 *palatins* et le *maxillaire inférieur* (18). Les maxillaires supérieurs et inférieur portent les dents.

L'*os hyoïde* est un os indépendant qui soutient le larynx.

III. **Membres.**

L'Homme est pourvu de quatre membres : 2 *membres supérieurs* dont les bases appuyées sur la partie supérieure de la cage thoracique forment la *ceinture scapulaire*, et 2 *membres inférieurs*, dont les bases soudées avec le sacrum 10 (fig. 177) forment la *ceinture pelvienne*.

Les membres supérieurs et les membres inférieurs comprennent chacun 4 régions qui sont :
Pour le membre supérieur : *épaule, bras, avant-bras, main* ;
Pour le membre inférieur : *hanche, cuisse, jambe, pied*.

Membre supérieur. — *Épaule*. Cette demi-ceinture thoracique, indépendante de celle du côté opposé, est composée de deux os soudés entre eux, l'*omoplate* et le *coracoïde* 14 (fig. 177), et d'un os libre, la *clavicule* (15).

L'omoplate, os plat et triangulaire (fig. 184), s'appuie par sa face légèrement concave sur la face postérieure de la cage thoracique; le coracoïde en est une courte apophyse chez l'Homme; au-dessous est la *cavité glénoïde* (5) dans laquelle s'engage la tête de

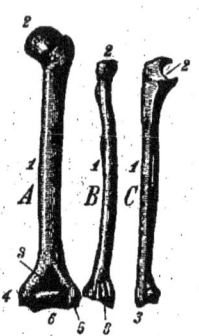

Fig. 184. — Omoplate. 1, fosse sous-épineuse; 2, épine de l'omoplate; 3, apophyse acromion; 4, apophyse coracoïde; 5, cavité glénoïde.

Fig. 185. — Membre supérieur gauche. — A, humérus (face postérieure). 2, tête; 3, cavité olécranienne; 4, 5, condyles. 6, surface d'articulation avec le cubitus. — B, radius (face antérieure). 2, facette d'articulation avec l'humérus; 3, extrémité inférieure articulée aux os du carpe. — C, cubitus (face latérale); 2, cavité surmontée par l'apophyse olécrane.

Fig. 186. — Membre inférieur. A, fémur droit (face postérieure); 2, tête et col; 3, 4, grand et petit trochanter; 5, 6, condyles. — B, tibia gauche (face antérieure); 2, surface d'articulation avec le fémur et la rotule; 5, surface d'articulation avec l'astragale (tarse). — C, péroné gauche.

l'humérus; en haut et en arrière, l'*apophyse acromion* (3) de l'omoplate sert de base à la clavicule 15 (fig. 177), qui s'insère d'autre part sur le sternum en avant.

L'os du *bras* est l'*humérus* (A, fig. 185) dont l'extrémité inférieure présente deux surfaces articulaires et la *cavité olécranienne*, où s'engage la tête du cubitus.

L'*avant-bras* comprend le *cubitus* C, large en haut, étroit en bas, et le *radius* B dont l'extrémité inférieure, très large, sert à l'insertion des os du carpe.

La *main* (fig. 187) est constituée par le *carpe* (8 os courts), le *métacarpe* (5 os presque parallèles) et les *phalanges* (3 pour chaque doigt, sauf le pouce).

Membre inférieur. — *Hanche.* La ceinture pelvienne est formée de deux *iliaques* (22, fig. 177) soudés au sacrum en arrière et reliés entre eux en avant par la symphyse pubienne. Cet ensemble constitue le *bassin*, très résistant, sur lequel porte tout le poids du tronc, de la tête et des membres supérieurs.

Chaque *os iliaque* résulte de la soudure de 3 os : l'*ilium* en arrière, le *pubis* en haut et en avant, l'*ischion* en bas. Tous trois participent à la formation de la cavité cotyloïde qui reçoit la tête du *fémur*.

La *cuisse* possède le *fémur* (A, fig. 186), os le plus long du corps avec une tête (2) et deux grandes

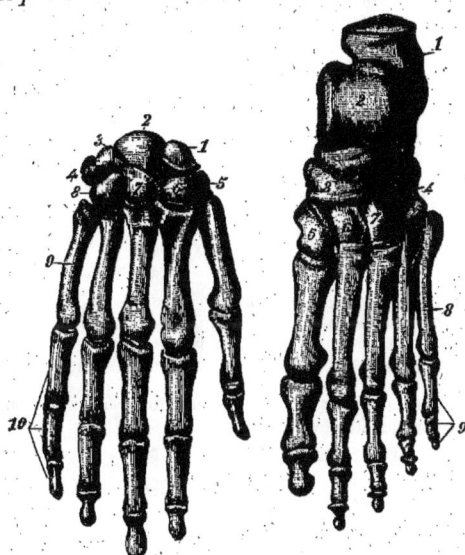

Fig. 187. — Main droite et pied gauche. — Main (à gauche de la figure). 1 à 8, os du carpe : 1, scaphoïde ; 2, semi-lunaire ; 3, pyramidal ; 4, pisiforme ; 5, trapèze ; 6, trapézoïde ; 7, grand os ; 8, os crochu. 9, os métacarpiens. 10, phalanges des doigts. — Pied. 1 à 7, os du tarse : 1, calcanéum (talon) ; 2, astragale ; 3, scaphoïde ; 4, cuboïde ; 5, 6, 7, les trois cunéiformes. 8, os métatarsiens. 9, phalanges des orteils.

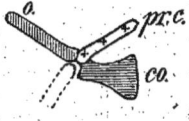
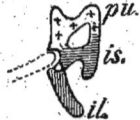

Fig. 188. — Homologie des ceintures scapulaire (en haut) et pelvienne (en bas ; les os homologues sont représentés par les mêmes signes. *o*, omoplate ; *pr.c*, procoracoïde ; *co*, coracoïde ; *il*, ilium ; *pu*, pubis ; *is*, ischion.

apophyses supérieures : le *grand trochanter* presque sphérique (3), et le petit trochanter (4).

La *jambe* comprend le *tibia* B et le *péroné* C. Le tibia, de section triangulaire, est de beaucoup le plus important et s'articule en haut avec le fémur, en bas avec l'astragale (os du tarse). Le péroné est un os de renforcement.

Entre la cuisse et la jambe, en avant, est la *rotule* (24, fig. 177) (*os sésamoïde* ou supplémentaire).

Le *pied* (fig. 187) est formé, comme la main, de 3 régions : le *tarse* (7 os, dont 2 importants, l'*astragale* articulé avec le tibia et le *calcanéum* qui forme le talon) ; le *métatarse* (5 os) et les *phalanges* (3 pour chaque orteil, sauf le pouce).

Les membres supérieurs et les membres inférieurs sont homologues, construits sur le même plan. Ils diffèrent quelque peu par leurs bases (ceintures scapulaire et pelvienne).

Chaque moitié de la *ceinture scapulaire* est due à l'ossification, en *trois points*, d'un arc cartilagineux primitif, d'où résultent l'*omoplate o* (fig. 188) en arrière, l'*os coracoïde co* en avant (simple apophyse de l'omoplate chez l'Homme) et le *procoracoïde pr.c*. Au point de jonction de ces os se forme la cavité glénoïde.

Chaque côté de la *ceinture pelvienne* a pour origine l'ossification, en *trois points*, de l'arc cartilagineux primitif qui a donné l'*ilium il*, le *pubis pu* et l'*ischion is*; ces 3 os, soudés seulement vers l'âge de vingt ans chez l'Homme, participent à la formation de la cavité cotyloïde.

CEINTURE SCAPULAIRE.	CEINTURE PELVIENNE.
Omoplates non soudées à la colonne vertébrale.	*Iliums* soudés au sacrum.
Os coracoïdes à peine développés.	*Ischions*.
Os procoracoïdes.	*Pubis* réunis en avant (symphyse pubienne).
Os procoracoïdes [*Clavicule*].	

A l'*humérus* du bras correspond le *fémur* de la cuisse.
Au *radius* de l'avant-bras correspond le *tibia* de la jambe.
Au *cubitus* de l'avant-bras correspond le *péroné* de la jambe.
Les os de la main et du pied tirent leur origine de centres d'ossification semblablement placés.
Les mouvements du radius et du cubitus diffèrent de ceux qu'exécutent le tibia et le péroné ; nous en précisons plus loin les causes.

§ 2. — ANATOMIE COMPARÉE DU SQUELETTE DANS LA SÉRIE

1° PLAN GÉNÉRAL DU SQUELETTE. — SEGMENT VERTÉBRAL.

L'étude du développement du squelette chez l'embryon humain montre que cet appareil franchit, par étapes, quelques-unes des phases caractéristiques du squelette définitif des Vertébrés inférieurs ; il suffit de connaître celles-ci pour déceler le plan qui a présidé à l'agencement de notre charpente, dont la complexité paraît si grande dès l'abord.

Corde dorsale ; ses transformations. — 1° *État muqueux*. Chez l'*Amphioxus* (fig. 189), l'un des Chordés inférieurs, on distingue, tout le long du corps et d'avant

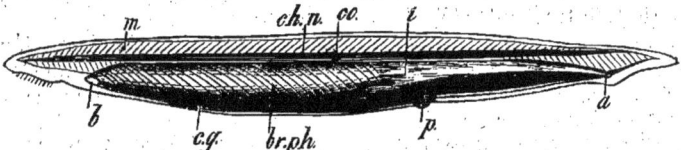

FIG. 189. — *Amphioxus*. *co*, corde dorsale; *ch.n*, chaîne nerveuse (au-dessus); *i*, intestin (en dessous); *b*, bouche; *br.ph*, cavité pharyngienne et branchiale; *a*, anus; *c.g*, cavité générale; *p*, pore abdominal; *m*, muscles.

en arrière, une tige cylindrique, *co*, formée de cellules mal définies (*corde dorsale* ou *notochorde*), enveloppée dans un étui sécrété par ces cellules mêmes (fig. 190, 191, A) : c'est aussi le premier état de notre squelette.

2° *État cartilagineux*. — Chez les Vertébrés, des modifications surviennent bientôt, B. Les cellules de la corde prennent l'aspect d'un tissu connectif semblable à du cartilage, et l'étui ou *couche squelettogène et* forme une enveloppe plus nette, fibreuse, puis cartilagineuse.

Une *segmentation* se produit dans la corde B (fig. 191), puis dans le cartilage C qui l'entoure; les segments successifs sont les *vertèbres primordiales v* et la corde est devenue une *colonne vertébrale*. Chaque vertèbre y présente un *corps*, partie où le cartilage entoure le tissu mou (dernier vestige de la corde dorsale *co*)

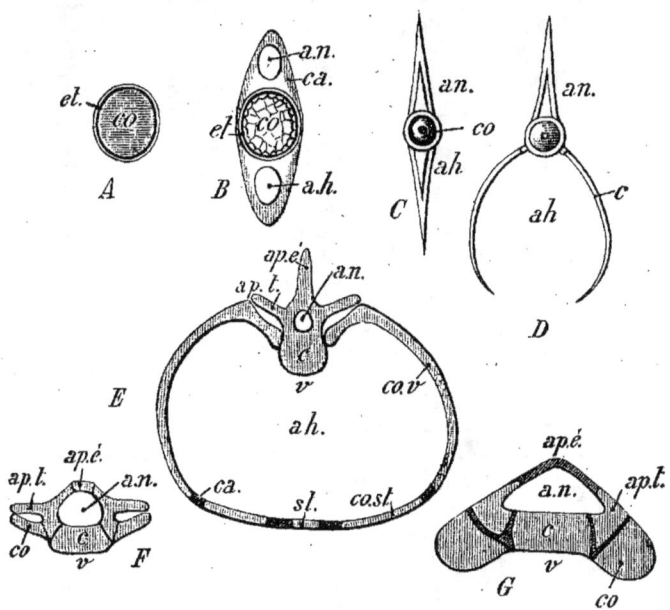

Fig. 190. — Segment vertébral sous ses diverses formes. — A segment primitif; *co*, corde; *et*, étui. — B, la corde s'entoure de cartilage *ca*; *a.n*, arc neural; *a.h*, arc hémal. — C, D; Poissons Téléostéens : C, région post-anale; D, région viscérale; *c*, côtes. — E; Vertébrés supérieurs (région dorsale du squelette) : *v*, vertèbre; *c*, corps; *a.n*, arc neural avec les apophyses épineuse *ap.é* et transverses *ap.t.*; *a.h*, arc hémal; *co.v*, vraie côte; *co.st*, côte sternale; *ca*, cartilages d'union; *st*, sternum. — F, G, segments vertébraux modifiés : de la région cervicale (F), de la région sacrée (G).

et des parties annexes dues à la couche squelettogène; ces annexes sont des *arcs* : l'un supérieur, abritant le système nerveux central, est dit *arc neural a,n* (fig. 190, B); l'autre inférieur, entourant les principaux troncs sanguins et les viscères, est l'*arc hémal a.h* (Poissons cartilagineux).

3° *État osseux.* — Le cartilage du corps de la vertèbre et des arcs (neural et hémal) se transforme ensuite, par une résorption partielle ou totale, en substance osseuse. Les vertèbres et leurs annexes adoptent peu à peu leur forme définitive (fig. 191, D, E).

On appelle *segment vertébral* l'ensemble constitué par une vertèbre et les arcs qui en dépendent.

La région postérieure du squelette des Poissons Téléostéens (Tanche, par exemple), est constituée par une suite de segments vertébraux parfaits, C (fig. 190). Dans la région antérieure, sauf la tête, l'arc hémal, D, ouvert, est constitué par des *côtes* développées indépendamment de la colonne vertébrale (Ganoïdes exceptés).

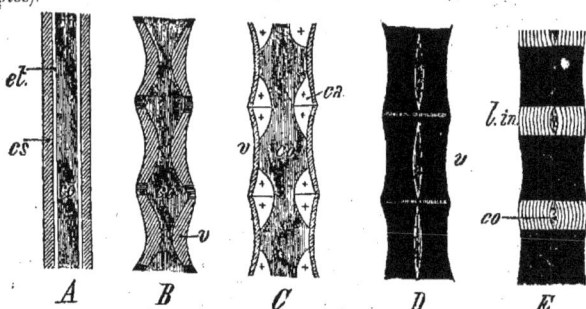

191. — États divers de la colonne vertébrale. A ; *co*, corde dorsale continue ; *et*, étui. — B ; la corde se partage en segments, *v* (vertèbres biconcaves des Poissons). — C, vertèbre des Amphibiens avec cartilage intervertébral, *ca* ; la corde diminue de volume. — D, E ; vertèbres ossifiées des Reptiles et des Oiseaux (D), des Mammifères (E).

Cette dernière disposition se retrouve chez les Serpents sur toute la longueur du corps (sauf la tête). Avec les Crocodiles et les Lézards apparaît un caractère nouveau, commun à tous les Vertébrés supérieurs : la réunion des côtes, *co*, E (fig. 190), par leurs extrémités ventrales, en deux bandelettes cartilagineuses qui, s'unissant sur la ligne médiane, forment un *sternum*, *st*, ossifié chez les Oiseaux et les Mammifères.

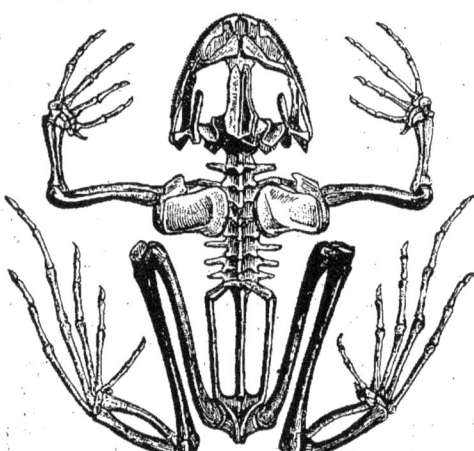

FIG. 192. — Squelette de la Grenouille.

Les arcs hémaux des divers segments vertébraux ne sont donc complètement fermés que dans la partie du corps où le sternum existe. On peut alors distinguer dans le squelette : une région thoracique avec arcs hémaux fermés, E (Homme, Vertébrés supérieurs) ; une région lombaire où ne se trouvent plus que des rudiments de côtes, *co*, non mobiles (F, région cervicale ; G, région sacrée).

1. La Grenouille (fig. 192) possède un sternum auquel n'aboutissent pas de côtes. La Tortue présente une carapace formée par le développement extraordinaire de plaques osseuses tirant leur origine de la couche squelettogène du derme et de l'épiderme ; les plaques dermiques y sont soudées au squelette du tronc (fig. 174 et 175).

ANATOMIE COMPARÉE DU SQUELETTE.

Quelques vertèbres de la région sacrée (2 *primaires*, *n* secondaires) se soudent entre elles et forment un *sacrum* d'étendue variable avec les espèces considérées.

[Le *sacrum* est la région de la colonne vertébrale où les membres inférieurs prennent leur point d'appui.]

L'indépendance ou la soudure des segments vertébraux est déterminée par le mode de vie de l'animal. Si les ondulations du corps tout entier sont exigées pour la locomotion, les segments vertébraux sont indépendants (Serpents); dans le cas contraire, une partie plus ou moins étendue de ces segments est soudée (Oiseaux).

Cette *adaptation* se révélera plus remarquable encore à propos de l'étude des membres. (A mentionner, chez les Oiseaux et les Reptiles, la présence *d'un seul condyle occipital* qui porte la tête.)

Tête. — On a voulu voir dans le squelette de la tête l'existence de segments vertébraux profondément modifiés par suite de l'extension considérable des centres nerveux antérieurs. Les arcs nerveux auraient pris ainsi un énorme développement; il est difficile d'admettre une pareille théorie que n'autorisent d'ailleurs ni l'étude du développement de la région céphalique, ni la complexité du squelette céphalique des Poissons, pour ne citer que deux des objections les plus importantes.

Membres. — Ils paraissent être des productions dont l'origine est indépendante de celle des segments vertébraux (Voir T. II, fasc. 2, page 343).

Le squelette des Vertébrés révèle donc, tout au moins dans les premières phases de leur existence, une organisation segmentaire comparable à celle des Vers, organisation déjà signalée à propos de l'appareil excréteur.

2° MEMBRES.

* *Les membres surtout ont subi, chez les Vertébrés, des modifications profondes, parce qu'ils se sont adaptés aux modes d'existence variés de ces animaux, dans l'eau, sur la terre, sous le sol et dans l'air.*

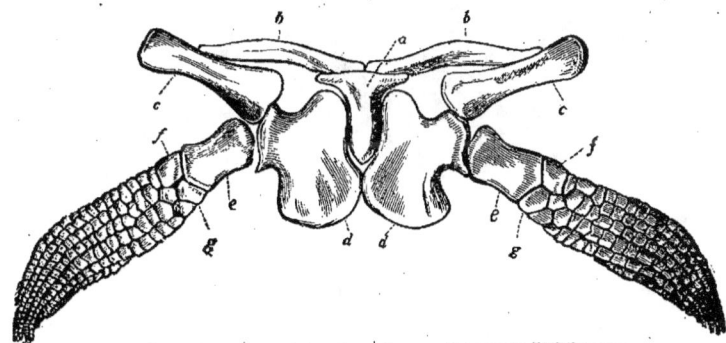

FIG. 193. — Ceinture scapulaire et membres antérieurs de l'Ichthyosaure.

Ils se composent d'une partie libre très mobile et d'une partie basilaire engagée dans l'épaisseur des tissus. Cette dernière s'appelle *ceinture scapulaire* pour les membres antérieurs et *ceinture pelvienne* pour les membres postérieurs.

Chez les Cyclostomes, on n'en voit pas trace.

Chez les autres Vertébrés, l'homologie des membres est d'autant plus nette que leurs fonctions s'identifient davantage.

Les Poissons possèdent des membres consistant en nageoires paires : les *nageoires pectorales* sont les homologues des membres antérieurs des autres Vertébrés, et les *nageoires abdominales* représentent les membres postérieurs.

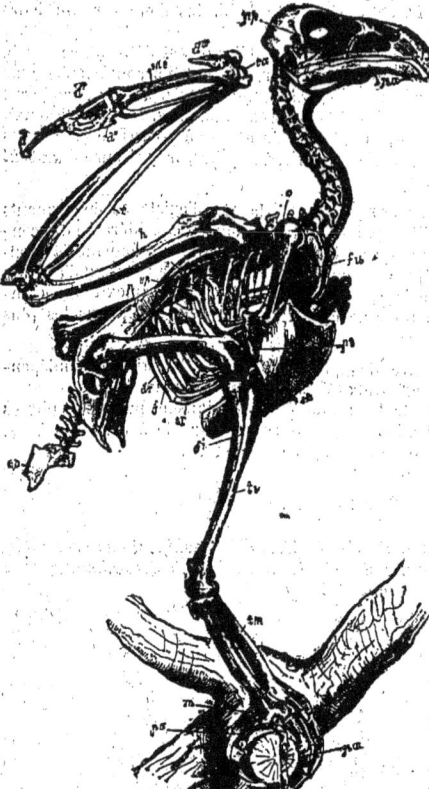

D'autres lames, appelées nageoires impaires, assurent la variété des mouvements du Poisson : ce sont les nageoires *dorsale*, *caudale* et *anale* (fig. 104).

Nageoires paires et impaires ont pour origine 3 *replis cutanés* longitudinaux : 1 dorsal et 2 latéraux.

1° **Ceintures.** — Chez les Poissons, la ceinture scapulaire, d'abord réduite à un cartilage unique, s'ossifie partiellement. La ceinture pelvienne est fort mal représentée.

Chez les Vertébrés supérieurs, la ceinture scapulaire présente, de chaque côté, une région dorsale qui forme l'*omoplate* et une région ventrale constituée par le *procoracoïde* en avant et le *coracoïde* en arrière.

La ceinture pelvienne présente de même : une région dorsale, l'*ilium*, et une région ventrale formée du *pubis* en avant et de l'*ischion* en arrière.

Ces régions dorsale et ventrale, pour chaque demi-ceinture, sont en contact au point d'attache de l'humérus pour le membre antérieur et du fémur pour le membre postérieur (fig. 188).

Fig. 194. — Squelette d'Oiseau (Aigle) *ma*, maxillaire inférieur; *dr*, vraie côte avec apophyse uncinée, *up*; *sr*, côte sternale; *st*, sternum; *fu*, fourchette (soudure des clavicules); *e*, coracoïde; *s*, omoplate; *h*, humérus; *r*, cubitus et radius; *ca*, carpe; *mé*, métacarpe; *d* à *d'''* doigts; *f*, fémur; *ti*, tibia; *tm*, métatarse; *pa*, phalanges des orteils.

Tandis que l'omoplate et l'ilium sont toujours nettement distincts, les systèmes coracoïdien et ischio-pubien varient soit par leur soudure plus ou moins complète, soit par la valeur de leur développement relatif. Chez les Mammifères, l'os coracoïde est réduit à une simple apophyse de l'omoplate.

Le procoracoïde, qui fait partie de la ceinture scapulaire chez les Amphibiens, devient la *clavicule* distincte de cette ceinture chez les Reptiles (sauf les Crocodiliens qui n'en possèdent pas); elle ne passe pas alors par l'état cartilagineux et s'ossifie directement (*os secondaire*) sous forme d'une lance mince qui s'étend de l'omoplate à la pointe du sternum.

Chez les Oiseaux Carinates, la clavicule prend un grand développement et se soude avec sa congénère pour constituer la *fourchette*; les Ratites et quelques Perroquets ont une clavicule presque totalement atrophiée.

Chez les Mammifères dont les membres antérieurs effectuent des mouvements variés, la clavicule a de grandes dimensions; elle est absente ou rudimentaire chez les Carnivores et les Ongulés.

2° Partie libre des membres. *Animaux aquatiques*. — Les parties libres des membres antérieurs et postérieurs chez tous les animaux aquatiques ont entre elles la plus grande analogie; la seule différence qu'on puisse signaler, dans la série des Vertébrés, consiste en ce que le squelette très complexe des nageoires des Poissons est réduit notablement dans les membres des Vertébrés supérieurs qui habitent l'eau.

La nageoire d'une Raie (I, fig. 195) s'appuie sur la ceinture correspondante, par trois pièces (*proptérygium*, 1; *mésoptérygium*, 2; *métaptérygium*, 3)

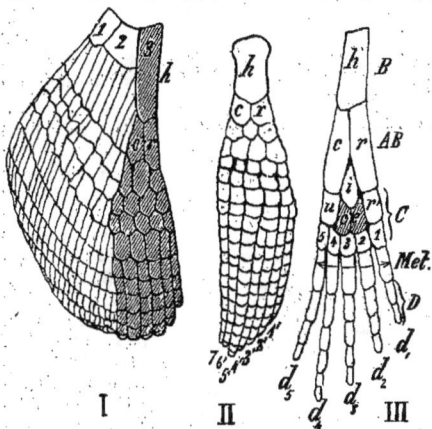
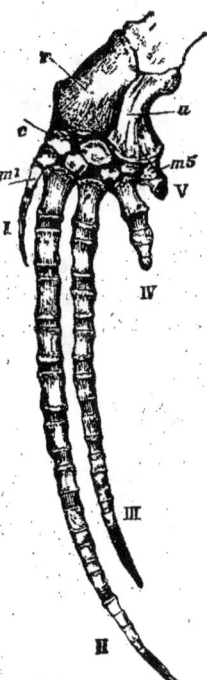

Fig. 195. — Partie libre des membres. I, Raie (nageoire). II, Ichthyosaure; $1'$ à $7'$, séries de phalanges (d'après Gegenbaur). — III, Grenouille. *B*, bras; *h*, humérus; *AB*, avant-bras; *c*, cubitus; *r*, radius. *C*, carpe. *Mét*, métacarpe. *D*, doigts.

Fig. 196. — Membre de Dauphin.

et de ces 3 pièces s'en détachent d'autres très nombreuses, unies entre elles par une membrane. Or chez la plupart des Poissons, la pièce 3 subsiste seule et supporte des parties qui soutiennent elles-mêmes les rayons de la nageoire où apparaissent des éléments osseux.

Chez les Vertébrés autres que les Poissons, on trouve un *type fondamental* caractérisé, comme la *nageoire primitive* des Poissons, par 1 *rayon principal* et des *rayons secondaires* au nombre de 4 (Voir T. II, fasc. 2, page 373). La forme primitive des membres est donc *pentadactyle*; on la trouve chez la majeure partie des Vertébrés (Amphibiens, fig. 195, III; Dauphin, fig. 196).

Parfois cette forme se complique par l'adjonction de rayons supplémentaires (Ichthyosaure, fig. 195, II); le plus souvent elle se simplifie, comme nous le verrons dans la suite.

Animaux aériens. — La constitution fondamentale du membre se retrouve chez la Chauve-souris (fig. 197, A), où toutefois les doigts du membre antérieur ont subi un allongement considérable (sauf le pouce) pour supporter une membrane alaire; chez le Ptérodactyle, B (Reptile fossile), le 5° doigt seulement a subi ce développement. Le membre antérieur des Oiseaux (fig. 198) diffère beaucoup des

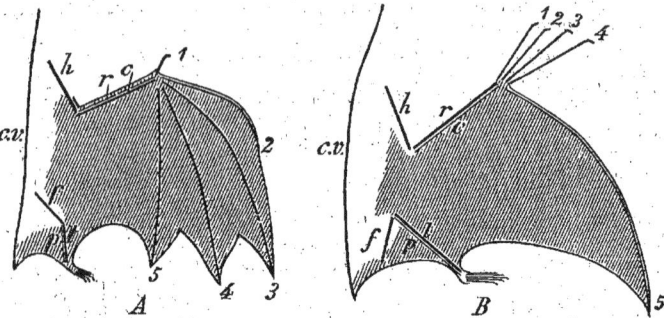

Fig. 197. — Figure théorique montrant la disposition de la membrane alaire : chez la Chauve-souris, A ; chez le Ptérodactyle, B. — *h*, humérus ; *r*, radius ; *c*, cubitus ; 1, 2, 3, 4, 5, doigts ; *f*, *tp*, membre inférieur ; *c.v*, colonne vertébrale.

types précédents en ce que la surface de soutien est constituée par des plumes (fig. 172 et 173) insérées sur l'humérus, le radius et le cubitus très allongés et sur les doigts dont le nombre est réduit à trois ; encore ces doigts sont-ils plus ou moins atrophiés. Les doigts étaient nettement représentés chez l'*Archæopteryx* où des griffes les terminaient.

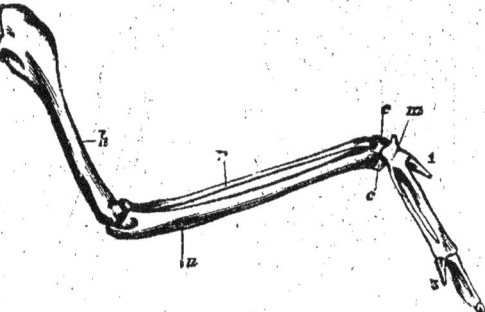

Fig. 198. — Membre d'Oiseau. *h*, humérus ; *u*, *r*, radius et cubitus ; *c*, carpe ; *m*, métacarpe ; 1, 2, 3, doigts.

Animaux fouisseurs. — La Taupe, essentiellement souterraine, a ses membres antérieurs constitués par une omoplate allongée, un humérus excessivement large et contourné de telle sorte que la paume de la patte antérieure est dirigée en dehors (fig. 199).

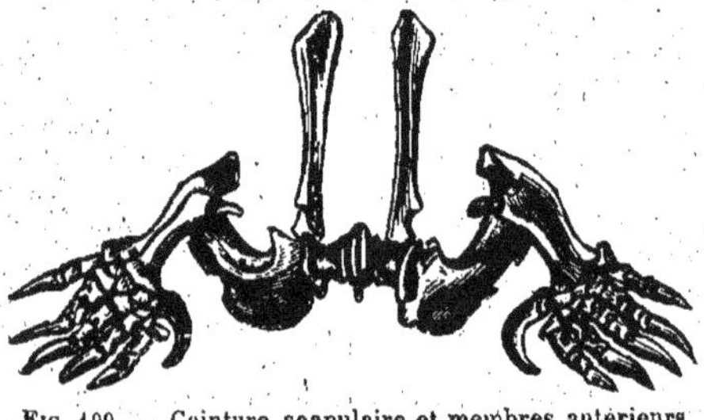

Les pattes antérieures de cet animal sont beaucoup plus fortes que les pattes postérieures, parce qu'elles accomplissent un travail considérable dans le creusement des galeries souterraines.

Fig. 199. — Ceinture scapulaire et membres antérieurs de la Taupe.

Tout organe subit donc un développement en rapport avec la fonction qu'il remplit.

ANATOMIE COMPARÉE DU SQUELETTE.

De ce principe découle le corollaire suivant : *Tout organe dont la fonction est nulle dépérit, puis disparaît.* L'étude des extrémités des membres chez les Vertébrés terrestres va nous en fournir de remarquables exemples.

Vertébrés vivant sur la terre. — Les modifications les plus intéressantes à signaler chez ces êtres concernent les Mammifères ; ces modifications sont relatives :
1° A la simplification des extrémités des membres par soudure ou par atrophie ;
2° A l'adaptation des membres au mode de locomotion de l'animal.

1° Simplification des extrémités des membres. — Le radius et le cubitus, accolés de manière à demeurer immobiles chez la plupart des Mammifères, sont confondus en un seul os chez le Cheval.

Les os du carpe forment 2 rangées : la première comprend 3 os appliqués contre le radius et le cubitus ; la seconde comprend 5 *os qui portent les 5 doigts* ; entre ces 2 rangées est normalement un os central rarement développé.

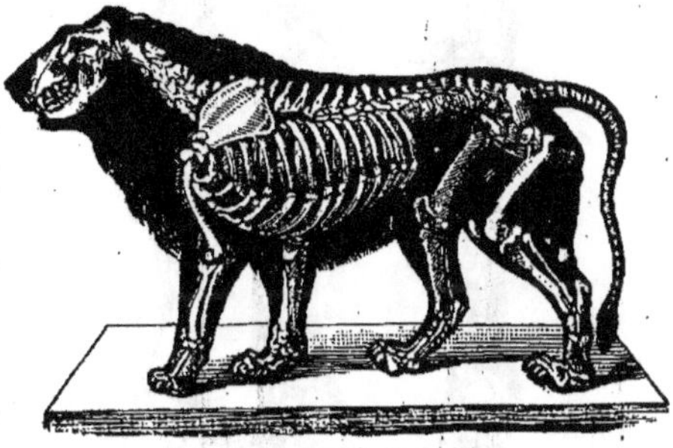

Ainsi *la forme pentadactyle est la forme primitive de l'extrémité du membre chez tous les Mammifères.*

On la retrouve à peu près intacte dans la série des *Onguiculés* (avec griffes ou ongles) ; les Carnivores (fig. 200) cependant ont le pouce rudimentaire au membre antérieur et totalement disparu au membre postérieur qui n'a que 4 doigts (Chien). Cette forme pentadac-

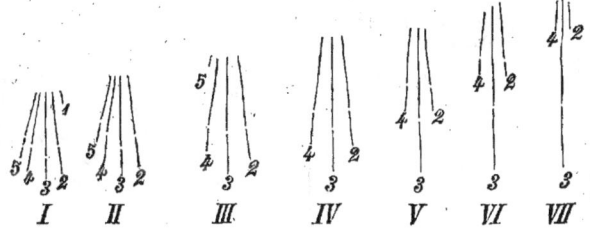

Fig. 200. — Squelette du Lion.

Fig. 201. — Extrémité du membre chez les Chevaux américains fossiles. I, *Eohippus* ; II, *Orohippus* ; III, *Mesohippus* ; IV, *Miohippus* ; V, *Protohippus* ; VI, *Pleiohippus* ; VII, Cheval. 1, pouce ; 2, 3, 4, 5, les autres doigts.

tyle se simplifie par la suppression des doigts dans le même ordre : 1 (pouce), 5, 2, 4, 3 (doigt médian).

En raison de cette simplification, les *Mammifères ongulés* (à sabots) se divisent en 2 groupes : les *périssodactyles* à nombre impair de doigts, et les *artiodactyles* dont le nombre de doigts est pair.

Périssodactyles. — Les phases de la suppression progressive des doigts chez les Périssodactyles ont été retrouvées par Marsh dans la série des Chevaux américains des âges tertiaire et quaternaire. Ces phases sont retracées dans la figure 201.

Éocène inférieur : *Eohippus*   doigts 2, 3, 4, 5; stylet métatarsien du pouce.
  — supérieur : *Orohippus*   — 2, 3, 4, 5; stylet disparu.
Miocène inférieur : *Mesohippus*   — 2, 3, 4   ; stylet métatarsien du 5ᵉ doigt.
  — supérieur : *Miohippus*   — 2, 3, 4 ;   —   disparu.
Pliocène inférieur : *Protohippus*   — 3 (2, 4 petits).
  — moyen : *Pleiohippus*   — 3 (2, 4 très réduits et sans sabot).
Période actuelle : *Cheval*   — 3 ; stylets métatarsiens de 2 et 4.

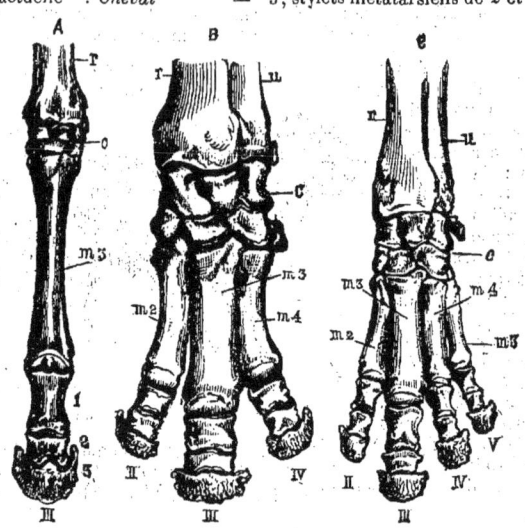

Fig. 202. — Extrémité d'un membre. A, Cheval ; B, Rhinocéros ; C, Tapir. — r, radius; u, cubitus; c, carpe; m_2 à m_5, os métacarpiens ; II à V, doigts.

Dans l'ancien continent, le Tapir (fig. 202, C) rappelle beaucoup l'*Orohippus*; le *Palæotherium*, l'*Anchitherium* (fig. 203, A), puis l'*Hipparion* B se rapprochent du *Miohippus* et du *Protohippus*.

Dans tous ces types, un doigt médian (3) est toujours plus grand que les autres.

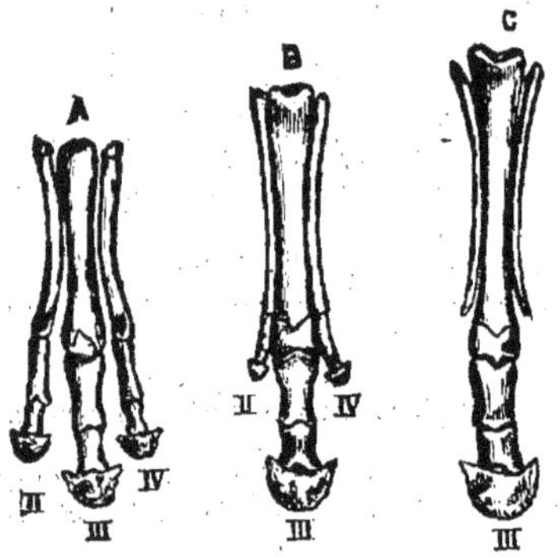

Artiodactyles. — Ceux-ci présentent une réduction des doigts non moins remarquable, mais les doigts 3 et 4 sont toujours d'égale dimension.

Le Porc (fig. 204, A) présente les doigts 2 et 5 plus petits que 3 et 4, mais moins réduits que chez l'*Hyæmoschus* B; les 4 os métatarsiens y sont libres; les métatarsiens 3 et 4 commencent à se souder chez le *Tragulus*, C; ils le sont dans toute leur longueur chez le Chevreuil D, le Mouton E, le Bœuf et le Chameau F.

Fig. 203. — Extrémité d'un membre (Périssodactyles). A, *Anchitherium*; B, *Hipparion*; C, Cheval.

Le Chevreuil présente une grande réduction des doigts 2 et 5, dont il ne reste plus que de faibles traces chez le Mouton et le Bœuf; la disparition en est complète chez le Chameau.

En même temps que s'accomplissent ces simplifications du nombre des doigts, la main (pied) se dresse peu à peu, de telle sorte que, chez le Cheval et le Bœuf,

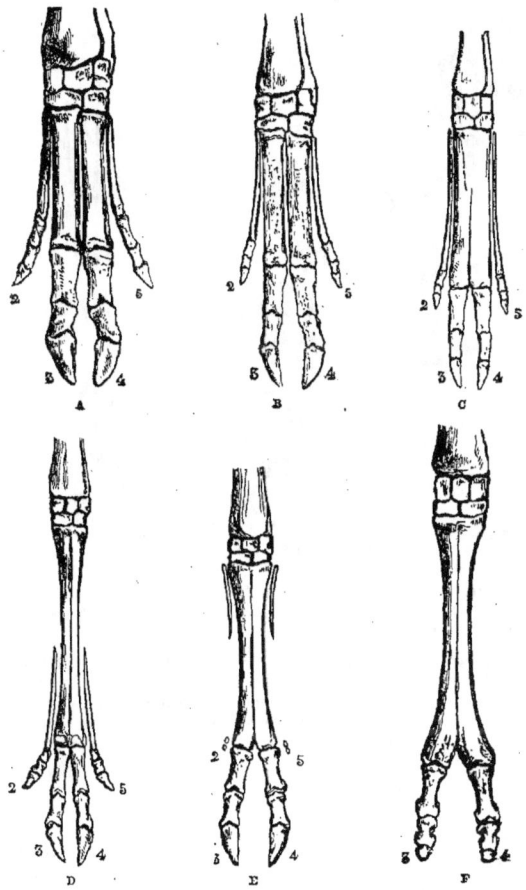

Fig. 204. — Extrémité d'un membre (*Artiodactyles*). A, Porc; B, *Hyæmoschus*; C, *Tragulus*; D, Chevreuil; E, Mouton; F, Chameau.

le carpe (tarse), puis le métacarpe (métatarse), puis la 1re et la 2e phalanges ne touchent plus le sol; la 3e phalange seule s'y applique.

Ainsi l'animal, haut perché sur pattes, non gêné par un grand nombre de doigts, peut chercher l'herbe dont il se nourrit, courir et fuir devant le danger.

Cette disposition avantageuse se trouve aussi dans les membres postérieurs des Oiseaux coureurs (Autruches). Chez les Oiseaux qui ne volent pas (Manchot, fig. 205), on remarque au contraire une atrophie presque complète des ailes qui portent des plumes très réduites; ces animaux reposent sur le pied entier.

2° **Adaptation de la forme des membres à la locomotion.** — La disposition des parties libres des membres antérieurs et postérieurs est la même chez les

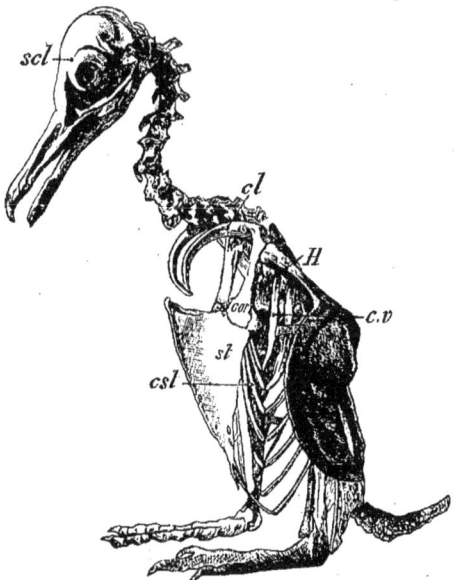

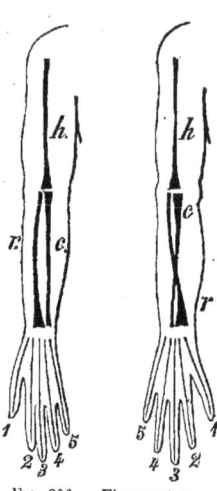

Fig. 206. — Figure schématique montrant, chez l'Homme, les positions relatives du radius *r* et du cubitus *c*, *parallèles* quand la face palmaire de la main est tournée en avant, *croisés* lorsqu'elle est tournée en arrière.

Fig. 205. — Squelette du Manchot (atrophie du membre antérieur); *scl*, sclérotique ossifiée; *cl*, clavicule (fourchette); *cor*, os coracoïde; *H*, humérus.

animaux aquatiques pourvus de nageoires (Poissons) ou de palettes natatoires (Enaliosauriens, fig. 193, Cétacés) et chez les embryons des Vertébrés supérieurs :

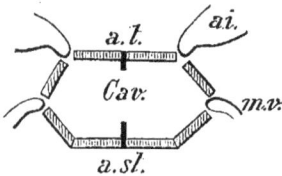

Fig. 207. — Section d'un anneau d'Arthropode. *a.t*, arceau dorsal; *a.st*, arceau ventral; *m.v*, patte; *ai*, aile; *cav*, cavité générale.

La face palmaire de la main et la face plantaire du pied regardent le plan de symétrie du corps, le coude et le genou en dehors, le pouce du côté ventral ainsi que le radius et le tibia.

Chez les Vertébrés terrestres, les faces palmaire et plantaire sont amenées parallèlement au sol, grâce à un déplacement de la surface d'articulation de l'humérus et du fémur. Ce déplacement de 90° a lieu du côté de la face dorsale pour l'humérus et la face palmaire est tournée vers le ciel (Tortue); il se fait du côté de la face ventrale pour le fémur et la face plantaire s'appuie sur le sol. Mais la face palmaire, pour s'appliquer, elle aussi, sur le sol, se déplace de 180° autour d'un axe formé par le cubitus. Le radius, qui porte la main, peut tourner en effet de 180° sur l'humérus avec lequel il est articulé; primitivement parallèle au cubitus et éloigné du corps, le pouce étant en dehors, le radius est croisé avec le cubitus dans sa nouvelle position et le pouce est alors tourné en dedans (fig. 206).

FORMATIONS SQUELETTIQUES DES INVERTÉBRÉS

Tuniciers. — Ils doivent leur nom à une enveloppe percée de deux orifices, l'un buccal, l'autre anal. La *tunicine*, qui compose presque entièrement cette enveloppe,

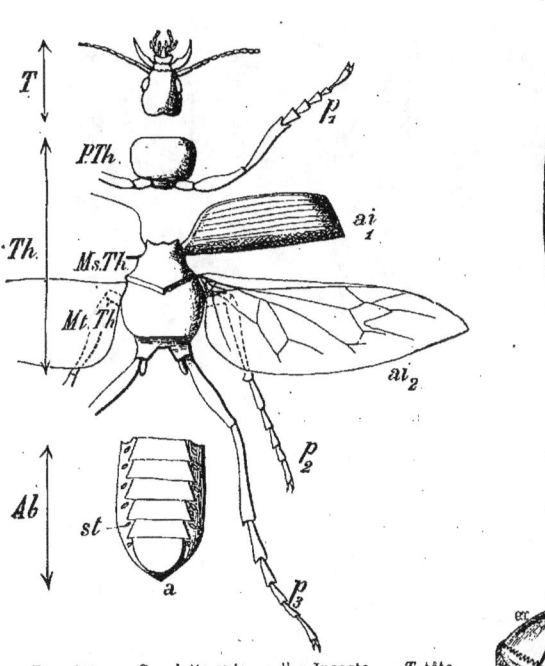

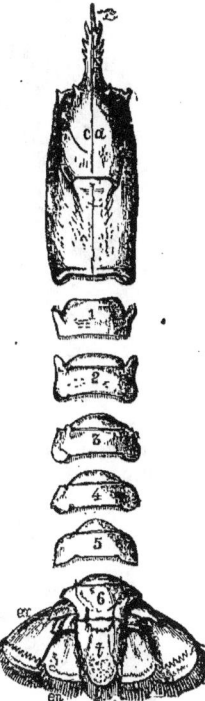

Fig. 208. — Squelette externe d'un Insecte. — T, tête. — Th, thorax : $P.Th$, *prothorax* avec la 1re paire de pattes, p_1 ; $Ms.Th$, *mésothorax* avec la 2e paire de pattes p_2 et la 1re paire d'ailes ai_1 ; $Mt.Th$, *métathorax* avec la 3e paire de pattes p_3 et la 2e paire d'ailes ai_2. — Ab, abdomen composé d'anneaux avec une paire de stigmates st chacun ; a, anus.

Fig. 209. — Squelette externe du Homard (face dorsale).

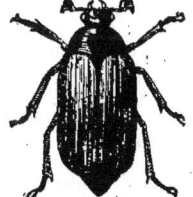

Fig. 208 *bis*. — Hanneton.

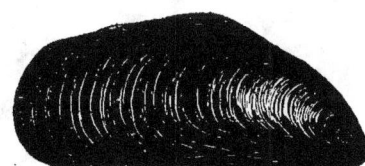

Fig. 210. — Moule.

est une substance ternaire qui, associée à une matière albuminoïde, forme la *chitine*. Cette dernière constitue la matière fondamentale du squelette des Arthropodes.

Arthropodes. — Ces animaux sont pourvus d'un tégument chitineux qui forme un *squelette externe* partagé en anneaux sur lesquels s'insèrent les muscles et les ligaments.

Chaque anneau est formé en principe de deux arceaux : l'un ventral (*sternal st*,

Fig. 211. — Escargot.

fig. 207), l'autre dorsal (*tergal a.t*), composés eux-mêmes de 4 pièces ; aux points de jonction des pièces latérales avec les pièces médianes s'insèrent les membres dorsaux (*ailes ai*, chez les Insectes seulement, fig. 208 et 208 *bis*) et les membres ventraux (*pattes articulées m.v*). Certains anneaux sont parfois dépourvus de membres.

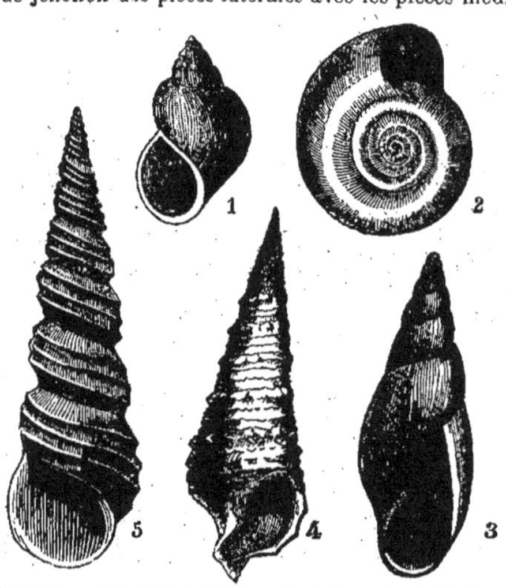

Fig. 212. — 1, Paludine. 2, Planorbe. 3, Lymnée. 4, Cérithe. 5, Mélanie.

Le corps des Insectes est divisé en 3 régions : *tête, thorax* et *abdomen*.

Les membres ont eux-mêmes une forme variable avec la fonction qu'ils ont à remplir (*Crustacés* : mâchoires, pattes mâchoires, pattes ambulatoires, etc., fig. 64) ; parfois même, au lieu de membres, ces anneaux portent des organes spéciaux (yeux, antennes).

Les **Vers** n'ont pas de squelette, quelques-uns sécrètent un tube dans lequel ils habitent (*Serpule*, fig. 81).

Les **Mollusques** sont protégés par une production du manteau ; c'est une coquille externe, bivalve chez les Lamellibranches (Moule, fig. 210, Huître, *Pecten*), univalve chez les Gastéropodes fig. (211 et 212), (Escargot, Paludine, *Murex*, *Trochus*). Chez certains

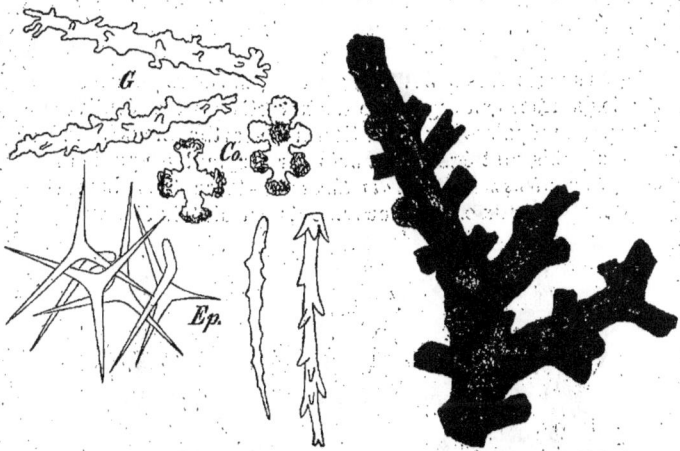

Fig. 213. — Spicules de Cœlentérés (*G*, Gorgone; *Co*, Corail) et d'Éponges, *Ep*.

Fig. 214. — Fragment de Polypier (*Dendrophyllia*).

Céphalopodes, on trouve une coquille externe (Nautile) ou interne (*os* de Seiche, *plume* de Calmar).

Les **Échinodermes** ont un test calcaire formé de plaques polygonales régulières (fig. 76, A et B) portant les piquants, les ambulacres et les pédicellaires (organes de défense et d'attaque).

Chez les **Coralliaires** et les **Spongiaires**, le squelette consiste en spicules plus ou moins nombreux (fig. 213) diversement orientés qui constituent les polypiers (fig. 214) construits par les premiers.

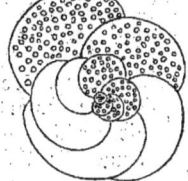

Fig. 215. — Coquille perforée de Foraminifère (*Rotalia*).

Parmi les **Protozoaires**, les *Foraminifères* sécrètent une coquille calcaire (fig. 215) et les *Radiolaires* ont un squelette siliceux.

§ 5. — ARTICULATIONS

Les *articulations* sont les divers modes d'union que présentent entre eux les os.

On peut les diviser en : *articulations fixes* (sutures ou synarthroses), *articulations presque fixes* (symphyses ou amphiarthroses), *articulations mobiles* (diarthroses).

Le tissu conjonctif avec toutes ses variétés (élastique, séreuse, fibreuse, cartilagineuse) participe à l'union des os.

1° *Articulations fixes* ou *sutures*. — Les os sont dentelés sur leurs bords (frontal, pariétaux, occipital, etc., fig. 30), et s'engrènent en se maintenant très solidement ; est interposée une petite quantité de tissu fibreux qui s'ossifie chez les vieillards.

2° *Articulations presque fixes* ou *symphyses*. — Les corps des vertèbres successives sont limités par des surfaces planes et parallèles ; les surfaces en regard de deux vertèbres consécutives sont reliées par une épaisse couche de tissu fibro-cartilagineux (fig. 216, A). Les deux pubis sont également unis par la symphyse pubienne.

3° *Articulations mobiles* ou *diarthroses*. — Ce sont les plus variées ; elles permettent aux os des mouvements parfois très étendus les uns

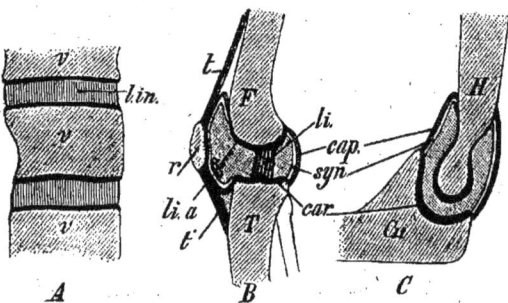

Fig. 216. — Articulations. A, symphyse ; *v*, vertèbres ; *l.in*, ligament intervertébral. — B, diarthrose fémoro-tibiale ; *F*, fémur ; *T*, tibia ; *r*, rotule ; *car*, cartilage ; *li*, ligaments ; *t*, tendon ; *cap*, capsule fibreuse ; *syn*, membrane synoviale. — C, diarthrose huméro-cubitale.

sur les autres. Presque toutes les parties du squelette sont ainsi réunies par des articulations en genou (fémur dans la cavité cotyloïde de l'os iliaque), par des surfaces planes (phalanges), etc.

Les surfaces d'articulation sont pourvues de cartilages hyalins, *car* (fig. 216, B, C), quelquefois de ligaments *li* qui s'étendent d'une face à l'autre ; un manchon fibreux ou *capsule cap* entoure totalement et protège l'articulation ; il est tapissé intérieurement par une séreuse dite *synoviale syn* qui sécrète, par la fonte de son épithélium, un liquide filant, la *synovie*, chargé de lubrifier les surfaces articulaires.

Le vide existe dans tout l'espace limité par la synovie ; aussi les os sont-ils appliqués les uns contre les autres par la pression atmosphérique.

On le démontre par l'expérience suivante qui intéresse l'articulation du fémur avec l'os iliaque (*articulation coxo-fémorale*) : Les parties molles de la cuisse sont enlevées tout autour de l'articulation ; on soumet cette dernière au vide, sous le récipient d'une machine pneumatique où l'on a suspendu la portion disséquée ; on voit alors la tête du fémur quitter le fond de la cavité cotyloïde contre lequel elle était appliquée.

CHAPITRE II

SYSTÈME MUSCULAIRE

Définition et description d'un muscle.

Les muscles sont les organes qui, en état d'activité, déterminent les mouvements du corps. — Nous avons vu (page 24) qu'il existe trois catégories de muscles ; nous ne nous occuperons ici que des *muscles à contraction volontaire*.

Un muscle se compose ordinairement d'une partie médiane, renflée, rouge, appelée *ventre v* (fig. 217, C), aux deux extrémités de laquelle sont fixés les *tendons t* blancs, élastiques.

Le **ventre** est formé de *fibres musculaires* dont nous avons étudié

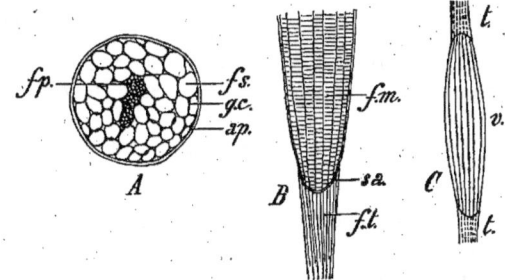

Fig. 217. — Muscles. A, section transversale d'un muscle ; *fp*, faisceau primaire de fibres ; *fs*, faisceau secondaire ; *g.c*, gaine conjonctive ; *ap*, aponévrose. — B, union des fibres musculaires *f.m* et des fibres tendineuses *f.t* par le sarcolemme *sa*. — C, muscle ; *v*, ventre ; *t*, tendons.

les divers aspects. Plusieurs fibres musculaires sont groupées en un *faisceau primaire fp* (fig. 217, A) entouré d'une gaine conjonctive ; une réunion de faisceaux primaires constitue un *faisceau secondaire fs* qu'entoure une gaine plus vaste, et ainsi de suite. Le muscle, association de ces faisceaux, est englobé dans une *aponévrose ap*, gaine conjonctive dont les précédentes sont des ramifications internes.

Les **tendons** sont constitués par des fibres élastiques *f.t*, B, qui s'insèrent aux deux extrémités de la substance musculaire, en s'unissant fortement au sarcolemme *sa* qui l'entoure.

Une aponévrose générale peut protéger plusieurs muscles à la fois.

Des **vaisseaux sanguins et lymphatiques** se ramifient dans toute l'étendue du tissu conjonctif interne et nourrissent abondamment le muscle.

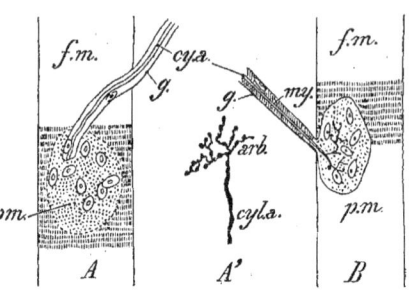

FIG. 218. — Terminaisons nerveuses dans les *plaques motrices* musculaires. — A, B : *f.m*, fibre musculaire avec plaque motrice *pm* ; *g*, gaine de Schwann de la fibre nerveuse à myéline *my* ; *cy.a*, cylindre-axe de la fibre ; A', arborescence terminale du cylindre-axe dans la plaque motrice.

Un muscle reçoit aussi des *nerfs* dont les fibres se terminent dans les fibres musculaires de la manière suivante : le cylindre-axe d'une fibre nerveuse *cy. a* (fig. 218, A et B) pénètre seul dans la substance musculaire ; il se ramifie en arborescences A' et B dans une *plaque motrice pm* résultant de la différenciation du protoplasme de la fibre musculaire.

La gaine de Schwann *g* de la fibre nerveuse se continue avec le sarcolemme de la fibre musculaire et la myéline ne se trouve plus à partir du point où le cylindre a franchi le sarcolemme.

Propriétés physiques des muscles.

1° **Cohésion.** — On rompt facilement un muscle sur lequel on tire ; sa cohésion est donc faible ; elle est due au tissu conjonctif (aponévrose, gaines) et aux vaisseaux sanguins qu'il renferme.

2° **Élasticité.** — Un muscle est très extensible. L'*élasticité du muscle est parfaite et faible*, c'est-à-dire qu'il reprend *exactement* (mais *lentement*) sa longueur primitive quand il a été tendu.

L'allongement d'un muscle n'est pas proportionnel au poids qu'on lui suspend ; il diminue à mesure qu'on augmente la charge.

3° **Contractilité.** — Un muscle peut diminuer de longueur sous l'influence d'une excitation naturelle ou artificielle ; *il se contracte ;* ce phénomène est la conséquence de *l'irritabilité* du muscle. L'*excitant naturel* ou *physiologique* provient des centres nerveux ; les *excitants artificiels* sont les uns *physiques* (choc, pincement, tiraillement du muscle, passage de courants électriques induits dans le muscle, etc.), les autres *chimiques* (eau, acides, alcalis, etc.).

Un muscle qui se contracte diminue de longueur et s'accroît en épaisseur, sans changer de volume.

On peut vérifier la déformation et l'augmentation d'épaisseur du biceps lorsqu'on fléchit l'avant-bras (fig. 219, 1 et 2). — La contraction est due à la diminution d'épaisseur des disques obscurs (fig. 20, C), qui sont les éléments actifs des fibres musculaires.

SYSTÈME MUSCULAIRE.   213

Tableau XXII.

Système musculaire.

Muscles.

- **Définition.** — *Organes actifs du mouvement.*
- **Description** (fig. 217). — *Ventre* et *tendons*, vaisseaux sanguins, nerfs terminés dans les muscles par les *plaques motrices* (fig. 218).
- **Propriétés physiques...**
  - *Cohésion* faible.
  - *Élasticité* parfaite, mais lente.
  - *Contractilité*
    - provoquée par des excitants naturels ou artificiels.
    - Elle a lieu sans changement de volume du muscle (fig. 219).
    - Elle appartient en propre au muscle.
    - *Secousse musculaire.*
      - Tracés myographiques (fig. 220) variables avec :
        - la nature des animaux,
        - la fatigue (fig. 221).
        - le refroidissement, l'anémie, etc., etc.
    - *Tétanos physiologique* (crampes).
  - *Tonicité.*
- **Phénomènes chimiques.**
  - *Nutrition* des muscles plus active quand ils sont en contraction.
    - Combustions internes de matières ternaires (C, O, H).
  - *Coefficient respiratoire* $\dfrac{CO^2}{O}$ ... $\begin{cases} = 1 \text{ environ (muscle au repos).} \\ > 1 \text{ (muscle actif).} \end{cases}$
  - *Acidité* des muscles actifs (acides carbonique, sarcolactique, etc.).
    - L'exagération du mouvement provoque un excès d'acides coagulant la myosine : *Rigidité, rigidité cadavérique.*
- **Classement** (page 217 et fig. 222).
- **Fonctions...**
  - La locomotion est due au jeu des leviers de l'organisme.
  - *Leviers* (fig. 224)
    - du 1ᵉʳ genre. Tête reposant sur la colonne vertébrale.
    - du 3ᵉ genre. Avant-bras fléchi sur le bras.
  - Cas de la *marche*, de la *course* et du *saut*.

214   SYSTÈME MUSCULAIRE.

Un membre de Grenouille est renfermé dans un flacon plein d'eau (fig. 219, 3); au milieu du bouchon du flacon est un tube étroit t dans lequel le liquide s'élève un peu; on porte une excitation, à l'aide d'une bobine d'induction et des fils e, e', sur le nerf du membre; celui-ci se contracte, mais le niveau de l'eau n'a pas varié sensiblement.

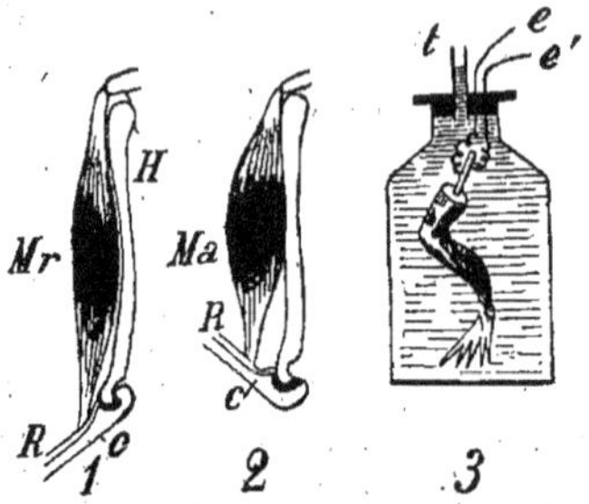

L'irritabilité appartient en propre au muscle et n'est pas due au nerf qui s'y rend : si on coupe le nerf desservant un muscle et qu'on excite ce muscle, il se contracte.

Fig. 219. — 1, Muscle biceps relâché; 2, le même contracté; 3, disposition pour montrer que le volume des muscles se modifie à peine par leur contraction; e, e' rhéophores.

4° **Tonicité**. — Les muscles de l'organisme ne sont pas véritablement au repos : si on coupe à l'une de ses extrémités un muscle en repos, il subit un raccourcissement dû à un état particulier appelé *tonicité musculaire*.

Un muscle est toujours tendu au delà de sa longueur naturelle de repos complet; donc il effectue un léger travail, même dans le cas du repos apparent.

La tonicité musculaire est sous la dépendance du système nerveux; car si on détruit les centres nerveux d'un animal, la tonicité est détruite dans tous ses muscles.

Analyse de la contraction musculaire. Myographe. — On opère sur la Grenouille dont on annule l'action volontaire sur ses propres muscles par la destruction préalable de ses centres nerveux. On isole le nerf sciatique n (fig. 220), puis on

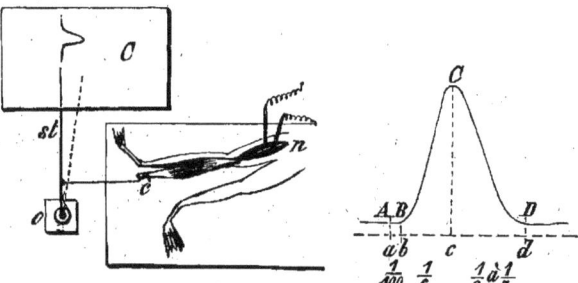

Fig. 220. — Tracé de la contraction musculaire (myographe). c, crochet fixé au tendon inférieur du muscle gastrocnémien d'une Grenouille; st, style mobile autour d'un axe vertical projeté en o; C, cylindre noirci en rotation; n, nerf excité par les rhéophores. La figure $ABCD$, à droite, représente un tracé myographique.

détache le muscle gastrocnémien *de son insertion inférieure seulement* à laquelle est fixé un petit crochet. Ce crochet c est mis en rapport à l'aide d'un fil avec un style st mobile autour d'un axe fixe o. Chaque fois qu'une excitation est portée sur le nerf sciatique par le courant induit de fermeture ou d'ouverture d'un circuit électrique, le muscle se contracte et la secousse musculaire est inscrite par le style st sur un cylindre C noirci, tournant autour de son axe.

SYSTÈME MUSCULAIRE.

La secousse musculaire produit la courbe ABCD; si le moment de l'excitation a été enregistré en a, à l'aide d'un signal de Desprez, on remarque que la secousse comprend trois périodes :

1° *Le temps perdu de l'excitation* ou *période latente* ab $\left(\dfrac{1}{100} \text{ de seconde}\right)$;

2° *La période d'énergie croissante du muscle* bc $\left(\dfrac{1}{6} \quad - \quad\right)$;

3° *La période d'énergie décroissante* cd $\left(\dfrac{1}{5} \text{ à } \dfrac{1}{6} \quad - \quad\right)$.

Variations de la secousse musculaire. — Elles sont dues :

1° *A la nature des animaux* (chez un Oiseau, la durée de la secousse est très courte);

2° *A la fatigue :* la durée de la secousse $a'd'$ (fig. 221) est plus longue pour un muscle fatigué que pour un muscle frais ad; la période latente est aussi plus grande; la grandeur de la contraction mesurée par l'ordonnée $c'c'$ est moindre que celle cc du muscle frais;

3° *Au refroidissement*, etc.

Quand une deuxième excitation survient, alors que l'effet de la première n'est pas terminé, le muscle se contracte davantage ainsi que l'indique la courbe $a''b''c_1''e_1''$. Sous l'influence d'une série d'excitations très rapprochées (30 par seconde), le muscle se contracte au maximum; il est à l'état de *tétanos physiologique* $ABCC'C''C'''\ldots$ (crampes).

Phénomènes chimiques qui s'accomplissent dans les muscles.

La contractilité d'un muscle dépend de sa nutrition. Nutrition des muscles. — Un muscle est très excitable quand le sang y circule en abondance, à une température de 32 à 35°, ou quand on y injecte du sang oxygéné. La

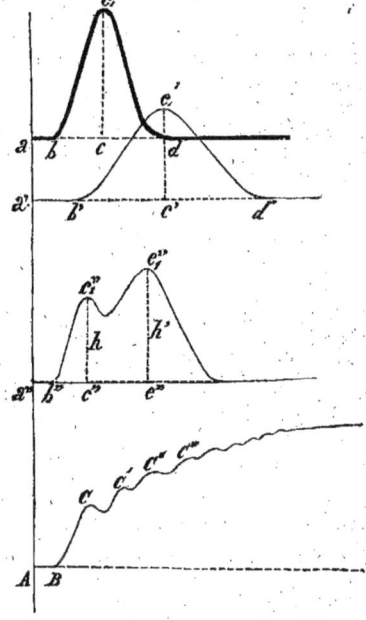

FIG. 221. — Tracés myographiques divers : $abcd$, d'un muscle d'abord au repos; $a'b'c'd'$, d'un muscle fatigué; $a''b''c_1''e_1''$, d'un muscle soumis à deux contractions successives et rapprochées; $ABCC'C''C'''\ldots$, d'un muscle *tétanisé*.

contraction du muscle est alors accompagnée de *combustions internes plus actives des matières ternaires* (hydrates de carbone, graisses) et d'*un dégagement de chaleur* (page 177).

Lois de la contraction musculaire. — 1° *Le raccourcissement d'un muscle dépend de la longueur de ses fibres.*

2° *Le poids qu'un muscle peut soulever dépend du nombre de ses fibres;* il est fonction de la section de ce muscle.

3° *Le raccourcissement d'un muscle préalablement au repos ou en activité dépend de l'intensité de l'excitation qui lui est transmise.*

Le *travail utile* d'un muscle (T = poids soulevé $p \times$ hauteur de soulèvement h) augmente avec la charge jusqu'à une certaine limite à partir de laquelle cet effet utile décroît. Ainsi :

Un muscle chargé d'un poids de
- 50 gr. le soulève à 9 millim. T = 450 milligrammètres.
- 100 — 7 — T = 700 —
- 150 — 5 — T = 750 —
- 200 — 2 — T = 400 —
- 250 — 0 — T = 0 —

Claude Bernard a remarqué que, *dans un muscle au repos*, 100^{cc} de sang afférant au muscle contenaient 7^{cc},3 d'oxygène et n'en renfermaient plus que 5^{cc} à la sortie, tandis que, dans le même *muscle en activité*, le sang sortant de l'organe était plus noir et ne contenait plus que 4^{cc},3 d'oxygène; en revanche, la proportion de gaz carbonique s'y était élevée de 0^{cc},8 (repos) à 4^{cc},2 (activité).

Le rapport $\frac{CO^2}{O}$ du gaz carbonique dégagé à l'oxygène absorbé s'appelle *coefficient respiratoire*. Dans le cas de la contraction musculaire (expérience précédente) :

$$\frac{CO^2}{O} = \frac{4^{cc},2 - 0^{cc},8}{7^{cc},3 - 4^{cc},3} = \frac{3,4}{3} = 1,13.$$

Comme CO^2 renferme son volume d'oxygène, l'organisme a donc perdu une partie de la réserve d'oxygène emmagasinée par les muscles à l'état de repos.

Un muscle en activité a une réaction acide due aux acides carbonique et sarcolactique ainsi qu'au phosphate acide de sodium. Lorsqu'un muscle travaille normalement, le sang alcalin qui le traverse neutralise ou enlève les acides formés; mais si les contractions musculaires sont exagérées, soit par leur intensité, soit par leur répétition trop rapide, le muscle se fatigue (augmentation de la période latente et de la secousse entière, diminution de l'amplitude); les acides s'y accumulent parce que le sang ne peut les supprimer assez vite, la myosine est coagulée, le muscle perd ses propriétés; il devient *rigide*.

Les mêmes phénomènes se produisent quand on injecte à un animal de l'acide lactique, du phosphate acide de sodium, etc. : les muscles sont fatigués instantanément; au contraire, la rigidité disparaît de suite par l'injection d'une solution de permanganate de potassium qui cède au sang l'oxygène propre à éliminer par une combustion complète l'acide lactique, la créatine et autres principes.

Rigidité cadavérique. — Elle est due à la coagulation de la myosine après la mort; les muscles du cadavre conservent cette rigidité jusqu'au moment où leur substance se décomposera. La rigidité apparaît d'autant plus rapide que les muscles travaillaient plus activement avant la mort; elle peut se produire au moment même de la mort.

On cite le cas d'un colonel qui eut la tête emportée par un boulet à l'instant où, le sabre levé, il luttait courageusement contre l'ennemi ; le malheureux tomba de cheval et conserva le bras étendu dans l'attitude du commandement.

Les muscles des mâchoires sont les derniers qui travaillent chez le moribond ; ils sont rigides les premiers sur le cadavre.

DÉNOMINATION ET CLASSEMENT DES MUSCLES

Les muscles ont reçu des noms tirés : soit de leur forme (deltoïde Δ, grand et petit dentelés), soit de leur position (intercostaux, grand pectoral, diaphragme, grand droit abdominal, jambier antérieur), soit de leur direction (grand et petit obliques), soit de leur insertion (sterno-cléido-mastoïdien, thyro-hyoïdien, etc.).

Le tableau ci-joint et la figure 222 donnent les indications relatives aux principaux muscles du corps.

MUSCLES PRINCIPAUX.

I. Tête.
Frontal, fr froncement de la peau du front.
Sourcilier — des sourcils.
Orbiculaire des paupières, o.p fermeture des yeux.
— *lèvres, ol* — de la bouche.
Buccinateur, agrandissement de la fente de la bouche.
Temporal, t
Masséter, m
Digastrique } masticateurs (voy. Digestion).
Ptérygoïdiens
Splénius, sp traction de la tête en arrière.
Sterno-cléido-mastoïdien, s.c.m } respirateurs.
Scalène

II. Tronc.
Muscles inspirateurs et expirateurs (Resp^{on}, page 90).
Trapèze, tr traction de l'omoplate vers la colonne vertébrale.
Grand rond, g.r
Grand dorsal, g.do } traction du bras en arrière.

III. Membres supérieurs.
Deltoïde, d élévation du bras.
Biceps, b
Brachial antérieur, br } flexion de l'avant-bras sur le bras.
Triceps brachial, tr antagoniste des précédents.
Pronateurs et spinateurs. Rotation du radius et de la main autour du cubitus.
Fléchisseurs et extenseurs des doigts.

IV. Membres inférieurs.
Grand fessier, g.f
Moyen — *, mf* } traction du tronc pour assurer la verticalité du corps.
Vastes externe et interne, v.ex et *v.in*.
Biceps crural, b.cr flexion de la jambe sur la cuisse.
Triceps crural
Droit antérieur de la cuisse, da } antagoniste du précédent.
Couturier, co flexion de la jambe sur la cuisse en dedans.
Jumeaux, ju (tendon d'Achille, *t.A*)
Soléaires (fig. 223). } traction du pied en arrière.
Jambier antérieur, ja.

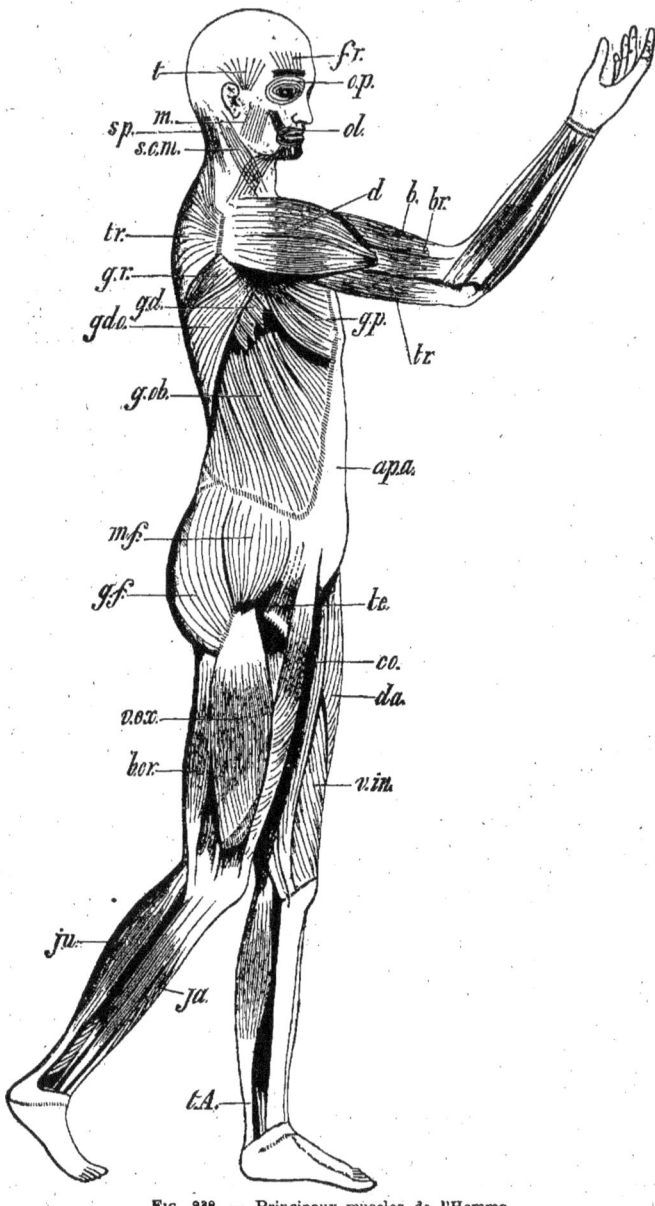

Fig. 222. — Principaux muscles de l'Homme.
(Le tableau de la page 217 en est la légende.)

SYSTÈME MUSCULAIRE.

On appelle *muscles antagonistes* deux muscles dont les fonctions sont opposées. Ainsi, tandis que le *grand pectoral* tire par sa contraction le bras en dedans, le *trapèze* le porte au contraire en dehors. Le *digastrique* est l'antagoniste du *masséter* et du *temporal;* le *biceps* a pour antagoniste le *triceps*, etc.

C'est grâce à cet antagonisme et sous l'influence du système nerveux que nous pouvons effectuer les mouvements les plus variés.

FONCTION DES MUSCLES

De la contraction des muscles dépendent les déplacements des os autour de leurs articulations. Les muscles sont donc les *organes actifs* du mouvement; les os en sont les *organes passifs*. Comme ces organes forment à eux seuls près des $\frac{2}{3}$ du poids total du corps, l'étude de la locomotion se borne à l'examen de leurs déplacements respectifs que les autres organes devront subir.

Les os sont des leviers que les muscles actionnent. — Il existe deux sortes de leviers dont l'organisme nous offre des représentants :

1° *Levier du premier genre.* — Le point d'appui O (fig. 224,1) est situé entre la puissance P et la résistance R.

Ex.: La tête est appuyée par ses condyles occipitaux sur l'atlas (1re vertèbre); son centre de gravité, porté en avant par le poids des os de la face, est le point d'application de la force de pesanteur qui entraîne la tête à tomber en avant (résistance); la puissance est représentée par les muscles de la nuque qui tirent la tête en arrière (fig. 224,1').

2° *Levier du troisième genre* (2). — La puissance P″ y est appliquée entre le point d'appui O″ et la résistance R″.

C'est le levier le plus commun dans l'organisme. L'exemple le plus saisissable en est fourni par l'avant-bras dans sa flexion sur le bras fixe. Le radius et le cubitus s'appuient sur la surface articulaire inférieure de l'humérus; la puissance est représentée par le biceps et le brachial antérieur et la résistance par le poids de l'avant-bras (2').

Fig. 223. — 2, 3, muscles jumeaux interne et externe; 5, tendon d'Achille.

On appelle *bras de levier* de la puissance ou de la résistance la distance *op* ou *or* qui sépare du point d'appui O le point d'application de la puissance P ou celui de la résistance R.

La condition d'équilibre du levier est exprimée par la formule :

$$P \times op = R \times or \ (1) \ \text{ou} \ \frac{P}{R} = \frac{or}{op},$$

c'est-à-dire que les forces sont inversement proportionnelles à leurs bras de levier.

On tire de la formule (1) : $P = R \times \frac{or}{op}$; comme dans le levier du troisième genre, on a $or'' > op''$, l'effort P que doit déployer le biceps pour soulever l'avant-bras est supérieur au poids R de cette partie du corps.

Une différence fondamentale entre les leviers employés dans les machines et les leviers du corps consiste en ce que les points d'application de P et de R, en général constants dans les machines, sont à chaque instant variables dans le corps; les efforts musculaires déployés dans l'organisme sont réglés suivant les nécessités par le système nerveux.

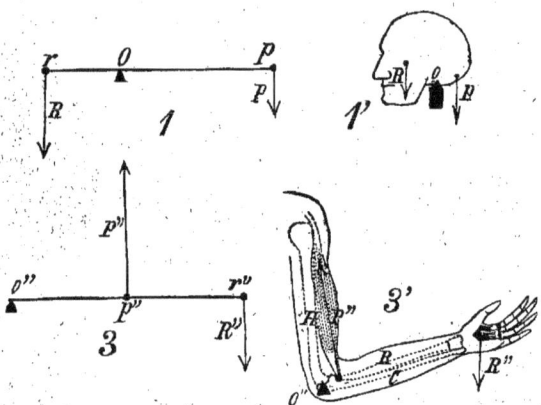

Fig. 224. — 1, 3, leviers du 1er et du 3e genre. O, point d'appui; p, p'', r, r'', points d'application de la puissance P et de la résistance R. 1', 3', exemples de ces 2 sortes de leviers dans l'organisme.

Remarque. — Jusqu'à ces derniers temps, on admit dans l'économie humaine l'existence d'un levier du deuxième genre représenté par le pied se soutenant sur la pointe en soulevant le poids du corps. A la suite d'expériences curieuses, le docteur Bédart a montré que *la contraction des muscles jumeaux n'est pas* **seule** *suffisante pour opérer le soulèvement du corps sur la pointe du pied;* pour être efficace, elle doit être combinée avec le déplacement du centre de gravité du corps en avant.

Exemple : On s'applique contre un mur par sa face antérieure (visage, poitrine, abdomen et pointe des pieds); on essaye, *mais en vain*, de se soulever sur la pointe des pieds; qu'on s'éloigne quelque peu du mur pour permettre au corps de se porter légèrement en avant, et le mouvement deviendra possible.

Le pied représente un levier du premier genre dont le centre de rotation est dans l'articulation tibio-tarsienne; la puissance, due à la contraction des muscles du mollet, est appliquée au talon (extrémité du calcanéum); la résistance, égale au poids du corps, s'exerce à l'extrémité antérieure des métatarsiens.

Divers modes de locomotion. — Ce sont la *marche*, la *course* et le *saut*. Dans la *marche*, les deux pieds touchent le sol ensemble pendant un temps de *double appui;* puis l'un des pieds soulevé se porte en avant et pose sur le sol avant que l'autre pied ne soit soulevé à son tour.

La *course* en diffère en ce que l'un des pieds n'est pas encore appuyé quand l'autre quitte le sol; pendant un temps assez court, appelé *temps de suspension*, le corps est donc tout entier en l'air; chose curieuse, c'est pendant ce temps de suspension que le corps est le moins élevé au-dessus du sol. M. Marey exprime ce fait en disant : *Le corps n'est pas projeté en l'air ; ce sont les jambes qui se sont retirées du sol par l'effet de leur flexion.*

Dans le *saut*, le temps de suspension est plus long que dans la course, et c'est à ce moment que le corps est le plus élevé en l'air.

SYSTÈME MUSCULAIRE DANS LA SÉRIE ANIMALE

Le nombre, la forme et la disposition des muscles sont en rapport étroit avec l'adaptation du squelette (osseux, cartilagineux ou fibreux) au genre de vie que mènent les animaux. Aussi est-il impossible d'entreprendre un exposé simple des variations du système musculaire. L'atrophie des muscles va toujours de pair avec l'atrophie des os sur lesquels ils agissent; le développement extrême de quelques muscles se produit, au contraire, lorsque l'animal doit répéter fréquemment certains mouvements : ainsi les Oiseaux bons voiliers (Aigle, Frégate) ont des muscles pectoraux énormes actionnant les ailes, tandis que les Oiseaux mauvais voiliers ont les mêmes muscles très réduits (Manchot, fig. 205).

Nous trouvons confirmée à chaque pas la loi de proportionnalité entre le développement d'un organe et sa fonction.

CHAPITRE III

DES SENSATIONS

Toute cellule vivante est sensible.

Soit une Amibe : elle effectue des mouvements pour chercher et capturer une proie, parce que son protoplasme, modifié incessamment par les réactions qui assurent son activité vitale, éprouve le *besoin* de se réparer : ce besoin est une impression vague, une *sensation générale*.

Que l'un des prolongements amiboïdes *touche accidentellement* une particule étrangère, aussitôt il s'étale sur elle et l'englobe, de concert avec d'autres prolongements suscités par un mouvement plus actif du protoplasme. Le contact de la particule étrangère avec la paroi de l'Amibe a provoqué chez cet être une sensation plus nettement localisée, puisque la substance protoplasmique s'est portée dans la direction du corps étranger; c'est là une *sensation spéciale*.

Dans des colonies de cellules plus ou moins complexes, chaque cellule est toujours douée de la *sensibilité générale* qui est sous l'empire de la nutrition, et la colonie tout entière éprouve les sensations vagues de la *faim*, de la *soif*, du *besoin de respirer*, de se mouvoir, etc. La *sensibilité spéciale* est, au contraire, dévolue à des cellules particulières, généralement superficielles ou groupées au voisinage de la périphérie du corps. En vertu du principe de la division du travail, cette spécialisation se manifeste à des degrés divers dans la série animale, elle est poussée d'autant plus loin que l'organisme considéré est plus complexe.

On appelle *organes des sens* ces groupes de cellules différenciées destinées à recevoir directement ou non, du milieu extérieur, les *impressions* que des conducteurs particuliers, les nerfs, porteront aux centres nerveux chargés de les élaborer et de les transformer en *sensations*.

On considère d'ordinaire cinq sortes de sensations spéciales : le *toucher*, le *goût*, l'*odorat*, l'*ouïe* et la *vue* qu'on appelle *sens;* autant de sortes d'organes différenciés reçoivent ces impressions :

La *peau* est l'organe du toucher ; la *langue* perçoit le goût des objets, le *nez* perçoit les odeurs ; l'*oreille* est l'organe de l'ouïe ; l'*œil* est affecté à la *vue*.

A bien considérer, *les sensations spéciales ne sont toutes que des formes particulières du sens du toucher;* chacune d'elles correspond à une transformation de l'*énergie de mouvement* en un effet mécanique ou chimique. Chacune des sensations est provoquée :

soit par un *excitant matériel* (solide, liquide, gaz) dont l'énergie se traduit par :
un effet mécanique de pression, de choc, etc., sur les organites du *toucher;*
un effet chimique sur les cellules préposées à la perception du *goût*, de l'*odorat;*
un ébranlement vibratoire des terminaisons *auditives;*
soit par un *excitant impalpable* (l'éther) dont les vibrations extrêmement rapides déterminent l'ébranlement et certaines modifications chimiques des éléments affectés à la perception de la *lumière*.

Il est à remarquer toutefois que *les organes des sens n'ont pas tous une égale sensibilité;* l'œil et l'oreille, ébranlés à distance par des ondes lumineuses et sonores, sont d'une délicatesse extrême ; la muqueuse du nez et de la langue est moins grossière que la peau.

Enfin, tandis que la *peau perçoit des ébranlements de nature variée* (pression, choc, modification de température, passage d'un courant électrique), les *autres organes n'éprouvent qu'une même impression, quelle que soit la qualité de l'excitant* employé. Ainsi l'application sur la langue des rhéophores d'une pile y fait naître une impression gustative ; un choc violent transmis à l'œil se traduit par une impression lumineuse (expression vulgaire : en voir trente-six chandelles), etc.

Le sens du toucher est donc bien général, les autres sens sont spéciaux.

Disposition générale des organes des sens. — Tout organe sensoriel se compose d'une *partie fondamentale* chargée de recevoir les impressions, et d'*organes accessoires* destinés surtout à la protéger et à modifier l'intensité des ébranlements.

La partie fondamentale se compose : 1° de *cellules réceptrices*, isolées ou groupées ; 2° d'un *nerf* conducteur des impressions ; 3° d'un *centre nerveux*, organe centralisateur qui transforme les impressions en sensations.

DES SENSATIONS.

TABLEAU XXIII.

Des sensations.

SENSIBILITÉ
- générale. Tous les organes du corps la possèdent.
- spéciale.

5 sortes de *sensations*.

Toucher.	Goût.	Odorat.	Ouïe.	Vue.
Peau.	Langue.	Nez.	Oreille.	Œil.

Organes des sens.

Les sensations spéciales sont des formes particulières du sens du toucher.
Nature des *excitants*.

DISPOSITION GÉNÉRALE DES ORGANES DES SENS.

1° **Partie fondamentale.**
- *Cellules réceptrices* de l'excitation.
- *Nerf* conducteur de l'impression à un *centre nerveux*.

2° **Organes accessoires**
- *protecteurs*.
- *modificateurs* de l'excitation.

§ 1. — TOUCHER.

Organe :
|
Peau.
(Fig. 166
et 225.)

- Épiderme.
  - Couche cornée.
  - Couche de Malpighi. *Terminaisons nerveuses intra-épidermiques.*
- Derme....
  - *Papilles dermiques*
    - nerveuses.
      - *Corpuscules tactiles de Meissner.*
      - *Corpuscules tactiles de Krause.*
      - *Corpuscules de Pacini.*
    - sanguines.
  - Tissu conjonctif et tissu adipeux sous-cutané.

Impressions reçues par la peau et les muqueuses.

1° *Température.* — Rôle des terminaisons intra-épidermiques.
2° *Contact.* — Rôle des corpuscules tactiles (Meissner et Krause).
3° *Pression.* — Rôle des corpuscules de Pacini.
  Nerfs conducteurs : tous ceux aboutissant aux surfaces sensibles.

---

§ 1. — SENS ET ORGANE DU TOUCHER

Étude de la peau. — La peau, qui renferme le plus grand nombre des éléments tactiles, est composée de deux parties essentielles : l'*épiderme* (d'origine ectodermique) et le *derme* (d'origine mésodermique).

1° **Épiderme.** — Il est formé, nous l'avons vu déjà (page 20), d'un épithélium stratifié dont la couche profonde (*couche de Malpighi*) comprend des cellules *a* (fig. 15, *C*) à multiplication très active, recouvertes de cellules plus anciennes *b,c*, etc.; les cellules superficielles *d,e* sont très aplaties, puis réduites seulement à leur squelette et forment la *couche cornée;* du côté externe s'exfolient ainsi les vieilles cellules toutes originaires de la couche profonde, tandis que cette même couche émet dans la profondeur du derme des bourgeons qui donneront lieu aux glandes sudoripares et sébacées (fig. 166), aux poils et aux ongles.

2° **Derme.** — Le derme est composé de fibres conjonctives et élastiques, diversement orientées, entre lesquelles courent les vaisseaux sanguins superficiels et les filets nerveux aboutissant aux organites tactiles. Cette couche conjonctive repose sur un tissu cellulo-adipeux sous-jacent, particulièrement bien développé chez les personnes grasses. Une surface ondulée, papillaire (fig. 167) forme la limite commune au derme et à l'épiderme; les *papilles coniques p. d* qui font saillie du côté de l'épiderme se divisent en *papilles vasculaires sanguines, pv* quand elles renferment un réseau capillaire destiné à nourrir la couche de Malpighi par filtration du plasma sanguin, et en *papilles nerveuses* lorsqu'elles renferment les *corpuscules du tact ct*.

Terminaisons nerveuses dans la peau. — Parmi ces terminaisons, les unes sont superficielles, *intra-épidermiques;* les autres plus profondes sont mésodermiques : ces dernières sont le plus souvent abritées dans le derme proprement dit (*corpuscules tactiles de Meissner et de Krause*); on trouve les *corpuscules de Pacini* plus profondément encore dans le tissu cellulo-adipeux sous-cutané, le long des nerfs logés dans les muscles et jusque dans le péritoine.

1° *Terminaisons intra-épidermiques* — Une coupe verticale de la peau du doigt, B (fig. 225) montre des nerfs *n* qui longent la surface papillaire dans le derme *De* et envoient des branches sans myéline dans l'épiderme; celles-ci, ramifiées plus ou moins irrégulièrement, se terminent par des *boutons b.t* dans la couche de Malpighi *cM* et ne pénètrent jamais dans la couche cornée *c. co*.

Dans le groin du Porc, on trouve au lieu de boutons, dans l'épiderme, des *ménisques tactiles mt*, D (fig. 225) formant des sortes de cupules qui embrassent la face inférieure des *cellules tactiles ct*. La moustache du Chat, du Chien, du Lapin, etc., est formée de *poils tactiles* différant des poils ordinaires en ce qu'ils sont pourvus d'un bourrelet annulaire avec cellules ovoïdes claires et terminaisons nerveuses semblables aux ménisques *mt*.

2° *Éléments tactiles profonds.* — (*a*) *Corpuscules du tact.* On en connaît de deux sortes : les *corpuscules de Meissner* et les *corpus-*

Tableau XXIV.

§ 2. — Goût.

Organe : Langue.
- Surface. *Papilles* (fig. 227)
  - *caliciformes :* V lingual.
  - *fongiformes* et *filiformes.*
- Structure...
  - *Muqueuse linguale*
    - Papilles caliciformes. *Bourgeons gustatifs.*
    - Papilles fongiformes. *Bourgeons gustatifs.*
    - Papilles filiformes. *Corpuscules de Krause.*
  - *Muscles* (nerf grand hypoglosse).

Impressions reçues par la muqueuse linguale.

1° *Goût*...
- *Excitant liquide.*
- Saveur *amère.* Rôle des bourgeons gustatifs (pap. caliciformes). (Nerf *glosso-pharyngien.*)
- Saveur *sucrée.* Rôle des bourgeons gustatifs (pap. fongiformes). (Nerf *lingual.*)

2° *Contact.* Rôle des corpuscules de Krause (nerf lingual).

Série animale.....
- Papilles molles.
  - Herbivores pour les plantes fraîches, frugivores, omnivores.
- Papilles cornées. Carnivores, Oiseaux, sauf le Perroquet.

§ 3. — Odorat.

Organe : Nez.
- Description (fig. 228). — 2 *Cavités nasales. Cornets* et *méats.*
- *Muqueuse pituitaire.*
  - *Région jaune* supérieure. *Cellules olfactives.*
  - *Région rouge* inférieure. Glandes, vaisseaux et corpuscules tactiles.

Impressions reçues par la muqueuse olfactive.

1° *Olfaction.*
- *Excitant liquide ou gazeux.*
- Rôle des cellules olfactives pour percevoir les odeurs. (Nerf *olfactif.*)

2° *Contact.* Rôle des corpuscules tactiles (région rouge *respiratoire*). (Rameaux du nerf *trijumeau.*)

Série animale...
- Cornets très développés chez les *Mammifères* qui ont le *flair.*
- Progression des fosses nasales postérieures en avant vers l'orifice buccal. (*Oiseaux, Reptiles, Amphibiens.*)
- Chez la plupart des *Poissons,* organe olfactif indépendant de la bouche.
- *Arthropodes.* Fossettes olfactives
  - sur les antennes (Insectes).
  - sur les antennules (Crustacés supérieurs).

cules de Krause. Les premiers A (fig. 225), très abondants dans les papilles dermiques de la pulpe des doigts et des orteils, atteignent environ $\frac{1}{10}$ de millimètre (80 à 100 μ); ils comprennent 1 à 3 lobes superposés, dans lesquels se distribuent en arborescences variées (bouquets glomérulés) les terminaisons nerveuses *n* qui y abou-

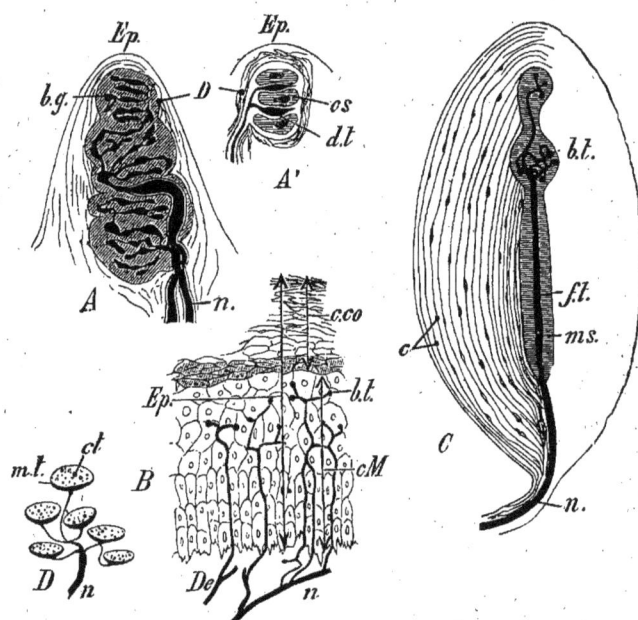

Fig. 225. — Terminaisons nerveuses tactiles. A, corpuscule de Meissner (simplifié en A'), situé dans le derme D; *n*, nerf et ses ramifications; *d.t*, disque tactile; *cs*, cellule de soutien. — B ; *Ep*, épiderme; *c.co*, couche cornée; *cM*, couche de Malpighi; *n*, nerf provenant du derme *De* et se ramifiant dans l'épiderme; *b.t*, boutons terminaux. — C, corpuscule de Pacini; *n*, nerf dont les gaines se prolongent par les capsules concentriques *c* ; *f.t*, fibre nerveuse et ses boutons terminaux *b t*. — D, terminaisons nerveuses dans le groin du Porc; *n*, fibre nerveuse; *m.t*, ménisques tactiles; *c.t*, cellules tactiles.

tissent. Ces corpuscules sont constitués comme le corpuscule tactile trouvé sur le bord du bec du Canard A', à savoir : une fibre nerveuse ramifiée, terminée par des renflements (*disques tactiles d.t*) compris entre des *cellules de soutien, cs;* le tout est enveloppé dans une *gaine conjonctive mince*, recouverte par l'épiderme *Ep*.

Les *corpuscules de Krause* sont plus petits et logés dans la muqueuse nasale et buccale, dans les papilles filiformes de la langue, etc.

(*b*) *Corpuscules de Pacini*. — Visibles à l'œil nu, atteignant de

DES SENSATIONS.

TABLEAU XXV.

§ 4. — OUÏE.

Organe. Appareil auditif élémentaire (*Tentacule* modifié, *Otocyste*) (fig. 231),
comprenant
- des cellules avec *soies auditives* ;
- des cellules avec *otolithes* (libres ou non) ;
- des *fibres nerveuses* conductrices de l'impression due à l'ébranlement du milieu extérieur (eau-air).

Développement de l'appareil auditif chez un Vertébré (fig. 232).

Appareil auditif d'un Vertébré aérien (fig. 233).
- Partie fondamentale. — *Labyrinthe membraneux* dans l'oreille interne.
- Partie adaptée pour l'audition dans l'air....
  - *Oreille externe* (collectionne les vibrations).
  - *Oreille moyenne* (renforce les vibrations).

Étude de l'oreille humaine.

Oreille [logée dans le rocher (os temporal)]

externe (fig. 234).
- Description. Pavillon. Conduit auditif externe. Membrane du tympan.
- Fonctions. Collectionne les vibrations conduites à la membrane du tympan.

moyenne (fig. 235).
- *Caisse du tympan..*
  - Cellules mastoïdiennes. Trompe d'Eustache.
  - Membranes { du tympan........ / de la *fenêtre ovale*... / de la *fenêtre ronde*. } Chaîne des osselets.
  - Chaîne des osselets (marteau, enclume, étrier...... .... { Muscles du marteau et de l'étrier.
- Fonctions...
  - Vibrations transmises de la membrane du tympan à celle de la fenêtre ovale par la chaîne des osselets.
  - Cellules mastoïdiennes : caisse de résonance.
  - Trompe d'Eustache : pression atmosphérique dans l'O. moy.
  - Muscle du marteau ; *rôle accommodateur*.

interne (fig. 238 et 239).
- *Labyrinthe osseux.*
  - Vestibule. 3 canaux 1/2 *circulaires.*
  - Limaçon....................... { Rampe vestibulaire. / — tympanique.
  - *Périlymphe* entoure le *labyrinthe membraneux*.
- *Labyrinthe membraneux.*
  - Utricule. { Canaux semi-circulaires. **Crêtes ampullaires**......... }
  - **Taches acoustiques**. } Nerf *auditif.*
  - Saccule... → Canal cochléaire. Cellules acoustiques.. et arcs de Corti.....
- Fonctions...
  - Canal cochléaire contenu dans la rampe vestibulaire du limaçon.
  - Tout le *labyrinthe membraneux est rempli d'endolymphe.*
  - Transmission des vibrations par la périlymphe du labyrinthe osseux à l'endolymphe du labyrinthe membraneux. *Excitation des crêtes, taches et cellules acoustiques ;* les terminaisons nerveuses conduisent les impressions au nerf acoustique.
  - Taches acoustiques (saccule-utricule) perçoivent les *bruits* et leur *intensité*.
  - Crêtes acoustiques (ampoules) perçoivent la *direction* des sons.
  - Cellules acoustiques (canal cochléaire) perçoivent les *sons musicaux.*

Série animale.
- *Mammifères.* Pavillon mobile chez les animaux chassés.
- *Oiseaux.* Pas de pavillon.
- *Reptiles* et *Amphibiens.* Pas d'oreille externe, simplification générale. Columelle.
- *Poissons.....* { Oreille interne seule. / Ligne *latérale* pour la perception des *vibrations lentes*.
- *Invertébrés..* { Insectes : caisse tympanique. / Mollusques : otocyste. — Cœlentérés · tentacule modifié.

1 à 4 millimètres, ces corpuscules C se composent d'une *fibre nerveuse terminale f.t* dont les branches aboutissent à des *boutons b.t;* le tout est noyé dans une matière granuleuse (*massue centrale, ms*), entourée d'une série de *capsules c* avec lesquelles se confondent les enveloppes du nerf afférent *n*. Ces capsules forment une *gaine conjonctive épaisse*.

Des impressions perçues par la peau et par les muqueuses. — Dès que la peau est appliquée sur un objet, elle éprouve en même temps deux impressions différentes : celle du *contact* et celle de la *température* du corps; si, à l'inverse, l'objet est appliqué sur la peau, une troisième impression ressentie est celle du *poids* du corps. Ces impressions sont plus ou moins vagues; elles deviennent assez précises par l'exercice de telle ou telle région de la peau. Ainsi, l'extrémité des doigts nous renseigne bien mieux sur la forme, la rugosité, l'étendue d'un objet que ne le ferait la peau du dos. Le prestidigitateur, l'aveugle tirent du contact des corps des indications précises sur leur nature, en appréciant mieux leurs aspérités, etc.

Cette perfection du sens tactile est-elle simplement l'effet de l'habitude ou bien *dépend-elle d'une disposition spéciale des cellules et des corpuscules tactiles ?* L'expérience semble justifier cette dernière manière de voir.

Température. — Les *terminaisons nerveuses intra-épidermiques* sont recouvertes par une couche cornée très mince sur la joue, le dos de la main ; or, ces surfaces sont plus sensibles aux variations de température que toutes les autres régions de la peau.

Contact. — Les doigts de la main, les lèvres du Cheval, du Mouton, le bec du Canard, sont les régions qui apprécient le mieux la qualité du contact; or les *corpuscules de Meissner*, peu distants de la surface de la peau, sont bien plus nombreux là qu'ailleurs; ils sont donc vraiment les *corpuscules du tact*.

Pression. — Les *corpuscules de Pacini* profondément placés, protégés par une enveloppe conjonctive épaisse, semblent appelés à percevoir la pression des corps sur la peau.

Outre les impressions de contact, de température et de pression, dues à l'action modérée des objets extérieurs sur notre corps, il en est d'autres, plus vagues encore, qui résultent : soit de l'effet exagéré des objets extérieurs produisant la *douleur*, soit d'une action réciproque des organes internes doués de sensibilité. Ces sortes d'impressions sont trop mal connues encore pour être examinées ici.

§ 2. — SENS ET ORGANE DU GOUT

La bouche est la partie du corps dans laquelle est perçue la *saveur* des objets; l'expérience montre que la région capable de recevoir les impressions gustatives comprend la pointe, les bords

DES SENSATIONS.

Tableau XXVI.
§ 5. — Vue.

Appareil primitif (fig. 242).
- *Tache pigmentaire* sensible à la lumière.
- *Œil primitif.* { Cellule rétinienne avec fibre nerveuse. / Cristallin (épaississement ectodermique). }

Développement de l'œil chez un Vertébré (fig. 243).

Appareil de la vision chez l'Homme.
- Partie fondamentale : *Œil.*
- Organes accessoires (fig. 260 à 263). { Paupières. Conjonctive. Appareil lacrymal. Cils. Sourcils. Muscles moteurs. }

Œil.

Membranes. (fig. 245 à 247).
- *Sclérotique. Cornée transparente.*
- *Choroïde :* Choroïde proprement dite. *Région ciliaire. Iris.*
- Rétine...... { Épanouissement du nerf optique avec récurrence des fibres vers la choroïde où des *cônes* et *bâtonnets* les terminent. / *Tache jaune. Point aveugle.* }
- Membrane hyaloïde.

Milieux transparents (fig. 245).
- *Cornée transparente.*
- *Humeur aqueuse* entre la cornée et l'iris.
- *Cristallin*, lentille biconvexe logée dans la cristalloïde.
- *Corps vitré* entre le cristallin et la rétine.

Fonctions..........

L'œil est un instrument d'optique.
- 1° *Iris*, Diaphragme { arrêtant les rayons éloignés de l'axe optique. / réglant la quantité de lumière admise dans l'œil. }
- 2° *Cristallin et région ciliaire.* { Accommodation de l'œil aux distances. *Presbytie.* / Œil *emmétrope, hypermétrope; myope.* }

L'œil est un appareil sensible.
- 1° *Choroïde..* { absorbe les rayons lumineux après leur action sur la rétine. / maintient constante la température de la rétine. }
- 2° *Rétine....* { Écran où se forment les images réelles et renversées des objets. / Décomposition de l'*érythropsine* des bâtonnets. }

Irradiation. Durée des impressions lumineuses.

Perception des couleurs. { Lumière blanche. Spectre solaire. / Couleurs complémentaires. Daltonisme. }

Vision unioculaire, binoculaire (relief).
Éducation des yeux.

Série animale....
- *Oiseaux. — Reptiles. — Poissons.*
  - Sclérotique avec pièces cartilagineuses ou osseuses.
  - Choroïde avec *peigne* (tapis).
  - Cristallin devient sphérique (Poissons).
  - Paupières (3° paupière ou nictitante des Oiseaux).
  - Paupières soudées chez les Serpents.
- *Œil pinéal* des Lézards.
- *Invertébrés.* Les fibres rétiniennes y sont droites et leurs extrémités font face à la lumière incidente.
- *Insectes.* Yeux *simples* (ocelles), yeux *composés*.
- *Mollusques.* Yeux bien développés.

et le dos de la langue avec les piliers antérieurs du voile du palais. *La langue est donc l'organe principal du goût.*

Description de la langue. — C'est une masse charnue terminée en pointe en avant (fig. 226, 5 et fig. 227), amincie sur les côtés, très épaisse au milieu; en arrière, elle se continue jusqu'à l'épiglotte. Sa face supérieure, plane en avant, décrit une courbure au niveau de l'isthme du gosier. Assise sur un plancher musculaire qui s'étend du maxillaire inférieur à l'os hyoïde, la langue est elle-même une *masse musculaire* recouverte d'une *muqueuse* présentant de nombreuses saillies appelées *papilles linguales.*

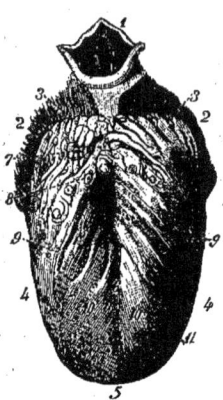

Fig. 226. — Langue (face supérieure). 1, ouverture du larynx. 3, base de la langue; 5, sa pointe; 6, sillon médian; 7, trou borgne; 8, papilles du V lingual.

Papilles linguales. — On en trouve de trois sortes sur la langue :

1° De grosses *papilles caliciformes p.c.* A (fig. 227) sont disposées en V sur le dos de la langue, le sommet de l'angle du *V lingual* étant dirigé en arrière; chacune de ces papilles a, B, présente une saillie conique médiane, séparée par un sillon annulaire profond s, D, du rebord qui la limite. Le nombre des papilles caliciformes est de 10 à 15, quelquefois 20; au sommet du V est la plus grosse t.b, A (trou borgne de Morgagni).

2° Les *papilles fongiformes pf*, A, irrégulièrement distribuées sur toute la surface et principalement sur les côtés de la langue, ont la forme d'un champignon b, B.

3° Les *papilles filiformes p.fi*, A, très nombreuses sur toute l'étendue de la langue, sont terminées en un ou plusieurs filaments au sommet c, B.

Muscles de la langue. — Ils comprennent le *muscle lingual supérieur* et le *muscle lingual inférieur* dont les fibres dirigées d'avant en arrière, depuis la pointe jusqu'à l'épiglotte, forment avec le *muscle lingual transverse* la partie libre et essentiellement mobile de la langue; celle-ci est soutenue par le plancher buccal que forment les muscles *mylo-hyoïdien*, *génio-hyoïdien* (*M.g.h*, C, fig. 227) insérés sur le maxillaire inférieur *m.i* et sur l'os hyoïde *Hy*; sur les côtés de la langue se trouvent les muscles *hyo-glosse M. hg* et *stylo-glosse M. stg*; en avant, et s'irradiant dans toutes les fibres de ces muscles, est disposé le *génio-glosse M.g.gl*.

Muqueuse linguale. Bourgeons gustatifs. — La muqueuse linguale présente la même structure générale que la peau dont elle est le prolongement, on y trouve un épithélium pavimenteux stratifié *Ep. D* (fig. 227) recouvrant un derme conjonctif *De* avec vaisseaux sanguins et nerfs. Dans l'épithélium sont logés les *bourgeons gustatifs b.g*, placés sur les côtés des papilles caliciformes et fongiformes, qui en possèdent chacune plusieurs centaines. (On en compte 2 000 par papille chez le Bœuf.)

Un *bourgeon gustatif E* forme une sorte de tonnelet contenant deux espèces de cellules, les *cellules gustatives c.g* et les *cellules de*

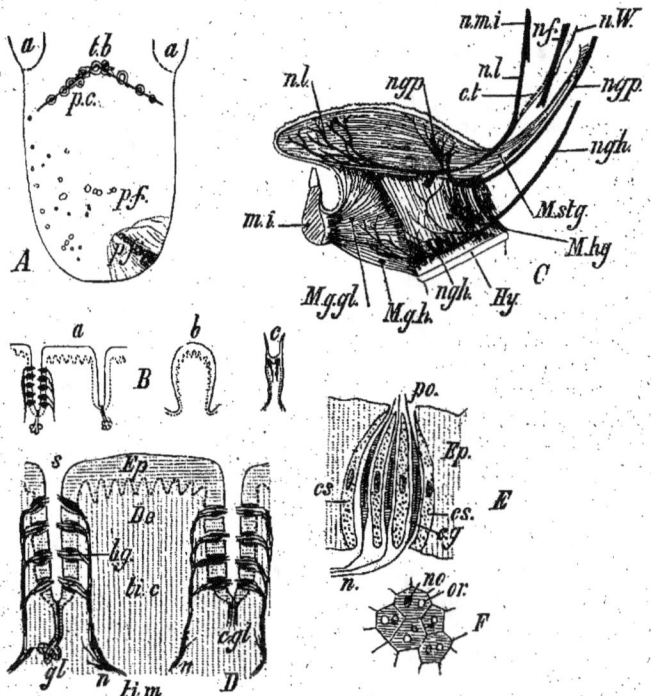

Fig. 227. — Langue (anatomie). A, face supérieure avec les papilles caliciformes *p.c*, formant le V, les papilles fongiformes, *p.f* et les papilles filiformes *p.fi*. — B, les trois sortes de papilles (caliciforme *a*, fongiforme *b*, filiforme *c*). — C, muscles et nerfs de la langue : *m.i*, maxillaire inférieur ; *Hy*, os hyoïde ; *M.g.gl*, muscle génio-glosse ; *M.g.h*, muscle géniohyoïdien ; *Mhg*, muscle hyoglosse ; *M.stg*, muscle stylo-glosse ; *n.mi*, nerf maxillaire inférieur émettant le nerf lingual *n.l* ; à ce dernier s'adjoignent : la corde du tympan *c.t* (rameau du nerf facial *n.f*) et le nerf de Wrisberg *n.W* ; *n.g.p*, nerf glosso-pharyngien ; *n.gh*, nerf grand hypoglosse. — D, papille caliciforme ; *Ep*, épiderme ; *De*, derme comprenant du tissu conjonctif *ti.c* ; *ti.m*, tissu musculaire ; *n*, nerf se rendant aux bourgeons gustatifs *b.g* ; *gl*, glande à mucus. — E, bourgeon gustatif très grossi avec les cellules gustatives *c.g* et les cellules de soutien *c.s* ; *po*, pore gustatif. — F, épithélium à cellules perforées.

soutien cs. Les cellules gustatives, les plus importantes, sont fusiformes ; elles se prolongent chacune vers l'intérieur de la papille par une fibrille nerveuse *n*, et vers l'extérieur par un bâtonnet réfringent saillant, visible soit dans le sillon *s* de la papille caliciforme, soit à la surface de la papille fongiforme. Le *pore gustatif po* est recouvert de cellules épithéliales *F* présentant un orifice *or* par lequel passe l'un des bâtonnets. Tous les filets nerveux *n* aboutissant aux bourgeons gustatifs proviennent du *nerf glosso-pharyngien ngp*, C, et du *nerf lingual n.l;* la langue reçoit encore le *nerf grand hypoglosse ngh*. Nous verrons plus loin (page 297) le rôle attribué à chacun d'eux.

Des impressions perçues par la muqueuse linguale. — Un objet est appliqué sur la langue; cet organe en tire deux impressions : celle du *contact* et celle du *goût* (*saveur*) de l'objet.

L'*impression tactile* est surtout perçue à la pointe de la langue où se trouvent les papilles filiformes les plus développées; ces papilles renferment les *corpuscules de Krause* (page 226) et communiquent avec le nerf lingual *n.l*.

Tout objet ne peut être *sapide*, c'est-à-dire ne peut donner d'*impression gustative* que s'il est dissous au préalable dans la salive (*l'excitant est liquide*); on admet alors que la solution obtenue agit chimiquement sur les cellules gustatives excitables, mises en rapport avec le nerf glosso-pharyngien *ngp* et avec des annexes du nerf lingual (corde du tympan *c.t* et nerf de Wrisberg *n. W*). (Voir page 316). Les seules impressions vraiment gustatives sont données par les corps ayant une saveur *sucrée* ou une saveur *amère;* et encore ne peuvent-elles être nettement définies.

La partie antérieure de la langue est surtout tactile, la région des papilles caliciformes paraît surtout gustative; mais des éléments excitables par les deux espèces d'impressions se trouvent néanmoins répartis sur toute la surface de la langue; ainsi on admet que les saveurs sucrées sont perçues par la surface antérieure de cet organe et les saveurs amères dans la région du gosier.

ORGANE DU GOÛT DANS LA SÉRIE ANIMALE

Chez les Mammifères omnivores (Ours, Chien), frugivores (Roussette) ou herbivores pour les plantes fraîches (Lapin, Lièvre), la langue est molle, papilleuse; elle est un peu plus dure chez le Cheval et les Ruminants; les papilles de la langue des carnivores sont revêtues d'un étui corné (Lion, Chat, etc.). Ces derniers ont donc un sens du goût très obtus; il en est de même des Oiseaux dont la langue tout entière est revêtue d'une muqueuse indurée, sauf le Perroquet.

De rares éléments gustatifs se rencontrent chez les Reptiles et les Amphibiens. Le goût existe aussi chez les Poissons dont la langue ne joue cependant qu'un rôle secondaire; toute la muqueuse buccale y est sensible.

§ 3. — SENS ET ORGANE DE L'ODORAT

Le nez est l'organe préposé à la perception des *odeurs*.

Description du nez. — Le nez est une proéminence située au milieu du visage, percée à sa base de deux orifices symétriques *Or* (fig. 228), qui donnent accès dans les cavités nasales. La paroi du nez se compose d'os et de cartilages; ces derniers sont situés surtout à l'extrémité molle et déformable de l'organe.

Les os qui limitent la paroi interne du nez sont : les os nasaux *na* en avant, l'os frontal *fr*, les lacrymaux et l'ethmoïde *et* en haut, le *sphénoïde sp* en arrière, les maxillaires supérieurs *ma* sur les côtés

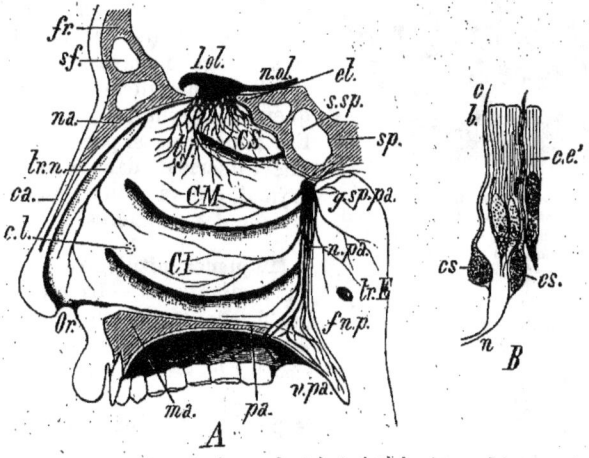

Fig. 228. — A, cavité du nez; *f.r*, os frontal et sinus frontaux *s.f*; *na*, os nasaux; *et*, ethmoïde; *sp*, sphénoïde et sinus sphénoïdaux; *ma*, maxillaires supérieurs; *pa*, palatins; *ca*, cartilage nasal antérieur; *v.pa*, voile du palais. *Or*, orifice antérieur de la cavité nasale; *f.n.p*, orifice dans le pharynx. *CS*, *CM* et *CI*, cornets supérieur, moyen et inférieur du nez; *t.j.* tache jaune où se répandent les ramifications du lobe olfactif *l.ol*; *g.sp.pa*, ganglion sphéno-palatin duquel partent les nerfs palatins *n.pa*. — *tr.E*, orifice de la trompe d'Eustache; *c.l*, orifice du canal lacrymal dans le méat inférieur du nez. — B; *c.s*, cellules olfactives, avec un bâtonnet *b* cilié en *c*; *c.é*, cellules épithéliales de soutien; *n*, filets nerveux.

et en bas; la voûte palatine, qui sépare la bouche des cavités nasales est formée des maxillaires supérieurs et des *palatins pa*.

Une cloison verticale 1,5 (fig. 229), partageant cette cavité en deux parties symétriques, est formée par la lame perpendiculaire (apophyse inférieure) de l'ethmoïde en avant et par l'os vomer en arrière. Toutefois les cavités du nez s'ouvrent en arrière dans les fosses nasales postérieures *f.n.p* qui leur sont communes et se continuent par le pharynx. La paroi latérale de chaque cavité du nez présente trois proéminences osseuses formant les *cornets supérieur*, *moyen* et *inférieur* (CS, CM et CI, fig. 228), sortes de voûtes osseuses au-dessus des *méats* correspondants.

L'étendue des cavités nasales est agrandie du volume des sinus frontaux sf, sphénoïdaux $s.sp$ et maxillaires et des cellules ethmoïdales (3, fig. 229); ces sinus et cellules sont de vastes cavités en communication avec les fosses nasales par des orifices cachés en général sous les cornets.

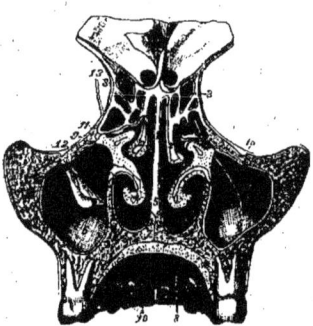

Fig. 229. — Section transversale des deux fosses nasales montrant : la disposition des cornets 2, 4, et des méats; la cloison médiane du nez 1, 5; les sinus ethmoïdaux 3 et maxillaires 6.

Une muqueuse, dite *membrane pituitaire*, en continuation avec la peau en avant, tapisse l'ensemble de toutes ces cavités et se prolonge, à travers les fosses nasales postérieures, par la muqueuse pharyngienne et buccale. Elle pénètre aussi par l'orifice $c.l$ (méat inférieur) dans le canal lacrymal, qui va s'ouvrir au bord interne des paupières.

Muqueuse pituitaire. — Cellules olfactives. — La surface de la muqueuse pituitaire, vue de l'extérieur, est fortement colorée en rouge; *cette coloration rouge est celle du cornet inférieur et de la moitié inférieure du cornet moyen; la région supérieure des cavités nasales est jaune.*

A cette différence d'aspect correspondent des différences anatomiques et physiologiques.

1° *Région rouge*. — Toute la partie inférieure de la muqueuse pituitaire est formée d'un derme conjonctif recouvert d'un épithélium cylindrique vibratile, comme celui de la trachée-artère. Des glandes muqueuses en grappe, petites et nombreuses, y déversent leur sécrétion; les vaisseaux sanguins qui y aboutissent forment un réseau admirable où le plasma sanguin filtre abondamment et maintient cette région chaude et humide.

Des corpuscules tactiles y reçoivent les terminaisons des nerfs palatins $n.pa$ et de la branche nasale $tr.n$, émanant du trijumeau. (Voir page 297.)

2° *Région jaune*. — Les cellules épithéliales de la région jaune sont de deux sortes : les unes $cé$, B (fig. 228), très allongées, jouent le rôle de cellules à mucus; les autres cs sont des *cellules sensorielles olfactives*. Les *cellules olfactives* possèdent un noyau volumineux;

elles se prolongent vers l'extérieur par une extrémité effilée munie d'un bâtonnet *b* cilié en *c;* du côté interne y aboutit une fibrille nerveuse *n*, ramification d'une des nombreuses branches d'épanouissement du *lobe olfactif l.ol, A*, à travers la *lame criblée de l'ethmoïde*. (L'ethmoïde présente, en effet, de part et d'autre d'une apophyse médiane supérieure, appelée *apophyse crista-galli*, deux surfaces criblées de trous pour le passage des rameaux du lobe olfactif.)

Des impressions reçues par la muqueuse olfactive. — *La région rouge de la muqueuse pituitaire reçoit uniquement des impressions tactiles ; la région jaune est affectée à la perception des impressions olfactives.* La première région est protectrice de l'arbre pul-

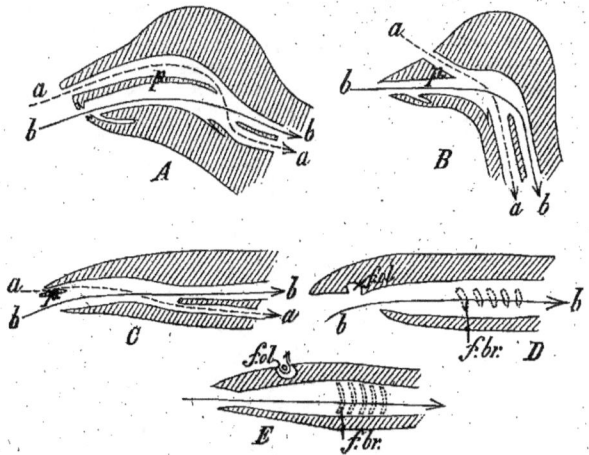

Fig. 230. — Figure schématique représentant les rapports des cavités buccale et nasales chez un Mammifère A, un Oiseau B, un Reptile C, un Poisson Sélacien D, un Poisson ordinaire E. Les flèches *b,b* indiquent le trajet des aliments et les flèches *a,a* le trajet suivi par l'air ; *p*, voûte du palais ; *f.ol*, fossette olfactive ; *f.br*, fentes branchiales.

monaire qu'elle préserve en partie de l'accès des poussières, tout en échauffant et humidifiant au passage l'air inspiré ; elle joue donc un rôle important dans la fonction respiratoire.

La région olfactive ne peut percevoir l'odeur des objets que s'ils sont gazeux ou si les particules qui s'en détachent, maintenues en suspension dans l'air, *sont solubles dans le liquide qui imprègne la muqueuse pituitaire*. On admet alors que cette dissolution, une fois opérée, réagit chimiquement sur les cellules olfactives qui en sont impressionnées.

ORGANE DE L'ODORAT DANS LA SÉRIE ANIMALE

1° *Vertébrés*. Les Mammifères présentent un développement très variable des cornets du nez, développement qui influe sur la subtilité de leur sens olfactif ; les Carnivores, dont les cornets sont ramifiés et enroulés en diverses directions, possèdent le *flair* à l'aide duquel ils reconnaissent de très loin une proie et peuvent suivre sa trace. Les cavités nasales de l'Éléphant se continuent en avant par les deux canaux parallèles renfermés dans la trompe.

Les fosses nasales postérieures sont de moins en moins rejetées en arrière chez les Oiseaux, les Reptiles et les Amphibiens (fig. 230), à cause du développement restreint de la voûte du palais ; les orifices postérieurs du nez se rapprochent ainsi de l'orifice buccal. Chez les Poissons, les cavités nasales se bornent à deux petites cavités indépendantes de la bouche et situées sur la face inférieure du museau (Raie)[1], sur la face supérieure (Carpe, Perche). Les Poissons inférieurs, tels que la Lamproie, ont seulement une fossette olfactive placée sur la tête.

Invertébrés. Les Arthropodes ont une notion très distincte des odeurs ; le siège de l'olfaction y réside dans les antennes (Insectes, Myriapodes), dans les antennules (Crustacés supérieurs). Ces organes portent, en effet, des fossettes pourvues de cônes mous et de cônes engainés où aboutissent les terminaisons nerveuses.

(La pêche aux Écrevisses à l'aide de balances est basée sur ce que ces animaux reconnaissent de très loin l'odeur de la chair en décomposition ; les Mouches, Guêpes, etc..., sont attirées par les substances odorantes.)

Parmi les Vers, la Sangsue semble douée du sens olfactif dont le siège serait dans les capsules situées au-dessus de la bouche.

Il existe encore une grande incertitude sur le siège de l'olfaction chez les animaux inférieurs.

§ 4. — SENS ET ORGANE DE L'OUÏE

L'*appareil auditif* ou *oreille* est chargé de percevoir les *sons* dus aux vibrations des corps. Ces vibrations sont transmises par le milieu ambiant (air ou eau) à l'oreille qui est l'organe récepteur.

Les animaux aquatiques possèdent un appareil auditif plus simple que les animaux aériens dont l'oreille est composée d'une partie principale et d'organes accessoires.

Aussi, pour bien saisir la signification de toutes ces parties chez l'Homme et les animaux supérieurs, convient-il de jeter un coup d'œil rapide sur les types qui nous sont offerts par les êtres inférieurs.

Description succincte de l'appareil auditif chez les animaux aquatiques. — Ces types sont d'ailleurs tous dérivés de l'épiderme et consistent dans le groupement, en une région spéciale, de cellules pourvues de *soies auditives* à leur extrémité libre, tandis que d'autres cellules renferment des concrétions appelées *otolithes*, suffisamment mobiles pour être excitées par les vibrations du milieu extérieur et transmettre cette excitation aux cellules avec soies auditives. Le plus souvent, l'appareil récepteur, ainsi constitué en principe, est enfermé dans une vésicule spéciale (*vésicule auditive, otocyste, oreille interne*) isolée de la surface du tégument.

---

1. Cette phase s'observe chez les embryons des Vertébrés supérieurs avant le développement des apophyses palatines des os maxillaires supérieurs.

Les Méduses sont pourvues d'organes sensitifs qui semblent des tentacules modifiés. Chez l'*Aurelia aurita*, c'est un amas de cellules avec otolithes *ot* (fig. 231, A) placé sur la face convexe de l'ombrelle et près du bord, à l'extrémité d'un canal gastro-vasculaire *c.gv*; au voisinage sont les *fossettes nerveuses f n* tapissées de cellules avec un long fouet ou cil en dehors, et se prolongeant en dedans par des fibrilles nerveuses ténues.

Chez d'autres espèces de Méduses, un gros otolithe *ot*, B, est porté à l'extrémité d'un tentacule au-dessus de cellules avec otolithes plus petits *ot'*; la portion basilaire du tentacule est recouverte de cellules avec de longues soies rigides *c,ci*; les fibrilles nerveuses qui en partent aboutissent à un anneau nerveux. Tantôt cet organe sensitif est librement baigné par l'eau, tantôt il est entouré d'une sorte de coupe formée par la surface voisine qui isole le tentacule du milieu extérieur.

L'*otocyste* de l'Escargot (Mollusques) consiste en une vésicule close (fig. 231 C) tapissée de cellules ciliées (dont quelques-unes avec soies auditives rigides) et remplie d'un liquide (*endolymphe*) dans lequel sont en suspension des otolithes libres. (Les otolithes sont rendus libres par la résorption des cellules qui les ont sécrétés). Un nerf *n* aboutit à cet organe et émet des fibrilles nerveuses se terminant par les cellules ciliées, *c.ci*.

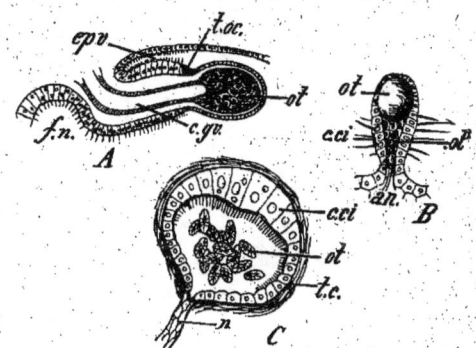

Fig. 231. — Appareil auditif chez les animaux aquatiques. A, corpuscule marginal d'*Aurelia aurita*; *ot*, cellules avec otolithe; *t.oc*, tache oculaire; *ép.v*, épithélium vibratile; *fn*, fossette nerveuse; *c.gv*, canal gastro-vasculaire. — B, organe auditif de *Rhopalonema* (Méduse); *ot*, gros otolithe; *ot'*, otolithes contenus dans leurs cellules d'origine; *c.ci*, cellules ciliées; *an*, anneau nerveux. — C, otocyste de l'Escargot (*Helix pomatia*); *c.ci*, cellules ciliées; *ot*, otolithes libres dans une cavité remplie de liquide; *t.c*, tissu conjonctif; *n*, nerf.

La vésicule auditive des Mollusques est identique à celle de la plupart des animaux aquatiques, avec des différences purement secondaires. *On la retrouve aussi chez les Vertébrés*, avec une forme plus complexe, il est vrai, assurant une plus grande subtilité au sens auditif.

Développement embryogénique de l'appareil auditif chez les Vertébrés. — Le développement embryogénique de cet organe chez un Vertébré révèle d'abord l'existence d'une vésicule *v.a* (fig. 232) formée par une invagination ectodermique de chaque côté du cerveau postérieur *s,n*; l'orifice de cette vésicule se rétrécit graduellement, demeure ouvert chez le Requin, et se ferme chez la plupart des autres Vertébrés *v.a*, 2. Puis le sac auditif se prolonge en une saillie ventrale *li*, 3, futur *canal cochléaire du limaçon*; à l'extrémité opposée est un canal aveugle *r* (reste de la communication du sac avec l'extérieur).

Le nerf auditif *na* est en rapport avec cet organe sur lequel apparaissent bientôt les *canaux semi-circulaires cc, cc'*. Un étranglement sépare le *vestibule v.a* en deux parties : 1° l'*utricule u*, 5, en rapport avec les *canaux semi-circulaires cc, cc'*; 2° le *saccule s* communiquant avec le *canal cochléaire li*.

Les Poissons supérieurs (Téléostéens) ont un appareil auditif ainsi constitué où le canal cochléaire *li*, 6, est rudimentaire, formant un arc de cercle chez les

Reptiles et les Oiseaux, ce canal s'enroule davantage chez les Mammifères et atteint deux tours et demi de spire chez l'Homme, *li*, 7.

Le sac auditif ainsi constitué est rempli de liquide, l'*endolymphe*, tenant en suspension des otolithes en face de crêtes pourvues de cellules ciliées disposées dans le saccule *s*, l'utricule *u* et les *ampoules a* des 3 canaux semi-circulaires *cc*, 7 (fig. 232).

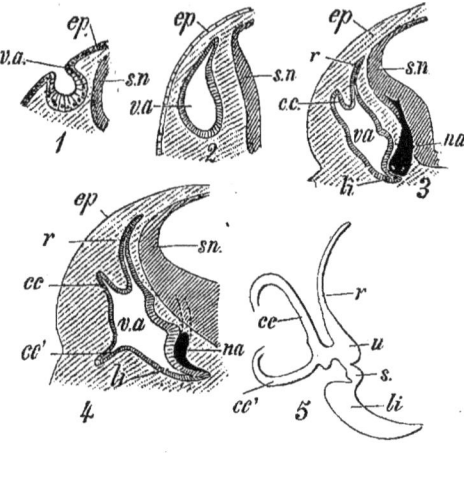

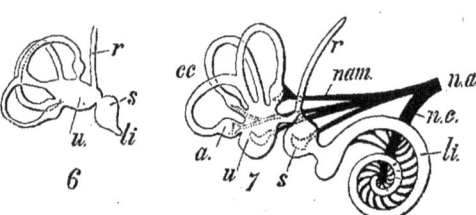

Fig. 232. — Développement de l'appareil auditif des Vertébrés (oreille interne, labyrinthe membraneux). — Vésicule auditive *va*: 1, chez un embryon de Lépidostée (6 jours); 2, chez un embryon de Poulet (3 jours); 3, 4, 5, chez un embryon de Brebis, *s.n*, cerveau postérieur; *n.a*, nerf auditif; *cc,cc'*, canaux semi-circulaires; *u*, utricule; *s*, saccule; *li*, limaçon ou cochlée; *r*, récessus du labyrinthe. — 6, labyrinthe membraneux d'un Poisson; 7, labyrinthe d'un Mammifère (mêmes désignations que plus haut); *a*, ampoule d'un canal semi-circulaire; *n.a*, nerf auditif et ses rameaux; *nc*, nerf cochléaire; *n.am*, branches ampullaire, sacculaire et utriculaire.

Des terminaisons du nerf acoustique *n.a* aboutissent à ces régions ciliées.

Cet organe sensitif délicat, appelé *labyrinthe membraneux*, est protégé par une enveloppe osseuse compacte dite *labyrinthe osseux* qui en a épousé à peu près les contours; la *périlymphe* sépare la paroi osseuse du sac membraneux.

Telle est *l'oreille interne* des Vertébrés aériens. Mais tandis que, chez les animaux aquatiques, la transmission des vibrations du milieu extérieur s'effectue facilement à travers les liquides de l'organisme jusqu'à l'appareil auditif (tous ces milieux ayant à peu près la même densité), il n'en saurait être de même chez les Vertébrés aériens; les vibrations de l'air doivent donc être renforcées pour être transmises aux lymphes de l'oreille interne.

Alors apparaît une *caisse du tympan* (oreille moyenne), appareil de *renforcement* des vibrations sonores (Amphibiens et Reptiles); en outre, chez les Oiseaux, en avant de la caisse tympanique, se développe un conduit externe rudimentaire continué, chez les Mammifères, par un *pavillon auditif* (oreille externe).

L'oreille moyenne et l'oreille externe sont des organes spécialement adaptés à l'audition dans l'air.

Description succincte de l'appareil auditif et de sa fonction chez l'Homme. — L'appareil auditif de l'Homme comprend trois parties :

1° L'*oreille externe*, organe de collectionnement des vibrations sonores ;

2° L'*oreille moyenne*, organe de renforcement de ces vibrations ;

3° L'*oreille interne*, organe de réception des impressions sonores qui affectent les terminaisons du nerf acoustique.

L'oreille externe comprend le *pavillon P* (fig. 233) et le *conduit auditif externe* 1, fermé en dedans par la *membrane du tympan*, 2.

L'oreille moyenne ou *caisse du tympan*, 3, est une cavité osseuse en rapport avec les *cellules mastoïdiennes*, 5 (cavités de l'apophyse mastoïde du temporal), et avec les fosses nasales postérieures par la *trompe d'Eustache*, 4. Sa paroi est percée en avant d'un orifice fermé par la membrane du tympan, 2 ; elle présente en arrière deux autres orifices : la *fenêtre ovale* 7 et la *fenêtre ronde* 8, fermées par les membranes du même nom. Une suite de petits os formant la *chaîne des osselets*, 6, met en rapport la membrane du tympan avec la membrane de la fenêtre ovale. La caisse du tympan est remplie d'air.

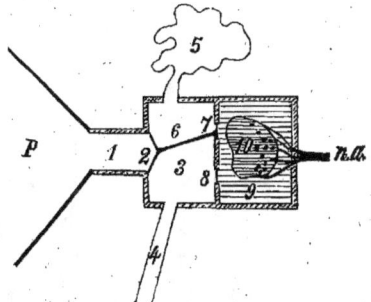

FIG. 233. — Schéma de l'oreille de l'Homme. — Oreille externe : *P*, pavillon ; 1, conduit auditif externe. — Oreille moyenne : 2, membrane du tympan ; 3, caisse du tympan ; 4, trompe d'Eustache ; 5, cellules mastoïdiennes ; 6, chaîne des osselets ; 7, membrane de la fenêtre ovale ; 8, membrane de la fenêtre ronde. — Oreille interne : 9, périlymphe contenue dans le labyrinthe osseux ; la périlymphe baigne le labyrinthe membraneux (otocyste) 10, rempli d'endolymphe et contenant des otolithes en suspension ; *n.a*, nerf auditif. (La forme des labyrinthes osseux et membraneux a été portée au maximum de simplicité.)

L'oreille interne ou labyrinthe osseux contient un liquide, la *périlymphe*, 9, dans lequel est en suspension le *labyrinthe membraneux*, 10 (représenté sous sa forme réelle en 7, fig. 232), rempli lui-même d'*endolymphe*. En suspension dans l'endolymphe sont des granulations solides (*otoconies*) mobiles en présence de cellules ciliées auxquelles aboutissent les terminaisons du *nerf acoustique n.a*.

Rôle fondamental de l'oreille. — Les vibrations de l'air, recueillies par le pavillon P, sont transmises par le conduit auditif externe à la membrane du tympan. Celle-ci agit sur la chaîne des osselets qui ébranle la membrane de la fenêtre ovale. La périlymphe en mouvement communique ses vibrations à l'endolymphe par la paroi du labyrinthe membraneux, et les otoconies impressionnent les cellules ciliées voisines ; le nerf acoustique recueille les impressions auditives et les conduit à l'encéphale.

CONSTITUTION DE L'OREILLE ET SES FONCTIONS

1° **Oreille externe**. — *Pavillon de l'oreille*. Le pavillon de l'oreille consiste en une lame fibro-cartilagineuse, mince, ondulée, recouverte de peau, qui forme une sorte d'entonnoir ou *conque* dont le bec se continue par le conduit auditif externe ; cette lame présente divers replis, *helix, anthelix, tragus, antitragus*, peu ou

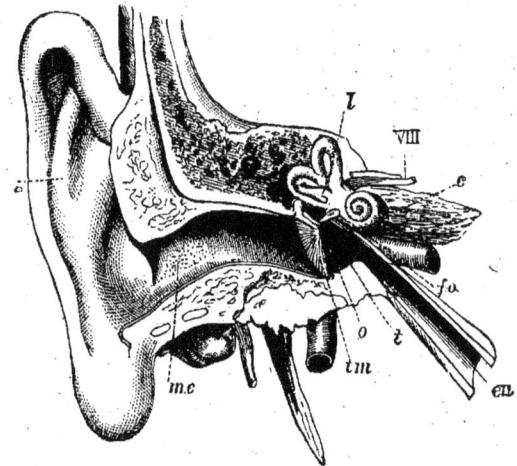

Fig. 234. — Oreille de l'Homme.

pas mobiles chez l'Homme (fig. 234), dont le but est de réfléchir les ondes sonores vers l'oreille moyenne et de nous renseigner vaguement sur la direction d'où vient le son.

Nous acquérons plus nettement cette notion, grâce à la différence d'intensité des vibrations qui parviennent à nos deux oreilles inégalement distantes, en général, du centre d'ébranlement.

Le pavillon se prolonge en bas par un *lobule* graisseux.

Conduit auditif externe. — Ce tube *c.a.ex.* (fig. 235), cartilagineux en avant, osseux dans la profondeur du *rocher*[1] où il est abrité, a environ 3 centimètres de longueur ; il est limité en arrière par la

---

[1]. Le rocher est la partie dure, compacte, de l'os temporal qui contient l'oreille moyenne et l'oreille interne.

membrane du tympan; la peau qui le tapisse renferme des poils fins et sensibles, très développés chez le vieillard, et de grosses glandes sébacées, sécrétant le *cérumen*, matière épaisse, jaunâtre et amère : d'où leur nom de *glandes cérumineuses*.

Grâce à leur sensibilité, les poils nous préviennent qu'un insecte, un corps quelconque, se sont introduits dans le conduit auditif; le cérumen arrête au passage les poussières de l'air. La membrane du tympan est donc bien protégée extérieurement;

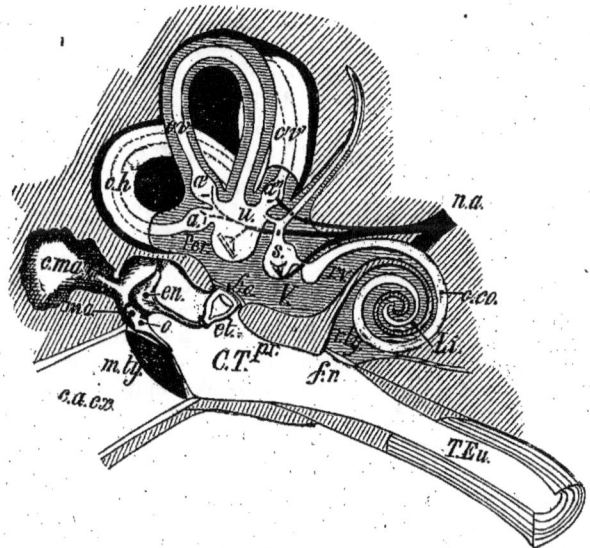

Fig. 235. — Figure schématique de l'oreille humaine. — Oreille externe : *c.a.ex*, conduit auditif externe. — Oreille moyenne : *C.T*, caisse du tympan; *m.ty*, membrane du tympan; *c.ma*, cellules mastoïdiennes; *T.Eu*, trompe d'Eustache; *f.o*, fenêtre ovale; *f.r*, fenêtre ronde; *pr*, promontoire; *ma*, marteau; *en*, enclume; *et*, étrier. — Oreille interne : *V*, vestibule; *c.h,c.v,c'.v'*, canaux semi-circulaires horizontal (*c.h*) et verticaux (*c.v,c'.v'*); *Li*, limaçon (*r.v*, rampe vestibulaire; *r.ty*, rampe tympanique); *Per*, périlymphe remplissant le labyrinthe osseux. — Labyrinthe membraneux représenté en blanc sur la figure : *c.co*, canal cochléaire; *s*, saccule; *u*, utricule; *a,a',a"*, ampoules des canaux semi-circulaires; *n.a*, nerf auditif et ses ramifications se rendant aux taches acoustiques du saccule et de l'utricule, aux crêtes acoustiques des ampoules et au canal cochléaire.

toutefois on ne doit pas laisser le cérumen s'accumuler dans l'oreille externe, sinon la membrane tympanique surchargée s'altère et vibre plus difficilement.

2° **Oreille moyenne.** — *La caisse du tympan C.T*, qui forme l'oreille moyenne, est une cavité irrégulière haute de 2 centimètres, large de 2 millimètres, communiquant avec les fosses nasales postérieures en *tr. E* (fig. 228) par la *trompe d'Eustache T. Eu.* (fig. 235), et avec les cellules *mastoïdiennes* c.ma, cavités de l'apophyse mastoïde du temporal, qui en augmentent beaucoup le volume. Du côté externe, la paroi de la caisse présente un orifice circulaire, fermé par la *membrane du tympan* m.ty, dont la surface atteint un centimètre carré. Du côté interne, la paroi, très accidentée, présente : en haut la *fenêtre ovale* f.o, fermée par la membrane du même nom ; au-dessous le *promontoire* pr, sorte de dôme saillant dans la caisse tympanique ; la *fenêtre ronde* f.r, plus petite que la précédente et également pourvue d'une membrane.

De la membrane du tympan à la fenêtre ovale s'étend la *chaîne des osselets*, composée du *marteau* ma, de l'*enclume* en et de l'*étrier* et. (Voir aussi la figure 236, à gauche).

FIG. 236. — A gauche, les pièces de la chaîne des osselets : 1, marteau ; 2, enclume et son apophyse lenticulaire 3 ; 4, étrier et sa base 5. A droite, labyrinthe osseux.

Toute la cavité ainsi formée est tapissée par un épithélium simple dont les cellules sont ciliées dans la partie inférieure du tympan.

Trompe d'Eustache. — C'est un canal, osseux d'abord, puis cartilagineux dans la région afférente aux fosses nasales postérieures, où il constitue une véritable gouttière dont les bords sont réunis par une lame fibreuse affaissée sur le cartilage ; la trompe est ainsi fermée d'ordinaire. Elle est revêtue d'un épithélium stratifié vibratile avec des glandes muqueuses dont le produit, ainsi que les mucosités de la caisse tympanique, est dirigé vers le pharynx par les cils vibratiles.

A chaque mouvement de déglutition, la trompe d'Eustache s'ouvre et assure l'équilibre de pression entre l'air de la caisse du tympan et l'air extérieur ; un peu de ce gaz pénètre en même temps dans la caisse et se mélange avec la réserve d'air humide et chaud que renferment les cellules mastoïdiennes.

Membrane du tympan. — C'est une lame mince m.ty, inclinée à 45° de dehors en dedans et d'arrière en avant ; elle a la forme d'un cône très évasé, dont le sommet est saillant dans la caisse du tympan. Elle présente trois feuillets : l'un, *externe*, est la continuation de la peau et renferme des vaisseaux sanguins ; l'autre, *interne*, fait partie de la muqueuse qui tapisse la caisse tympanique ; le feuillet *moyen* se compose de fibres, les unes rayonnantes, les autres circulaires.

Le manche du marteau ma est engagé dans ce feuillet moyen et occupe l'une des génératrices du cône formé par la membrane tympanique ; l'extrémité du manche correspond au sommet du cône.

Chaîne des osselets. — Le marteau, l'enclume en et l'étrier et forment une chaîne ininterrompue entre les membranes du tympan et de la fenêtre ovale.

Le *marteau* a 6 millimètres de longueur environ ; son manche est surmonté d'une tête renflée, contre laquelle s'appuie l'*enclume*. Cette dernière a la forme d'une molaire à deux racines, dont la couronne reçoit la tête du marteau; tandis que la racine supérieure de l'enclume se termine par un ligament fixé à la paroi opposée, la racine inférieure plus longue se dirige de haut en bas, puis se recourbe à angle droit et rejoint la tête de l'*étrier* par l'intermédiaire de l'*apophyse lenticulaire* de l'enclume. L'*étrier* s'appuie par sa base sur la membrane de la fenêtre ovale et bouche exactement cet orifice ; il est maintenu dans cette position par le périoste et la muqueuse du tympan qui, d'ailleurs, revêt tous les osselets.

Muscles des osselets. — Deux petits muscles font mouvoir la chaîne des osselets : le *muscle du marteau* et le *muscle de l'étrier.*

Le *muscle du marteau* s'insère sur le sphénoïde et la partie cartilagineuse de la trompe d'Eustache d'une part (insertion fixe), et se rend, d'autre part, au côté interne de l'extrémité supérieure du manche du marteau (insertion mobile).

Par sa contraction, il tire en dedans le manche du marteau et fait pivoter cet organe de AB en A'B' autour d'un axe fixe O (fig. 237); *la membrane du tympan est ainsi tendue;* l'enclume est solidaire des mouvements du marteau et l'étrier s'enfonce dans la fenêtre ovale de D en D'.

Le *muscle de l'étrier* est inséré sur une saillie voisine de la fenêtre ovale (insertion fixe), et sur la partie postérieure du sommet de l'étrier (insertion mobile). En se contractant, il *relâche la membrane du tympan;* c'est l'antagoniste du muscle précédent.

Rôles de l'oreille moyenne. — Nous avons vu plus haut que l'oreille moyenne est l'*appareil de renforcement des sons*. La membrane du tympan, soumise sur ses deux faces à la pression atmosphérique, vibre sous l'influence des ondes sonores qui lui sont transmises par l'oreille externe. Si elle était uniformément tendue, elle ne pourrait vibrer que pour un son de hauteur déterminée ; mais la membrane tympanique est une *membrane à tension variable*, grâce à la contraction plus ou moins prononcée du muscle du marteau qui joue le rôle de *muscle accommodateur;* elle peut dès lors vibrer pour tous les sons dus à un nombre de vibrations compris entre 32 (son grave) et 23000 par seconde (son aigu) chez les personnes dont l'ouïe est très fine.

Le muscle du marteau est encore un *muscle protecteur* de la membrane du tympan ; car, en la tendant fortement, il rend cette membrane apte à vibrer seulement pour les sons aigus et non pour les sons graves et très intenses à la fois, tels que le bruit du canon, les chocs des marteaux sur les grosses pièces métalliques. Les vibrations de forte amplitude ainsi déterminées pourraient déchirer la membrane du tympan.

Les vibrations de la membrane tympanique sont presque totalement concentrées sur la chaîne des osselets qui fait l'office de levier coudé ABCD (fig. 237) et d'*appareil transmetteur* des mouvements à la membrane de la fenêtre ovale. La flexibilité de la chaîne évite la brusquerie des variations de tension de cette dernière membrane et son altération.

Lorsque le levier est porté de ABCD en A'B'C'D', par un mouvement de la membrane tympanique, vers l'intérieur de l'oreille moyenne, le déplacement AA' du sommet de celle-ci correspond à un déplacement DD' (environ 20 fois plus faible) de la membrane de la fenêtre ovale vers l'intérieur de l'oreille interne. Ainsi *les vibrations de forte amplitude et de faible intensité qu'effectue la première membrane sous l'influence de l'air se transforment*, par la chaîne des osselets, *en vibrations intenses, mais de faible amplitude pour la seconde.*

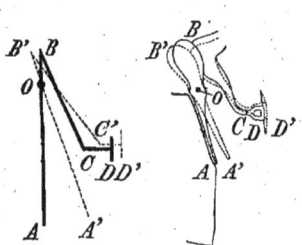

FIG. 237. — Figure schématique traduisant le rôle de la chaîne des osselets.

On conçoit que la membrane de la fenêtre ovale et l'étrier qui s'y applique jouent un rôle fondamental *pour l'audition dans l'air*; aussi leur altération détermine-t-elle la surdité par l'écoulement de la périlymphe contenue dans l'oreille interne.

3° **Oreille interne.** — C'est la partie fondamentale de l'appareil auditif; elle comprend le labyrinthe osseux et le labyrinthe membraneux :

1° *Labyrinthe osseux*. — Il se compose du *vestibule* V (fig. 235) des *canaux semi-circulaires ch, cv, c'v'* et du *limaçon* osseux *Li*, c'est-à-dire des enveloppes dures du labyrinthe membraneux. De la partie postérieure du vestibule 6, 8 (fig. 238, A) partent trois canaux, 9, 11, 12, orientés dans trois plans rectangulaires (9 et 11, dans deux plans verticaux ; 12, dans un plan horizontal perpendiculaire aux premiers). Les canaux verticaux 9 et 11 confondent deux de leurs branches qui débouchent par un canal unique 10 dans le vestibule. Ils ont tous trois l'une de leurs extrémités renflée en ampoule.

Le limaçon osseux, B (fig. 238), enroulé sur lui-même, fait 2 tours 1/2 de spire; il est creusé d'un canal séparé en 2 rampes : la *rampe vestibulaire r.v.* (fig. 235 et 239, B, C, D), en rapport avec le vestibule, et la *rampe tympanique r.ty.*, qui aboutit à la fenêtre ronde; les deux rampes communiquent entre elles au sommet du limaçon, *li*, B. C'est dans la rampe vestibulaire qu'est logé le *canal cochléaire c.co.*

Le labyrinthe osseux est séparé par la *périlymphe, per.* C, D (fig. 239), du labyrinthe membraneux qu'il renferme.

2° *Labyrinthe membraneux*. — Dans le vestibule, V, on remarque l'*utricule, u* (fig. 235), en rapport avec les *canaux semi-circulaires membraneux*, et le *saccule, s*, communiquant avec le *canal cochléaire, c.co*. Le tout est rempli d'*endolymphe*.

L'utricule, le saccule et les canaux semi-circulaires sont formés

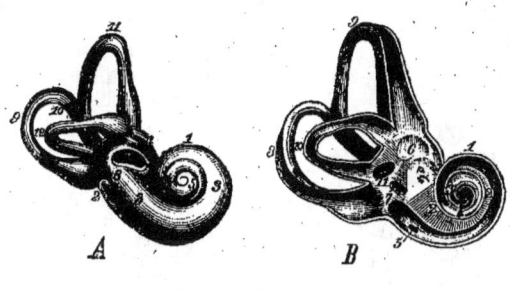

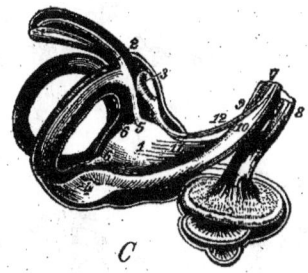

Fig. 238. — Oreille interne. Labyrinthe osseux A, ouvert en B et montrant en C le labyrinthe membraneux qui y est logé. — A : 1, limaçon ; 2, fenêtre ronde ; 7, fenêtre ovale ; 6, vestibule ; 9, 11, 12. canaux semi-circulaires (les canaux 9 et 11 se confondent en 10). — C : 7, nerf acoustique ; 8, sa branche cochléaire ; 9 à 12, ses branches sacculaire, utriculaire et ampullaires.

d'une lame de tissu conjonctif recouverte d'une couche unique de cellules aplaties, sauf à l'endroit des *taches auditives* du saccule et de l'utricule et des *crêtes auditives* présentées par les ampoules a, a' et a'' des canaux semi-circulaires membraneux.

Les saillies de la paroi qui forment les *taches* et *crêtes auditives* sont tapissées de *cellules auditives c.a* (fig. 239, A) ciliées sur leur face libre et prolongées chacune par une fibrille *n.a* du nerf acoustique. Au voisinage des cils se trouvent, en suspension dans l'endolymphe, des otolithes dont les mouvements, dus aux vibrations

246 LES SENSATIONS.

du liquide, impressionnent les cellules auditives ; les branches

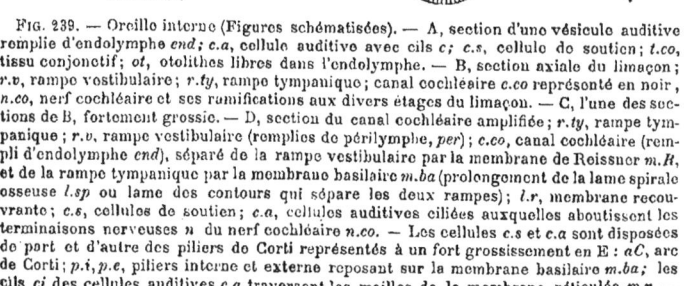

Fig. 239. — Oreille interne (Figures schématisées). — A, section d'une vésicule auditive remplie d'endolymphe *end*; *c.a*, cellule auditive avec cils *c*; *c.s*, cellule de soutien; *t.co*, tissu conjonctif; *ot*, otolithes libres dans l'endolymphe. — B, section axiale du limaçon; *r.v*, rampe vestibulaire ; *r.ty*, rampe tympanique; canal cochléaire *c.co* représenté en noir, *n.co*, nerf cochléaire et ses ramifications aux divers étages du limaçon. — C, l'une des sections de B, fortement grossie. — D, section du canal cochléaire amplifiée ; *r.ty*, rampe tympanique ; *r.v*, rampe vestibulaire (remplies de périlymphe, *per*) ; *c.co*, canal cochléaire (rempli d'endolymphe *end*), séparé de la rampe vestibulaire par la membrane de Reissner *m.R*, et de la rampe tympanique par la membrane basilaire *m.ba* (prolongement de la lame spirale osseuse *l.sp* ou lame des contours qui sépare les deux rampes); *l.r*, membrane recouvrante ; *c.s*, cellules de soutien ; *c.a*, cellules auditives ciliées auxquelles aboutissent les terminaisons nerveuses *n* du nerf cochléaire *n.co*. — Les cellules *c.s* et *c.a* sont disposées de part et d'autre des piliers de Corti représentés à un fort grossissement en E : *aC*, arc de Corti; *p.i*, *p.e*, piliers interne et externe reposant sur la membrane basilaire *m.ba*; les cils *ci* des cellules auditives *c.a* traversent les mailles de la membrane réticulée *m.r*. — F, membrane basilaire avec la disposition de ses fibres, projetée sur un plan horizontal.

nerveuses (ampullaires, utriculaire et sacculaire) du nerf acoustique recueillent ces impressions.

Le *canal cochléaire c.co.* (fig. 239, B) occupe la partie externe de la rampe vestibulaire du limaçon, le long de laquelle il s'élève, et se termine en cul-de-sac au sommet. Sa section triangulaire est limitée : du côté externe, par la *membrane de Reissner m.R*, C et D, à cellules aplaties; du côté interne, par de hautes cellules revêtant la *lame des contours l.c*, et en bas par la *membrane basilaire m.ba*, dont les fibres transversales, au nombre de 6000 environ, s'étendent de la lame des contours à la *lame spirale osseuse l.sp*. La membrane basilaire sépare le canal cochléaire de la rampe tympanique *r.ty*; elle est plus large au voisinage du sommet du limaçon qu'à sa partie inférieure (F, fig. 239).

De la lame spirale se détache une *lame recouvrante l.r* disposée au-dessus des cellules ciliées et sensorielles *c.a* que porte la membrane basilaire.

Ces cellules ciliées et les organes voisins méritent toute l'attention.

A l'origine, la membrane basilaire porte sur toute son étendue une série de cellules de soutien et de cellules ciliées *c.a* (fig. 239, C) dont les cils sont voisins de la lame recouvrante, tandis que leur extrémité inférieure se prolonge par les fibrilles *n* de la *branche cochléaire n.co* du nerf acoustique. [Le nerf cochléaire *n.co*, B, occupe l'axe du limaçon et distribue, dans toute la hauteur de cet organe, des rameaux nerveux qui s'en détachent à la manière des marches d'un étroit escalier tournant, disposées autour de la colonne centrale constituant le pivot de l'escalier.]

Plus tard apparaissent, au voisinage des cellules ciliées *c.a* D, E et des cellules de soutien *c.s*, les *arcs de Corti aC*, formés chacun de deux piliers osseux, l'un *interne p.i*, l'autre *externe p.e*, divergeant par leur base. Les piliers se prolongent, sous la lame recouvrante *l.r*, par une membrane réticulée *m.r*, E, dans les mailles de laquelle s'engagent les cils *ci* des cellules auditives *ca*.

Les bases de deux piliers de Corti correspondants reposent à cheval sur deux fibres transversales de la membrane basilaire. Il existe donc environ 3000 arcs de Corti qui, pressant de leur poids sur les fibres basilaires, en déterminent la tension.

Rôles de l'oreille interne. — Le mouvement vibratoire des corps communiqué par l'air à l'oreille y produit une impression vague (*bruit*) ou nette (*son*).

Un son possède trois qualités : l'*intensité*, la *hauteur* et le *timbre*. L'intensité dépend de l'amplitude des vibrations du corps en mouvement; la hauteur dépend du nombre de ses vibrations par seconde; le timbre résulte de la superposition, au son fondamental, d'un certain nombre d'*harmoniques* qui contraignent l'oreille à apprécier un son composé.

L'oreille interne a pour rôle d'analyser les sons par la diversité des impressions qu'elle perçoit.

Lorsque la membrane de la fenêtre ovale vibre, elle ébranle la périlymphe dans toute l'étendue du labyrinthe osseux (vestibule, canaux semi-circulaires osseux, rampes vestibulaire et tympanique du limaçon)[1]. L'endolymphe participe à cet ébranlement, les otolithes sont agités vis-à-vis des taches et des crêtes acoustiques, dont ils impressionnent les cellules ciliées ; la branche vestibulaire du nerf auditif collectionne ces excitations. Dans le canal cochléaire, les cellules auditives paraissent impressionnées par les vibrations de telle ou telle des fibres qui composent la membrane basilaire ; la branche cochléaire du nerf auditif conduit à l'encéphale les excitations qui lui sont transmises par les filets nerveux.

A quelles parties de l'oreille interne est attribuée la perception des bruits, des sons musicaux et de leurs qualités ? *Il semble que les taches sacculaire et utriculaire aient pour rôle d'apprécier les bruits et leur intensité. L'orientation des canaux semi-circulaires dans trois plans rectangulaires nous permet de rapporter à un point donné de l'espace le mouvement vibratoire perçu. C'est au canal cochléaire qu'est dévolu le rôle d'analyser les sons musicaux, c'est-à-dire de percevoir les vibrations périodiques, régulières, des corps en mouvement.*

Les fibres transversales de la membrane basilaire sont autant de cordes d'un piano, chargées de vibrer chacune pour un son donné puisqu'elles sont de longueur différente, plus grandes au sommet du limaçon, plus courtes en bas. Si le son est unique, l'une seule de ces fibres entre en vibration (par l'ébranlement du liquide de l'oreille interne) affecte un arc de Corti et le groupe des cellules auditives voisines ; les filets nerveux aboutissant à ces cellules conduisent l'impression au nerf cochléaire et, de là, au nerf auditif.

La hauteur et l'intensité du son seront appréciées.

Si le son est complexe, une fibre est affectée par le son fondamental, d'autres le sont par les harmoniques qui l'accompagnent, et le nerf auditif reçoit simultanément plusieurs excitations desquelles résultera la notion du *timbre*.

Le nombre des fibres de la membrane basilaire est suffisant pour répondre aux exigences de l'oreille la plus fine, la plus exercée. Nous pouvons apprécier, en effet, l'intervalle de $\frac{1}{64}$ de demi-ton, sur une échelle musicale composée de 7 octaves comprenant chacune 12 demi-tons. Le nombre des sons que nous pouvons percevoir est donc : $64 \times 12 \times 7 = 5376$, quantité inférieure aux 6000 cordes disposées pour vibrer à l'unisson de chacun d'eux.

---

[1]. Lorsque la membrane de la fenêtre ovale s'enfonce dans l'oreille interne, la périlymphe incompressible transmet la pression qu'elle reçoit, par la rampe vestibulaire et la rampe tympanique du limaçon, à la membrane de la fenêtre ronde ; celle-ci fait alors saillie dans l'oreille moyenne. Ainsi les membranes de la fenêtre ronde et de la fenêtre ovale oscillent en sens inverse.

ORGANE DE L'OUIE DANS LA SÉRIE ANIMALE

Nous avons précédemment analysé l'appareil auditif des animaux aériens et des animaux aquatiques dans sa partie fondamentale; cet appareil est toujours placé au voisinage d'un centre nerveux et toujours en rapport avec une masse nerveuse céphalique.

Chez les Mammifères aériens, l'oreille externe est plus ou moins développée, très mobile chez les animaux chassés (Lièvre), nocturnes (Chauve-souris), ou chez ceux dont la conque est à peu près régulière (Cheval); elle est extrêmement réduite chez les Cétacés où le conduit auditif externe est un tube de diamètre égal à 1 millimètre. Les Oiseaux ont un conduit auditif très court enveloppé, chez l'Effraie, de plumes qui figurent une conque. Chez les Reptiles et les Amphibiens, le tympan est presque à fleur de peau; l'oreille moyenne tend à disparaître. Les Poissons n'ont plus cette dernière.

Ligne latérale des Poissons. — Sur les faces latérales du corps, on remarque, chez ces animaux, une ligne peu sinueuse formée par les orifices d'un certain nombre de tubes t (fig. 240), qui s'ouvrent tous dans un long canal interne (canal latéral $c.l$). Ce canal est revêtu de cellules muqueuses; il présente çà et là de petites éminences pourvues de cellules avec un cil ci; à ces cellules aboutissent des terminaisons nerveuses.

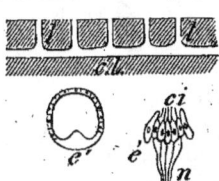

Fig. 240. — Ligne latérale des Poissons : section longitudinale d'un canal latéral $c.l$ et des tubes t qui s'ouvrent au dehors; e', section transversale du même canal présentant des éminences avec cellules ciliées ci et terminaisons nerveuses n.

La *ligne latérale semble être pour les Poissons un organe d'audition pour les vibrations lentes* de l'eau.

Appareil auditif des Insectes. — Il consiste en une caisse tympanique, placée sur le côté du premier anneau de l'abdomen (Acridiens), ou bien sur la jambe de la première paire de pattes (Locustides); au fond de cette cavité se trouve, appliquée contre une grosse trachée, une carène auditive formée d'une série de cellules terminées par un bâtonnet extérieur et prolongées intérieurement par une fibre nerveuse. Sous l'influence des vibrations de la membrane tympanique qui ferme la caisse, les cellules à bâtonnet sont excitées et le nerf qui s'y rend recueille l'impression.

§ 5. — SENS ET ORGANE DE LA VUE

Le sens de la vue a pour organe l'*œil* qui nous permet d'apprécier la forme, l'étendue et la couleur des objets, leur position relative dans l'espace et leur distance.

La complexité de cet organe est telle que nous l'envisagerons d'abord sous ses formes les plus simples; l'étude très succincte de son développement permettra de comprendre l'agencement de ses diverses parties et leur importance.

Taches oculaires. Yeux simples. — Chez les êtres les plus inférieurs, toute la surface du corps est sensible à l'action de la lumière. Des types un peu plus élevés, comme les Méduses, présentent déjà des régions plus particulièrement sensibles à cette action; ainsi se voit une *tache pigmentaire t.oc. A* (fig. 231) chez l'*Aurelia aurita*. Des organes de plus en plus perfectionnés se montrent dans les termes élevés de la série; en même temps que leur spécialisation est mieux accentuée, le nombre des yeux diminue et se réduit à 3 chez les Lézards, à 2 chez les Vertébrés supérieurs. Ces organes sont situés à la partie antérieure de la tête, au voisinage du principal centre nerveux.

Les taches oculaires permettent à l'animal d'apprécier simplement l'existence ou non de lumière; l'œil profondément différencié perçoit, outre la lumière, les images des objets (vision proprement dite).

L'élément fondamental de l'œil consiste en une cellule visuelle, c. vi (fig. 241), *dont l'extrémité impressionnable à la lumière est formée par un bâtonnet*, bat, *ou un cône*, co (portion durcie, cuticulaire, de la cellule); *l'autre extrémité se termine par une petite sphère* (cellules à bâtonnet) *ou par une dilatation d'où partent des fibrilles horizontales* (cellules à cône).

Les sphères et les fibrilles sont situées en face des arborisations de *cellules bipolaires*, c. bi, spéciales les unes aux bâtonnets, les autres aux cônes; les ramuscules de ces neurones sont en rapport de contiguïté, du côté opposé, avec les *cellules ganglionnaires*, c. g (fig. 242). Les cylindres-axes de ces dernières sont enfin continuées par les fibres du nerf optique, N. op.

Développement embryogénique de l'œil des Vertébrés. — Dès les premières heures du développement, chez le Poulet, la vésicule cérébrale antérieure, C (fig. 243, A), émet une excroissance ou *vésicule optique*, v. o, près de l'ectoderme ep, qui lui-même s'épaissit à ce niveau, en cr. L'épaississement s'accentue de dehors en dedans, cr, B; une séparation s'y produit parallèlement à la surface et isole une masse transparente appelée *cristallin*, cr, C et D. En même temps le pédoncule p de la vésicule optique s'étrangle et constituera plus tard le *nerf optique*, n.o; la lumière de la vésicule se rétrécit, le feuillet antérieur, rf, de la paroi s'épaissit et s'accole contre le feuillet postérieur, rf', demeuré mince. La réunion des 2 feuillets constitue la *rétine*, r, E.

Fig. 241. — Éléments nerveux de la rétine. c.vi, cellules visuelles avec bâtonnet, bat, ou cône, co; c.bi, cellules bipolaires.

La vésicule optique embrassait étroitement le cristallin au début; par son accroissement et la courbure de son bord antérieur, cette sorte de coupe, tout en s'appuyant antérieurement sur le cristallin, détermine en arrière de cet organe un espace libre occupé par le *corps vitré*, cv, D, E, F.

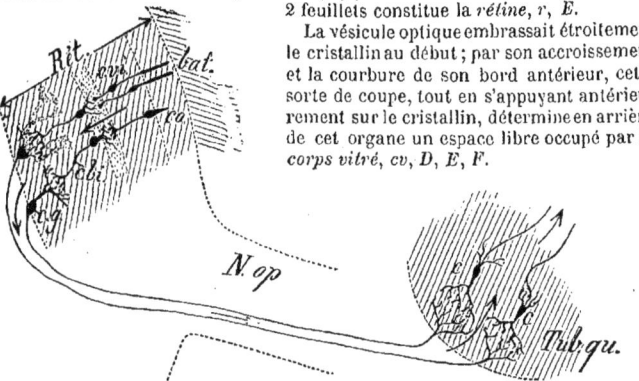

Fig. 242. — Structure de la rétine, Rét, et ses rapports avec les tubercules quadrijumeaux, Tub. qu; bat, co, couche des bâtonnets et des cônes; c.vi, cellules visuelles; c.bi, cellules bipolaires; c.g, cellules ganglionnaires; N.op, nerf optique.

Au stade du développement représenté par la figure E, le mésoderme, més, entoure complètement l'œil formé de la rétine, r, du cristallin, cr et du corps vitré, cv.

La partie interne du mésoderme en contact immédiat avec la rétine forme la *choroïde ch*, F, membrane dont fera partie intégrante le feuillet extérieur (plus tard pigmentaire) *rf'* de la rétine; en dehors de la choroïde, la *sclérotique scl*, F, est différenciée.

Le bord antérieur de la coupe optique et le mésoderme en *a*, E, forment tout autour du bord du cristallin le *corps ciliaire ci.c, c.il,* F, et en avant du cristallin

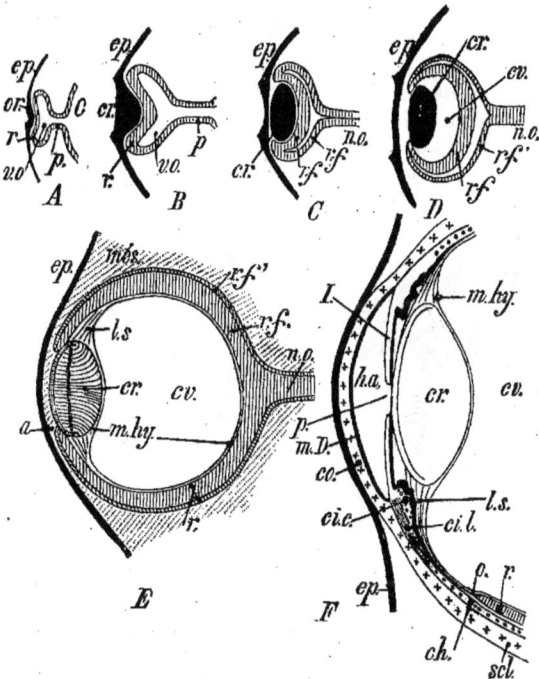

Fig. 243. — Développement de l'œil des Vertébrés. — A à F, phases successives. — A et B : *ep*, ectoderme s'épaississant en *cr* (futur cristallin); *v.o*, vésicule optique formée par le cerveau C; la paroi antérieure *r* (future rétine) est voisine de l'ectoderme; *p*, pédoncule de la vésicule (futur nerf optique). — C : cristallin *cr* indépendant de l'ectoderme; les parois antérieure et postérieure de la vésicule optique s'appliquent l'une contre l'autre. — D : cristallin *cr* séparé de la rétine *rf* par le corps vitré *c.v.* — E, le cristallin *cr* est emboîté dans la partie antérieure de la coupe optique formée par la rétine dont le feuillet *r.f* est très épaissi; *l.s*, ligament suspenseur; *m.hy*, membrane hyaloïde entourant le corps vitré *c.v;* *ep*, ectoderme, *més*, mésoderme. — F : *scl*, sclérotique; *ch*, choroïde; *r*, rétine; *ci.l, ci.c*, région ciliaire de la choroïde; *co*, cornée transparente recouverte par la membrane conjonctive *ep; h.a*, humeur aqueuse ; I, iris et la pupille *p*.

une sorte de diaphragme plan, l'*iris* I; un petit orifice, la *pupille p*, subsiste au milieu de l'iris qui, pendant ce temps, se charge de pigment.

Une substance amorphe se développe entre l'épithélium *ep*, E, et la surface du cristallin; une couche de cellules aplaties la limite intérieurement (*membrane de Descemet m. D,* F.) et sécrète l'*humeur aqueuse h.a* qui sépare, du cristallin *cr* et de l'iris *I*, *la cornée transparente co* définitivement organisée.

DESCRIPTION DE L'APPAREIL VISUEL CHEZ L'HOMME

L'*appareil de la vision* se compose d'un organe essentiel (*œil*, fig. 244) et d'organes accessoires, les uns protecteurs (*paupières, cils, sourcils, glandes*), les autres moteurs (*muscles de l'œil*).

A. — DE L'ŒIL.

L'œil est une sphère de 23 millimètres de diamètre environ, logée dans l'une des cavités orbitaires de la face ; il est composé de *membranes* et de *milieux transparents*. Les membranes sont, de dehors en dedans : la *sclérotique scl* (fig. 245), la *choroïde ch* et la *rétine r*

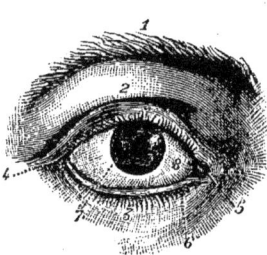

Fig. 244. — Œil. 1, sourcil ; 2, 3, paupières ; 5, caroncule ; 6, cils ; 7, iris ; 8, sclérotique.

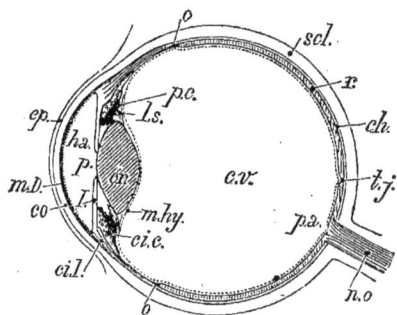

Fig. 245. — Coupe de l'œil (mêmes désignations qu'en F, fig. 243) ; *n.o*, nerf optique ; *r*, rétine ; *p.a*, point aveugle (punctum cæcum) ; *t.j*, tache jaune (macula lutea).

contre laquelle est appliquée intérieurement la *membrane hyaloïde m.hy*. Les milieux transparents sont, suivant l'axe antéro-postérieur de l'œil : la *cornée transparente co* (prolongement antérieur de la sclérotique), l'*humeur aqueuse ha*, le *cristallin cr* et le *corps vitré c.v*.

1° **Membranes de l'œil. Sclérotique.** — C'est une membrane blanche visible en avant ; elle est fibreuse, très résistante, et constitue le squelette de l'œil (cartilagineuse chez le Bœuf, le Cheval, etc., ossifiée très peu chez les Oiseaux et complètement chez l'Ichthyosaure, fig. 59). Cette membrane est percée en arrière d'un orifice pour le passage du nerf optique *n.o*, autour duquel elle forme une gaine ; en avant, elle se prolonge par la *cornée transparente co*, dont le rayon de courbure est plus petit que celui de la sclérotique.

La cornée transparente présente de dehors en dedans : la *membrane conjonctive ep*, formant un épithélium stratifié en prolongement de la peau, puis des lamelles parallèles de tissu conjonctif, enfin une couche profonde de cellules aplaties (*membrane de Desce-*

met m.D). L'ensemble de ces couches constitue un milieu transparent à faces parallèles, dont l'indice de réfraction est égal à 1,35; son épaisseur est d'environ 1 millimètre.

Choroïde. — Cette membrane comprend trois parties : la *choroïde proprement dite* postérieure *ch*, la *région ciliaire ci* et l'*iris I*.

La *choroïde proprement dite* est percée comme la sclérotique en arrière. Elle est formée de trois couches : une couche conjonctive externe peu adhérente à la sclérotique, avec quelques cellules chargées de pigment *c.p.* A (fig. 246); une couche moyenne musculeuse et *très riche en vaisseaux sanguins;* une couche interne formée d'une seule assise de cellules polyédriques *c.p.* B, remplies de pigment noir. Cette couche est étroitement unie à la rétine dont elle est originaire en réalité.

La *région ciliaire* présente en dehors le *muscle ciliaire ci.l* et *ci. c* (fig. 245) et en dedans les *procès ciliaires p.c.* Le muscle ciliaire est formé : 1° d'une couche de fibres lisses longitudinales *c.il*, insérées sur toute la périphérie de la choroïde proprement dite d'une part, et

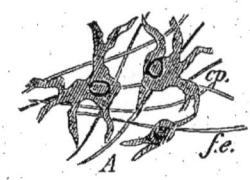
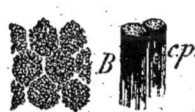

Fig. 246. — Éléments de la choroïde : *c.p*, cellules pigmentaires de la région externe A, de la région profonde B.

à la base de l'iris I d'autre part; 2° d'un anneau de fibres lisses circulaires *ci. c.* (vues en coupe sur la figure 245.)

Les procès ciliaires consistent en 70 à 80 plis triangulaires, saillants vers l'intérieur et disposés en rayons tout autour du cristallin sur le *ligament suspenseur l.s* duquel ils appuient ; ces pyramides sont richement vascularisées, capables de se gonfler beaucoup par l'afflux du sang et de presser plus ou moins sur le ligament suspenseur dont ils font varier la tension.

L'*iris I* est un diaphragme percé d'une ouverture médiane, la *pupille p;* il est appliqué sur la face antérieure du cristallin et séparé de la cornée transparente par l'*humeur aqueuse h.a.* Il comprend : une couche épithéliale antérieure aplatie, une couche postérieure chargée de pigment noir, brun ou bleu, et une lame moyenne richement vascularisée, formée de *fibres musculaires lisses*, les unes *radiées* (allant de la pupille au pourtour de l'iris), les autres *circulaires* (circonscrivant la pupille). Par leurs contractions alternatives, les premières dilatent la pupille, les secondes la rétrécissent.

Rétine. — *C'est la membrane fondamentale, sensible, de l'œil.* La rétine *r* résulte de l'épanouissement du nerf optique ; elle s'étend en forme de coupe d'arrière en avant de l'œil jusqu'au point où commence la région ciliaire de la choroïde ; réduite à une minceur extrême à partir de cette région (en *o*, *F*, fig. 243), elle se continue jusqu'à l'iris. En rapport étroit avec la choroïde en arrière, elle est recouverte en avant par la *membrane hyaloïde*, *m.hy*, qui enveloppe le *corps vitré*, *cv*.

La rétine présente, au point où la rencontre l'axe antéro-postérieur de l'œil, une petite fossette ayant 1 millimètre carré de surface, formant une tache jaune sur la rétine de l'œil mort ; on appelle cette région la *tache jaune* (*macula lutea*, *t. j.*, fig. 245). La région d'épanouissement du nerf optique s'appelle *point aveugle*, *p. a* (*punctum cæcum*, fig. 247) ; elle est située entre la tache jaune et le plan de symétrie de la face. Le nerf optique parvient obliquement à l'œil.

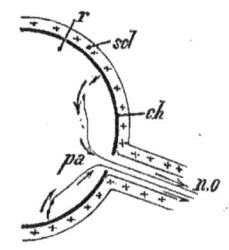

La rétine est un véritable ganglion nerveux de large surface, présentant trois étages de neurones principaux qui sont de dehors en dedans : 1° la couche des *cellules visuelles*, *c.vi* (fig. 242) ; 2° la couche des *cellules bipolaires*, *c.bi* ; 3° la couche des *cellules ganglionnaires*, *c.g*.

Les *cellules visuelles* comprennent des *cellules à cônes* et des *cellules à bâtonnets* (page 250).

Les cônes sont incolores, parfois jaunâtres ; les bâtonnets sont colorés en rose par un pigment appelé *pourpre rétinien* ou *érythropsine*, constituant un réactif extrêmement sensible à l'action de la lumière.

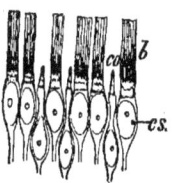

Fig. 247. — Figure schématique représentant : en haut la direction des neurones successifs composant le nerf optique dans l'épaisseur de la rétine ; en bas, les cellules impressionnables avec cônes, *co* et bâtonnets, *b*. Les flèches indiquent la direction suivie par l'impression lumineuse transmise à l'encéphale.

Les cellules sensorielles avec cônes et avec bâtonnets sont indistinctement réparties dans toute l'étendue de la couche externe de la rétine où elles sont pressées parallèlement les unes aux autres (fig. 247, en bas) ; mais *dans la tache jaune, on ne trouve que des cellules avec cônes*, au nombre de 2 000 environ.

Les *cellules bipolaires pour bâtonnets* ont un panache ascendant fin qui englobe en quelque sorte les sphérules terminales des bâtonnets (fig. 241) ; leur cylindre-axe descendant se termine par une arborisation *appliquée sur le corps même des cellules ganglionnaires*. Les *cellules bipolaires pour cônes* ont un panache ascendant aplati, en connexion avec les arborisations des cônes correspondants; d'autre part, leur cylindre-axe descendant émet une arborisation *en connexion*, dans une *zone plexiforme* profonde, *avec le panache ascendant d'une cellule ganglionnaire.*

Les cellules ganglionnaires possèdent un corps ovoïde avec un panache ascendant abondamment ramifié dans la zone plexiforme interne et, d'autre part, un cylindre-axe continué par une fibre du nerf optique, elle-même ramifiée dans l'un des tubercules quadrijumeaux.

<small>Au niveau où sont en rapport de contiguïté les arborisations des cylindres-axes des cellules visuelles avec les panaches ascendants des cellules bipolaires, comme au niveau où sont en présence les terminaisons des cellules bipolaires et des cellules ganglionnaires, on distingue de nombreuses cellules nerveuses entièrement enclavées (corps et panaches) dans ces étages dits *zones plexiformes*. Le rôle de ces cellules horizontales paraît être d'associer les diverses régions de la rétine, alors que les cellules fondamentales, dont nous avons établi plus haut les rapports, sont destinées à recevoir et à transmettre à l'encéphale les impressions visuelles.</small>

2° **Milieux de l'œil.** — La *cornée transparente* a été décrite déjà.

Humeur aqueuse. — Ce liquide limpide, transparent, d'indice de réfraction 1,342, est compris entre la cornée et l'iris, formant un milieu dont l'épaisseur atteint au plus 3 millimètres.

Cristallin. — Le cristallin, *cr* (fig. 248), est une lentille biconvexe, épaisse de 4 millimètres, transparente, dont l'axe principal se confond avec l'axe antéro-postérieur de l'œil et correspond au centre de la pupille; il est entouré d'une membrane mince appelée *cristalloïde*, *cr*.

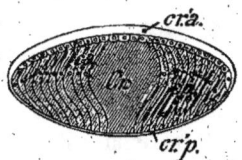

<small>Fig. 248. — Structure du cristallin (figure schématique). *ca*, cellules cubiques antérieures; *cp*, cellules allongées postérieures; *cr'.a*, *cr'.p*, cristalloïdes antérieure et postérieure.</small>

<small>Dans cette capsule transparente sont deux couches de cellules : la couche antérieure, *ca*, est formée de cellules cubiques; les cellules de la couche postérieure, *cp*, sont très allongées, disposées en tuniques concentriques comme celles de l'oignon et orientées suivant trois directions.</small>

L'indice de réfraction du cristallin est variable de la périphérie (1,43) au centre (1,45).

Cet organe est maintenu, entre l'iris *I* (fig. 245) en avant et le corps vitré, *c.v.*, en arrière, par le *ligament suspenseur*, *l.s*, membrane fibreuse ayant pour origine la partie antérieure de la rétine; le ligament s'insère tout autour du bord du cristallin et s'appuie en avant contre les procès ciliaires, *p.c*, en arrière contre la membrane hyaloïde, *m.hy.*

Corps vitré. — C'est une substance gélatineuse qui, comprise dans la membrane hyaloïde, remplit tout le fond du globe oculaire. Son indice de réfraction est 1,348.

DES SENSATIONS.

RÔLE PHYSIOLOGIQUE DE L'ŒIL

L'œil est un *instrument d'optique* destiné à concentrer les rayons lumineux, provenant du milieu extérieur, sur la rétine où se formeront les images des objets situés dans l'espace ; c'est un *appareil sensible* dans lequel la lumière provoque des réactions chimiques propres à faire naître des impressions sensorielles dites impressions lumineuses. Ainsi l'œil est comparable à une chambre photographique.

1° **L'œil est un instrument d'optique.** — Un instrument d'optique se compose essentiellement de lentilles transparentes (quelquefois aussi de prismes) dont l'indice de réfraction est assez élevé en général. L'œil comprend des milieux transparents, en forme de lentilles, car ils sont limités par des surfaces courbes dont les centres de courbure occupent l'axe antéro-postérieur de cet organe.

La lentille principale en est le cristallin dont l'indice de réfraction est le plus élevé (1,44 en moyenne) ; l'indice est à peu près le même (1,35) pour la cornée, l'humeur aqueuse et le corps vitré.

Le cristallin joue donc un rôle prépondérant dans la marche des rayons lumineux dans l'œil ; les calculs ont montré qu'on peut rapporter l'œil à une lentille biconvexe dont le centre optique serait voisin de la face postérieure du cristallin.

(*a*) Un faisceau cylindrique de rayons lumineux, traversant une lentille biconvexe (fig. 249), se réfracte en donnant un faisceau conique convergent ayant son som-

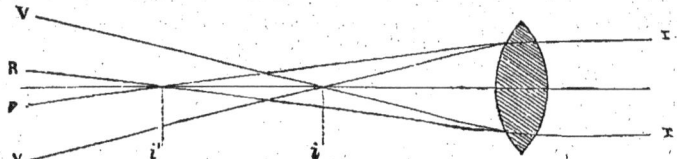

Fig. 249. — Réfraction d'un faisceau lumineux cylindrique dans une lentille biconvexe épaisse.

met, *i*, dans le plan focal principal de l'autre côté de la lentille. — Si le faisceau lumineux incident est conique et divergent, émis par un point lumineux *O* fig. 250), situé à une distance de la lentille plus grande que la distance focale principale, il donne après réfraction un autre faisceau conique, convergeant en un point *O'*, dit l'*image du point O*.

Si la lentille est épaisse, les rayons marginaux, *rm*, du faisceau lumineux incident émis par le point O convergent en un point O'_m, tandis que les rayons centraux $r.c$ du même faisceau convergent en O'_c, point plus éloigné de la lentille que ne l'est O'_m : l'image du point O n'est plus nette (aberration de sphéricité). Pour éviter cet inconvénient, on supprime d'ordinaire, à l'aide d'un *diaphragme* DD, les rayons marginaux (fig. 251). Un *tel diaphragme est nécessaire dans l'appareil optique que forme l'œil.*

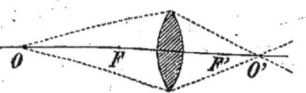

(*b*) Les rayons lumineux émis par un objet AB (fig. 252), situé en avant de la lentille biconvexe L, à une distance p supérieure au double de la distance focale principale f, se réfractent à travers la

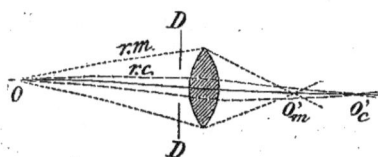

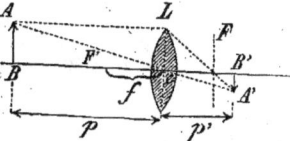

Fig. 250 et 251. — Réfraction d'un faisceau lumineux conique divergent, de sommet O, dans une lentille qui le transforme en un faisceau conique convergent de sommet O'. Rôle du diaphragme D pour supprimer l'inconvénient dû à l'aberration de sphéricité dans les lentilles épaisses.

Fig. 252. — Construction de l'image $A'B'$ d'un objet AB donnée par la lentille L.

lentille et forment au delà une image $A'B'$ réelle et renversée, située à une distance p' de la lentille, comprise entre f et $2f$.

Les distances p et p' sont liées par la relation numérique :

$$\frac{1}{p} + \frac{1}{p'} = (n-1)\left(\frac{1}{R} + \frac{1}{R'}\right) \quad (1)$$

n est l'indice de réfraction de la substance composant la lentille ; R et R' représentent les rayons de courbure de ses faces.

Quand la distance p de l'objet à la lentille varie, la distance p' de la lentille à

Fig. 253. — Formation des images au fond de l'œil.

l'image varie aussi. Il n'en saurait être ainsi dans l'œil où l'image doit se former invariablement sur la rétine (fig. 253) ; *l'œil doit s'accommoder aux distances variables des objets.*

(*a'*) *Rôle de l'iris.* — Le faisceau lumineux qui pénètre dans l'œil traverse la cornée et l'humeur aqueuse ; il rencontre l'*iris qui joue le rôle de diaphragme* pour les rayons marginaux du faisceau. Seuls pénètrent dans le cristallin (lentille épaisse) les rayons centraux qui formaient sur la rétine une image nette. — L'iris a aussi pour rôle de régler la quantité de lumière admise au fond de l'œil; dans un milieu vivement éclairé, ses fibres annulaires se contractent et rétrécissent la pupille; dans un lieu obscur, la contraction des fibres radiées en accroît le diamètre.

(*b'*) *Rôle du cristallin. Accommodation de l'œil aux distances.* — Les rayons lumineux émis par un objet AB (fig. 254), et reçus par le cristallin, traversent cette lentille en se réfractant; ils forment en arrière une image A'B' *au niveau de la rétine, si les distances* p *et* p' *de l'objet et de son image* au centre optique répondent à la relation précédente (1). Si l'objet AB se rapproche de l'œil, l'image A'B' se formera en arrière de la rétine et manquera de netteté;

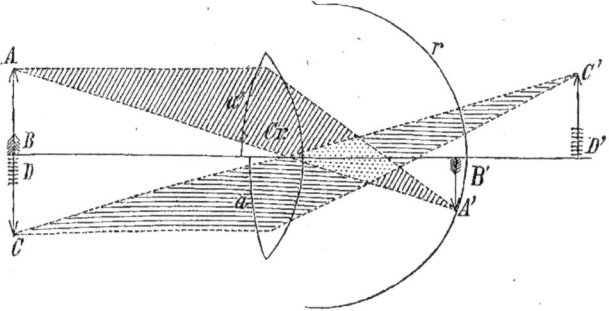

Fig. 254. — Accommodation du cristallin *Cr* aux distances variables des objets. — *a*, forme de la face antérieure de cette lentille quand un objet est très éloigné de l'œil; *a'*, forme de cette même face quand l'objet est rapproché (dans ce dernier cas, l'objet AB forme son image A'B' sur la rétine *r*; si le cristallin présentait la courbure *a*, l'image d'un objet CD, placé dans le même plan que AB, se formerait en arrière de la rétine, en C'D'.

si AB s'éloigne de l'œil, A'B' se formera en avant de la rétine, et la netteté fera encore défaut. L'image ne peut se former toujours sur la rétine que par la *déformation* de la lentille réfringente.

Le cristallin est accommodé pour la vision distincte des objets placés à l'infini. Un objet CD (fig. 254), partant de l'infini et se rapprochant progressivement de l'œil, donnerait une image C'D' située en arrière de la rétine et s'en éloignant de plus en plus; pour éviter le déplacement de cette image, *le cristallin courbe à mesure sa face antérieure a jusqu'à ce que la déformation a' ait atteint son maximum.* A partir de ce moment, quand on continue à rapprocher l'objet de l'œil, son image se formant en arrière de la rétine n'est plus nette. *La distance minimum de la vision distincte* est d'ailleurs réduite à 15 centimètres environ, c'est-à-dire que l'œil peut percevoir nettement les images des objets contenus dans tous les plans au delà d'une distance de 15 centimètres.

Les changements de courbure du cristallin sont réglés par la région ciliaire de la choroïde. — Quand l'objet AB est à l'infini, le cristallin a sa forme normale; sa face antérieure est tendue par le ligament suspenseur inséré sur la cristalloïde antérieure. L'objet se rapproche-t-il ? Les fibres longitudinales *ci.l* (fig. 245) du *muscle ciliaire* se contractent, tirent le sac choroïdien en avant et le ligament suspenseur est relâché; en même temps, les fibres annulaires *ci*, *c* du même muscle déterminent par leur action l'accumulation de sang dans les procès ciliaires *p. c.* Ceux-ci pressent sur le bord du cristallin dont ils accentuent la courbure

L'œil est dit *normal* ou *emmétrope*, quand il possède les caractères que nous venons de définir et l'accommodation à l'infini; la distance minimum de la vision distincte y est de 15 centimètres environ (fig. 255, A).

L'œil est dit *hypermétrope*, B, lorsque son axe antéro-postérieur est trop court, de sorte que l'image *a* d'un objet situé à l'infini se forme en arrière de la rétine; la distance minimum de la vision distincte y est toujours supérieure à 15 centimètres, puisque la courbure du cristallin se produit déjà pour la vision à l'infini. On corrige l'hypermétropie par l'interposition de lentilles biconvexes *l* qui augmentent la convergence des rayons lumineux incidents et ramènent l'image en *a'* sur la rétine.

L'œil *myope* C a, au contraire, un axe antéro-postérieur trop allongé et l'image *a* d'un objet situé à l'infini se forme en avant de la rétine; la distance minimum de la vision distincte y peut être réduite à quelques millimètres; cette infirmité est combattue par l'emploi de lentilles biconcaves *l'* qui reportent l'image en *a''* sur la rétine.

La *presbytie* est une affection particulière aux vieillards; elle est due à l'affaiblissement du muscle ciliaire avec l'âge; l'accommodation du cristallin à la vision distincte pour les courtes distances devient alors impossible; aussi le vieillard éloigne-t-il à 50, 60, 80 centimètres, etc., les objets fins, les caractères d'imprimerie par exemple, pour les voir nettement.

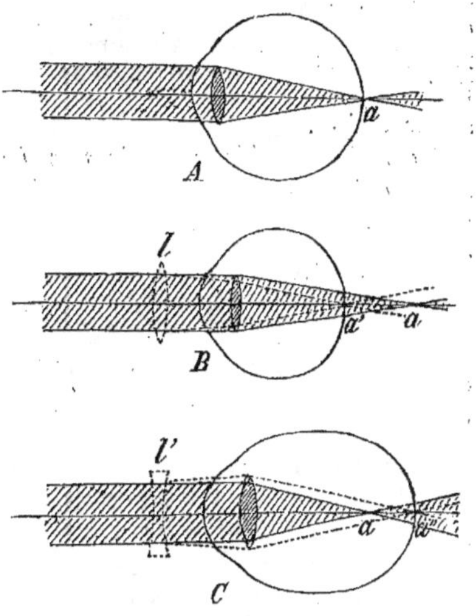

Fig. 255. — Diverses formes de l'œil. — A, Œil emmétrope accommodé pour la vision nette d'un objet placé à l'infini; l'image *a* se forme sur la rétine. — B, Œil hypermétrope; l'image *a* d'un objet situé à l'infini se forme en arrière de la rétine; cette image est ramenée en *a* sur la rétine par l'emploi d'une lentille convergente *l*. — C, Œil myope; l'image *a*, formée en avant de la rétine, y est reportée par l'emploi d'une lentille divergente *l'*.

2° **L'œil est un appareil sensible.** — *Rôle de la choroïde.* Cette membrane est richement vascularisée; le sang y parvient abondant, à une température élevée, et maintient constante la température de la rétine sensible. De plus, la couche de cellules chargées de pigment noir B, *cp* (fig. 246) absorbe les rayons lumineux qui, du fond de l'œil, après avoir traversé le cristallin et le corps vitré, se sont propagés le long des fibres nerveuses rétiniennes et ont impressionné les cônes et bâtonnets rétiniens. Ces rayons ne peuvent donc traverser la choroïde et subir des réflexions irrégulières sur la face interne de la sclérotique. (La diffusion de la lumière par la sclérotique se produit chez les albinos, dont la choroïde ne renferme que peu ou pas de pigment choroïdien.)

Rôle de la rétine. — *La rétine est l'écran sur lequel se forment les images réelles et renversées des objets.* En cela consiste le phénomène *physique* de la vision qu'on vérifie ainsi : la sclérotique et la choroïde sont enlevées à la partie postérieure de l'œil d'un Bœuf récemment abattu ; dans une chambre noire, on dispose devant l'œil la flamme d'une bougie dont l'image apparaît renversée sur la rétine.

La rétine semble recevoir une impression photographique qui donne origine à la perception lumineuse. Cette assertion n'est pas encore évidente, bien que certains faits paraissent la confirmer. On conserve pendant quelque temps un Lapin dans l'obscurité, puis on le place devant une fenêtre vivement éclairée ; en plongeant dans une dissolution d'alun l'œil de l'animal tué aussitôt, on voit, sur le fond rose de la rétine, l'image photographique blanche de la fenêtre. L'*érythropsine* qui colore les bâtonnets rétiniens est très rapidement décomposée par la lumière ; sa destruction aux points correspondant aux images des vitres a été plus complète que sur les images des barreaux ; ces dernières sont restées roses ; les vitres sont vues en blanc. (La formation du pourpre rétinien a lieu constamment, à mesure que s'en opère la destruction.)

Une objection faite à cette expérience fort concluante apparemment est que *les cônes ne renferment pas d'érythropsine, et cependant ils forment à eux seuls la couche sensible de la tache jaune qui est la région visuelle proprement dite.*

Point aveugle. — Si les fibres rétiniennes étaient les éléments impressionnables par la lumière, celle-ci serait perçue par toute la surface de la rétine. L'expérience de Mariotte montre qu'il n'en est pas ainsi : là où manquent les cônes et les bâtonnets, toute perception de ce genre est impossible ; tel est le *point aveugle* où s'épanouissent dans la rétine les fibres du nerf optique.

Fig. 256. — Expérience de Mariotte.

Sur une feuille de papier noir on trace deux cercles blancs A et B (fig. 256) en direction horizontale ; on fixe, avec l'œil gauche, le cercle droit B de la bande amenée à 15 centimètres de l'œil environ en 1 (fig. 257) ; la bande étant lentement éloignée, il arrive un moment où le cercle gauche A, vu d'abord indistinctement en 1, disparaît tout à fait en 2, pour reparaître ensuite en 3, par l'éloignement progressif de la feuille de papier.

Irradiation. — L'action exercée sur une région limitée de la rétine par un faisceau lumineux incident semble se propager au delà des points directement affectés par la lumière : ainsi de deux carrés égaux, l'un blanc sur fond noir, l'autre noir sur fond blanc disposés au voisinage l'un de l'autre, c'est le carré blanc qui paraîtra le plus grand (fig. 258).

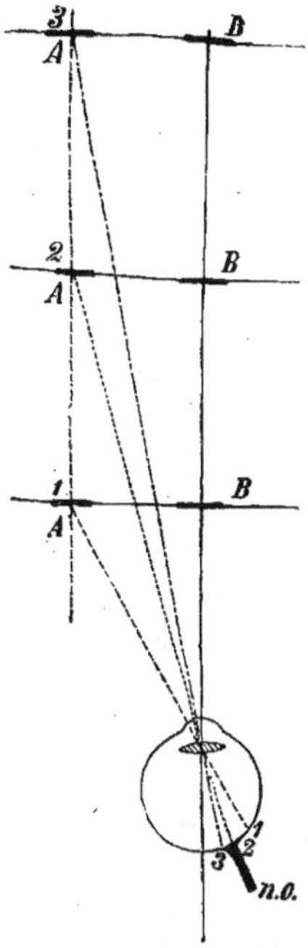

Durée des impressions lumineuses. — Lorsqu'on déplace rapidement un objet brillant dans l'espace (charbon incandescent, perle du photomètre de Wheatstone), la trajectoire décrite par l'objet paraît lumineuse ; c'est qu'en effet toute impression lumineuse persiste pendant $\frac{1}{10}$ de seconde environ après la disparition du corps qui l'a produite ; c'est probablement le temps nécessaire à la régénération de la substance photoscopique (érythropsine), en partie détruite par l'action de la lumière.

Quand une lumière vive a frappé l'œil avec persistance, celui-ci est incapable de voir les objets pendant quelque temps ; la substance impressionnable des bâtonnets et des cônes a été totalement épuisée et ne réapparaîtra que peu à peu : tel est l'*éblouissement* d'une personne qui, s'étant promenée par un beau soleil en été, pénètre dans un appartement sombre où elle ne distingue rien.

Fig. 257. — Traduction de l'expérience précédente. Quand l'œil fixe le cercle B dans le plan **1**, il aperçoit, quoique indistinctement, l'image de A en 1 sur la rétine ; le cercle B étant éloigné dans la position **2**, l'œil ne perçoit plus l'image de A formée sur le point aveugle : cette image reparaît en 3 au fond de l'œil quand le plan AB occupe le plan **3** de l'espace.

Perception des couleurs. — La lumière blanche est formée de la superposition d'une infinité de couleurs ;

Fig. 258. — Phénomène d'irradiation.

un faisceau cylindrique de lumière solaire traversant un prisme de verre donne, après réfraction, un pinceau allongé qui, sur un écran, présente successivement comme couleurs principales, à partir du *rouge* le moins dévié, l'*orangé*, le *jaune*, le *vert*, le *bleu*, l'*indigo* et le *violet*. C'est le *spectre solaire*.

Comment l'œil perçoit-il ces diverses couleurs ? On ne le sait encore. Helmholtz admit que *les bâtonnets servent à la perception de l'intensité lumineuse et les cônes à la perception des couleurs.*

En effet, les cônes sont très nombreux dans la rétine des *Oiseaux diurnes*, en particulie des Oiseaux qui poursuivent les insectes généralement parés de couleurs brillantes. Rares chez les animaux nocturnes (Chauve-Souris, Taupe, Hibou, etc.), ils composent exclusivement la région sensible de notre *macula lutea* et de toute la rétine des Reptiles. — Les bâtonnets, fins chez les Mammifères et les Oiseaux nocturnes, sont très gros chez les Oiseaux diurnes, les Amphibiens et les Poissons.

Existe-t-il des cônes spécialement affectés à la perception du rouge, d'autres à celle de l'orangé, etc... ? Peut-être en est-il ainsi, puisque certaines personnes sont inaptes à percevoir une couleur (ordinairement le rouge), tandis qu'elles sont sensibles à toutes les autres.

Le *daltonisme* est l'infirmité des personnes qui ne peuvent apprécier une couleur. (Depuis que les candidats au service des signaux dans les chemins de fer subissent des examens à ce sujet, on a reconnu que le daltonisme est très fréquent.)

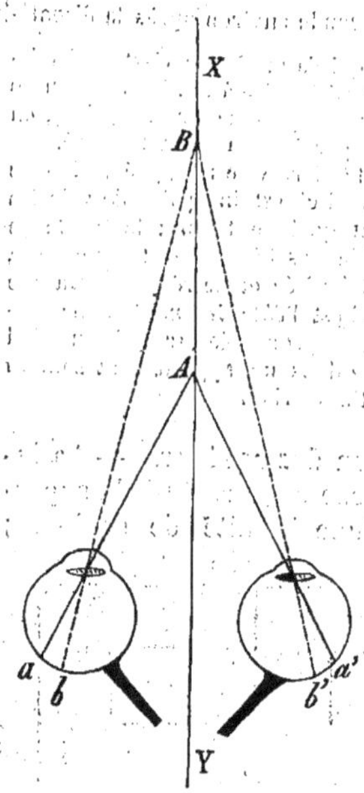

La superposition des sept principales couleurs du spectre donne de la lumière blanche ; on obtient cet effet simultané sur la rétine par l'expérience du disque de Newton réalisée dans les cours de Physique, expérience basée sur la persistance des impressions lumineuses. Si l'on supprime l'une des couleurs, le rouge par exemple, la superposition des six autres donne une *couleur dite complémentaire* de la couleur supprimée ; le vert clair et légèrement bleuâtre est la couleur complémentaire du rouge. L'impression simultanée de deux couleurs complémentaires (jaune et bleu, par exemple) sur la rétine produit le même effet que la lumière blanche.

Une personne atteinte de daltonisme pour le rouge n'a pas la notion du blanc ; elle voit cette lumière avec un ton vert bleuâtre, couleur complémentaire du rouge.

Fig. 259. — Vision binoculaire. — *aa'*, points correspondants des deux yeux sur lesquels se forment simultanément les images du point A de l'espace.

Vision unioculaire et binoculaire. — Quand on ferme un œil, on ne peut apprécier avec l'autre que la forme des objets et non leur position relative dans l'espace. Cette dernière appréciation est due : 1° à l'effort que font simultanément les deux yeux pour converger vers le même point de l'espace ; 2° à l'impression différente que retire chacun d'eux de son observation. Chaque œil voit en effet des parties non complètement identiques d'un même objet ; la *superposition de deux images, résultant de l'éducation patiente et simultanée des deux yeux, donne la notion du relief des corps.*

On appelle *points correspondants* dans les deux yeux les points de ces organes a et a', b et b' (fig. 259), non symétriques, qui sont *habitués* à percevoir simultanément les images d'un même point, A ou B, pris quelconque dans l'espace.

L'*éducation des yeux* nous permet enfin de ramener à leur position normale les objets dont les images sont renversées sur la rétine.

B. — Appareil protecteur de l'œil.

B. Appareil protecteur de l'œil. — L'homme possède deux yeux logés, en avant de la face, dans les *cavités orbitaires*.

Ces cavités ont la forme de pyramides quadrangulaires à axe horizontal, dont les sommets convergent vers le plan de symétrie de la face ; elles sont limitées en haut par le frontal, en bas par le maxillaire supérieur et le jugal, du côté interne par l'os lacrymal, l'ethmoïde et le sphénoïde, en arrière et du côté externe par le sphénoïde. Un large orifice occupe le sommet de l'orbite et livre passage au nerf optique qui se rend à l'œil.

Le globe de l'œil n'occupe qu'une faible partie de cette cavité, remplie en outre par un coussinet graisseux sur lequel il repose, par des muscles moteurs, les vaisseaux sanguins, les nerfs, etc.

Paupières. — L'œil est protégé en avant par deux replis de la peau, les paupières. Ces deux voiles inégalement développés (la paupière supérieure est la plus grande) peuvent recouvrir l'œil entièrement ; chacun d'eux est formé par la *peau*, p (fig. 260) mince, diaphane, renfermant le *cartilage tarse ct*, bande transversale qui donne à la paupière une certaine résistance ; des glandes sudoripares abondantes, des glandes sébacées très développées, dites *glandes de Meibomius, g.M*, au nombre de 20 à 30, déversent le produit de leur sécrétion au bord des paupières où sont fixés les *cils* ; sur sa face postérieure, la paupière est tapissée par la *conjonctive co*.

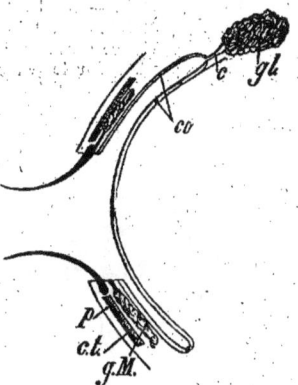

Fig. 260. — Paupières vues en coupe. *p*, paupière inférieure ; *c.t*, cartilage tarse ; *g.M*, glandes de Meibomius ; *co*, membrane conjonctive ; *gl*, glande lacrymale et l'un de ses canaux excréteurs *c*.

Cette membrane excessivement délicate se replie sur elle-même en dedans, passe devant l'œil où elle est transparente, forme la couche externe de la cornée et rejoint la conjonctive de l'autre paupière.

Au bord interne de l'œil, la conjonctive est soulevée par la *caroncule lacrymale*, 5 (fig. 244) et forme en dedans de celle-ci le *pli semi-lunaire* ; ce pli est très développé chez le Bœuf, le Cheval (membrane *clignotante*) et les Oiseaux (membrane *nictitante*) ; il forme une troisième paupière chez ces animaux.

Cils. Sourcils. — Les cils 6 (fig. 244) sont de longs poils insérés sur le bord libre des paupières; ils protègent l'œil contre les poussières ou les corpuscules fins en suspension dans l'air; la sécrétion des glandes de Meibomius s'oppose à leur dessiccation et à leur chute. Les sourcils forment deux arcades au bord saillant de l'os frontal; leur rôle est surtout de protéger l'œil contre les sueurs s'écoulant du front.

Appareil lacrymal. — Dans l'angle supérieur et externe de chaque cavité orbitaire se trouve une *glande lacrymale g.l* (fig. 261) sécrétant les larmes, liquide clair déversé par une dizaine de canaux excréteurs *c* (fig. 260) dans le repli supérieur formé par la conjonctive. Les larmes humectent la conjonctive dans toute son étendue, grâce au mouvement périodique des paupières devant l'œil; une partie de ce liquide s'évapore; l'excès s'en écoule par deux petits orifices *o* (*points lacrymaux*), situés au bord interne des deux paupières, dans le *canal lacrymal cl* qui débouche dans le méat inférieur de la cavité nasale correspondante (*cl*, fig. 228). Les larmes sont retenues d'ordinaire, par le rebord des paupières enduit de sébum; c'est seulement lorsqu'elles sont produites en grande abondance, lors d'une vive émotion, qu'elles débordent et coulent sur les joues.

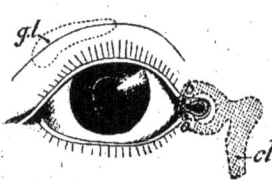

FIG. 261. — Appareil lacrymal. *g.l*, glande lacrymale; *o,o*, points lacrymaux; *c.l*, canal lacrymal débouchant dans le méat inférieur droit du nez.

Muscles de l'œil. — L'œil est capable de mouvements variés dans la cavité orbitaire. La tête demeurant immobile, l'axe de l'œil peut être dirigé dans tous les points de l'espace vers lequel la face est tournée. L'exploration de cet espace est rendue possible par le jeu combiné de *six muscles* (fig. 262) insérés sur la

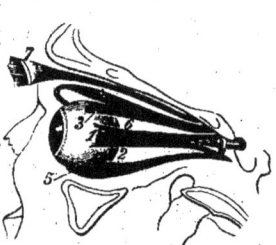

FIG. 262. — Muscles moteurs de l'œil. 1, muscle droit externe; 2, m. droit inférieur; 3 m. droit supérieur; 4, m. grand oblique; 5, m. petit oblique; 6, muscle élévateur de la paupière supérieure.

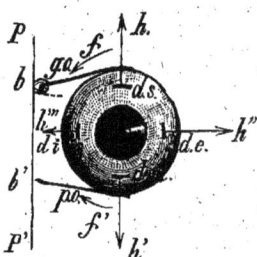

FIG. 263. — Figure schématique représentant l'action, sur le globe de l'œil, de chacun des six muscles qui le font mouvoir; les flèches indiquent le sens des déplacements de l'œil. (Les muscles droits *d.s*, *d.i*, *d.in*, *d.e* ont été représentés seulement par leur insertion sur la sclérotique). *g.o*, grand oblique; *p.o* petit oblique.

sclérotique (insertion mobile) et sur la paroi de l'orbite (insertion fixe). Ces muscles sont, pour chaque œil : le *muscle droit supérieur d.s* (fig. 263) dont la contraction dirige l'axe de l'œil en haut *h*; le *muscle droit inférieur d.in* qui porte cet axe en bas *h'*; le *muscle droit externe d.e* qui dirige l'axe de l'œil en dehors *h''*; le *muscle droit interne di*, dont la contraction fait converger l'axe de l'œil vers le plan de symétrie de la face *h'''* (ces quatre muscles sont insérés en croix sur la sclérotique en avant, et au fond de la cavité orbitaire en arrière); le *muscle grand oblique*, go, dont les fibres insérées obliquement sur la face supérieure de la sclérotique s'engagent dans un anneau fibreux h, situé en haut et en avant de l'orbite, pour aller se fixer au fond de cette cavité (la contraction de ce muscle fait tourner l'œil gauche autour de son axe et en sens inverse des aiguilles d'une montre f); le *muscle petit oblique*, po, dont les fibres insérées obliquement sur la face inférieure de la sclérotique se fixent dans l'angle interne et inférieur de l'orbite; ce muscle fait tourner l'œil suivant f', en sens inverse du grand oblique. Quant aux *nerfs* qui se rendent à ces muscles, leur étude en sera faite ultérieurement.

ORGANE DE LA VUE DANS LA SÉRIE ANIMALE

Vertébrés. — Le globe oculaire des Vertébrés aériens (Oiseaux de proie surtout) présente une cornée transparente plus convexe que celle des animaux aquatiques (Poissons, Oiseaux nageurs).

La sclérotique des Oiseaux et des Reptiles renferme parfois un anneau formé de pièces osseuses, souvent aussi des plaques cartilagineuses. La choroïde envoie, à travers la rétine, un repli vasculaire saillant dans le corps vitré, le *peigne p* (fig. 264) qui doit servir d'écran à la rétine lorsque la lumière est trop vive. Cet

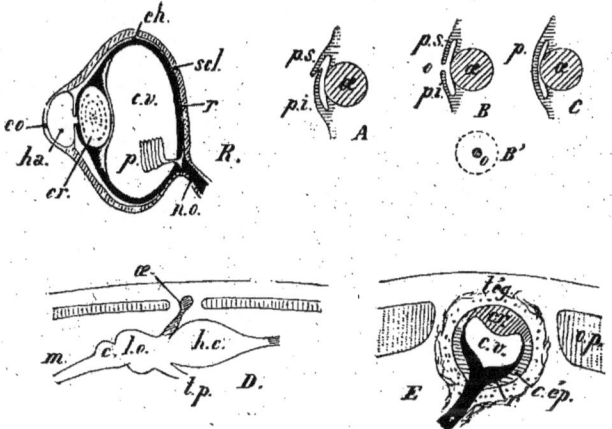

Fig. 264. — R, Œil de Faucon (mêmes lettres que dans la figure 245); p, peigne. — A, paupières libres; B, paupières soudées sauf au milieu chez le Caméléon; C, soudure complète chez les Serpents. — D, Œil pinéal œ des Lézards. — E, le même fortement grossi; tég, tégument; cr, cristallin; c v, corps vitré; r, rétine.

appendice présente jusqu'à 16 plis; son éclat est métallique, verdâtre et forme un tapis chatoyant qu'on rencontre aussi chez les Reptiles et chez les Poissons où il s'élargit en forme de cloche (*Campanule de Haller*).

Le cristallin cr adopte une forme plus bombée à mesure qu'on se rapproche des Poissons, chez lesquels il est sphérique; placé au voisinage de la cornée, il en corrige le défaut de courbure.

Les paupières, replis de la peau mobiles chez les Mammifères, les Oiseaux et la plupart des Reptiles, sont soudées en avant de l'œil où elles présentent un petit orifice chez le Caméléon, B (fig. 264); la soudure est complète chez les Serpents, C; les paupières font défaut chez les Poissons.

Certains Mammifères (Cheval, Bœuf) possèdent une troisième paupière, *membrane clignotante* destinée, par ses mouvements, à préserver l'œil des chocs et du contact des insectes qui viennent sucer les larmes; la *nictitante* des Oiseaux a la même signification.

Œil pinéal des Lézards. — On remarque sur la tête des Lézards, correspondant à l'écaille interpariétale, un appareil *œ* (fig. 264, D) qui a la composition d'un œil et sur lequel on n'est point encore fixé au point de vue fonctionnel. Le tégument transparent joue le rôle de cornée au-devant de cet organe qui comprend un *cristallin cr*, E, analogue au cristallin embryonnaire de l'Homme, un milieu limpide *c.v.* et plusieurs couches de cellules épithéliales supportant une couche nerveuse, véritable *rétine r*, impressionnable à la lumière. La tige qui supporte l'œil pinéal s'engage entre les hémisphères cérébraux *h.c.* et les lobes optiques *l.o.* de l'encéphale.

Cet organe est rudimentaire chez les autres Vertébrés; la glande pinéale (page 293) en est le représentant chez l'Homme.

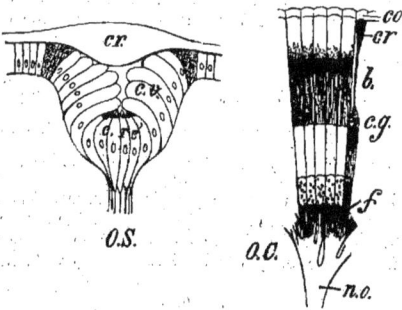

Fig. 265. — Yeux des Insectes; O.S, œil simple (ocelle); *cr*, cristallin; *c.ré*, cellules rétiniennes prolongées par des fibres nerveuses; O.C., œil composé; *co*, cornée; *cg*, cellules ganglionnaires; *f*, fibres du nerf optique *n.o.*

Invertébrés. — Quelle que soit la complexité de l'œil des Invertébrés (œil simple ou ocelle, œil composé ou *à facettes* des Insectes, œil des Mollusques, etc.), la disposition des éléments impressionnables y est toujours la même : cornée, cristallin, bâtonnets rétiniens et cellules pigmentaires (fig. 265); mais la différence fondamentale entre l'œil des Vertébrés et celui des Invertébrés consiste en ce que, *chez les Vertébrés, les bâtonnets et cônes rétiniens sont tournés vers la périphérie de l'œil, face à la choroïde; tandis que chez les Arthropodes, Mollusques, etc., les terminaisons nerveuses font face au cristallin.*

CHAPITRE IV

LARYNX

Le plus léger ébranlement provoqué dans l'eau par le déplacement d'un objet quelconque est facilement perçu, même à de grandes distances, par les Poissons et autres êtres habitant ce milieu; un animal vivant dans l'air ne perçoit que les vibrations rapides ou les mouvements de grande amplitude auxquels participe ce gaz. (En temps de guerre, on reconnaît souvent l'approche d'un corps ennemi, non par le bruit qu'en apporte l'air, mais en appliquant l'oreille contre le sol qui transmet plus fidèlement les ondes sonores. Le tic-tac d'une montre placée dans la bouche est mieux entendu lorsque cet objet est serré entre les dents, les os de la tête conduisant mieux le son que ne le fait l'air.)

Tableau XXVII.
Larynx.

Larynx.
- Description (fig. 266)
  - Modification de la trachée-artère au sommet.
  - Vestibule. *Cordes vocales* { supérieures. / inférieures. } Ventricule.
  - *Cartilages* : thyroïde, cricoïde, 2 aryténoïdes (fig 267).
  - *Muscles* moteurs.
  - *Nerfs*... { *laryngés* (de la *phonation*) ⟶ N. spinal. / Branches du pneumogastrique (*tactiles*). }
- Son glottique dû à la vibration des cordes vocales inférieures.
  - *Intensité* dépend de la force du courant d'air expiré.
  - *Hauteur* dépend de la longueur, la tension et la finesse des cordes vocales : Voix aiguë, voix grave.
  - *Timbre* dépend de la forme de la caisse de résonance formée par le larynx, le pharynx, la bouche et le nez.
- Sons.......
  - *inarticulés*. Voix.
  - *articulés*. Parole.......... { *Voyelles*... / *Consonnes*. } Leur association.

Bien que pourvus d'organes des sens délicats et adaptés au milieu qu'ils habitent, les animaux aériens ne sauraient entrer aussi facilement en relation, s'ils n'étaient capables d'*émettre des sons*. La *voix* semble l'apanage à peu près exclusif des animaux vivant dans l'air; l'*organe d'émission de la voix chez les Vertébrés s'appelle larynx*.

L'Homme possède la faculté d'émettre, non seulement des *sons simples* (*voix*), mais aussi des *sons articulés* (*parole*); il est pourvu d'un appareil vocal comprenant : le larynx (appareil d'émission de la voix) et des cavités accessoires (pharynx, bouche, nez) destinées à articuler les sons.

Description du larynx. — Le larynx forme la partie supérieure de la trachée-artère; il résulte d'une modification des anneaux cartilagineux devenus les cartilages du larynx (*cartilage thyroïde th, cartilage cricoïde cr,* 2 *cartilages aryténoïdes ar,* fig. 266). La cavité de ce tube s'ouvre en haut dans le pharynx par un orifice triangulaire situé à la base de la langue; à ce niveau se trouvent l'*épiglotte ép* (fig. 268) en avant et des replis épiglotti-aryténoïdiens sur les côtés (*r.ép, ar,* fig. 266 B).

Du pharynx, l'air accède dans le *vestibule v'* (fig. 268) limité sur les côtés par les *cordes vocales supérieures cs* (replis s'étendant du cartilage thyroïde en avant à la partie moyenne des cartilages aryténoïdes en arrière), puis dans le *ventricule v*, cavité au-dessous de laquelle sont disposées les *cordes vocales inférieures ci* (replis parallèles aux précédents, mais s'insérant à la base des mêmes cartilages). Les cordes vocales inférieures, plus rapprochées l'une de l'autre que les cordes vocales supérieures, limitent la *glotte gl*, ouverture triangulaire dont le sommet est situé en avant

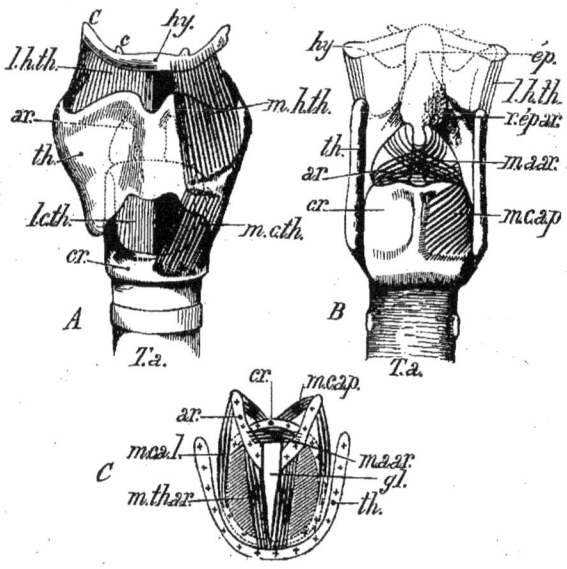

Fig. 266. — Larynx de l'Homme en partie schématisé. — A. larynx vu de face, (à gauche sont représentés les principaux ligaments ; et à droite les principaux muscles antérieurs). *hy*, os hyoïde avec ses grandes et petites cornes *C* et *c* ; *th*, cartilage thyroïde ; *cr*, cartilage cricoïde (pointillé en arrière) ; *ar*, cartilages aryténoïdes (pointillés en arrière). *l.h.th*, ligament hyo-thyroïdien ; *l.c.th*, ligament crico-thyroïdien ; *m.h.th*, muscle hyo-thyroïdien ; *m.c.th*, muscle crico-thyroïdien. *T.a*, trachée-artère (mêmes désignations pour B et C). — B, larynx vu d'arrière ; *ep*, épiglotte vue en arrière ; *m.a.ar*, muscle ary-aryténoïdien ; *m.c.a.p*, muscle crico-aryténoïdien postérieur. — C, coupe transversale du larynx pratiquée au-dessus de la fente glottique *gl*. ; *m.th.ar*, muscle thyro-aryténoïdien ; *m.c.a.l*, muscle cricoaryténoïdien latéral.

(fig. 266 C) ; au niveau des cartilages aryténoïdes *ar*, en arrière, est la partie de la glotte dite *glotte cartilagineuse ;* en avant est la *glotte membraneuse* limitée par les replis signalés plus haut. *La voix est due aux vibrations des cordes vocales inférieures.*

Du ventricule du larynx, l'air pénètre dans la trachée-artère *T.a*.

Structure du larynx. — Cet organe comprend un *squelette cartilagineux* dont les pièces sont maintenues par des ligaments, des *muscles* moteurs, des vaisseaux et des nerfs.

LARYNX.

1° *Cartilages*. — Les cartilages essentiels du larynx sont : le *cartilage thyroïde* th, le *cartilage cricoïde* cr, et les *deux aryténoïdes* ar (fig. 266).

Le *cartilage thyroïde* est une pièce quadrilatère, symétrique, recourbée en arrière, *th, C*, formant une saillie antérieure appelée *pomme d'Adam*. Trois *ligaments hyo-thyroïdiens l.h.th, A,B*, le relient à l'*os hyoïde hy*, en haut ; une *membrane crico-thyroïdienne*

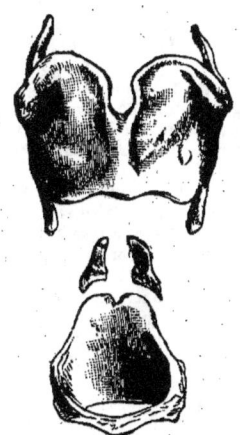

Fig. 267. — Cartilages du larynx indépendants. En haut, cartilage thyroïde ; en bas, le cartilage cricoïde ; au milieu, les 2 aryténoïdes.

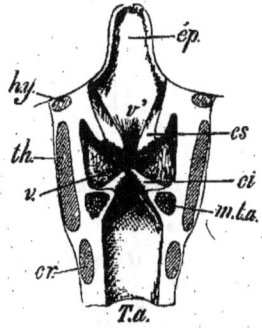

Fig. 268. — Coupe longitudinale du larynx. — *hy, th, cr*, coupes de l'os hyoïde et des cartilages thyroïde et cricoïde ; *ép.*, épiglotte ; *T.a*, trachée-artère ; *cs*, cordes vocales supérieures et vestibule *v'* ; *c.i*, cordes vocales inférieures (formant la *glotte*) ; *v*, ventricule du larynx ; *m. t.-a*, section du muscle thyro-aryténoïdien.

l.c.th et des ligaments rattachent sa base au cartilage cricoïde *cr*, avec lequel il est d'ailleurs articulé sur les côtés.

Le *cartilage cricoïde*, appuyé sur le premier anneau de la trachée-artère, est lui-même le support des trois autres pièces du larynx ; c'est un anneau complet, comparable à une bague dont le chaton *cr, B*, placé en arrière, supporte les deux aryténoïdes *ar*.

Les *cartilages aryténoïdes* sont deux pièces triangulaires placées symétriquement sur le cricoïde, et faisant face au cartilage thyroïde. C'est de leur mobilité autour de leur facette d'articulation basilaire que dépend la forme de la fente glottique *gl, C* ; ce sont donc les parties essentielles du larynx

2° *Muscles moteurs ; leur effet sur la forme de la fente glottique*.

MUSCLES (fig. 266 A.B.C.)
- Constricteur de la glotte entière, *tenseur des cordes vocales*............ m. *crico-thyroïdien* m.c.th.
- Constricteurs de la glotte membraneuse.
  - m. *crico-aryténoïdien latéral* m.c.a.l.
  - m. *thyro-aryténoïdien* m.th.ar.
  - — cartilagineuse.... m. *ary-aryténoïdien* m.a.ar,
- Dilatateur de la glotte entière......... m. *crico-aryténoïdien postérieur* m.c.a.p.

Le *muscle crico-thyroïdien* m.c.th, A est formé de fibres obliques, étalées en éventail; (insertion fixe en avant sur le bord supérieur du cartilage cricoïde; insertion mobile sur les côtés du thyroïde); par sa contraction, le cartilage thyroïde bascule en bas et en avant, tend les cordes vocales et rétrécit la glotte g C. [c.th, fig. 269].

Le *muscle crico-aryténoïdien latéral* m.c.a.l a ses fibres obliques insérées en bas et en avant sur le cricoïde (insertion fixe), et en arrière sur l'angle externe et inférieur du cartilage aryténoïde ; sa contraction détermine le rétrécissement de la glotte membraneuse [c.al].

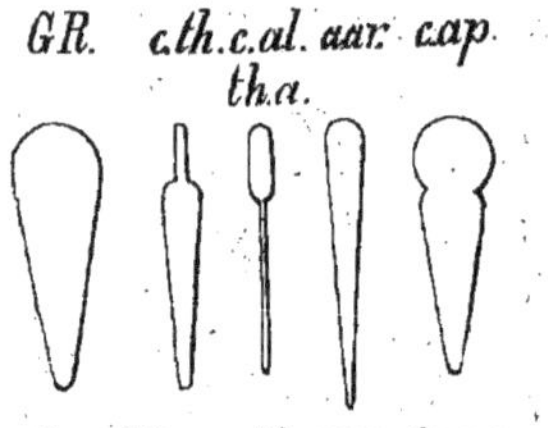

Le *muscle thyro-aryténoïdien* m.th.ar, dont les fibres s'étendent de la partie interne et antérieure du cartilage thyroïde à l'angle externe du cartilage aryténoïde, produit le même effet que le précédent sur la glotte, en rapprochant les *cordes vocales inférieures dont il fait partie* [th.a].

Fig. 269. — Diverses formes adoptées par la glotte lors de la contraction des muscles du larynx.

Les cartilages aryténoïdes sont réunis en arrière par le *muscle ary-aryténoïdien* m.a.ar, dont les fibres transversales et croisées produisent, en se contractant, la constriction de la glotte, dans la région cartilagineuse surtout [a.ar].

Les fibres du muscle *crico-aryténoïdien postérieur* m.c.a.p ont leur insertion fixe sur le cricoïde, se dirigent obliquement en haut et en dehors vers l'angle postéro-externe du cartilage aryténoïde correspondant où elles prennent leur insertion mobile. Par leur contraction, elles dilatent la glotte dans toute son étendue [c.a.p].

Les cordes vocales inférieures se composent du muscle thyro-aryténoïdien et de la membrane crico-thyroïdienne tapissés par la muqueuse du larynx.

3° *Muqueuse*. — Le larynx est revêtu d'un épithélium stratifié sur toute sa surface, sauf les cordes vocales inférieures, dont l'épithélium de revêtement est pavimenteux.

Cet organe est innervé : 1° par les *nerfs laryngés supérieur et inférieur*, rameaux du *nerf spinal* (page 297) *spécialement affectés à la phonation;* 2° par des branches du *nerf pneumogastrique* qui conduit les impressions tactiles résultant de la présence de corps étrangers dans le larynx. Ces corps étrangers sont alors expulsés par la toux.

Phonation. — L'émission des sons est due à la vibration des cordes vocales inférieures, ébranlées par l'air expulsé des poumons. On ne peut comparer qu'imparfaitement les cordes vocales inférieures aux anches des instruments de musique (hautbois, clarinette, etc.), puisqu'*elles ont une tension propre*, modifiée à chaque instant par le jeu des muscles thyro-aryténoïdiens qui les composent. Les autres muscles n'ont d'action que sur la forme de la fente glottique.

Caractères et modifications du son émis par la glotte. — L'*intensité* du son glottique dépend de l'amplitude des vibrations des cordes vocales et, par suite, de la force du courant d'air expiré. Les muscles expirateurs ont donc une action directe sur l'intensité de la voix.

La *hauteur* du son dépend de la longueur, de la tension et de la finesse des cordes vocales; plus elles sont tendues, courtes et délicates, plus le son est aigu. La gravité et l'acuité de la voix dépendent ainsi de trois facteurs dont l'un (tension des cordes) est régi par la volonté, et les autres (longueur, légèreté) résultent du développement des cordes vibrantes.

Les cordes vocales sont plus délicates et moins longues chez l'enfant et la femme que chez l'homme adulte. Les limites de l'échelle musicale entre lesquelles s'étend la voix sont donc différentes pour chaque individu : l'adulte émet les notes les plus graves de l'échelle, l'enfant en émet les notes les plus aiguës.

Le *timbre* du son glottique dépend de la forme du larynx et des cavités accessoires, modifiées à chaque instant par le jeu des muscles de ces régions. Ce sont là, en effet, des caisses de résonance dont l'air peut vibrer sous l'influence d'un ou plusieurs sons (son fondamental et harmoniques) à la superposition desquels est dû le timbre.

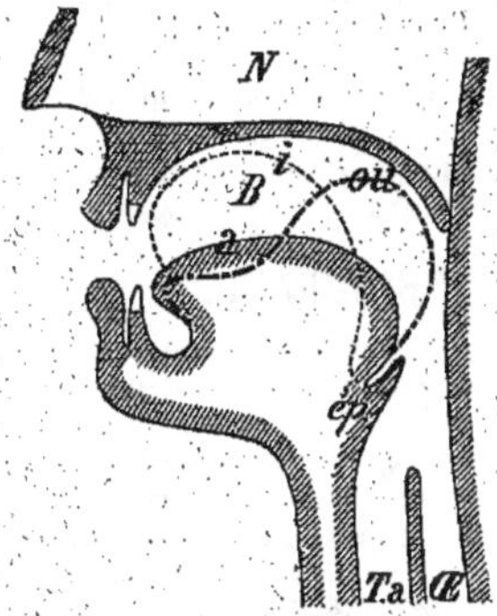

Langage articulé ou Parole. — Tous les animaux dotés d'un larynx émettent des sons; l'Homme atteint à un degré supérieur : *il parle.* Il associe à cet effet des éléments de deux sortes : les *voyelles* et les *consonnes,* qui lui permettent de composer des *syllabes* et les *mots;* le groupement des mots suivant des règles est la traduction d'*idées* dont l'exposé verbal s'appelle le *langage.*

La *voix,* considérée comme son dans la glotte, devient une *voyelle* dans la bouche.

Les *voyelles* a, e, i, o, u, ou, sont des sons simples dont chacun exige une forme déterminée de la caisse de résonance vocale. La figure 270 montre trois de ces transformations correspondant à l'émission des voyelles *a, i, ou;* les autres sont intermédiaires suivant l'ordre précipité ; le diamètre transversal de la bouche augmente progressivement de *a* à *ou,* pendant que son diamètre longitudinal diminue.

Fig. 270. — Déformations de la langue et de la cavité buccale correspondant à l'émission des voyelles *a, i, ou.*

Les *consonnes* sont des bruits accompagnant l'émission d'une voyelle; ces bruits résultent de mouvements ou de dispositions particulières des lèvres, de la langue et du gosier qui font plus ou moins obstacle à la sortie de l'air. Les consonnes sont classées en *labiales, linguales* et *gutturales* ou palatales, suivant que les lèvres, la langue, le gosier modifient le courant d'air expiré.

Consonnes .....
- *labiales :* explosives (*p, b, m*) ; de frottement (*f, v*).
- *linguales :* vibrante (*r*) ; douces (*l, n*) ; sifflantes (*s, z*) ; dentales ou explosives (*t, d*).
- *gutturales :* explosives (*c, k, q, g*) ; douce (*gn*) ; sifflantes [forte *ch,* faibles *j, g (e)*].

Série animale. —Les Cétacés, parmi les Mammifères, manquent de cordes vocales. Chez les Oiseaux, le larynx proprement dit est dépourvu de cordes vocales. L'organe du chant est le *syrinx*; placé le plus ordinairement à la bifurcation de la trachée-artère, cet organe consiste en deux glottes voisines d'une caisse de résonance trachéenne

Les Reptiles ont un larynx très réduit ou nul; le sifflement des Serpents est produit par la sortie brusque de l'air à l'orifice rétréci du larynx. Les mâles des Amphibiens anoures seuls produisent le coassement auquel participe peu le larynx. Quelques Poissons (Grondin) émettent des sons produits par le passage de l'air dans la vessie aérienne (page 100), à travers un diaphragme qui la partage en deux.

Les Insectes émettent des bruits variés, dus généralement : au frottement mutuel de parties chitineuses (Criquet, Sauterelle, Grillon), à la vibration des ailes (Bourdon) ou au frottement de membranes spéciales (Cigale).

CHAPITRE V
SYSTÈME NERVEUX

Le système nerveux est l'ensemble des organes ayant pour but d'assurer l'harmonie des fonctions accomplies par toutes les parties du corps.

De cette harmonie dépend l'exécution normale de tous les actes que nous avons analysés précédemment. Le système nerveux a donc une importance capitale dans l'organisme, et l'étude de son rôle physiologique embrassera tous les phénomènes de nutrition et de relation que nous n'avons pu lier jusqu'ici que d'une manière imparfaite.

CONSIDÉRATIONS GÉNÉRALES SUR LE SYSTÈME NERVEUX

Les êtres inférieurs, comme les Hydres, sont pourvus de cellules dites *névro-musculaires*, *sensibles* par leur partie externe en contact avec le milieu ambiant, *contractiles* par leur extrémité profonde (fig. 271). Ces êtres, capables de réagir aux excitations, effectuent des mouvements assez restreints.

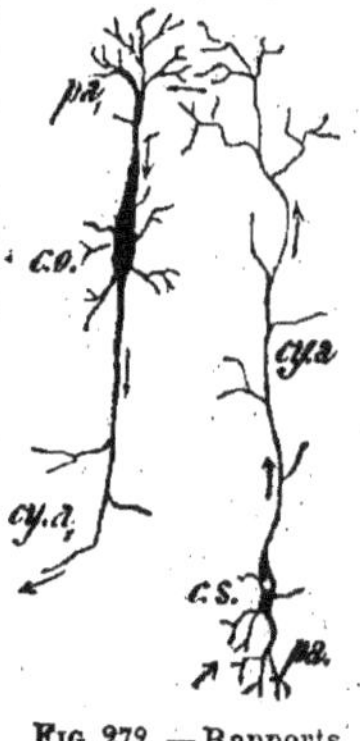

Les animaux mieux organisés présentent des *cellules nerveuses* et des *cellules musculaires* distinctes; plus haut encore, une différenciation s'opère entre les cellules nerveuses elles-mêmes : les unes ont pour rôle de recevoir les impressions venues de l'extérieur (*cellules sensitives, c.s*, fig. 272); aux autres incombe la fonction de transmettre des ordres de diverses natures (*cellules ordonnatrices, c.o*) Les cellules nerveuses ou *neurones, c.s* et *c.o*, associées constituent un *centre nerveux*.

Relations des centres nerveux avec les organes. — Acte réflexe. — Certains des neurones décrits déjà (page 25) sont en rapport, par leur panache souvent réduit, avec un élément impressionnable (cellule tactile, olfactive, rétinienne, etc.); leur cylindre-axe présente des arborisations contiguës aux panaches de neurones plus

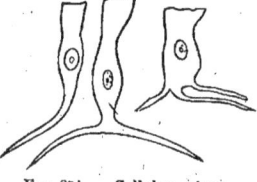

Fig. 271. — Cellules névro-musculaires.

Fig. 272. — Rapports de deux cellules nerveuses, *cs, c.o; pa, pa₁*, panaches; *cy.a, cy.a₁*, cylindres-axes et leurs arborisations.

SYSTÈME NERVEUX.

TABLEAU XXVIII.

Système nerveux.

Définition. — Ensemble des organes chargés d'assurer l'harmonie des fonctions dans toute l'étendue du corps.

Considérations générales (fig. 271 à 273).
- Cellules névro-musculaires : Hydres.
- Cellules nerveuses et cellules musculaires distinctes : Échinodermes.
- Cellules nerveuses différenciées (sensitives, ordonnatrices) : Animaux supérieurs.

Acte réflexe.

Élément impressionnable   Nerf centripète   Cellule sensitive.
Impression ⟶ *Sensation*
Mouvement ou Sécrétion   *Ordre*
Élément muscul. ou glandulaire   Nerf centrifuge ⟵ Cellule ordonnatrice.

Centre nerveux.

§ 1. — SYSTÈME NERVEUX CHEZ L'HOMME.

SYSTÈME NERVEUX CÉPHALO-RACHIDIEN.
- Centres nerveux.
  - *Encéphale.*
  - *Moelle épinière.*
  - Ganglions ─── Grand sympathique.
- Nerfs
  - centripètes.
  - centrifuges.
  - mixtes.

CENTRES NERVEUX.

Leur développement. — *Gouttière médullaire* donnant la *moelle* et 5 *vésicules cérébrales* (leur différenciation).

Leur protection
- par une enveloppe osseuse.
  - Crâne : Encéphale.
  - Canal rachidien : Moelle épinière.
- par les **méninges**.
  - *Dure-mère* (fibreuse).
  - *Arachnoïde* (séreuse). Liquide arachnoïd.
  - — *Liquide sous-arachnoïdien.* —
  - *Pie-mère* (vasculaire).

A. MOELLE ÉPINIÈRE (fig. 280).

Description.
- Cordon avec 2 renflements et 2 sillons principaux. Queue de cheval.
- 31 paires de nerfs rachidiens y naissent par 2 racines..............
  - l'une antérieure.
  - l'autre postérieure.

Structure...
- Substance grise en X
  - *Cornes antérieures* (grosses cellules ordonnatrices.)
  - *Cornes postérieures* (petites cellules sensitives).
- Cordons blancs
  - *antéro-latéraux* (fibres parallèles).
  - *postérieurs* (fibres arquées).
- Canal de l'*épendyme*.

ou moins éloignés : telle est la cellule ganglionnaire, ce.g (fig. 273), qui joue le rôle de *neurone sensitif*.

D'autres neurones sont pourvus d'un cylindre-axe dont les arborisations aboutissent à une fibre musculaire ou à des éléments glandulaires : telle est la cellule, ce, de la moelle épinière, qui joue le rôle de *neurone ordonnateur*.

Tout centre nerveux est donc en communication avec les organes par des séries de neurones; les unes lui font parvenir dans le *sens centripète* les impressions reçues; les autres emportent dans le *sens centrifuge* les ordres résultant de l'élaboration des impressions par le centre nerveux.

Un exemple fera mieux saisir la nature de ces actes dits réflexes : on s'enfonce par mégarde la pointe d'une aiguille dans le doigt ; l'excitation, reçue par les terminaisons épidermiques ou dermiques de la cellule nerveuse ce.g, est transmise à la moelle épinière et souvent jusqu'au cerveau par une série de neurones. Le centre nerveux (moelle ou encéphale) transforme en une *sensation* l'ébranlement qui lui est parvenu ; de cette élaboration résulte un *ordre de mouvement* qu'une autre série de neurones transmet par la cellule ce aux fibres musculaires, f.m, qui se contractent pour faire retirer le doigt.

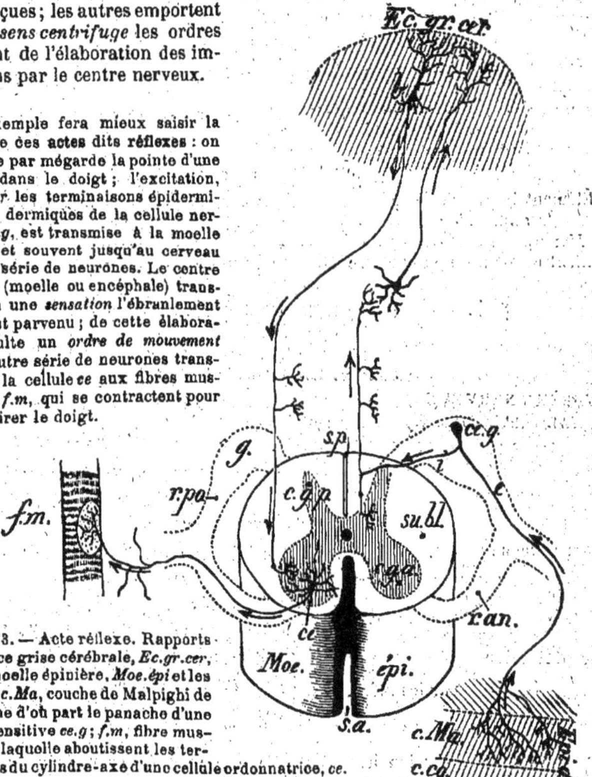

Fig. 273. — Acte réflexe. Rapports de l'écorce grise cérébrale, *Ec.gr.cer*, avec la moelle épinière, *Moe.épi* et les organes. *c.Ma*, couche de Malpighi de l'épiderme d'où part le panache d'une cellule sensitive *ce.g* ; *f.m*, fibre musculaire à laquelle aboutissent les terminaisons du cylindre-axe d'une cellule ordonnatrice, *ce*. Les flèches indiquent le trajet suivi par l'impression reçue et l'incitation motrice qui en dérive.

Un acte réflexe est ainsi appelé, parce que l'impression reçue semble s'être réfléchie sur le centre nerveux.

Tous les phénomènes auxquels participe le système nerveux consistent en actes réflexes plus ou moins compliqués.

Le système nerveux nous apparaît ainsi comme un ministère de l'intérieur (centres nerveux) relié aux divers départements de l'organisme par des fils télégraphiques (nerfs). Le directeur du bureau central puise, par certains fils (nerfs centripètes), ses impressions auprès des agents (éléments excitables) répartis sur tout le territoire; il donne ensuite des ordres qui, transmis par des voies diffé-

Tableau XXIX.
Système nerveux (*suite*).

B. ENCÉPHALE.

Description générale (fig. 279).
- **Cerveau**... 2 Hémisphères séparés par la *faux du cerveau*. Scissure de Sylvius. Circonvolutions. — *Tente du cervelet*.] — dure-mère
- **Cervelet** : 3 lobes et *protubérance annulaire*.
- **Bulbe rachidien**.
- 12 paires de nerfs crâniens partent de l'encéphale.

Description spéciale. — Chaque partie de l'encéphale est une portion de la gouttière médullaire primitive présentant à considérer un plafond, un plancher et un canal.

1° Arrière-Cerveau [Bulbe] (fig. 286).
- Description.
  - Plafond : Lame nerveuse mince (trou de Magendie).
  - Plancher : *Pyramides* postérieures, olives et pyram. antérieures.
  - Canal : 4° *ventricule* communique avec le canal médullaire au bec du *calamus scriptorius*.
- Structure..
  - *Cordons blancs* : *Décussation des pyramides* qui se prolongent par les pédoncules cérébraux et cérébelleux.
  - *Noyaux gris* : Origines des 8 dernières paires de nerfs crâniens.

2° Cerveau postérieur [Cervelet et Protubérance] (fig. 287).
- Description.
  - Plafond : 1 ventricule médian (*vermis*) et 2 ventricules latéraux réunis en avant par la protubérance.
  - Plancher.
    - Pédoncules cérébelleux inférieurs.
    - Pédoncules cérébelleux moyens (protubérance).
    - Pédoncules cérébelleux supérieurs.
  - Canal : *Ventricule cérébelleux*.
- Structure..
  - Cervelet.
    - Écorce grise.
    - Substance blanche (*arbre de vie*).
  - Protubérance.
    - Cordons blancs (prolong* des pyramides du bulbe).
    - Noyaux gris (*nerfs pathétiques* 4° paire).

3° Cerveau moyen..
- Plafond : **Tubercules quadrijumeaux**.
- Plancher : *Pédoncules cérébraux*.
- Canal : *Aqueduc de Sylvius* — Ventricule cérébelleux. — 3° ventricule.

4° Cerveau intermédiaire.
- Paroi : **Couches optiques**. { Commissure grise médiane. 4 noyaux gris.
- Canal : 3° *ventricule* ⟹ fente de Monro.

5° Cerveau antérieur [Hémisphères cérébraux].
- Description.
  - Canal : 2 *ventricules latéraux*.
  - Paroi. { Hémisphères réunis par le *corps calleux* et le *trigone*. **Corps striés** (2 noyaux gris).
- Structure..
  - *Écorce grise cérébrale*.
  - Substance blanche.
    - Fibres commissurantes reliant les 2 hémisphères.
    - Fibres convergentes entre l'écorce grise et les noyaux des corps striés et couches optiques.

rentes (nerfs centrifuges), sont exécutés par d'autres agents (muscles, glandes, organes électriques).

L'étude du système nerveux présente donc à considérer : 1° les *centres nerveux*, formés d'associations de cellules nerveuses (encéphale, moelle épinière, ganglions); 2° les conducteurs nerveux ou *nerfs*. La structure des nerfs ayant été envisagée (page 27), il suffira d'indiquer l'origine et les fonctions de ces organes.

SYSTÈME NERVEUX DES VERTÉBRÉS

On considère chez les Vertébrés deux parties dans le système nerveux : 1° Le *système céphalo-rachidien* ou *cérébro-spinal* dont les centres nerveux sont l'*encéphale* et la *moelle épinière;* il préside à toutes les manifestations volontaires ou inconscientes de la vie animale.

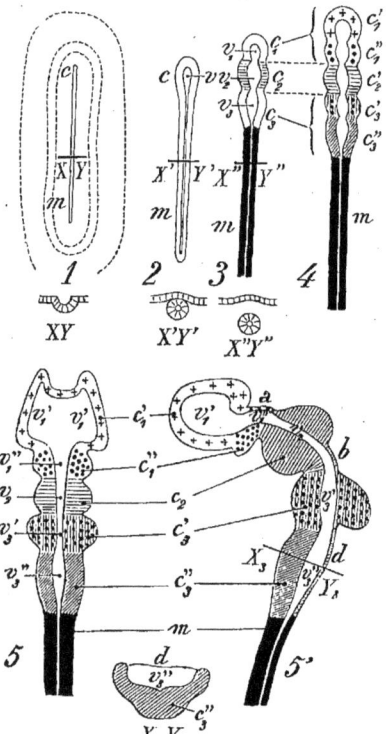

Fig. 274. — Développement des centres nerveux chez l'Homme : axe céphalo-rachidien (1res phases, d'après M. Mathias Duval). — 1, Gouttière médullaire primitive (vue en coupe XY). — 2, la gouttière est fermée et constitue un canal plus large en avant : c, vésicule cérébrale et son ventricule v; m, moelle épinière. — La vésicule c se partage en 3, puis en 5 cerveaux successifs (fig. 3 et 4) : le cerveau antérieur c_1 donne le cerveau antérieur c'_1 et le cerveau intermédiaire c''_1; le cerveau moyen c_2 reste indivis; le cerveau postérieur c_3 donne le cerveau postérieur c'_3 et l'arrière-cerveau c''_3; à chaque cerveau correspond un ventricule v'_1, v''_1, v_2, v'_3, v''_3. — En 5, le cerveau antérieur se partage longitudinalement en deux parties (futurs hémisphères cérébraux); la figure 5' montre la courbure des cerveaux successifs vus de profil, et l'épaississement particulier des parois de chacun d'eux. (Les signes conventionnels adoptés pour les diverses régions de l'encéphale, dans la figure 274, sont appliqués aux parties qui en dérivent dans les figures 275 et 276.)

2° Le *grand sympathique* dont les centres nerveux sont des *ganglions* ayant d'ailleurs la même origine que les précédents auxquels ils sont reliés par des filets nerveux; il intervient dans les fonctions de nutrition.

SYSTÈME NERVEUX.

TABLEAU XXX.

Système nerveux (suite).

Le *liquide céphalo-rachidien* remplit tous les ventricules et le canal de l'épendyme; par *le trou de Magendie*, il est en rapport avec le *liquide sous-arachnoïdien*.

NERFS
- rachidiens (31 paires) (fig. 277).
  - *Plexus cervical.* — *Nerf phrénique.*
  - — *brachial.* — *Nerfs médian et cubital.*
  - — *lombaire.* — *Nerf crural.*
  - — *sacré.* — *Nerf sciatique.*
- craniens (12 paires). (Voir tableau XXXIII et fig. 288.)

Grand sympathique.
- 2 *chaînes nerveuses ganglionnaires* symétriques, voisines de la colonne vertébrale.
  - *Racines afférentes* venant de la moelle épinière.
  - *Racines efférentes* se rendant aux organes.
- *Ganglions: cervicaux* (3), *dorsaux* (12 ou 11), *lombaires* (5 ou 4), *sacrés* (4).
- *Branches efférentes*
  - cervicales. — *Nerfs cardiaques : Plexus cardiaque.*
  - 1res dorsales.................... *Plexus pulmonaire.*
  - dorsales.—*N. grand splanchnique.* { *Plexus solaire. Ganglion semi-lunaire.*
  - lombaires.................... *Plexus mésentériques.*
  - sacrées.................... *Plexus hypogastrique.*

*Origine du système nerveux. Développement des centres nerveux chez l'Homme. — Dès les premières heures de son existence, l'embryon présente sur la ligne médiane dorsale une *gouttière médullaire cm*, 1 (fig. 274) formée par l'ectoderme (coupe XY). Cette gouttière se ferme peu à peu, devient un canal clos en avant, 2 (coupe X'Y'), indépendant ensuite de l'ectoderme X"Y", alors qu'il s'enfonce dans le mésoderme sous-jacent. En même temps, à la partie antérieure, ce canal se renfle en un cerveau c, 2, pourvu d'une cavité ou ventricule v, tandis que l'extrémité postérieure est la *moelle épinière m* creusée du *canal de l'épendyme*. Puis apparaissent trois cerveaux (*antérieur* c_1, *moyen* c_2, *postérieur* c_3) 3, avec les ventricules correspondants; le cerveau antérieur et le cerveau postérieur se dédoublent en c'_1, c''_1, et c'_3, c''_3.

Ainsi la vésicule cérébrale primitive a donné cinq lobes et cinq ventricules correspondants :

Le *cerveau antérieur* c'_1, 4, avec son ventricule v'_1;
Le *cerveau intermédiaire* c''_1 — v''_1;
Le *cerveau moyen* c_2 — v_2;
Le *cerveau postérieur* c'_3 — v'_3;
L'*arrière-cerveau* ou *bulbe rachidien* c''_3 — v''_3.

La moelle m forme la continuation de cet axe nerveux.

Le cerveau antérieur se dédouble par un sillon longitudinal en deux vésicules latérales c'_1, 5, avec les ventricules v'_1, pendant que tout l'axe cérébro-spinal subit une courbure très accentuée en avant, au-dessus de l'extrémité du tube digestif, 5'.

On distingue, dans chacune des vésicules cérébrales : un plafond, des parois latérales et un plancher dont l'épaississement varie avec la destination ultérieure. Ainsi

278   SYSTÈME NERVEUX.

l'*arrière-cerveau* c''_3, devenu le *bulbe rachidien* $B.r$ (fig. 275, A), présente un plancher

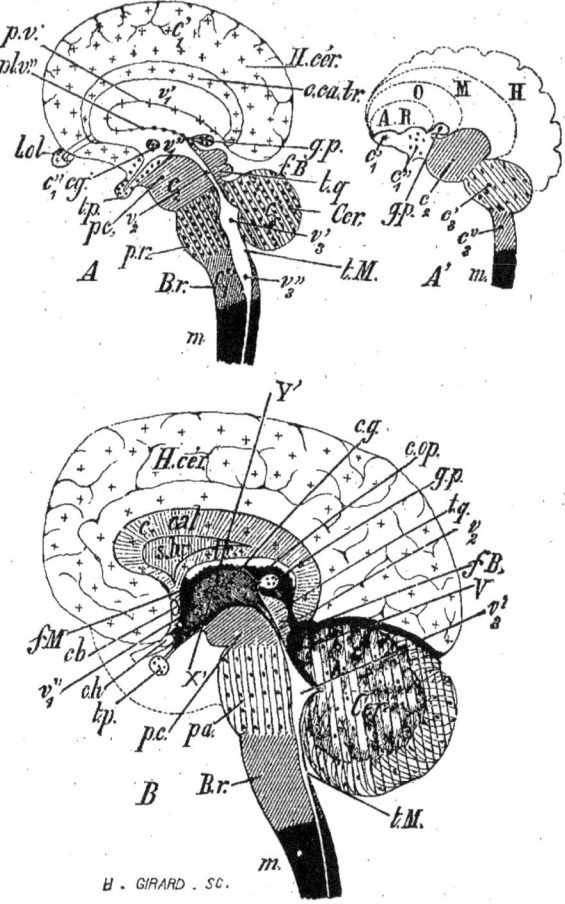

Fig. 275. — Phases ultérieures du développement de l'encéphale. — A : le cerveau antérieur c'_1 se développe d'avant en arrière, en recouvrant les cerveaux intermédiaire c''_1, moyen c_2 et postérieur c'_3 — Cerveau antérieur (c'_1 ou *H.cér*, hémisphères cérébraux; *c.ca.tr.* corps calleux et trigone rudimentaires; v'_1 ventricules latéraux; $p.v'_1$ plancher des hémisphères).— Cerveau intermédiaire (c''_1, *cg*, commissure grise des couches optiques; *g.p*, glande pinéale ou épiphyse; *t.p*, hypophyse; v''_1, 3ᵉ ventricule). — Cerveau moyen (c_2, *p.c*, pédoncules cérébraux; *t.q*, tubercules quadrijumeaux; v_2, aqueduc de Sylvius). — Cerveau postérieur (c'_3 *Cer*, cervelet; *p.r*, protubérance annulaire; v'_3, ventricule cérébelleux).— Arrière-cerveau (c''_3. *B.r*, bulbe rachidien; *t.M*, plafond du 4ᵉ ventricule et trou de Magendie; v''_3, 4ᵉ ventricule). — *m*, moelle et canal de l'épendyme. — A', développement comparé des hémisphères cérébraux chez les Vertébrés : A.R, Amphibiens et Reptiles; O, Oiseaux; M, Mammifères; H, Homme. — B, Encéphale définitif (mêmes désignations qu'en A) : *c cal*, corps calleux; *s.lu*, septum lucidum; *tr*, trigono; *f M*, trou de Monro; *c.op*, couches optiques; *ch*, chiasma des nerfs optiques; *f.B*, fente de Bichat; *V*, valvule de Vieussens.

épais (X_3Y_3) et un plafond formé d'une mince lamelle nerveuse (*voile médullaire, d*) souvent percée d'un orifice, le *trou de Magendie t.M* (fig. 275). Le ventricule v''_3 devient le *quatrième ventricule*.

Le *cervelet Cer* et la *protubérance annulaire p.r* proviennent des parois épaissies du *cerveau postérieur c'$_3$*, entourant le *ventricule cérébelleux v'$_3$*.

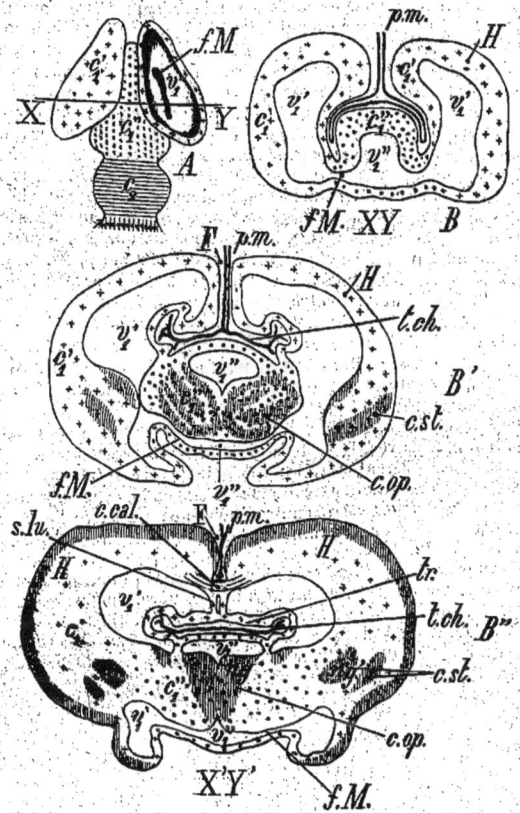

Fig. 276. — Développement des hémisphères cérébraux et des couches optiques (phases successives vues en coupe). — A : rapports des hémisphères c'_1 et du cerveau intermédiaire c''_1; v'_1, ventricule latéral communiquant par le trou de Monro *f.M* avec le 3ᵉ ventricule v''_1 vu dans la coupe XY, en B; *p.m*, pie-mère. — B' : la paroi latérale des hémisphères *H* s'épaissit et donne les corps striés *c.st*; les parois latérales du cerveau intermédiaire également épaissies forment les couches optiques *c.op* soudées au milieu du ventricule v'' par la commissure grise; la pie-mère *p.m* forme la toile choroïdienne *t.ch*; *F*, faux du cerveau. — B'' : les corps striés et les couches optiques sont soudés entre eux; les parois internes des hémisphères *H* sont reliées par le corps calleux *c.cal* et le trigone *tr* situé au-dessus de la toile choroïdienne *t.ch*; entre le corps calleux et le trigone, le septum lucidum *s.lu*.

Les parois du *cerveau moyen c*$_2$ deviennent, en bas, les *pédoncules cérébraux p.c*, en haut les *tubercules quadrijumeaux t.q* (2 d'abord, puis 4 par dédoublement), circonscrivant le ventricule v_2 devenu un canal étroit, l'*aqueduc de Sylvius*; ce canal met en communication le ventricule cérébelleux v'_3 avec le *troisième ventricule* v''_1. La *valvule de Vieussens* V (fig. 275, B) est une lame nerveuse très ténue qui réunit les tubercules quadrijumeaux au cervelet.

Le *cerveau antérieur* c'_1 et le *cerveau intermédiaire* c''_1 subissent des transformations profondes. Le cerveau antérieur se développe d'avant en arrière, en s'appliquant sur les autres parties de l'encéphale qu'il recouvre d'autant plus que les Vertébrés sont plus élevés en organisation (fig. 275, A'). Chez l'Homme, les *hémisphères cérébraux* $H.cér$, A recouvrent non seulement les cerveaux c''_1 et c_2, mais aussi la plus grande partie du *cervelet* Cer, ou c'_3 ; à leur surface apparaissent des replis ou *circonvolutions du cerveau*

Les deux vésicules symétriques c'_1, A, qui proviennent du cerveau antérieur, forment les *hémisphères cérébraux* H qui s'étendent d'abord de chaque côté et au-dessus du cerveau intermédiaire c''_1 ; chacun des *ventricules latéraux* v'_1 communique, par le *trou de Monro* $f.M$ (fig. 276, A et B), avec le *troisième ventricule* v''_1. Sur la ligne médiane, le sillon F qui sépare les hémisphères devient étroit et profond ; c'est la *faux du cerveau* dans laquelle s'engage un repli d'une fine membrane vasculaire, la *pie-mère* $p.m$ qui, étalée sur le plafond du cerveau intermédiaire, forme la *toile choroïdienne* $t.ch$ (B', fig. 276).

Les parois latérales des hémisphères cérébraux et du cerveau intermédiaire s'épaississent au détriment des ventricules v'_1 et v''_1, et donnent lieu à des mamelons saillants appelés *corps striés* $c.st$, B' (originaires des hémisphères) et *couches optiques* $c.op$ (originaires du cerveau intermédiaire). Les couches optiques se soudent entre elles sur la ligne médiane, formant la *commissure grise* $c.g$ (fig. 275, A et B), sorte de pont transversal jeté à travers le troisième ventricule d'une paroi à l'autre du cerveau c''_1 (fig. 276, B).

Se produit également l'union du corps strié et de la couche optique du même côté en B'' (fig. 276), à travers le ventricule latéral v'_1 correspondant.

D'autres soudures s'opèrent entre les parois internes des hémisphères H, B'', à travers la faux du cerveau. Deux ponts de substance blanche apparaissent, l'un supérieur le *corps calleux* $c.cal$, l'autre inférieur appelé *trigone* tr (voir aussi fig. 275, B), unis par de légères membranes latérales transparentes qui constituent le *septum lucidum* $s.lu$.

Entre le trigone tr et le plafond très réduit du cerveau intermédiaire s'étend la toile choroïdienne $t.ch$ qui se continue avec la pie-mère, en arrière du trigone et du corps calleux, par la *fente de Bichat* $f.B$ (A et B, fig. 275).

Les parties définitives qui forment les centres nerveux du *système céphalorachidien* sont classées, d'après leur origine, dans le tableau ci-joint, avec les indications mentionnées dans la figure 275, A, B.

	Vésicules cérébrales.	Organes définitifs.	Ventricules correspondants.
I. ENCÉPHALE	c'_1 Cerveau antérieur....	Hémisphères cérébraux $H.cér$. Corps striés. Lobes olfactifs $l.ol$ Trigone tr, corps calleux $c.cal$.	1er et 2e ventricules v'_1.
	c''_1 Cerveau intermédiaire	Glande pinéale $g.p$. Couches optiques $c.op$. Corps pituitaire $t.p$.	3e ventricule v''_1.
	c_2 Cerveau moyen......	Tubercules quadrijumeaux $t.q$. Valvule de Vieussens V. Pédoncules cérébraux $p.c$.	Aqueduc de Sylvius v_2.
	c'_3 Cerveau postérieur..	Cervelet Cer. Protubérance annulaire pa.	Ventric. cérébelleux v'_3.
	c''_3 Arrière-cerveau	Bulbe rachidien $B.r$.	4e ventricule v''_3.
II. MOELLE ÉPINIÈRE m.			Canal de l'épendyme.

SYSTÈME NERVEUX. 281

Tableau XXXI.

§ 2. — Physiologie du système nerveux.

Nutrition de la substance nerveuse. { Absorption d'oxygène et dégagement de CO^2.
Combustion de matières azotées (Urée, cholestérine, lécithine).
Repos des cellules nerveuses : *sommeil.*

Fonctions du système nerveux.

Nerfs.
  conducteurs {
    des impressions vers les centres nerveux :
      Nerfs centripètes (1re, 2e, 8e paires craniennes).
    des ordres, donnés par les centres, vers les organes :
      Nerfs centrifuges (3e, 4e, 6e paires craniennes).
    Nerfs mixtes {
      tous les autres nerfs craniens.
      les nerfs rachidiens { 1 racine antér. centrifuge.
                            — postér. centripète.
    }
  }
  Fonctions particulières de quelques nerfs mixtes :
    Nerfs modérateurs du cœur : Une branche du spinal confondue avec le pneumogastrique.
    Nerfs accélérateurs du cœur : N. cardiaques.
    Nerfs vaso-moteurs { vaso-constricteurs } du grand sympathique.
                         { vaso-dilatateurs   }
    Nerfs sécréteurs.

Centres nerveux.
  Leurs propriétés. { *Pouvoir excito-réflexe. Pouvoir automoteur.*
                    { *Volonté. Mémoire.* (Écorce grise cérébrale.)
  Leurs fonctions :

  I. — Moelle épinière {
    conductrice { des impressions (*Cordons postér. centripètes* et Axe gris).
                { des ordres (*Cordons antéro-latéraux centrifuges*).
    Centre des actes réflexes inconscients.
    Centre accélérateur des mouvements du cœur (région dorsale).
  }

  II. — Encéphale.
    A Bulbe rachidien. {
      Pyramides conductrices.
      Centre réflexe. {
        Centre respiratoire (arrêt des muscles thoraciques en inspiration).
        Centre d'arrêt du cœur (en diastole).
        Centres sécréteurs : Glycosurie, Polyurie, Albuminurie.
      }
    }
    B Protubérance, pédoncules cérébraux et cérébelleux conducteurs.
    C Tubercules quadrijumeaux. { Perceptions visuelles.
                                 { Coordination du mouvement des yeux.
    D Couches optiques. { Noyaux gris ; olfactif, optique, tactile, auditif (fig. 300) :
                         { Relais sur le trajet des impressions portées à l'écorce grise cérébrale.
    E Corps striés. { Noyaux gris : Relais sur le trajet des ordres portés des centres aux organes (fig. 300).
    F Hémisphères cérébraux. {
      Substance blanche conductrice.
      Écorce grise. {
        Centre des actes réflexes conscients.
        Siège de la volonté et de la mémoire.
        Association de réflexes.
        Localisations cérébrales.
      }
    }
    G Cervelet. Appareil de *coordination des mouvements.*

Grand sympathique. { Ganglions : sortes de relais.
                   { Nerfs mixtes.

Le grand sympathique ne *transmet* que des *mouvements involontaires;* les ordres qu'il reçoit des centres nerveux ont pour effet de régler la circulation du sang (*circulations locales*) et d'assurer la compensation des sécrétions.

Les nerfs et les ganglions répartis sur leur trajet ont tous pour origine la ligne neurale ou gouttière médullaire primitive.

La diversité des fonctions accomplies par les différentes régions du système nerveux ne provient donc pas de leur diversité d'origine.

§ 1. — DESCRIPTION DU SYSTÈME NERVEUX CÉPHALO-RACHIDIEN

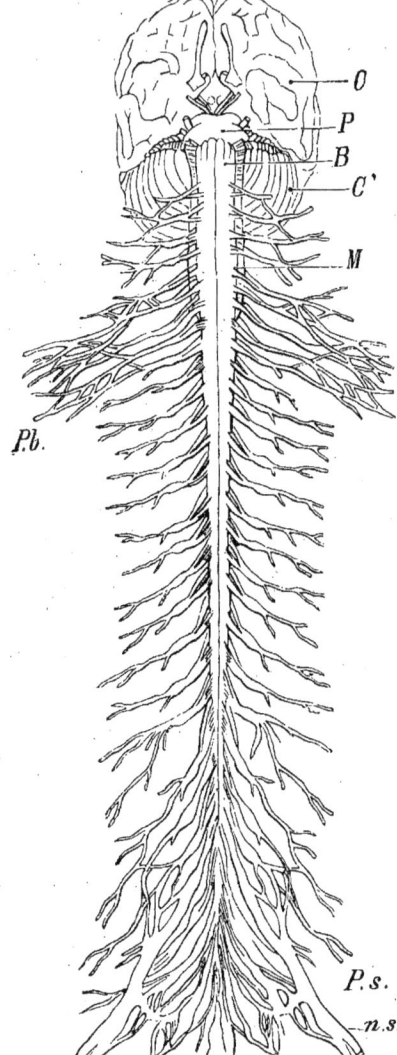

L'axe du système céphalo-rachidien est formé par la moelle épinière M (fig. 277) et l'encéphale C, C', B, centres nerveux qui, en raison de leur délicatesse et de leur importance physiologique, sont protégés efficacement par une enveloppe osseuse et par des membranes appelées *méninges*.

La moelle épinière est abritée dans le *canal rachidien* formé par la réunion des trous des vertèbres; l'encéphale est contenu dans la *boîte crânienne* qui communique avec le canal rachidien par le trou occipital.

Méninges. — Les membranes protectrices des centres nerveux sont, de dehors en dedans: la *dure-mère*, l'*arachnoïde* et la *pie-mère*.

Fig. 277. — Vue d'ensemble du système nerveux céphalo-rachidien. — Encéphale : C, cerveau; C', cervelet; P, protubérance annulaire; — B, bulbe rachidien. — M, moelle épinière et les 31 paires de nerfs rachidiens qui s'en détachent; P.b, plexus brachial; P.s, plexus sacré; n.s, nerf sciatique.

Tableau XXXII.

§ 3. — Système nerveux dans la série animale.

Vertébrés (fig. 305). Système cérébro-spinal; centres nerveux au-dessus du tube digestif.

- *Mammifères..* { Hémisphères avec ou sans circonvolutions, développés en raison de l'intelligence de l'animal. Tubercules quadrijumeaux réduits à 2 lobes optiques (Marsupiaux).

- *Oiseaux.....* { Encéphale peu volumineux et lobes optiques saillants. Plus de protubérance annulaire désormais.

- *Reptiles.....* { Hémisphères petits. Œil pinéal des Lézards. Cervelet consistant en une mince lamelle (Serpents).

- *Amphibiens..* { Confusion des lobes olfactifs et des hémisphères. Cervelet rudimentaire.

- *Poissons.....* Lobes optiques prédominants. Hémisphères à peine visibles.

Invertébrés.

1° à symétrie bilatérale (fig. 306 et 307).

- Type primitif. { Ganglions cérébroïdes. Collier œsophagien. Ganglions sous-œsophagiens. Chaîne ganglionnaire ventrale (sous le tube digestif).

- Arthropodes. { Ganglions cérébroïdes toujours nets. Ganglions thoraciques et abdominaux ± fusionnés.

- Vers......... { *Système nerveux ganglionnaire type* (Annélides). Chaîne ganglionnaire profondément modifiée chez les vers inférieurs.

- Mollusques..
  - Système rapproché du type primitif (Gastéropodes amphineures).
  - *Lamellibranches.* 3 paires de ganglions (*cérébroïdes, pédieux, viscéraux*) reliés par 2 colliers œsophagiens.
  - *Gastéropodes.* { Ganglions cérébroïdes et pédieux. *Centre asymétrique* { type orthoneure. type chiasthoneure. Système nerveux condensé (Escargot).
  - *Céphalopodes.* Type très condensé.

2° à symétrie rayonnée.
- **Échinodermes.** Anneau nerveux pentagonal d'où partent 5 *nerfs ambulacraires* (fig. 308).
- **Polypes.** Système nerveux peu connu.

284 SYSTÈME NERVEUX.

1° *La dure-mère est une membrane fibreuse* très résistante formant, dans le canal rachidien, un véritable sac cylindrique *d.m* (fig. 278) séparé de la paroi du canal par un tissu adipeux rougeâtre *t.c* renfermant des vaisseaux sanguins; elle est, au contraire, étroitement unie à la face interne des os du crâne dont elle constitue le périoste. La dure-mère émet dans la boîte cranienne des cloisons incomplètes qui la subdivisent en compartiments : la *faux du cerveau F* (fig. 279, A) et la *tente du cervelet T* (B) en sont les deux principales. La faux du cerveau s'étend d'avant en arrière sur toute l'étendue

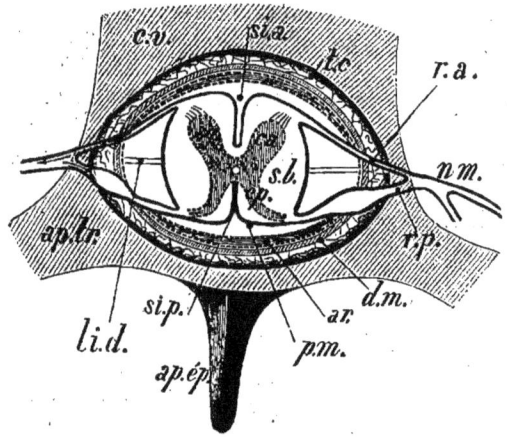

Fig. 278.— Coupe transversale de la moelle épinière et de ses enveloppes.— Enveloppes : *c.v*, corps de la vertèbre ; *ap.ép*, *ap.tr*, apophyses épineuse et transverses ; *d. m* dure-mère ; *ar*, arachnoïde avec ses deux feuillets séparés par le liquide arachnoïdien ; *p.m*, pie-mère ; *tc*, tissu cellulo-adipeux. — Moelle épinière : *s.g*, substance grise en X formant les cornes antérieures *c.a* et les cornes postérieures *c.p*; *s.b*. substance blanche ; *r.a*, *r.p*, racines antérieure et postérieure d'un nerf rachidien mixte *n.m*; *g*, ganglion.

du cerveau qu'elle partage incomplètement en deux parties symétriques appelées *hémisphères cérébraux H;* la tente du cervelet, perpendiculaire à la faux, est une cloison qui sépare du cerveau *H* la face supérieure du cervelet *C*.

2° *L'arachnoïde est une membrane séreuse ar* (fig. 278); elle présente par suite deux feuillets : l'un pariétal très mince appliqué contre la dure-mère à laquelle il adhère complètement; l'autre *viscéral*, beaucoup plus net, adhérant seulement aux saillies de la pie-mère et demeurant libre au niveau de ses dépressions. Le feuillet viscéral est cependant assez ténu pour qu'on ait pu comparer l'arachnoïde à une toile d'araignée. Entre les feuillets pariétal et viscéral se trouve une *très faible quantité de sérosité;* mais entre le feuillet interne arachnoïdien et la pie-mère *p.m* sous-jacente est le *liquide sous-arachnoïdien* assez abondant, en rapport, par le *trou de Magendie t.M* (fig. 275, A,B) avec le *liquide céphalo-rachidien* qui remplit les *ventricules cérébraux* $v''_3, v'_3, v_2, v''_1, v'_1$ et le *canal de l'épendyme* de la moelle épinière.

3° *La pie-mère est une membrane conjonctive et vasculaire* très délicate *p.m* (fig. 278); le grand nombre des capillaires qui s'y distribuent en font la membrane nourricière des centres nerveux.

Elle fournit une gaine fibreuse à chaque nerf qui se détache de la moelle épinière ou de l'encéphale.

Fonction du liquide céphalo-rachidien. Ce liquide régularise la pression qu'exerce le sang sur la masse cérébrale lors des systoles et diastoles successives : comme le volume de la boîte crânienne est fixe, chaque ondée sanguine qui pénètre dans cet espace chasse, dans le canal vertébral, une partie du liquide céphalo-rachidien comprimé et réciproquement; la substance nerveuse est donc préservée des variations de pression qui l'altéreraient.

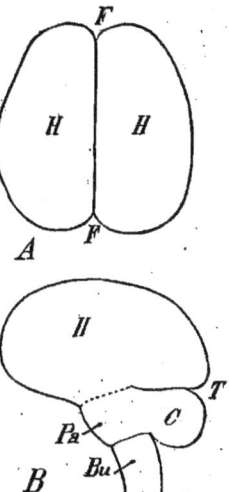

Fig. 279. — Encéphale vu : par sa face supérieure en A, latéralement en B.— *H*, hémisphères cérébraux séparés par la faux du cerveau *FF*; *C*, cervelet séparé du cerveau par la tente du cervelet *T*; *Pa*, protubérance annulaire; *Bu*, bulbe.

A. — MOELLE ÉPINIÈRE.

Description extérieure. — La *moelle épinière M* (fig. 277) est un cordon nerveux qui s'étend dans le canal rachidien depuis le trou occipital (où elle se continue avec l'encéphale par le *bulbe rachidien B*) jusqu'à la 2ᵉ vertèbre lombaire ; à ce niveau, elle est effilée en pointe et se prolonge par un fin cylindre nerveux contenu dans le ligament coccygien fixé tout au bout du canal vertébral.

La moelle présente 2 *sillons longitudinaux* principaux, l'un antérieur *s.a* (fig. 280, A), plus large, l'autre postérieur *s.p*, étroit et plus profond; sur ses côtés, elle émet 31 paires de *nerfs rachidiens n.r* qui y prennent naissance par une *racine antérieure r.a* et une *racine postérieure r.p*, pourvue d'un *ganglion g*. Aux points où se détachent les nerfs qui se rendent aux membres supérieurs et inférieurs, la moelle porte deux renflements : le *renflement cervical* (origine du *plexus brachial*) et le *renflement lombaire* (origine du *plexus crural*); à sa partie inférieure, elle se résout en un paquet de nerfs lombaires et sacrés, appelé *queue de cheval* (fig. 277).

Structure interne. — La moelle épinière, vue en coupe, se montre formée de deux substances nerveuses : 1° la *substance blanche* extérieure, *s.b*, comprenant les cordons antérieurs *cba*, latéraux *cbl* et postérieurs *cbp* ; 2° la *substance grise*, *s.g*, qui forme un X dont les terminaisons antérieures larges sont les *cornes antérieures*, *c.a* ; les autres terminaisons effilées s'appellent *cornes postérieures*, *c.p*.

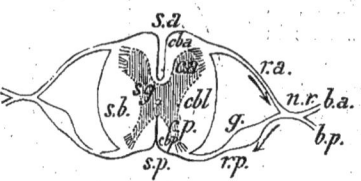

Fig. 280. — Moelle épinière. Coupe transversale : *s.a*, sillon antérieur ; *s.p*, sillon postérieur ; *c.b.a*, *c.b.l*, *c.b.p*, cordons blancs antérieur, latéral et postérieur de la substance blanche.

Au centre de la substance grise se voit la section du canal de l'épendyme qui s'étend sur toute la longueur de la moelle épinière.

Les cordons blancs antérieurs, *cba*, s'unissent au fond du sillon antérieur *s.a*, en avant de la *commissure grise* des cornes antérieures, tandis que les cordons blancs postérieurs sont séparés ; le fond du sillon postérieur est occupé par de la substance grise.

La substance grise comprend 4 sortes de cellules : 1° des *cellules commissurales*, *ce* (fig. 21 *bis*), dont le cylindre-axe (1) contribue à former la commissure blanche antérieure, en passant dans le cordon antéro-latéral du côté opposé ; 2° des *cellules de cordons*, *ce'*, dont le cylindre-axe (2) se continue par des fibres du cordon antéro-latéral ou postérieur du même côté ; 3° des *cellules motrices*, *ce''* dont le cylindre-axe (3) fait partie intégrante de la racine antérieure voisine ; 4° des *cellules à cylindre-axe complexe* dont les ramifications se distribuent aux cordons blancs des deux côtés de la moelle.

Entre toutes ces cellules s'engagent les arborisations d'autres cellules nerveuses appartenant aux divers niveaux de la moelle ; l'ensemble est d'une extrême complexité.

Examinons en particulier les rapports avec la moelle d'une cellule *ce.g* appartenant à l'un des ganglions d'une racine postérieure, *r.po*. Cette cellule émet un seul prolongement bifurqué ; des 2 branches qui en proviennent, l'une externe, *e*, se termine dans un corpuscule sensitif (fig. 273) ; l'autre interne, *i*, se ramifie dans la moelle comme le montre la branche *i'* (cette dernière provient de la cellule *ce.g'* qu'on suppose située dans le ganglion d'une racine sensitive supérieure du côté droit, afin d'éviter des confusions dans la figure). Chacune des branches secondaires, *br'*, se propage dans les cordons blancs de la moelle, émet à angle droit dans la substance grise des ramilles collatérales, *r.co'*, en contiguïté avec les expansions des cellules de cette substance. *Quelques-unes de ces collatérales, b, sont assez longues pour parvenir jusqu'aux panaches des cellules motrices, ce, de la corne grise antérieure ;* on les appelle *fibres réflexomotrices* parce qu'elles jouent un rôle important dans les *actes réflexes inconscients* (page 308).

B. — Encéphale.

L'*encéphale* comprend tous les centres nerveux contenus dans la boîte cranienne ; il forme une sorte d'œuf dont l'axe antéro-postérieur serait incliné d'avant en arrière ; la face inférieure en est déprimée en avant. Son poids moyen est de 1300 grammes.

Le rapport du poids du cerveau au poids total du corps est plus élevé chez

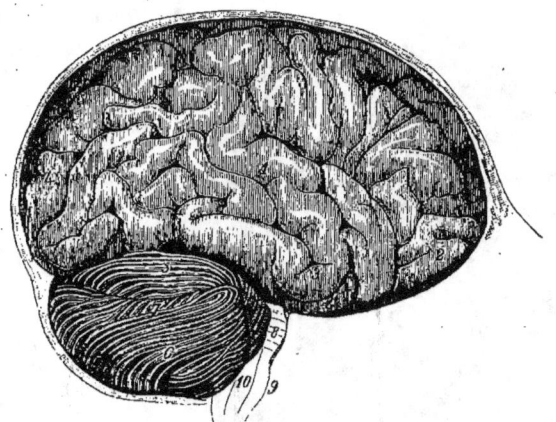

Fig. 281. — Encéphale vu de profil.

l'Homme que chez tous les autres Vertébrés. La figure 275, A' en donne clairement la raison.

Description générale. — L'encéphale est formé du *cerveau* (1, 2, 3, 4, fig. 281) qui en occupe la majeure partie, du *cervelet* (5, 6, 7), séparé du cerveau en arrière par la tente du cervelet, et du *bulbe rachidien* (10) surmonté de la *protubérance annulaire* (8). Le bulbe *B* (fig. 277) est l'intermédiaire entre la moelle épinière et l'encéphale.

Le *cerveau* est partagé en deux parties appelées *hémisphères cérébraux H.c* (fig. 284) par la faux du cerveau *F*; chacun des hémisphères se compose d'un lobe frontal *l.fr*, d'un lobe temporal *l.te*

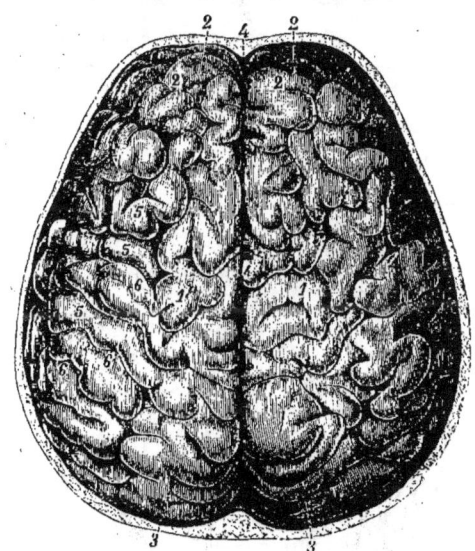

Fig. 282. — Encéphale vu par sa face supérieure.

séparé du précédent par un sillon large et profond (*scissure de Sylvius S*) et d'un lobe occipital postérieur, *l.oc*. En outre, la surface de ces lobes porte des saillies appelées *circonvolutions du cerveau;* les sillons qui les isolent partiellement sont formés par les replis de la pie-mère.

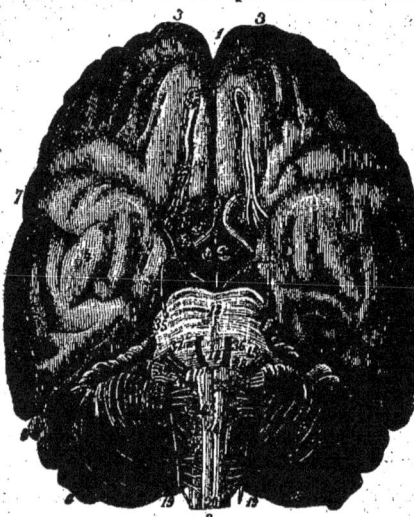

Fig. 283. — Encéphale vu par sa face inférieure.

Le *cervelet* a un volume égal au huitième de celui du cerveau; vu d'arrière, il présente 3 lobes : l'un médian très petit (*vermis, v*) et deux lobes latéraux *C,C*, réunis par la *protubérance annulaire P.a*, sorte d'anneau qui passe en avant des *pédoncules cérébraux p.c.*

La surface du cervelet présente elle-même des saillies minces (*circonvolutions du cervelet*) disposées plus régulièrement que les circonvolutions cérébrales.

Le *bulbe rachidien B.r* est situé au-dessous de la protubérance, en avant du cervelet.

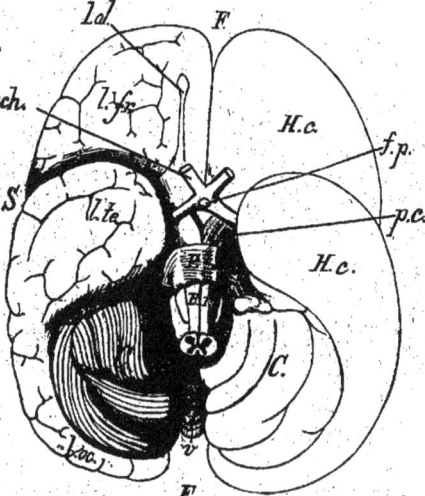

Fig. 284. — Encéphale vu par sa face inférieure (figure simplifiée). *H.c*, hémisphères cérébraux; *l.fr*, lobe frontal séparé du lobe temporal *l.te* par la scissure de Sylvius *S; l.oc*, lobe occipital. *C*, cervelet; *v*, vermis; *C,C*, lobes latéraux; *P.a*, protubérance annulaire. *B.r*, bulbe rachidien; *l.ol*, lobe olfactif; *ch*, chiasma des nerfs optiques; *f.p* hypophyse; *p.c*, pédoncules cérébraux. *F,F*, faux du cerveau.

Structure des diverses régions de l'encéphale. — Nous suivrons dans l'encéphale le trajet des cordons blancs et des cornes grises de la moelle; nous comprendrons mieux ainsi les connexions qui existent entre les différentes régions des centres nerveux, tout en décrivant la structure de chacune d'elles.

1° **Bulbe rachidien (arrière-cerveau).** — Cette partie de l'encéphale, située dans le prolongement de la moelle épinière, a la forme d'un tronc de cône, long de 3 centimètres; il a une importance capitale, malgré son petit volume, car la plupart des *nerfs craniens* (nerfs partant de l'encéphale) y prennent leur origine.

Comme la moelle épinière, c'est un tube dont la lumière, continuant le canal de l'épendyme, s'élargit brusquement et forme le *quatrième ventricule*. Sur sa face antérieure ou ventrale, le bulbe présente un sillon médian limité par les *pyramides antérieures*, 22 (fig. 283); en dehors des pyramides sont les éminences appelées *olives*, 23, à cause de leur forme, limitées en bas par les *fibres arciformes* qui, contournant les *cordons latéraux*, rejoignent en arrière les *corps restiformes* ou *cordons postérieurs p.c.i* du cervelet (fig. 287).

La face postérieure du bulbe est constituée par une lamelle nerveuse très mince perforée d'un orifice (*trou de Magendie, t.M*). Cet orifice donne accès dans le *quatrième ventricule* dont le plancher est limité par les *pyramides postérieures*. Les pyramides s'écartent pour former un espace triangulaire ayant l'aspect d'un bec de plume à écrire (*calamus scriptorius, cal. scr*).

Le 4° ventricule se continue en bas, au niveau de la pointe du calamus, par le canal de l'épendyme (moelle) et en haut par le ventricule cérébelleux (cervelet).

Rapports du bulbe rachidien avec la moelle épinière et avec l'encéphale. M. Mathias Duval a établi ces rapports par de patientes recherches, consistant dans l'examen comparé, au microscope, de coupes transversales successives pratiquées à tous les animaux depuis la moelle épinière jusque dans la protubérance annulaire.

La figure 285 (1), montre une section transversale de la moelle épinière cervicale avec les cornes antérieures *a* et postérieures *p* de la substance grise. Avant leur entrée dans le bulbe, une partie des cordons blancs antérieurs passe par la commissure blanche dans le cordon antérieur opposé, en délimitant le *collet du bulbe*. Ces cordons blancs antérieurs croisés sont peu à peu refoulés en arrière, vers le plancher du 4° ventricule.

Une partie du cordon latéral gauche de la moelle (*c.l*, 2) continue son trajet à gauche dans le bulbe, tandis que l'autre partie se porte à droite pour former la *pyramide antérieure* droite, et réciproquement. (Cet entrecroisement, visible sur la face ventrale du bulbe, a été appelé *décussation des pyramides motrices*.)

Les *pyramides antérieures P*, ainsi constituées, *franchissent en haut la protubérance annulaire, constituent la partie ventrale des pédoncules cérébraux et se terminent dans les corps striés* (*cerveau antérieur*).

Au-dessus et en arrière des cordons antérieurs, les *cordons postérieurs* de la moelle (*c.p*, 3) se comportent de même; ils *se dirigent en avant et se croisent pour former*, en arrière des pyramides antérieures *PA* (centrifuges), *la partie posté-*

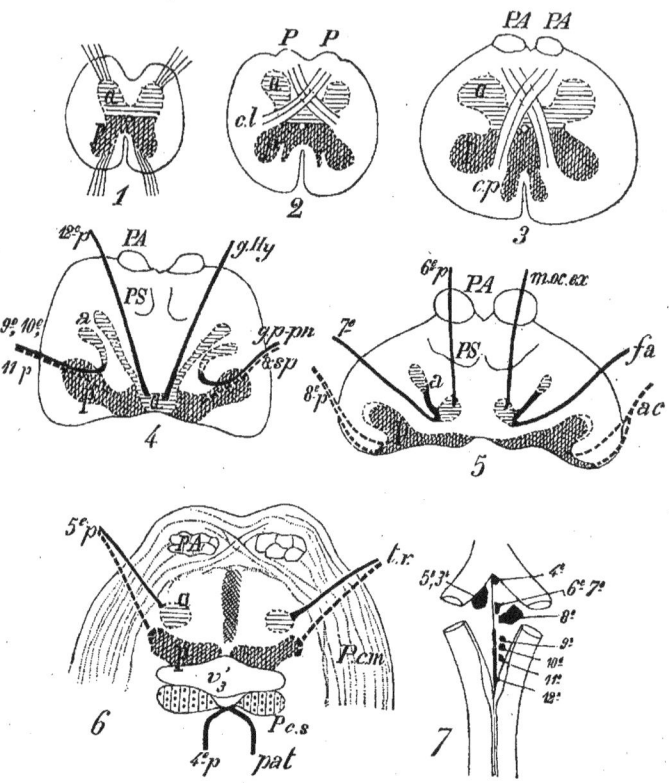

Fig. 285. — Sections transversales de la moelle, du bulbe et de la protubérance annulaire à divers niveaux (d'après M. Mathias Duval). — 1, moelle épinière; *a*, cornes antérieures grises; *p*, cornes postérieures grises. — 2, bulbe rachidien au niveau de la décussation des cordons blancs latéraux qui forment les pyramides antérieures motrices *P*, *P*. — 3, id. au niveau de la décussation des cordons blancs postérieurs (pyramides sensitives). — 4, coupe de la partie moyenne du bulbe. — 5, coupe de la partie supérieure du bulbe. — 6, coupe de la protubérance. Les coupes 4, 5, 6 montrent les noyaux gris d'origine des nerfs craniens. — 7, plancher du 4ᵉ ventricule montrant la position relative de ces noyaux d'origine (figurée d'un côté seulement). — *P.c.m*, pédoncules cérébelleux moyens; *P.c.s*, pédoncules cérébelleux supérieurs; *v'*₃, ventricule cérébelleux. Les nombres indiquent les numéros d'ordre des paires de nerfs craniens dont les initiales sont marquées du côté opposé. Nerfs : *g.Hy*, grand hypoglosse; *sp*, n. spinal; *pn*, n. pneumogastrique; *g.p*, n. glosso-pharyngien; *ac*, n. auditif; *fa*, n. facial; *m.oc.ex*, n. moteur oculaire externe; *tr*, n. trijumeau; *pat*, n. pathétique.

rieure (centripète) *des mêmes pyramides; ils traversent aussi la protubérance, forment l'étage supérieur ou dorsal des pédoncules cérébraux et se perdent dans les couches optiques* (cerveau intermédiaire).

Les directions adoptées par les cordons blancs de la moelle, dans le bulbe et au delà, sont schématiquement représentées dans la figure 286.

La marche des cordons blancs latéraux et postérieurs médullaires dans le bulbe a pour effet de rejeter de côté les cornes grises antérieures *a* et postérieures *p*; celles-ci forment dans le bulbe (4, 5, 6, fig. 285) les noyaux d'origine des *nerfs craniens* (12ᵉ paire à 5ᵉ paire inclusivement).

Les nerfs craniens ainsi envisagés tirent leur origine :

soit de la substance grise postérieure (nerfs centripètes : 8ᵉ paire);
soit de la substance grise antérieure (nerfs centrifuges : 12ᵉ,7ᵉ,6ᵉ paires);
soit des deux substances à la fois (nerfs mixtes : 11ᵉ, 10ᵉ, 9ᵉ, 5ᵉ paires).

Les corps restiformes (cordons blancs latéro-postérieurs du bulbe) *et les pyramides postérieures forment les pédoncules cérébelleux inférieurs, p.c.i* (fig. 287) en pénétrant dans le cervelet.

2° Cervelet et protubérance annulaire (Cerveau postérieur).

Le *cervelet* forme en quelque sorte le plafond et les parois latérales du *ventricule cérébelleux V.cér* (fig. 287) dont la *protubérance annulaire* est le plancher. Le ventricule cérébelleux communique largement en bas avec le 4ᵉ ventricule et en haut avec l'étroit aqueduc de Sylvius.

Le cervelet présente 3 lobes : le *vermis v* (fig. 284) médian, strié transversalement, et les *hémisphères cérébelleux C* latéraux, qui se continuent avec la protubérance *P.a*, en avant.

Le cervelet, *Cer* (fig. 287), présente une *substance grise externe* revêtant la *substance blanche* qui présente ici un aspect arborescent (*arbre de vie*). Un groupe de cellules

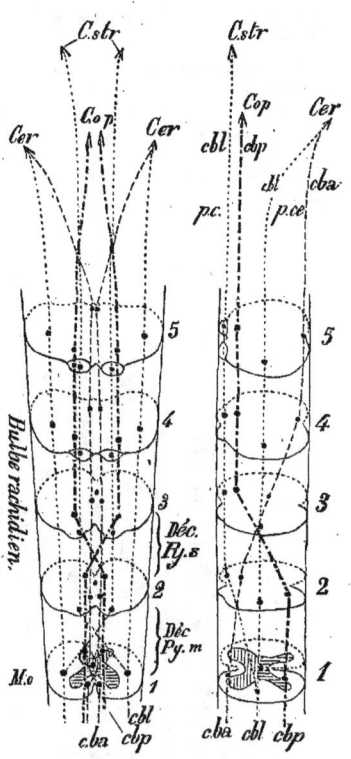

FIG. 286. — Figure théorique montrant la direction des principaux cordons blancs de la moelle à travers le bulbe rachidien et les parties antérieures de l'encéphale. Le bulbe rachidien est représenté : vu de face à gauche, vu de profil à droite. Cinq sections correspondent aux coupes 1, 2, 3, 4, 5 de la figure 285. — *c.b.a*, cordons blancs antérieurs; *c.b.l*, cordons latéraux; *c.b.p*, cordons postérieurs. Des traits spéciaux à chacun de ces cordons représentent leur direction aux divers niveaux du bulbe; les endroits où ces cordons rencontrent une section ont été indiqués par de gros points noirs. — Les cordons blancs antérieurs *c.b.a* s'entrecroisent à la limite de la moelle *Mo* et du bulbe; entre 1 et 2, décussation partielle des cordons latéraux *c.b.l* : pyramides motrices (*Déc. Py. m*); un peu plus haut, entre 2 et 3, décussation des cordons postérieurs *c.b.p* : pyramides sensitives (*Déc. Py. s*). *Cer*, cervelet; *C.op*, couches optiques; *C.str*, corps striés; *p.c*, pédoncules cérébraux; *p.ce*, pédoncules cérébelleux inférieurs.

nerveuses appelé *corps rhomboïdal*, *c.rh*, est situé au centre de la substance blanche.

L'étude histologique du cervelet y révèle 3 couches superposées : 1° La *zone moléculaire* superficielle, formée de *cellules de Purkinje* avec un panache abondant prolongé jusqu'à la surface du cervelet et un cylindre-axe dirigé vers la substance blanche interne (de petites *cellules étoilées* établissent dans cette zone des rapports entre les cellules de Purkinje); 2° la *zone granuleuse* formée de petites cellules avec un panache court et digité entourant le corps des cellules voisines et un cylindre-axe fin terminé dans la zone moléculaire; 3° la *substance*

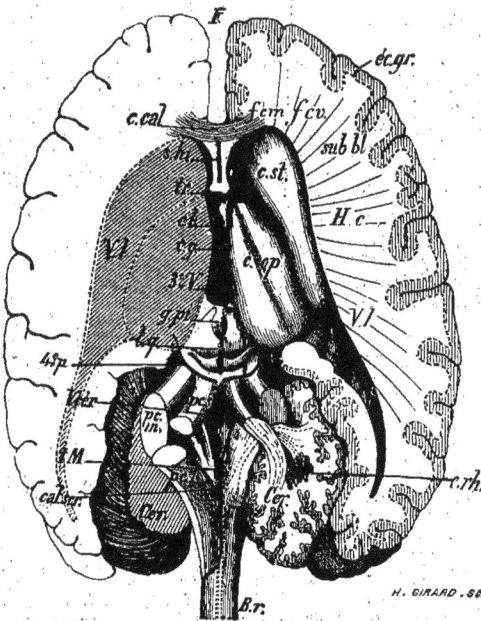

Fig. 287. — Coupe horizontale du cerveau, *Hc*, hémisphères cérébraux : *éc.gr*, écorce grise; *sub.bl*, substance blanche; *f.cv*, fibres convergentes; *f.cm*, fibres commissurantes du corps calleux *c.cal*; *V.l*, ventricules latéraux, *F*, faux du cerveau; *c.st*, corps striés; *s.lu* septum lucidum; *tr*, trigone; *c.b*, commissure blanche; *c.op*, couches optiques et leur commissure grise *c.g*; 3° *V*, 3° ventricule; *g.pi*, glande pinéale; *t.q*, tubercules quadrijumeaux. — *Cer*, cervelet; *p.c.s, p.c.m, p.c.i*, pédoncules cérébelleux supérieurs, moyens et inférieurs; *c.rh*, corps rhomboïdal. *V. cér*, ventricule cérébelleux. — *t.M*, trou de Magendie; *cal.scr, calamus scriptorius*. *B.r*, bulbe rachidien, puis moelle épinière.

blanche composée des cylindres-axes des cellules de Purkinje et d'autres fibres à corps cellulaire plus profondément placé, encore inconnu.

Rapports du cervelet et de la protubérance avec les régions voisines. — A la substance blanche du cervelet aboutissent 3 paires de pédoncules cérébelleux : les *pédoncules cérébelleux inférieurs*, *p.c.i*, prolongements des corps restiformes du bulbe, qui aboutissent aux hémisphères cérébelleux; les *pédoncules cérébelleux moyens*, *p.c.m*, qui forment la protubérance annulaire ou *pont de Varole* au-dessus du bulbe, en avant; les *pédoncules cérébelleux supérieurs*, *p.c.s*, qui convergent en haut sous les tubercules quadrijumeaux et vont se perdre, après entrecroisement, dans les couches optiques, *c.op*.

3° **Tubercules quadrijumeaux et pédoncules cérébraux (Cerveau moyen).** — Les *tubercules quadrijumeaux*, *t.q*, sont quatre masses de substance blanche avec un noyau gris médian (origines du nerf optique), symétriquement placées au-dessus de l'*aqueduc de Sylvius* qui met en rapport le ventricule cérébelleux en bas avec le 3ᵉ ventricule en haut et en avant.

Les *pédoncules cérébraux* (prolongement des pyramides du bulbe à travers la protubérance annulaire) sont de gros cordons blancs qui se continuent, en divergeant, dans les couches optiques et les corps striés en avant.

Les tubercules quadrijumeaux sont totalement cachés chez l'Homme par le grand développement des hémisphères cérébraux. Pour les découvrir, il suffit de pénétrer, entre le cerveau et le cervelet, dans le sillon formé par la tente du cervelet ; on parvient ainsi à la *fente de Bichat f.B* (fig. 275) sur le plancher de laquelle on distingue nettement les tubercules quadrijumeaux en arrière, la *glande pinéale g.pi* (fig. 287) entre les deux tubercules antérieurs et les *couches optiques c.op*.

4° **Couches optiques (Cerveau intermédiaire).** — Ce sont deux masses nerveuses importantes, formant la paroi du 3ᵉ *ventricule 3ᵉ V*, à travers lequel elles sont reliées par une *commissure grise c.g* médiane. La cavité du troisième ventricule se continue en arrière par l'aqueduc de Sylvius ; elle communique en avant et de chaque côté par le *trou de Monro*, avec le ventricule *V.l* de l'hémisphère cérébral correspondant. Une section antéro-postérieure de chaque couche optique y révèle de la substance blanche corticale et 4 noyaux gris, amas de cellules nerveuses, reconnus par Luys pour être, d'avant en arrière : le *noyau olfactif*, le *noyau optique*, le *noyau tactile*, le *noyau auditif*. Les fibres blanches qui partent des centres optiques aboutissent, les unes à l'écorce grise des hémisphères cérébraux, d'autres au cervelet par les pédoncules cérébelleux supérieurs, d'autres enfin au bulbe et à la moelle épinière par l'étage supérieur des pédoncules cérébraux.

Au-dessus et en arrière des couches optiques est l'*épiphyse* ou *glande pinéale, g.p* (fig. 275) qui devient le 3ᵉ œil des Lézards (page 266) ; au-dessous et en avant l'*hypophyse* ou *corps pituitaire t.p*.

5° **Hémisphères cérébraux. Corps striés (Cerveau antérieur).** — Le cerveau proprement dit est formé par les deux hémisphères cérébraux très développés en arrière (lobes occipitaux) et sur les côtés (lobes temporaux). Les deux hémisphères, séparés par la faux du cerveau, ne sont indépendants qu'en apparence ; au fond du sillon qui les sépare on voit, en effet, un pont transversal de substance blanche unissante : c'est le *corps calleux c cal* (fig. 275 et 287). Si l'on fend longitudinalement et un peu à gauche le corps calleux, on trouve au-dessous un 2ᵉ pont de substance blanche, le *trigone tr*, réuni au corps calleux en avant par une double lamelle transparente (placée à droite du scalpel), appelée *septum* *lucidum, s.lu.* Au-dessous du trigone est la *toile choroïdienne, t.ch* (fig. 276), repli de la pie-mère, en communication avec cette méninge par la fente de Bichat, *f.B*. La toile choroïdienne s'étend, en effet, d'avant en arrière au-dessus des couches optiques (plafond du 3ᵉ ventricule), de la glande pinéale et des tubercules quadrijumeaux, dans toute cette région qu'on appelle fente de Bichat.

De part et d'autre du septum lucidum sont les *ventricules latéraux, V.l* (fig. 287) et v'_1 (fig. 275), qui communiquent avec le 3ᵉ ventricule v'', en avant et sous les piliers antérieurs du trigone, par le trou de Monro, *f.M*; ces cavités envoient des prolongements ou *cornes* dans les trois lobes de chaque hémisphère cérébral.

Le trigone et le corps calleux se soudent en arrière; en avant, le trigone forme 2 piliers divergents qui se recourbent en bas pour se terminer dans les *tubercules mamillaires*, 10 (fig. 283), en arrière du corps pituitaire, 8.

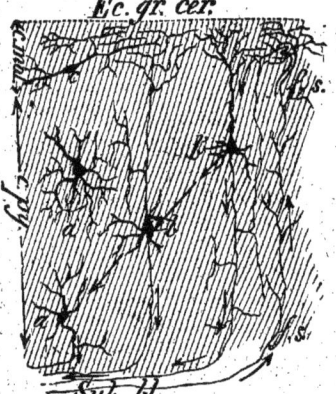

Fig. 287 bis. — Écorce grise cérébrale.

Corps striés. — Les hémisphères cérébraux présentent du côté interne les *corps striés, c.st* (fig. 287), soudés aux couches optiques correspondantes, *c.op*, placées un peu en arrière. Chaque corps strié est formé de substance nerveuse blanche périphérique et centrale, enveloppant deux noyaux gris : le *noyau caudé* antérieur et le *noyau lenticulaire* latéral, séparés par la *capsule interne* blanche. La substance blanche des corps striés est, comme celles des couches optiques, en rapport avec les pédoncules cérébraux, le cervelet et l'*écorce grise cérébrale*.

Écorce grise cérébrale. Ses connexions avec les autres centres nerveux. — La surface des hémisphères cérébraux est formée par une couche de substance grise épousant la forme des circonvolutions du cerveau et recouvrant la substance blanche interne. Cette écorce grise comprend : une *couche moléculaire* externe et la *couche des cellules pyramidales, c.py* (fig. 287 bis), appliquée sur la substance blanche interne, *Sub. bl.*

Les cellules pyramidales, *b,b'*, étagées dans la couche *c.py*, émettent vers la zone moléculaire leurs panaches entrecroisés avec les arborisations des cellules propres de cette couche, *c*; leurs cylindres-axes se continuent dans la substance blanche par autant de fibres à myéline. On distingue, entre les cellules pyramidales, les extrémités *f.s* des cylindres-axes de neurones sensitifs apportant jusque dans la couche moléculaire les impressions reçues à la périphérie du corps.

Les fibres qui forment la substance blanche cérébrale peuvent se diviser en *fibres commissurantes* (corps calleux et trigone) unissant les deux hémisphères, et en *fibres convergentes* qui rayonnent de la périphérie du cerveau vers les corps striés et les couches optiques.

Les *cellules nerveuses de l'écorce grise cérébrale sont en relation avec toutes les régions du système nerveux céphalo-rachidien par l'intermédiaire de deux relais (couches optiques et corps striés)* dont nous verrons bientôt l'importance physiologique.

C. — Système céphalo-rachidien périphérique. Nerfs.

Lors de l'étude du tissu nerveux (page 25), nous avons vu que les cellules nerveuses sont les points de départ des cylindres-axes de fibres nerveuses à myéline ou de fibres de Remak, et que l'association de ces deux sortes de fibres constitue des faisceaux appelés *nerfs*. Les modes de terminaison des fibres nerveuses, soit dans les fibres musculaires, soit dans les éléments impressionnables des organes des sens, ont

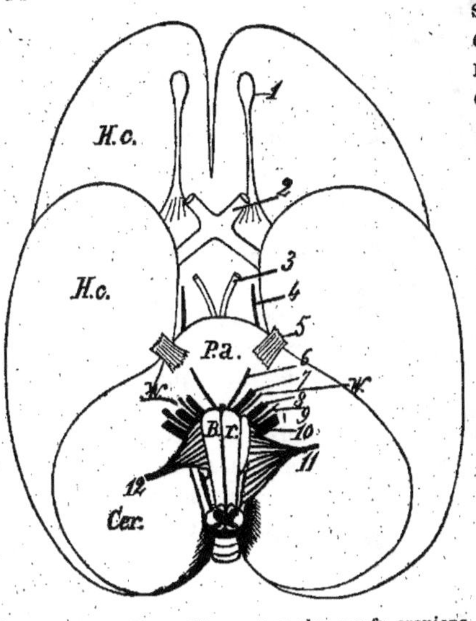

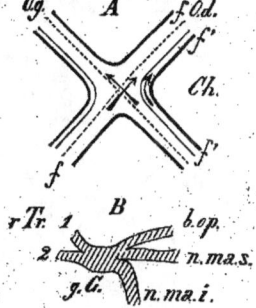

Fig. 288. — Lieux d'émergence des nerfs crâniens. (Ces nerfs sont indiqués par leurs numéros d'ordre : consulter le tableau XXXIII.) W, nerf de Wrisberg.

Fig. 289. — A, chiasma optique. *O.d*, œil droit ; *O.g*, œil gauche. — B, nerf trijumeau : 1, 2, ses racines ; *g.G*, ganglion de Gasser ; *b.op*, branche ophtalmique de Willis ; *n.ma.s*, nerf maxillaire supérieur ; *n.ma.i*, nerf maxillaire inférieur.

été aussi exposés aux chapitres du système musculaire et des sensations. Quels sont les principaux nerfs émis par l'axe cérébrospinal ?

La moelle épinière donne naissance à 31 paires de nerfs rachidiens et l'encéphale à 12 paires de nerfs crâniens.

1° **Nerfs rachidiens.** — Étagés par paires le long de la moelle épinière, ces nerfs comprennent : 8 paires cervicales, 12 dorsales, 5 lombaires et 6 sacrées sortant par les trous de conjugaison des vertèbres.

Ils naissent chacun par deux racines : l'une antérieure *centrifuge*, l'autre postérieure *centripète*, unies en un *nerf mixte* à leur sortie du canal rachidien (fig. 278 et 280). Ce nerf mixte se ramifie aussitôt en deux branches se rendant, l'une dans la région postérieure correspondante du tronc, l'autre dans la région antérieure, où *elle entre en connexion avec le grand sympathique.*

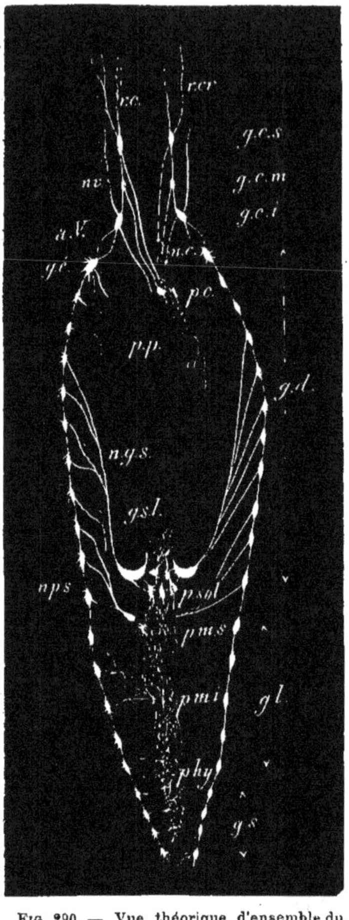

Les branches antérieures de certains de ces nerfs s'anastomosent en *plexus* qui sont, pour chaque côté de la moelle épinière (fig. 277) :

Le *plexus cervical* formé par les 4 premiers nerfs cervicaux ;

Le *plexus brachial* formé par les 4 derniers cervicaux et le premier dorsal.

Le *plexus lombaire* et le *plexus sacré* (ce dernier formé par les 4 premiers nerfs sacrés)

De ces plexus se dégagent des nerfs importants :

Le *nerf phrénique* ou *diaphragmatique*, formé par les filets du plexus cervical, qui se rend au muscle diaphragme ; les *nerfs médian* et *cubital*, originaires du plexus brachial et destinés au membre supérieur du même côté ; le *nerf crural*, émanant du plexus lombaire, et le *grand nerf sciatique*, constitué par le plexus sacré, innervent le membre inférieur correspondant.

2° **Nerfs craniens.** — Les 12 paires de nerfs craniens naissent dans l'encéphale ; le tableau ci-joint en donne les noms, les origines et les fonctions ; la figure 288 indique leur place exacte sur la face inférieure de l'encéphale ; la figure 289 permet de comprendre l'entrecroisement des fibres nerveuses qui composent les nerfs optiques (A) et l'origine des trois nerfs émanant du trijumeau (B).

Fig. 290. — Vue théorique d'ensemble du grand sympathique. *g.c.s*, *g.c.m*, *g.c.i*, ganglions cervicaux supérieur, moyen et inférieur, donnant origine au nerf cardiaque, *n.c*; plexus cardiaque, *p.c*. — *g.d*, ganglions dorsaux ; *p.p*, plexus pulmonaire ; *n.g.s*, nerf grand splanchnique ; *g.s.l*, ganglion semi-lunaire ; *p.sol*, plexus solaire ; *n.p.s*, nerf petit splanchnique. — *g.l*, ganglions lombaires ; *p.m.s*, *p.m.i*, plexus mésentériques supérieur et inférieur. — *g.s*, ganglions sacrés ; *p.hy*, plexus hypogastrique.

Tableau XXXIII.

Nerfs crâniens : 12 paires (fig. 283 et 288).

N° d'ordre	NOMS	ORIGINE	FONCTIONS ET DESTINATION
1	N. olfactif.	*Lobe olfactif*. Prolongement du cerveau en rapport avec l'écorce grise et la substance blanche cérébrales voisines.	*Nerf de sensibilité spéciale* pour l'*odorat*. Région jaune des fosses nasales.
2	N. optique (fig. 289).	2 *racines* partent des couches optiques et des tubercules quadrijumeaux, s'entrecroisent en avant (*chiasma*) ; chaque nerf renferme la moitié de ses fibres provenant du même côté, l'autre moitié du côté opposé.	*Nerf de sensibilité spéciale* pour la *vue*. Rétine de l'œil.
3	N. moteur oculaire commun.	Noyaux gris au-dessous de l'aqueduc de Sylvius.	*N. moteur* de tous les muscles moteurs de l'œil, sauf le grand oblique et le droit externe.
4	N. pathétique.	Pédoncules cérébelleux supérieurs (fig. 285, 6).	*N. moteur* du muscle grand oblique de l'œil.
5	N. trijumeau (fig. 285, 6).	2 racines originaires des noyaux gris du bulbe (fig. 289) se confondent dans le *ganglion de Gasser* d'où partent 3 rameaux :	*N. mixte* :
		Branche ophtalmique de Willis.	*N. de sensibilité générale* (globe de l'œil, muqueuse nasale). *N. sécrétoire* pour la glande lacrymale.
		N. maxillaire supérieur.	*N. de sensibilité générale* (muqueuse nasale ; dents de la mâchoire supérieure). *N. sécrétoire* pour les glandes pituitaires.
		N. maxillaire inférieur.	*N. de sensibilité générale* (dents de la mâchoire inférieure). *N. de sensibilité tactile* pour la lèvre inférieure. *N. moteur* (muscles masticateurs et de la lèvre inférieure, etc.).
		Rameau lingual. →	*N. de sensibilité générale* (partie antérieure de la langue).
6	N. moteur oculaire externe.	Noyaux gris antérieurs, partie supérieure du bulbe (fig. 285, 5).	*N. moteur* du muscle droit externe.
7	N. facial.	Noyaux gris antérieurs, partie supérieure du bulbe (fig. 285, 5).	*N. moteur* des muscles de la face.
		Corde du tympan.	*N. sécrétoire* pour la glande sous-maxillaire.
		Contient les fibres du *nerf de Wrisberg*.	*N. de sensibilité spéciale* (goût perçu à la partie antérieure de la langue).
8	N. auditif.	Noyaux gris postérieurs, plancher du 4e ventricule.	*N. de sensibilité spéciale* pour l'ouïe (oreille interne).
9	N. glossopharyngien.	Noyaux gris, partie moyenne du bulbe (fig. 285, 4).	*N. de sensibilité spéciale* (goût : dos de la langue). *N. de sensibilité tactile* pour le dos de la langue. *N. moteur* du pharynx.
10	N. pneumogastrique.	Noyaux gris, partie moyenne du bulbe (fig. 285, 4).	*N. mixte*. Sensations vagues et mouvements involontaires (poumons, cœur, estomac, etc.).
11	N. spinal.	Noyaux gris, partie moyenne du bulbe (fig. 285, 4).	*N. moteur* des muscles du larynx. Phonation.
12	N. grand hypoglosse.	Noyaux gris antérieurs (fig. 285, 4).	*N. moteur* des muscles de la langue.

298   SYSTÈME NERVEUX.

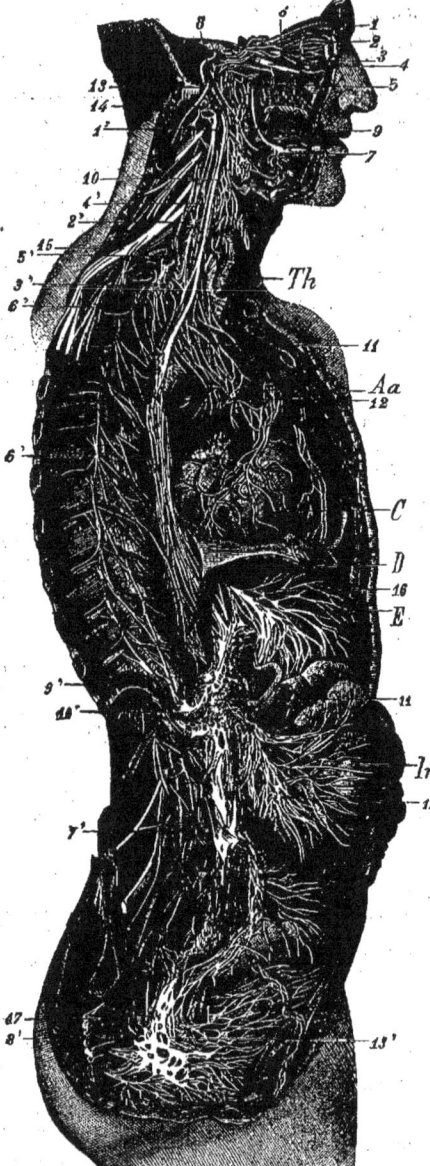

GRAND SYMPATHIQUE.

Au voisinage de la colonne vertébrale sont disposées symétriquement *deux chaînes nerveuses* (fig. 290) nettement visibles depuis la région cervicale jusqu'à la partie inférieure de l'abdomen. Ces deux chaînes présentent, sur leur trajet, des *ganglions*, et se prolongent dans la tête par des filets aboutissant à quelques ganglions intracrâniens. Des branches anastomotiques les réunissent à leurs deux extrémités, de telle sorte que les deux chaînes ganglionnaires forment un ovale très allongé.

Des ganglions se détachent deux sortes de filets nerveux :

1° Les *branches affé-*

Fig. 291. — Grand sympathique et ses rapports avec le pneumogastrique. 1, glande lacrymale; 2, œil et nerfs ciliaires; 3, nerf moteur oculaire commun; 4 et 5, nerfs maxillaires supérieur et inférieur; 6, ganglion ophtalmique; 7, nerf lingual; 8, nerf facial; 9, nerf glosso-pharyngien; 10, nerf pneumogastrique; 11 et 12, nerf et plexus cardiaques; A.a, artère aorte; C, cœur; D, diaphragme; 13, branche externe du nerf spinal; 14, nerf grand hypoglosse; 15, plexus brachial; E, estomac; 16, plexus gastrique. In, intestin. — 1', 2', 3', ganglions cervicaux supérieur, moyen et inférieur; 4', 5', 6', 7', 8', chaîne sympathique avec les ganglions thoraciques 6', lombaires 7' et sacrés 8'. — 9', nerf grand splanchnique; 10', ganglion semi-lunaire; 11', plexus solaire; 12', plexus mésentériques; 13', plexus hypogastrique.

rentes du sympathique, qui établissent des connexions entre le sympathique et le système cérébro-spinal (dont il est d'ailleurs originaire);

2° Les *branches efférentes du sympathique*, qui constituent les nerfs et plexus distribués aux viscères.

Ganglions. — Ils se répartissent ainsi sur chaque chaîne : 3 ganglions intracraniens principaux, 3 ganglions cervicaux $g.c$, 11 ou 12 dorsaux $g.d$, 5 ou 4 lombaires $g.l$, 4 sacrés $g.s$ (voir aussi la figure 291).

Le nombre des ganglions diffère quelque peu de celui des vertèbres, par la fusion qui s'opère entre les ganglions très rapprochés; en résultent des masses volumineuses, telles que les ganglions cervicaux supérieurs et inférieurs.

Chaque ganglion est formé d'un amas gris rougeâtre de cellules nerveuses multipolaires d'où partent les nerfs sympathiques renfermant des fibres de Remak issues des cellules nerveuses de ces ganglions; s'y joignent quelques fibres à myéline provenant des racines antérieures des nerfs rachidiens.

Branches afférentes. — De la branche antérieure de chaque nerf mixte rachidien $n.m$ (fig. 292) se détachent deux filets nerveux : l'un a pour le ganglion g correspondant, l'autre a' pour le ganglion g' immédiatement supérieur.

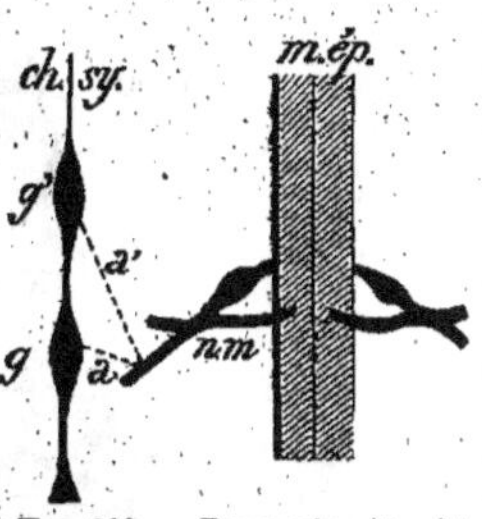

Branches efférentes. — Des ganglions cervicaux $g.c$ (fig. 290) partent les *nerfs cardiaques* $n.c$, qui, se dirigeant vers le cœur, s'anastomosent avec des rameaux du pneumogastrique pour former le *plexus cardiaque* $p.c$ (11 et 12, fig. 291), avec les ganglions intracardiaques de Remak, Bidder et Ludwig.

Les premiers ganglions thoraciques émettent les branches sympathiques formant, avec le pneumogastrique, le *plexus pulmonaire* $p.p$ (aorte, bronches, etc.) (*Pl.pul*, fig. 293).

Fig. 292. — Rapports entre les nerfs rachidiens $n.m$ de la moelle épinière $m.\acute{e}p$ et les ganglions sympathiques g, g' de la chaîne $ch.sy$; a, a', branches nerveuses afférentes.

Du 6ᵉ au 11ᵉ ganglion thoracique partent les filets d'origine du *grand nerf splanchnique* $n.g.s$ (9', fig. 291) et du *petit nerf splanchnique* $n.p.s$ qui, traversant le diaphragme, aboutissent au *ganglion semi-lunaire* $g.s.l$ (10', fig. 291). Les ganglions semi-lunaires, placés de chaque côté du tronc cœliaque, émettent des rameaux nombreux anastomosés avec le pneumogastrique pour former le *plexus solaire* $p.sol$ et d'autres plexus répandus sur tous les viscères de la région abdominale supérieure.

Les *plexus mésentériques* $p.m.s$ et $p.m.i$ et *hypogastrique* $p.hy$, de la région abdominale inférieure, ont pour origine les branches afférentes des ganglions lombaires et sacrés. Outre ces plexus importants, le grand sympathique envoie, dans toute l'étendue de

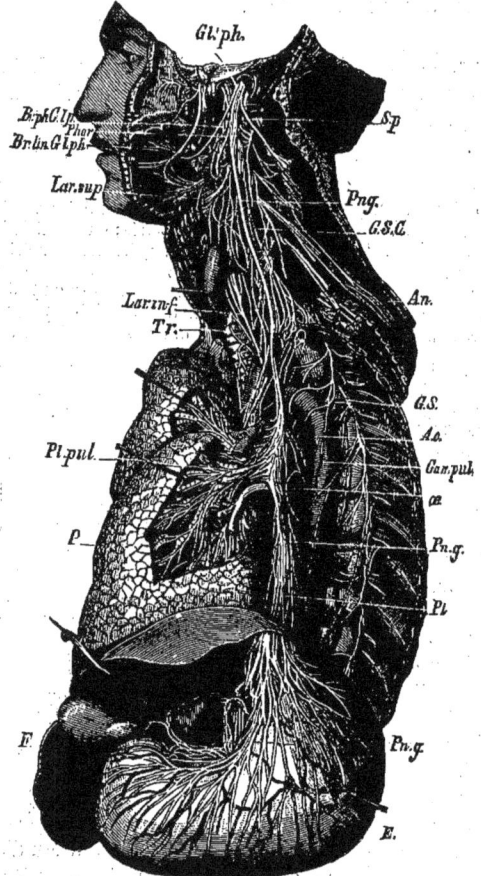

Fig. 293. — Nerf pneumogastrique *Png* et ses nombreuses ramifications dans les poumons *P*, le cœur (non visible sur la figure) et l'estomac *E*.— *Gl.ph*, n. glosso-pharyngien et ses branches pharyngienne *Br.ph.Gl.p* et linguale *Br.lin.Gl.ph*.— *Sp*, n. spinal; *Lar.sup*, n. laryngé supérieur; *Lar.inf*, n. laryngé inférieur. — *Tr*, trachée-artère. — *G.S*, grand sympathique. — *œ*, œsophage, *Ao*, aorte; *F*, foie.

l'organisme, des rameaux en rapport plus ou moins étroit avec les terminaisons du système cérébro-spinal.

§ 2. — PHYSIOLOGIE DU SYSTÈME NERVEUX

Composition chimique de la substance nerveuse. — L'analyse chimique comparée de la substance blanche et de la substance grise fraîches a donné les résultats suivants :

	Substance blanche.	Subst. grise.
Eau	81,62 p. 100	68,25 p. 100
Albuminoïdes	10,19	7,80
Cérébrine	0,10	3,01
Cholestérine et graisses	3,44	16,64
Matières diverses (urée, xanthine, etc.)	1,49	1,25
Lécithine	3,16	3,14

Nutrition de la substance nerveuse. — La substance nerveuse échange, avec l'air confiné, *des gaz* O et CO^2 presque aussi activement que la substance musculaire :

100^{gr} de cerveau, en 24^h, ont absorbé : 45 cent. cubes d'O et rejeté : 42^{cmc} de CO^2.
— muscle, — — : 52 — — : 56^{cmc} —

Le plasma sanguin apporte, par exsudation, les matières nutritives liquides aux centres nerveux : les nerfs reçoivent ces matières des capillaires qui les accompagnent ; la pénétration du plasma jusqu'au contact du cylindre-axe s'effectue aux points de contact des cellules à myéline protectrices (fibres à myéline).

Les matériaux consommés par l'activité nerveuse sont surtout des albuminoïdes, et les déchets qui en résultent sont l'urée, la cholestérine, la lécithine, etc., formés avec dégagement de chaleur (pages 168 et 178).

On admettait, il y a peu de temps encore, que *la fibre nerveuse est, au point de vue de la nutrition, sous la dépendance de la cellule nerveuse dont dérive son cylindre-axe* (la cellule nerveuse était appelée, pour cette raison, son *centre trophique*). Si on coupe la fibre nerveuse affirmait-on, elle dégénère, parce qu'elle est isolée de son centre trophique ; la myéline se fragmente en gouttelettes, le cylindre-axe se segmente et disparaît ; restent les cellules adipeuses enveloppes et la gaine de Schwann : c'est la *dégénérescence wallérienne*.

Or, il résulte de recherches récentes, dues à M. Schiff, que, quand une fibre nerveuse est coupée, le *cylindre-axe du bout périphérique* (isolé de la cellule nerveuse) *ne se désorganise pas* et se maintient indéfiniment dans un état qui lui permet de reprendre ses propriétés, dès qu'on le ramène au contact du bout central de la fibre sectionnée.

Sommeil. — Parmi les centres nerveux, l'écorce grise cérébrale jouit de la plus grande activité ; sa nutrition doit être fonction du travail qu'elle accomplit. Pendant le jour, le travail cérébral est parfois tel que les matières de réserve contenues dans les cellules nerveuses sont entièrement consommées ; il en résulte une fatigue cérébrale qui nécessite la suspension momentanée des fonctions intellectuelles. Le *sommeil* est propice à la reconstitution des réserves des cellules nerveuses, nourries jour et nuit par le sang.

FONCTIONS DU SYSTÈME NERVEUX.

L'étude embryogénique et anatomique du système nerveux nous a montré qu'il n'y a pas deux systèmes nerveux distincts : *le grand sympathique est étroitement lié au système cérébro-spinal*. La physiologie nous apprend de même que, si le système nerveux cérébro-spinal est plus particulièrement appelé à présider aux relations de l'animal avec le milieu extérieur, il participe néanmoins dans une large mesure, avec le concours du grand sympathique, à la réglementation des fonctions nutritives, à la régulation de la température.

Le système nerveux présente à considérer, au point de vue fonctionnel (acte réflexe, page 274), deux sortes d'organes : les *nerfs* (réunion de fibres nerveuses) et les *centres nerveux* (amas de cellules nerveuses).

Tout nerf est excitable et conducteur d'impressions ou d'incitations motrices ou sécrétoires ; tout amas de cellules nerveuses est un centre réflexe et un centre auto-moteur.

PROPRIÉTÉS SPÉCIALES ET FONCTIONS DES NERFS

La conductibilité des excitations est la fonction essentielle des nerfs. Elle n'est toutefois pas comparable à la conductibilité d'un fil électrique, car l'influx nerveux ne se propage qu'avec une vitesse de 30 à 180 mètres par seconde, bien inférieure à la vitesse de propagation de l'électricité.

Un nerf est dit *centripète* ou *centrifuge* suivant que l'influx nerveux le parcourt de la périphérie vers le centre (fig. 273) ou du centre vers la périphérie.

Pour vérifier cette propriété, on se base sur l'*excitabilité des nerfs*. Les excitants sont mécaniques, physiques, chimiques ou physiologiques.

Les *excitants mécaniques et physiques* sont : le choc, le pincement, la chaleur (sur les nerfs centripètes seulement), l'électricité employée sous forme de courants induits ; les vibrations sonores et lumineuses agissent seulement sur les terminaisons nerveuses des organes de l'ouïe et de la vue, tandis que le choc peut impressionner non seulement les corpuscules tactiles, mais encore le nerf dans toute son étendue.

Les *excitants chimiques* sont les acides, les alcalis qui, concentrés, détruisent le nerf, ainsi que le sel marin au-dessus de 6 pour 100 ; les dissolutions des substances sapides et odorantes jouent un rôle important sur les boutons gustatifs de la langue et les cellules olfactives de la muqueuse pituitaire ; on peut attribuer un effet du même ordre aux excitations vagues conduites par les nerfs répartis dans toutes les régions internes du corps (viscères, muscles, etc.).

Les centres nerveux sont des *excitants physiologiques*. Si dans l'acte réflexe, ils transmettent des ordres moteurs et glandulaires, résultat de l'élaboration des excitations qui leur parviennent de la périphérie, les centres nerveux peuvent aussi provoquer directement de pareils ordres sous l'influence de la *volonté*.

Pour qu'un nerf soit excité artificiellement, il faut que l'excitant soit suffisamment fort et brusque. Les excitants mécaniques et physiques agissent mieux sur le nerf que sur le muscle; le contraire a lieu pour les excitants chimiques.

Nerf centripète. — Nerf centrifuge. — Nerf mixte. — Au point de vue du sens suivant lequel se propage l'excitation dans les nerfs, on les divise en nerfs *centripètes, centrifuges* et *mixtes.*

1° Dans un *nerf centripète*, l'excitation se propage de la périphérie de l'organisme vers le centre nerveux. Tel est le *nerf optique* qui conduit de l'œil à l'encéphale les impressions lumineuses : si on sectionne le nerf optique et qu'on en excite électriquement ou mécaniquement le *bout central* (c'est-à-dire l'extrémité en rapport avec l'encéphale), l'impression portée au centre nerveux est une impression lumineuse, indépendante, comme on le voit, de la nature de l'excitant. L'excitation du *bout périphérique* du nerf optique (c'est-à-dire de l'extrémité en rapport avec l'œil) reste sans effet.

Les principaux nerfs centripètes sont : le *nerf olfactif*, le *nerf optique* et le *nerf acoustique*, tous nerfs de sensibilité spéciale dont le rôle physiologique est spécialement étudié plus loin (page 314).

2° Un *nerf centrifuge* conduit les incitations motrices ou sécrétoires du centre nerveux à l'organe intéressé. Tels sont : les *nerfs moteur oculaire commun, pathétique, moteur oculaire externe*, qui aboutissent aux muscles de l'œil : si, après avoir sectionné l'un quelconque de ces nerfs, on en pince le bout périphérique (en rapport avec le muscle), immédiatement le muscle se contracte ; pareille excitation du bout central ne donne aucun résultat.

Outre les précédents, le *nerf grand hypoglosse*, moteur de la langue, est également un nerf centrifuge.

3° On appelle *nerf mixte* tout nerf qui contient des fibres nerveuses centripètes et des fibres nerveuses centrifuges.

Quand on porte une excitation sur le bout centripète d'un pareil nerf sectionné chez un animal, l'animal pousse des cris : donc il ressent une impression qui se traduit par de la douleur.

Si l'on excite fortement ensuite le bout centrifuge, l'animal effectue des mouvements sans manifester de douleur. Ainsi le nerf mixte conduit des impressions dans le sens centripète et des ordres moteurs ou sécrétoires dans le sens centrifuge.

Dans la catégorie des nerfs mixtes peuvent être rangés la plupart des nerfs de l'organisme, les *nerfs craniens des* 5°, 7°, 9°, 10° *et* 11° *paires* (page 297), les *nerfs rachidiens* et les *nerfs du grand sympathique.*

Les *nerfs rachidiens* présentent une particularité importante à mentionner. Chacun d'eux naît par deux racines sur la moelle épinière ; or la racine antérieure ne renferme que des fibres centrifuges et la racine postérieure que des fibres centripètes. Le nerf unique qui en résulte est donc mixte, puisqu'il contient ces deux sortes de fibres. On peut vérifier la propriété de chacune de ces racines en les sectionnant successivement et en opérant sur les bouts central et périphérique de chacune d'elles, comme il a été indiqué plus haut.

Une classification simple et rationnelle des nerfs craniens, basée sur leur rôle physiologique, est la suivante :

I. *Nerfs de sensibilité spéciale.*
- N. olfactif........ 1ʳᵉ paire..
- N. optique........ 2ᵉ — ..
- N. auditif........ 8ᵉ — ..
} N. centripètes.

II. *Groupe du trijumeau*......
- Nerf trijumeau.... 5ᵉ paire..................
- N. moteur oculaire commun........ 3ᵉ — ..
- N. pathétique..... 4ᵉ — ..
- N. moteur oculaire externe......... 6ᵉ —
- N. facial......... 7ᵉ — ....
} N. centrifuges.

III. *Groupe du nerf vague*......
- N. pneumogastrique ou vague proprement dit............ 10ᵉ paire..........
- N. spinal.................. 11ᵉ — ....
- N. glosso-pharyngien......... 9ᵉ — ....
- N. grand hypoglosse..... 12ᵉ — N. centrifuge.
} N. mixtes.

Dans toute la série des Vertébrés, le premier groupe existe toujours. Le deuxième groupe est parfois incomplètement représenté ; le trijumeau supplée les nerfs qui manquent. Le troisième groupe préside spécialement aux besoins des viscères ; il partage cette fonction avec le grand sympathique. Tous deux forment ces plexus nombreux dont les principaux ont été précédemment signalés (plexus cardiaque, pulmonaire, solaire, etc.), où les rameaux du pneumogastrique sont intriqués avec ceux du système ganglionnaire. Les attributs du groupe vague et du sympathique seront définis à propos du rôle du système nerveux sur la circulation.

REMARQUE. — Suivant le rôle qu'ils jouent dans l'économie, les nerfs mixtes ont reçu des noms variés : ainsi les rameaux issus du *pneumogastrique* et du *spinal*, se rendant au cœur et aux poumons, sont dits *nerfs modérateurs* ou *nerfs d'arrêt*, parce qu'ils modèrent les mouvements du cœur et des muscles respiratoires. Inversement, les *nerfs cardiaques*, originaires des ganglions sympathiques cervicaux, sont dits *accélérateurs*, parce qu'ils activent les mouvements du cœur.

Du grand sympathique partent des filets nerveux distribués dans la paroi des vaisseaux sanguins ; par suite de leur action sur les artérioles dont ils modifient la section, on les désigne sous le nom de *nerfs vaso-moteurs* (*vaso-constricteurs*, *vaso-dilatateurs*).

Les *nerfs sécréteurs* constituent une catégorie dont l'action sur les diverses cellules glandulaires est chaque jour précisée davantage.

SYSTÈME NERVEUX.

CARACTÈRES DU NERF CENTRIPÈTE ET DU NERF CENTRIFUGE.

Nerf centripète.	Nerf centrifuge.
Aucune différence anatomique.	
Conduction de l'excitation des organes impressionnables au centre nerveux.	Conduction des incitations motrices ou sécrétoires du centre nerveux aux organes.
La chaleur en favorise l'action.	La chaleur a une action nulle sur lui.
Après la mort, l'excitabilité disparaît :	
dans le sens centripète.	dans le sens centrifuge.
Curare : action nulle.	Mort des plaques terminales.

Action du curare sur les plaques terminales motrices (fig. 294). — Expérience de Claude Bernard : On serre fortement par une ligature, dans la région lombaire, tout le corps d'une Grenouille, sauf les nerfs lombaires *n. l* qui assurent seuls une communication entre les parties antérieure et postérieure de l'animal. On injecte de curare le train antérieur qui paraît mort, tandis que le train postérieur réagit suivant *f, f'* aux excitations *e* : donc la moelle épinière et les nerfs lombaires n'ont pas été atteints. Si on pique une patte antérieure, elle ne manifeste rien, mais les pattes postérieures réagissent à cette excitation *e'* : ainsi *les nerfs sensitifs du train antérieur n'ont pas été endommagés*. Enfin la patte d'une Grenouille, dont le bout périphérique du nerf a été plongé dans une solution de curare, continue à réagir aux excitations. L'action du curare, nulle sur les nerfs sensitifs, sur les centres nerveux et sur les nerfs moteurs, paralysant cependant la région de l'organisme injectée, atteint donc seulement les plaques de terminaison des nerfs moteurs dans les fibres musculaires (ces dernières continuent à vivre et à être sensibles aux excitations directes).

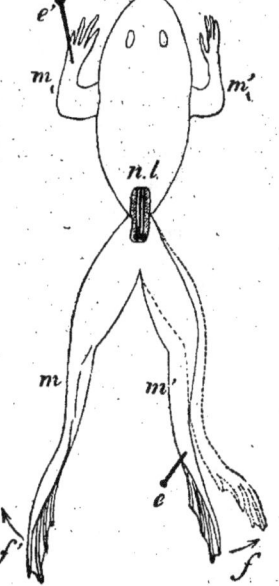

FIG. 294. — Grenouille préparée pour l'étude de l'action du curare sur les plaques motrices musculaires. *n.l*, nerfs lombaires.

PROPRIÉTÉS SPÉCIALES DES CENTRES NERVEUX

Tout amas de cellules nerveuses est un centre nerveux : tels sont l'encéphale, la moelle épinière et les ganglions du grand sympathique.

Tout centre nerveux possède deux propriétés fondamentales : un *pouvoir excito-réflexe* et un *pouvoir automoteur*.

1° Le *pouvoir excito-réflexe est la propriété que possède la cellule nerveuse de modifier toute excitation qui lui est apportée par une fibre centripète.*

C'est toujours par son panache qu'une cellule nerveuse *reçoit* l'excitation qui lui parvient et toujours aussi par son cylindre-axe et son arborisation qu'elle *transmet* l'influx nerveux aux neurones voisins.

L'énergie de l'excitation recueillie par un *neurone sensitif* est transmise, directement ou par une série d'intermédiaires (fig. 272 et 273), au *neurone ordonnateur*, point de départ d'une incitation motrice ou glandulaire. Alors cette énergie est immédiatement utilisée pour provoquer un ordre de mouvement ou de sécrétion. Tel est l'*acte réflexe simple.*

REMARQUE. — Il peut arriver que l'*énergie actuelle de l'excitation soit transformée en énergie potentielle accumulée pour un temps plus ou moins long dans les cellules sensitives :* il y a ainsi suspension de l'action du centre nerveux qui tôt ou tard donnera l'ordre correspondant à l'excitation reçue. On dit que le centre nerveux a conservé la *mémoire* de l'excitation ; il transforme, à sa *volonté*, en énergie actuelle l'énergie potentielle qu'il a pour ainsi dire emmagasinée.

2° *Le pouvoir automoteur consiste en ce que la cellule nerveuse est directement excitable par des variations de nutrition.*

Dans ce cas, aucun nerf centripète n'a apporté d'excitation à la cellule. Ainsi le sang trop chargé d'acide carbonique (*sang asphyxique*) produit, sur les cellules du bulbe rachidien, des modifications telles que l'animal, contraint à respirer de l'air non renouvelé, est pris de convulsions.

L'excitabilité des centres nerveux est *augmentée* par l'injection de strychnine ; elle est *diminuée*, au contraire, par l'action du bromure de potassium et du chloral sur la moelle, par l'action du chloroforme et de l'éther sur l'écorce grise cérébrale.

L'anémie diminue l'excitabilité.— On lie l'artère aorte d'un Lapin dans la région abdominale ; le sang des membres inférieurs n'étant plus renouvelé devient asphyxique, et ces membres sont secoués de convulsions ; un peu plus tard survient l'anémie des centres nerveux, et on peut brûler les membres inférieurs sans que l'animal réagisse.

SYSTÈME NERVEUX.

En résumé, les *fibres nerveuses sont excitables;* les unes *conduisent* dans le sens centripète les impressions qu'elles reçoivent à la périphérie; les autres transmettent dans le sens centrifuge les ordres donnés par les centres nerveux.

Les *centres nerveux* possèdent un *pouvoir excito-réflexe* et un *pouvoir automoteur* (la *mémoire* et la *volonté* sont des facultés propres à l'écorce grise cérébrale).

Envisageons successivement les *fonctions* attribuées dans l'économie à la moelle, aux diverses régions de l'encéphale et aux ganglions sympathiques.

I. — Fonctions de la moelle épinière.

La moelle épinière est la partie de l'axe cérébro-spinal qui, par ses cordons blancs formés de fibres nerveuses, assure la *conduction* des excitations et des ordres entre l'encéphale et toutes les parties de l'organisme; par son axe gris, formé surtout de cellules nerveuses, elle joue aussi le rôle de *centre nerveux*.

1° La moelle épinière envisagée comme organe conducteur. — On sectionne soit les cordons blancs postérieurs, soit les cordons antéro-latéraux, soit l'axe gris de la moelle, et on porte succes-

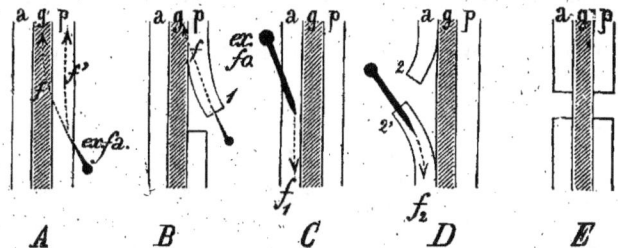

Fig. 295. — Figures schématiques se rapportant à l'étude des fonctions de la moelle épinière. *a*, cordons blancs antérieurs; *p*, cordons blancs postérieurs; *g*, substance grise.

sivement une excitation sur le bout central, puis sur le bout périphérique de chacun d'eux. De l'effet produit sur les animaux soumis à l'expérience, on déduit le rôle conducteur de ces diverses régions.

Cordons postérieurs. — La section de ces cordons produit chez l'animal une sensation douloureuse. Si, après avoir isolé l'un d'eux, *p* (fig. 295, B), sur une longueur de quelques centimètres, on en excite *légèrement* le bout central, 1, il y a encore douleur.

Les impressions douloureuses sont conduites aux parties supérieures de l'axe gris de la moelle suivant f (fig. 295, A), par les fibres centripètes que contiennent les cordons postérieurs; en outre, ces cordons blancs postérieurs, p, s'entrecroisent au niveau du bulbe (pyramides postérieures) et conduisent jusqu'à l'encéphale les impressions de contact et de température suivant f'.

Les cordons blancs postérieurs sont conducteurs des impressions sensitives de la périphérie à l'axe gris de la moelle et à l'encéphale (sens centripète).

Cordons antéro-latéraux. — Leur excitation *énergique* provoque la contraction des muscles innervés par tous les nerfs postérieurs à la partie excitée (suivant f_1, fig. 295, C). La section d'un cordon antéro-latéral, D, provoque des mouvements violents de toute la partie postérieure à la section; à partir de ce moment, toute cette région postérieure est paralysée. Si l'on pince fortement le bout central 2, D, puis le bout périphérique 2′, l'animal effectue des mouvements sous l'excitation de ce dernier *seul*.

Les cordons blancs antéro-latéraux conduisent, dans le sens centrifuge, les ordres des centres nerveux (moelle épinière et encéphale).

Axe gris. — Toute excitation portée sur l'axe gris g de la moelle demeure sans effet; si l'on sectionne tous les cordons blancs a, p (fig. 295, E) pour ne laisser subsister que l'axe gris, la sensibilité est diminuée, *mais non abolie*, dans la région postérieure à la section. Si l'on pouvait détruire sur une certaine longueur l'axe gris seul en conservant les cordons, on constaterait l'abolition totale de la sensibilité dans la région postérieure au point opéré.

La substance grise est la voie principale de conduction des impressions sensitives dans la moelle.

2° La moelle épinière envisagée comme centre nerveux. —
La moelle est le centre nerveux des actes réflexes inconscients.

Les fibres centripètes qui aboutissent à la moelle et les fibres centrifuges qui en partent sont en connexion plus ou moins directe, par l'intermédiaire des cellules nerveuses de l'axe gris médullaire. Cet axe peut donc recevoir des impressions et transmettre des ordres : il suffit, pour s'en convaincre, de suivre le trajet des flèches (fig. 21 *bis*, E) qui indiquent la voie suivie par le courant nerveux de la cellule ganglionnaire sensitive, *ce.g*, à la cellule motrice, *ce*.

On sectionne la moelle épinière immédiatement en arrière du bulbe, chez la Grenouille; on jette ensuite l'animal dans l'eau d'un aquarium; il nage, mais inconsciemment, car il ne sait pas éviter les obstacles. Les actes réflexes, dont ses mouvements de natation sont la conséquence, peuvent être ainsi définis : la peau reçoit l'impression du contact de l'eau; cette impression est conduite, par des nerfs centripètes nombreux, à la moelle épinière qui la transforme en incitation motrice transmise par des nerfs centrifuges aux muscles moteurs des membres.

La moelle est le centre d'une foule d'actes réflexes auxquels le cerveau ne participe pas. Si l'on chatouille la plante du pied d'une personne endormie, elle retire la jambe sans s'éveiller, la contraction des muscles moteurs de la jambe a été involontaire, inconsciente.

Deux amis en promenade dissertent sur un sujet captivant sans s'apercevoir ni de l'allure de leur marche, ni du chemin parcouru, ni de la direction adoptée : toute une série de réflexes inconscients a présidé à leur déplacement.

Localisations médullaires. — L'expérience a montré que, sous l'influence d'une excitation *faible* répétée sur une même série de nerfs centripètes, ce sont toujours les mêmes nerfs centrifuges qui en sont affectés, parce que les mêmes muscles, par exemple, sont stimulés par cette excitation ; on en doit conclure que c'est aussi le même groupe de cellules nerveuses qui a participé à ces réflexes successifs ; il y a eu *localisation* de l'impression dans ce groupe de cellules. Si l'excitation est forte, il n'y a plus localisation ; l'ébranlement nerveux s'*irradie*, se propage aux groupes de cellules voisines, et un plus grand nombre de muscles participe au mouvement.

L'un des plus importants, parmi les centres fonctionnels de la moelle M, est le *centre cardiaque* $C.ca$ localisé dans la région cervicale inférieure et la partie moyenne de la région dorsale ; l'excitation *ex* de ce centre, transmise au ganglion cervical inférieur $g.c.i$ (fig. 296) par les filets rachidiens $r.s$ afférents à ce ganglion, est portée au cœur par les nerfs cardiaques $n.c$ du sympathique ; les battements du cœur C sont accélérés. Si l'excitation est trop forte, le cœur est tétanisé et s'arrête en *systole*.

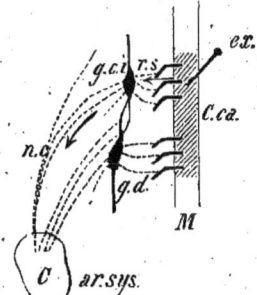

FIG. 296. — L'excitation forte du centre cardiaque médullaire $C.ca$ détermine l'arrêt du cœur C en systole *ar. sys.* (figure schématique). $g.c.i$, ganglion cervical inférieur; $g.d$, 1ᵉʳ ganglion sympathique dorsal; $n.c$, nerf cardiaque.

Le *centre cardiaque médullaire* est donc, par l'intermédiaire des nerfs cardiaques du sympathique, *le centre accélérateur des battements du cœur*; pour des excitations fortes, il est le centre cardiaque d'arrêt en systole.

II. — Fonctions de l'encéphale.

A. Bulbe rachidien — Il renferme des faisceaux blancs conducteurs et des noyaux gris (centres réflexes).

Les cordons blancs bulbaires étant les prolongements des cordons de la moelle entrecroisés en partie (décussation des pyramides, p. 289), on conçoit que l'excitation de la pyramide antérieure droite motrice (au-dessus de la région de croisement) produira des mouvements dans la partie gauche du corps, et inversement. La section de la pyramide droite entraîne la paralysie du côté gauche du corps.

La partie profonde et latérale d'une pyramide, excitée au-dessus de la décussation, conduit les impressions sensitives dans la substance grise et dans la région cérébrale correspondante.

Fonctions du bulbe comme centre réflexe. — Nous avons vu précédemment que la substance grise du bulbe est divisée en noyaux d'origine des sept dernières paires de nerfs crâniens. La lésion de l'un quelconque de ces noyaux détermine la paralysie directe dans le domaine du nerf qui en tire son origine. Ces noyaux sont donc autant de centres réflexes.

Centre respiratoire. — Situé vers la pointe du *calamus scriptorius*, sur le plancher du quatrième ventricule, ce centre *C.R* (fig. 297) a reçu le nom de *nœud vital* par Flourens qui, l'ayant piqué chez un Pigeon ou tout autre Vertébré supérieur, obtint la mort subite de l'animal. *Cette région est l'origine du nerf pneumogastrique, n.pn.*

Le pneumogastrique apporte au bulbe l'impression vague du *besoin de respirer* transmise par la surface pulmonaire en contact avec l'air chargé de gaz carbonique. Si on coupe le pneumogastrique à quelque distance de son origine, et qu'on en excite le bout central *n.pn* (fig. 297), les mouvements respiratoires sont accélérés ; si l'excitation est forte, le diaphragme *m.di* est tétanisé et l'animal expérimenté meurt *en inspiration, par arrêt de la respi-*

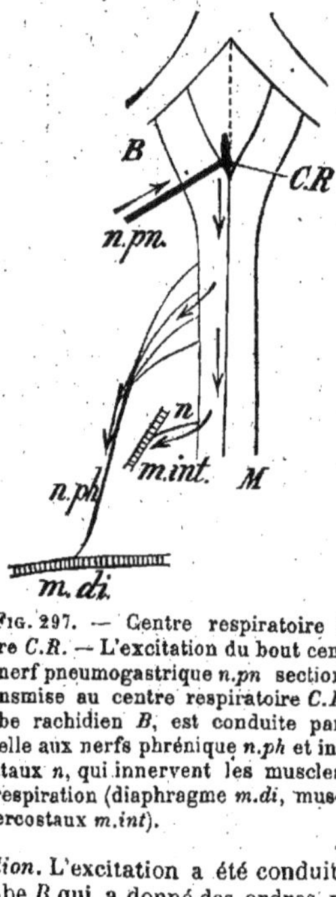

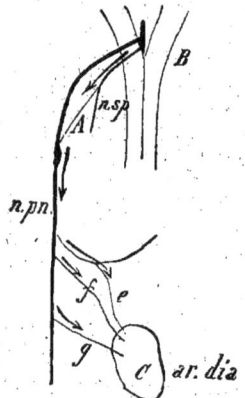

Fig. 297. — Centre respiratoire bulbaire *C.R.* — L'excitation du bout central du nerf pneumogastrique *n.pn* sectionné, transmise au centre respiratoire *C.R* du bulbe rachidien *B*, est conduite par la moelle aux nerfs phrénique *n.ph* et intercostaux *n*, qui innervent les muscles de la respiration (diaphragme *m.di*, muscles intercostaux *m.int*).

Fig. 298. — Centre cardiaque d'arrêt bulbaire. — Son excitation détermine, par l'intermédiaire de la branche *A* du nerf spinal *n.sp* et du pneumogastrique *n.pn*, l'arrêt en diastole du cœur *C*.

ration. L'excitation a été conduite du pneumogastrique *n.pn* (bout central) au bulbe *B* qui a donné des ordres moteurs transmis par les régions cervicale et dorsale de la moelle *M* aux nerfs *n* des muscles intercostaux *m. int.*, et particulièrement au nerf phrénique *n.ph* qui innerve le diaphragme *m. di.*

Pareil phénomène se produit lorsque l'excitation, au lieu d'être portée sur le pneumogastrique, l'est directement sur son noyau d'origine.

Centre cardiaque d'arrêt bulbaire. — L'excitation du nœud vital a pour effet l'*arrêt du cœur en diastole* ; le même effet se produit si on excite le bout périphérique du pneumogastrique coupé dans le voisinage du bulbe. L'expérience a montré qu'un filet nerveux A (fig. 298) du spinal *n.sp* (11ᵉ paire cranienne) aboutit au pneumogastrique *n.pn* (10ᵉ paire), et que si l'on coupe ce filet, l'excitation du bout périphérique du pneumogastrique n'arrête plus le cœur. La branche nerveuse de communication entre la 10ᵉ et la 11ᵉ paire cranienne est donc un *nerf modérateur* du cœur. Après la section pure et simple des pneumogastriques, le cœur bat plus vite, parce qu'il est privé de cette action modératrice.

La transmission de l'excitation du bulbe *B* au cœur *C* se fait par la branche *A* du spinal, le pneumogastrique et ses rameaux *e*, *f*, *g* aboutissant au cœur.

L'excitation du bout périphérique du pneumogastrique produit l'arrêt du cœur en *diastole*; celle des nerfs cardiaques (page 309) produit l'arrêt du cœur en *systole*. *Cet organe est donc soumis à deux influences contraires, l'une modératrice, l'autre accélératrice;* il obéit à toutes deux à la fois, les incitations motrices du bulbe et de la moelle étant réglées par les besoins des organes : en cela interviennent les *nerfs vaso-moteurs* dont l'étude sera faite avec celle du grand sympathique.

Centres sécrétoires.— Quand on pique le plancher du 4ᵉ ventricule :
1° Au-dessus de l'origine des pneumogastriques, il en résulte une augmentation de la sécrétion urinaire ;
2° Entre les tubercules de Wenzel, chez le Lapin (origine des nerfs acoustiques), il y a *glycosurie* momentanée, c'est-à-dire augmentation de la quantité de sucre que le foie verse dans le sang ;
3° Un peu au-dessus, il y a *albuminurie*, c'est-à-dire que les reins laissent passer dans l'urine une partie de l'albumine du sang ;
4° Au niveau de la partie la plus large du 4ᵉ ventricule, il y a *hypersécrétion salivaire*.

Ces diverses excitations, intéressant en tout ou en partie le grand sympathique, nous en donnerons l'explication à ce sujet.

B. *La protubérance annulaire*, les *pédoncules cérébelleux* et les *pédoncules cérébraux* ont un rôle exclusivement conducteur. La lésion des pédoncules cérébelleux moyens détermine une rotation du corps autour de son axe ; celle d'un pédoncule cérébelleux inférieur entraîne l'incurvation de l'animal du côté blessé ; quand on a blessé l'un des pédoncules cérébelleux supérieurs, l'incurvation du corps se produit du côté opposé à la blessure.

Les pédoncules cérébraux établissent la communication nerveuse des organes du corps avec les couches optiques et les corps striés ; les fibres qu'ils contiennent ont subi un entrecroisement dans le bulbe. Leur région dorsale renferme les fibres centripètes qui amènent aux couches optiques les impressions reçues à la périphérie ; dans leur région ventrale sont les fibres centrifuges qui, partant des corps striés, conduisent les ordres à toutes les parties du corps. Si donc on sectionne le pédoncule cérébral droit, par exemple, la transmission des incitations motrices volontaires n'est plus possible dans le côté gauche du corps, non plus que la propagation inverse des impressions sensitives jusqu'à l'écorce grise cérébrale.

C. Tubercules quadrijumeaux. — Les fonctions de ces organes, encore obscures, sont liées aux perceptions visuelles ; si les hémisphères cérébraux sont enlevés à un animal, celui-ci suit les mouvements d'un objet lumineux déplacé devant ses yeux, sans éprouver de sensation. *L'animal voit, mais il ne regarde pas ;* il reçoit une impression, mais il ne l'élabore pas.

Les tubercules quadrijumeaux paraissent coordonner les mouvements des yeux et présider aux contractions des fibres musculaires de l'iris.

D. Couches optiques. — Jusqu'à plus ample informé, nous admettons avec Luys que les quatre amas gris de cellules présentés d'avant en arrière par les couches optiques sont :

Le premier, un *centre olfactif* (il est en rapport anatomiquement avec le ganglion olfactif correspondant), chargé de recevoir et d'élaborer les impressions olfactives avant leur transmission à l'écorce grise cérébrale ;

Le deuxième, un *centre optique*, chargé du même rôle pour les impressions visuelles ;

Le troisième, un *centre tactile général* qui, recevant la plupart des fibres amenées par les pédoncules cérébraux, collectionnerait et orienterait vers les hémisphères les impressions de la sensibilité générale ;

Le quatrième, un *centre auditif*, élaborant les impressions auditives.

Le travail d'élaboration effectué par les couches optiques serait purement préparatoire au travail définitif accompli par l'écorce grise cérébrale. Les impressions parvenant aux couches optiques ne seraient-elles pas plutôt renforcées par l'intervention des cellules nerveuses composant les 4 noyaux gris et jouant le rôle de relais nerveux ?

E. Corps striés. — La destruction des noyaux gris du corps strié droit entraîne l'abolition des mouvements volontaires dans tout le côté gauche. Les corps striés paraissent être des relais placés sur le trajet des fibres centrifuges qui emportent aux organes les ordres émanant de l'écorce cérébrale.

F. Hémisphères cérébraux. — Ils comprennent de la substance blanche et une écorce grise.

La *substance blanche* est formée de fibres conductrices : les unes centripètes apportant pour la plupart à l'écorce grise (région postérieure) les impressions qui ont déjà traversé les couches optiques ; les autres centrifuges qui emporteront vers les corps striés les incitations motrices ou glandulaires émanant de cette même substance grise (région antérieure).

L'écorce grise cérébrale constitue le centre nerveux le plus important. — Elle possède au plus haut degré les propriétés des centres nerveux que nous avons définies précédemment. Toute impression qui lui parvient est élaborée dans un groupe de cellules sensitives d'autant plus étendu que l'excitation est plus intense (*irradiation*) ; de ce travail (de nature inconnue) résulte un ordre donné par un groupe de cellules ordonnatrices en rapport avec les cellules sensitives primitivement considérées ; cette incitation est conduite par les fibres centrifuges aux organes intéressés.

Exemple (*acte réflexe conscient*) : Une fleur répand autour de nous une odeur agréable; l'impression perçue par nos cellules olfactives est conduite par le nerf de la première paire cranienne au centre olfactif (couches optiques), puis à l'écorce grise cérébrale (cellules sensitives) ; l'impression reçue y est transformée en sensation. Des cellules ordonnatrices, en relation avec les cellules sensitives affectées, transmettent un ordre, par l'intermédiaire des corps striés, aux muscles du tronc et des membres : ces derniers se contractent et nous permettent d'approcher de la fleur, de nous baisser pour la cueillir. C'est là un *acte réflexe conscient*, comme tous ceux d'ailleurs auxquels participe l'écorce grise cérébrale; il diffère des *actes réflexes inconscients* auxquels préside la moelle épinière, par une élaboration plus parfaite des impressions sensitives et par l'émission *d'ordres volontaires*.

L'écorce cérébrale est, en effet, le siège de la *volonté;* elle est, en outre, capable de *mémoire*. En cela, elle constitue un appareil supérieur à la moelle, et les phénomènes nerveux auxquels elle donne lieu résultent le plus souvent d'une *association de réflexes* et non d'un réflexe unique (Voir en outre l'*Appendice*, page 327).

Un exemple nous en fournira la preuve : l'odeur d'une fleur nous a frappé; une première série de réflexes suscite les contractions des muscles moteurs de la tête et des yeux en particulier, pour nous permettre d'apercevoir la plante odoriférante (fig. 299, A). Nous *jugeons* ensuite de la distance à laquelle elle se trouve ; comme nous sommes en étude, nous ne pouvons nous déplacer dès maintenant : nouvelle *série de réflexes dont l'organe terminal est l'écorce grise cérébrale é.g* (fig. 299, B); cet organe conserve la *mémoire*, le *souvenir* de l'impression olfactive reçue et de la place qu'occupe l'objet odorant. L'étude est enfin terminée ;

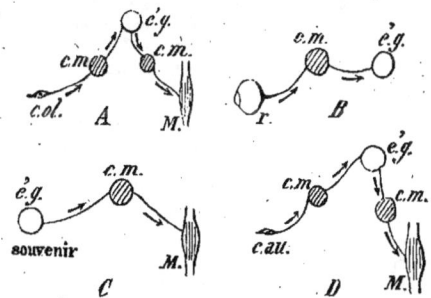

Fig. 299. — Analyse des fonctions de l'écorce grise cérébrale *é.g; c.m*, centre médullaire; *M*, muscle; *c. ol*, cellule olfactive; *r*, rétine; *c. au*, cellule auditive.

notre souvenir devient l'origine d'une nouvelle série de réflexes; sous l'influence de notre *volonté*, nous courons vers l'endroit où se trouve la plante (fig. 299, C). Au moment où nous cueillons la fleur, le pas d'un surveillant se fait entendre ;

l'impression auditive perçue suscite de notre part une quatrième série de réflexes : retour précipité vers nos condisciples (fig. 299, D).

Dans le réflexe B, l'écorce cérébrale est l'organe terminal ; dans le réflexe C, il est l'organe initial ; ainsi le cerveau n'est pas un centre nerveux au même titre que la moelle, puisqu'il joue, en outre, le rôle d'un *appareil sensoriel* et *fonctionnel*.

G. Cervelet. — *Le cervelet est l'appareil essentiel de coordination des mouvements.* Il ne participe aucunement aux fonctions intellectuelles ; sa suppression ne modifie pas la sensibilité, la mémoire, ni la volonté.

L'ablation d'une moitié du cervelet détermine l'incertitude et le manque d'harmonie des mouvements chez l'animal opéré ; celui-ci ne peut d'abord se tenir debout et présente, dans la suite, un pas mal assuré ; les muscles du côté atteint sont plus faibles.

La suppression totale du cervelet détermine le désordre le plus complet des mouvements et un affaiblissement extrême de l'appareil musculaire.

La substance grise du cervelet associe ses ordres à ceux transmis par l'écorce cérébrale, assurant ainsi l'harmonie et précisant l'étendue des contractions des groupes musculaires innervés en même temps.

ANALYSE DES ACTES RÉFLEXES CONSCIENTS AUXQUELS DONNENT LIEU LES IMPRESSIONS REÇUES PAR LES ORGANES DES SENS

1° **Olfaction.** — La perception des odeurs se fait au niveau de la région jaune de la muqueuse pituitaire (fig. 228) où se distribuent les rameaux du lobe olfactif. Une odeur perçue par la cellule olfactive $c.ol$ (fig. 300) est conduite par le nerf olfactif n_1 au centre 1 de la couche optique $C.O$, transmise ensuite à la cellule sensitive $c.s$, où elle donne lieu à une sensation ; le travail de l'écorce grise cérébrale $éc.g$ se propage jusqu'à la cellule motrice $c.m$, qui émet un ordre transmis, par l'intermédiaire du corps strié $C.S$, au muscle M_1 par le nerf n'_1. Suivant que l'odeur est agréable ou désagréable, l'animal s'approche ou s'éloigne du corps odorant.

2° **Vue.** — Le trajet suivi par l'influx nerveux, lors de l'impression perçue par la vue d'un fruit succulent est le suivant, dans la figure 300 : r (rétine), n_2, 2 (centre optique), cs_2, cm_2, $2'$, n'_2 et $c.gl$ (cellule glandulaire). Les glandes salivaires déversent dans la bouche la salive propre à dissoudre les principes utilisables du fruit.

3° **Toucher.** — Toute excitation portée en un point quelconque de la peau P est perçue par un corpuscule tactile $c.t$; l'influx nerveux qui en résulte se propage suivant n_3, 3, cs_3, cm_3, $3'$, n'_3, M_3.

Réflexe conscient. — *Réflexe inconscient.* — Si la peau de la main, par exemple, a été brûlée, la contraction des muscles du bras permet de retirer immédiatement la main ; ce phénomène peut être le résultat de deux sortes de réflexes, les uns inconscients, les autres conscients. En effet, on applique une aiguille chauffée au rouge sur la main d'une personne endormie, elle retire la main sans se réveiller ; l'influx nerveux a parcouru le chemin P'', cs'', cm'', M''' (fig. 300) et la contraction des muscles résulte d'un réflexe inconscient auquel a présidé seule la moelle épinière. — Si la personne soumise à l'expérience est éveillée, le réflexe suit le trajet $P, n_3, 3, cs_3, cm_2, 3', n'_3, M_3$; c'est un réflexe conscient auquel s'en associent d'autres qui permettent au patient d'éloigner la main, non dans une direction quelconque comme l'a fait le dormeur, mais pour l'abriter efficacement et traiter le point brûlé par une substance pharmaceutique convenable.

4° **Ouïe.** — Les cellules acoustiques $c.au$ sont affectées par les vibrations du milieu ambiant ; l'ébranlement en est porté à l'écorce grise cérébrale suivant n_4,

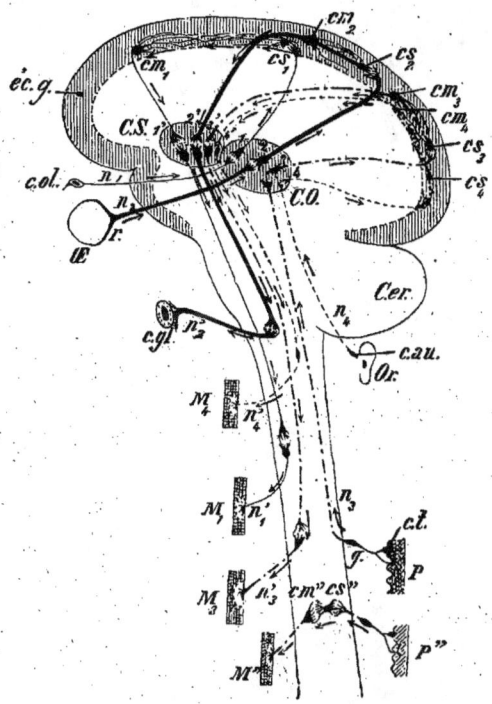

Fig. 300. — Représentation schématique des fonctions de l'écorce grise cérébrale $éc.g$, des couches optiques $C.O$ et des corps striés $C.S$, dans le cas des actes réflexes conscients. — $Œ, n_2, 2, cs_2, cm_2, 2', n'_2, c.gl$: analyse de l'un de ces actes. — Rôle de la moelle dans le cas des réflexes inconscients. $P'', cs'' cm'', M''$: analyse de l'un d'eux.

4, cs_4, cm_4 ; suivant que les sons perçus et analysés sont harmonieux ou cacophoniques les incitations motrices transmises par cm_4 en $4', n'_4$ aux muscles M_4 auront pour résultat de nous rapprocher ou de nous éloigner du lieu où sont émis les sons.

5° **Goût.** — La langue est innervée sur sa face dorsale et postérieure par les terminaisons du nerf glosso-pharyngien centripète $n.g.p$ (fig. 227), et sur sa face antérieure par les terminaisons du nerf lingual $n.l$ (branche du nerf maxillaire inférieur $n.m.i$, originaire lui-même du trijumeau). Or le nerf lingual reçoit du nerf facial $n.f$ la *corde du tympan* $c.t$, comprenant elle-même les fibres du *nerf intermédiaire de Wrisberg* $n.W$. (Voir aussi la figure 301.)

316   SYSTÈME NERVEUX.

La section du nerf glosso-pharyngien pratiquée chez un Chien abolit la sensibilité gustative de l'animal pour les substances amères (l'animal mange sans trop de répulsion des aliments contenant de la coloquinte). La section du trijumeau abolit la sensibilité tactile dans toute la langue; le nerf lingual a donc pour rôle de recueillir les impressions tactiles partout où sont distribués ses rameaux. La section du glosso-pharyngien et du lingual des deux côtés, chez un Chien, entraîne l'abolition totale du goût; tels sont donc les seuls nerfs affectés au goût. Or la section du facial seul produit une altération du goût; la corde du tympan renferme par suite des filets gustatifs? si on la coupe, en effet, d'un côté, la sensibilité gustative est supprimée dans la moitié antérieure de la langue du même côté; mais si au lieu de couper la corde du tympan, on altère seulement le nerf de Wrisberg, le même effet physiologique est obtenu : *c'est donc par les filets gustatifs du nerf de Wrisberg, confondus d'abord dans la corde du tympan, puis dans le lingual, que ce dernier joue un rôle dans la perception du goût.*

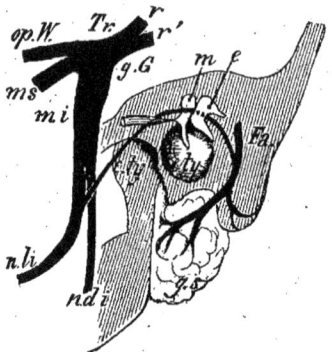

Fig. 301. — Rapports du nerf lingual *n.li* rameau de la branche maxillaire inférieure *m.i* du trijumeau *Tr*) avec le nerf facial *Fa* par la corde du tympan *c.ty.* — *ty*, membrane du tympan; *m.* marteau et son muscle moteur coupé; *e*, enclume.

Nerf de Wrisberg et glosso-pharyngien ont leur origine dans le même noyau gris du bulbe rachidien; ils *sont les seuls nerfs gustatifs*.

Propriétés de la corde du tympan. — L'excitation du bout périphérique de la

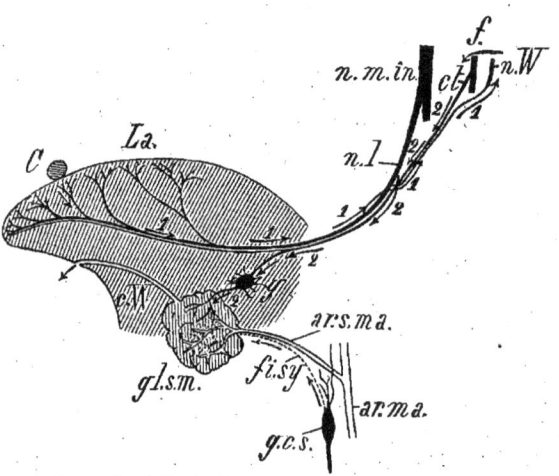

Fig. 302. — Innervation de la glande sous-maxillaire *gl.s.m.* Analyse de l'acte réflexe salivaire (page 317).

corde du tympan provoque une abondante sécrétion de la glande sous-maxillaire et une dilatation telle des vaisseaux qui irriguent cette glande, que le sang parvenu dans les veines efférentes est encore soumis aux pulsations cardiaques. Sécrétion et dilatation des vaisseaux sont deux phénomènes indépendants : car si on lie les artères afférentes à la glande sous-maxillaire, cet organe continue néanmoins à sécréter par l'excitation de la corde.

La corde du tympan renferme donc des fibres nerveuses : les unes excito-sécrétrices, les autres *vaso-dilatatrices*, toutes centrifuges, voisines des fibres centripètes gustatives dues au nerf de Wrisberg.

La glande sous-maxillaire reçoit, en outre, des filets nerveux *vaso-constricteurs* émanant du ganglion cervical supérieur *g.c.s* (fig. 302) (grand sympathique).

En résumé, la glande sous-maxillaire est soumise :
1° A l'action de filets nerveux présidant à la sécrétion (filets excito-sécréteurs);
2° A l'action de filets nerveux prési- { vaso-dilatateurs (corde du tympan);
 dant à la circulation. . . { vaso-constricteurs (grand sympathique).

Perception du goût et sécrétion salivaire. — Quand un corps sapide *C* (fig. 302) est placé sur la pointe de la langue, le nerf lingual *n.l* porte l'excitation centripète au noyau gris d'origine du nerf de Wrisberg *n.W*, dans le bulbe rachidien; la sensation perçue, transmise au noyau d'origine du nerf facial *f*, donne lieu à un ordre de sécrétion porté par la corde du tympan *c.t* à la glande sous-maxillaire *gl.s.m.* Cette excitation se propage à la moelle cervicale et retentit jusqu'au ganglion cervical supérieur *g.c.s*, dont les branches efférentes sont également stimulées.

Des localisations cérébrales. — Les impressions conduites par les nerfs centripètes à l'écorce grise cérébrale sont transmises, sans aucun doute, à des groupes de cellules nerveuses adaptés à la perception de telle ou telle sorte d'impressions ; déjà, nous avons remarqué que les cellules sensitives occupent la région postérieure des hémisphères, et les cellules ordonnatrices la région antérieure. La spécialisation est poussée plus loin :

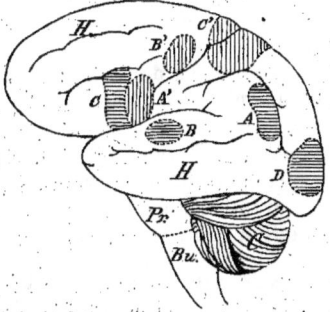

Fig. 303. — Localisations cérébrales. *A*, centre de la mémoire visuelle des lettres; *B*, centre de la mémoire auditive des mots; *C*, centre de la mémoire des mouvements du langage parlé; *D*, centre visuel commun. — *A'*, centre des mouvements de la face et de la langue ; *B'*, centre des mouvements du membre supérieur droit; *C'*, centre des mouvements du membre inférieur droit.

1° Parmi les cellules sensitives, tel ensemble est affecté à la perception de la *mémoire visuelle des lettres* (c'est-à-dire mémoire de la signification des mots écrits que lisent les yeux), tel autre à la perception de la *mémoire auditive des mots* (c'est-à-dire mémoire de la signification des mots qu'entend l'oreille), tel autre constitue le centre de la *mémoire des mouvements du langage parlé*, etc.

2° Parmi certains groupes de cellules motrices, on connaît le *centre des mouvements de la face et de la langue* (3° circonvolution frontale gauche), celui des *mouvements des membres thoraciques* et celui des *mouvements des membres abdominaux* du côté droit. (Voir fig. 303.)

Cette connaissance des localisations cérébrales est trop peu avancée pour que nous y insistions davantage.

III. — Fonctions du grand sympathique.

Le grand sympathique se compose de nerfs mixtes et de *ganglions* possédant des propriétés et jouant un rôle analogue aux éléments de même ordre du système céphalo-rachidien dont il dépend ; il est plus spécialement affecté aux phénomènes intimes de la nutrition.

Fonctions des ganglions. — Les ganglions du grand sympathique paraissent n'être que des relais comparables, en quelque sorte, aux noyaux gris des corps striés et des couches optiques, destinés à *conduire les ordres émanant des centres cérébro-spinaux*. Quelques-uns seulement, situés dans l'épaisseur des viscères, sur les rameaux du grand sympathique, paraissent doués du pouvoir excito-réflexe.

Fonctions des nerfs. — Les nerfs du sympathique sont *mixtes* ; ils comprennent des fibres centripètes et des fibres centrifuges excitables par les mêmes agents que ceux qui agissent sur les nerfs rachidiens, *sauf la volonté qui n'a aucun effet sur eux ;* tous les ordres de mouvement transmis par les fibres centrifuges sympathiques sont *involontaires*. De plus, les fibres musculaires lisses qu'innervent les nerfs sympathiques n'obéissent que lentement aux excitations.

Nous avons vu déjà (p. 309) que les nerfs cardiaques du sympathique sont *accélérateurs* des battements du cœur ; les nerfs grands splanchniques sont *modérateurs* des mouvements de l'intestin (l'excitation du bout périphérique de ces nerfs sectionnés détermine la paralysie des tuniques musculaires de l'intestin).

Le grand sympathique joue le rôle le plus important dans la régulation de la circulation du sang et l'harmonie des sécrétions.

Action du système nerveux sur la circulation. — 1° Cœur. — Le cœur est soumis à l'action simultanée et antagoniste des nerfs pneumogastriques *modérateurs* et des nerfs cardiaques *accélérateurs* de ses mouvements. En outre, part du cœur le *nerf dépresseur de Cyon*, rameau centripète du pneumogastrique, dont l'action retentit sur le système vasculaire abdominal, par un réflexe dont les filets centrifuges sont les nerfs splanchniques ; sous l'influence d'une vive excitation de ce nerf, les *vaisseaux de l'abdomen sont dilatés* et la pression sanguine dans l'appareil vasculaire est abaissée.

2° Vaisseaux. — Les vaisseaux sanguins peuvent donc éprouver des variations de calibre ? En cela, interviennent les *nerfs vaso-moteurs*, dits *vaso-constricteurs* lorsqu'ils ont pour effet le rétrécissement des vaisseaux, et *vaso-dilatateurs* lorsqu'ils en augmentent la section.

Les vaisseaux sanguins sont pourvus de deux systèmes nerveux : l'un intra-vasculaire, l'autre extra-vasculaire qui met le premier en rapport avec le grand sympathique et la moelle.

Système intra-vasculaire. — Il comprend trois plexus concentriques dont le plus profond innerve les fibres musculaires de la tunique moyenne des vaisseaux ; le plus externe est superficiel. Ces trois plexus sont en rapport et présentent de petits ganglions aux points de croisement de leurs fibres.

Système extra-vasculaire. — Il renferme les nerfs vaso-constricteurs et les nerfs vaso-dilatateurs.

1° *Vaso-constricteurs.* — On sectionne, chez le Lapin, la chaîne sympathique au niveau du cou ; aussitôt se produit une dilatation considérable des vaisseaux,

SYSTÈME NERVEUX. 319

dilatation facile à constater surtout dans l'artère médiane de l'oreille ; une petite incision de cet organe laisse couler le sang à flots.

L'excitation du bout périphérique du cordon cervical (du côté de la tête) arrête l'hémorragie et ramène les vaisseaux à leur état primitif ; le cordon cervical normal contracte donc les artères céphaliques.

Les artères de toutes les régions du corps sont ainsi desservies.

Le grand sympathique exerce une action continue (tonique) *sur la tunique musculaire des vaisseaux qu'il contracte.* (Dans l'aorte, l'élasticité presque seule entre en jeu pour en régler le calibre ; dans les petites artères, le tonus musculaire et l'élasticité agissent ensemble : dans les fines artérioles, le tonus musculaire seul intervient.)

L'action constrictive du sympathique a pour origine la moelle épinière et le bulbe. — En effet, toute section transversale partielle de la moelle entraîne la dilatation des vaisseaux, à partir de ce point, dans la région postérieure du corps et du côté lésé ; toute section totale de la moelle a pour conséquence la dilatation des vaisseaux des deux côtés à la fois ; la section du bulbe détermine la dilatation générale de l'appareil sanguin.

2° *Vaso-dilatateurs.* — Nous avons déjà vu que la corde du tympan excitée produit une irrigation active de la glande sous-maxillaire (page 316).

MM. Dastre et Morat ont montré l'existence générale des nerfs vaso-dilatateurs, au même titre que la répartition des vaso-constricteurs.

Si l'on excite dans la région abdominale inférieure la chaîne fondamentale du sympathique, ou bien le nerf sciatique, il y a constriction des vaisseaux dans le membre inférieur ; *l'excitation portée sur le premier ganglion lombaire produit, au contraire, une dilatation.* De même, tandis que l'excitation de la chaîne sympathique dans la région cervicale amène la constriction des artères céphaliques, *l'excitation du premier ganglion thoracique provoque la dilatation des mêmes artères.*

MM. Dastre et Morat ont montré qu'à tout filet vaso-constricteur *v.c* (fig. 304), se rendant à une fibre musculaire *f*, correspond un filet vaso-dilatateur *v.d* ; tous deux aboutissent dans un ganglion *g* que traverse seul le filet vaso-constricteur pour se rendre à la fibre *f*, sur laquelle il a une action directe. Le nerf vaso-dilatateur s'arrête au ganglion d'où partent les incitations propres à atténuer l'effet du vaso-constricteur, et parfois à l'annuler (il y a alors *interférence nerveuse*).

FIG. 304. — Fibre musculaire *f* innervée par un filet vaso-constricteur *v.c* ; *v.d*, filet vaso-dilatateur ; *g*, ganglion.

Grâce à ces effets simultanés, la circulation du sang ne s'effectue pas d'une manière uniforme dans toute l'étendue de l'organisme ; elle est réglée dans chaque organe suivant ses besoins : Tel est le principe des *circulations locales*.

Action du système nerveux sur les sécrétions. — Le sympathique renferme encore des filets nerveux sécréteurs dont l'action se manifeste sur les cellules glandulaires.

Glycosurie. — Cl. Bernard pique le plancher du 4° ventricule près du bec du calamus, et constate l'apparition de sucre dans les urines (ce sucre est produit en abondance par le foie qui le verse dans le sang).

Si on coupe la moelle épinière près du bulbe, la glycosurie ne se produit plus après la piqûre du 4° ventricule : donc l'excitation est transmise du bulbe au foie par la moelle et le grand sympathique. L'expérience a montré que la transmission a lieu par les racines antérieures des deux premiers nerfs rachidiens dorsaux et leurs rameaux communicants avec les ganglions sympathiques correspondants. Cette excitation retentit sur les vaso-dilatateurs qui produisent une circulation exagérée dans le foie, mais aussi sur des *nerfs glyco-sécréteurs* qui agissent directement sur les cellules hépatiques.

Comment prouver l'existence de ces derniers ? M. Dastre a remarqué qu'au début de l'asphyxie d'un animal, les centres nerveux et les nerfs sont surexcités, les glandes sécrètent abondamment, la circulation s'exagère dans les vaisseaux périphériques considérablement dilatés et se ralentit, au contraire, dans les organes abdominaux.

Le foie reçoit moins de sang de l'intestin et cependant il produit tellement de sucre, par hydratation du glycogène, *que les urines en renferment (diabète asphyxique).* Si donc le foie moins irrigué produit plus de sucre, c'est que les excitations qui lui parviennent suivent deux voies différentes : l'une par les nerfs vaso-dilatateurs, l'autre par les *nerfs sécréteurs*.

Sécrétion de la sueur. — La fonction sudorale est régie par des centres nerveux médullaires dont les excitations sont portées aux glandes par des filets sécréteurs. On coupe la patte antérieure ou postérieure d'un Chien récemment tué, on en excite le nerf médian (membre antérieur) ou le nerf sciatique (membre postérieur), la sueur apparaît sur la pulpe des doigts. Chez l'animal vivant, on lie l'artère crurale et on excite le nerf sciatique, il y a de même sécrétion sudorale. Ainsi *la sécrétion de la sueur est indépendante de la circulation.*

Le nerf sciatique reçoit des filets nerveux du plexus sacré (système cérébro-spinal) et du système sympathique. Par quelles voies lui parviennent les excitations naturelles qui provoquent la sécrétion de la sueur dans le membre abdominal? L'expérience a montré qu'en excitant les branches efférentes du grand sympathique au niveau du 4ᵉ ganglion lombaire, la sueur apparaît ; l'excitation du plexus sacré ne produit aucun effet de ce genre. C'est donc du sympathique que le nerf sciatique reçoit ses filets sécréteurs.

Pour le membre antérieur, le nerf médian reçoit ses fibres sécrétrices des 3ᵉ, 4ᵉ et 5ᵉ racines dorsales du sympathique.

Ainsi *les nerfs sudoraux empruntent leurs racines au grand sympathique.* Quant aux centres nerveux qui provoquent les excitations, ils sont constitués par les régions de la moelle épinière comprises entre la 6ᵉ vertèbre cervicale et la 3ᵉ dorsale pour les membres antérieurs, entre la 9ᵉ et la 12ᵉ vertèbre dorsale pour les membres postérieurs.

Il résulte de cette étude que *le grand sympathique est sous la dépendance étroite du système cérébro-spinal dont il fait partie,* en réalité ; *il ne constitue pas un système particulier; les centres nerveux* (axe cérébro-spinal) *élaborent les impressions vagues que leur transmet le grand sympathique ; et ce sont ces mêmes centres nerveux qui lui donnent les ordres de mouvement et de sécrétion qu'il porte plus particulièrement aux appareils circulatoire et sécréteur.*

Le grand sympathique est donc l'appareil régulateur de la nutrition des organes, de la sécrétion glandulaire, et par suite *de la répartition de la chaleur dans notre corps. Les centres nerveux sont les directeurs de cet appareil.*

À l'axe cérébro-spinal seul (moelle et encéphale) incombe l'administration de tous les départements que comprend notre organisme si complexe.

§ 3. — SYSTÈME NERVEUX DANS LA SÉRIE ANIMALE

I. Vertébrés. — *Système cérébro-spinal.* — Le système nerveux présente le même plan d'organisation chez tous les Vertébrés ; tous possèdent un encéphale, une moelle épinière et des nerfs qui se rendent aux diverses régions de leur corps.

L'encéphale est la partie la plus intéressante à considérer au point de vue comparatif. Son poids, rapporté au poids total du corps, va sans cesse diminuant depuis les Mammifères les plus élevés jusqu'aux Poissons les plus inférieurs ; chacune des vésicules cérébrales qui le composent subit elle-même un développement proportionnel aux fonctions des organes qu'elle innerve.

SYSTÈME NERVEUX. 321

1° *Mammifères* A et B. — Les hémisphères cérébraux *H* (fig. 305, A) ont reçu dans cette classe le développement le plus considérable ; ils présentent ou non des circonvolutions qui n'ont aucun rapport avec la supériorité intellectuelle de l'animal : ainsi le cerveau du Chien possède moins de circonvolutions que celui du Mouton ; la Sarigue a un cerveau plissé, l'Ouistiti un cerveau lisse. Plus on se rapproche des Mammifères inférieurs, plus les lobes olfactifs sont volumineux, et moins les hémisphères recouvrent les tubercules quadrijumeaux *t.j* ; ces derniers, un peu visibles déjà chez le Lapin, sont presque totalement découverts chez les

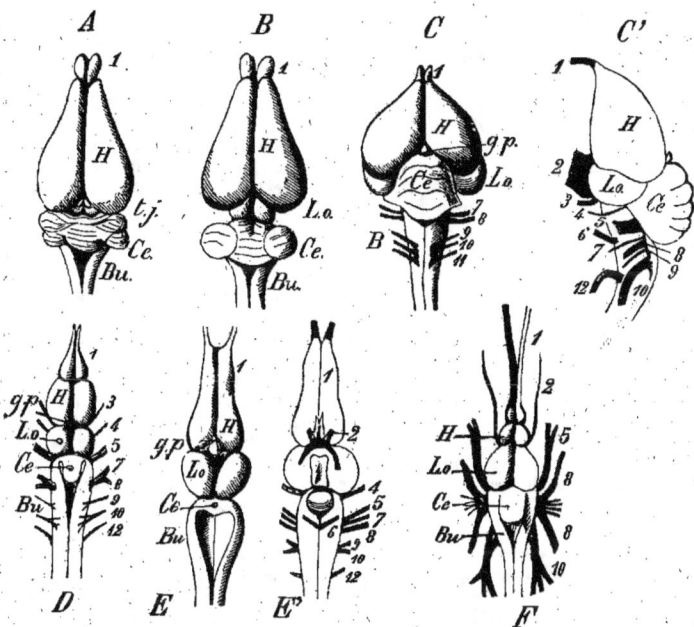

Fig. 305. — Encéphale des Vertébrés. A, Mammifères Monodelphes ; B, Marsupiaux ; C, C', Oiseaux (Dindon) ; D, Reptiles (Lézard) ; E, E', Amphibiens (Grenouille) ; F, Poissons (Perche). *H*, hémisphères cérébraux ; *L.o*, lobes optiques ; *g.p*, glande pinéale ; *Ce*, cervelet ; *Bu*, bulbe. Les numéros des nerfs correspondent à ceux qui ont été attribués aux nerfs crâniens de l'Homme.

Marsupiaux B, où ils forment seulement 2 *lobes optiques* L.o. Les lobes latéraux du cervelet sont unis par la protubérance annulaire très réduite chez les Marsupiaux et les Monotrèmes.

2° *Oiseaux* C et C'. — L'encéphale un peu dégradé remplit cependant encore la cavité cranienne.

Les hémisphères cérébraux *H*, quoique volumineux, ne recouvrent pas la glande pinéale *g.p* ; le corps calleux qui les unit est rudimentaire ; les lobes optiques *L.o* très développés sont rejetés sur les côtés par le lobe médian du cervelet *Ce* ; ce dernier est saillant et présente deux appendices latéraux ; la protubérance annulaire a disparu désormais dans la série.

Reptiles D. — Insuffisant à remplir la cavité cranienne, l'encéphale des Reptiles présente des hémisphères lisses réduits, *H*, en arrière desquels se distinguent les

Histoire naturelle. — I.

couches optiques, la glande pinéale *g.p* (œil pinéal des Lézards, page 266); les lobes optiques *L.o* sont presque aussi volumineux que les hémisphères; le cervelet *Ce*, large chez les Crocodiles et les Tortues, se réduit à une mince lamelle chez les Serpents.

Amphibiens E et E'. — Les hémisphères cérébraux y sont à peu près confondus avec les lobes olfactifs; la glande pinéale y est très développée, les lobes optiques sont volumineux et le cervelet constitue une bandelette transversale.

(La pie-mère est chargée de substance calcaire; à l'origine des nerfs rachidiens se trouvent des vésicules également remplies de calcaire.)

Poissons F. — Le caractère saillant de l'encéphale des Poissons est la réduction extrême des hémisphères et la prédominance des lobes optiques chargés de la fonction visuelle excessivement importante pour ces animaux.

* **Invertébrés à symétrie bilatérale très nette le plus généralement.** — (Arthropodes, Vers, Mollusques.) Ces animaux possèdent, dans la partie antérieure du corps (tête), deux *ganglions cérébroïdes* généralement soudés en une masse nerveuse unique faisant fonction de cerveau; des ganglions cérébroïdes *g.c* (fig. 306 A, E, G) se détachent deux commissures qui forment, autour de l'œsophage, un *collier péri-œsophagien c.œ* fermé par des *ganglions sous-œsophagiens g.s.œ* intimement unis du côté ventral. Ces derniers sont le point de départ d'une double chaîne nerveuse constituée par deux cordons parallèles, tellement voisins parfois qu'ils paraissent confondus; dans chaque segment du corps, une paire de ganglions réunit les deux cordons. Une *chaîne ganglionnaire ventrale constitue donc l'axe du système nerveux; mais, sauf les ganglions cérébroïdes, elle est tout entière placée sous le tube digestif, tandis que, chez les Vertébrés, l'axe cérébro-spinal est toujours au-dessus de ce même appareil.*

Cet appareil subit toutefois des modifications variées dues à la coalescence des ganglions et, par suite, au raccourcissement de la chaîne ganglionnaire. Chez les Mollusques, ces modifications sont si profondes qu'on a peine à retrouver le type de système nerveux défini plus haut; un groupe de Gastéropodes, les *Amphineures*, présente cependant, avec une symétrie bilatérale parfaite et une métamérisation nette de l'intestin, un système nerveux qui rappelle, par ses commissures scalariformes (fig. 307, D), la chaîne ganglionnaire des Vers (fig. 306, G).

II. **Arthropodes.** — La chaîne ganglionnaire des Arthropodes comprend des ganglions cérébroïdes très développés en général, et un double cordon ventral dont les ganglions sont soudés en plus ou moins grand nombre, suivant la fusion des segments (métamères) formant les différentes régions du corps.

Chez les *Insectes*, on trouve tous les passages entre la chaîne ganglionnaire de la Forficule (fig. 306, A) [chaîne comprenant une paire de *ganglions cérébroïdes g.c* un *collier œsophagien c.œ*, une paire de *ganglions sous-œsophagiens g.s.œ*, trois paires de *ganglions thoraciques* gt_1, gt_2, gt_3, et sept paires de *ganglions abdominaux g.a*] et la chaîne ganglionnaire du Scolyte qui renferme, outre les ganglions cérébroïdes, tous les ganglions thoraciques ainsi que les ganglions abdominaux, soudés en une masse nerveuse unique. L'Hydrophyle B ne possède plus que cinq paires de ganglions abdominaux; le Hanneton C présente la soudure des deux derniers ganglions thoraciques et la soudure complète de tous les ganglions abdominaux. Malgré cette soudure, chacun des ganglions conserve son indépendance physiologique, puisque, du ganglion abdominal par exemple, il se détache autant de paires de nerfs *n.a* que l'abdomen compte de segments.

Chez les larves, la coalescence des ganglions est toujours moindre que chez les Insectes parfaits.

Le Hanneton, comme les Arthropodes supérieurs, possède un *système sympathique* D (fig. 306) comprenant une partie œsophagienne (ganglion frontal *g.f*, ganglion œsophagien *g.œ* et ganglion du jabot *g.ja*), une partie affectée à la circulation et à la respiration (2 ganglions circulatoires *g.ci* et 2 ganglions respira-

SYSTÈME NERVEUX.

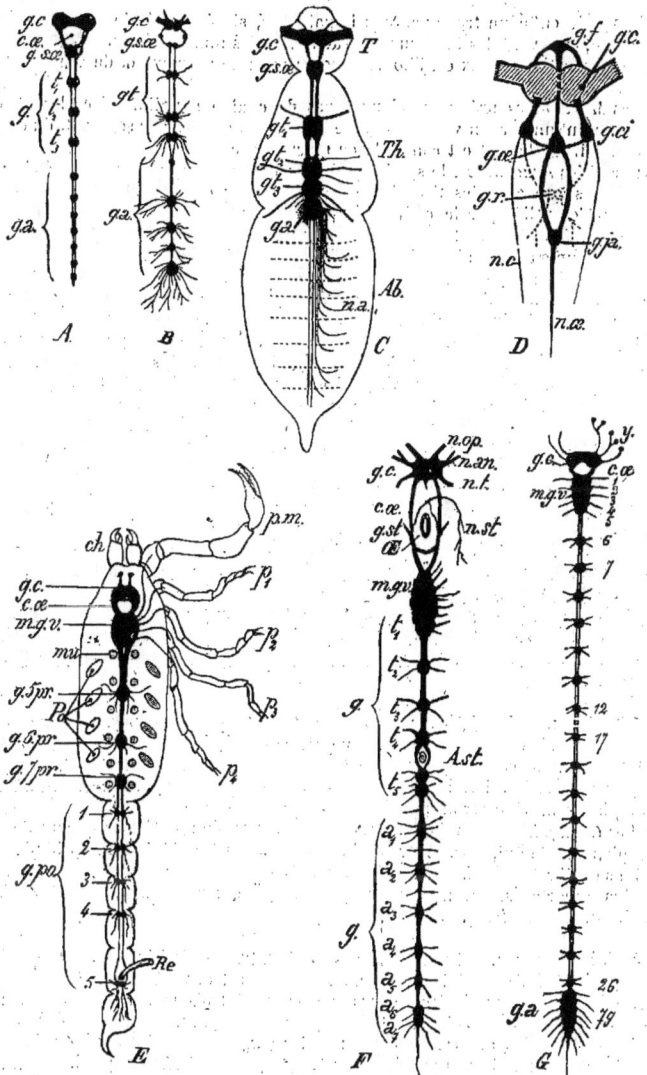

Fig. 306. — Système nerveux des Arthropodes (A à F) et des Vers (Sangsue, G). — A, chaîne ganglionnaire de la Forficule ; *g.c*, ganglions cérébroïdes ; *c.œ*, collier œsophagien ; *g.s.œ*, ganglions sous-œsophagiens ; *g* (t_1, t_2, t_3), ganglions thoraciques ; *g.a*, ganglions abdominaux. B, Hydrophyle ; C, Hanneton ; D, système sympathique du Hanneton. — E, système nerveux du Scorpion ; *m.g.v*, masse ganglionnaire ventrale comprenant les 4 1ers ganglions du préabdomen *g.5.pr*. à *g.7.pr* ganglions préabdominaux ; *g.po*, ganglions postabdominaux. — F. Écrevisse ; *n.op*, nerf optique ; *n.an*, n. antennaire ; *n.t*, n. tégumentaire. *A.st*. section de l'artère sternale. — G, Sangsue ; *m.g.v*, et *g.a*, masses ganglionnaires abdominales.

toires $g.r$), enfin un tronc nerveux impair $n.œ$, situé tout le long de la chaîne ventrale, envoyant des filets sur les trachées et les muscles des stigmates.

Cet ensemble nerveux est l'homologue du pneumogastrique et du sympathique des Vertébrés.

Les *Myriapodes* présentent deux types de chaîne ganglionnaire: les Scolopendres ont un cordon ventral unique avec un ganglion par segment du corps; chez les Iules, le tout est confondu en un cordon continu.

Parmi les *Arachnides*, le système nerveux est beaucoup plus concentré chez les Araignées que chez les Scorpions. Les Aranéides ont, en effet, deux ganglions cérébroïdes reliés par le collier œsophagien à une grosse masse ganglionnaire ventrale, d'où rayonnent les nerfs des palpes et des pattes et deux nerfs accolés se rendant à un ganglion abdominal unique. Les Scorpions E (fig. 306) en diffèrent par ce fait, que la masse nerveuse sous-œsophagienne $m.g.v$ fournit les nerfs des quatre premiers segments du pré-abdomen ; la chaîne abdominale forme deux cordons distincts à partir du post-abdomen, avec cinq paires de ganglions $g.po$.

Les *Crustacés* nous offrent des variations du système nerveux au moins aussi nombreuses que les Insectes ; mais le type fondamental se reconnaît toujours. Dans chacun des ganglions cérébroïdes $g.c$ de l'Écrevisse (fig. 306, F), on a pu reconnaître trois protubérances distinctes : l'une antérieure d'où part le nerf optique $n.op$, une protubérance moyenne donnant le nerf tégumentaire $n.t$ et le nerf antennaire interne (n. acoustique $n.an$); de la protubérance postérieure se détachent le nerf antennaire externe et le connectif du collier œsophagien $c.œ$. La masse sous-œsophagienne $m.g.v$ comprend cinq paires de ganglions très rapprochés, sans fusion totale; une sixième paire bien distincte $g.t_1$, suivie de quatre autres, donne origine aux nerfs des pattes ambulatoires.

(Entre la quatrième $g.t_4$ et la cinquième paire $g.t_5$, la chaîne nerveuse est traversée par l'artère sternale $A.st$). Viennent ensuite sept paires de ganglions abdominaux $g.a_1$ à $g.a_7$.

Un système nerveux stomato-gastrique très compliqué prend naissance à la fois sur le cerveau et sur le collier œsophagien où se remarquent deux ganglions $g.st$; de nombreux rameaux se distribuent sur la paroi de l'estomac, de l'intestin et au cœur.

*III. Vers. — Le système nerveux des *Annélides* est formé d'une chaîne ganglionnaire très nette. Chez la Sangsue G, cette chaîne, logée dans le vaisseau ventral (fig. 145) comprend, outre le collier œsophagien, trente-trois paires de ganglions soudés, dont les cinq premières et les sept dernières paires forment un gros ganglion ventral $m.g.v$ et un ganglion anal $g.a$.

Les *Géphyriens* et les *Helminthes* sont pourvus d'un système nerveux de plus en plus simple qui, chez la Douve du foie (fig. 172) est réduit à une paire de ganglions cérébroïdes d'où partent deux nerfs latéraux, avec quelques autres filets moins importants. On ne connaît pas de système nerveux chez certains Vers inférieurs (*Convoluta*).

*IV. Mollusques. — Les Mollusques possèdent tous primitivement une symétrie bilatérale et, à l'état adulte, la segmentation se retrouve chez les Gastéropodes Amphineures. Leur système nerveux comprend trois paires de ganglions : les *ganglions cérébroïdes*, réunis entre eux par une commissure plus ou moins longue, qui innervent les organes des sens ; 2° les *ganglions pédieux* qui envoient des ramifications au pied ou aux bras; 3° les *ganglions viscéraux* qui innervent les viscères (intestin, branchies, cœur, manteau).

Les *Lamellibranches* (fig. 307, A,B,C) possèdent ces trois paires de ganglions. Les ganglions cérébroïdes $g.c$ sont réunis par une commissure co assez courte chez la Mye, un peu plus longue chez l'Anodonte B, très développée chez le Pecten C; se détachent des ganglions cérébroïdes les connectifs co', co'' qui aboutissent aux ganglions pédieux $g.p$ et aux ganglions viscéraux $g.v$.

SYSTÈME NERVEUX.

Le développement des connectifs est toujours en rapport avec celui du pied et

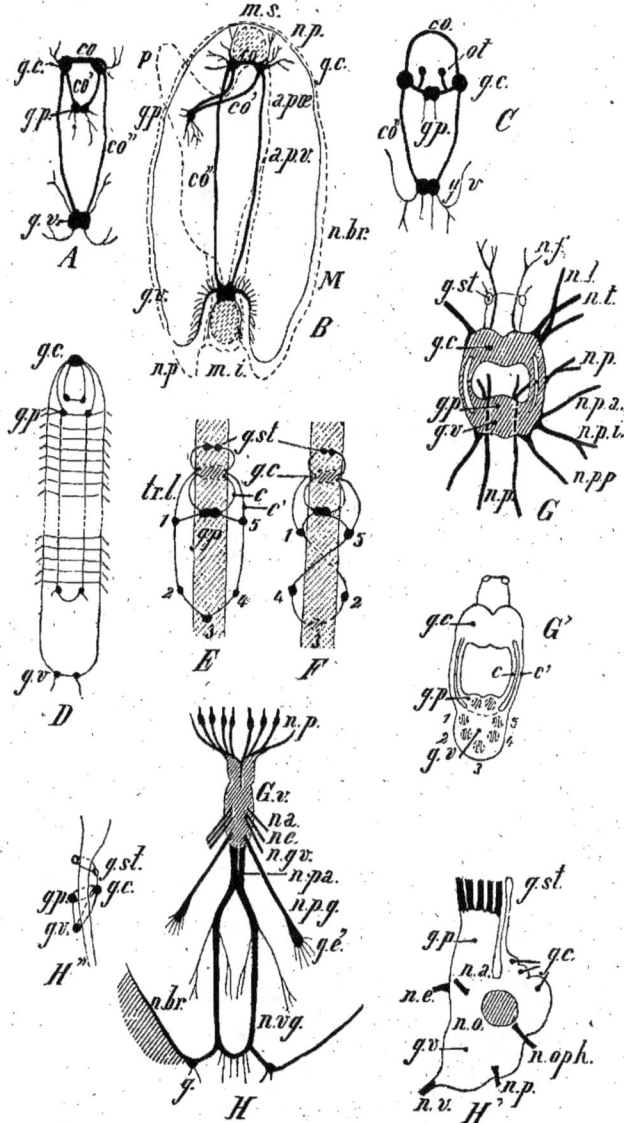

Fig. 307. — Système nerveux des Mollusques. — A, B, C, Lamellibranches; D, E, F, G, G', Gastéropodes; H, H', H'', Céphalopodes. — A, type du système nerveux des Lamelli-

l'allongement du corps. Des ganglions supplémentaires se trouvent parfois sur les principaux nerfs (Solen, nerfs palléaux antérieurs — Mye, nerf siphonal).

Les *Gastéropodes Prosobranches* présentent deux types importants de système nerveux : le type *orthoneure* E (Casque, Porcelaine) et le type *chiastoneure* F (Littorine, Turritelle).

Ces deux types présentent toujours des ganglions cérébroïdes *g.c* desquels partent les connectifs *c* aboutissant aux ganglions pédieux *g.p* toujours situés près de l'œsophage; mais les ganglions viscéraux 1, 2, 3, 4, 5 (*centre asymé-*

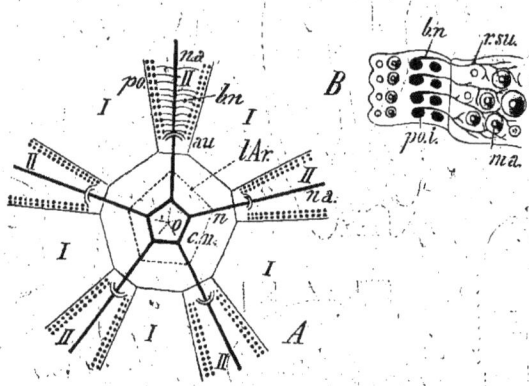

Fig. 308. — Système nerveux des Échinodermes (type rayonné). *c.n*, collier nerveux péri-œsophagien; *n.a*, nerfs ambulacraires et leurs ramifications *b.n* qui, traversant les pores internes *po.i* des plaques ambulacraires B, forment un réseau nerveux superficiel, *r.su*.

trique de de Lacaze-Duthiers) sont réunis aux ganglions cérébroïdes par un connectif *c'* formant un collier simple (E) ou contourné (F) par suite de l'enroulement de l'animal. Les ganglions 1 et 5 sont dits *ganglions pleuraux*, 2 et 4 *ganglions palléaux*; 3 est constitué par deux *ganglions viscéraux* confondus.

Les ganglions 1 et 5 sont réunis par une commissure avec les ganglions pédieux, de telle sorte que, de chaque côté, le système nerveux présente un *triangle latéral tr. l* (*gc, c, gp,* 5, *c'*, fig. 307, E).

---

branches; *g.c*, ganglions cérébroïdes unis entre eux par la commissure *co* et reliés, par les connectifs *co'* et *co''*, aux ganglions pédieux *g.p* et aux ganglions viscéraux *g.v*. — B, Anodonte; *a.p.œ*, anneau péri-œsophagien formé par la commissure *co* et les 2 connectifs *co'*; *a.p.v*, anneau périviscéral formé par *co* et les connectifs *co''*. M, manteau; *m.s* et *m.i* muscles adducteurs supérieur et inférieur. — C, Pecten : *ot*, otocystes. — D, système nerveux d'un Gastéropode Amphineure (*Proneomenia*). — E, F, figures schématiques représentant les types orthoneure E et chiastoneure F du centre asymétrique 1, 2, 3, 4, 5 des Gastéropodes; *tr.l*, triangle latéral : *g.st*, ganglions stomatogastriques. — G, système nerveux central de l'Escargot (*Helix pomatia*); les ganglions pédieux *g.p* et le centre asymétrique *g.v* (1, 2, 3, 4, 5, fig. G') sont confondus en une masse sous-œsophagienne unique. *n.f*, nerf facial; *n.l*, n. labial; *n.t*, n. tentaculaire; *n.p*, n. pédieux; *n.p.a*, *n.p.i*, *n.p.p*, nerfs palléaux antérieur, intermédiaire et postérieur. — *g.st*, ganglion stomatogastrique. — H, système nerveux de la Seiche (*Sepia officinalis*) vu par la face ventrale. *G.v*, ganglions viscéraux; *n.a*, nerf acoustique; *n.e*, nerf de l'entonnoir; *n.g.v*, nerf de la grande veine; *n.p.g*, n. palléal se rendant au ganglion étoilé *g.é*; *n.v.g*, nerf viscéral; *n.br*, nerf branchial; *n.p*, nerfs des bras. — H', centres nerveux vus de profil : *g.c*, ganglions cérébroïdes (3 lobes du cerveau); *g.p*, ganglion en patte d'oie; *g.v*, ganglion viscéral; *n.oph*, n. optique; *n.p*, n. palléal. — H'', position relative des ganglions formant le collier nerveux vu de profil.

Des ganglions cérébroïdes partent donc 2 colliers œsophagiens inférieurs ; on distingue un 3ᵉ collier formé par les connectifs se rendant aux *ganglions stomatogastriques g.st.*

Les *Gastéropodes Pulmonés* (Escargot) diffèrent du type idéal par le grand rassemblement des ganglions pédieux et du centre asymétrique (fig. G et G').

Cette soudure des centres nerveux est plus accusée encore chez les *Céphalodes* H, H' ; néanmoins il est possible de reconnaître dans la masse nerveuse, vue de profil en H', les parties correspondant aux divers ganglions signalés dans le type idéal. Les nerfs qui s'en détachent permettent aussi de rapporter aux ganglions cérébroïdes la partie supérieure *g.c* de cette masse nerveuse, aux ganglions pédieux le *ganglion en patte d'oie* antérieur *g.p* et aux ganglions viscéraux la partie postérieure *g.v.*

Invertébrés à symétrie rayonnée (Échinodermes, Polypes).— **Échinodermes.** — Ces animaux sont pourvus d'un système nerveux formé d'un anneau continu, *c.n* (fig. 308, A), entourant la bouche ; de cet anneau partent 5 nerfs importants, *n.a*, qui se dirigent vers les zones ambulacraires [II] dont ils occupent la partie médiane interne, après avoir franchi les *auricules, au*. Les *nerfs ambulacraires* envoient à droite et à gauche des rameaux, *b.n*, qui, sortant par les pores internes des ambulacres, *po.i*, B, se ramifient sur toute la surface du test (ambulacres, piquants, pédicellaires, etc.).

Les Échinodermes présentent ainsi un système nerveux interne, symétrique par rapport à un axe et appelé, pour cette raison, *type rayonné*.

Le système nerveux des **Polypes** est encore mal connu.

APPENDICE

De la supériorité des fonctions de l'écorce grise cérébrale. — L'écorce grise cérébrale remplit, dans l'organisme, des fonctions particulières tout autres, par leur importance, que celles des autres centres nerveux ; les activités les plus élevées de la vie lui sont attribuées (associations d'idées, mémoire, intelligence, volonté, etc.). Cette écorce ne contient pas un centre récepteur unique de toutes les fibres sensitives, ni une source unique de toutes les fibres ordonnatrices ; *toute l'écorce constitue une série de centres dont chacun reçoit une espèce de fibres sensitives et est affecté à un ordre déterminé de filaments ordonnateurs.* (Localisations cérébrales). Ces centres divers réalisent toutes sortes d'associations mentales, par leur union au moyen de fibres d'association et de fibres commissurales. Et cependant ces zones spéciales ne possèdent pas une texture spécifique qui explique la particularité de leur fonction.

Il semble qu'on doive attribuer la fonction psycho-physiologique de ces divers centres aux *cellules pyramidales*, éléments histologiques que renferme seule l'écorce cérébrale.

Embryologie de la cellule pyramidale cérébrale chez l'Homme. Étude comparative de la même cellule dans la série des Vertébrés. — La cellule pyramidale de l'écorce grise cérébrale, qui paraît jouer un rôle *fondamental* dans l'élaboration des excitations, présente une curieuse évolution chez le fœtus humain au cours du développement. D'abord constituée par un neuroblaste sans tige protoplasmique (fig. 308 *bis*, 1), elle acquiert peu à peu un cylindre-axe sans ramifications et un panache terminal des plus simples)2); apparaissent ensuite (3) les ramilles collatérales du cylindre-axe et du panache qui se développent eux-mêmes en longueur; cette phase correspond à la fin de la vie embryonnaire. La complexité de la forme définitive de la cellule pyramidale (4) est seulement acquise dans l'âge adulte, et d'une manière variable *probablement* avec la gymnastique cérébrale.

[La multiplicité des ramilles terminales et collatérales déterminerait, dans la substance grise cérébrale, grâce à une éducation mentale savamment dirigée, de nouvelles connexions intercellulaires; elle favoriserait ainsi le groupement de plus nombreux éléments en vastes associations capables d'un travail puissant et rapide. Cette corrélation entre l'accroissement des expansions cellulaires nerveuses et le développement des facultés intellectuelles semble confirmée par l'examen comparé de la cellule pyramidale dans la série des Vertébrés adultes.

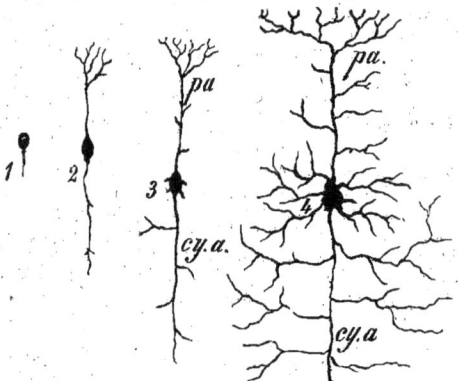

Fig. 308 *bis*. — Évolution de la cellule pyramidale cérébrale chez l'Homme. 1, 2, 3, 4 stades successifs; *pa*, panache; *cy.a* cylindre-axe interrompu en 4.

Les Poissons sont dépourvus de cet élément histologique qui, chez les Reptiles, présente un cylindre-axe peu ou pas ramifié et un panache élémentaire (fig. 308 *bis*, 3). La cellule pyramidale des Oiseaux ne diffère pas sensiblement de cette forme; ses ramifications sont d'autant plus nombreuses, chez les Mammifères, que ces animaux ont une intelligence mieux accusée.

« Si nous ne craignions d'abuser des comparaisons, dit M. S. Ramon y Cajal, « nous dirions que l'écorce grise cérébrale est pareille à un jardin peuplé d'ar- « bres innombrables (*cellules pyramidales*) qui, grâce à une culture intelligente, « peuvent multiplier leurs branches (panaches), enfoncer plus loin leurs racines « (cylindres-axes et leurs ramifications), et produire des fleurs et des fruits » (travail intellectuel) chaque fois plus variés et plus exquis. »

FIN DU COURS D'ANATOMIE ET DE PHYSIOLOGIE ANIMALES.

DEUXIÈME PARTIE

ANATOMIE ET PHYSIOLOGIE
VÉGÉTALES

CHAPITRE PREMIER
CONSTITUTION SOMMAIRE D'UNE PLANTE

Un grand nombre de plantes, parmi celles qui frappent le plus nos yeux, sont issues d'une graine.

Soit une graine de Lupin (fig. 309, A). Plongée dans l'eau pendant quelques heures, elle se gonfle et peut être plus facilement étudiée ; elle se montre alors formée d'une enveloppe extérieure, le *tégument*, qui recouvre et protège l'*amande*. Sur le tégument amolli, on remarque un *hile* h proéminent (point d'attache de la graine à la gousse dont elle est issue) ; l'eau a pénétré par le hile jusqu'à l'amande. L'amande B est une *plantule* ou plante en miniature, composée de deux feuilles spéciales, les *cotylédons* co, étroitement appliqués l'un contre l'autre et entourant l'axe de la plantule ; cet axe comprend : la *radicule* ra, visible en dehors de l'amande, la *tigelle* ti et la *gemmule* ge (bourgeon terminal) cachées entre les deux cotylédons ; ces derniers sont soudés à la tigelle.

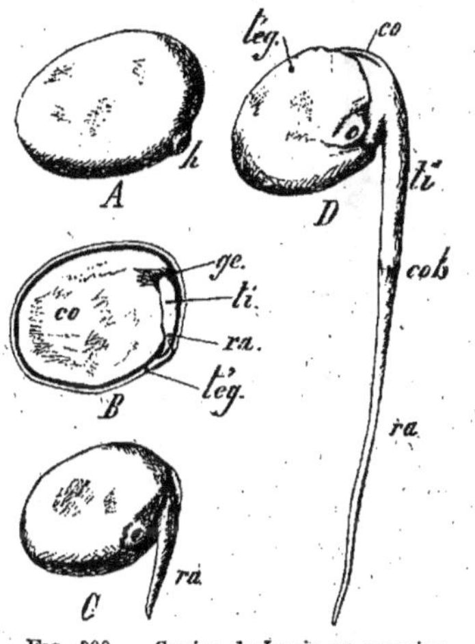

FIG. 309. — Graine de Lupin en germination. A, graine gonflée par l'eau ; h, hile. B, le tégument tég est coupé en deux et l'un des cotylédons enlevé pour laisser voir la *plantule* ; ra, radicule ; ti, tigelle ; ge, gemmule ; co, cotylédon. C, graine en germination ; le tégument est déchiré au voisinage du hile, la radicule apparaît. D, la jeune plante est plus développée ; le tégument va tomber ; ra, ti, racine et tige jeunes réunies par le collet col ; co, cotylédons.

Une telle graine est à l'état de vie ralentie (page 7) ; placée dans des conditions d'air, de chaleur et d'humidité favorables à son

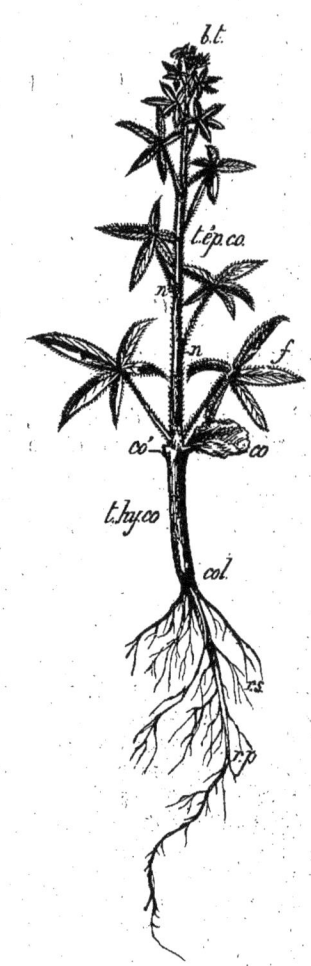

Fig. 310. — Jeune plante de Lupin, *r.p*, racine principale ; *c*, coiffe ; *p.ab*, poils absorbants ; *r.s*, racines secondaires ou radicelles ; *col*, collet ; *t.hy.co*, tige hypocotylée (tigelle) ; *co*, cotylédons ; *t.ép.co*, tige épicotylée portant les jeunes feuilles *f* (gemmule).

Fig. 311. — Plante de Lupin développée. — *co′*, insertion d'un cotylédon fané et tombé ; *n*, nœud ; *b.t*, bourgeon terminal (pour les autres désignations, voir la légende de la figure 310).

développement (sol humide au printemps, sable mouillé), la graine passe à la vie active, elle *germe* et donne une plante nouvelle. L'amande se gonfle d'abord et distend le tégument qu'elle déchire,

Tableau XXXIV.

Constitution sommaire d'une plante à fleurs.

Une plante à fleurs a pour origine une graine.

Graine de Lupin : { Tégument.
Plantule. { Tigelle portant { Gemmule.
Cotylédons. { Feuilles renfermant une réserve nutritive.
Radicule.

La plantule de la graine soumise à la *germination* se transforme en une plante.

Développement de la plantule.
{ Gemmule ⟶ { *Tige épicotylée* et *Feuilles* [plus tard, fleurs, fruits et graines.]
Cotylédons ⟶ Cotylédons fanés.
Tigelle propr^t dite ⟶ *Tige* hypocotylée.
Radicule : ⟶ *Racine.*

La plante développée possède trois membres essentiels : *Racine, Tige, Feuille.*

Classification sommaire des Végétaux.

Plantes				
à fleurs	racine, tige, feuilles	**Phanérogames**	[Haricot, Blé, Pin,...]
sans fleurs : **Cryptogames.**	racine, tige, feuilles	**Cryptogames vasculaires**	[Fougère.]
	0 , tige, feuilles	**Muscinées**	[Mousse,...]
	0 , 0 , 0 Thalle non différencié.	**Thallophytes**	[Champignon, Algue...]

---

au bout de quelques jours, au voisinage du hile; la *radicule ra* (fig. 309, C) *s'allonge en se dirigeant toujours vers la terre* suivant la verticale; le développement de la tigelle, qui soulève les cotylédons hors de terre, et celui de la gemmule provoquent la chute du tégument; les cotylédons agrandis s'épanouissent en deux lames vertes de chaque côté de la tige dont ils constituent les premières feuilles *co* (fig. 310). Tandis que la *racine principale rp, dirigée vers la terre,* acquiert des *radicelles* nombreuses *rs, la tige pousse verticalement en sens contraire et se couvre de nouvelles feuilles* (fig. 311).

Ainsi le *Lupin comprend* **une racine, une tige et des feuilles** qui en sont les *trois membres essentiels.* Plus tard apparaîtront, près du sommet de la tige, des grappes de *fleurs* d'où sortiront les *fruits,* gousses renfermant des *graines.*

On appelle *Phanérogame* toute plante qui, à un moment donné de son existence, porte des fleurs dont les graines serviront à sa reproduction. (Lupin, Haricot, Rosier, Renoncule, Blé, Pin.)

Une *Cryptogame* est une plante qui ne présente jamais de fleurs ; elle se reproduit par œufs ou par spores.

Certaines Cryptogames, comme les Fougères, comprennent les trois parties essentielles (racine, tige et feuilles) ; par leurs racines, ces plantes puisent dans le sol une matière nutritive liquide qui s'élève jusque dans la tige et les feuilles par des canaux appelés *vaisseaux;* on désigne ces végétaux sous le nom de *Cryptogames vasculaires* (Fougères, Prêles, Lycopodes).

Parmi les autres Cryptogames, *dépourvues de vaisseaux parce qu'elles n'ont pas de racines*, les unes, comme les Mousses, ont encore une tige portant des feuilles : ce sont les *Muscinées* (Mousses, Hépatiques) ; les autres, comme les moisissures et les lames vertes développées sur les rochers du bord de la mer ou dans les eaux stagnantes, ne présentent plus qu'un *thalle*, un corps végétatif, où il est impossible de reconnaître la structure d'une racine, d'une tige ou d'une feuille ; ce sont les *Thallophytes* (Algues, Champignons).

Phanérogames, *Cryptogames vasculaires*, *Muscinées*, *Thallophytes*: tels sont les grands groupes que l'on distingue parmi les Végétaux.

CHAPITRE II

STRUCTURE GÉNÉRALE DE LA PLANTE.

DE LA CELLULE VÉGÉTALE

La plante est un être vivant, composé de cellules. Toutes les notions exposées au sujet des *êtres vivants* et de *la cellule*, dans les deux premiers chapitres de cet ouvrage, s'appliquent donc aux Végétaux ; il est inutile de décrire à nouveau la cellule, les propriétés de son protoplasme, la structure et le rôle du noyau (pages 1 à 16).

Toutefois, *la cellule végétale se distingue de la cellule animale par des formations protoplasmiques importantes :* 1° les *leucites;* 2° la *membrane de nature celluloso-pectique*, en général, qui se rencontre chez un très grand nombre de plantes et enveloppe la membrane azotée dont tout protoplasme est pourvu. Cette membrane externe, commune aux cellules adjacentes, a été remarquée la première chez les Végétaux dont elle a permis de reconnaître la structure cellulaire.

TABLEAU XXXV.
De la Cellule végétale.
(Complément au Tableau II).

La *cellule végétale* renferme des *leucites* ou *plastides*. Elle est enveloppée d'une double membrane ; la *membrane externe est celluloso-pectique*, en général.

- **Leucites ou Plastides.**
  - Caractère histologique : *Colorables par le violet de gentiane ou de méthyle.*
  - Aspects divers.
    - *Leucoleucites* incolores.
    - *Chromoleucites*
      - propr^t dits · renfermant des pigments variés.
      - *Chloroleucites* : renf. de la *chlorophylle* et de la *xanthophylle*.
    - *Chlorophylle brute.*
      - Séparation des 2 pigments par l'éther de pétrole.
      - (Spectres d'absorption).
    - *Hydroleucites* : renferment du *suc cellulaire* (dissolution complexe).
  - Turgescence. Plasmolyse.

- **Membrane externe.**
  - Sa composition. Cellulose $(C^6H^{10}O^5)^n$ et principes pectiques.
  - Ses modifications
    - par épaississement.
      - Cellules de collenchyme.
      - Cellules scalariformes.
      - Cellules annelées, spiralées, réticulées, rayées, ponctuées.
      - Cellules à ponctuations aréolées.
    - chimiques.
      - *Cutinisation et subérification :* Liège. (Cutine : $C^8H^{10}O$).
      - *Lignification* : Vaisseaux du bois. Fibres et cellules scléreuses. (Lignine : $C^{19}H^{24}O^{10}$).
      - *Gélification. Liquéfaction.*

- **Modes de multiplication**
  - par *rénovation* : *Vaucheria* (zoospore).
  - par *fusion* : *Mesocarpus, Spirogyra* (Œuf).
  - par *division* (karyokinèse). Voir Tableau II.

§ 1. — LEUCITES OU PLASTIDES

Les leucites sont de petits corps blancs, assez réfringents d'ordinaire, rendus plus nets par l'addition d'alcool. Sphériques (*Beta*, fig. 312, A), ovoïdes, en forme de fuseau (*Phajus*, B), etc., ils sont inclus dans le protoplasme dont ils dérivent et dont ils possèdent les caractères (coloration en jaune par l'iode et l'acide azotique, en rose par l'acide sulfurique en présence du sucre, etc.) ; ils sont, en outre, *colorables en violet, par le violet de gentiane ou le violet de méthyle*.

Les leucites se *multiplient* par l'étranglement en leur milieu des leucites préexistants qui en donnent chacun deux nouveaux (C, G).

Classification des leucites. — Ces corpuscules ont pour *rôle* de fabriquer de l'amidon aux dépens des substances diverses contenues dans le protoplasme ; souvent ils sécrètent au préalable un pigment vert, la *chlorophylle*, qui favorise la production d'amidon et de maintes autres substances, au sein de la cellule (voir Nutrition, fonction chlorophyllienne) ; certains de ces corpuscules présentent un ou plusieurs pigments colorés, le plus ordinairement jaunes, orangés ou rouges.

On a appelé, d'après cela : *leucoleucites*, les corpuscules qui demeurent incolores (A, B) ; *chloroleucites*, ceux qui renferment de la chlorophylle (E) ; *chromoleucites*, tous les autres leucites colorés (D).

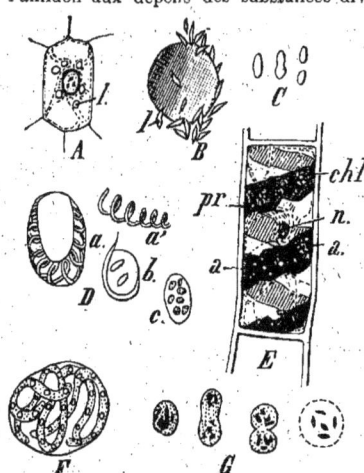

Fig. 312. — Leucites ou plastides. *A*, cellule avec leucoleucites *l* sphériques. *B*, leucoleucites fusiformes de *Phajus*, autour du noyau. *C*, leur multiplication par scissiparité. *D*, chromoleucites *a*, avec un ruban spiralé rouge, déroulé en *a'* (Courge); *b*, *c*, autres formes. *E*; *chloroleucite* spiralé dans une cellule de Spirogyre ; des grains d'amidon *a* y sont inclus ; le protoplasme *pr* et le noyau *n* de la cellule sont peu nettement représentés. *F*, chloroleucite montrant les fibrilles avec granulations vertes. *G*, chloroleucites du *Funaria hygrometrica* isolés et en voie de multiplication ; à droite, l'action prolongée de l'eau a détruit un chloroleucite dont il reste les grains d'amidon.

Ces formations sont homologues et peuvent passer de l'une à l'autre : un chromoleucite, par exemple, provient toujours d'un leucoleucite ou d'un chloroleucite ; dans le premier cas, le pigment coloré apparaît dans toute l'étendue ou seulement en quelques points du corpuscule ; dans le cas où le leucite chlorophyllien devient un chromoleucite, le pigment coloré ne dérive pas directement de la chlorophylle.

Quelle que soit leur nature, les leucites sont des dérivés *actifs* du protoplasme dans lequel ils sont englobés. Les chloroleucites ayant une importance fondamentale dans la nutrition de la cellule, nous insisterons davantage sur leur constitution.

Chloroleucites. — Les Champignons, les Bactériacées et quelques Végétaux supérieurs ne possèdent pas de chlorophylle. Ce pigment vert est diffus dans le protoplasme des Algues Cyanophycées ; dans toutes les autres plantes, il est d'ordinaire fixé sur des leucites qu'on appelle à tort grains de chlorophylle : ce sont les *chloroleucites*.

La *forme* la plus générale des chloroleucites est sphérique F, G (fig. 312); chez la Spirogyre, c'est un ruban spiralé E ; ceux du *Zygnema* sont étoilés, etc.
Quand ils sont petits, et c'est le cas le plus général, les chloroleucites sont nombreux dans chaque cellule.

Un chloroleucite est *constitué* par une *substance protoplasmique incolore* où sont disséminées des *fibrilles* contournées sur elles-mêmes F, *chargées de pigment vert* avec de petites granulations de couleur verte plus accentuée.

Chlorophylle. — La chlorophylle se fixe sur les leucites, chez les plantes exposées à la lumière ; mais si l'on fait germer une graine dans l'obscurité, la jeune plante obtenue est incolore ou jaune pâle, parce que les leucites ont fixé un pigment jaune appelé *xanthophylle* auquel se superposera la *chlorophylle*, dès que le végétal recevra la lumière.

* On *prépare* la chlorophylle de la manière suivante : des feuilles d'épinards, par exemple, sont broyées avec du sable gréseux dans un mortier, avec un peu de carbonate de soude pour neutraliser les jus acides. On presse la pulpe ainsi obtenue dont le jus est rejeté ; le résidu solide lavé à l'eau est comprimé à nouveau, puis traité à l'obscurité par l'alcool froid marquant 85° à l'alcoomètre. L'alcool dissout tous les pigments et les graisses et forme une liqueur verte qu'on filtre et qu'on fait digérer, pendant 6 jours environ, avec du noir animal en grains. Le noir animal fixe les pigments ; on le lave à l'alcool fort auquel il abandonne la *xanthophylle* jaune, puis à l'éther de pétrole ou au sulfure de carbone qui dissout la *chlorophylle*.
Les deux solutions colorées, évaporées spontanément à l'air dans l'obscurité, abandonnent des cristaux.

Propriétés de la chlorophylle. — Les cristaux de chlorophylle sont d'un vert foncé, lentement altérables à la lumière en présence de l'oxygène ; ils sont dichroïques (vert foncé par réflexion, rouge cuivré par transparence) ; insolubles dans l'eau, solubles dans l'alcool, l'éther, le chloroforme, la benzine, l'éther de pétrole et le sulfure de carbone, ils répondent à la formule $C^{40}H^{64}Az^2O^4$; toutefois cette composition n'est pas la même pour les diverses plantes.

Les cendres renferment 1gr 75 de phosphate de magnésium avec des traces de chaux et de sulfates.

La chlorophylle présente une analogie presque complète avec la bilirubine contenue dans la bile des animaux (page 62).

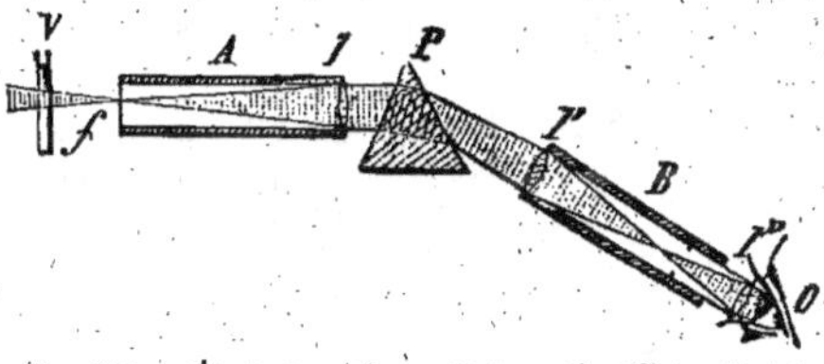

La propriété la plus importante de la chlorophylle consiste dans *l'absorption* par cette substance de *certaines des radiations calorifiques et lumineuses qui lui parviennent*.

Fig. 313. — Étude du spectre d'absorption d'une dissolution placée en V. — Spectroscope : A, collimateur à fente f ; P, prisme ; B, lunette avec objectif l' et oculaire l''. La figure montre la marche des rayons lumineux dans l'appareil, depuis la fente f jusqu'à l'œil O.

* On obtient ainsi le *spectre d'absorption* de la chlorophylle : un faisceau de lumière blanche traverse une faible couche V (fig. 313) d'une dissolution de chlo-

rophylle pure dans l'éther de pétrole; reçu sur la fente f du collimateur A du spectroscope, ce faisceau lumineux traverse le prisme P où la lumière est décomposée; il est recueilli dans une lunette astronomique B et analysé par l'œil placé en O.

Le spectre obtenu présente 7 bandes (fig. 314) plus ou moins foncées suivant la concentration de la liqueur interposée en V. *La bande I, la plus noire et la plus*

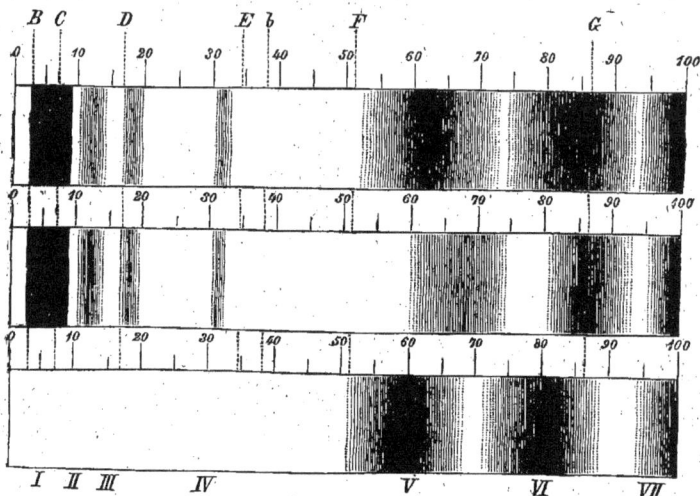

Fig. 314. — Spectres d'absorption de la chlorophylle : celui d'en haut obtenu avec l'extrait alcoolique des feuilles (chlorophylle et xanthophylle réunies); celui du milieu avec la chlorophylle pure dans la benzine; celui d'en bas avec la xanthophylle. Les bandes d'absorption sont figurées dans la partie la moins réfrangible (B,E) telles que les donne une dissolution concentrée et, dans la partie la plus réfrangible (F,G,H), telles que les donne une dissolution faible, $B,C,..G$, position des raies de Frauenhofer; I à VII, bandes d'absorption de la chlorophylle du rouge au violet.

nette est située dans le rouge, entre les raies B et C de Frauenhoffer; les bandes II, III, IV, occupent l'orangé, le jaune et le jaune vert; elles sont pâles, étroites et atténuées sur les bords; les bandes V, VI et VII, très larges, couvrent presque toute la partie bleue et violette du spectre.

La xanthophylle absorbe la partie la plus réfrangible du spectre; aussi quand on examine le spectre d'absorption de la chlorophylle des feuilles (mélange de chlorophylle et de xanthophylle pures), la partie cyanique du spectre est-elle presque totalement absorbée.

Si au lieu d'interposer en V, sur le trajet de la lumière, une dissolution de chlorophylle, on place une feuille vivante, le même fait se produit.

Les radiations absorbées par la chlorophylle sont transformées, par le protoplasme de la cellule, en énergie chimique qu'il utilise pour opérer des réactions diverses et notamment la décomposition du gaz carbonique. Nous étudierons ces phénomènes à propos de la nutrition de la plante.

Hydroleucites. Suc cellulaire. — Dans la cellule végétale jeune, le protoplasme est continu, en général, ou tout au moins on n'y distingue que difficilement, au milieu des leucites précédents, quelques corps de nature albuminoïde ayant d'abord l'aspect d'un leucite ; mais ces corpuscules se creusent d'une cavité, *vacuole*, où s'accumule de l'eau. Chaque hydroleucite pourvu d'une membrane propre, grandit et se multiplie comme les leucites ordinaires ; le protoplasme âgé présente ainsi un grand nombre de petites vacuoles qui, se fusionnant d'une manière progressive, engendrent quelques grands hydroleucites (B', fig. 1) et enfin, un hydroleucite unique ; celui-ci refoule contre la paroi, le protoplasme et le noyau de la cellule considérée (fig. 315).

On appelle *suc cellulaire* le liquide qui remplit les hydroleucites ; il subsiste seul dans la cellule morte après résorption du protoplasme, et disparaît à son tour pour faire place à des gaz (moelle de sureau).

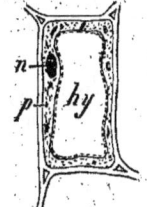

Fig. 315. — Cellule avec un hydroleucite central hy ; p. protoplasme ; n, noyau.

Le suc cellulaire est une *dissolution complexe* de substances élaborées par l'hydroleucite actif. Il renferme : 1° des *acides végétaux* qui lui impriment une réaction acide (les acides oxalique et malique surtout, les acides formique, citrique, tartrique, etc...) ; 2° des *hydrates de carbone* (glucose, dextrines, gommes) ; 3° des *tanins ;* 4° des *peptones* et des *diastases ;* 5° des *matières colorantes* (suc cellulaire bleu de la Pervenche, de la Dauphinelle, etc., suc jaune de la Molène noire, du Muflier à grandes fleurs, etc...) ; 6° des *alcaloïdes* et des *sels divers*.

* *La membrane de l'hydroleucite est imperméable aux acides végétaux, aux matières colorantes, aux alcaloïdes,* etc., qui y sont renfermés ; si l'on blesse, en effet, la membrane en un point, de manière à permettre l'accès du protoplasme au contenu de l'hydroleucite, la proportion parfois élevée des acides ou des alcaloïdes suffit à tuer instantanément le protoplasme.

En revanche, *la membrane de l'hydroleucite est très perméable à l'eau*.

* **Turgescence.** — Le suc cellulaire concentré possède *un pouvoir osmotique considérable* pour l'eau qui franchit les membranes de la cellule, traverse le protoplasme et la membrane propre de l'hydroleucite. Une pression interne croissante distend peu à peu la vacuole et se transmet par le protoplasme aux membranes qui l'entourent ; un équilibre s'établit dans l'ensemble : cet état de tension s'appelle la *turgescence de la cellule*.

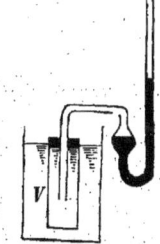

Fig. 316. — Cellule artificielle : étude de la turgescence.

Mesure de la turgescence d'une membrane artificielle.— On plonge dans une dissolution de sulfate de cuivre un vase poreux de pile V (fig. 316) qu'on remplit ensuite d'une dissolution de ferrocyanure de potassium ; *il se forme au contact des deux liqueurs, dans la paroi, une mem-*

brane mince de ferrocyanure de cuivre. On jette le contenu du vase qu'on remplace par une dissolution concentrée de chlorure de potassium; le vase soigneusement bouché, mis en rapport avec un manomètre à air comprimé, est plongé dans l'eau. On a ainsi une vaste cellule artificielle limitée par une mince membrane de ferrocyanure de cuivre, un *appareil osmotique* dans lequel la pression peut atteindre jusqu'à 20 atmosphères.

Quand on sépare la moelle de la tige dans l'*Helianthus annuus* (Soleil des jardins), et qu'on en isole un segment cylindrique, celui-ci s'allonge à cause de la turgescence des cellules; on doit, pour le ramener à sa longueur initiale, le soumettre à une pression de 14 atmosphères.

Plasmolyse. — Inverse de la turgescence, *la plasmolyse consiste dans la contraction du protoplasme sous l'influence d'une dissolution extérieure plus ou moins concentrée.*

Une cellule de Betterave rouge renfermant un hydroleucite, par exemple, est plongée dans une solution à 7 pour 100 d'azotate de potassium: peu à peu, l'eau sort par *exosmose* de la cellule dont la turgescence diminue; puis le protoplasme se contracte assez pour que la membrane azotée *m.a.* devienne indépendante de la membrane celluloso-pectique *m.cp* externe (fig. 317, A). Dans ce phénomène, l'hydroleucite a abandonné une grande partie de l'eau qu'il contenait. (L'exosmose est d'autant plus rapide que la dissolution extérieure est plus concentrée.)

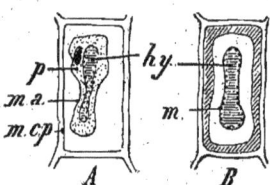

FIG. 317. — Cellule de Betterave rouge plasmolysée en A dans une solution concentrée d'azotate de potassium; le protoplasme est rétracté contre l'hydroleucite *hy* très réduit. B, plasmolyse de l'hydroleucite au sein de la cellule dont on a tué le protoplasme.

On appelle *solution critique* d'un sel la liqueur dont le pouvoir osmotique égale celui du suc de la cellule considérée; le degré de concentration de cette liqueur se détermine par tâtonnements.

Remarque. — La membrane propre *m* de l'hydroleucite est révélée de la manière suivante: Une cellule (fig. 317, B) est plongée dans une solution à 10 pour 100 d'azotate de potassium; on chauffe quelque peu, le protoplasme est tué; l'hydroleucite seul *hy* est plasmolysé et se sépare du protoplasme sous forme d'un sac qu'on peut extraire de la cellule et soumettre isolément à l'expérience.

Les hydroleucites sont les agents de la turgescence des cellules végétales; cette turgescence provoque la croissance des cellules jeunes auxquelles sont imprimées des formes variables avec la résistance des divers points de leur membrane externe.

§ 2. — MEMBRANE EXTERNE DE LA CELLULE VÉGÉTALE

La cellule végétale jeune, pourvue exclusivement d'une membrane azotée, se revêt peu à peu d'une membrane externe que nous appellerons *celluloso-pectique*, parce qu'elle renferme presque toujours des composés pectiques et de la cellulose.

La *cellulose* $(C^6H^{10}O^5)^n$ est un hydrate de carbone soluble dans le réactif de Schweitzer (réactif cupro-ammoniacal obtenu en versant à plusieurs reprises de

STRUCTURE GÉNÉRALE DE LA PLANTE.

l'ammoniaque concentrée sur de la tournure de cuivre) et colorable en bleu par le chloroiodure de zinc.

Les *composés pectiques* ne possèdent pas les caractères de la cellulose ; deux des plus importants sont : la *pectose*, insoluble dans l'eau, associée à la cellulose dans les membranes des cellules jeunes, et l'*acide pectique* également insoluble, parfois abondant sous forme de pectate de chaux dans les tissus adultes.

(*Une analogie étroite existe entre les gommes et les composés pectiques*, puisque les gommes produites par les végétaux sont le résultat de transformations éprouvées par la pectose).

La présence des composés pectiques dans la membrane est mise en évidence par l'emploi de quelques réactifs colorants : la *safranine* qui les colore en jaune orangé dans la lumière diffuse, le *bleu de méthylène* qui les colore en bleu violacé, etc.

Des recherches récentes ont montré que *la pectose et le pectate de chaux se trouvent dans les tissus mous*; mais tandis que la pectose combinée à la cellulose domine dans les membranes des jeunes tissus, c'est le pectate de chaux qui, sous la forme de boutons et de bâtonnets irréguliers (fig. 318, A, B, C), occupe la lamelle mitoyenne unissant les membranes propres de deux cellules voisines et la surface extérieure de ces membranes. Une substance pectique amorphe réunit les membranes adjacentes des cellules dans le tubercule de la Pomme de terre (fig. 318, D).

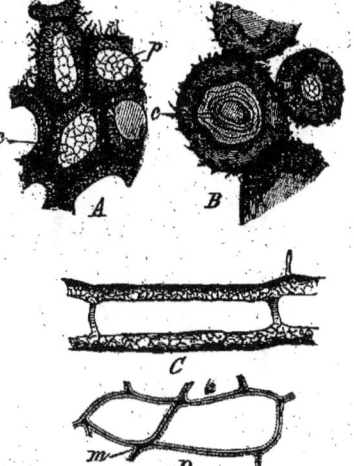

Fig. 318. — Boutons et bâtonnets de pectate de chaux répandus dans la lamelle mitoyenne et les membranes propres des cellules voisines : chez *Equisetum arvense* A, B ; chez *Pteris aquilina* C. En D, substance pectique amorphe entre les cellules du parenchyme de la Pomme de terre.

Modifications éprouvées par la membrane externe. — Ainsi que nous venons de le voir, la membrane externe de la cellule jeune subit des variations : Chez certaines cellules, elle s'*épaissit* et se *modifie chimiquement* soit par la transformation de la substance qui la compose, soit par le dépôt de matières incrustantes dans son épaisseur.

1° *Épaississement de la membrane.* — Quand une cellule jeune a terminé sa croissance superficielle, de nouvelles couches peuvent se déposer sur la face interne de sa membrane celluloso-pectique ; l'espace occupé par le protoplasme, de plus en plus restreint, est parfois même complètement oblitéré : alors la cellule est morte.

L'épaississement, uniforme dans certains cas (spores, quelques grains de pollen), est le plus souvent inégal ; ainsi la membrane s'épaissit en un point seulement (cellules à cystolithes du Figuier, fig. 319, A), suivant les angles de la cellule (cellules sous-épidermiques *collenchymateuses de Begonia*, B); en lignes parallèles formant comme les barreaux d'une échelle (cellules *scalariformes* des Fougères, C), ou bien suivant des anneaux ou des spirales (cellules annelées, spiralées, D). Quand le dépôt s'effectue sur toute l'étendue de la membrane, quelques points sont préservés

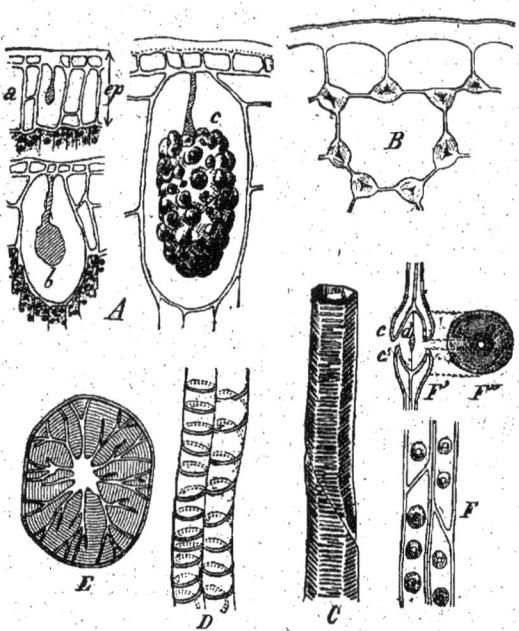

Fig. 319. — Épaississement de la membrane. A, épaississement localisé en *a, b, c* et incrusté de carbonate de chaux (*cystolithe* du Figuier). B, cellule du *collenchyme* de *Begonia*. C, vaisseau scalariforme de Fougère. D, vaisseaux annelé et spiralé du bois. E, cellule scléreuse (rhizome de *Pteris aquilina*). F, portion de vaisseau à ponctuations aréolées; F' coupe d'une ponctuation; F'', vue de face.

de l'épaississement et permettent les échanges osmotiques avec les cellules voisines (cellules *scléreuses*, E).

Les portions de surface non épaissies sont alors de petits cercles, des raies, des bandes croisées parallèles ou une bande unique spiralée; les cellules qui présentent ces caractères, examinées au microscope, se laissent plus facilement traverser par la lumière dans ces diverses régions : on les dit *cellules ponctuées, rayées, réticulées, annelées* ou *spiralées*.

Les Conifères (Pin, Sapin) présentent une forme de ponctuation dite *ponctuation aréolée*, F. La membrane, vue en coupe, F', forme, par son épaississement, deux sortes de clochettes *cc'* à bords opposés et non en contact. Une membrane mince d, légèrement renflée en son milieu sépare les deux cellules entre lesquelles est placée la ponctuation. Un tel ornement de la paroi, vu de face, F'', au microscope, présente un petit cercle médian clair o entouré d'une auréole sombre. La membrane d facilite les échanges de cellule à cellule.

2° *Modifications chimiques de la membrane.* — *Cutinisation et subérification.* — Tandis que la plupart des cellules à chlorophylle et des cellules de la moelle conservent une paroi mince, la membrane formée de couches concentriques se modifie progressivement, de l'extérieur à l'intérieur, chez les cellules qui forment la surface des organes végétaux ou qui en sont voisines, et chez les cellules qui deviennent libres (spores et grains de pollen). La cellulose $(C^6H^{10}O^5)^n$ se transforme en *cutine* $C^6H^{10}O$, colorable en jaune brun par le chloroiodure de zinc, en rose par la fuchsine. La cutine retient d'ailleurs énergiquement les couleurs d'aniline, *insoluble dans le réactif de Schweitzer*, dans l'eau, l'alcool et l'éther, elle se dissout dans la potasse concentrée et bouillante.

Une couche cutinisée, traitée par la potasse, bleuit par l'iode et se dissout dans le réactif de Schweitzer, présentant ainsi les caractères de la cellulose; *la cutine était donc une sorte d'incrustation*. L'ensemble des couches cutinisées de la membrane constitue la *cuticule*, cu, qui recouvre la surface libre des cellules superficielles, épidermiques (fig. 320, B); elle envahit quelquefois les parties latérales (feuille de Houx, A).

Les couches de cellules, situées ordinairement au-dessous de l'assise épidermique, subissent la

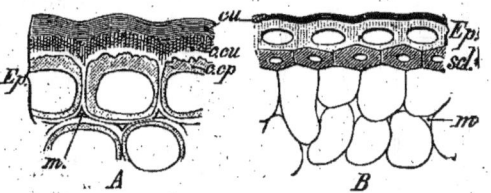

Fig. 320. — Cutinisation de l'épiderme. A, épiderme de la nervure médiane de la feuille de Houx, traité par le chloroiodure de zinc; cu, cuticule incolore; $c.cu$, couche cuticulaire jaune; $c.cp$, couche celluloso-pectique bleue. — B, épiderme Ep de la feuille de *Picea excelsa* avec cuticule cu; scl, hypoderme sclérifié.

subérification, c'est-à-dire que la cellulose y est transformée en *subérine* ou seulement imprégnée de cette substance, identique à la cutine quant à ses propriétés. Le *liège* est formé par la superposition d'un nombre plus ou moins grand d'assises cellulaires subérifiées.

Toute membrane cutinisée ou subérifiée joue un rôle protecteur; elle est peu perméable aux liquides et aux gaz et inattaquable par le *Bacillus Amylobacter*, fig. 321, D (ferment de la putréfaction des organes végétaux). La cuticule préserve l'épiderme, le liège abrite les cellules actives sous-jacentes. Aussi, la moindre blessure est-elle

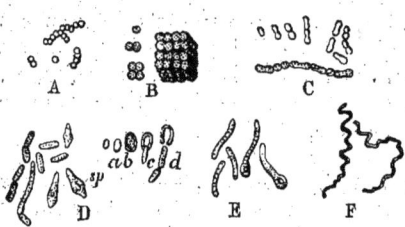

Fig. 321. — Bactéries diverses. A, *Micrococcus ureæ*, dans la fermentation ammoniacale de l'urine. B, *Sarcina ventriculi*, dans l'estomac, le sang et les poumons de l'homme. C, *Bacterium termo*, microbe aérobie des eaux corrompues. D, *Bacillus Amylobacter*, ferment butyrique, agent anaérobie de la fabrication du fromage et du rouissage du chanvre ; *sp*, spore ; *a, b, c, d*, phases du développement d'une spore. E, *Vibrio rugula*, microbe anaérobie des eaux corrompues. F, *Spirillum plicatile*, dans l'eau croupissante. Les figures A, B..., E, représentent les bactéries à divers états de développement.

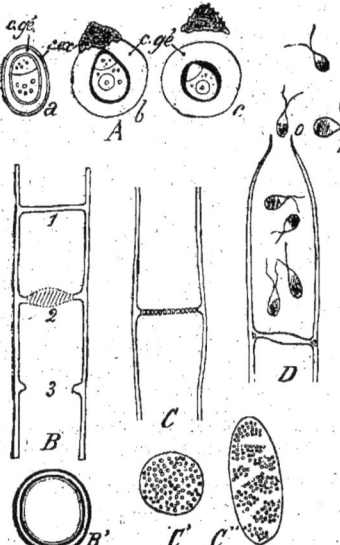

Fig. 322. — Gélification et liquéfaction de la membrane. — A, pollen de *Thuia orientalis* : *a* ; *c.ex*, zone externe de la membrane ; *c.ge*, zone gélifiable gonflée en *b* et *c* où la zone externe est déchirée, puis rejetée. — B ; 1, membrane séparatrice de 2 cellules, gélifiée en 2, résorbée en 3 (vaisseau) ; B′, lumière du vaisseau ainsi engendré. — C, gélification et résorption partielle (tubes criblés C′, C″). — D, liquéfaction au sommet d'une cellule de *Cladophora*.

faite à un organe végétal, les membranes des cellules nouvellement exposées au contact de l'air se subérifient et brunissent.

Lignification. — La plupart des éléments dont nous avons exposé plus haut les ornements (cellules scléreuses, ponctuées, annelées, spiralées, scalariformes), ont la membrane incrustée de *lignine* ($C^{19}H^{24}O^{10}$) pauvre en oxygène comme la cutine.

Colorable en jaune par le chloroiodure de zinc, en rose par la fuchsine, *en rouge par la phloroglucine additionnée d'acide chlorhydrique*, la lignine est insoluble dans le réactif de Schweitzer, mais soluble dans la potasse à 135° et dans l'acide azotique ; ainsi débarrassée de lignine, la membrane présente les caractères de la cellulose.

L'*Amylobacter ne peut attaquer les membranes lignifiées dont sont pourvus les éléments qui constituent le bois et l'appareil de soutien de la plante.*

Quand on fait séjourner dans l'eau les tiges de Lin, de Chanvre, de Jute, etc. (*rouissage*), le *Bacillus Amylobacter* désorganise les membranes minces des cellules dont il dissout les composés pectiques, détruit la lame mitoyenne qui unit les éléments lignifiés ; les fibres, déjà isolées en partie, seront séparées les unes des autres par le peignage.

Gélification.— La membrane de diverses cellules peut, au

contact de l'eau, se gonfler beaucoup et constituer une gelée claire et abondante [graines de Lin, de Coignassier, grains de pollen de *Thuia* (fig. 322, A), cellules mucilagineuses des Cactées, filaments de certaines Algues : *Nostoc*, etc.]. Dans ce cas, ce sont les composés pectiques de la membrane qui ont subi, en totalité ou en partie, une modification encore mal connue.

La formation des gommes émises par certains arbres (Cerisier, Prunier, etc...), par les amandes vertes, *semble liée à une transformation de la pectose en pectine soluble dans l'eau et gélatinisable.*

Liquéfaction. — La *liquéfaction*, suivie de *résorption*, est une transformation de la membrane qui devient soluble dans l'eau et disparaît. Cette modification s'étend à toute la membrane commune à deux cellules voisines qui communiquent ensuite (vaisseaux du bois, fig. 322, B), ou seulement à quelques points de cette membrane qui est ainsi transformée en une sorte de crible (tubes criblés du liber C, C', C''). Les filaments de certaines Algues (*Cladophora*, D), sont composés de cellules acquérant chacune un orifice o pour la mise en liberté des spores dans l'eau.

§ 3. — MODES DE MULTIPLICATION CELLULAIRE

Les cellules végétales peuvent se former :

1° Par *rénovation* ou *rajeunissement;*
2° Par *fusion* ou *conjugaison;*
3° Par *division.*

Ces modes de formation sont, d'ordinaire, suivis d'une active multiplication cellulaire.

1° Rénovation. — Les *Vaucheria* sont des Algues Siphonées composées d'un filament plus ou moins ramifié, mais contenant un protoplasme continu, c'est-à-dire non divisé par des cloisons en compartiments cellulaires. Or, vers l'extrémité d'un filament adulte *a* (fig. 323, A) apparaît une cloison (*b*) qui isole une certaine quantité de protoplasme condensé ; celui-ci s'échappe de la membrane par un pore terminal (*c*) et se transforme en une grosse spore revêtue de cils vibratiles qui lui permettent de se mouvoir dans l'eau (*zoospore d*). La zoospore, après avoir nagé plus ou moins longtemps se fixe en un point (*e*), perd ses cils, acquiert des crampons et s'allonge en un nouveau filament (*f*).

Il peut arriver que la masse protoplasmique (*c*) se partage en plusieurs fragments qui tous se développent de la même manière : dans ce cas, *la rénovation cellulaire est doublée d'une multiplication.*

2° Fusion ou Conjugaison. — Les *Spirogyres* (Algues Conjuguées), nous en offrent un exemple remarquable : Les cellules (1) (fig. 323, B) composant deux filaments voisins MM', NN', s'envoient mutuellement des prolongements (2) qui, parvenus au contact, se soudent entre eux (3); la cloison commune se résorbe (4) et un canal de conjugaison est établi entre deux cellules primitivement indépendantes. Pendant ce temps, les protoplasmes des cellules considérées se contractent, en rejetant contre la membrane le suc cellulaire qui y était inclus ; une nouvelle cellule (3) est ainsi constituée dans l'ancienne, par *rénovation totale*. Le protoplasme de l'une des cellules en présence s'engage dans le canal de communication (4), se *fusionne*, se *combine* avec son congénère, en formant un protoplasme nouveau (5) de volume à peu près égal à celui de l'une des parties constituantes (*gamètes*).

L'*œuf œ* ainsi formé s'entoure d'une membrane épaisse, qui se différencie en plusieurs couches dont l'externe se cutinise ; il passe à l'état de vie latente œ' et germe au printemps suivant. Il se débarrasse alors de ses enveloppes externes, la membrane interne s'allonge et la cellule ovoïde *f* se cloisonne *f'*, en donnant un filament nouveau.

Dans ce deuxième cas, *la fusion a été précédée d'une rénovation et suivie d'une multiplication cellulaire par scissiparité.*

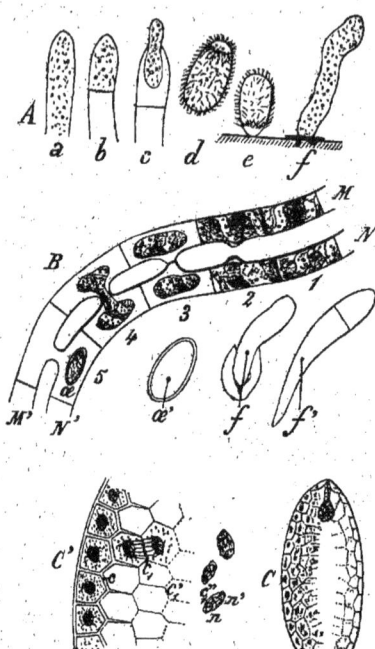

Fig. 323. — Modes de multiplication cellulaire : A ; *rénovation* chez un filament *a* de *Vaucheria* ; *b*, cloison isolant une partie du protoplasme qui s'échappe en *c* et donne une *zoospore d* ; la zoospore fixée en *e* devient le point de départ d'un nouveau filament *f*. — B ; *conjugaison* chez la Spirogyre ; MM', NN', deux filaments parallèles dont les cellules s'envoient des prolongements 2, qui se soudent 3 ; résorption de la cloison commune en 4 et fusion des protoplasmes pour la formation de l'œuf œ, 5. — œ', œuf germant en un filament *f* qui se cloisonne en *f'*. — C ; sac embryonnaire d'Angiosperme contenant l'albumen en formation, avec cloisonnement en retard sur la division du noyau ; C', portion de paroi avec cloisons de moins en moins parfaites c, c_1, c_1', c_1''.

On appelle *gamète mâle* le protoplasme qui se déplace pour se fusionner avec le *gamète femelle* demeuré immobile. Ainsi, dans les cellules (4, fig. 323, B), le gamète mâle appartient au filament MM', et le gamète femelle au filament NN'.

3° Division. — La division est le phénomène par lequel le protoplasme d'une cellule est partagé en un certain nombre de parties que des cloisons rendent ordinairement indépendantes les unes des autres. La division est dite *totale* quand tout le protoplasme initial est segmenté; elle est *partielle* quand la division porte seulement sur une portion du contenu cellulaire.

Division totale. — Cette division a pour prélude le phénomène de karyokinèse exposé précédemment (page 13).

La membrane qui se développe entre les deux noyaux jeunes n_1 et n_2 (fig. 11) a pour point de départ les filaments du tonnelet de sommets s et s'; sur ces filaments apparaissent des nodosités (6) constituées par de fins granules reliés ensuite par une membrane continue, probablement formée de pectose d'abord, puis incrustée de cellulose.

Tel est le cas le plus général de la multiplication cellulaire dans les parties jeunes des organes (bourgeons, extrémités des racines et des tiges).

* Parfois le cloisonnement est en retard sur la division du noyau, et déjà le nombre des noyaux est considérable alors que les membranes sont à peine ébauchées; ce phénomène se produit dans le *sac embryonnaire* des Angiospermes (fig. 323, C).

De la paroi C', contre laquelle est appliqué le protoplasme dont les noyaux se multiplient rapidement, on voit partir des cloisons de moins en moins nettes c, c_1, c_1', c_1'' qui partagent le sac embryonnaire en cellules nombreuses (albumen); mais parfois il ne se produit jamais de cloison dans le centre du sac : tel est le cas de la noix de Coco où l'albumen occupe seulement la périphérie du sac embryonnaire et la *division y est partielle*.

Remarque. — Quand la division d'une cellule se fait en deux parties inégales, on dit qu'il y a *bourgeonnement* (Ex. Levure de bière, fig. 13 et page 15).

CHAPITRE III

DES TISSUS VÉGÉTAUX

On appelle *tissu* un ensemble de cellules ayant des propriétés à peu près identiques et des formes comparables.

1° Cellules libres. — Nombre de Végétaux inférieurs, les Bactériacées entre autres (fig. 321 et 324), sont et demeurent constitués par une seule cellule qui, à un moment donné, se divise en 2 cellules-filles elles-mêmes indépendantes; rarement elles s'alignent en chapelets (*Micrococcus ureæ*, fig. 321, A; *Bacterium termo*, C), ou se groupent en paquets (*Sarcina*, B). On ne peut appeler tissu une semblable agglomération qui n'est que temporaire le plus souvent.

2° **Colonies de cellules.** — Chez les *Pediastrum* (fig. 325, A), Algues Cénobiées, une cellule-mère divise son contenu en 2, 4, 8, 16 parties; chacun des 16 segments protoplasmiques (*b*, puis *c*) se meut librement pendant quelque temps et grandit, B; ils s'accolent et s'orien-

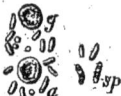

Fig. 324. — Bacille de la fièvre typhoïde (*Bacille d'Eberth*). *a*, bacilles vus dans le sang; *g*, globules du sang; *sp*, spores obtenus par culture du bacille sur la gélatine (grossissement 1500).

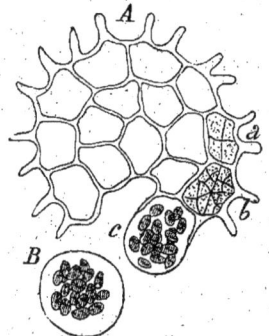

Fig. 325. — *Pediastrum granulatum*. A, colonie de cellules dont chacune se divise en 16 parties *a*, *b*, qui, rejetées en *c*, s'organisent en une nouvelle colonie (B) identique à la première.

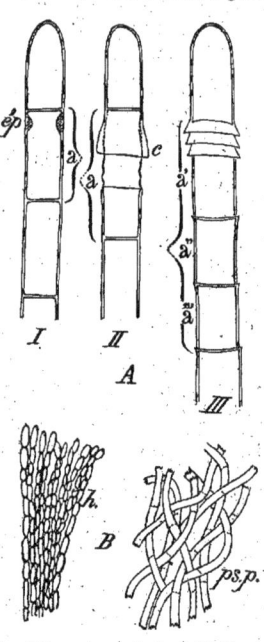

Fig. 326. — A, mode de multiplication cellulaire dans un filament d'*Œdogonium*. — B, *hyphes h* ou séries linéaires de cellules formant le thalle des Champignons (pseudoparenchyme *ps.p*).

tent tous dans un même plan, forment un disque identique au premier dont les cellules extérieures présentent chacune 2 cornes. Chaque cellule de ce tissu est indépendante des autres par ses fonctions : tel est le caractère d'une *colonie de cellules*.

3° **Faux tissu ou Pseudoparenchyme.** — Toutes les cellules qui composent un filament de Spirogyre (fig. 323, B) se comportent de la même manière soit pour la production des œufs, soit pour la division cellulaire : on peut donc regarder le filament de Spirogyre comme une colonie de cellules. — Il n'en est plus de même pour les *Œdogonium* (fig. 326, A), Algues, Confervacées filamenteuses ; ici, chaque filament présente une cellule seulement, affectée à la division cellulaire (quelquefois plusieurs). La membrane de la cellule *a*, I, s'épaissit suivant un bourrelet près de son extrémité ; elle se fend ensuite circulairement en *c*, II, en dehors de cet anneau cellulosique qui s'amollit et fournit une partie de la membrane de la cellule ainsi agrandie; une cloison transversale divise la cellule *a* en deux. Le même phénomène, répété 2, 3, 4, ... fois successivement dans la même cellule *a*,

Tableau XXXVI.
Des Tissus.

Cellule libre.
Colonies de cellules : cellules toutes identiques évoluant de la même manière.
Pseudoparenchyme. { Ensemble de filaments enchevêtrés d'origine et de croissance indépendantes.
Tissu proprement dit. { Dérive d'une même *cellule initiale* ou d'un même groupe d'initiales qui se segmentent et forment un *méristème*; *différenciation* ultérieure des cellules jeunes qui composent le méristème.

Tissus à fonction prédominante

- **chimique : Parenchyme**
  - *chlorophyllien* (palissadique et lacuneux, dans les feuilles).
  - *de réserve* (tubercules, bulbes, cotylédons, albumen des graines).
  - *sécréteur.*
    - *Cellules sécrétrices.* { Les matières sécrétées s'y localisent. Cellules *isolées* (à oxalate de chaux, laticifères, cystolithes). Cellules *en files* (*Isonandra gutta*, Chélidoine, etc...).
    - *Méats récepteurs..* { Poches sécrétrices (Poils glanduleux des Labiées, Millepertuis). Canaux sécréteurs (Lierre, Pin, etc.).

- **mécanique : Tissus**
  - **1° de protection.**
    - *Épiderme......* { Assise cellulaire externe avec *cuticule* ± épaisse. Accidents. { *Poils, Stomates aérifères* et *aquifères.*
    - *Liège........* { Zone cellulaire sous-épidermique dans la tige, externe dans la région de ramification de la racine.
    - *Endoderme. . .* { *Assise amylifère* (amidon); cellules parfois plissées latéralement et subérifiées. Couche interne de l'écorce: protège le cylindre central.
  - **2° de soutien....**
    - *Collenchyme...* { développé dans les *tissus en voie de croissance*. Cellules *vivantes* à paroi épaisse (*Begonia*, Haricot).
    - *Sclérenchyme..* { développé dans les *tissus à croissance achevée*. Cellules et fibres *mortes* (Squelette des végétaux).
  - **3° conducteurs..**
    - *Tissu vasculaire.* { Vaisseaux à *paroi lignifiée* : éléments *morts* contenus dans les faisceaux ligneux. Vaisseaux { *imparfaits* ou *fermés* (annelés, spiralés, etc.). *parfaits* ou *ouverts* (rayés, ponctués). Circulation de la sève *brute* ascendante.
    - *Tissu criblé....* { Tubes criblés à *paroi cellulosique*; éléments *vivants*. *Crible*. *Cellule-compagne. Cal.* Circulation de la sève *élaborée*.

donne lieu aux cellules a', a'', a''', etc., III. (Ce mode de croissance est dit *croissance intercalaire*.) Ainsi le filament d'*Œdogonium* est une sorte de série linéaire partagée en *systèmes de cellules* dont *une seule dans chaque système* est préposée à la multiplication cellulaire.

Le thalle ou corps végétatif des Champignons est ordinairement constitué par l'accolement de pareilles séries linéaires ou *hyphes*, h (fig. 326, B), tantôt parallèles, tantôt enchevêtrées, dans lesquelles le cloisonnement a lieu toujours dans la même direction. L'ensemble de ces filaments articulés, à *croissance terminale*, constitue ainsi un feutrage, un *faux tissu*, un *pseudoparenchyme* différant profondément du parenchyme vrai dont nous allons étudier l'origine et l'aspect.

4° **Tissu proprement dit.** — Dans un végétal d'ordre plus élevé que les Algues et les Champignons (Thallophytes), une Fougère, un Haricot, etc., une coupe longitudinale pratiquée au sommet d'une tige, ou à l'extrémité d'une racine y révèle l'existence d'un groupe de cellules très serrées formant le *point végétatif*.

Au sommet de la tige d'une Fougère (fig. 327, A) on trouve une cellule c, en forme de pyramide quadrangulaire $abcd$, qui subit un accroissement rapide et se cloisonne à mesure qu'elle grandit. Vue d'en haut, par exemple, I, elle subit un premier cloisonnement (1, II) parallèlement à l'une de ses faces latérales ; apparaît ensuite une seconde cloison (2, III) parallèlement à une deuxième face latérale, puis une troisième (3, IV) parallèlement à la dernière face. La cellule centrale continue de croître pendant tout ce temps, subit les cloisonnements

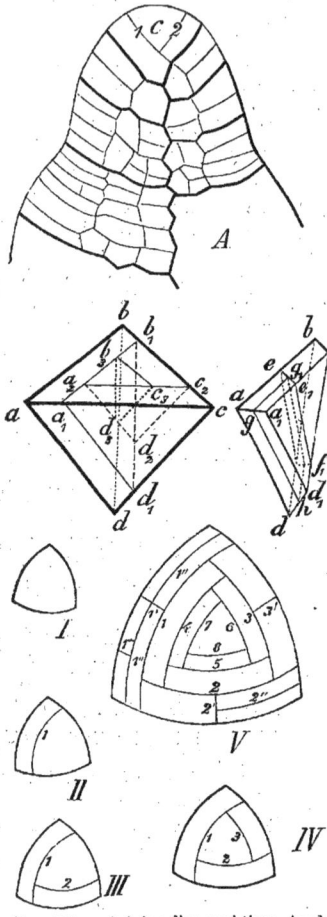

Fig. 327. — Origine d'un vrai tissu. A ; cloisonnement progressif du méristème dans la tige d'une Fougère ; c, cellule initiale en forme de pyramide triangulaire renversée. Les figures I à V montrent l'ordre d'apparition des cloisons dans cette cellule vue par sa base. — $abcd$, cellule initiale schématisée où apparaissent successivement les cloisons $a_1b_1d_1$, $a_2c_2d_2$, $b_3c_3d_3$. La figure à droite montre un segment cellulaire isolé $abb_1a_1d_1d$ subissant de nouveaux cloisonnements suivant ee_1f_1, gg_1,h.

(4, 5, 6, 7, 8, ... V) et chacun des segments qui en ont été détachés présente le même phénomène ; les cloisons 1′, 1″, 1‴ dans la cellule gauche (V), 2′, 2″, etc.., 3′, etc..., dans les autres segments montrent que le sommet de la tige de Fougère est le siège d'une multiplication cellulaire rapide qui détermine son allongement.

La cellule c est dite *cellule initiale ;* l'ensemble des cellules qui en émanent et qui, jeunes encore, se cloisonnent activement, constitue un *méristème* : la tige de Fougère subit ainsi une *croissance terminale*. La formation continue de nouvelles cellules a pour effet d'éloigner les premières du sommet de la tige ; celles-ci cessent de se cloisonner au bout de quelque temps, mais elles s'accroissent en volume, atteignent leur dimension maximum et déterminent

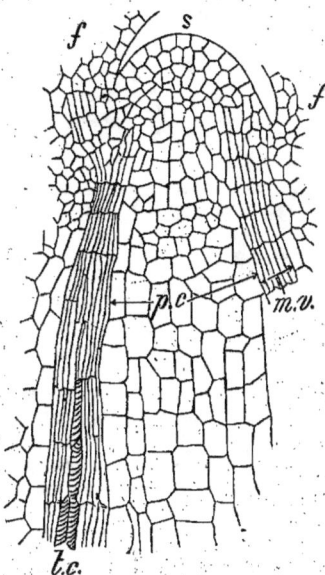

Fig. 338. — Méristème au sommet de la tige du *Solanum nigrum*. *s*, sommet ; *f, f′*, premières feuilles ; *p.c*, parenchyme central ; *t.c*, apparition des premiers vaisseaux surmontés du méristème vasculaire *m.v.*

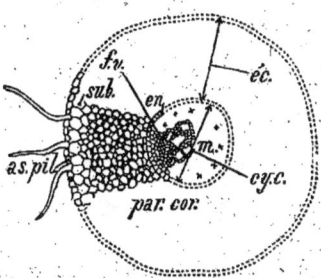

Fig. 329. — Racine primaire d'Iris. — *as.pil*, assise pilifère ; *éc*, écorce ; *cy.c*, cylindre central ; *par.cor*, parenchyme cortical ; *en*, endoderme ; *m*, moelle ; *f.v*, faisceau ligneux (manque de netteté sur la figure).

ainsi l'allongement de l'organe végétatif dont elles font partie (*croissance intercalaire*).

Ainsi la tige de Fougère subit : 1° *Une croissance terminale par la multiplication cellulaire à son sommet ;* 2° *une croissance intercalaire de la région subterminale par l'augmentation de volume des nouvelles cellules formées.*

Il en est ainsi au sommet de la tige du *Solanum nigrum* (fig 328) et d'ailleurs en tous les points végétatifs que présentent les plantes. L'ensemble des cellules engendrées par un tel cloisonnement forme un *vrai tissu.*

Différenciation cellulaire. Classification des tissus. — Dans la plupart des végétaux, les cellules prismatiques qui proviennent du méristème ne conservent pas toutes leur aspect initial; elles se modifient plus ou moins dans leur forme, dans la constitution de leur membrane, etc., de leur *différenciation* résulte l'apparition des divers tissus qui composent les Végétaux supérieurs (fig. 329 et 330).

Un tissu composé de cellules à parois minces, dont le protoplasme est le siège de transformations chimiques actives en

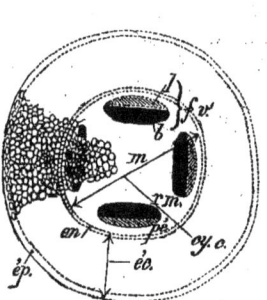

Fig. 330. — Tige primaire de Lupin.
ép, épiderme; *éc*, écorce s'étendant de l'épiderme non compris à l'endoderme *en* compris; *cy.c*, cylindre central comprenant le parenchyme central (moelle *m*, rayons médullaires *r.m*, péricycle *pé*), et les faisceaux libéroligneux *f.v* (*b*, bois; *l*, liber).

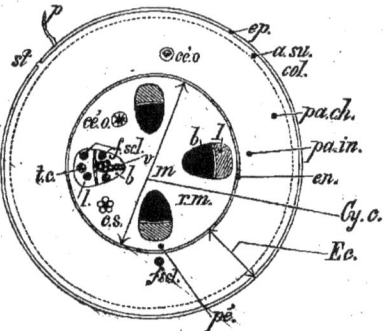

Fig. 331. — Coupe schématique d'une tige (mêmes désignations que pour la figure 330). *ép*, épiderme; *p*, poil; *st*, stomate. — *Ec*, écorce: *a.su*, assise subéreuse; *pa.ch*, parenchyme chlorophyllien; *pa.in*, parenchyme de réserve; *f.scl*, fibres scléreuses; *cé.o*, cellules à oxalate de calcium. — *Cy.c*, cylindre central: *bl*, faisceau libéroligneux; *v*, vaisseaux; *t.c*, tubes criblés.

général, est appelé *parenchyme*. Dans le cas où la membrane cellulaire s'épaissit, elle est appelée à jouer surtout un rôle mécanique et le protoplasme disparaît partiellement ou totalement de la cellule où sa fonction est devenue secondaire ou nulle; la réunion de pareils éléments constitue un *tissu mécanique*.

Ainsi les tissus peuvent être divisés en deux catégories :

1° Les *tissus à fonction chimique prédominante* ou *parenchymes* (parenchyme chlorophyllien, parenchyme de réserve, parenchyme sécréteur);

2° Les *tissus à fonction mécanique prédominante* (épiderme, assise subéreuse, collenchyme, sclérenchyme, tissu vasculaire).

Le tissu criblé peut être rangé indifféremment dans les deux catégories. La figure 331 montre la distribution schématique de ces divers tissus dans une tige.

§ 1. — PARENCHYMES

Le mot *parenchyme* signifie *coulé entre*, c'est-à-dire qu'*un parenchyme est un tissu conjonctif* reliant entre eux les divers autres tissus.

Forme des cellules. Méats; lacunes. — Dans un méristème, les cellules sont prismatiques par pression réciproque; à mesure

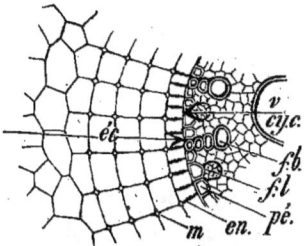

Fig. 332. — Portion de racine de Maïs. — *éc*, écorce; *cy.c*, cylindre central. *f.b*, faisceaux du bois alternant avec les faisceaux du liber *f.l*; *pé*, péricycle; *en*, endoderme; *m*, méats quadrangulaires entre les cellules du parenchyme cortical interne.

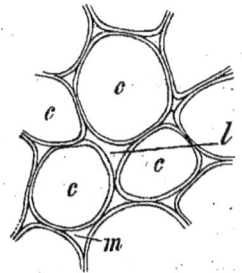

Fig. 333. — Méats *m* et lacunes *l* entre les cellules *c*

qu'elles grandissent ensuite, elles demeurent en contact par toute leur surface, ou bien elles se séparent en certains points par un dédoublement de la lamelle qui les unissait; alors apparaissent entre les cellules des espaces remplis d'air appelés *méats*, *m* (fig. 332) ou *lacunes*, *l* (fig. 333) suivant leurs dimensions petites ou grandes.

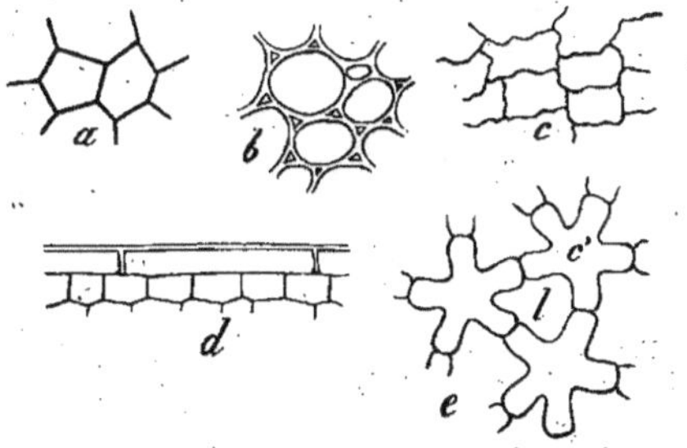

Les cellules adoptent une forme définitive, le plus ordinairement polyédrique *a*, sphérique *b*, quelquefois sinueuse *c*, ou tabulaire *d*; fréquemment les plantes aquatiques renferment des cellules étoilées *e* (fig. 334).

Fig. 334. — Diverses formes de cellules: polyédriques *a*, ovoïdes *b*, sinueuses *c*, tabulaires *d*, étoilées *e* (*l*, lacune).

Diverses sortes de parenchymes. — Le tissu parenchymateux est abondamment répandu dans les plantes grasses (Crassulacées,

Mésembryanthémées, Cactées) ; une coupe mince transversale détachée d'une feuille de *Crassula arborescens* (fig. 335), d'une tige de *Sedum* ou de *Cereus*, y révèle : 1° un parenchyme sous-

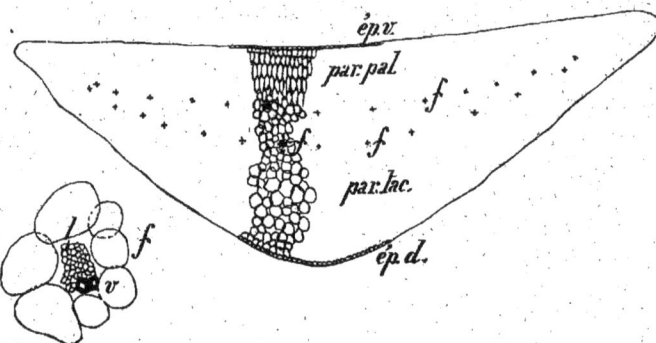

Fig. 335. — Section transversale d'une feuille de plante grasse (*Crassula arborescens*) montrant le parenchyme abondant ; *f*, faisceaux libéroligneux très réduits ; à gauche, l'un de ces faisceaux grossi, composé de 2 vaisseaux *v* et de quelques éléments libériens *l*.

épidermique dont les cellules renferment un grand nombre de chloroleucites (*parenchyme chlorophyllien*); 2° une partie interne formée de cellules incolores, mais renfermant ordinairement beaucoup de grains d'amidon ou d'autres substances de réserve (*parenchyme de réserve*); 3° certaines cellules contenant des cristaux d'oxalate de calcium, du tanin (fig. 336) ou bien circonscrivant des espaces remplis de substances localisées (*parenchyme sécréteur*).

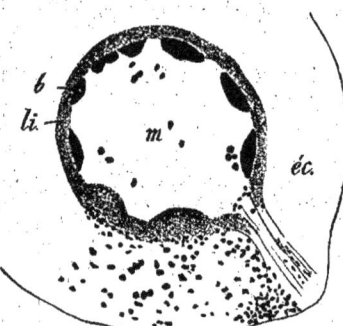

Fig. 336. — Répartition du tanin dans une tige de *Sedum oxypetalum*; les cellules tanifères rares dans la moelle *m*, le bois *b* et le liber *li*, sont très nombreuses dans l'écorce *éc*, surtout au voisinage de l'insertion d'une feuille, en bas et à droite.

Il faut remarquer d'ailleurs que ces dénominations n'impliquent nullement que le parenchyme chlorophyllien ou le parenchyme sécréteur ne puisse être en même temps un parenchyme de réserve; on voit fréquemment, au contraire, des grains d'amidon, des gouttelettes huileuses, dans les cellules riches en chlorophylle.

Les plantes ordinaires possèdent également ces divers parenchymes : le parenchyme chlorophyllien est plus voisin de la surface des organes que le parenchyme incolore.

Parenchyme chlorophyllien. — Le parenchyme chlorophyllien se présente dans les feuilles vertes sous deux aspects différents : sous l'épiderme de la face supérieure (feuille du Houx, par exemple, fig. 337), sont superposées plusieurs assises de cellules allongées qui simulent le plancher d'une palissade ; le *parenchyme* y est dit *palissadique p. pa*; au delà, et près de l'épiderme de la face dorsale, les cellules vertes sont séparées par de grandes lacunes *l* pleines d'air, et leur ensemble forme le *parenchyme lacuneux p. la*.

Au parenchyme chlorophyllien se rattachent les deux cellules vertes qui bordent les *stomates*. (Voir Épiderme, page 356.)

***Parenchyme de réserve.** — Une cellule vivante renferme toujours quelque substance en réserve sous la forme de glucose, d'amidon, d'huile, etc. ; mais on appelle plus particulièrement *parenchyme de réserve* un tissu dont les cellules

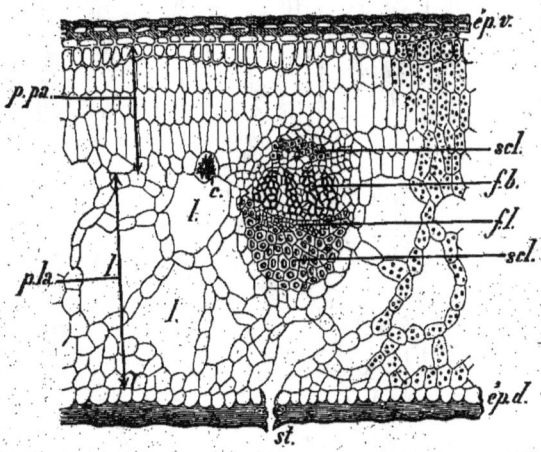

Fig. 337. — Section transversale d'une feuille de Houx. *ép.v*, épiderme ventral ; *ép.d*, épiderme dorsal fortement cutinisé avec stomate, *st* ; *p.pa*, parenchyme palissadique ; *p.la*, parenchyme lacuneux avec lacunes *l* ; *f.b. f.l*, faisceau libéroligneux dont les vaisseaux du bois *f.b* sont du côté de la face ventrale et les tubes criblés du liber *f.l* du côté dorsal ; *scl*, fibres scléreuses entourant le faisceau ; *c*, cellule avec oxalate de calcium.

sont gorgées de ces matières, utilisables par la plante à un moment donné : tels sont les cotylédons et l'albumen des graines, les tubercules, les bulbes, le tissu conjonctif des végétaux en état de vie latente.

***Parenchyme sécréteur.** — Parmi les produits élaborés par les végétaux, se trouvent diverses substances (huiles essentielles, résines, acide oxalique, tanins, gommes, mucilages, etc.) dont les unes sont éliminées à mesure qu'elles prennent naissance, tandis que les autres sont localisées en certains points du végétal où elles paraissent demeurer indéfiniment (?).

Ces dernières peuvent se trouver dans des cellules plus ou moins différenciées ou se rassembler dans des méats intercellulaires.

1° **Cellules sécrétrices.** — (*a*) *Cellules isolées*. — Elles sont peu différentes de leurs voisines, comme les cellules à oxalate de calcium du Houx *c* (fig. 337), du *Begonia* (fig. 338, *a*) et de l'*Iris florentina* (fig. 338, *a'*), les cellules tanifères des Crassulacées. Les cellules sécrétrices ont des formes particulières chez les poils urticants de la grande Ortie, *b*, dont le suc cellulaire paraît acide par l'acide formique ; les cellules laticifères des Euphorbes, *d*, sont très allongées et rameuses et contiennent une substance blanche, le *latex* lat, d', où sont en suspension des grains d'amidon am, en forme de clous ou de bâtons noueux ; les cellules à cystolithes du Figuier (fig. 319) présentent un épaississement cellulosique interne qui s'incruste de carbonate de calcium mamelonné.

(b) *Cellules disposées en files.* — Des cellules alignées, mais encore indépendantes, se rencontrent chez l'*Isonandra gutta*; elles contiennent un latex résineux

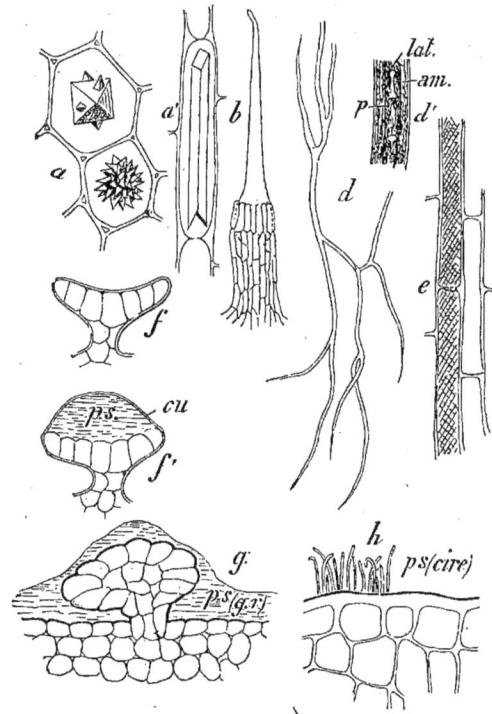

Fig. 338. — Eléments sécréteurs. a, a', cellules avec cristaux d'oxalate de calcium (mâcles) du *Begonia* (a), de l'*Iris florentina* (a'). — b, poil urticant d'*Urtica dioica*. — d, cellule laticifère d'*Euphorbia splendens*; d', portion grossie montrant les grains d'amidon am dans le latex. — e, cellules sécrétrices de *Chelidonum majus* avec paroi commune à demi résorbée. — f, f', poils sécréteurs du Houblon avec l'huile essentielle ps sous la cuticule cu. — g, poil massif de Marronnier avec la gomme-résine g.r à l'extérieur de la cuticule déchirée. — h, épiderme de la Canne à sucre recouvert de bâtonnets cireux.

duquel on tire la gutta-percha. Chez la grande Chélidoine, la cloison commune à deux cellules sécrétrices est résorbée, e (fig. 338), de telle sorte que le latex jaune contenu dans les files de cellules peut s'en écouler quand on incise un point quelconque de cette plante. Chez le Pavot, la Campanule, etc., les files de cellules sécrétrices présentent de nombreuses anastomoses et le parenchyme sécréteur y consiste en un réseau continu.

2° **Méats récepteurs des substances sécrétées.** — Dans tous les exemples qu précèdent, la cellule sécrétrice renferme les produits élaborés ; il n'en est pas ainsi dans les cas qu'il nous reste à envisager. La cellule rejette, *excrète* l'huile essentielle ou la résine qu'elle produit : soit dans des espaces restreints, arrondis ou elliptiques, entourés de cellules sécrétrices et désignés d'ordinaire sous le nom de poches sécrétrices (on devrait les appeler plus exactement *poches d'excrétion*); soit dans des canaux plus ou moins larges dits *canaux sécréteurs*, courant dans toute l'étendue des organes où ils forment un système continu.

(c) *Poches sécrétrices*. — La Grassette porte des poils glanduleux pluricellulaires, sécrétant un liquide incolore et visqueux qui se rassemble sous la cuticule et filtre peu à peu au travers; chez le Houblon, les Labiées, etc., l'huile essentielle *ps* produite par les cellules des poils *f, f'* (fig. 338) se rassemble sous la cuticule *cu* commune à toutes les cellules ; quand la tension en est trop forte, ou quand on presse les poils entre les doigts, la cuticule éclate et l'huile essentielle (Labiées) répand son odeur au dehors. Le bourgeon hibernal du Marronnier porte sur ses écailles des poils massifs *g* qui déversent sur la cuticule déchirée un mélange de gomme et de résine.

Les feuilles du Millepertuis présentent des poches sécrétrices nombreuses,

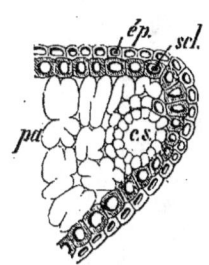

Fig. 339. — Portion de feuille de *Cedrus deodora* (Conifère); *ép*, épiderme; *scl*, hypoderme sclérifié; *pa*, parenchyme ; *c.s*, canal sécréteur.

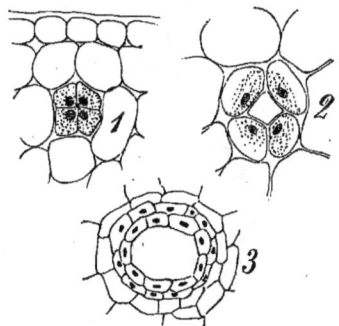

Fig. 340. — Origine d'une poche sécrétrice chez le *Myoporum serratum*.

pleines d'une huile essentielle; quand on les regarde par transparence, les feuilles laissent mieux filtrer la lumière à tous les endroits où se trouvent les poches, et paraissent percées d'autant de trous.

Chez les *Opuntia*, les poches sécrétrices remplies de mucilage sont allongées et font la transition aux *canaux sécréteurs* que renferment le Lierre, le Pin, le Cèdre (fig. 339, *c.s*), le *Myoporum serratum* 3 (fig. 340).

(d) *Canaux sécréteurs*. — Vus en coupe transversale, les canaux sécréteurs présentent une section circulaire; ils sont bordés d'une ou plusieurs assises de cellules sécrétrices qui y déversent leur produit d'élaboration.

L'origine des poches et des canaux sécréteurs est la suivante : une cellule-mère, 1 (fig. 340) donne 4 cellules-filles qui, en s'écartant, forment entre elles un méat, 2. Les cellules de paroi se multiplient et la cavité augmente de volume, 3.

Finalement, l'espace intercellulaire arrondi, bordé de cellules généralement plus petites que les voisines, reçoit la sécrétion formée par ces cellules; telle est l'origine de la poche sécrétrice.

Si plusieurs cellules-mères forment une file, chacune d'elles se comporte comme il vient d'être dit; les poches se confondent et il en résulte un canal sécréteur.

§ 2. — TISSUS A FONCTION MÉCANIQUE PRÉDOMINANTE

TISSUS DE PROTECTION. — 1° ÉPIDERME.

Au sommet de la tige jeune de la Morelle noire (fig. 328), on distingue déjà une couche externe de cellules différenciée de très bonne heure, enveloppant le méristème : c'est l'*épiderme* qui, d'ordinaire, recouvre et protège les tiges et les feuilles des plantes vasculaires, ainsi que le sommet de la racine.

Nombre des couches de l'épiderme. — Les cellules épidermiques forment une *assise unique* (fig. 341, 1) ; mais parfois chacune de ces cellules se subdivise, soit radialement (tige adulte du *Rhipsalis*, 3) soit tangentiellement (tige adulte du *Sedum Telephium*, 2).

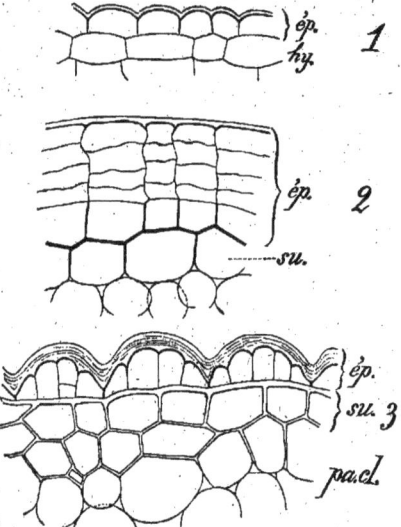

Fig. 341.— Différents aspects de l'épiderme. 1, *Rhipsalis* jeune ; 3, *Rhipsalis* adulte (cloisonnements radiaux) ; 2, épiderme du *Sedum Telephium*, siège de la formation secondaire du périderme (liège et phelloderme).

Forme et structure des cellules épidermiques. — Ces cellules sont tabulaires (fig. 334, *d*), c'est-à-dire aplaties ; leur contour extérieur est polyédrique (*Iris*, fig. 343, *a*) ou sinueux (Trèfle, Lierre, Sedum, fig. 343, *d*, etc...).

Le protoplasme des cellules épidermiques est peu abondant, creusé de grandes vacuoles contenant un suc incolore, ou chargé de pigment rouge le plus souvent. Des chloroleucites et l'amidon abondent dans les cellules épidermiques des plantes submergées (Renoncule d'eau, *Elodea*, etc....) et de la plupart des plantes aériennes ; souvent l'épiderme qui recouvre la face supérieure des feuilles n'en possède pas. La membrane externe de ces cellules s'épaissit plus ou moins et forme la *cuticule*, très nette dans la feuille du Houx (fig. 320), du *Mahonia*, du Cèdre (fig. 339), de l'*Agave*, dans la tige des Cactées, etc. ; chez le Houx, la cuticule proprement dite repose sur une partie de moins en moins cutinisée. Nous avons parlé, page 311, du rôle protecteur de la membrane cutinisée.

Chez tous les organes aériens, la cuticule épidermique est incrustée de *cire* ; chez la Canne à sucre, en particulier, le dépôt cireux est tellement abondant qu'il constitue une série de fins bâtonnets saillants *h* (fig. 338).

DES TISSUS VÉGÉTAUX. 357

Parfois, la membrane est incrustée de silice, qui donne une grande solidité à la tige des Graminées et des Prêles. Chez le Figuier, c'est en dedans que la membrane épidermique s'épaissit et s'incruste de carbonate de chaux (*Cystolithes*, fig. 319).

Accidents de l'épiderme. — La surface de l'épiderme est hérissée en certains points de *poils*, ou interrompue par les ouvertures des *stomates*.

* 1° *Poils*. — Un poil est une saillie résultant du développement extérieur d'une ou de plusieurs cellules épidermiques; dans le premier cas, le poil est *unicellulaire* (fig. 342, *a*, *b*, *c*, *d*); dans le second cas, il est *pluricellulaire*, *e*. Souvent le poil pluricellulaire contient un certain nombre de cellules du parenchyme sous-jacent. La forme des poils est très variable; leur nombre est considérable sur les organes jeunes (feuilles contenues dans les bourgeons), sur le stigmate des carpelles au centre de la fleur, sur la surface des plantes exposées soit aux grands froids, soit à une température et à une lumière excessives. Ils protègent les organes qu'ils recouvrent, par leur simple présence et quelquefois par leur produit de sécrétion (poils urticants de l'Ortie, poils sécréteurs des bourgeons du Marronnier); dans certains cas, les *poils glanduleux* de la Grassette, les *papilles stigmatiques*, imprégnées d'un liquide sucré et acidulé, rendent de précieux services à la plante, car ils attirent les Insectes qui assurent la pollinisation en butinant sur les fleurs et les feuilles.

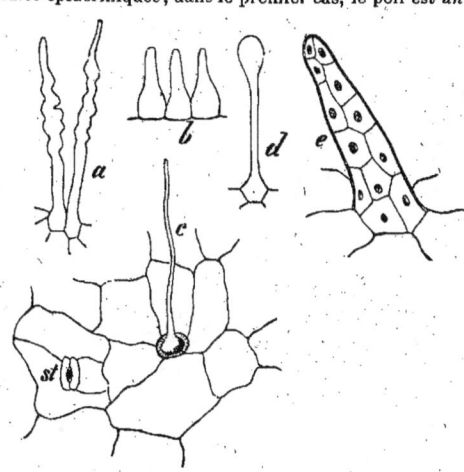

Fig. 342. — Poils unicellulaires : *a*, Violette ; *b*, Primevère; *c*, Trèfle ; *d*, *Anthirrinum majus* ; *e*, poil pluricellulaire de Joubarbe.

2° **Stomates aérifères.** — L'épiderme de la face inférieure des feuilles présente de nombreux couples de cellules, *st*, *st'* (fig. 343, *a*) ayant la forme de croissants opposés par leur concavité (*e*); ces cellules circonscrivent un orifice *os* par lequel l'air extérieur communique avec l'atmosphère interne de la feuille (fig. 337). On appelle *stomate*, la réunion de ces deux cellules dites *cellules stomatiques*.

Le *nombre des stomates* est plus grand sur la face inférieure des feuilles que sur leur face supérieure; l'épiderme non altéré des tiges jeunes en renferme moins encore. On en compte de 40 à 300 par millimètre carré, en moyenne, sur la face inférieure des feuilles; chez le Chou-rave, le nombre en dépasse 700.

Chez les feuilles nageantes (Nénuphar), les stomates se trouvent sur la face supérieure exposée à l'air : les feuilles submergées en sont totalement dépourvues.

On prévoit déjà que *les stomates jouent un rôle important dans les échanges gazeux des plantes avec l'air.*

Le plus souvent, les stomates sont superficiels, c'est-à-dire que les cellules stomatiques sont dans le même plan que les autres cellules épidermiques (*Tradescantia*, fig. 343, *e'*); cependant chez les genres *Aloë* et *Agave*, les stomates sont profondément enfoncés entre les cellules épidermiques à membrane externe très épaissie (fig. 344, A); chez le Laurier-rose (*Nerium Oleander*, B), ils paraissent manquer au premier abord, car ils sont relégués au fond de cryptes *cr* garnies de poils courts *p;* l'entrée de ces cryptes est elle-même voilée par des poils entrecroisés. — Les stomates sont profondément placés, en général, dans les plantes des déserts.

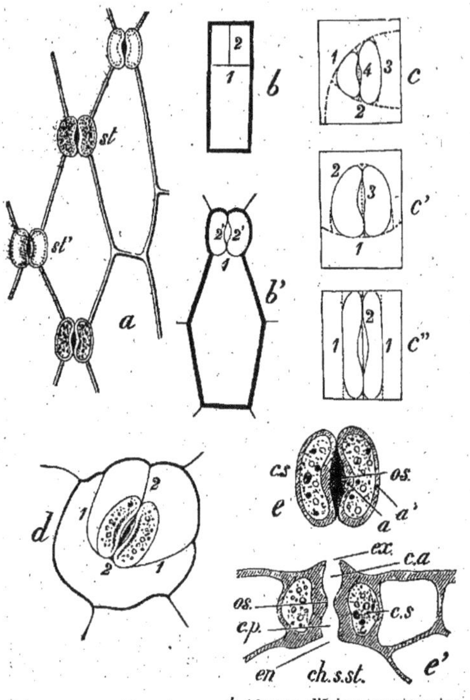

Fig. 343. — Stomates. *a*, Épiderme d'Iris avec stomates *st,st'*. Origine d'un stomate (Lis, *b'*; Crucifères, *c*; Caryophyllées, Labiées, *c'*; Rubiacées, *c''*; les chiffres 1,2,3,4 indiquent l'ordre d'apparition des cloisons dans la cellule-mère). *d*, stomate de *Sedum Telephium*; *e,e'*, stomate de *Tradescantia* vu de face (*e*), en coupe (*e'*). *c.s* cellules stomatique; *os*, ostiole ; *ex*, exostome; *en*, endostome; *ch.s.st*, chambre sous-stomatique.

Structure d'un stomate. — Les cellules stomatiques *cs*, vues de face (fig. 343, *e*) et en coupe, *e'*, sont riches en protoplasme et en chlorophylle ; des grains d'amidon, des gouttelettes d'huile s'y montrent souvent. La membrane des cellules est plus épaisse du côté de l'ostiole *os* que sur la face opposée. La coupe *e'* montre le canal de communication entre l'air extérieur et la chambre sous-stomatique *ch, s, st*, elle-même en rapport avec les lacunes du parenchyme sous-jacent.

Ce canal, plus étroit au niveau de l'ostiole, *peut s'élargir ou se rétrécir suivant les variations hygrométriques de l'air*. L'air est-il humide? la turgescence des cellules stomatiques s'accroît; leur paroi externe mince *a'*, se déformant plus facilement que la

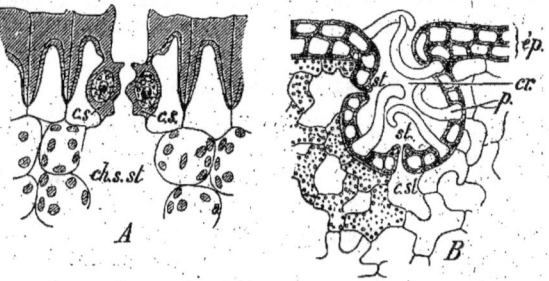

Fig. 344. — A, Stomate d'*Aloe nigricans*. — B, *Nerium Oleander*, crypte *cr* avec poils *p* et stomates *st*. — *ép*, épiderme à 2 assises cellulaires.

paroi *a*, s'incurve davantage; les deux croissants *cs*, plus accusés, présentent donc un ostiole dilaté : le stomate est large ouvert. L'air est-il sec? le phénomène inverse se produit, l'ostiole se rétrécit : le stomate est fermé.

Origine des stomates. — Tout stomate est originaire d'une cellule épidermique (cellule-mère) qui a subi deux ou plusieurs bipartitions successives.

Chez le Lis *b* (fig. 343), la cloison 1 isole, dans une cellule primitive, la cellule-mère du stomate qu'une cloison 2 partage en deux petites cellules égales; la cloison 2 se dédouble (2', 2', fig. *b'*), l'ostiole est visible et le stomate est formé.

Le mode de cloisonnement n'est pas toujours aussi simple, ainsi que le montrent les figures *c, c', c", d*; on peut tirer parfois, de ces modes de bipartition, des caractères de genres et de familles.

* Stomates aquifères. — Beaucoup moins nombreux que les stomates aérifères, les stomates aquifères se trouvent irrégulièrement répartis sur la surface des feuilles (*Crassula arborescens*), ou bien ils en occupent le bord, au voisinage des extrémités des nervures (*Primula sinensis, Viola odorata*). Ils sont particulièrement nombreux à la surface des *nectaires* (amas de cellules où se produisent des réserves de saccharoses, entraînées par exsudation d'eau vers l'extérieur; ces amas sont entremêlés surtout aux parties constituant les fleurs)

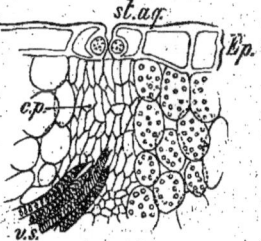

Fig. 345. — Stomate aquifère *st.aq* (*Rochea coccinea*); la chambre sous-stomatique est remplie d'un parenchyme *c.p*, disposé au-dessus des vaisseaux spiralés *v.s* qui terminent un faisceau libéroligneux.

Un stomate aquifère (fig. 345) diffère d'un stomate aérifère en ce que la chambre sous-stomatique, parfois étroite ou nulle, est appliquée contre un massif de petites cellules *cp*, à paroi mince, recouvrant l'extrémité d'une nervure foliaire.

Fonctions de l'épiderme. — *L'épiderme est une membrane essentiellement protectrice*, grâce à la cuticule qui l'enveloppe, surtout quand cette cuticule est très épaisse ou pénétrée d'incrustations abondantes (silice, oxalate de calcium). Les poils dont il est tapissé le plus souvent préservent la plante contre les variations excessives de la température et de la lumière; les stomates qui le perforent favorisent les échanges gazeux des tissus profonds avec l'air extérieur.

2° LIÈGE ET ENDODERME.

Liège ou tissu subéreux. — Le liège consiste en une ou plusieurs assises de cellules dont la paroi s'est imprégnée de *subérine* (page 341). Il recouvre toute la racine, sauf à son extrémité, et lui donne une coloration brun clair facile à observer chez les plantes cultivées dans une solution nutritive convenable; dans la tige jeune, il forme l'*assise subéreuse* sous-épidermique; c'est le liège qui constitue l'enveloppe brune crevassée dont sont revêtues la plupart des tiges de nos arbres adultes. Si l'épiderme se déchire accidentellement ou par suite de l'accroissement de la tige en diamètre, les cellules qui tapissent la plaie subérifient leur membrane et forment le *liège de cicatrisation*.

Caractères et origine des cellules subérifiées. — Disposées en couches concentriques, les cellules subéreuses forment en même temps des séries radiales intimement unies (fig. 346, *Cinchona*). *Les parois latérales sont parfois ornées de plissements* (fig. 347, *a*) qui, se pénétrant chez deux cellules voisines à la manière des dents d'un engrenage, assurent à l'ensemble une grande résistance.

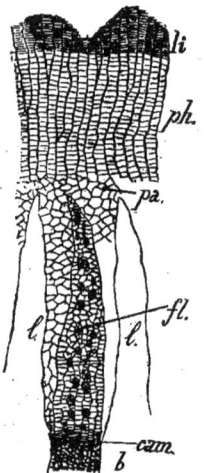

Fig. 346. — Fragment de tige de *Cinchona succirubra*. *b*, bois; *cam*, cambium; *l*, formations libériennes séparées par du parenchyme *pa*; *ph*, phelloderme; *li*, liège (*li* + *ph* = periderme).

La membrane, tout en se subérifiant, demeure mince chez le Chêne-liège (*liège mou*); elle s'épaissit d'ordinaire (*liège dur*). L'épaississement se produit : sur la face externe seulement (Saule, fig. 347, *b*), suivant un cadre latéral (*Géranium*, *c*), ou sur toute la surface (Hêtre).

Les cellules subéreuses demeurent vivantes plus ou moins longtemps, puis se dessèchent et se remplissent d'air (Bouleau) ou d'une matière brune (Pommier, Tilleul).

La *formation du liège* est due à la multiplication, puis à la subérification des cellules originaires d'une assise de cellules sous-épidermique (Hêtre, Chêne, Châtaignier, Bouleau, etc.) ou profondément placée (Groseillier). Nous envisagerons ultérieurement ce phénomène en étudiant la tige.

Quoi qu'il en soit, le liège ainsi engendré constitue un véritable tissu secondaire comprenant un nombre de couches considérable chez l'Orme, l'Érable, *Cinchona succirubra*, *Aloe arborescens*, etc. ; le Chêne-liège en possède un revêtement de plusieurs centimètres, exploité industriellement.

Le liège est un tissu élastique, peu perméable aux liquides et aux gaz : il protège la racine et assume pareil rôle dans la tige dès que l'épiderme est altéré.

Endoderme. — De l'assise subéreuse, qui engendre le liège de cicatrisation, on peut rapprocher l'*endoderme en* (fig. 331), assise de cellules qui limite intérieurement l'écorce et enveloppe le cylindre central.

Les cellules endodermiques, de forme prismatique, sont faciles à reconnaître sur une coupe transversale de racine ou de tige :

1° Parce qu'elles sont alternes avec les cellules du *péricycle* sous-jacent (assise la plus externe du cylindre central) ; 2° parce qu'elles renferment d'ordinaire beaucoup d'amidon (*assise amylifère* de Sachs) ; 3° parce qu'elles présentent souvent aussi sur leurs faces latérales des *plissements* qui font de l'endoderme un manchon protecteur du cylindre central. Ces ondulations latérales sont très nettes chez les Composées et dans toutes les tiges douées d'une faible croissance intercalaire.

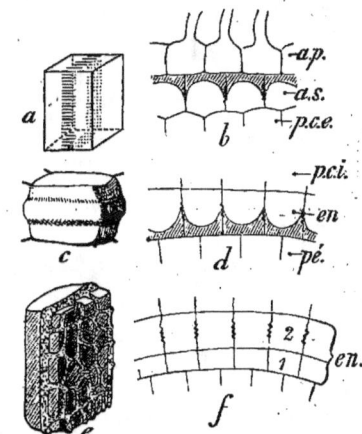

Fig. 347. — Subérification des membranes. — *a*, cellules prismatique de l'assise subéreuse ou de l'endoderme présentant des plissements sur ses faces latérales. — *b*, racine du Saule ; *a.p*, assise pilifère ; *a.s* assise subéreuse avec cellules épaissies sur la face externe et plissées latéralement ; *p.c.e*, parenchyme cortical externe. — *c*, cellule de l'assise subéreuse du géranium avec un cadre d'épaississement. — *d*, endoderme avec cellules épaissies sur la face interne et plissées latéralement ; *p.c.i*, parenchyme cortical interne ; *pé*, péricycle. — *f*, endoderme dédoublé (1,2) des Crucifères ; *e*, une cellule de l'assise 2 avec épaississement en réseau.

Quelquefois ces cellules se subérifient soit en partie (fig. 347, *d*), soit en totalité (racines de Monocotylédones, tige de Potamogeton) ; chez les Crucifères, les Rosacées, etc., l'endoderme se dédouble (1,2), et c'est l'assise sus-endodermique 2 qui s'épaissit suivant un réseau (fig. 347, *e,f*).

L'endoderme devient ainsi une assise mécanique et protectrice du cylindre central.

3° TISSUS DE SOUTIEN : [COLLENCHYME, SCLÉRENCHYME]

Ces tissus forment la charpente des tiges aériennes principalement ; ils s'y trouvent à l'état de zones plus ou moins étendues et diversement réparties.

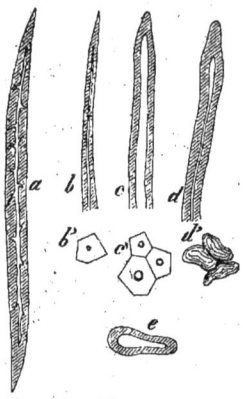

Fig. 348. — Fibres scléreuses : *a*, forme générale ; *b*, Lin ; *c*, Jute ; *d*, Chanvre ; *b′,c′,d′*, sections des mêmes fibres ; *e*, section d'une fibre de Ramie.

* 1° **Collenchyme**. — La tige et les feuilles d'un certain nombre de végétaux (Ombellifères, Labiées, Clématite, Lierre) possèdent un tissu d'aspect blanchâtre, gélatineux, le *collenchyme*, dû au cloisonnement de cellules sous-épidermiques (ou plus profondément placées) *qui s'épaississent dans le jeune âge, alors qu'elles croissent encore*. Les cellules du collenchyme sont alors longues, étroites, épaissies dans les angles seulement (fig. 319, B), ou sur toute leur surface. A la jonction des angles de deux ou plusieurs cellules accolées, se produisent de véritables piliers de soutènement pour la plante.

La cellule collenchymateuse est vivante ; sa membrane épaissie, mais flexible, demeure à l'état de cellulose.

2° **Sclérenchyme**. — *Tandis que le collenchyme se développe chez les*

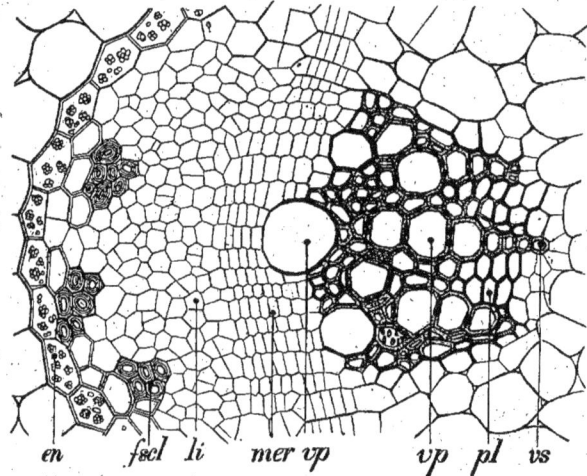

Fig. 349. — Faisceau libéroligneux de la tige du Ricin au début des formations secondaires. — Bois : *v.s* vaisseaux spiralés ; *v.p*, vaisseaux ponctués ; *p.l*, parenchyme conjonctif ; *mer*, méristème secondaire. — Liber, *li*, en dehors duquel sont des faisceaux de fibres scléreuses *f.scl. en*, endoderme avec des grains d'amidon (assise amylifère).

organes en voie de croissance, *par l'accumulation de cellulose* dans la membrane de cellules **vivantes**, le sclérenchyme se forme dans les **organes dont la croissance est terminée** ; certaines cellules épaississent, puis **lignifient** leur membrane, alors que le noyau et le protoplasme disparaissent.

Les cellules du sclérenchyme sont **mortes** ; elles forment le véritable squelette des végétaux et sont mieux développées chez les arbres, ou chez la plupart des tiges grêles très élancées (Lin, Chanvre, Jute, Ramie, etc...).

Caractères du schlérenchyme. — Les principaux éléments de ce tissu sont des cellules très allongées, pointues à leurs deux extrémités (fig. 348, *a*); on les appelle *fibres*. Les fibres sont polyédriques ou cylindriques suivant qu'elles forment des amas (Halfa, Jute, fig. 348, *c*, Ricin, fig. 349, *f. scl*) ou qu'elles sont libres dans la tige (*Cinchona*, fig. 346); rarement elles sont ramifiées.

Leur longueur maximum peut atteindre 4 millimètres (Jute), 55ᵐᵐ (Chanvre), 66ᵐᵐ (Lin), 77ᵐᵐ (Ortie), 200ᵐᵐ (Ramie, fig. 350). En raison de leur longueur et de leur solidité, les fibres de ces plantes en sont précisément extraites par l'industrie textile.

La paroi sclérifiée n'est pas toujours homogène ; ainsi les fibres de l'halfa présentent trois zones distinctes dont l'externe est la plus compacte.

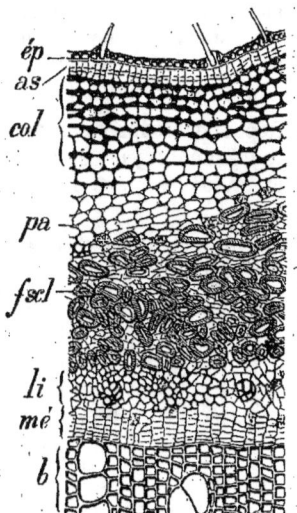

FIG. 350. — Section transversale d'une portion de tige de Ramie. — *b*, bois ; *mé*, cambium ; *li*, liber ; *f.scl*, fibres scléreuses ; *pa*, parenchyme cortical ; *col*, collenchyme ; *as*, assise génératrice externe (formatrice du liège et du phelloderme) ; *ép*, épiderme.

Le sclérenchyme est beaucoup plus répandu que le collenchyme dans les Végétaux, surtout chez les Phanérogames.

4° TISSU VASCULAIRE

Le tissu vasculaire est largement représenté dans le bois du cylindre central, chez toutes les plantes pourvues de racines (Phanérogames et Cryptogames dites *vasculaires*). Il consiste en cellules très allongées, à membrane lignifiée, qui perdent de bonne heure leur protoplasme. Tantôt ces cellules *mortes* sont accolées les unes au bout des autres, mais leurs cavités respectives demeurent indépendantes (*vaisseaux fermés* ou *imparfaits*, appelés encore *trachéides*) ; tantôt ce sont des files de cellules dont les membranes transversales communes (fig. 322, B) se sont gélifiées (2), puis résorbées (3), en sorte qu'une même file cellulaire constitue un tube continu (*vaisseaux ouverts* ou *parfaits*). La résorption de la paroi commune est totale, ou bien elle ne s'opère qu'en certains points.

Les cellules qui, par leur différenciation, ont engendré les vaisseaux, possèdent une membrane lignifiée avec des épaississements variés; des cellules ponctuées, rayées, réticulées, spiralées, annelées et scalariformes, étudiées précédemment, dérivent les vaisseaux de même nom (fig. 351 et 319, D, C).

Répartition des vaisseaux. — Les vaisseaux fermés sont bien plus fréquents que les vaisseaux ouverts; ils existent, en effet, chez toutes les plantes vasculaires; le bois des Cryptogames vas-

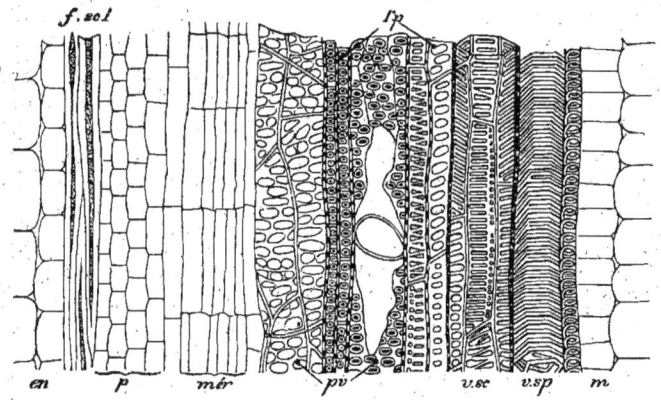

Fig. 351. — Section longitudinale du faisceau libéroligneux du Ricin (figure 349), *v.sp*, vaisseau spiralé; *v.sc*, vaisseau scalariforme; *p.v*, vaisseau ponctué; *l.p*, parenchyme ligneux; *mér*, méristème; *f.s.cl*, fibres scléreuses en dehors du liber; *en*, endoderme.

culaires (Fougères, Lycopodes, etc...) et des Gymnospermes (Conifères, etc...) en est formé presque exclusivement; la plus grande partie du bois des Angiospermes (celui des arbres de nos forêts, par exemple), est composé de vaisseaux fermés.

Les vaisseaux ouverts (*vp*, fig. 349) ont la section la plus large et sont le plus souvent ponctués ou rayés, dans le bois de nos arbres; les vaisseaux fermés y sont étroits, avec des épaississements spiralés ou annelés.

Les vaisseaux scalariformes *C* (fig. 319) sont abondants chez les Cryptogames vasculaires; les vaisseaux ponctués aréolés, F, F', F'', forment le bois des Conifères.

Les vaisseaux, de quelque aspect qu'ils soient, sont groupés en *faisceaux* dans une plante; suivant que ces faisceaux appartiennent à la racine ou à la tige d'un même végétal, ils sont orientés de manières différentes qu'une étude ultérieure nous fera connaître.

Origine du tissu vasculaire. — Quand on examine la section longitudinale d'un organe végétatif jeune chez une plante vasculaire (fig. 328), on y remarque, à une faible distance du sommet, des files de cellules allongées *mv*, parallèles entre elles; certaines de ces cellules se transforment rapidement en cellules spiralées *tc* : ce sont là les premiers vaisseaux (vaisseaux imparfaits) à partir du méristème terminal. A mesure que l'examen porte sur des parties plus âgées de la coupe, on distingue des vaisseaux de plus en plus nombreux, dont les uns sont fermés et les autres ouverts.

Fonctions du tissu vasculaire. — Les racines des plantes vasculaires puisent dans le sol des matières nutritives généralement en dissolution étendue dans l'eau ; le liquide absorbé (*sève*) pénètre dans les vaisseaux de la plante, s'y élève et parvient jusqu'aux feuilles où il se concentre par évaporation. *La circulation de la sève est plus rapide* dans les canaux larges à lumière non interrompue, c'est-à-dire *dans les vaisseaux parfaits;* ces derniers sont donc indispensables aux plantes qui atteignent des dimensions considérables, qui vivent dans les pays chauds ou tempérés, à celles, en un mot, dont l'activité vitale est très grande.

TISSU CRIBLÉ

De même que le **vaisseau** *est l'élément fondamental du tissu vasculaire qui forme le* **bois**, *de même le* **tube criblé** *est l'élément fondamental du tissu criblé qui entre dans la constitution du* **liber** *;* mais le *vaisseau est un élément mort à membrane lignifiée*, tandis que *le tube criblé est un élément vivant* avec son protoplasme et sa membrane mince sans incrustation.

Caractères des tubes criblés. — Les tubes criblés sont des cellules cylindriques ou prismatiques, plus ou moins allongées, terminées par des *faces perméables* et le plus souvent *perforées* sur une partie de leur étendue. Ces éléments sont superposés en files longitudinales et la paroi commune à deux cellules successives est transversale (Courge) ou oblique (Vigne, fig. 352).

La cloison transversale se rencontre chez la plupart des Monocotylédones et des Dicotylédones herbacées, avec un crible unique le plus souvent (fig. 352, A) ; elle est oblique chez la plupart des plantes ligneuses et possède souvent plusieurs cribles, c'est-à-dire des groupes de perforations sur la même cloison (fig. 322, C).
La cloison commune est seulement perméable, mais n'est jamais perforée chez les Gymnospermes et quelques espèces Angiospermes. *Il y a donc des tubes criblés parfaits et des tubes imparfaits, comme il existe des vaisseaux ouverts et des vaisseaux fermés.* Des *cellules-compagnes c.c* (fig.352) sont accolées aux tubes criblés; elles sont étroites et allongées dans le même sens que les tubes *t.cr.* Les cellules-compagnes procèdent d'ailleurs de la même cellule-mère que le tube contre lequel elles sont appliquées; un cloisonnement longitudinal les en a séparées. Elles font défaut chez les Cryptogames vasculaires et les Gymnospermes.
Les tubes criblés et les cellules-compagnes ont un contenu très riche en substances albuminoïdes; aussi se colorent-ils plus fortement par le bleu d'aniline que les cellules parenchymateuses qui les environnent.

Structure et développement de la paroi criblée. — La paroi commune à deux tubes superposés, vue en projection horizontale (fig. 352, A), présente un réseau cellulosique *r.c* (colorable en bleu violet intense par le bichlorure d'étain iodé) et des mailles *po* remplies de substances albuminoïdes (colorables par le bleu d'aniline, mais qui demeurent incolores par le réactif précédent).

La membrane jeune, appelée à former un crible, est tout d'abord de nature azotée ; elle s'incruste inégalement de cellulose, et suivant des directions entre-croisées limitant les ponctuations du futur crible ; ces ponctuations demeurent

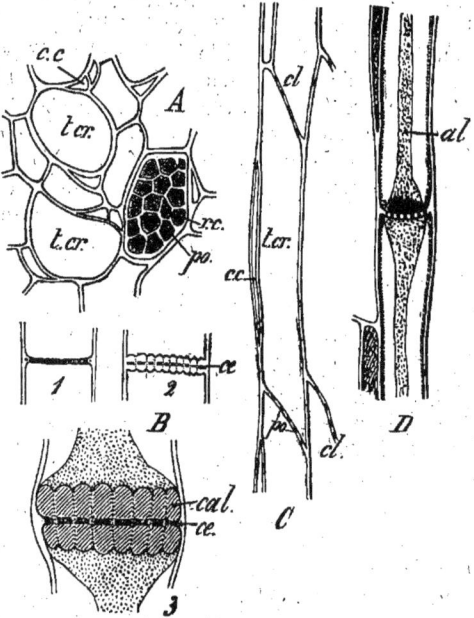

Fig. 352. — Tissu criblé. A, coupe transversale du liber (Courge) ; *t.cr*, tubes criblés avec les trous *po* du crible et le réseau *r.c* ; *c.c*, cellules-compagnes. — B, section transversale d'un crible de Ronce, 1 ; le réseau cellulosique *ce*, 2, se recouvre du cal *cal*, 3 (Courge). — C.D, sections longitudinales d'un tube criblé *t.cr* (Vigne). *cl*, cloison perforée oblique ; *c.c*, cellule-compagne ; en D, la cloison perforée, se laisse traverser par le liquide épais, riche en matières albuminoïdes, qui constitue la sève élaborée.

occupées par la membrane azotée continue. Si les échanges osmotiques entre les contenus des deux cellules superposées sont peu actifs, la membrane azotée demeurera continue et perméable ; mais si ces échanges deviennent très actifs, la substance albuminoïde du tube dont la turgescence est la plus grande refoulera sur les bords des mailles du réseau la membrane azotée qui se perforera, et les contenus albuminoïdes des tubes superposés formeront une sorte de filament unique, liquide épais, capable de se transporter lentement dans le sens de la turgescence décroissante (fig. 352, D).

Le protoplasme des tubes criblés forme alors une mince couche latérale, et les perforations du crible sont revêtues d'un manchon à peine perceptible, constitué par la membrane azotée.

Cal. — Quand des modifications surviennent dans la nutrition de la plante, à l'automne surtout, le contenu des tubes criblés, riche en matières albuminoïdes, sert à former sur les cribles des dépôts qui bientôt se rejoignent (fig. B, 1, 2, 3), obstruent les perforations et constituent, sur les deux faces du réseau cellulosique, des plaques plus ou moins épaisses appelées *plaques calleuses*. A mesure que le cal s'épaissit, le contenu des tubes criblés devient aqueux et le protoplasme pariétal seul rappelle que les éléments considérés sont vivants.

Le cal peut donc être défini une réserve albuminoïde formée par la plante au moment du ralentissement de ses fonctions. Au printemps suivant, le cal se dissout et les transports internes recommencent.

Fonctions du tissu criblé. — Le tissu criblé est un tissu vivant, très analogue au parenchyme de réserve en ce qu'il contient des substances nutritives abondantes; il est comparable au tissu vasculaire en ce qu'il sert, comme lui, au transport de matières nutritives dans les diverses régions de la plante. Là, d'ailleurs, se borne l'analogie des deux tissus conducteurs, car leurs contenus sont différents.

DES APPAREILS

Les tissus dont nous avons étudié la structure et défini les fonctions forment les appareils qui constituent l'organisme végétal. Chacun d'eux occupe, dans l'édifice cellulaire, une position conforme au rôle qui lui est dévolu; la place réservée à chaque tissu est proportionnée à l'importance de sa fonction, et ses rapports avec les tissus voisins sont réglés d'une manière si heureuse qu'au minimum de dépense de matière correspond le maximum d'effet utile.

Les végétaux inférieurs (Algues, Champignons) sont réduits, pour la plupart, au minimum de simplicité : une cellule, un filament, un parenchyme, chlorophyllien ou non, protégé par un revêtement de cellules plus petites et plus serrées.

Dans la tige des Mousses, la différenciation, poussée plus loin, montre le parenchyme enveloppé d'une zone externe cellulaire relativement dense et, au centre, quelques cellules allongées attestant une tendance à la formation des vaisseaux fermés.

Les végétaux supérieurs nous offrent la différenciation cellulaire poussée au plus haut degré. [La diversité des tissus y est le résultat de l'*adaptation* à des conditions d'existence bien définies. Des générations successives, originaires d'un même type ancestral, développées en des milieux non identiques, ont à la longue adopté certains caractères anatomiques qui, transmissibles par *hérédité*, ont conduit les botanistes à créer des groupes végétaux (classifications)].

Malgré des variations nombreuses, le plan suivant lequel sont organisés les végétaux supérieurs peut être facilement décelé.

1° Une charpente ou *stéréome* ayant pour éléments les *tissus de soutien* (sclérenchyme surtout, collenchyme), est formée de manchons cylindriques ou cannelés, de piliers parallèles, ou de manchons et de colonnades tout ensemble, doués d'une résistance considérable (fig 353). [**Appareil de soutien**].

Les tiges aériennes renferment l'appareil de soutien le mieux développé ; il consiste, dans le parenchyme cortical, en un manchon continu (Courge, 1) ou en faisceaux de sclérenchyme placés aux angles de la tige (Genêt, 3 ; Labiées, 4). Dans le parenchyme

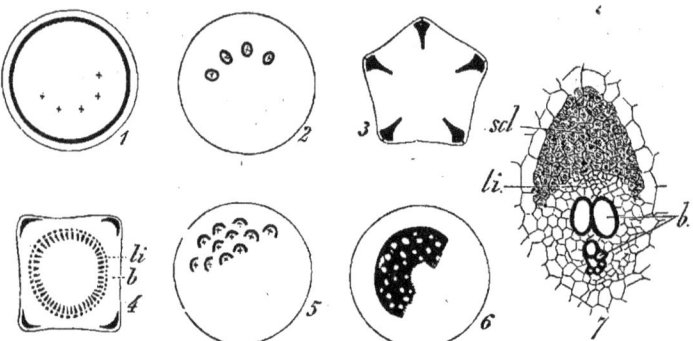

Fig. 353. — Appareil de soutien (stéréome). 1, Courge ; 2, Canne à sucre ; 3, Genêt ; 4, Labiées ; 5, 7, Palmier ; 6, petit Houx (*Ilex aquifolium*).
(Cette figure a été extrêmement simplifiée pour être rendue compréhensible.)

central, c'est le plus souvent au voisinage des faisceaux ligneux et libériens que le stéréome apparaît, sous forme de piliers creux enveloppant totalement ces faisceaux (Canne à sucre, 2) ou de gouttières qui les soutiennent du côté externe (Palmiers, 5 et 7). Dans les tiges ligneuses (Arbres), le stéréome forme un manchon épais et très résistant qu'on trouve remarquablement développé aussi chez le petit Houx (6).

2° Les colonnades sont le plus souvent au voisinage des *tissus conducteurs*: vaisseaux du bois, tubes criblés du liber, groupés en faisceaux où circulent les liquides nutritifs. [**Appareil conducteur**]. Ces canaux ne peuvent donc subir d'affaissement. Dans la tige, les faisceaux ligneux (bois), adossés aux faisceaux libériens, forment des faisceaux libéroligneux, dont le bois est orienté vers l'intérieur de la tige et le liber à l'extérieur (fig. 331) ; dans la racine ces faisceaux sont alternes.

3° Des enveloppes concentriques, au nombre de 3 ou de 2, *protègent* l'édifice. Ce sont :

à l'extérieur, l'*épiderme* (pour la tige et les feuilles), percé de fenêtres (stomates) qui assurent la communication de l'air avec l'atmosphère de la plante (méats, lacunes, chambres du parenchyme) ;

le *liège (assise subéreuse)*, qui supplée l'épiderme absent ou altéré en protégeant le parenchyme cortical;

l'*endoderme*, qui enveloppe le cylindre central

[**Appareil protecteur**].

4° Le *parenchyme* comble tout l'espace circonscrit par l'épiderme ou par le liège dans la tige, les feuilles et la racine, en *réunissant* les appareils précédents [**Appareil conjonctif**].

Cet appareil joue un rôle essentiel dans la nutrition du végétal: *chlorophyllien* dans les régions hypodermiques, le parenchyme y est l'*appareil assimilateur;* incolore au centre de la plante, il y accumule des réserves et constitue l'*appareil de réserve*. Des cellules et des canaux sécréteurs y sont diversement répartis et forment l'*appareil sécréteur*.

CHAPITRE IV

DES ORGANES

GRANDES DIVISIONS DU RÈGNE VÉGÉTAL

Les Végétaux sont unicellulaires ou pluricellulaires Ces derniers sont rarement composés de cellules toutes identiques comme la Spirogyre (fig. 323) et le *Pediastrum* (fig. 325); le plus souvent, ils renferment des cellules plus ou moins variées de forme et de structure, groupées en tissus.

Or, quelle que soit la complexité d'un Végétal, les fonctions qu'il accomplit sont de même nature :

Les unes, assurant son existence propre, sont les *fonctions de nutrition;* les autres, ayant pour objet la conservation de son espèce, sont les *fonctions de reproduction*.

Ces deux sortes d'attributions peuvent échoir successivement à la *même partie* du végétal; ou bien elles sont remplies par des *groupes distincts de cellules* qu'on appelle *organes*, *spécialisés en vue d'un travail déterminé;* ce travail est évidemment accompli d'une manière plus parfaite.

Le principe de la *division du travail* est, chez les Végétaux comme chez les Animaux, un critérium absolu de leur degré de perfection; quelques exemples vont nous permettre d'en faire la preuve.

I. — VÉGÉTAUX UNICELLULAIRES ET COLONIES DE CELLULES IDENTIQUES

La division du travail est à peine accusée chez ces Végétaux.
La Levure de bière (fig. 354, A), la Levure ordinaire des vins B.

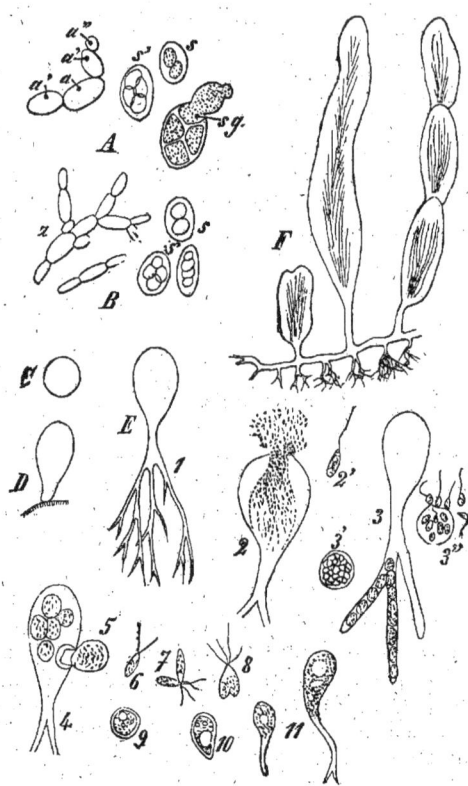

Fig. 354. — Végétaux unicellulaires. — A, Levure de bière (*Saccharomyces cerevisiæ*); *a*, cellule primordiale avec bourgeons a', a''. En s, s', cellules avec spores; *s.g*, spore en germination. — B, Levure ordinaire des vins (*Saccharomyces ellipsoideus*); mêmes désignations que pour A. — C, *Protococcus*. — D, *Valonia*. — F, *Caulerpa*. — E, *Botrydium granulatum*, 1; 2, gélification de l'ampoule au sommet pour l'émission de zoospores à un cil, 2'; 3, évacuation de l'ampoule par le protoplasme qui, dans les rameaux souterrains, forme des masses 3' capables d'émettre des zoospores à un cil, 3''; 4, partage du protoplasme en masses sphériques 5, qui se résolvent en zoospores à 2 cils, 6; 7, 8, fusion de deux zoospores et production d'un œuf 9, qui germe en 10 et 11.

les Bactéries (fig. 321) sont composées de cellules libres ou associées, mais *toutes identiques*.

Soit une cellule de Levure, *a* ; placée dans un liquide convenable, *elle s'y nourrit* et *s'y développe* ; une fois sa grandeur maximum

Tableau XXXVII.

Des Organes.

Le perfectionnement d'un organisme est en corrélation avec la division du travail physiologique qui s'y accomplit; les Végétaux inférieurs surtout en fournissent des exemples frappants.

Fonctions
- *de nutrition*.... Conservation de l'individu.
- *de reproduction*. Conservation de l'espèce.

Division du travail :

- **nulle ou faible : Confusion des fonctions**
  - totale....
    - Êtres unicellulaires : Levure de bière, Bactéries.
    - Colonies cellulaires : *Pediastrum*.
    - Certains Thallophytes : *Mesocarpus*.
  - partielle.
    - Gamète mâle et Gamète femelle : Spirogyre.
    - Spécialisation atténuée d'une partie nutritive et d'une partie reproductrice. *Botrydium granulatum*, *Mucor Mucedo*.

- **de plus en plus nette : Séparation des fonctions.**
  - Appareils nutritif et reproducteur peu différenciés...............
    - **Thallophytes** (Agaric, Laminaire, etc...).
  - Appareil nutritif perfectionné.
    - Formes de transition : *Hépatiques* thalliformes (*Anthoceros*, etc...).
    - Tige, Feuilles et poils rhizoïdes : **Muscinées** (*Mousses* et *Hépatiques* feuillées).
    - Tige, Feuilles et Racines : **Cryptogames vasculaires** et **Phanérogames**.
  - Appareil reproducteur perfectionné. Multiplication.
    - par *œufs* et *spores* sans alternance régulière : **Thallophytes** (Algues, Floridées, etc...).
    - par *œufs* et *spores* en *alternance régulière* : **Muscinées** et **Cryptogames vasculaires**.
    - par graines
      - issues de *fleurs* : **Phanérogames**.
      - Graines
        - nues : *Gymnospermes*.
        - dans un ovaire : *Angiospermes*.

---

atteinte, *elle se multiplie* par bourgeonnement en produisant des chapelets de cellules nouvelles a', a'', etc. qui, devenues indépendantes, se comporteront de même. Mais si le milieu est impropre au développement de la cellule a, celle-ci ne croît plus; son protoplasme se partage en 2 ou 4 *spores* s, s', enveloppées chacune d'une membrane protectrice. Au moment où le milieu redeviendra propice à la vie de la plante, chacune de ces spores germera ($s.g$), en donnant de jeunes cellules identiques à la cellule primitive a.

Ainsi *la cellule unique qui compose un Végétal accomplit ici tour à tour les fonctions de nutrition qui déterminent sa croissance et les fonctions de reproduction qui perpétuent son espèce.*

Le même fait se remarque chez la Spirogyre (fig. 323), Algue filamenteuse pluricellulaire dont les cellules jouent, dans la reproduction, les unes le rôle d'*organes* ou *gamètes mâles*, les autres le rôle de *gamètes femelles*. (Voir page 344.)

Chez une Algue voisine, le *Mesocarpus* (fig. 355, I), une portion seulement du protoplasme nutritif des cellules conjuguées *a* et *b* participe à la formation de l'œuf 2.

Quand la cellule, qui forme une plante unicellulaire atteint des dimensions notables, elle adopte parfois une forme telle qu'*une partie du corps cellulaire sert d'organe de fixation et de nutrition, l'autre partie étant* ordinairement *affectée à la multiplication du végétal*. Ainsi, les *Protococcus* C (fig. 354) sont des cellules sphériques; les *Valonia* D ont la forme d'une outre maintenue au sol par sa pointe; les *Caulerpa* F présentent des crampons fixateurs soutenant un filament cylindrique pourvu d'expansions foliacées; à ces expansions est surtout dévolu le rôle d'organe de nutrition.

Avec le *Botrydium granulatum* (fig. 354, E, 1, 2, ... 11) parmi les Algues et le *Mucor Mucedo* (Moisissure blanche, fig. 355, II et III) parmi les Champignons, nous faisons un pas de plus vers la division du travail.

Le *Botrydium granulatum* 1 (fig. 354, E) est une ampoule verte de 1 à 2 millimètres de diamètre, qui se développe dans les endroits humides; cette ampoule se continue dans le sol par un *organe fixateur et absorbant*, divisé dichotomiquement en rameaux nombreux et incolores.

Tant que la plante n'a pas atteint son maximum de grandeur, *la vésicule s'accroît en diamètre en se nourrissant de substances puisées dans l'air, tandis que les crampons absorbent l'eau du sol*. Le moment de la *reproduction* arrivé, la paroi de la vésicule se gélifie (2), tandis que le protoplasme se partage en un grand nombre de spores pourvues d'un cil vibratile (2'); ces *zoospores* se fixent au sol, s'accroissent et donnent autant de *Botrydium* nouveaux.

Un autre mode de multiplication par zoospores se produit quand la lumière est trop vive et la terre trop sèche : le protoplasme de l'ampoule se retire dans les rameaux souterrains (3), s'y partage en masses sphériques (3') entourées d'une membrane; si le sol devient très humide ensuite, chacun de ces îlots protoplasmiques donne un grand nombre de zoospores (3″) qui se meuvent dans l'eau, se fixent au sol et germent.

Le Botrydium produit aussi des œufs. A cet effet, le protoplasme de l'ampoule (4) se divise en sphères, entourées d'une membrane (5), qui donnent naissance à des zoospores pourvues de 2 cils (6); celles-ci se fusionnent deux à deux (7, 8) et constituent un œuf (9). L'œuf peut germer de suite ou attendre que les conditions du milieu extérieur lui soient favorables; il engendre alors un jeune *Botrydium* (10, 11).

En résumé, *dans le Botrydium unicellulaire, on distingue un organe fixateur et absorbant souterrain, un organe de nutrition aérien, dont le protoplasme concourt à la reproduction du végétal d'une manière variable avec les conditions du milieu ambiant*.

Nous pourrons formuler des conclusions identiques en étudiant le *Mucor Mucedo* ou Moisissure blanche qui envahit le bois humide dans les caves. Une spore *s* (fig. 355, II) donne, en germant, un filament (*s'*, *s″*) ramifié, qui pénètre dans les substances en décomposition. Le protoplasme voyage dans ce tube appelé *mycélium my*, et se porte de préférence vers les parties jeunes.

Le mycélium est donc l'organe fixateur et absorbant de la plante.

Quand il est vigoureux, *cet organe devient reproducteur ;* il émet vers l'extérieur des pédicelles ou *tubes sporangifères t. sp*, qui atteignent parfois 15 centimètres de longueur; au sommet de ces tubes, se développe une sphère remplie d'un protoplasme abondant; puis *une membrane apparaît*, la *columelle, col*, en dehors

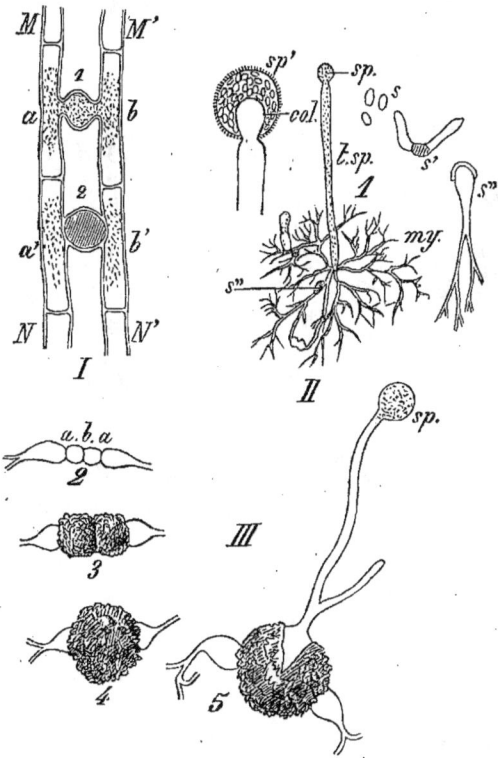

Fig. 355. — I, *Mesocarpus* : fusion *partielle* du contenu protoplasmique des cellules a' et b', pour la formation d'un œuf, 2. — II, *Mucor Mucedo*. 1 ; s, spores germant en s', s'' avec formation d'un mycélium nutritif *my* et d'un tube sporangifère *t.sp* ; *sp*, sporange grossi en sp' et plein de spores. 2, conjugaison de 2 filaments mycéliens pour la formation d'un œuf, 3, 4. En 5, l'œuf a déchiré l'exospore (sa membrane externe) et germé en un tube sporangifère.

de laquelle le protoplasme se convertit en une foule de spores sp' mises en liberté par la destruction de la membrane externe.

Si la Moisissure manque d'air ou d'humidité, elle forme des œufs. A cet effet, deux filaments conjugués (fig. 355, III, 2) isolent, par des cloisons a, a, deux cellules dont la paroi commune b se résorbe; l'œuf qui résulte de leur fusion, appelé d'ordinaire *zygospore*, grossit (3, 4) et s'entoure d'une membrane épaisse et brune. Dans l'air humide, cet œuf germe, donne un mycélium nouveau et parfois directement un sporange *sp* (5).

II. — VÉGÉTAUX PLURICELLULAIRES

Les appareils nutritif et reproducteur y sont plus distincts.
La division du travail est un fait nettement accompli chez le

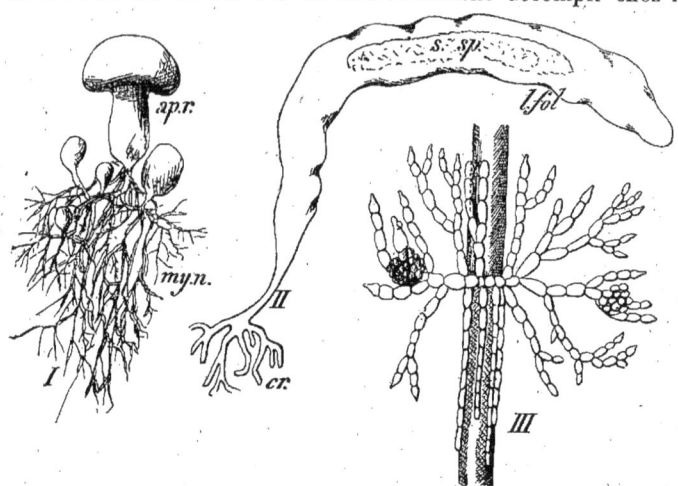

Fig. 356. — I, Champignon de couche; *my.n*, mycélium nutritif; *ap.r*, appareil reproducteur. II, Laminaire; *cr*, crampons; *s.sp*, surface sporifère. III, *Batrachospermum*.

Champignon de couche (*Agaricus campestris*, fig. 356, I) parmi les Champignons, et chez la Laminaire (*Laminaria saccharina*, II) parmi les Algues. L'Agaric consiste en un *mycélium nutritif my.n*, composé de filaments pluricellulaires qui se développent dans le fumier; aux points où concourent de nombreux rameaux, l'abondance de matière nutritive provoque la formation d'hyphes (fig. 326, B) qui se groupent en un faux tissu d'où résulte le chapeau, *ap.r*.

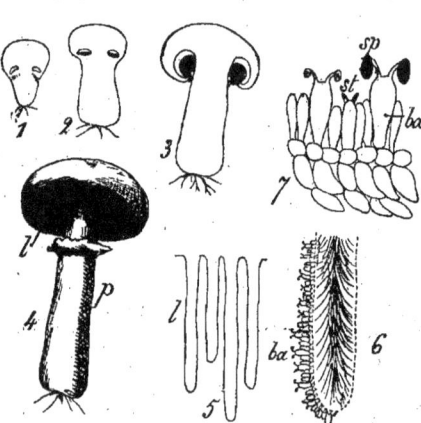

Fig. 357. — Développement et multiplication de l'Agaric. 1,2,3,4; *p*, pédicelle; *l*, lames sporifères, vues en coupe (5); 6, coupe d'une lame fortement grossie portant les basides *ba*, mieux visibles en 7; *ba*, baside avec stérigmates *st* portant les spores *sp*.

Le chapeau n'est que l'appareil *reproducteur* du Champignon; il porte des lames (4, 5) (fig. 357) rayonnantes autour du pédicelle *p ;* sur la surface de ces lames (6) se développent des cellules particulières (*basides ba*, 7) qui produisent les spores *sp* destinées à la multiplication du végétal.

Les Laminaires II (fig. 356), grandes Algues marines atteignant plusieurs mètres de longueur, possèdent un *appareil fixateur* (les crampons *cr* qui embrassent étroitement les aspérités des rochers) et un *appareil nutritif*, la lame foliacée brune *l. fol ;* une partie de cette lame se différencie plus tard en un *appareil reproducteur* qui occupe la surface sporangifère *s.sp*.

Toutes les plantes dont il vient d'être question sont unicellulaires ou formées de cellules presque identiques.

On nomme **thalle** *le corps de tout végétal composé de cellules non ou peu différenciées;* les **Thallophytes** *embrassent l'ensemble des Végétaux chez lesquels la division du travail, encore assez peu marquée, s'accorde avec une grande simplicité de structure.*

Les Thallophytes comprennent les *Algues* pourvues de chlorophylle et les *Champignons* qui n'en possèdent pas.

A. — *Répartition du travail nutritif entre des organes perfectionnés.*

1° *Plantes pourvues d'une tige et de feuilles.* — Si le thalle des Ulves, des Laminaires (Algues) est peu différencié dans sa forme et sa structure, on n'en saurait dire autant des lames vertes qui constituent l'appareil végétatif de certaines Hépatiques (*Anthoceros,* fig. 358, A; *Marchantia*, B) ni des tiges feuillées du *Callipogeia* C, C (Hépatique) et des Mousses (*Polytrichum*, D; *Leucodon*, E).

Les Mousses, en particulier, présentent un axe ordinairement vertical appelé *tige ti*, E, pourvu de *feuilles f* nombreuses, petites et serrées ; la tige est maintenue au sol par des poils *cr* ou *rhizoïdes*. La plante ainsi constituée possède un appareil fixateur et faiblement absorbant (les poils), un appareil de soutien (la tige) servant à conduire la sève, un appareil nutritif proprement dit (les feuilles) puisant dans l'air les gaz utiles à la plante.

Par l'examen au microscope d'une section transversale de la tige G, on reconnaît au centre de celle-ci un massif de petites cellules *c* qui, vues en coupe longitudinale, sont très allongées suivant l'axe ; ces éléments rappellent les jeunes cellules allongées qui, dans le méristème terminal des Végétaux supérieurs, donnent naissance aux vaisseaux (page 349, fig. 328).

On appelle **Muscinées** *l'ensemble des Végétaux qui possèdent ordinairement une tige et des feuilles.* Dans ce groupe sont rangées les *Mousses* et les *Hépatiques* dont certains genres (*Callipogeia,*

376   DES ORGANES.

Jungermannia) se rapprochent des Mousses, tandis que d'autres (*Marchantia, Anthoceros*, etc.) ont plus d'analogie avec les Algues par leur forme extérieure.

2° *Plantes avec racine, tige et feuilles*. — Les Végétaux supérieurs présentent un perfectionnement plus grand encore : leur tige est

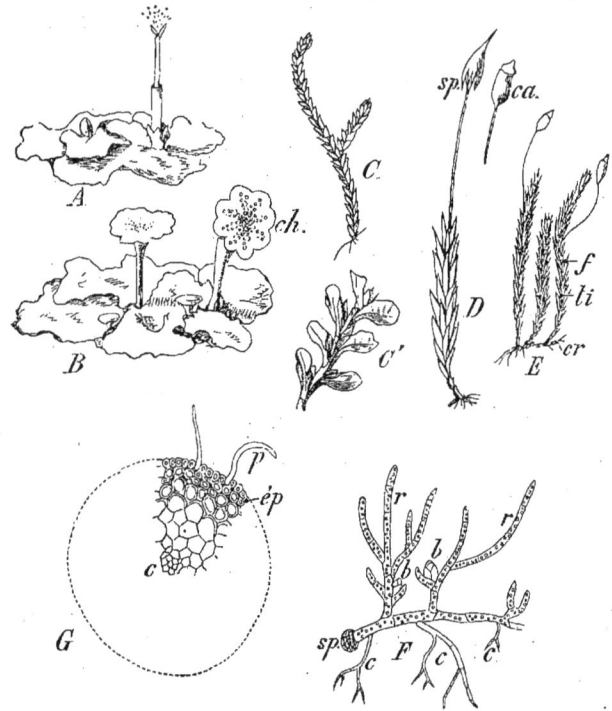

Fig. 358. — *Muscinées* · 1° Hépatiques : A, thalle d'*Anthoceros* portant un sporogone au moment de sa déhiscence ; B, thalle de *Marchantia* avec chapeaux mâles *ch*. C, *Calypogeia* dont une portion C' est grossie. — 2° Mousses : D, *Polytrichum* dont la tige feuillée porte un sporogone *sp* avec sa coiffe. E, *Leucodon* ; *cr*, rhizoïdes ; *ti*, tige avec feuilles *f* ; *ca*, sporange grossi pourvu de son opercule. F, protonéma produit par la germination d'une spore *sp* ; *c*, rhizoïdes bruns ; *r*, filaments verts ramifiés ; *b*, bourgeons (futures tiges feuillées).

en continuité avec un système radiculaire qui constitue un appareil de fixation et d'absorption important ; tandis que les rhizoïdes des Mousses ne puisent que peu de matières nutritives dans le sol, les racines d'une Fougère (fig. 359) ou d'un Lupin (fig. 311) absorbent à l'état de dissolution tous les sels nécessaires à l'entretien de la plante. Le liquide nutritif absorbé parvient à des éléments profondément différenciés, appelés *vaisseaux* (fig. 331, *v*; 332, *f.b*), qui le conduisent à travers la racine et la tige jusqu'aux feuilles.

On appelle **Plantes vasculaires** *tous les Végétaux composés de trois membres (racine, tige et feuilles) où la sève circule dans des vaisseaux.*

B. — Perfectionnement de l'appareil reproducteur.

1° *Plantes se multipliant par œufs et par spores.* — Les Thallophytes se multiplient par œufs ou par spores, souvent par les deux à la fois. Aussi longtemps que les conditions du milieu extérieur sont favorables, la plante adulte produit des spores; si ces conditions changent, la plante en danger de mort produit des œufs par la fusion des protoplasmes de deux cellules distinctes (*Spirogyra*, fig. 323; *Mucor*, fig. 355; *Nemalion*). L'apparition des œufs et des spores est donc fort irrégulière chez ces végétaux.

Les Muscinées et nombre de plantes vasculaires se reproduisent *par spores et par œufs alternativement*; chez les autres plantes vasculaires, la reproduction se fait par *graines issues de fleurs*.

Fig. 359. — *Cryptogames vasculaires.* — *Polypodium vulgare* (Fougère). — 1, plante avec racines *ra*, tige souterraine (rhizome) *ti*, feuille épanouie *f* et jeune feuille enroulée en crosse *j.f*; *b*, bourgeon terminal; la partie dorsale des frondes *lo* porte des accumulations de sporanges *s*. — 2, *spo₁*, sporange fermé. — 3, *spo₂*, sporange ouvert projetant les spores *sp*. — 4, prothalle *pr*. — 5, jeune plante se développant sur le prothalle *pr*.

Les plantes à fleurs sont appelées **Phanérogames**, par opposition à toutes les autres nommées **Cryptogames**. Les plantes vasculaires se reproduisant sans l'aide de fleurs sont les **Cryptogames vasculaires**, qui comprennent les Fougères (*Polypodium*, fig. 359), les Prêles, les Lycopodes, etc.

2° *Plantes se reproduisant par graines* (*Phanérogames : Angiospermes et Gymnospermes*). — Une graine provient d'une fleur, c'est-à-dire d'un ensemble de feuilles modifiées : les unes en vue de la reproduction, les autres à l'effet de protéger les premières.

Soit une fleur de Moutarde sauvage (*Sinapis arvensis*, fig. 360). Elle se compose :

1° de verticilles externes protecteurs : le *calice ca*, comprenant 4 *sépales*, et la *corolle co*, formée de 4 pétales ;

2° de verticilles reproducteurs : l'*androcée*, formé de 6 éta-

Fig. 360. — Moutarde des champs (*Sinapis arvensis*). — *r*, racine ; *t.hy*, tige hypocotylée ; *c,c'*, cotylédons ; *t.ép*, tige épicotylée portant les feuilles et les fleurs à divers degrés d'épanouissement, 1 à 7. — 3, *ca*, calice ; *co*, corolle. — 6,7, jeune fruit (*silique*) parvenu à maturité en *si* ; *si'*, silique ouverte pour la dispersion des graines. — *sil*, silicule de la Bourse-à-pasteur (*Capsella bursa pastoris*).

mines, et le *pistil* avec 2 *carpelles* soudés (fig. 360, 5, 6, 7).

Chaque étamine comprend un *filet* surmonté d'un sac appelé *anthère* où se développe une poussière jaune, le *pollen*.

Dans un carpelle, on trouve à la base une cavité close, l'*ovaire*, renfermant de petits grains nommés *ovules*, attachés à la paroi ; l'ovaire se prolonge par un *style* muni d'un *stigmate*, surface papilleuse enduite d'un liquide visqueux.

Quand la fleur est épanouie, le pollen mis en liberté est recueilli par le stigmate, et son contenu protoplasmique se fusionne avec celui d'une cellule renfermée dans un ovule.

De cette fusion résulte un œuf qui s'organise en une plantule, s'entoure d'une matière nutritive de réserve et forme la graine.

Tous les ovules ainsi fécondés donnent des *graines renfermées dans une enveloppe close, le fruit* (fig. 360, si, si').

Toute plante phanérogame, dont les graines sont ainsi contenues dans une enveloppe fermée, s'appelle *Angiosperme* (Moutarde, Giroflée, Lin, Géranium, Haricot, Pois, Lis, etc.).

Parfois, comme dans le Pin, le Sapin (fig. 361), les fleurs sont dépourvues du calice et de la corolle, certaines feuilles modifiées $ét_1$, groupées en *cônes mâles* $C\,\sigma$ à l'extrémité des branches, produisent du pollen p ; d'autres c_1, c_2, réunies en *cônes femelles* $C\,♀$, portent chacune deux ovules libres *ov, à nu* sur les feuilles carpellaires. Après la fécondation, ces ovules donneront aussi des graines.

On appelle *Gymnosperme* toute plante phanérogame dont les graines ne sont pas renfermées dans une cavité close (Conifères : Pin, Sapin, Mélèze, Genévrier, etc.).

Fig. 361. — Gymnospermes. — *Abies pectinata* (Conifère). $C\,\sigma$, cône de fleurs mâles ; $C\,♀$, Cône femelle. $ét_1$, étamine fermée ; $ét_2$, étamine ouverte mettant en liberté les grains de pollen p. — c_1, c_2, carpelles montrant les deux ovules *ov* (futures graines) et l'écaille tectrice *éc.t.*

Angiospermes : Dicotylédones et *Monocotylédones.* — Nous avons vu qu'une graine de Lupin (fig. 309) renferme une *plantule* (radicule, tigelle et gemmule) protégée par *deux cotylédons* fixés à la tigelle ; la graine de Lupin est appelée *dicotylédone*, ainsi que la plante qui en naît.

La graine du Maïs (fig. 371) renferme *un seul cotylédon* qui enveloppe la plantule de toutes parts ; ce cotylédon est appliqué contre une réserve nutritive supplémentaire, l'*albumen*. La graine de Maïs est dite *monocotylédone*, comme le végétal auquel elle donnera naissance.

Remarque. — *Signification réelle des termes* **membre** *et* **organe.** — Il résulte des notions précédentes qu'on ne peut attribuer confusément les noms de *membre* et d'*organe* aux diverses parties d'un Végétal.

Un *membre est une partie d'un tout* (le terme *membre* est exclusivement anatomique). La racine, la tige et la feuille sont les membres de la plante.

Un *organe est une partie du Végétal chargée d'une fonction déterminée* (le terme *organe* est essentiellement physiologique). On dit de la racine qu'elle est l'organe de soutien de la plante; mais la feuille du Pois avec ses vrilles, la tige du Houblon et du Liseron, s'enroulant autour d'un support, sont aussi des organes de soutien : ainsi *deux membres différents peuvent être des organes de même nature physiologique*.

Inversement, un même membre peut remplir des fonctions différentes : la feuille est un organe d'assimilation chez la plupart des Végétaux; elle devient un organe de réserve dans les écailles des bulbes du Lis et de l'Oignon, dans les feuilles des Crassulacées; c'est un organe protecteur dans les écailles des bourgeons et un organe de soutien dans le Pois, la Vesce, etc.

Conclusion. — Les considérations contenues dans ce chapitre nous permettent d'établir ainsi les *grandes divisions du règne végétal* :

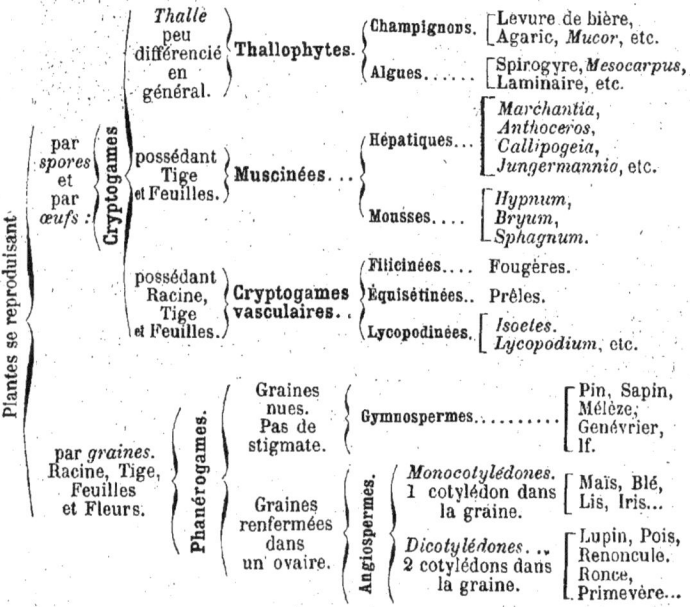

FONCTIONS DE NUTRITION

RAPPORTS GÉNÉRAUX ENTRE LES MEMBRES ESSENTIELS DE LA PLANTE.

Les membres essentiels de la plante (racine, tige et feuilles) sont groupés, en général, de telle sorte que la racine et la tige en forment l'*axe*, les feuilles pouvant être considérées comme des expansions latérales de la tige (fig. 362).

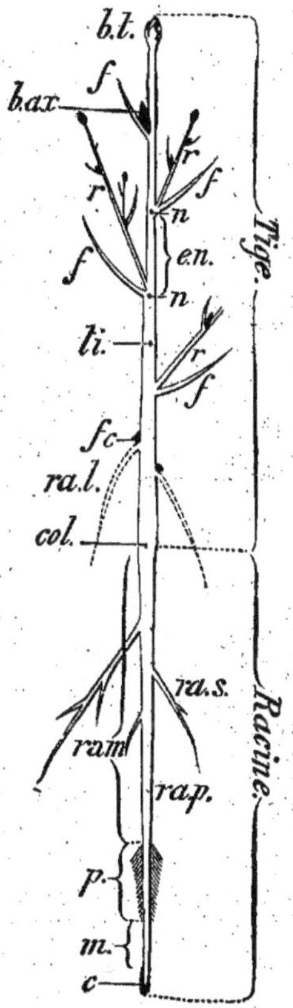

L'axe d'un Végétal comprend :

1° La *racine principale*, *ra.p*, partie souterraine d'ordinaire, qui s'allonge suivant la direction de la pesanteur ;

2° La *tige principale*, *ti*, partie aérienne s'accroissant en sens inverse. La racine principale et la tige, accolées par leur base appelée *collet*, *col*, ont la forme de cônes très allongés dont les sommets sont occupés par un *bourgeon terminal*, *b.t* (tige), et par la *coiffe*, *c* (racine).

Cet axe se ramifie latéralement en général : la racine principale émet des racines secondaires ou *radicelles*, *ra.s*, elles-mêmes subdivisées en racines d'ordres plus élevés et de moindre importance. La tige porte latéralement des *bourgeons axillaires*, *b.ax*, dont le nom rappelle leur insertion à l'aisselle des feuilles *f*. De même que le bourgeon terminal, ces bourgeons axillaires (tiges feuillées en miniature) se développent et produisent un *rameau* ou *branche r*, pouvant se diviser en rameaux de 3°, 4°, 5°... ordres.

Ainsi la plante, primitivement réduite à son axe portant quelques feuilles, se com-

Fig. 362. — Parties essentielles de la plante. — *Racine :* ra.p, racine principale avec coiffe *c ;* région d'accroissement *m ;* zone des poils absorbants *p* et région de ramification *ram ; col*, collet ; *ra.s*, racines secondaires ou radicelles. — *Tige :* ti, tige principale avec bourgeon terminal *b.t*, bourgeons axillaires *b.ax*, insérés à l'aisselle des *feuilles f* ; *n*, nœuds (insertion des feuilles) ; *en*, entre-nœud ; *r*, rameaux ou branches avec feuilles et bourgeons, provenant du développement des bourgeons axillaires de la tige ; *f.c*, feuille caduque (tombée) ; *ra.l*, racines latérales.

plique à mesure que les ramifications en deviennent plus nombreuses.

L'ensemble de la racine principale et de ses divisions forme un *système radiculaire*; la tige et ses branches constituent le *système tigellaire* (grappe ou cyme, suivant les cas). Les feuilles sont uniquement portées par ce dernier système.

<small>Dans l'exposé qui suit, les expressions : système radiculaire et système tigellaire seront employées seulement lorsqu'il s'agira de désigner la racine et ses ramifications, la tige et ses branches.</small>

CHAPITRE PREMIER

LA RACINE

La racine n'existe que chez les Phanérogames et les Cryptogames vasculaires ; les Muscinées sont attachées au sol par des poils, des *rhizoïdes*, qu'on ne trouve même pas chez les Thallophytes, à l'exception des Lichens (associations d'une Algue et d'un Champignon).

§ 1. — MORPHOLOGIE DE LA RACINE

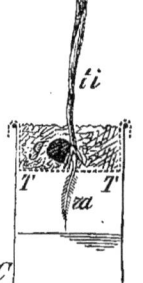

Fig. 363. — La racine se dirige vers le centre de la terre; la tige *ti* adopte la direction opposée. — *g*, grain de Blé en germination dans une couche de terre humide portée par un tamis *T*, reposant sur un cristallisoir *C*: les racines émises, *ra*, traversent le tamis de haut en bas.

Direction de la Racine. — La racine est la partie de la plante qui s'enfonce dans le sol ou dans tout milieu incapable de nuire à son développement.

La jeune racine, encore nourrie par la réserve contenue dans l'albumen de la graine, peut se développer librement dans l'air humide; *elle adopte toujours la direction verticale de haut en bas*, alors même qu'elle aura été préalablement au contact d'un sol riche en matières nutritives. L'expérience suivante en fournit la preuve : sur une toile métallique *T*, portée par un cristallisoir renfermant de l'eau (fig. 363 et 364), on sème des grains de Blé *g* dans une couche de terre maintenue humide et ayant plusieurs centimètres d'épaisseur; les graines germent; au bout de plusieurs jours on voit sortir du sol, à travers les mailles de la toile, des racines *ra* qui s'allongent de haut en bas, et des tiges feuillées *ti* se développant en sens inverse.

Lieu d'insertion de la Racine. — Une même plante produit plusieurs catégories de racines:

Tableau XXXVIII.

Constitution générale de la plante jeune.

Axe formé
- d'une *tige* principale.
  - Bourgeon terminal (sommet).
  - Nœuds : *Feuilles*, bourgeons axillaires (rameaux).
  - Entre-nœuds.
- —Collet.—
- d'une *racine* principale.
  - Pivot et radicelles.
  - Coiffe (sommet).

De la Racine.

La racine existe seulement chez les Phanérogames et les Cryptogames vasculaires.

Morphologie de la Racine.

- *Direction* de croissance vers le centre de la terre.
- *Insertion.*
  - *Racine principale* : occupe toute la base de la tige.
  - *Racines latérales*
    - insérées sur les côtés de la tige
      - en rapport avec feuilles ou bourgeons : *Racines régulières*.
      - irrégulièrement : *Racines irrégulières* ou *adventives*.
- *Constitution externe.*
  - *Région de ramification* · Radicelles.
  - *Poils absorbants* (peu ou pas sur les racines développées dans l'eau).
  - *Région d'accroissement subterminale* (1 centimètre environ).
  - *Coiffe* terminale.
  - *Croissance en longueur* due au développement de la région d'accroissement.
    - La *circumnutation* de la racine favorise sa pénétration dans le sol.
- *Ramification.* Système radiculaire
  - pivotant
    - ordinaire : Fève, Haricot, etc.
    - exagéré : Radis, Carotte, etc... ←
  - fasciculé
    - ordinaire : Blé, Graminées diverses.
    - exagéré : Dahlia. ←
  - — *Racines tuberculeuses.*

Structure de la Racine.

- *Structure primaire* (région des poils absorbants).
  - *Assise pilifère* : poils absorbants.
  - *Écorce*
    - *Assise subéreuse* : épaississement et subérification de la membrane des cellules constitutives.
    - *Assises corticales*
      - externe — irrégulière.....
      - interne — disposition radiée
      - parenchyme de réserve.
    - *Endoderme* : assise amylifère, souvent *plissée* latéralement.
  - *Cylindre central.*
    - Parenchyme conjonctif.
      - *Péricycle.*
      - *Rayons médullaires.*
      - *Moelle.*
    - *Faisceaux libériens et faisceaux ligneux alternes.*
- *Région d'accroissement subterminale*........
  - 3 initiales ou 3 groupes d'initiales : Phanérogames.
  - 1 initiale : Cryptogames vasculaires.
  - → *Méristème* à croissance
    - subterminale : formation de nouvelles cellules.
    - intercalaire : accroissement des cellules jeunes.
- *Origine endogène des radicelles.*
  - 1 plaque rhizogène péricyclique · Phanérogames.
  - 1 cellule — endodermique : Cryptogames vasculaires.
- *Structure secondaire*
  - due à la croissance en épaisseur (Dicotylédones et Gymnospermes).
  - *Assises génératrices*
    - interne ou *Cambium*
      - liber secondaire en dehors du cambium
      - bois secondaire en dedans
    - externe. — *Périderme.*
      - *Liège* : cellules mortes subérifiées.
      - *Phelloderme* : cellules vivantes.

1° La *racine terminale*, *ra.p* (fig. 362) qui occupe toute la base de la tige où elle est insérée au collet *col* ;

2° Les *racines latérales*, *ra.l*, insérées sur les côtés de la tige. Ces dernières sont dites *régulières* lorsque leur position est nettement déterminée par rapport à une feuille (*racines latérales foliaires*) ou à un bourgeon (*racines latérales gemmaires*) ; on les appelle *irrégulières* ou *adventives* quand elles naissent en un point quelconque de la tige.

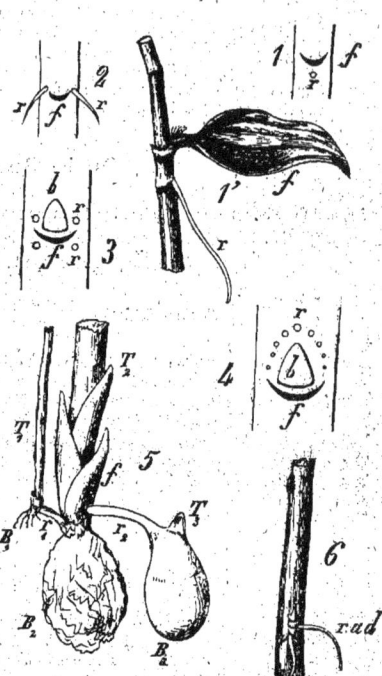

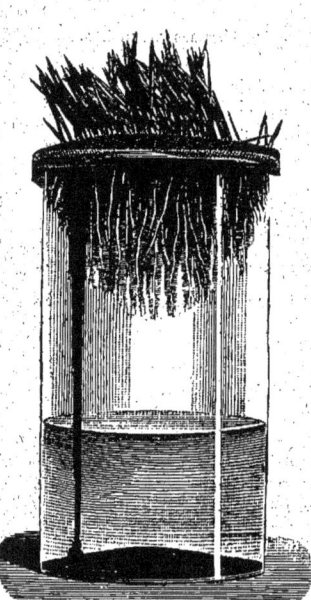

Fig. 364. — Même expérience qu'en 363.

Fig. 365. — Racines latérales *r* ; leurs rapports avec les feuilles *f*. — 1,1′ *Tradescantia*. — 2, *Glechoma hederacea*. — 3, *Stachys tuberifera*. — 4, Cresson (*Nasturtium officinale*). — 5, relation entre le bulbe de l'année B_2, le bulbe jeune B_3 et les restes du bulbe B_1 de l'année précédente. — 6, racines adventives, *r.ad* sur un fragment de tige de Saule plongé dans l'eau par sa base.

* *Racines latérales régulières.* — Parmi les racines latérales, on peut citer celles qui naissent au-dessous de la feuille (fig. 365, 1 et 1′) chez le *Tradescantia*, ou de chaque côté de la feuille, par paires (2), chez *Glechoma hederacea*. Le plus souvent, ces racines occupent aussi une position symétrique par rapport au bourgeon *b* situé dans l'aisselle d'une feuille : en 3, chez le *Stachys tuberifera* (Crosne du Japon); en 4, chez le Cresson officinal. Les Orchidées présentent à leur pied parfois deux bulbes : l'un fané B_2 (5) ayant servi en partie au développement de la tige de l'année T_2 ; l'autre nouveau B_3, qui se gonfle et devient un magasin de réserve pour la tige T_3 de l'année suivante ; ce bulbe B_3 n'est autre chose qu'un faisceau de racines latérales gemmaires *concrescentes*.

LA RACINE.

TABLEAU XXXIX.

De la racine (*fin*).

Physiologie de la Racine.

Causes extérieures influant sur la croissance de la racine.

I. *Courbures* provoquées dans la région de croissance par l'*inégale répartition* de :
    1° la température : *Thermotropisme* négatif ;
    2° l'humidité : *Hydrotropisme* positif ;
    3° la pression : enlacement du corps résistant.

II. Influence de la *pesanteur* :

Géotropisme positif
- absolu pour la racine principale.
- atténué pour les radicelles de premier ordre.
- nul pour les radicelles d'ordres supérieurs.

Ces divers effets favorisent l'extension du système radiculaire dans le sol et, par suite, la nutrition de la plante.

Fonctions de la Racine.

I. Organe de *fixation* de la plante au sol.

II. Organe d'*absorption*
- des *gaz* : La racine *respire* (O absorbé, CO^2 dégagé $\left[\frac{CO^2}{O} \text{ voisin de } 1\right]$.
- des *liquides* : Rôle des poils absorbants (Osmose). *La consommation règle l'absorption.*
- des *solides* : Sécrétion (acide à l'extrémité des racines) capable d'attaquer les carbonates, les phosphates, les matières organiques (racines-suçoirs du Gui, de la Cuscute, etc., parasites).

III. Organe
- de *transport* de la sève *brute* (ascendante) vers la tige, par les vaisseaux du bois.
- de *distribution* de la sève *élaborée* par les tubes criblés du liber.

Parfois organe de *réserve nutritive*. (Radis, Carotte, Betterave, etc.)

Caractères de la Racine. — *Coiffe* épidermique, jamais de feuilles. *Symétrie axiale franche.* — Épiderme seulement au sommet, écorce et cylindre central (avec *faisceaux ligneux et libériens alternes*). — *Accroissement subterminal.* Radicelles *endogènes* (comme la racine principale dans l'embryon).

Racines adventives. — La tige du Lierre, grimpant le long d'un tronc d'arbre ou d'un mur, se couvre d'un grand nombre de racines adventives transformées en crampons qui soutiennent la plante (fig. 366). Les rhizomes ou tiges souterraines du Carex, du Sceau de Salomon (fig. 367) et de l'Iris, les tiges aériennes des Fougères arborescentes, etc., donnent origine à de nombreuses racines adventives qui, chez les Fougères, constituent pour la tige un revêtement parfois très épais.
On peut provoquer la formation des racines adventives ; nombre d'opérations de culture sont basées sur ce fait :
Le *buttage* des jeunes tiges issues des tubercules de Pomme de terre au prin-

temps et le *roulage* des Céréales ont pour but de mettre les jeunes tiges en rapport avec le sol en un plus grand nombre de points; les racines adventives ainsi multipliées assurent une abondante nutrition des plantes nouvelles. Le *marcottage* et le *bouturage* reposent sur l'émission de racines adventives par une branche, non détachée préalablement (*marcotte*), ou indépendante de la plante mère (*bouture*).

La figure 365, 6, montre le développement des racines adventives *r.ad* près de l'extrémité d'un rameau de Saule plongée dans l'eau pendant quelque temps.

Les racines adventives sont produites non seulement par des tiges (Saule, *Tradescantia*, Fraisier, *Carex*, etc.), mais encore par des racines (*Paulownia*), par des feuilles (*Begonia*, Citronnier, Sélaginelle, etc.) et même par des fruits (*Opuntia*).

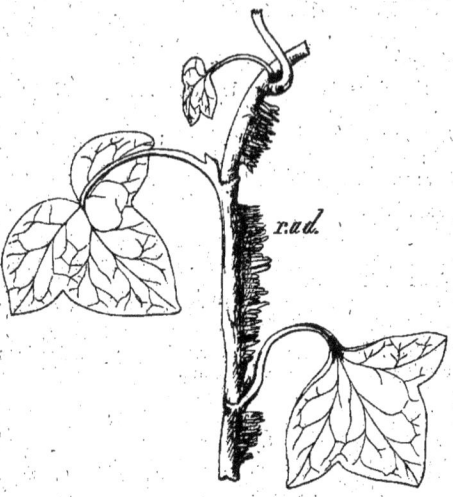

Fig. 366. — Fragment de tige de Lierre (*Hedera Helix*) avec racines adventives *r.ad* transformées en crampons.

Constitution externe de la racine. — Une racine présente, à considérer, du sommet à la base, quatre régions distinctes : la *coiffe*, la *région d'accroissement*, la *zone des poils absorbants* et la *région de ramification*.

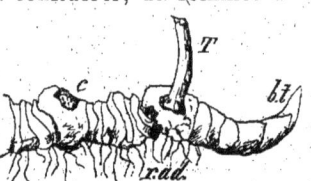

Fig. 367. — Rhizome de Sceau de Salomon (*Polygonatum multiflorum*) portant des racines adventives *r.ad*; *b.t*, bourgeon terminal. *T*, tige aérienne feuillée et florifère de l'année ; *c*, cicatrice laissée par la chute de la tige aérienne de l'année précédente.

Pour les observer facilement, il faut recourir à une jeune plante provenant d'une graine ayant germé dans l'air humide, sans adhérence de sa racine avec des corps solides. — On peut encore retirer du sol, avec précaution, une plante et la motte de terre occupée par son système radiculaire; le tout ayant séjourné quelque temps dans l'eau, les particules terreuses sont détachées légèrement avec un pinceau fin; on y peut reconnaître, avec une loupe, les quatre régions signalées plus haut (fig. 368).

1° *Coiffe*. — Le sommet de la racine est protégé par un capuchon, sorte de doigt de gant, ayant sa plus grande épaisseur à l'extrémité de la racine. Les plantes aquatiques telles que la Lentille d'eau (*Lemna*, fig. 369, 1, 1') nous offrent les types les plus nets de coiffes, soudées au sommet de la racine, indépendantes à leur bord libre ; chez la Morrène (*Hydrocharis*, 2), la racine présente souvent 4 ou 5 coiffes emboîtées. Le plus souvent, chez les plantes à racines souterraines, la coiffe (fig. 369, 3, 4) forme un revêtement qui s'exfolie constamment du côté externe et se renouvelle au dedans, de manière à conserver la même épaisseur.

La coiffe joue un rôle protecteur pour la région d'accroissement subterminale ac (fig. 368, A). Elle préserve, en effet, l'extrémité de cette région particulièrement délicate des frottements contre les particules du sol, frottements qui résultent de l'allongement de la racine souterraine dans un milieu résistant : aussi la coiffe se désagrège-t-elle vite dans de telles conditions.

Elle protège efficacement aussi la pointe des racines

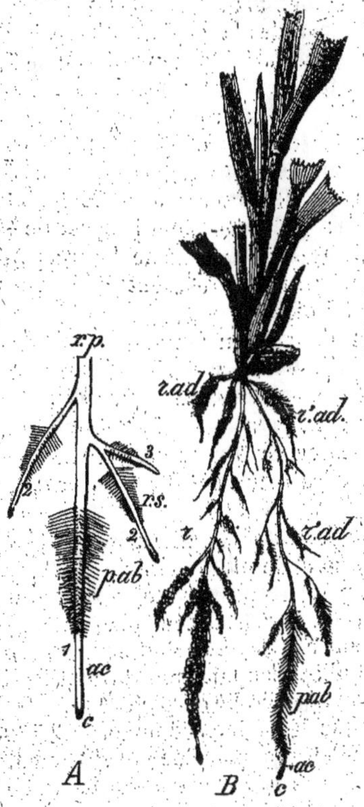

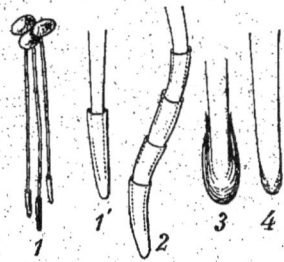

Fig. 368. — Base d'une jeune Graminée, B. *r*, racine et radicelles *r.ad*, dont les poils absorbants emprisonnent un grand nombre de particules terreuses. *r'.ad*, racines adventives avec les poils absorbants tels qu'ils se seraient développés dans l'air humide. A, système radiculaire schématisé ; *r.p*, racine principale ; *r.s*, racines secondaires — *c*, coiffe ; *ac*, région d'accroissement ; *p.ab*, poils absorbants.

Fig. 369. — Diverses formes de coiffes. Racines aquatiques : 1, 1', Lentille d'eau (*Lemna*). 2, Morrène (*Hydrocharis*), coiffes emboîtées. — Racines souterraines : 3, 4, formes ordinaires.

aquatiques contre les petits êtres vivant dans l'eau ; elle s'oppose à l'exosmose des substances dialysables contenues dans les jeunes cellules vivantes qui constituent la région d'accroissement.

2° *Région d'accroissement.* — La racine s'accroît seulement dans la région subterminale *ac* qui atteint 1 centimètre de longueur environ, chez la Fève, le Pois, le Haricot et la plupart des plantes ordinaires. Chez les Orchidées et autres végétaux *épidendres* à racines aériennes, la région de croissance peut être plus longue 7 centimètres chez le *Monstera*, chez la Vigne, elle est de 10 centimètres.

3° *Poils absorbants* — Au-dessus de la région d'accroissement *ac*, la racine est, sur une étendue variable, couverte de petits poils *p.ab : réguliers* chez les racines ayant poussé dans l'air humide (Blé, fig. 364), *irréguliers* quand ces racines se sont développées dans le sol. Dans ce dernier cas, en effet, les poils ont contourné les particules pierreuses sur lesquelles ils se sont modelés ; aussi ne peut-on les en débarrasser complètement, même avec le pinceau, et la racine présente-t-elle l'aspect de la figure 368, B, *r*, à gauche. (A droite de cette même figure, sont représentées des racines *r'.ad*, telles qu'elles eussent été si elles se fussent développées dans l'air humide.)

Certaines racines développées dans l'eau (Oignon, Jacinthe, fig. 370), ou dans l'air (Orchidées épidendres), n'ont jamais de poils. Les racines de Pois, de Haricot, développées dans l'eau distillée à l'obscurité, n'ont pas de poils absorbants, tandis qu'elles en sont abondamment pourvues quand elles poussent dans la terre de jardin.

Fig. 370. — Bulbe de Jacinthe avec racines dépourvues de poils absorbants.

Les poils absorbants, petits au voisinage du sommet, sont de plus en plus grands à mesure qu'on se rapproche de la région de ramification, puis cessent brusquement ; ils meurent, la surface de la racine se cicatrise aux points qu'ils occupaient et devient brunâtre par formation de liège (page 360).

A mesure que la racine s'allonge, la gaine de poils qui l'entoure se forme constamment près de la région de croissance et se détruit de même du côté opposé ; mais elle se maintient à la même distance du sommet. Les poils ne se développent que dans la région de la racine où l'accroissement en longueur est terminé. Le rôle important des poils absorbants sera longuement envisagé dans l'étude des fonctions de la racine.

4° *Région de ramification*. — Elle comprend toute la partie de la racine qui s'étend des poils absorbants jusqu'à la base ou *collet*. Sa couleur, jaune ou brunâtre, est due à la couche de liège cicatriciel qui la revêt après la chute des poils ; des ramifications appelées racines secondaires (fig. 368, 2), tertiaires (3), etc., ou *radicelles r.s*, sont émises par la racine principale *r.p*, et forment avec elle le *système radiculaire* de la plante considérée.

Croissance de la racine en longueur. — La racine d'une graine de Lupin soumise à la germination, ayant atteint environ 1 centimètre de longueur, fut divisée, par des traits au vernis noir, en 8 parties égales à 1 millimètre (fig. 371, A); au bout de trois jours (B), les divisions s'étaient allongées bien différemment : la 1re division atteignait 23 millimètres, tandis que la 8e avait à peine changé;

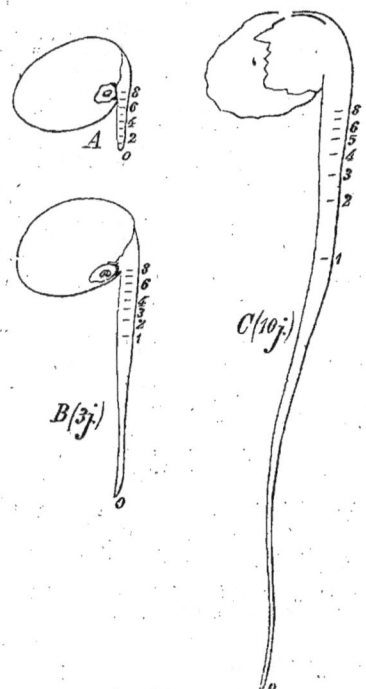

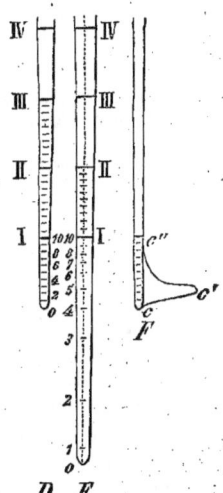

Fig. 372. — Une racine de Fève, D, a pour région de croissance le premier centimètre I (partage de ce centimètre en millimètres, 0 à 10) E, grandeur relative de chaque millimètre après 24 heures; les centimètres II, III, IV, etc., ont conservé leur longueur. — F ; c, c', c'', courbe traduisant le mode d'accroissement

Fig. 371. — Croissance en longueur de la racine de Lupin. A, début de l'expérience; B, racine après 3 jours ; C, après 10 jours.

dix jours plus tard (C), la partie graduée de la plante était longue de 84 millimètres dont la 1re division représentait à elle seule 63 millimètres, tandis que la 8e division n'avait que 1^{mm},3.

Il résulte de cette expérience que la racine subit deux sortes de croissances : 1° la *croissance terminale* qui se produit surtout près du sommet, croissance à laquelle est dû l'allongement principal de la racine ; 2° la *croissance intercalaire* par laquelle les segments voisins du sommet, une fois formés, atteignent en quelques jours leur longueur maximum, puis cessent de grandir.

390   LA RACINE.

Si l'on coupait le premier segment d'une racine de Lupin, chacun des segments restants subirait la croissance intercalaire comme l'indique la figure 371, B et C, mais la racine ne s'allongerait plus ; par une telle opération, on aurait supprimé la source de croissance illimitée.

Détermination précise de la région de croissance en longueur. — L'expérience suivante, due à Sachs, a été réalisée avec la Fève :

L'extrémité d'une racine D (fig. 372) est partagée, au moyen de traits au vernis rouge, en centimètres I, II, III, etc. ; chaque centimètre est lui-même divisé, par des traits au vernis noir, en millimètres 1, 2, 3, ..., 10.

Au bout de 24 heures, la racine s'est allongée, mais le premier centimètre seul s'est accru, E ; les divisions I-II, II-III, III-IV, ... ont conservé leur dimension primitive.

Les 10 divisions du premier centimètre n'ont pas subi le même allongement ainsi que le montre la figure E ; elles sont devenues :

Divisions successives de 1^{mm} prises depuis l'extrémité :	Longueurs de ces divisions après 24 heures :
10^e	1^{mm},1
9^e	1, 2
8^e	1, 3
7^e	1, 5
6^e	2, 3
5^e	2, 6
4^e	4, 5
3^e	9, 2
2^e	6, 8
1re	2, 5

Ainsi l'accroissement le plus grand est celui du 3e segment ; la courbe c, c', c'' (fig. 372, F), dont les ordonnées des divers points sont proportionnelles aux allongements des segments correspondants de la racine, donne une idée nette du mode de croissance radiculaire chez la Fève.

La loi de croissance est variable avec chaque espèce végétale considérée, puisque la région d'accroissement n'est pas la même pour toutes.

L'allongement des racines peut atteindre ainsi des proportions considérables, surtout si les conditions sont favorables : en quelques mois, les racines de Betterave et de Froment acquièrent 3 ou 4 mètres de longueur ; celles de la Vigne parviennent à 10 mètres et plus ; les arbres des forêts tropicales (le Figuier des Banyans) envoient, depuis les branches qui forment la voûte sombre jusqu'au sol, des racines adventives longues de 20, 30, 50 mètres, etc..., destinées à puiser à leur tour la matière nutritive nécessaire aux géants qui les ont produites.

Circumnutation de la racine. — L'allongement de la racine n'est pas égal pour toutes les génératrices du cône qu'elle représente ; la racine s'incurve suivant la génératrice de plus faible croissance, jusqu'au moment où le minimum de croissance se manifeste suivant une autre génératrice, et ainsi de suite. La pointe de la racine, seule en voie de croissance, décrit alors une hélice irrégulière en général, dont la projection horizontale est un cercle.

La racine pénètre ainsi dans la terre comme le ferait une vrille ou un tire-bouchon, s'engageant par sa pointe dans les interstices du sol.

Ce sont là des *mouvements de circumnutation* dont l'amplitude, rarement supérieure à 1 ou 2 millimètres pour les racines souterraines, peut dépasser de beaucoup cette valeur chez les racines aériennes.

Dans sa totalité, la racine ne garde pas trace de ces déformations faibles et momentanées.

Ramification de la racine. — La racine principale émet, dans la région de ramification, des *radicelles* insérées sur des généra-

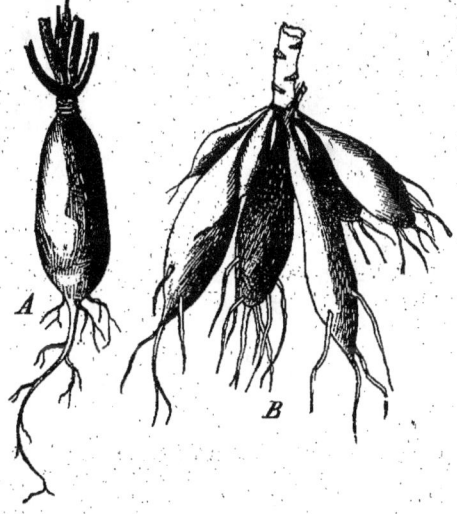

FIG. 373. — Jeune plant de Fève avec système radiculaire pivotant. — *ra.p*, racine principale. *ra.s*, racines secondaires ou radicelles. *t.hy*, tige hypocotylée très courte ; *t.ép*, tige épicotylée.

FIG. 374. — A, Radis (système pivotant exagéré). B, Dahlia (système fasciculé exagéré).

trices déterminées du cône radiculaire. Les radicelles forment donc des rangées longitudinales en *nombre variable* avec les espèces végétales considérées, mais *invariable* pour une espèce donnée : 2 rangées (Lupin, Radis, Betterave, If, etc...), 3 rangées

(Pois, Vesce), 4 rangées (Haricot, Carotte), 5 rangées (Fève), 6 rangées (Aulne), 8 rangées (Marronnier), etc...

Les radicelles de 1ᵉʳ ordre, ayant la même constitution que la racine principale, émettent aussi des radicelles de 2ᵉ ordre, celles-ci des radicelles de 3ᵉ ordre, et ainsi de suite.

1° Quand le système radiculaire comprend une *racine principale*

Fig. 375. — Betterave (système pivotant exagéré).

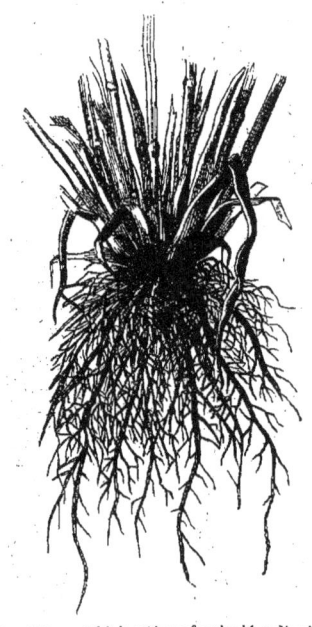

Fig. 376. — Blé (système fasciculé ordinaire).

axiale ou *pivot* portant un ensemble de ramifications de moins en moins importantes à mesure que leur ordre d'apparition est plus élevé, on dit que la plante possède un *système radiculaire pivotant*.

* Le système pivotant est *ordinaire* dans la Fève (fig. 373), le Haricot, le Lupin (fig. 311); mais si le pivot se développe énormément par l'accumulation de matières nutritives de réserve comme dans le Radis (fig. 374, A), la Carotte, la Betterave (fig 375), etc., le système pivotant est à pivot *exagéré*.

2° Il arrive parfois que le pivot se développe peu et que les racines latérales et les radicelles deviennent, au contraire, très importantes; alors le *système radiculaire est fasciculé*, formé d'un faisceau de racines latérales avec leurs ramifications constituant le *chevelu*.

* Le système fasciculé est *ordinaire* dans le Blé (fig. 376), l'Orge et la plupart des Graminées; il est *exagéré* dans le Dahlia (fig. 374, B) où les racines adventives deviennent un lieu d'accumulation de réserves nutritives.

Toute racine à développement exagéré est encore appelée *racine tuberculeuse*.

§ 2. — STRUCTURE DE LA RACINE

Pour connaître la structure d'une région quelconque d'un Végétal, on en détache, à l'aide d'un rasoir, des tranches minces, les unes transversales, les autres longitudinales, que l'on examine au microscope. Nous envisagerons : 1° la *structure primaire* de la racine, c'est-à-dire la disposition des éléments qui la composent lorsque, à une faible distance du sommet, la différenciation en est réalisée : c'est la structure de la racine jeune; 2° sa *structure secondaire*, c'est-à-dire celle qui résulte des modifications ultérieures surgissant dans la racine, lorsque la plante avance en âge.

A. — STRUCTURE PRIMAIRE DE LA RACINE.

Soit une jeune racine de Dicotylédone (Haricot, Lupin, Courge, etc...) dont on examine une coupe transversale pratiquée au niveau de la région des poils absorbants. On y remarque, de l'extérieur à l'intérieur :

1° Une *assise pilifère*, *a.pi* (fig. 377);

2° Un nombre plus ou moins considérable de couches de cellules formant l'*écorce*, *Ec*, limitée à l'intérieur par l'*endoderme en* à cellules plissées latéralement (page 364);

3° Le *cylindre central*, *Cy.c*, qui comprend l'ensemble des formations enveloppées par l'endoderme.

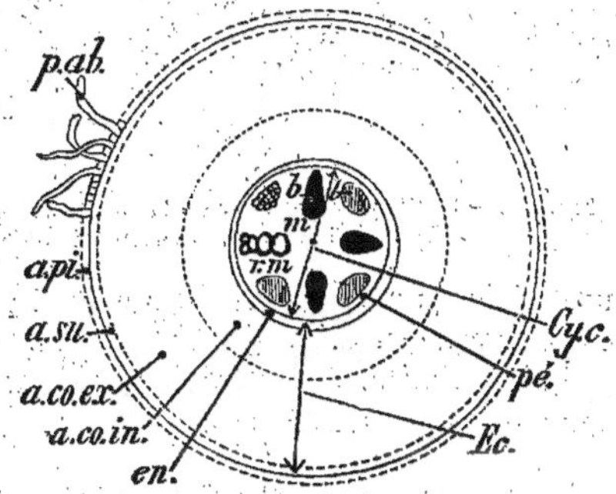

Fig. 377. — Coupe transversale d'une racine au niveau des poils absorbants (structure primaire). *a.pi*, assise pilifère; *p.ab*, poils absorbants. — Écorce, *Ec*: *a.su*, assise subéreuse; *a.co.ex*, *a.co.in*, assises corticales externe et interne; *en*, endoderme. — Cylindre central, *Cy.c*: *m*, moelle; *r.m*, rayons médullaires: *pé*, péricycle; *b*, bois; *v*, *v'* vaisseaux. *l*, liber. (Figure théorique.)

Chez les Monocotylédones, comme nous le verrons plus loin, l'assise pilifère fait partie de l'écorce dont elle est la couche la plus externe. — Au-dessus de la région des poils, cette assise a d'ailleurs disparu, en sorte qu'il ne reste plus à considérer, dans la région de ramification, que l'écorce et le cylindre central.

Étudions spécialement ces trois parties de la racine.

1° **Assise pilifère**. — C'est une couche unique de cellules dont quelques-unes s'allongent perpendiculairement à la surface de la racine (fig. 378) et forment autant de poils absorbants $p.ab$; alors le contenu protoplasmique et le noyau se portent au voisinage de l'extrémité du poil, tandis que le suc cellulaire en occupe presque exclusivement la partie confinant à la couche sous-jacente.

2° **Écorce** — L'écorce se compose : 1° d'une *assise subéreuse* externe $a.su$; 2° d'une *assise corticale externe* $a.co.ex$ comprenant

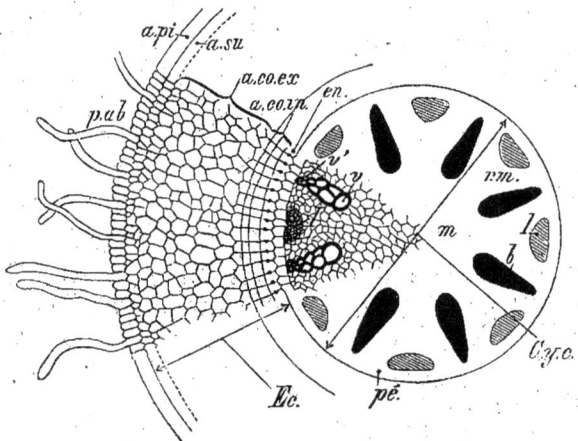

Fig. 378. — Section transversale de la racine de Courge (structure primaire schématisée à droite de la figure). Mêmes désignations que pour la figure 377.

une série de couches de cellules irrégulières ; 3° d'une *assise corticale interne* $a.co.in$, dont les cellules sont disposées en séries radiales, limitées en dedans par l'*endoderme en*; celui-ci forme la couche interne de l'écorce.

Assise subéreuse. — La paroi des cellules appartenant à cette assise s'épaissit et se subérifie soit du côté externe, soit sur toutes les faces; elle se plisse quelquefois latéralement; chez les Géraniacées, un épaississement carré en forme de bourrelet s'y fait remarquer (fig. 347, c).

Assises corticales externe et interne. — Cette zone plus ou moins épaisse constitue un parenchyme de réserve; les cellules les plus externes y acquièrent de la chlorophylle chez les racines qui se développent à la lumière. Des méats sont disposés aux angles des cellules quadrangulaires internes (Maïs, fig. 332, m).

Endoderme. — C'est la couche de cellules *en* à plissements latéraux fréquents, parfois subérifiée, dont nous avons parlé précédemment (page 361); quand les plissements n'existent pas, il est facile de reconnaître cette assise aux grains d'amidon qui s'y accumulent presque toujours.

Chez les Crucifères, les Rosacées, quelques Légumineuses, etc., l'endoderme est dédoublé et la couche externe y présente un réseau d'épaississement déjà signalé (page 361, fig. 347, e, f).

Dans l'écorce, l'assise subéreuse et l'endoderme sont les couches protectrices; les assises corticales en forment le tissu de réserve.

3° **Cylindre central.** — Le cylindre central de la racine est formé d'un *parenchyme conjonctif* enveloppant des *faisceaux* de deux sortes : les *faisceaux ligneux b* ou faisceaux du bois, alternant avec les *faisceaux libériens l* ou faisceaux du liber.

Parenchyme conjonctif ou médullaire. — Dans le parenchyme conjonctif, on distingue plusieurs régions conventionnelles désignées ainsi :

L'assise la plus externe, située en dehors des faisceaux ligneux et libériens, s'appelle *péricycle pé* (cette assise, unique en général, se compose de 10 à 15 couches de cellules chez le Noyer; dans le Haricot, elle est unique vis-à-vis des faisceaux libériens, double ou triple vis-à-vis des faisceaux ligneux). Le cylindre de tissu conjonctif contenu en dedans des mêmes faisceaux est la *moelle m*.

Le péricycle et la moelle sont unis par des files radiales de parenchyme séparant les faisceaux ; ce sont les *rayons médullaires r.m.*

Tout cet ensemble est composé de cellules incolores à paroi rarement modifiée ; c'est à la fois un tissu conjonctif et un parenchyme de réserve

Des canaux sécréteurs s'y rencontrent dans les cellules du péricycle, en face des faisceaux ligneux, chez les Ombellifères, les Araliacées, etc.

Faisceaux ligneux. — Un faisceau ligneux est un cordon longitudinal à section triangulaire formé de vaisseaux à paroi lignifiée (page 342), entremêlés de cellules conjonctives. Le faisceau présente de dehors en dedans des vaisseaux étroits annelés v' (fig. 378), puis d'autres spiralés, enfin des vaisseaux plus larges v, rayés et ponctués. Les vaisseaux annelés et spiralés sont *imparfaits*, tandis que les vaisseaux ponctués sont *parfaits*, c'est-à-dire à lumière ininterrompue (voir page 363).

Faisceaux libériens. — Ces derniers sont composés de *tubes criblés* (page 365), unis par des cellules conjonctives et rarement accompagnés de fibres libériennes (Légumineuses).

Le nombre des faisceaux est variable avec les espèces végétales considérées.

Les faisceaux ligneux et libériens constituent le tissu plus spécialement affecté à la circulation de la sève au sein du végétal.

Telle est la structure primaire de toute racine jeune.

Nous l'avons étudiée chez les Dicotylédones ; mais chez toutes les Phanérogames et les Cryptogames vasculaires indistinctement, cette structure est la même dans ses grandes lignes, et ne diffère que par les détails (nombre de faisceaux, d'assises diverses, place des canaux sécréteurs, lignification ou subérification partielle, etc.).

La structure de la racine demeure telle chez les Monocotylédones et les Cryptogames vasculaires ; elle se modifie chez les Dicotylédones et les Gymnospermes où apparaissent des formations secondaires que nous préciserons bientôt.

B. — STRUCTURE DE LA RÉGION DE CROISSANCE ET DÉVELOPPEMENT DE LA RACINE.

I **Phanérogames**. — Une coupe longitudinale, passant rigoureusement par l'axe de la racine à son sommet, permet de reconnaître que cette région est formée de trois parties plus ou moins

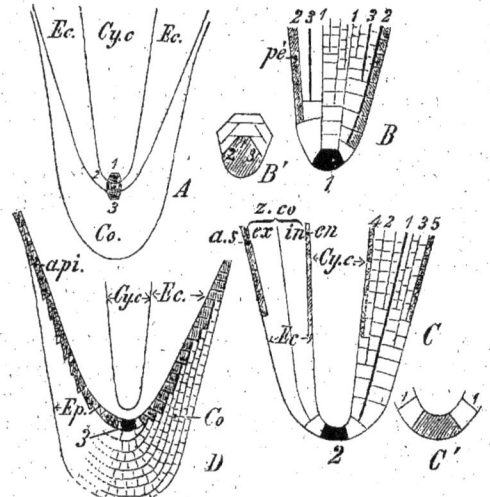

Fig. 379. — Développement très schématisé de la racine au sommet (Dicotylédones). — A ; 1,2,3, cellules initiales du cylindre central $Cy.c$, de l'écorce Ec et de la coiffe Co. — Cylindre central : B, cloisonnements de l'initiale 1 ou B'. — Écorce : C, Cloisonnements de l'initiale 2 ou C'. — Épiderme : Cloisonnements de l'initiale 3 engendrant la coiffe Co ; $a.pi$, assise pilifère épidermique.

distinctes : le *cylindre central* $Cy.c$ (fig. 379, A) enveloppé par l'*écorce* Ec et la *coiffe* Co ou *épiderme*.

Ces trois parties se confondent dans un méristème central ayant pour origine trois *cellules initiales* 1, 2, 3, ou trois groupes de pareilles cellules. Grâce au cloisonnement répété des cellules initiales, la racine s'allonge activement près du sommet (*croissance subterminale*) ; les cellules jeunes, une fois formées, acquièrent leur maximum de grandeur avec leur forme définitive ; la racine subit, de ce fait, un nouvel accroissement dans la région immédiatement inférieure à la zone des poils absorbants (*croissance intercalaire*).

Mode de cloisonnement des initiales. Dicotylédones et Gymnospermes. — 1° *Cylindre central.* — La cellule initiale du cylindre central 1 (fig. 379, B et B′) se cloisonne suivant les faces latérales 1, 2, 3, B′, jamais suivant la surface courbe; les segments qui en résultent sont orientés en files longitudinales, B, et se divisent à leur tour longitudinalement et transversalement. Dans l'ensemble de ces formations nouvelles, la *moelle* est limitée en 1,1 et le *péricycle pé* est différencié le premier.

2° *Écorce.* — La cellule initiale de l'écorce *Ec*, 2 (fig. 379, C et C′) se cloisonne parallèlement à ses faces latérales seulement 1, C′; puis des cloisonnements tangentiels 1, 2, 3, 4, 5, partagent pour ainsi dire l'écorce en une série de manchons emboîtés; c'est d'abord la cloison 1, C qui sépare les zones corticales externe et interne, z.co. ex et in: l'*endoderme en* se différencie ensuite dans la zone interne, pendant qu'à l'extérieur l'*assise subéreuse a.s* devient elle-même distincte.

Le cloisonnement est *centripète* dans la zone corticale interne (1, 2, 4); il est *centrifuge* dans la zone corticale externe (1, 3, 5).

3° *Épiderme (coiffe).* — La cellule initiale 3, D, se cloisonne parallèlement à ses faces latérales et à sa face courbe externe; les couches successives qui en résultent se superposent comme autant de calottes, d'autant plus récentes qu'elles sont plus voisines de l'initiale; la destruction, la *desquamation* des couches externes est compensée par la formation de couches nouvelles dans la profondeur. Toutefois, l'*assise la plus interne de la coiffe persiste pendant un certain temps: une partie des cellules qui la composent s'allongent en poils* (poils absorbants) et ferment l'*assise pilifère a.pi*.

Ainsi l'épiderme de la racine est représenté, chez les Dicotylédones et les Gymnospermes, par la coiffe seulement et l'assise pilifère en tire son origine (voir p. 393).

Les Gymnospermes se distinguent des Dicotylédones par un développement considérable de la coiffe en épaisseur; ce développement est dû à la multiplication très rapide des assises formées par l'initiale.

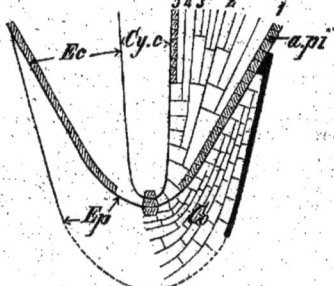

Fig. 380. — Développement de la racine au sommet (Monocotylédones). *a.pi*, assise pilifère dépendant de l'écorce *Ec*. (Fig. théor.)

Monocotylédones. — Chez les Monocotylédones (fig. 380), l'écorce tout entière est à développement centripète 1, 2, 3, 4, 5; *son assise extérieure, la première différenciée, demeure toujours simple et devient l'assise pilifère a.pi*.

La coiffe *Co* épidermique se détache par assises entières, comme le montre la bande noire figurée.

L'assise pilifère des Monocotylédones est d'origine corticale: celle des Dicotylédones et des Gymnospermes est d'origine épidermique.

II. Cryptogames vasculaires.

— Dans cet embranchement, les Lycopodes et les Isoètes sont comparables aux Phanérogames par la structure de leur région de croissance et le nombre de leurs initiales. Les *Sélaginelles*, parmi les Lycopodinées, les *Filicinées* et les *Équisétinees possèdent une seule cellule initiale subterminale*, située à une faible distance du sommet.

Prenons pour type une Fougère : *Pteris hastata* (fig. 381, A). La cellule initiale $C.i$ est une sorte de pyramide triangulaire à base convexe tournée du côté du sommet de la racine ; vue en coupe longitudinale en B, en coupe transversale en C, cette cellule subit des cloisonnements parallèlement à ses quatre faces, 1,2,3,4.

Les cloisonnements suivant 1, 2, 3, C, détachent 3 piles de

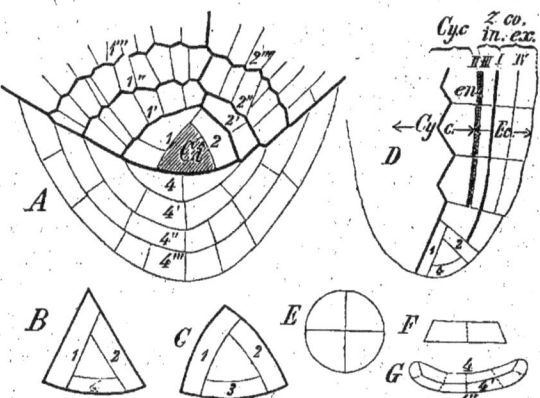

Fig. 381. — Développement de la racine au sommet (Fougère). — Cloisonnements successifs de l'initiale unique $C.i$ parallèlement à sa base 4 (A et B) et à ses faces latérales 1,2,3 (A et C). — A ; les cloisons 1,1',1'',etc., 2,2',2'', etc..., détachent des segments qui, par des cloisonnements ultérieurs, produisent le cylindre central et l'écorce, D ; les calottes détachées par les cloisons 4,4',4'', etc..., forment la coiffe. — E,F,G, mode de cloisonnement des segments formant la coiffe.

segments triangulaires formés de cellules jeunes qui concourent à la génération de l'écorce Ec et du cylindre central $Cy.c$ de la racine D ; les cloisonnements suivant 4 détachent une pile de segments courbes 4, 4', 4'' 4''', superposés en A.

Chaque segment s'accroît plus en dehors que vers le centre de la racine.

1° *Cylindre central et écorce*. — La cellule initiale subit des *cloisonnements tangentiels* 1, 2, 3, ..., 7, 8 (fig. 327, V) qui se produisent aussi dans les segments latéraux, en 1'', 2'', etc. ; en outre, les cellules jeunes de ces mêmes segments subissent des *cloisonnements radiaux* 1',2',3', etc., perpendiculaires aux premiers. Le nombre des cellules destinées à former l'écorce et le cylindre central croît donc avec une extrême rapidité.

Dans le méristème ainsi constitué, on remarque un certain nombre de cloisons longitudinales apparaissant dans l'ordre : I, II, III, IV (fig. 381, D).

La cloison I permet de distinguer déjà la zone corticale externe $z\,co.ex$; puis, la cloison II sépare le cylindre central $Cy.c$ de la zone corticale interne $z.co.in$; dans cette dernière zone, l'endoderme en est rendu distinct par l'apparition de la cloison III.

LA RACINE.

Dans le cylindre central, le péricycle sera différencié le premier.

2° *Épiderme (coiffe)*. — Les segments en verre de montre, 4 (fig. 381, A), d'où la coiffe tire son origine, se divisent par 2 cloisons perpendiculaires E (face externe de la cellule initiale); puis apparaissent des cloisons radiales, 4′, G (segment isolé) dans les calottes superposées, formées ainsi d'un certain nombre de cellules et incurvées pour couvrir le sommet de la racine.

L'ensemble de toutes ces calottes forme l'épiderme.

Une calotte tombe tout entière par desquamation, comme cela a lieu chez les Monocotylédones.

C. — ORIGINE ET DÉVELOPPEMENT DES RADICELLES.

Les radicelles sont toutes d'origine endogène, c'est-à-dire qu'elles naissent aux dépens de cellules profondes de la racine.

Chez les Phanérogames, la radicelle provient tout entière du péricycle; chez les Cryptogames vasculaires (Filicinées et Equisétinées), *elle procède de l'endoderme.*

1. **Phanérogames**. — Le péricycle, appelé encore *assise rhizogène*, renferme certaines cellules *p. rh* (fig. 382, A et B) qui, à un moment donné, se multi-

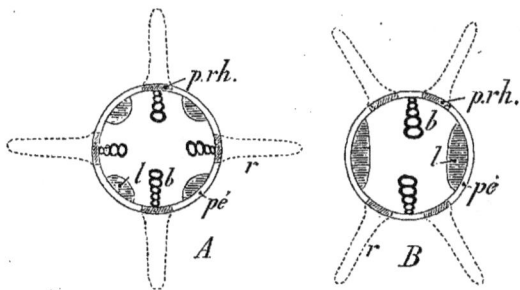

Fig. 382. — Origine des radicelles *r* chez les Phanérogames. — *pé*, péricycle. *p.rh*, plaque rhizogène péricyclique située en face d'un faisceau ligneux *b*. — *l*, faisceau libérien. A, disposition isostique. B, disposition diplostique. (Figure théorique.)

plieront et deviendront les initiales des radicelles *r*; les cellules qui participent au développement d'une même radicelle forment une *plaque rhizogène, p.rh.*

1° *Disposition des radicelles*. — Quand la racine renferme un nombre de faisceaux ligneux plus grand que 2, les plaques rhizogènes sont disposées en face de ces faisceaux et *le nombre de séries longitudinales de radicelles, insérées sur la racine, est égal au nombre des faisceaux ligneux (disposition isostique)* (fig. 382, A). Quand le nombre des faisceaux ligneux est égal à 2, les plaques rhizogènes, en nombre double, sont disposées entre les faisceaux ligneux et libériens (*disposition diplostique*, B).

Ces lois de disposition souffrent d'ailleurs un certain nombre d'exceptions dues à des dispositions particulières du péricycle.

2° *Développement d'une radicelle*. — Soit une plaque rhizogène péricyclique *pé* (fig. 383, 1) composée de 5 cellules, sur une coupe; chacune de ces cellules s'accroît (2), surtout celle du milieu dans laquelle apparaît une 1re cloison qui se prolonge à travers les 4 autres cellules; une 2e cloison apparaît en dehors de la 1re et n'intéresse que les 3 cellules médianes (3); ainsi sont délimitées les formations d'où tireront origine le cylindre central *Cy.cen*, l'écorce *Ec* et l'épiderme *Ep* (4). Les cellules *é* non divisées s'appellent *épistèles*; extérieures au cylindre central, elles appartiennent indifféremment à l'écorce et à l'épiderme.

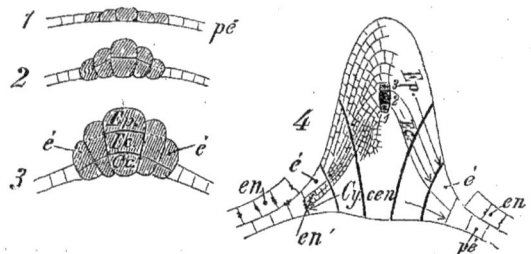

Fig. 383. — Figure schématisée montrant le mode de cloisonnement des cellules qui composent la plaque rhizogène. 1,2,3,4, états successifs de cette plaque vue en coupe transversale. — 4, les trois régions de la radicelle sont déjà visibles (*Cy.cen*, cylindre central; *Ec*, écorce; *Ep*, épiderme avec les trois cellules initiales). *en*, endoderme de la racine; *en'*, lieu de raccordement de l'endoderme de la radicelle; *pé*, péricycle.

La segmentation de ces initiales donne lieu à un cône de méristème qui, saillant dans l'écorce et peu à peu différencié, apparaîtra tôt ou tard à l'extérieur (fig. 384, A) en formant la radicelle.

Celle-ci comprend, comme la racine principale : 1° un cylindre central *Cy.c*, limité par un péricycle extérieur; 2° une écorce *Ec* dont l'endoderme *en'* (fig. 383, 4) se raccorde avec celui (*en*) de la racine mère; 3° une coiffe *Co* terminale. Les vaisseaux ligneux, différenciés déjà dans la radicelle, s'unissent à ceux du faisceau en regard dans la racine; les formations libériennes se raccordent avec les faisceaux libériens collatéraux de la racine.

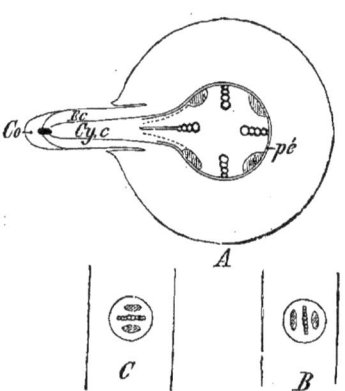

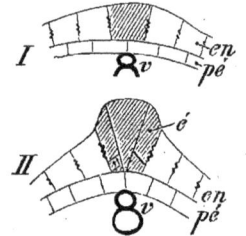

Fig. 384. — A, Radicelle développée. — Orientation des faisceaux ligneux de la radicelle par rapport à la racine : chez les Phanérogames (B), chez les Cryptogames vasculaires (C).

Fig. 385. — I, Cellule endodermique *en* donnant naissance à une radicelle; elle est située en face d'un faisceau ligneux *v*. — II, ses premiers cloisonnements.

II. *Cryptogames vasculaires.* — Une seule cellule endodermique, située en face d'un vaisseau *v* (fig. 385, I) est l'initiale d'une radicelle. Quel que soit le nombre des faisceaux de la racine, les radicelles adoptent toujours la disposition isostique.

Les cloisonnements préalables de l'initiale, II, isolent une cellule en forme de pyramide triangulaire dont les modifications, par cloisonnements ultérieurs, sont identiques à celles que nous avons envisagées (page 398) pour la racine principale.

Le péricycle se divise, chez les Cryptogames vasculaires, de telle sorte que ses éléments différenciés servent au raccordement des faisceaux de la radicelle avec ceux de la racine.

Disposition des faisceaux ligneux dans la radicelle. — Si la radicelle possède seulement 2 faisceaux ligneux, ils se placent l'un en haut, l'autre en bas, chez les Phanérogames (fig. 384, B); *l'orientation des faisceaux ligneux y est longitudinale. Chez les Cryptogames vasculaires, C, cette orientation est transversale.*

D. — STRUCTURE SECONDAIRE DE LA RACINE.

La racine se modifie avec l'âge chez beaucoup de Dicotylédones et chez toutes les Gymnospermes ; de nouveaux éléments se for-

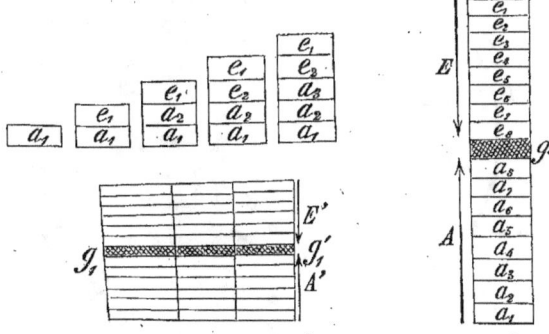

Fig. 386. — Mode de cloisonnement d'une cellule a, faisant partie d'une assise génératrice $a_1, a_2, a_3,\ldots g,\ldots e_3, e_2, e_1$, pile de cellules ayant eu a_1 pour point de départ. A, feuillet interne à développement *centrifuge*; E, feuillet externe à développement *centripète*.

ment aux dépens de cellules qui deviennent autant d'initiales, généralement groupées en assises continues appelées *assises génératrices*.

Les formations nouvelles sont dites *formations secondaires;* nous les étudierons seulement chez les racines symétriques où elles se disposent symétriquement aussi par rapport à l'axe.

Mode de multiplication cellulaire dans une assise génératrice. — Soit une cellule a_1 (fig. 386), jusqu'alors comparable aux cellules environnantes du parenchyme conjonctif; à un moment donné, elle s'en distingue par les phénomènes qui s'y accomplissent et qui en font une véritable cellule initiale : elle grandit, se cloisonne et donne deux cellules identiques $a_1, e_1;$ une nouvelle cellule a_2 résulte d'un deuxième cloisonnement, puis une autre e_2, et ainsi de suite ; la production des cellules nouvelles ayant lieu toujours aux dépens d'une cellule g qui donne alternativement une cellule du côté interne A et une autre du côté externe E. (La cellule a_1 la plus interne est à la même distance du centre de l'organe que la cellule primitive a ; les cellules nouvelles repoussent donc en dehors les tissus périphériques).

Un tel cloisonnement de la cellule génératrice g produit deux *séries* de cellules nouvelles : une *série* interne A, à développement

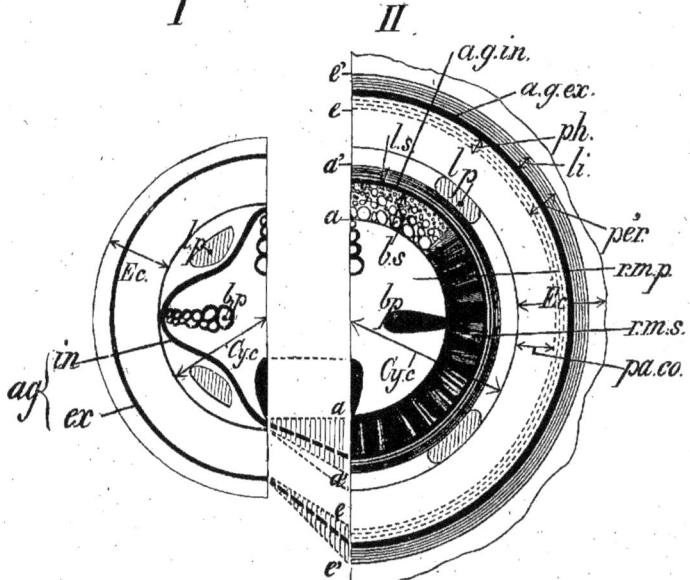

Fig 387 — Coupe transversale schématique d'une racine. I, Structure primaire de la racine. — II, Structure secondaire acquise par le fonctionnement des assises génératrices *a.g.*in (cambium) et *a.g.ex* (assise extralibérienne). *b.p*, *l.p*, bois et liber primaires ; *b.s*, *l.s*, bois et liber secondaires ; *r.m.p*, *r.m.s*, rayons médullaires primaire et secondaire. — *a,a'*, formations secondaires issues du cambium. — *pér*, périderme formé de liège *li* et de phelloderme *ph*. — *e,e'*, formations secondaires issues de l'assise extralibérienne

centrifuge et une *série* externe E à développement centripète. Les éléments composant les deux séries subiront une différenciation variable avec la position de la cellule génératrice dans l'organe végétatif considéré.

Si l'on imagine un certain nombre de cellules semblables disposées en une assise continue g_1, g'_1, et y fonctionnant toutes de pareille manière, il en résultera la formation de 2 *feuillets* : l'un *interne* A', l'autre *externe* E', se comportant comme les deux séries A et E dont nous venons de parler.

La *croissance en épaisseur* des Dicotylédones et des Gymnospermes est due au fonctionnement de *deux assises génératrices*, l'une située dans le cylindre central et l'autre placée plus ou moins profondément dans l'écorce.

Croissance en épaisseur. — **1° Assise génératrice interne ou cambium.** — L'assise génératrice interne *a.g.in* (fig. 387, I), située dans le cylindre central, y forme une sorte d'étoile à plusieurs branches (4 chez le Haricot, 3 chez le Pois, 8 à 12 chez la Courge). Cette assise contourne en dehors les faisceaux du *bois primaire b.p*, et en dedans les faisceaux du *liber primaire l.p*.

Les cellules du cambium prolifèrent en produisant une couche d'éléments nouveaux *aa'*, II : *Le feuillet interne donne le bois secondaire b.s*, qui comprend des vaisseaux ponctués larges, des cellules non différenciées et des fibres; le *feuillet externe donne le liber secondaire l.s*, composé de tubes criblés, de cellules très actives et de fibres de soutien.

Ainsi l'assise génératrice interne est devenue l'origine de bois nouveau et de liber nouveau; aussi l'appelle-t-on encore *assise génératrice libéroligneuse*.

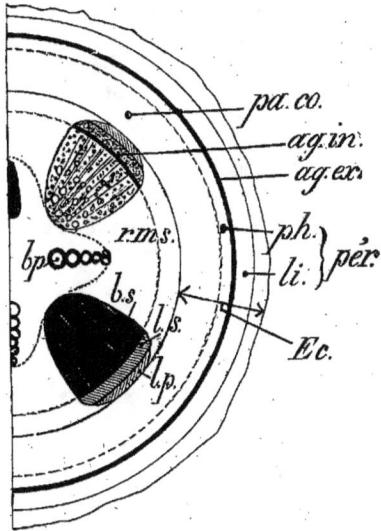

Fig. 388. — Formations secondaires discontinues. Désignations identiques à celles de la figure 387.

De section étoilée tout d'abord, cette assise a pris peu à peu la forme d'un manchon à section circulaire, contenant à l'intérieur la moelle et le bois primaire *b.p*, II, et refoulant à l'extérieur le liber primaire *l.p*.

Remarques. — (*a*) L'anneau libéroligneux secondaire présente çà et là des files de cellules radiées appelées *rayons médullaires secondaires r.m.s.* qui assurent la continuité de la moelle avec le parenchyme cortical, comme le font les rayons médullaires primaires *r.m.p* envisagés dans la structure primaire de la racine.

(*b*). Parfois l'assise génératrice interne est discontinue, c'est-à-dire que les formations de bois et de liber secondaires ont lieu par places seulement (fig. 388); la structure de la racine adulte diffère alors de la précédente par l'existence de larges rayons médullaires *r.m.s*, séparant des *faisceaux libéroligneux* secondaires *b.s, l.s ;* ces faisceaux comprennent du bois, *b.s*, du côté interne et du liber, *l.s*, du côté externe.

2° **Assise génératrice externe.** — Située en dehors de la précédente, *cette assise se développe à un niveau variable* suivant les espèces. Elle est formée : aux dépens de l'assise pilifère chez *Solidago Virga-aurea ;* par l'assise subéreuse dans le Jasmin ; par la première assise corticale dans l'Iris et l'Asphodèle ; par une couche profonde du parenchyme cortical chez le Groseillier, le Platane, le Cytise, *Sedum Telephium* (fig. 389, *Mé*). Parfois c'est le péricyle qui fournit cette assise génératrice appelée avec raison *assise extralibérienne, ag. ex.* (fig. 387, II) [Framboisier, Aigremoine (fig. 390)]

Le feuillet interne *e*, qui prend naissance par le cloisonnement, devient le *phelloderme ph* com-

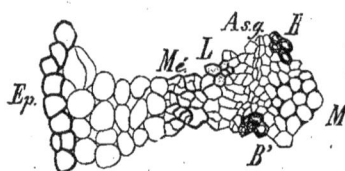
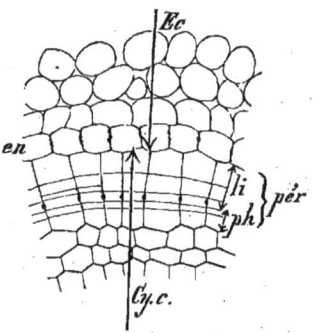

Fig. 389. — *Sedum Telephium* (fragment de racine). *Ep*, épiderme. *Mé*, assise génératrice extralibérienne. *L*, faisceau libérien. *As.g*, cambium. *B, B'*, faisceaux ligneux. *M*, moelle.

Fig. 390. — Aigremoine. Fragment de racine montrant le péricycle *pér* envahi par l'assise génératrice extralibérienne qui a formé déjà du liège *l* et du phelloderme *ph*.

posé de cellules vivantes ; le feuillet externe *e'* donne le *liège li* formé de cellules tabulaires, sans méats, qui meurent rapidement après la subérification de leur membrane.

Le phelloderme joue un rôle important dans la nutrition, tandis que le liège est un revêtement protecteur entraînant la mort et l'exfoliation de toute la région corticale qui lui est extérieure.

La réunion du liège et du phelloderme forme le *périderme pér.*

A mesure que *la racine s'accroît en diamètre par le jeu de l'assise génératrice interne*, *l'assise extralibérienne concourt*, par un actif cloisonnement des cellules initiales dans les sens tangentiel et radial, *à former des couches concentriques et des séries radiales de cellules propres à revêtir entièrement la racine et à la protéger d'une manière efficace.*

Remarque. — Des formations secondaires anormales se produisent dans un certain nombre de plantes appartenant aux Chénopodées, Amaranthacées, Nyctaginées, etc.

Soit la *Betterave :* Il s'y produit d'abord une assise génératrice libéroligneuse normale. Puis on voit se différencier, *dans le péricycle*, une 2ᵉ assise génératrice dont l'activité dure peu ; elle produit du liège vers l'extérieur et, à l'intérieur, du parenchyme qui donne origine à un certain nombre de faisceaux libéroligneux. Dans ce même parenchyme secondaire, se développe en dehors une nouvelle assise génératrice aux dépens de laquelle se produisent de nouveaux faisceaux libéroligneux, et ainsi de suite.

Le parenchyme excessivement développé devient le lieu de réserve du sucre emmagasiné par la Betterave.

C'est toujours dans le péricycle qu'apparaissent ces formations anormales.

§ 3. — PHYSIOLOGIE DE LA RACINE

A. — CAUSES EXTÉRIEURES INFLUANT SUR LA CROISSANCE DE LA RACINE.

* La région de croissance terminale d'une racine comprend la portion subterminale où se trouvent les initiales du cylindre central, de l'écorce et de la coiffe ; c'est donc sur les modifications du premier centimètre, pris à partir du sommet, que doivent porter les observations relatives à l'influence de la *température*, de l'*humidité*, de la *lumière*, de la *pression* et à l'action de la *pesanteur* sur la croissance de la racine.

Quand une cause extérieure agit d'une manière identique tout autour de la racine, celle-ci s'accroît verticalement ; si la cause se manifeste latéralement, la racine s'accroît en ligne courbe.

Influence de la température. — 1° *Répartition égale dans tous les sens.* — Il existe, pour chaque espèce végétale, une température minimum à laquelle la racine ne s'allonge pas ; elle ne meurt pas cependant. Si on élève progressivement la température, et qu'on mesure l'accroissement longitudinal de la racine pendant des temps égaux, on remarque que cet accroissement devient maximum pour une certaine température appelée *optimum*, tandis qu'il décroît et devient nul pour une température supérieure.

Cet optimum $= 26°,5$ pour le Pois et le Lupin ; $33°,5$ pour le Maïs ; $37°$ pour le Concombre.

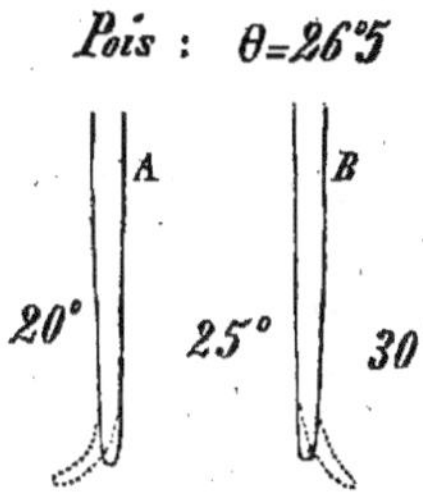

2° *Échauffement inégal : Thermotropisme.* — Si une racine de Pois, par exemple, est soumise à des températures différentes sur deux de ses faces : $20°$ sur l'une, $25°$ sur l'autre, la face soumise à la température la plus voisine de l'optimum ($25°$) s'allongera davantage dans la région de croissance : l'effet se traduit par une courbure de la racine dont le sommet se dirige vers le milieu à $20°$ (fig. 391, A).

Fig. 391. — Thermotropisme négatif de la racine. Elle croît plus à la température de $25°$ qu'aux températures de $20°$ et $30°$; elle se courbe, dans la région de croissance, en s'éloignant du milieu où la température est voisine de l'optimum $\theta = 26°,5$.

La racine se courbe du côté où la température est la plus éloignée de l'optimum (Thermotropisme négatif).

Influence de l'humidité. — 1° *Humidité égale.* — De deux racines de Fève plongées l'une dans l'eau, l'autre dans l'air ou la terre un peu humide, c'est la dernière qui croît le plus vite. *L'humidité retarde donc la croissance.* Quand l'humidité fait absolument défaut dans les régions superficielles du sol (grande sécheresse de 1893), les racines pénètrent à une profondeur de plusieurs mètres.

2° *Humidité inégale : Hydrotropisme.* — Les plantes qui vivent au voisinage du bord de l'eau développent leurs racines surtout du côté d'où vient la plus grande humidité (fig. 392); ce phénomène est appelé *hydrotropisme.* (*Hydrotropisme positif.*)

Influence de la lumière. — *Éclairement inégal : Phototropisme.* — Les racines souterraines ne sont pas exposées à la lumière, et d'ailleurs elles se montrent en général indifférentes à son action (Tulipe, Safran). Quelques-unes cependant se courbent, dans le cas d'un éclairement inégal, du côté d'où vient la plus faible lumière; elles sont douées d'un *phototropisme négatif* (fig. 393) qui favorise leur pénétration dans le sol (Fève, Pois, Haricot, Trèfle, Belle-de-Nuit, Radis, etc.).

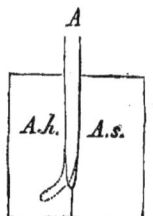

FIG. 392. — Hydrotropisme positif de la racine. Elle se courbe vers le milieu où l'air est humide (*A.h*) et s'éloigne du compartiment où l'air est sec (*A.s*).

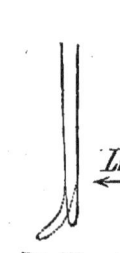

FIG. 393. — Phototropisme négatif de la racine. Elle fuit la lumière.

Les racines aériennes adventives émises par certaines plantes (Orchidées, Liliacées, Ampélidées, etc.), les unes parasites (Gui), les autres à tige grêle rampante (Fraisier) ou grimpante (Lierre), ont également un phototropisme négatif; comme elles fuient la lumière, elles pénètrent dans le sol (Fraisier) ou dans les tissus de la plante-support (racines adventives du Gui dans le Pommier, crampons du Lierre dans les fentes de l'écorce des arbres).

Influence de la pression. — Le simple contact unilatéral de la région de croissance d'une racine avec un corps solide retarde la croissance de ce côté et provoque la courbure de la racine qui enlace étroitement l'objet (fig. 394, 1). Si toutefois le contact a lieu au sommet même de l'organe, la courbure qui se produit a pour effet d'éloigner du corps résistant la pointe de la racine (fig. 394, 2, 3) : ainsi l'on comprend comment la racine peut s'engager dans les moindres interstices du sol.

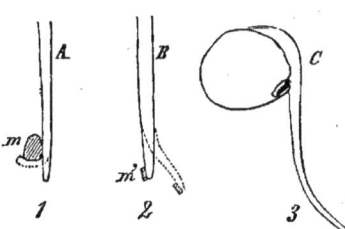

FIG. 394. — Action de la pression : en 1, action sur la zone d'accroissement (courbure autour du corps *m*); en 2 et 3, action sur le sommet (courbure de la racine qui cherche à éviter le corps *m'*).

Si le sommet de la racine a été brûlé d'un côté seulement avec la pierre infernale (crayon d'azotate d'argent), la racine devient convexe du côté blessé, comme pour fuir le corps qui a déterminé la blessure.

Influence de la pesanteur. — Sous les influences diverses que nous venons d'envisager, toutes les racines, de quelque ordre qu'elles soient, se comportent de la même manière; il n'en est pas ainsi sous l'action de la pesanteur.

Étudions d'abord cette action sur la racine principale :

1° *Racine principale.* — Quelle que soit la position qu'occupe une graine, nous avons vu précédemment que sa racine se dirige verticalement de haut en bas, et cela sans que la présence du sol y joue un rôle quelconque Si cependant la racine est placée dans une position rigoureusement verticale, la pointe en haut, elle continuera de croître dans cette direction (fig. 395). Dès que la racine occupe une position différente de la verticale, *elle se courbe dans la région de croissance* de manière à croître désormais verticalement de haut en bas (fig. 396).

Un jeune plant de Fève, dont la racine développée librement dans l'air humide est rectiligne et atteint déjà 8 à 10 centimètres de longueur, est fixé dans le bouchon d'un flacon (fig. 397 et 398) contenant de l'eau. On retourne le flacon qu'on laisse ainsi pendant plusieurs semaines; *la racine*, libre dans l'eau, adopte au début une position plus ou moins oblique; elle *se courbe dans la région de croissance et son sommet se dirige verticalement vers la terre.* [La tige se courbe en sens inverse. L'éclairement était unilatéral pendant l'expérience, le flacon étant disposé

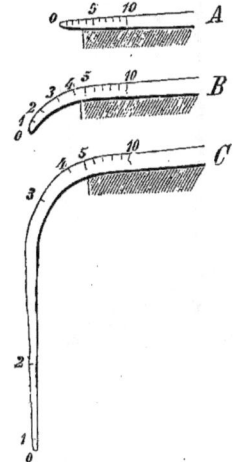

Fig. 396. — Géotropisme positif de la racine. La racine horizontale de Fève A, dont le premier centimètre a été divisé en millimètres, s'accroît inégalement en B, C, et se courbe pour adopter la direction verticale de haut en bas.

Fig. 395. — Accroissement de bas en haut d'une plantule parfaitement verticale.

devant une fenêtre; la courbure de la racine s'est alors produite du côté de la lumière la plus faible (phototropisme négatif), tandis que la tige s'est courbée en dirigeant son sommet vers la lumière (phototropisme positif).]

La racine principale obéit donc à l'action de la pesanteur; elle s'accroît suivant la verticale : elle est douée de *géotropisme*; et comme elle se dirige dans le sens de la pesanteur, son *géotropisme* est *positif*.

La pesanteur retarde la croissance de la racine. — Une racine de Fève, placée horizontalement dans l'air humide, se courbe vers le bas (fig. 396); la comparaison de sa croissance avec celle d'une racine identique, placée verticalement, a donné les résultats suivants :

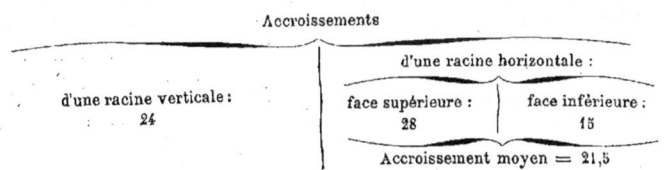

	Accroissements	
d'une racine verticale : 24	d'une racine horizontale :	
	face supérieure : 28	face inférieure : 15
	Accroissement moyen = 21,5	

2° *Racines secondaires.* — Les radicelles se dirigent obliquement par rapport à la racine primaire verticale. Sont-elles géotropiques? Pour le savoir, observons la direction prise par les radicelles de premier ordre que présente la racine de Fève dans l'expérience (fig. 398); dirigées d'abord obliquement vers le haut, elles se courbent dans la région de croissance et leur pointe $s_4 s'_4$ (fig. 399), orientée à nouveau vers la terre, forme, avec la verticale, un angle à peu près égal à l'angle du début.

Ainsi *les radicelles de premier ordre sont géotropiques* en général, *mais moins que la racine principale:* les radicelles d'ordre supérieur obéissent de moins en moins à l'action de la pesanteur.

Si l'on supprime l'extrémité d'une racine primaire, elle ne croît plus; c'est alors la radicelle la plus voisine qui adopte la direction verticale, en se substituant à la racine principale dont elle prend désormais la place et le géotropisme absolu (fig. 400, $r'.p$).

Comme la racine principale est plus abondamment nourrie que les radicelles (dans les plantes à système pivotant), on conclut de l'expérience qui précède que *le degré géotropique d'une racine a quelque rapport avec l'intensité de sa nutrition.*

L'inégal effet de la pesanteur sur les ra-

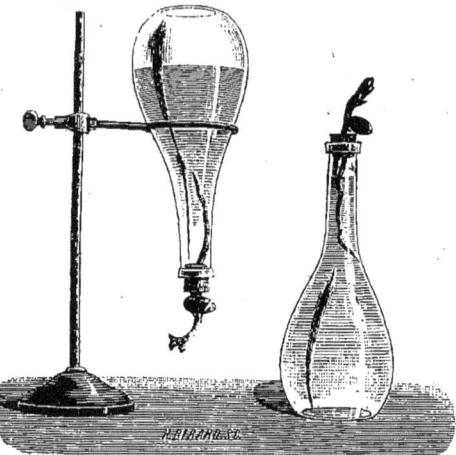

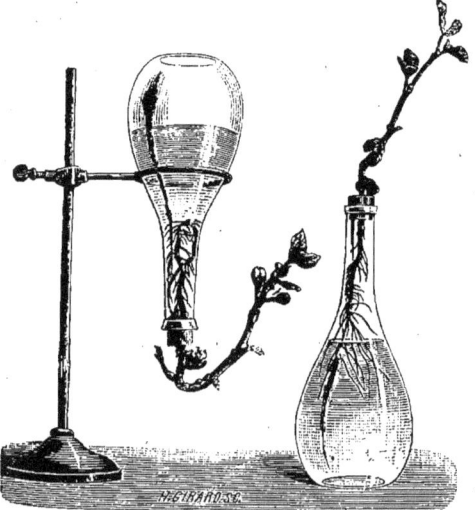

Fig. 397 et 398 — Résultats d'une expérience ayant pour but de vérifier l'action de la pesanteur sur deux jeunes plants de Fève, l'un placé normalement à droite, l'autre renversé (la racine plonge dans un flacon contenant de l'eau). Le plant renversé montre, au bout de trois semaines, *la racine complètement retournée vers le bas et la tige redressée.* — *Les tiges se portent vers la lumière* d'une fenêtre par laquelle elles étaient éclairées latéralement.

cines de divers ordres, émises par la racine primaire, permet au système radiculaire d'une plante d'occuper, dans toute son étendue, une portion plus ou moins grande du sol, sans que les radicelles se gênent mutuellement dans leur développement. Cette disposition facilite la fixation et la nutrition de la plante dans le sol, ainsi que vont nous l'apprendre les considérations qui suivent.

Remarque. — De récentes expériences sur le géotropisme et l'héliotropisme des organes en voie de croissance ont montré que le protoplasme des cellules qui composent les régions de croissance possède deux propriétés souvent indépendantes : la SENSIBILITÉ et l'EXCITABILITÉ.

Soit une plantule d'avoine, dont l'*extrême sommet* seul est soumis à un *éclairement unilatéral*; la *sensibilité héliotropique* des cellules éclairées est mise en jeu; leur protoplasme subit des modifications encore inconnues qui se traduisent par une *excitation*; cette excitation se propage lentement, de cellule à cellule, et provoque la courbure non seulement du sommet éclairé de la plantule, mais encore des régions non éclairées (parfois insensibles) situées au-dessous.

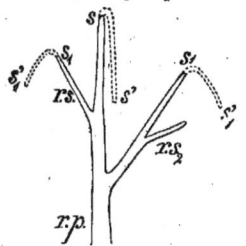

FIG. 399. — Géotropisme absolu de la racine principale, *r.p* (*s* se courbe suivant *s'*). Géotropisme atténué des radicelles de 1er ordre, $r.s(s_1$ en $s'_1)$; géotropisme nul pour les radicelles de 2e ordre, $r.s_2$.

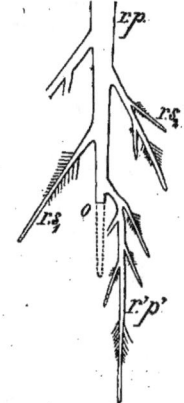

FIG. 400. — La racine principale, *r.p*, étant coupée en *o*, près du sommet, la radicelle la plus voisine, *r'.p'*, adopte le géotropisme absolu et la direction de la racine principale.

B. — FONCTIONS DE LA RACINE.

La racine remplit trois sortes de fonctions principales :
1° Elle *fixe* la plante au sol ;
2° Elle *absorbe* dans le sol une partie des matières nutritives nécessaires à l'entretien du végétal ;
3° Elle *conduit* vers la tige les matières absorbées, sous la forme de dissolutions complexes et plus ou moins étendues.

En outre, la racine peut jouer le rôle d'*organe de réserve* en accumulant dans son parenchyme, parfois très développé (systèmes radiculaires exagérés), des substances nutritives tôt ou tard utilisées par la plante.

1° La Racine est l'organe fixateur et le support de la plante. — Une plante est d'autant mieux fixée au sol que son système radiculaire y pénètre plus profondément ; les plantes à système pivotant (Chêne) résistent mieux au vent que les plantes à système fasciculé (Peuplier): un plant de Luzerne de l'année, un pied de Haricot sont plus difficilement arrachés qu'un pied de Blé.

Parmi les plantes à système pivotant, celles qui présentent un plus grand nombre de rangs de radicelles insérées sur le pivot se maintiennent le mieux au sol ; un Chêne résiste plus énergiquement à la tempête qu'un If qui possède seulement 2 rangs de racines secondaires ; le Haricot avec 4 rangs de radicelles est plus solide que le Lupin avec 2 rangs.

Les particules terreuses, enveloppées par le *chevelu de la racine*, forment un tout compact.

Brémontier, justement ému de la marche sans cesse envahissante des dunes sur le littoral de Gascogne, effectua sur les sables mouvants des semis de plantes appropriées (*Arundo, Carex, Psamma arenaria*, etc.). La couche superficielle du sable une fois fixée par le chevelu radiculaire de ces plantes qui poussent très vite, des plantations de Pins furent effectuées en vue d'obtenir un réseau de racines plus profond et un rideau de tiges et de feuilles propre à atténuer la vitesse du vent.

2° **La Racine est un organe d'absorption.** — Elle échange des *gaz* avec le sol : elle *respire*.

Elle puise les *liquides nutritifs* dont la terre est imbibée.

Elle attaque et dissout, pour s'en nourrir, certaines *matières solides*.

(a). — **Respiration de la Racine.** — *La racine absorbe l'oxygène de l'air contenu dans le sol et y dégage de l'acide carbonique.*

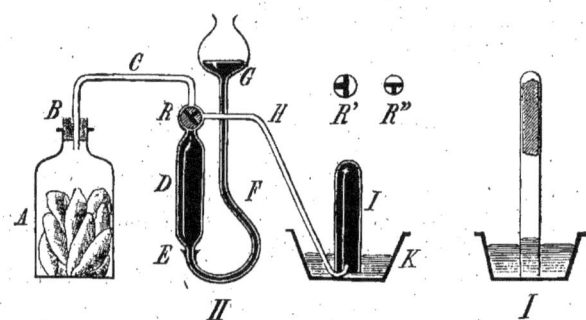

Fig 401. — Respiration de la racine. I, expérience élémentaire (l'éprouvette contient de l'air et un fragment de racine ; elle repose sur le mercure). — II, appareil disposé pour faire des prises de gaz à divers moments dans le flacon A qui contient des racines. (Pour la marche de l'appareil, consulter le texte, page 411.)

Pour le prouver, on procède comme il suit : dans une éprouvette contenant de l'air et reposant sur le mercure (fig. 401, I), on met une racine ou seulement un fragment ; on abandonne pendant quelques heures au bout desquelles on fait l'analyse du gaz de l'éprouvette ; on reconnaît alors qu'il a disparu de l'oxygène, tandis que l'air s'est enrichi en acide carbonique.

Quand on veut suivre la marche du phénomène et faire des

analyses gazeuses à plusieurs reprises, on se sert de l'appareil suivant :

Un flacon A (fig. 401, II) est muni d'un bouchon B traversé par un tube coudé C en rapport avec un appareil à prises de gaz $DEFG$. Celui-ci est une pompe à mercure d'Alvergniat simplifiée : le réservoir D, plein de mercure, communique en bas par le tube en caoutchouc EF avec une sphère creuse G; en haut, il est surmonté d'un robinet à 3 voies R auquel aboutissent le tube C et un tube de dégagement H se rendant sous une éprouvette I, pleine de mercure, reposant sur la cuve à mercure K.

On peut, à l'aide de cet appareil, puiser une partie du gaz contenu dans le flacon A, sans que celui-ci cesse d'être hermétiquement clos : à cet effet, on abaisse la boule G jusqu'au niveau E et on tourne le robinet R dans la position R'; la surface du mercure en D, pressée par le gaz du flacon A, s'abaisse, et une partie du gaz confiné en A s'introduit en D. On tourne alors le robinet en R'', de manière à isoler du flacon A le gaz retenu en D; la sphère G étant soulevée, on comprime ce gaz qui, refoulé par le tube H, se rend dans l'éprouvette I. On peut, dans le gaz ainsi recueilli, doser l'oxygène et l'acide carbonique par les procédés eudiométriques connus : l'acide carbonique est absorbé d'abord par une dissolution de potasse, et l'oxygène au moyen d'une dissolution d'acide pyrogallique en présence de la potasse.

Tel est l'appareil usité pour l'expérience suivante : dans le flacon A, contenant de l'air, sont introduites des racines fraîches quelconques, des Radis ou des fragments de Carotte, de Betterave, etc.; au bout d'une ou deux heures, on retire du flacon une petite quantité de gaz qui, par l'analyse, donne les résultats indiqués plus haut.

Les racines, privées d'oxygène, résistent pendant quelque temps à l'asphyxie, agissant comme de véritables ferments (page 83) ; les cellules qui les constituent décomposent les matières de réserve (glucose, sucre, etc.) pour y puiser l'énergie indispensable à leur existence : ainsi, des betteraves à sucre, renfermées pendant plusieurs jours dans un vase clos, font subir au sucre l'interversion, puis la fermentation ; elles contiennent une proportion notable d'alcool à un moment donné : c'est la *période de résistance à l'asphyxie*. Quand toutes les matières de réserve capables de fournir de l'énergie par leurs dédoublements ont été détruites, les cellules meurent et la racine entre en décomposition.

Applications. — Il faut préalablement ameublir, par des labours suffisants, le sol dans lequel on se propose de faire des plantations d'arbres ou des semis de graines, pour que l'air y puisse pénétrer facilement. Les grilles placées au pied des arbres, sur les boulevards de Paris, s'opposent au piétinement du sol dont elles favorisent l'aération. Le drainage des terres compactes, tout en facilitant l'écoulement de l'eau en excès, favorise la circulation de l'air et la respiration des racines.

412 LA RACINE.

(b). — **Absorption des liquides par la Racine**. — La racine est l'organe principal d'absorption des liquides chez les Végétaux supérieurs : aussi a-t-on soin d'arroser le sol au pied des plantes pendant la sécheresse.

Les poils absorbants jouent le rôle le plus actif dans ce phénomène; l'expérience suivante le montre : Dans 4 éprouvettes 1, 2, 3, 4 (fig. 402), on dispose de jeunes plantes identiques, de telle sorte que leurs racines plongent dans l'eau : par la coiffe c seule pour la 1re, par la coiffe c et la région d'accroissement m pour la 2e, jusqu'aux poils absorbants p inclusivement pour la 3e, en totalité pour la 4e. (Sur l'eau est une couche d'huile qui s'oppose à l'absorption de la vapeur d'eau atmosphérique par les poils.) Les plantes 1 et 2 meurent ; la 3e est presque aussi vigoureuse que la 4e.

Cependant certaines racines n'ont jamais de poils absorbants, notamment la plupart

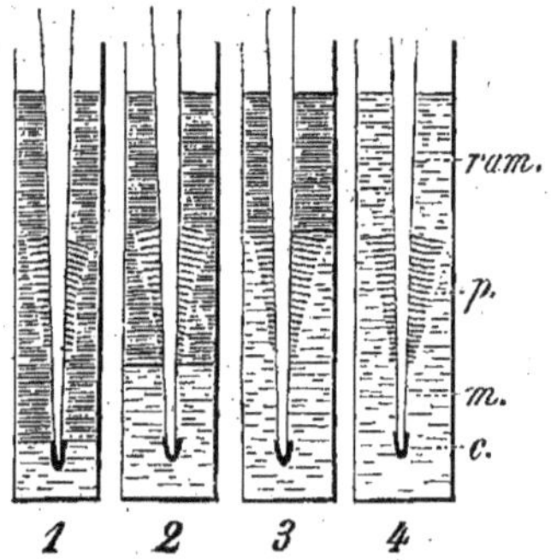

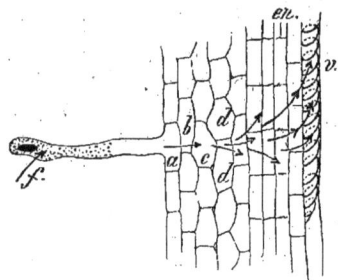

Fig. 402. — Absorption par la racine. Rôle des poils absorbants. La racine 1 plonge dans l'eau par sa coiffe seulement ; la racine 2, par sa coiffe et sa région d'accroissement ; la racine 3 plonge dans l'eau jusqu'aux poils absorbants compris ; la racine 4 y plonge totalement. Les plantes 1 et 2 meurent ; 3 et 4 prospèrent.

Fig. 403. — Rôle du poil absorbant. Les flèches indiquent le cours de la sève brute depuis le poil jusqu'aux vaisseaux v.

de celles qui se développent dans l'eau ; l'absorption a lieu néanmoins par la même région située au-dessus de la zone d'accroissement m.

Mode d'absorption des liquides. — L'absorption des liquides du sol, par les cellules pilifères ou non, est un phénomène d'osmose. (Voir Anatomie et Physiologie animales : page 63.) Le protoplasme du poil a (fig. 403) se porte au voisinage de l'extrémité de la cellule qui constitue un appareil endosmotique puissant ; la solution aqueuse imbibant le sol est activement absorbée suivant f par le protoplasme de la cellule a qui acquiert une forte turgescence. Le suc cellulaire de a étant plus aqueux que celui de la cellule b, les échanges osmotiques de a vers b seront supérieurs à ceux de b vers a, et ainsi de suite, de cellule à cellule, jusqu'aux vaisseaux v que renferme déjà la région centrale de la racine à ce niveau. Comme l'équilibre osmotique est à chaque instant détruit entre les diverses cellules de a à v, la racine est parcourue par un véritable courant de matières nutritives de l'extérieur vers l'intérieur.

La consommation règle l'absorption. — Si la plante était comparable à une série de cellules inertes, le contenu de ses divers compartiments serait, dès le début, le siège d'échanges osmotiques actifs avec la solution complexe qui l'imprègne ; puis ces échanges se ralentiraient pour devenir nuls au moment où le contenu des cellules et la solution extérieure auraient acquis la même composition.

Il n'en est pas ainsi dans la plante vivante dont chacune des cellules élabore les principes qui lui parviennent, s'assimile les uns, délaisse les autres ou les emploie en moindre proportion. L'équilibre osmotique n'y saurait exister que pour les substances inutiles à la plante, provenant de la solution aqueuse extérieure.

Un exemple fera mieux saisir ce fait : soient les sels A, B, C, en dissolution dans l'eau du sol qui imbibe les poils absorbants ; A est inutile à la plante, B entre seulement dans quelques-unes des réactions internes des cellules, C est indispensable à la plante en ce sens que ce sel participe à la plupart des transformations chimiques des cellules vivantes.

Le sel A sera d'abord absorbé par le poil a et les cellules successives b, c, d, etc. ; celles-ci, ne l'utilisant pas, contiendront de ce sel une proportion égale à celle que renferme l'eau du sol ; *une fois l'équilibre osmotique atteint, l'absorption du sel A cessera.*

A mesure que le sel B parviendra aux cellules de la plante, il sera consommé en partie et lentement ; le courant endosmotique ne cessera pas pour lui, puisque les cellules internes en renfermeront toujours un peu moins que l'eau du sol. *L'absorption du sel B sera continue, mais lente.*

Au contraire, la consommation du sel C étant très active dans le végétal, les cellules en seront appauvries d'une manière notable ; ainsi aura lieu *un passage constant et énergique de cette substance C du sol dans la plante.*

L'absorption inégale des divers sels contenus dans le sol est variable avec les végétaux considérés. Les phosphates, les azotates, les sels de potassium sont très activement absorbés ; les sels de sodium le sont peu. La racine emprunte surtout au sol les acides azotique, phosphorique, sulfurique, carbonique, unis à la potasse, la chaux, la magnésie, la soude et l'oxyde de fer.

(c). — **Dissolution de matières solides par la Racine** — Boussingault, ayant fait germer des Haricots sur une table de marbre recouverte de sable, vit que les racines avaient formé leur empreinte dans le marbre; elles l'avaient donc attaqué par leur contact.

L'extrémité des racines est acide. Il suffit, pour le vérifier, de provoquer le développement de racines dans l'air humide, au contact d'un papier de tournesol bleu qui rougit à tous ses points de contact. La membrane des cellules externes, imbibée de liquide acide, est capable de dissoudre les carbonates et phosphates de calcium et de magnésium, la silice, etc..., substances insolubles que renferme le sol. Il semble que l'acidité des extrémités radiculaires doive être attribuée aux acides carbonique et chlorhydrique et à divers acides organiques.

La racine peut non seulement attaquer des matières minérales, mais encore dissoudre divers principes organiques, les composés pectiques, la cellulose, l'amidon, etc... La jeune radicelle (fig. 384) sort de la racine en se nourrissant aux dépens de l'écorce dont elle *digère*, complètement ou non, les parties situées en face du point où elle va apparaître.

Les *racines suçoirs* du Gui (parasite sur le Pommier), de la Cuscute (parasite sur la Luzerne), du Mélampyre (parasite sur les Graminées), etc..., digèrent également la région de la plante nourricière qui s'oppose à leur contact intime avec cette plante.

3° **La Racine est un organe conducteur de la sève.** — A mesure que le liquide du sol est absorbé par la racine, *il se rend dans les vaisseaux v* (fig. 403) *par lesquels il s'élève peu à peu jusque dans la tige et les feuilles.*

On coupe une racine à une faible distance du sommet; on en plonge la section supérieure dans l'eau colorée par un peu de fuchsine; si, au bout de cinq ou six heures, on pratique de bas en haut des sections transversales de la racine, on verra que les vaisseaux seuls sont colorés en rouge par la fuchsine.

Nous étudierons plus tard les causes qui favorisent l'ascension de cette sève très liquide dans les vaisseaux du bois (page 482).

Outre ce courant d'autant plus fort que la nutrition est plus active, il existe un courant inverse et plus lent, mais moins nettement délimité, d'un liquide nutritif épais, visqueux, se propageant de la tige jusqu'au sommet de la racine; *ce courant se manifeste dans les tubes criblés du liber surtout*, mais aussi de cellule à cellule dans tout le parenchyme conjonctif et *dans toutes les directions.*

4° **La Racine est un organe de réserve nutritive.** — Dans toutes les racines, certains principes sont localisés temporairement et seront utilisés à bref délai; mais les racines dont le parenchyme a subi un développement exagéré (Carotte, Betterave, Radis, Ficaire,

Dahlia, etc...) servent de magasin de réserve pour une plus longue durée. Le sucre, l'amidon, l'inuline, etc., sont les principales substances mises en réserve le plus souvent dans le parenchyme secondaire. (Les racines tuberculeuses de la Ficaire, des Renoncules, de l'Asperge, etc., sont dépourvues de toute formation secondaire, et alors c'est dans l'écorce très épaisse que les réserves se rassemblent.)

Caractères de la Racine.

La racine naît sur la tige, soit à sa base, soit latéralement; elle est protégée par une coiffe épidermique, possède une assise pilifère en général et ne porte jamais de feuilles. Composée dans sa région basilaire d'une écorce et d'un cylindre central, la racine renferme des faisceaux ligneux et des faisceaux libériens **alternes** *et disposés symétriquement par rapport à un axe.*

L'accroissement de la racine est **subterminal**; *il est dû à la multiplication de trois cellules initiales ou de trois groupes d'initiales chez les Phanérogames, d'une seule initiale chez la plupart des Cryptogames vasculaires.*

Les radicelles sont de formation **endogène**, *comme la racine principale à la base de la tigelle dans l'embryon; elles naissent, dans la racine principale, aux dépens du péricycle (Phanérogames) ou de l'endoderme (Cryptogames vasculaires).*

CHAPITRE II
LA TIGE

La tige se rencontre chez tous les végétaux, sauf les Thallophytes et un certain nombre d'Hépatiques dont le thalle n'est pas différencié.

Fig. 404. — Mercuriale (*Mercurialis annua*). — A, jeune plante pourvue d'une racine r, d'une tige hypocotylée, de cotylédons c et de la gemmule. — B, plante développée; la tige épicotylée porte des feuilles et des fleurs mâles ♂ (plante dioïque). ca, ca', fruits provenant d'un pied portant seulement des fleurs femelles ♀.

Tableau XL.
De la Tige.

La tige existe chez tous les végétaux, sauf les Thallophytes et quelques Muscinées.

Morphologie de la Tige.

Direction....
- Tiges aériennes
  - dressées : *Tronc* (arbres de nos pays), *Stipe* (Palmiers), *Chaume* (Graminées).
  - rampantes : Fraisier.
  - grimpantes
    - en s'enroulant autour d'un support : Tiges *volubiles* (Haricot, Liseron).
    - avec crampons (Lierre).
    - avec vrilles (Pois, Vigne).
- Tiges souterraines.
  - *Rhizomes* : Iris, Carex, Sceau de Salomon.
  - *Bulbes* : Safran.
  - *Tubercules* : Pomme de terre.

Constitution externe.
- *Bourgeon terminal* (au sommet).
- Nœuds : insertion des *feuilles* et des *bourgeons axillaires* (qui donnent les rameaux). Entre-nœuds.
- *Collet* ou base.

Croissance en longueur
- terminale (difficile à étudier).
- intercalaire :
  1° Les entre-nœuds supérieurs seuls s'allongent; l'un d'eux a un accroissement maximum.
  2° Un même entre-nœud s'accroît inégalement dans des temps égaux.
  3° Les entre-nœuds successifs sont d'inégale longueur, leur croissance une fois terminée.

Circumnutation de la tige : elle favorise l'enroulement des tiges volubiles.

Ramification latérale.
- Grappe (Grappe, Épi, Corymbe, Ombelle, Capitule).
- Cyme [multipare, unipare (scorpioïde, hélicoïde)].
- La ramification dite terminale des Lycopodiacées est une *fausse dichotomie*, une véritable ramification latérale près du sommet de la tige.

Structure de la Tige.

Structure primaire.
- *Épiderme.* Poils; stomates.
- *Écorce.*
  - Parenchyme chlorophyllien.
  - Endoderme.
- *Cylindre central.*
  - Parenchyme conjonctif.
    - Péricycle.
    - Rayons médullaires.
    - Moelle.
  - Faisceaux libéroligneux.
    - bois en dedans, liber en dehors (Dicotylédones et Gymnospermes).
    - bois en V, liber interne (Monocotylédones).
    - bois entouré par le liber (Cryptogames vasculaires).

Pas de faisceaux chez les Muscinées.

Rapports de la tige
- et de la racine.
  - Faisceaux libériens non déviés.
  - — ligneux de la racine dédoublés (rotation de 180°).
- et des feuilles.
  - Faisceaux libéroligneux *caulinaires* (dans la tige). Symétrie axiale.
  - Faisceaux libéroligneux *foliaires* (destinés aux feuilles). Asymétrie.

Région d'accroissement terminale (mêmes nombres d'initiales que pour la racine). (Voir Tableau XXXVIII.)
Origine endogène des racines latérales (mêmes observations que pour les radicelles).

Structure secondaire
- due à la croissance en épaisseur (Dicotylédones et Gymnospermes).
- Assises génératrices
  - interne : Cambium
    - liber secondaire en dehors } du cambium,
    - bois — en dedans
    - Bois { de printemps. } Age d'un arbre.
    - { d'automne. }
  - externe. — Périderme. { Liège. Phelloderme. } — Lenticelles.

§ 1. — MORPHOLOGIE DE LA TIGE

Direction de la tige. — *Tiges aériennes.* — La tige est la partie de la plante qui s'élève ordinairement dans l'air, en direction verticale, dans le prolongement de la racine; elle porte les feuilles : telle est la définition des *tiges dressées* (fig. 404).

Cependant certaines tiges grêles rampent sur le sol (Fraisier, *Glechoma hederacea*) en y émettant de nombreuses racines adventives; on les appelle *tiges rampantes*.

D'autres tiges grêles, aussitôt qu'elles rencontrent un support vertical, s'y enroulent (Houblon, Liseron, Haricot), s'y maintiennent à l'aide de vrilles (Vigne, Pois) ou de crampons (Lierre, fig. 366), etc. : ce sont les *tiges grimpantes*.

Tiges souterraines. — Un certain nombre de plantes sont pourvues de tiges qui se développent sous le sol : soit en rampant [*rhizomes* de Carex (fig. 405), de Sceau de Salomon (fig. 367), d'Iris

Fig. 405. — Rhizome de Carex portant des tiges aériennes pourvues de feuilles et d'épis.

(fig. 406), de Chiendent], soit en grossissant sur place en diamètre [*bulbe* de Safran (fig. 407), *tubercule* de Pomme de terre (fig. 438)].

La Sagittaire, plante aquatique (fig. 451), possède un rhizome souterrain occupant la vase du fond d'un lac ou d'un étang; ce rhizome émet des branches en partie aquatiques, en partie aériennes.

Tableau XLI.

De la Tige (*fin*).

Physiologie de la Tige.

Causes extérieures influant sur la croissance de la tige.

I. *Courbures* provoquées dans la région de croissance par l'*inégale répartition* de :
  1° la température : *Thermotropisme* négatif ;
  2° l'humidité : *Hydrotropisme* négatif ;
  3° la lumière : { *Phototropisme* positif (tiges dressées) ;
  — négatif (tiges rampantes et grimpantes) ;
  4° la pression : Tiges volubiles indifférentes ; *Vrilles sensibles*.

II. Influence de la *pesanteur* :
  Géotropisme négatif { absolu pour la tige principale.
  atténué pour les branches de 1er et de 2e ordres.
  nul — d'ordres supérieurs.

Ces divers effets favorisent l'extension du système tigellaire dans l'air et la nutrition de la plante. La somme des accroissements diurnes éprouvés par une tige est supérieure à celle des accroissements nocturnes.

Fonctions de la tige.

I. Organe de *soutien* des parties aériennes de la plante.

II. Organe de nutrition.
  Échanges *gazeux* (surtout) avec le milieu extérieur.
  Transpiration continuelle ⟶ dégagement de vapeur d'eau.
  Chloro { *vaporisation* ⟶ à la lumière seulement.
  assimilation ⟶ : CO^2 absorbé ; O dégagé $\left[\frac{O}{CO^2} > 1\right]$.
  Respiration continuelle : O absorbé ; CO^2 dégagé $\left[\frac{CO^2}{C} \text{ voisin de } 1\right]$.

III. Organe de
  transport de la sève *brute*, ascendante, vers les feuilles, par vaisseaux du bois.
  répartition de la sève *élaborée*, en tous sens, par les tubes criblés du liber surtout.

IV. Organe de *réserve nutritive* (Canne à sucre ; rhizomes et tubercules).

Caractères de la Tige. — Pas de coiffe ; *feuilles* et *bourgeons*. Symétrie *axiale* ± nette. — Épiderme, écorce et cylindre central avec *faisceaux libéroligneux*. *Accroissement terminal*. Origine *exogène*.

Comparaison de la racine et de la tige (voir page 447).

Constitution externe de la tige. — La tige jeune, de forme cylindrique, est soudée à la racine principale par sa *base* appelée *collet*. De distance en distance, des feuilles y sont insérées aux points appelés *nœuds*, n (fig. 362 et 408) ; l'intervalle compris entre deux nœuds consécutifs s'appelle *entre-nœud*, en. Les entre-nœuds (9-8), (8-7),… (2-1) sont de plus en plus courts à mesure qu'on s'approche du sommet de la tige ; les feuilles f y sont aussi de moins en moins développées ; les plus rapprochées du sommet sont incurvées de manière à recouvrir le sommet de la tige et protéger les jeunes feuilles encore à l'état de mamelons (1,2).

Fig. 406. — Rhizome d'Iris portant des racines adventives et des feuilles.

L'ensemble formé par le sommet de la tige et les feuilles incurvées protectrices constitue le *bourgeon terminal*, *b.t.*

A l'aisselle d'une feuille, c'est-à-dire dans l'angle formé par chaque feuille avec la tige, se trouve le plus souvent un *bourgeon axillaire*, *b.ax ;* les Graminées en présentent deux et les Liliacées quatre symétriquement placés (fig. 409).

Le bourgeon terminal en croissant contribue à l'allongement

de la tige, suivant le sens F (fig. 408); il produit de jeunes feuilles nouvelles, à mesure que les feuilles protectrices, d'abord incurvées, grandissent, adoptent une forme plane et s'épanouissent (fig. 410 et 411).

Les bourgeons axillaires, de même constitution que le bourgeon terminal, peuvent aussi donner par leur allongement suivant F' des *rameaux* ou *branches* que nous étudierons lors de la ramification de la tige

La tige, protégée au sommet par les feuilles du bourgeon terminal, *est dépourvue*

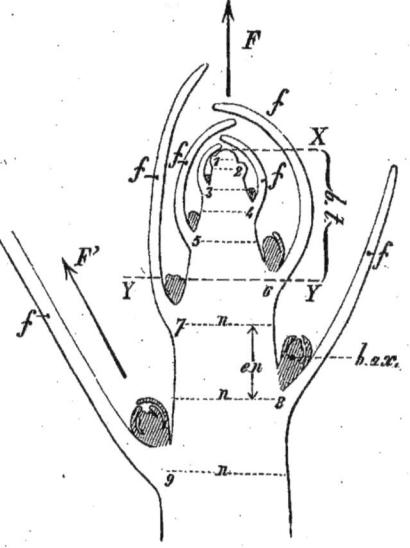

Fig. 407. — Pied de Safran et son bulbe plein souterrain (à droite).

Fig. 408. — Figure schématique montrant la structure de la tige au sommet. — 1, 2,... 9, nœuds successifs n où sont insérées les feuilles f. — $b.ax$, bourgeons axillaires, — $b.t$, bourgeon terminal comprenant 6 entre-nœuds. — F, sens de l'accroissement de la tige principale. F', sens de l'accroissement des rameaux.

de coiffe; elle est parfois recouverte de *poils protecteurs* qui n'ont aucunement la signification des poils absorbants de la racine; des *stomates*, absents dans la racine (qui n'a d'épiderme que la coiffe), se remarquent sur les tiges jeunes et sur les tiges adultes dont la surface n'est pas altérée.

Fig. 409. — Nombre de bourgeons b insérés sur la tige t à l'aisselle d'une feuille f : 1, la plupart des plantes (un bourgeon); 2, Graminées (2 bourgeons); 3, Liliacées (4 bourgeons).

La tige jeune aérienne a une couleur verte, sauf de rares exceptions (Orobanche); plus tard, cette couleur se modifie à cause de formations nouvelles liées à la destruction de l'épiderme.

Croissance de la tige en longueur. — La *croissance terminale* de la tige s'accomplit suivant F (fig. 408) dans le bourgeon terminal, avec production de feuilles et d'entre-nœuds nouveaux. La *croissance intercalaire* est due à l'allongement des entre-nœuds successifs.

Bien des tiges sont dépourvues de la croissance intercalaire, les

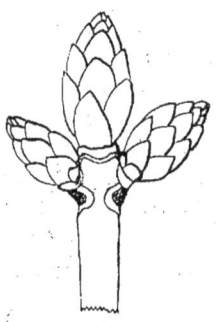

Fig. 410. — Bourgeons terminal et axillaires du Marronnier d'Inde (*Æsculus Hippocastanum*).

Fig. 411. — Bourgeon terminal épanoui.

entre-nœuds demeurent alors très courts et les feuilles sont serrées les unes contre les autres sur la tige (Joubarbe, Aloès, Conifères, Fougères arborescentes, Mousses).

Mesure de la croissance. — La croissance terminale est difficile à mesurer d'une façon précise à cause des jeunes feuilles qui en voilent le sommet.

Il est plus facile de déterminer la croissance intercalaire : pour cela, on mesure la longueur des divers entre-nœuds visibles sans altérer les feuilles; cette opération est répétée toutes les 24 heures pendant une période assez longue.

L'expérience a montré que :

1° *Dans l'espace de 24 heures, les entre-nœuds supérieurs seuls se sont allongés et d'une façon inégale; l'un d'eux a subi une élongation maximum.*

2° *Un même entre-nœud s'accroît inégalement pendant des intervalles de temps égaux.* Ainsi l'allongement d'un même entre-nœud de Fritillaire, faible au début, passe par un maximum le sixième jour, puis diminue jusqu'au vingtième jour; alors sa croissance est terminée.

3° *Les entre-nœuds successifs, une fois leur croissance terminée, ont acquis des dimensions inégales.* Ceux de la base sont courts; à mesure qu'on s'élève le long de la tige, on en trouve de plus grands, l'un est maximum; puis ils décroissent jusqu'au sommet.

Circumnutation de la tige. — Si la croissance intercalaire de la tige était la même suivant toutes les génératrices, la tige s'allongerait en conservant une forme conique parfaite; il n'en est pas ainsi.

Le sommet de la tige dévie alors plus ou moins dans l'espace où il décrit, *autour de l'axe du végétal*, une courbe qui, projetée sur un plan horizontal, est en général une ellipse ou une circonférence.

C'est en cela que consiste le mouvement de *circumnutation*, d'autant plus ample que la région de croissance de la tige est plus étendue. Le sens de ce mouvement est constant pour un même genre : le Chèvrefeuille, la Renouée, le Houblon tournent dans le sens des aiguilles d'une montre; le Liseron tourne en sens inverse.

Chez les *plantes volubiles* (Liseron fig. 412, Houblon, etc.), si le sommet de la tige, en tournant, rencontre un support, il s'y applique et décrit autour de lui une spire d'abord lâche, puis à

Fig. 412. — Liseron : tige volubile.   Fig. 413. — Cèdre.

tours de plus en plus serrés, *pourvu que le support ait un diamètre inférieur à l'amplitude de la nutation.*

La nutation de la tige est souvent accompagnée d'une *torsion* (Haricot, Liseron), due à ce que la croissance longitudinale de la tige dure plus longtemps à la périphérie qu'au centre. Le sens de la torsion est le même que celui de la nutation.

Ramification de la tige. — 1° *Ramification latérale.* — La tige demeure rarement *simple* (Fougères arborescentes, Lis, Orchis, certains Palmiers, etc.); le plus souvent, les bourgeons axillaires se développent comme le bourgeon terminal, en émettant des rameaux pourvus de feuilles et de bourgeons axillaires. *La tige se ramifie* ainsi *latéralement* et forme un *système tigellaire.*

424 LA TIGE.

Dans une tige dressée adulte et ramifiée (Cèdre, fig. 413, Prunier, etc.), on appelle *tronc* la partie inférieure de la tige non divisée, et *cime* l'ensemble des rameaux.

La tige adulte des Palmiers sans ramifications s'appelle *stipe* (fig. 414). On

Fig. 414. — Groupe de Palmiers.

réserve le nom de *chaume* à la tige des Graminées (fig. 415), généralement creuse en son milieu, sauf aux entre-nœuds.

Modes de ramification latérale. — Il en existe deux sortes : la ramification en *grappe* et la ramification en *cyme*.

Une *grappe* consiste en un système tigellaire dont la croissance de la tige principale prédomine toujours sur l'allongement des rameaux d'ordres supérieurs; l'ensemble forme un cône plus ou moins aigu, suivant que la prédominance est plus ou moins accentuée.

Quand les rameaux décroissent progressivement de bas en haut, le long de la tige principale, on a une *grappe proprement dite* (1) (fig. 416). Si les rameaux sont tous très courts, la grappe devient un *épi* (2); c'est un *corymbe* (3) quand

Fig. 415. — Tige de Maïs.

les sommets des rameaux se terminent à peu près dans un même plan; si les rameaux partent tous d'un même nœud et sont aussi grands que la tige principale à partir de ce nœud, le tout forme une *ombelle* (4); on appelle *capitule* (5) une grappe de rameaux très courts insérés sur un plateau couronnant la tige principale.

Une *cyme* consiste en un système tigellaire dont la tige principale s'accroît moins que les rameaux de premier ordre, ceux-ci moins que les branches de deuxième ordre, et ainsi de suite.

La cyme est *multipare*, *bipare* (Gui, fig. 416, I) ou *unipare*, II et III (Sceau de Salomon, Orme, Tilleul, etc., Myosotis) suivant que le nombre des rameaux d'un ordre quelconque est égal à n, 2 ou 1 fois le nombre des rameaux de l'ordre immédiatement inférieur. Dans la cyme bipare (fig. 416, 1), on trouve 1 rameau de 1er ordre, $1 \times 2 = 2$ rameaux de second ordre, $2 \times 2 = 4$ rameaux de 3e ordre, $4 \times 2 = 8$ rameaux de 4e ordre, etc.

Ces divers types de ramification latérale s'observent surtout dans le cas des tiges florifères. (Voir l'étude des inflorescences, page 59.)

2° **Ramification terminale.** — Chez les Lycopodes et les Sélaginelles, la tige se ramifie *très près* du sommet qui est alors dévié latéralement. Il semble qu'il y

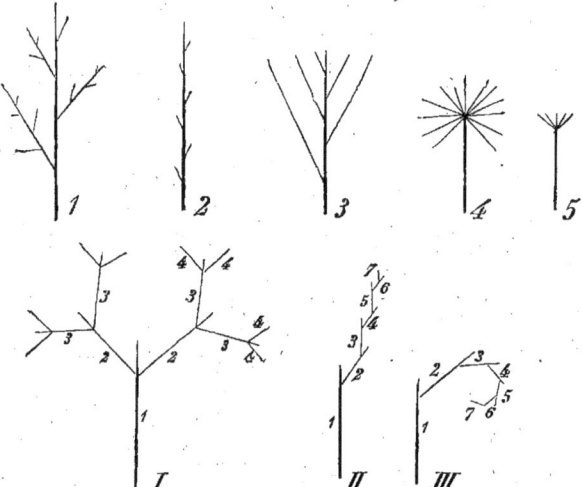

Fig. 416. — Ramification latérale de la tige : en *grappe*, 1 à 5 ; en *cyme*, I à III. — 1, grappe ; 2, épi ; 3, corymbe ; 4, ombelle ; 5, capitule. — I, cyme bipare ; II, cyme unipare hélicoïde ; III, cyme unipare scorpioïde.

ait eu bifurcation de la tige, car la tige principale et le rameau de premier ordre subterminal acquièrent la même importance : c'est là une *fausse dichotomie* qu'on observe aussi dans la racine de ces plantes.

§ 2. — STRUCTURE DE LA TIGE

Nous envisagerons successivement : 1° la *structure primaire* de la tige, c'est-à-dire sa constitution au niveau, inférieur à la région de croissance, où la différenciation du méristème terminal est achevée ; 2° la *structure de la région de croissance* ; 3° la *structure secondaire* de la tige.

A. — STRUCTURE PRIMAIRE DE LA TIGE

Dicotylédones et Gymnospermes. — Une tige jeune présente à considérer trois régions principales : l'*épiderme ép* (fig. 417), l'écorce *Ec* et le *cylindre central Cy.c*.

1° **Épiderme.** — L'*épiderme* est formé d'une assise de cellules vivantes fortement unies entre elles latéralement, et plus qu'avec l'écorce sous-jacente. Du côté externe, la membrane de ces cellules est d'ordinaire épaissie et *cutinisée* plus ou moins ; elle est interrompue au niveau des *stomates st* (fig. 331). Certaines cellules épidermiques se prolongent en *poils p*.

2° **Écorce.** — L'*écorce* est formée de nombreuses assises de cellules arrondies dès les premières rangées avec de nombreux méats ; c'est un parenchyme riche en chlorophylle, très actif, renfermant beaucoup de sucre et d'amidon. L'assise la plus externe n'a pas de caractères saillants en général. Les assises voisines de l'endoderme ne présentent pas, comme dans la racine, une disposition radiale des cellules qui les composent.

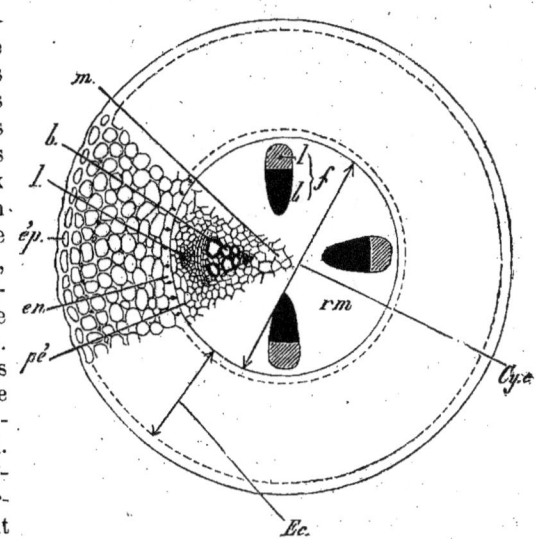

Fig. 417. — Section transversale schématisée d'une tige de Dicotylédone (structure primaire). — *ép*, épiderme. — *Ec*, écorce ; *en*, endoderme. — *Cy.c*, cylindre central : *f*, faisceau libéroligneux à bois *b* interne et à liber *l* externe. *m*, moelle ; *rm*, rayon médullaire ; *pé*, péricycle. (Se reporter aussi à la figure 331.)

L'*endoderme en* (fig. 417), qui limite intérieurement l'écorce, est caractérisé : soit par des plissements latéraux (Composées), soit par l'amidon qui s'y accumule plus que dans le reste de l'écorce, soit par des cellules aplaties.

3° **Cylindre central.** — Il est formé d'un *parenchyme conjonctif* au milieu duquel sont contenus des *faisceaux*, plus ou moins parallèles entre eux et parfois parallèles à l'axe de la tige.

Le parenchyme conjonctif forme, comme dans la racine, la *moelle m* au centre de la tige, les *rayons médullaires r.m* entre les faisceaux, et le *péricycle pé* en dehors des faisceaux.

Faisceaux libéroligneux. — Chaque faisceau de la tige comprend du *bois b* du côté interne et du *liber l* du côté externe ; bois et liber sont séparés par quelques couches de cellules non différenciées.

Le *bois* (*vs, vp,* fig. 349, 351 et 418) est composé de *vaisseaux* et de *cellules p.l.* Les vaisseaux les plus internes, étroits et toujours fermés, *v.s,* sont des vaisseaux annelés, spiralés ou réticulés ; plus en dehors sont des vaisseaux larges, presque toujours ouverts, rayés et ponctués, *v.p.*

Le bois est à développement centrifuge et unilatéral dans chaque faisceau, car les vaisseaux annelés et spiralés sont les plus anciens ; les vaisseaux ponctués ont apparu en dernier lieu.

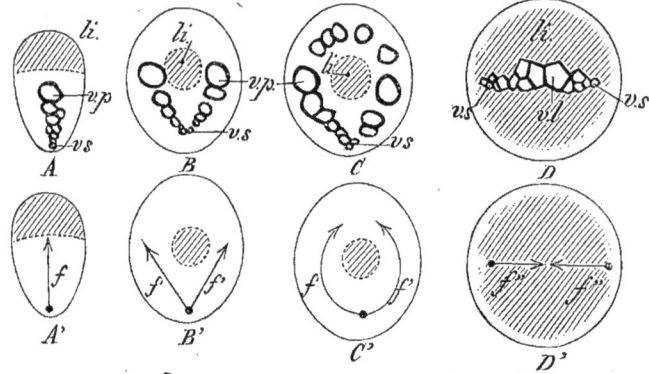

Fig. 418. — Figure schématique représentant les sections des faisceaux libéroligneux et le sens de l'accroissement du bois : *A, A',* chez une Dicotylédone ; *B, B'* et *C, C',* chez une Monocotylédone. *D, D',* stèle d'une Cryptogame vasculaire. — *v.s,* vaisseaux spiralés ; *v.p,* vaisseaux ponctués ; *li,* liber.

Le *liber, li,* comprend des *tubes criblés,* des *cellules* dont les plus internes sont les plus grandes, et quelquefois des *fibres scléreuses, f.scl.* Il est à développement centripète.

La position relative des faisceaux ligneux et libériens est donc très différente dans la tige et la racine jeune, *alternes dans la racine, les deux sortes de faisceaux sont accolées dans la tige.* En outre, un faisceau ligneux est à développement centripète dans la racine (vaisseaux ponctués les plus récents situés en dedans), et à développement centrifuge dans la tige (vaisseaux spiralés *v.s* en dedans et vaisseaux ponctués récents *v.p* en dehors, fig. 418, *A, A'*).

Chez les Gymnospermes, les vaisseaux du bois sont ponctués aréolés.

Monocotylédones. — Les trois régions de la tige (épiderme, écorce et cylindre central) y sont encore distinctes; mais les faisceaux libéroligneux des Monocotylédones, disposés dès l'origine symétriquement autour de l'axe de la tige, présentent le bois formant un V qui embrasse le liber (fig. 418, *B, B'*); chez l'Acorus, et l'Iris, le bois forme un cercle complet autour du liber, *C, C'*. Le sens du développement du bois est centrifuge et bilatéral dans chaque faisceau. Une gaine scléreuse enveloppe complètement ou non le faisceau libéroligneux (7, fig. 353).

Cryptogames vasculaires. — Chez ces plantes, le cylindre central de la racine, pénétrant dans la tige, se subdivise en un certain nombre de parties (*stèles*) composées de la même manière (V. T. II, fasc. 2, page 623).

Chez les Fougères, chaque stèle est composée de bois central et de liber périphérique; le bois y est à développement centripète suivant deux directions concourantes (fig. 418, *D, D'*). Les vaisseaux scalariformes sont caractéristiques des Cryptogames vasculaires.

Muscinées. — La tige des Muscinées (fig. 358, *G*) est composée d'un *épiderme ép* enveloppant un *parenchyme* à grandes cellules arrondies périphériques et à cellules centrales *c* étroites, très allongées parallèlement à l'axe de la tige. Cette tige ne renferme pas encore de vaisseaux.

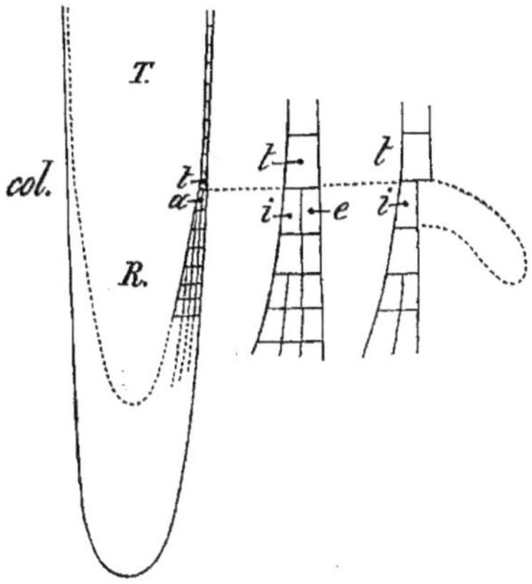

DES RAPPORTS DE LA TIGE AVEC LA RACINE ET LES FEUILLES.

1° Tige et racine. — La limite de la tige et de la racine est le *collet* qu'on peut définir nettement. La tige est, en effet, revêtue d'un épiderme continu et simple tandis que, dans la racine, la coiffe représente l'épiderme constitué par plusieurs assises de cellules.

Considérons la plante assez jeune pour que l'épiderme y soit continu d'un bout à l'autre, la coiffe revêtant toute la radicule : *le collet col* (fig. 419) *est l'endroit où commence à se dédoubler l'épiderme.* La cellule *a*, la première dédoublée, donne une cellule externe, *e*, qui tombe (début de l'exfoliation de la coiffe) et une cellule interne, *i*, qui pourra s'allonger en un poil absorbant. Un premier anneau de poils absorbants apparaît ainsi tout autour de la base de la racine, immédiatement au-dessous du collet. Les cellules de cet anneau qui ne se sont pas allongées en poils ont une paroi externe grisâtre, mais non cutinisée;

Fig. 419. — Exfoliation de la coiffe et origine des poils absorbants dans une plantule de Dicotylédone. *R*, racine; *T*, tige; *col*, collet. — La cellule *a* épidermique de la racine se divise en *i* et *e;* la cellule externe *e* tombe; la cellule interne *i* devient souvent un poil absorbant.

les cellules t de la tige ont une paroi dure, épaisse et cutinisée dans la suite.

Le cylindre central nous offre aussi un caractère de démarcation entre la tige et la racine, mais la limite n'en est pas indiquée d'une manière aussi précise : un peu au-dessous du collet, les faisceaux ligneux de la racine tels que b_1, b_2 (fig. 420, Z), se dédoublent en formant deux portions g_1, d_1, g_2, d_2 (Y) qui se retournent de 180° pour se porter en face des faisceaux libériens l; ainsi, dans la tige en X, on voit, au-dessous du faisceau libérien l non dévié, les moitiés droite d_1 et gauche g_2 des deux faisceaux ligneux b_1 et b_2 de la racine.

En résumé, le passage des faisceaux ligneux de la racine à ceux de la tige se fait par dédoublement et retournement.

2° *Tige et feuilles*. — La structure de la tige n'est pas, dans son ensemble, aussi régulière que celle de la racine : les faisceaux libériens et les faisceaux ligneux de la racine sont parallèles entre eux et à l'axe; les faisceaux libéroligneux de la

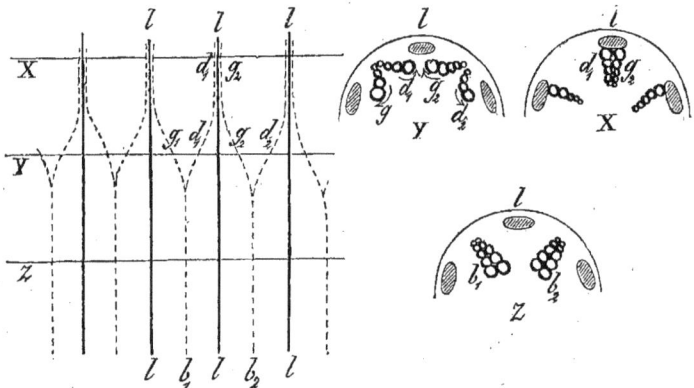

Fig. 420. — Mode de passage des faisceaux ligneux et libériens de la racine Z dans la tige X à travers le collet Y. — l, l, faisceaux libériens non déviés ; b_1, b_2, faisceaux ligneux dédoublés en $g_1 d_1, g_2 d_2$; les moitiés telles que d_1 et g_2 viennent s'accoler l'une à l'autre et sur la face interne des faisceaux libériens, après une rotation de 180° dans le collet.

tige, obliques en général par rapport à l'axe, se ramifient à chaque nœud et émettent quelques-unes de leurs branches, soit dans la feuille insérée au nœud considéré, soit dans une feuille supérieure, comme le montre la figure 421, A.

Une section transversale de la tige, pratiquée au niveau XY, renfermera donc :
1° dans le cylindre central, les sections des faisceaux primordiaux ou *caulinaires* F, I, II... V; 2° dans l'écorce, les sections des faisceaux secondaires ou *foliaires* f, 13, 14... 19, qui la traversent pour se rendre aux feuilles supérieures. Les faisceaux caulinaires sont à peu près symétriques par rapport à l'axe; les faisceaux foliaires ne le sont pas (Coupe XY).

Cette asymétrie est peu prononcée chez les Dicotylédones parce que 1, 3 ou 5 faisceaux foliaires au plus, serrés les uns contre les autres, y passent de la tige dans une même feuille. Chez les Monocotylédones, où les feuilles Fe (fig. 421, B') sont engaînantes d'ordinaire, un grand nombre de faisceaux foliaires, passant à la fois dans une même feuille, s'orientent comme ils le peuvent et impriment à la tige une asymétrie franche. La tige B des Monocotylédones renferme donc une très grande quantité de faisceaux disposés suivant plusieurs cercles concentriques dans le cylindre central B'; chacun de ces faisceaux suit longitudinalement un trajet courbe abc (voir aussi la figure 421 *bis*).

Des tiges adventives. — On appelle *tiges adventives* celles qui naissent de *bourgeons adventifs*, c'est-à-dire de bourgeons nés en un point *quelconque* d'un végétal.

Les tiges adventives peuvent être produites par des racines, des tiges ou des feuilles :

1° *Tiges adventives naissant sur une racine.* — On trouve des bourgeons adventifs disposés en lignes régulières sur les côtés des *racines jeunes* chez un certain

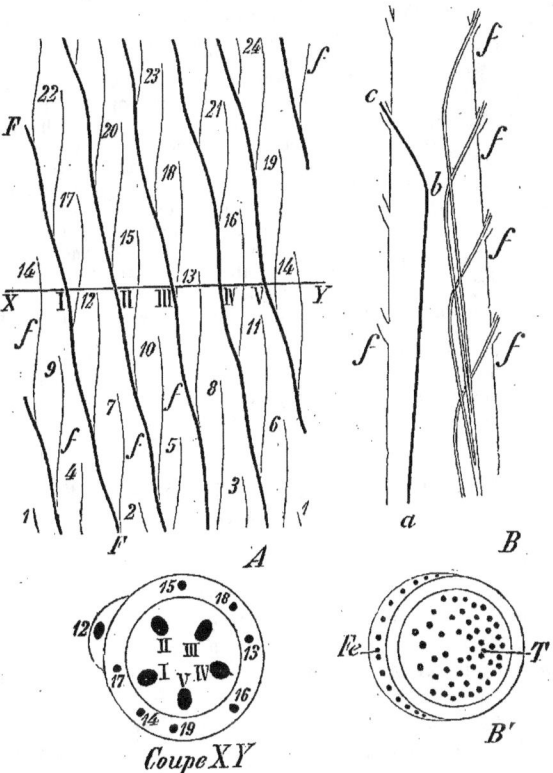

Fig. 421. — Course des faisceaux libéroligneux caulinaires F et foliaires f : 1° dans une tige de Dicotylédone [A, coupe XY : *Iberis amara*]; 2° dans une tige de Monocotylédone (B, B'). — A : I à V, faisceaux caulinaires développés sur une surface en A et figurés dans leur position normale sur la coupe transversale XY ; 13 à 19, faisceaux foliaires rencontrés par la coupe et destinés aux feuilles supérieures ; 12, faisceau déjà passé dans une feuille. — B : course a, b, c d'un faisceau se rendant à une feuille. B' passage simultané d'un grand nombre de faisceaux de la tige T dans une même feuille Fe.

nombre de plantes (Cresson sylvestre, Chou potager, Liseron des champs, Euphorbes, etc.); ces bourgeons sont *endogènes*; ils se développent sur les racines du Framboisier, par exemple, comme les radicelles et suivant les quatre séries longitudinales qu'elles forment.

Des bourgeons adventifs se développent aussi sur les *racines âgées* des arbres

(Peuplier, Tremble, Aulne, Coudrier, Orme, Prunier, Pommier, Abricotier, etc.), lorsque ces racines sont en partie déterrées. Ainsi est expliquée l'existence des nombreux rejetons qui poussent tout autour d'un Peuplier, d'un Prunier, etc.

Quand on retourne un jeune Saule, de telle sorte que ses racines soient dans l'air et ses branches enterrées, on remarque au bout de quelque temps que les racines déterrées se couvrent de bourgeons adventifs, puis de tiges feuillées, tandis que les tiges enfouies émettent des racines adventives. Cette expérience du *retournement d'un arbre* est l'un des plus curieux exemples des phénomènes d'adaptation que nous offrent en si grand nombre les Végétaux.

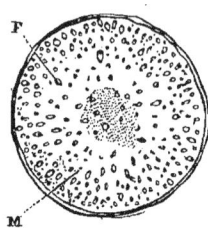

Fig. 421 bis. — Coupe transversale d'une tige de Monocotylédone (chaque petit cercle est la section d'un faisceau libéroligneux, représentée en 7, fig. 353).

2° *Tiges adventives naissant sur une tige.* — Les tiges des plantes citées précédemment émettent des tiges adventives également *endogènes*, d'abord au voisinage du collet, puis de plus en plus haut.

3° *Tiges adventives naissant sur une feuille.* — Les feuilles de *Begonia*, de *Gloxinia*, etc., sont intéressantes à ce sujet : si l'on dispose sur le sable humide d'une serre un fragment de feuille, la section se cicatrise peu à peu et l'on en voit sortir de jeunes racines adventives à la face inférieure; des bourgeons adventifs s'organisent à la face supérieure et émettent autant de tiges feuillées. Le fragment de feuille a donc produit une plante complète.

Les horticulteurs connaissent la facilité avec laquelle les plantes produisent des racines et des tiges adventives ; nombre d'opérations de culture, connues sous les noms de *marcottage* et de *bouturage*, ont pour but de provoquer l'émission de ces membres complémentaires chez les végétaux soumis à l'expérience (page 498).

B. — STRUCTURE DE LA RÉGION DE CROISSANCE ET DÉVELOPPEMENT DE LA TIGE

I. Phanérogames. — Au sommet de la tige se trouve un méristème qui résulte de la segmentation rapide de *trois initiales superposées*, fig. 422, I (*Ceratophyllum*), ou de *trois groupes d'initiales* occupant l'extrémité même de la tige.

L'accroissement de la tige est donc terminal et non subterminal comme celui de la racine.

Les initiales du cylindre central et de l'écorce se cloisonnent de la manière indiquée pour la racine ; mais l'initiale de l'épiderme se cloisonne dans le sens radial seulement et jamais tangentiellement, de sorte que l'épiderme forme dans la tige, tout au moins au sommet s (fig. 328), une assise unique de cellules, la première différenciée.

Dans le méristème formé par l'initiale du cylindre central, se différencie de bonne heure, à sa périphérie, le *procambium*, $m.v$, manchon de cellules très allongées aux dépens desquelles se formeront les premiers éléments du bois et du liber, $t.c$ (vaisseaux annelés et spiralés, tubes criblés, etc.).

La tige des Gymnospermes croît, au sommet, par la segmentation d'*une seule cellule initiale*, comme celle des Cryptogames vasculaires.

II. **Cryptogames vasculaires.** — Toutes les Cryptogames vasculaires (sauf *peut-être* les Isoètes) possèdent au sommet de la tige une *cellule initiale unique* $c.i$ (fig. 422, II), en forme de pyramide triangulaire. Cette cellule subit des cloisonnements parallèles

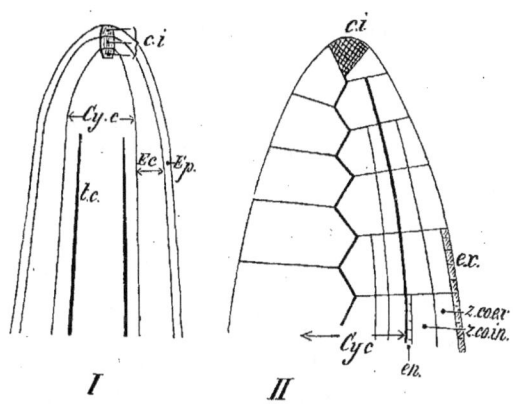

Fig. 422. — Accroissement *terminal* de la tige : I, chez une Phanérogame ; II, chez une Cryptogame vasculaire. $c.i$, cellules initiales ; $t.c$, tissu conducteur.

à ses faces latérales ; mais jamais il n'apparaît de cloison parallèle à sa base courbe (fig. 327), comme cela a lieu dans la racine pour la constitution de la coiffe.

Le méristème, qui résulte de ces cloisonnements successifs, s'organise en une écorce et un cylindre central plus ou moins complexes.

Il ne saurait être question d'épiderme chez les Cryptogames vasculaires, puisque l'initiale ne se cloisonne pas tangentiellement à sa face courbe ; la couche la plus externe de la tige appartient à l'écorce : on l'appelle *exoderme*, ex, II.

Quant au cylindre central, il est unique dans certaines tiges dites *monostéliques* (*Hymenophyllum*) ou multiple dans les tiges *polystéliques* (*Cyathea*, *Osmunda*) ; alors la différenciation du méristème est variable dans chacun de ces cas.

C. — ORIGINE DES RACINES DANS LA TIGE

Deux cas sont à considérer : 1° l'origine de la racine *principale* à la base de la tige ; 2° l'origine des racines *latérales*, insérées sur les côtés de la tige, comme l'indique leur nom.

En étudiant la formation de la graine, nous examinerons l'origine de la racine principale ; quant aux racines latérales, nous ne pouvons que répéter à leur sujet ce qui a été dit de l'origine des radicelles sur la racine principale.

Toute racine latérale naît aux dépens d'une ou de plusieurs cellules du péricycle chez les Phanérogames ; le péricycle y est l'assise rhizogène dans la tige comme dans la racine. Chez les Cryptogames vasculaires, c'est une cellule de *l'endoderme qui est le point de départ d'une racine latérale.*

Les cellules initiales des racines latérales sont presque toujours disposées en face des rayons médullaires, alternant avec les faisceaux libériens comme dans la racine; chez quelques Labiées cependant (*Lamium*), les racines naissent aux angles de la tige prismatique à section carrée; elles y sont superposées aux faisceaux libéroligneux. Quand le nombre des faisceaux est considérable dans la tige, l'insertion des racines sur cette dernière est quelconque.

Ainsi *la position des racines n'est pas absolument liée à la structure de la tige*. Mais de quelque manière qu'elles naissent, de la tige ou de la racine principale, *les racines et les radicelles sont endogènes*. Elles digèrent plus ou moins complètement, en se développant, les couches de l'écorce qui s'opposeraient à leur sortie.

D. — STRUCTURE SECONDAIRE DE LA TIGE

La plupart des Dicotylédones, les Gymnospermes, les Isoètes et quelques Monocotylédones croissent en épaisseur et forment des

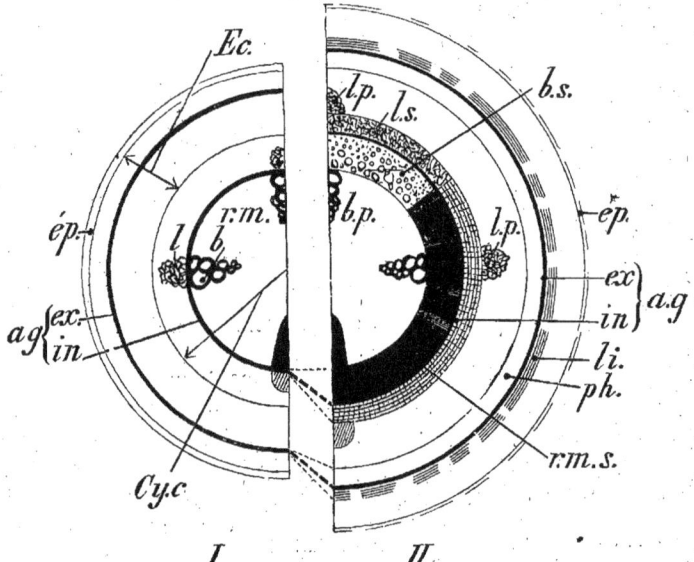

Fig. 423. — Figure schématisée montrant le passage de la structure primaire I à la structure secondaire II d'une tige de Dicotylédone. — *ép*, Épiderme (exfolié en II). *Ec*, écorce. — *Cy.c*, cylindre central. — *ag. in*, cambium; *ag. ex*, assise génératrice externe. *b.p*, *l.p*, bois et liber primaires. — *b.s*, *l.s*, bois et liber secondaires. — *r.m*, *r.m.s*, rayons médullaires primaires et secondaires. — *li*, liège; *ph*, phelloderme.

tissus secondaires: la tige dite *ligneuse* peut alors acquérir des dimensions considérables; on appelle, par opposition, *tige herbacée* celle dont la consistance faible est le plus souvent due au peu de développement des tissus secondaires.

Les formations secondaires de la tige sont dues, comme celles de la racine, à la prolifération cellulaire de deux assises génératrices : l'une interne ou *cambium*, l'autre externe ou *assise extralibérienne*.

1° **Assise génératrice interne.** — Entre le bois b et le liber l de chaque faisceau libéroligneux primaire (fig. 423, I) se trouve un arc composé de cellules tabulaires qui, abondamment nourries, se multiplient rapidement à un moment donné : si la tige renferme quatre faisceaux, quatre arcs générateurs s'organisent et sont reliés, à travers les rayons médullaires $r.m$, par des cellules du parenchyme qui se comportent de même. Ainsi se forme un anneau complet, une *assise génératrice interne a.g.in. continue*, passant entre le bois et le liber de tous les faisceaux. Parmi les cellules qui en proviennent, les unes se différencient, du côté interne, en *vaisseaux* et *fibres ligneuses épaisses* et cassantes; les autres forment, du côté externe, des *tubes criblés* et des *fibres libériennes* résistantes, mais souples.

Pendant une période de végétation, il s'est accumulé une couche de *bois secondaire* $b.s$ (fig. 423, II) en dedans de l'assise génératrice $a.g.in$ et une couche de *liber secondaire* $l.s$ en dehors. Le bois primaire $b.p$, en dedans, et le liber primaire $l.p$, rejeté en dehors ont conservé leurs dispositions respectives, sauf qu'ils ont été éloignés.

Toutefois, dans la couche secondaire $b.s$, $l.s$, il existe des *rayons médullaires secondaires* $r.m.s$, dus à ce que nombre de séries radiales, parmi les cellules nouvelles, sont demeurées sans différenciation.

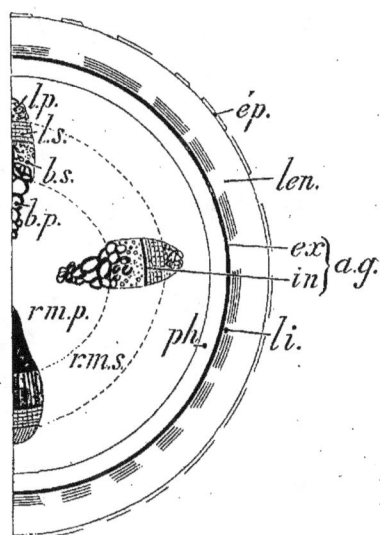

Fig. 424. — Formations secondaires chez la Courge (figure schématisée). Voir, pour la légende, la figure 423.

Remarques. — (*a*). Chez les Dicotylédones, les vaisseaux du bois secondaire sont ponctués, rayés et scalariformes, et les rayons médullaires secondaires sont assez larges pour être visibles à l'œil nu sur la tranche d'une tige (Chêne). Chez les Gymnospermes, on trouve seulement des *vaisseaux-fibres à ponctuations aréolées* (fig. 319, F) dont la paroi est très épaisse; les rayons médullaires y sont formés chacun d'une file unique de cellules; aussi ne les voit-on pas sur une tranche de bois de Pin.

(*b*). Chez les Cucurbitacées (fig. 424), les rayons médullaires secondaires, sont très larges et les faisceaux libéroligneux toujours reconnaissables.

(c). Les Chénopodées, les Nyctaginées, quelques Monocotylédones (*Yucca*, *Dracæna*, etc.) possèdent une assise génératrice interne développée aux dépens du péricycle, et non en dedans du liber; de nombreux faisceaux libéroligneux secondaires s'organisent dans le méristème péricyclique fort épais, où ils apparaissent successivement de dedans en dehors.

Formations libéroligneuses chez les tiges âgées. — Bois de printemps. — Bois d'automne. — La section de la tige d'un Chêne âgé de 6 ans, par exemple, montre le bois formé de 6 assises plus ou moins épaisses (fig. 425), d'autant plus foncées qu'elles occupent une partie plus centrale.

La distinction du bois en un *nombre de couches égal au nombre de périodes végétatives qu'a traversées l'arbre* est due à la cause suivante : au printemps, les racines absorbent activement les liquides nutritifs du sol, et la circulation de la sève exige de larges vaisseaux qui s'organisent à cet effet dans le méristème secondaire nouvellement formé; *le bois de printemps b.pr* (fig. 426) *renferme donc de larges vaisseaux*. A mesure que s'avance l'arrière-saison, la circulation

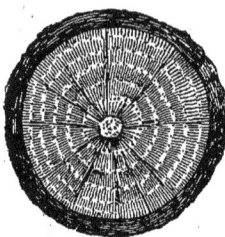

Fig. 425. — Coupe transversale d'un tronc de Chêne de 6 ans.

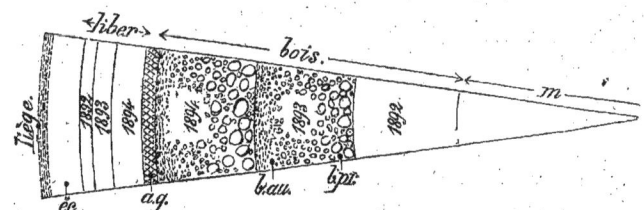

Fig. 426. — Segment d'une tige âgée de 3 ans, montrant la disposition des zones de bois et de liber par rapport au cambium *a.g.* — *m*, moelle. — *b.pr*, *b.au*, bois de printemps et bois d'automne formés en 1893. — *éc*, écorce.

est ralentie; *des vaisseaux étroits peu nombreux, accompagnés de beaucoup de fibres, caractérisent le bois d'automne, b.au.*

Le passage sans transition du bois d'automne d'une année au bois de printemps de l'année suivante détermine donc, sur la section d'un arbre, autant de lignes nettes de démarcation que cet arbre a vécu d'années.

Le bois central, le plus ancien, est d'aspect foncé; les incrustations qui s'y produisent à la longue lui font acquérir une consistance très dure; on appelle *cœur* ce bois dur, tandis qu'on réserve le nom d'*aubier* au bois blanchâtre, tendre et peu coloré, plus récemment formé.

Le jeu du cambium dans la formation du bois et du liber

secondaires a pour effet d'accroître considérablement le diamètre de la tige.

2° **Assise génératrice externe.** — Cette assise *a.g.ex.* (fig. 423, I) est située dans l'épiderme (Poirier et Saule), dans l'assise sous-épidermique (Tilleul), plus profondément dans l'écorce (Légumineuses), dans le péricycle (Rosier, Millepertuis, Vigne, Chèvrefeuille). Elle forme du *liège* protecteur à l'extérieur et du *phelloderme* assimilateur du côté interne.

Ces formations secondaires externes sont destinées à restaurer, à compléter l'écorce à chaque instant crevassée par l'augmentation de diamètre du cylindre central (Chêne, Tilleul).

Lenticelles. — Le liège formé isole du parenchyme nutritif et des faisceaux conducteurs toutes les assises qui lui sont extérieures; celles-ci se dessèchent, meurent et s'exfolient (Platane, Vigne). Dans le Platane, l'exfoliation a lieu par grandes plaques de tissu mort (*rhytidome*); dans le Bouleau et le Cerisier, ce sont de minces lamelles annulaires qui se détachent.

Le liège, imperméable aux gaz, déterminerait également la mort par asphyxie des tissus profonds de la tige, s'il n'était interrompu en certains points par des *lenticelles* A et B (fig. 427), sortes de lentilles biconvexes formées de cellules nouvelles, arrondies, ménageant entre elles de nombreux méats. Les lenticelles correspondent à des stomates *st*, quand le liège est peu profond (Prunier, Lilas, Saule, etc...); elles en sont indépendantes dans le cas contraire.

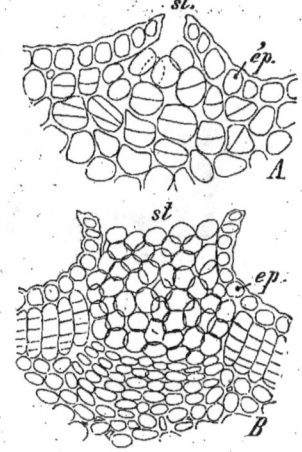

Fig. 427. — Lenticelle à deux phases de son développement vis-à-vis d'un stomate *st*. A, jeune; B, adulte.

Elles assurent la continuité de l'air extérieur avec l'atmosphère interne de la plante et jouent le rôle de véritables stomates secondaires.

§ 3. — PHYSIOLOGIE DE LA TIGE

A. — CAUSES EXTÉRIEURES INFLUANT SUR LA CROISSANCE DE LA TIGE.

Les recherches ont porté sur la croissance intercalaire facile à mesurer.

Influence de la température. — 1° *Température uniforme.* — On place la plante en expérience dans une chambre, sur un plateau tournant autour d'un axe vertical passant par son centre, et effectuant 1 tour en 5 minutes, par exemple : toutes les parties du végétal sont donc soumises à une température identique.

On mesure les accroissements successifs éprouvés par la tige soumise à chacune des températures t, t', t'', etc..., pendant 24 heures consécutives.

Les températures $t, t', t''..$, etc., étant régulièrement croissantes, la comparaison des allongements $a, a', a''...$, etc., montre qu'il existe une température *optimum* θ, pour laquelle l'allongement a été le plus grand :

θ = 27° pour le Lin, la Moutarde, le Haricot; θ = 32° pour le Chanvre;
θ = 37° pour la Courge.

2° *Échauffement inégal. — Thermotropisme.* — Une tige, dont les faces opposées sont échauffées inégalement, croît davantage et se courbe du côté opposé à celui où la température se rapproche le plus de l'optimum θ; elle est douée d'un *thermotropisme négatif*, comme la racine (fig. 391).

Influence de l'humidité. — La saturation de l'air favorise la croissance des tiges dressées; au cas où l'humidité est inégale sur les différentes faces d'une tige (éponge imbibée d'eau appliquée d'un côté seulement), celle-ci s'allonge davantage sur la face mouillée et se courbe pour fuir l'humidité; elle a un *hydrotropisme négatif*.

Influence de la lumière. — 1° *Lumière égale.* — La lumière retarde la croissance. — Il suffit, pour le prouver, de semer du Blé dans deux vases soumis l'un à l'obscurité persistante, l'autre alternativement à la lumière et à l'obscurité : le Blé atteint dans le premier vase une hauteur bien plus grande, mais les tiges sont très grêles. Il en est de même pour le Lupin, le Pois (fig. 428) dont les tiges présentent de très longs entre-nœuds et des feuilles atrophiées (plantes étiolées). De toutes les radiations lumineuses, le jaune retarde le moins la croissance et l'indigo est le plus efficace.

Fig. 428. — Lupins (à gauche), Pois (à droite) étiolés par la germination à l'obscurité. Les tiges longues et grêles sont pourvues de feuilles peu apparentes.

Ainsi les allongements de tiges identiques de Vesce, en 24 heures, ont été :

A l'obscurité.................................. 33
Dans le rouge.............................. 26
— jaune............................ 29
— vert............................. 25
— l'indigo......................... 17
Dans la lumière blanche................. 16

2° *Lumière inéquilatérale*[1]. — La tige se courbe du côté d'où vient la lumière (*Phototropisme positif*). Les figures 429 à 433 montrent ce fait intéressant : des Pois dont les racines plongent dans une solution nutritive convenable se sont développés devant une fenêtre; les tiges sont inclinées vers la fenêtre.

Deux plantules de Lupin (fig. 432 et 433) ont grandi : *l'une à la lumière* devant une fenêtre, *l'autre à l'abri d'une coiffe noire* présentant un petit orifice en haut et du côté de la fenêtre : la première est pourvue d'une *tige* assez *courte* sur laquelle sont insérées de nombreuses feuilles à limbe ventral étalé vers la direction de la lumière; la deuxième a poussé une *longue tige hypocotylée* pour parvenir à l'orifice de la coiffe; elle a émis tardivement des feuilles plus petites qui sortent par cet orifice. Même observation a déjà été signalée pour la Fève (fig. 398).

Si deux faces opposées d'une tige sont soumises à des lumières d'inégale

1. Voir la remarque de la page 409.

intensité, la tige se courbera vers la source la plus voisine de l'optimum. Cet optimum est très faible pour le Lierre, la Capucine, le Fraisier, qui fuient alors la lumière vive et rampent sur le sol (Fraisier), ou sur les objets le long desquels ils grimpent (Lierre); ces tiges ont un *phototropisme négatif*.

Influence d'une pression légère. — La tige devient concave du côté pressé. La sensibilité au contact est très grande dans les *vrilles*, organes résultant de la différenciation de certaines branches (Vigne, fig. 434), de feuilles entières (Fumeterre) ou de parties de feuille (Courge, Vesce, etc.).

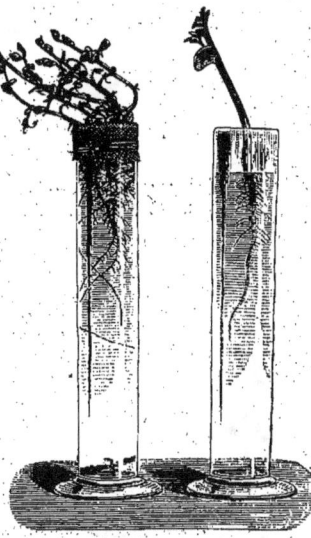

Fig. 429 et 430. — Phototropisme positif des tiges de Pois et de Lupin : les tiges se sont toutes dirigées vers une fenêtre par laquelle elles étaient éclairées unilatéralement.

Une vrille demeure droite tant qu'elle n'a pas atteint plus des trois quarts de sa longueur définitive; à ce moment, son extrémité effectue des mouvements de nutation très actifs; rencontre-t-elle un support par l'un de ses côtés? sa surface de contact avec le support croît moins que la face opposée, elle s'enroule autour de ce dernier.

La vrille diffère de la tige volubile en ce qu'elle est sensible au contact, tandis que la tige volubile ne l'est pas.

Influence de la pesanteur. — 1° *Tige principale*. La tige principale s'accroît ordinairement suivant la verticale, en sens inverse de la racine primaire; couchée horizontalement, une semblable tige se courbe dans la région de croissance, de telle sorte que sa pointe s'élève à nouveau suivant la verticale. Ainsi *la tige principale est douée d'un fort géotropisme négatif*.

Contrairement à son action sur la racine, *la pesanteur accélère la croissance de la tige*. Les accroissements sur les faces inférieure et supérieure d'une tige d'Epilobe couchée horizontalement ont été

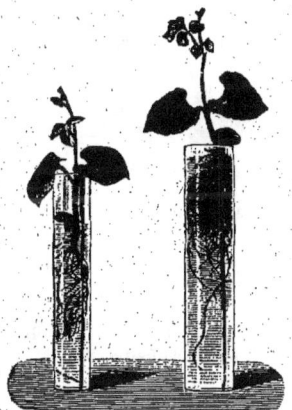

Fig. 431. — Les feuilles de Haricot ont étalé leur limbe perpendiculairement à la direction des rayons lumineux incidents.

comparés à l'accroissement d'une tige identique placée verticalement pendant 24 heures ; les résultats en ont été les suivants :

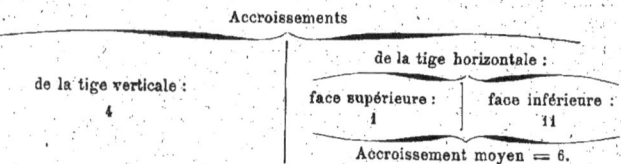

	Accroissements	
de la tige verticale :	de la tige horizontale :	
4	face supérieure :	face inférieure :
	1	11
	Accroissement moyen = 6.	

2° *Tiges secondaires*. — Une tige principale disposée horizontalement se relève totalement et adopte la direction verticale ; une branche placée de même se

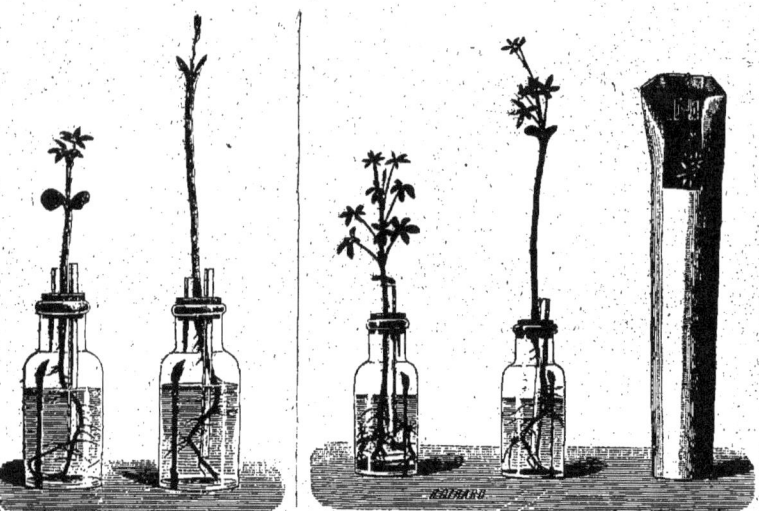

Fig. 432 et 433. — Expérience de comparaison de deux Lupins primitivement identiques : l'un à gauche a été exposé à l'air libre, l'autre renfermé dans une coiffe de papier noir (fig. 433, à droite), avec une petite ouverture latérale supérieure dirigée vers une fenêtre. La figure 432 montre la différence de développement des deux tiges au bout de 5 jours ; en 433, l'expérience dure depuis 15 jours. La plante qui a été exposée à une obscurité partielle, a poussé une tige hypocotylée plus longue, pour amener les cotylédons et la gemmule à s'épanouir à la lumière.

relève, mais elle demeure oblique, en formant avec la verticale un angle égal à son angle d'inclinaison normal.

Les tiges secondaires ont un géotropisme négatif d'autant moindre qu'elles sont d'ordre plus élevé : les branches de 4ᵉ et de 5ᵉ ordres ne sont plus géotropiques du tout ; elles adoptent une direction quelconque dans l'espace.

Cette inégalité de géotropisme pour les diverses parties d'un système tigellaire favorise leur répartition dans une étendue déterminée de l'espace.

Si l'extrémité de la tige primaire est supprimée, le premier rameau, situé au-dessous de la section, la remplace et acquiert comme elle un géotropisme négatif absolu.

Certaines branches sont douées d'un géotropisme positif atténué ; elles se dirigent alors obliquement de haut en bas, dans le sol, pour y produire des rhizomes ou des tubercules nouveaux (*Stachys*, Circée, Renouée, Tulipe, etc.).

Les rhizomes émettent trois sortes de branches en général : les unes, dépourvues de géotropisme croissent horizontalement ; les autres croissent plus ou moins obliquement vers le ciel (géotropisme négatif) ou vers la terre (géotropisme positif).

En résumé, la tige est soumise simultanément à toutes les actions que nous venons d'examiner ; elle subit un accroissement qui en est la résultante.

Fig. 434. — Rameau de Vigne avec feuilles, vrilles et grappe.

Or si l'on fait la somme des accroissements diurnes (lumière, température élevée) et celle des accroissements nocturnes (obscurité, température basse) éprouvés par une même plante pendant plusieurs mois, on remarque que la première somme est supérieure à la seconde, bien que la lumière retarde la croissance.

	Somme des accroissements	
	diurnes.	nocturnes.
Bryone..................	53	41
Glycine..................	58	42
Courge..................	57	42
Vigne...................	55	45

B. — FONCTIONS DE LA TIGE

Les principales fonctions accomplies par la tige sont les suivantes :
1° *La tige est l'appareil de soutien de toutes les parties aériennes de la plante ;*
2° *La tige est un appareil de transpiration, de respiration et d'assimilation*, surtout chez les plantes herbacées et certaines plantes vivaces ;
3° *La tige sert à conduire les liquides nutritifs des racines aux feuilles et inversement ;*
4° *Elle emmagasine des réserves* dans son parenchyme.

1° La tige soutient les parties aériennes de la plante. — Plus les ramifications en sont nombreuses et plus les tissus de soutien, dont il a été question à la page 368 (fibres scléreuses, sclérenchyme, collenchyme, etc.), acquièrent d'importance dans la tige dressée. Les tiges grimpantes, trop faibles pour remplir ce rôle, s'enroulent autour de supports (Liseron, fig. 412, Haricot, etc.) ou bien sont munies de vrilles (Vigne, Bryone, Pois), de racines-crampons (Lierre), de piquants ou d'aiguillons crochus (Ronce, Rosier, etc.).

2° La tige transpire, respire et s'assimile (quand elle est verte) le carbone du gaz carbonique contenu dans l'air.

La tige transpire, c'est-à-dire qu'elle émet de la vapeur d'eau dans l'air. Cette fonction est surtout active dans les feuilles, où nous l'étudierons plus complètement. Mais chez les Cactées (fig. 435), les Euphorbiacées grasses, etc., dont les feuilles ont une durée éphémère, chez l'Asperge et les Prêles pourvues de feuilles très petites, chez l'Ajonc (fig. 436) où les feuilles sont transformées en piquants, la transpiration de la tige est importante à considérer et dépend en grande partie des propriétés de sa surface (étendue, structure, etc.). A la lumière, chez les tiges vertes, la transpiration est doublée de la *chlorovaporisation* (voir feuilles, page 470).

La tige respire ; elle absorbe *nuit et jour* de l'oxygène dans l'air et y rejette du gaz carbonique.

On peut répéter, avec des tiges débarrassées de leurs feuilles et *exposées à l'obscurité*, l'expérience signalée précédemment pour démontrer la respiration des racines (page 410, fig. 401). On remarque alors que le rapport $\frac{CO^2}{O}$ (du gaz carbonique dégagé à l'oxygène absorbé) est plus petit que l'unité et le plus souvent voisin de 1.

Les tiges aériennes et les rhizomes souterrains ont donc besoin d'oxygène pour vivre ; renfermés dans une atmosphère confinée, ils y sont asphyxiés à la longue, comme dans un gaz inerte (hydrogène, azote, etc...).

La tige chlorophyllienne s'assimile du carbone, c'est-à-dire qu'à *la lumière, elle absorbe et décompose le gaz carbonique de l'air, en fixe le carbone dans ses tissus et dégage de l'oxygène*. L'assimilation chlorophyllienne et la respiration (phénomène inverse) s'accomplissent simultanément à la lumière chez les tiges vertes; c'est pour cette

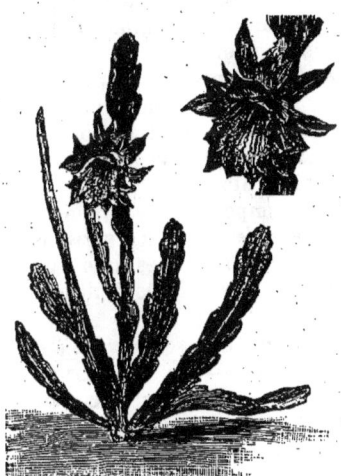

Fig 435. — Plante grasse.

Fig. 436. — Rameau d'Ajonc avec feuilles épineuses.

raison que nous avons dû faire à l'obscurité l'expérience démontrant la respiration des tiges.

L'assimilation est peu importante chez la plupart des tiges ordinaires, car elle s'effectue surtout dans les feuilles; elle devient essentielle chez les plantes grasses dépourvues de feuilles (Cactées, Euphorbiacées grasses, etc...), et chez les végétaux dont la tige verte a une surface notable (Asperge, Ajonc, Prêle, etc...)

Nous étudierons d'une manière plus complète, au chapitre de la feuille, les conséquences de l'assimilation et de la respiration pour l'accroissement d'un végétal; disons toutefois, dès maintenant, que ces phénomènes sont d'autant plus actifs chez les tiges que celles-ci sont plus jeunes.

Action sur les liquides et les solides. — Certaines tiges, dépourvues de racines, comme les Mousses et la plupart des rhizomes, émettent des poils qui se comportent au contact du sol comme autant de poils absorbants.

3° **La tige sert au transport des liquides nutritifs des racines aux feuilles et inversement.** — *Transport de la sève des racines aux feuilles.* — Les liquides absorbés par les racines dans le sol s'élèvent surtout par les *vaisseaux du bois* vers la tige où ils continuent leur ascension par les mêmes voies. On peut montrer cette ascension de la sève brute[1] de diverses manières :

Une tige feuillée de Lupin ou de Fève, coupée près de sa base, est plongée dans de l'eau légèrement colorée par la fuchsine, par exemple. Au bout de quelques heures, on remarque, sur une série de sections pratiquées à des niveaux de plus en plus élevés, que les vaisseaux du bois sont seuls colorés.

On coupe transversalement la tige d'un jeune arbre; après en avoir épongé la section inférieure avec du papier buvard, on voit la sève brute sortir exclusivement par les vaisseaux; la portion supérieure de la tige étant aussitôt plongée dans de l'eau colorée, ses vaisseaux se colorent comme il a été dit plus haut.

L'ascension de la sève brute au printemps produit le phénomène des *pleurs* sur les sections des plantes ligneuses que l'on vient de tailler (Arbres fruitiers, Vigne).

Transport de la sève des feuilles aux racines. — La sève brute subit, dans les feuilles, une concentration et de profondes modifications, comme nous le verrons plus loin (page 484); elle devient la *sève élaborée* qui, *par les tubes criblés du liber surtout*, se répartit dans toutes les directions, en suivant toutefois deux courants principaux : *l'un descendant vers les racines, l'autre ascendant vers le sommet de la tige* dont il favorise l'accroissement.

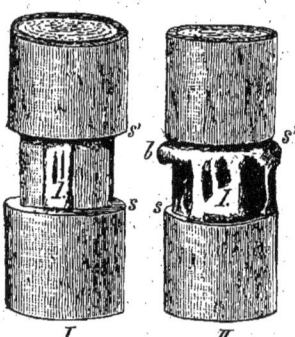

Fig. 437. — Rôle de la sève élaborée pour la reconstitution de tissus nouveaux, dans un tronc d'arbre dont on a enlevé un anneau d'écorce et de liber. Développement d'un bourrelet *b* sur la section supérieure *s'* seulement.

Le transport de la sève élaborée des feuilles aux racines par la portion libérienne de la tige est démontré par l'expérience suivante : sur une tige de Hêtre de 6 ans (fig. 437, I), il fut détaché, au mois de juin, un anneau transversal de 2 centimètres de hauteur comprenant l'écorce et tout le liber, sauf quelques

[1]. L'expression *sève brute*, opposée ici à *sève élaborée*, ne signifie pas que le contenu des vaisseaux du bois soit rigoureusement le liquide recueilli dans le sol par les poils absorbants.

tubes criblés l, I, et les éléments libériens les plus voisins qui furent respectés. Au bout de plusieurs jours, la section inférieure s de l'écorce et du liber s'était simplement cicatrisée par subérification des cellules superficielles; la section supérieure s' présenta, au contraire, un bourrelet de plus en plus saillant : aux éléments libériens non détruits s'en adjoignirent d'autres ; trois mois après, s'était formé un revêtement libérien nouveau (représenté par la figure 437, II), grâce à la grande quantité de sève élaborée accumulée au-dessus de la section supérieure s'.

4° **La tige est un magasin de réserves nutritives.** — Un grand nombre de tiges, les unes aériennes, les autres souterraines,

Fig. 438. — Jeune plant de Pomme de terre. Formation de tubercules sur les rameaux de la tige les plus voisins de la racine.

accumulent des réserves nutritives variées dans leur parenchyme extraordinairement développé.

Chez les Cactées, *une grande quantité d'eau* est mise en réserve dans le parenchyme cortical, avec des substances mucilagineuses, des sucres, etc., tandis que de gros grains d'amidon sont accumulés fréquemment dans la moelle (*Cereus macrogonus*). La tige des Cactées est donc à la fois un appareil assimilateur et un magasin de réserves.

Les tiges renflées des plantes ordinaires sont appelées *tubercules*. Elles sont dues au développement de *parenchyme primaire* exclusivement, dans les tubercules de la Pomme de terre, fig. 438, des *Stachys*, fig. 439 ; dans les rhizomes du Muguet, du Sceau de

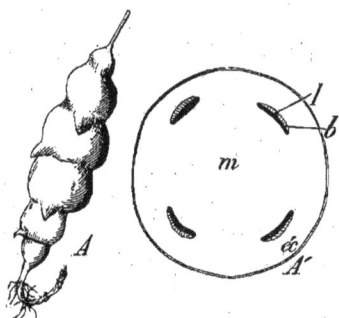

Fig. 439. — Tubercule de *Stachys tuberifera* (Crosnes du Japon). A droite, section transversale du tubercule montrant le grand développement de la moelle *m*.

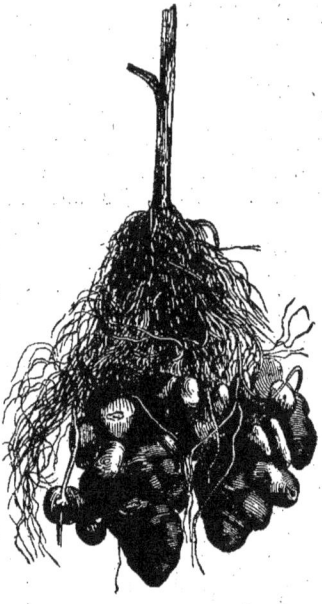

Fig. 440. — Tubercules de Topinambour (*Helianthus tuberosus*).

Salomon, de l'Iris, fig. 406 ; dans le bulbe du Safran, fig. 407. C'est le *parenchyme secondaire* qui a pris une grande extension dans le tubercule de Topinambour, fig. 440 et 441, à la base de la tige du Navet, de la Carotte, de la Betterave, etc...

Les réserves nutritives contenues dans ces formations sont : des glucoses, des saccharoses, des dextrines, de l'amidon, des gommes, etc...

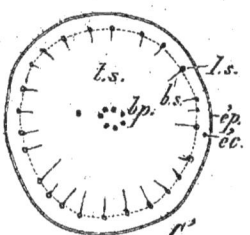

Fig. 441. — Section transversale d'un tubercule de Topinambour montrant le grand développement du parenchyme secondaire avec des faisceaux libéroligneux secondaires (*b.s*, *l.s*). — *b.p*, bois primaire.

Les tubercules de la Pomme de terre sont dus au développement considérable du parenchyme primaire chez les rameaux de la base de la tige ; ces branches, enfouies sous le sol par le *buttage* effectué au mois d'avril, emmagasinent une très grande quantité d'amidon.

Dans les rhizomes d'Iris, les réserves nutritives consistent en amidon et saccharoses, mais peu de glucose. Elles y sont ainsi réparties : l'amidon est extrêmement abondant dans les cellules de la moelle et le parenchyme libéroligneux ; on en trouve peu dans l'écorce ; en revanche, cette dernière renferme beaucoup de saccharoses ; le glucose se trouve surtout au voisinage des faisceaux.

Dans les rhizomes du Muguet et du Sceau de Salomon, les réserves sont plus abondantes à la base renflée des futures tiges aériennes.

Le bulbe plein du Safran est constitué par le renflement de plusieurs entrenœuds de la tige souterraine ; des bourgeons axillaires s'y développent et se renflent en tubercules arrondis. L'un d'eux croît aux dépens du bulbe basilaire et donne une tige feuillée et florifère dont la base produira un tubercule nouveau ; les tubercules latéraux, devenus indépendants par la destruction de celui qui les a formés, serviront à la multiplication du végétal.

Le bulbe du Safran est donc un véritable rhizome indéterminé, à croissance verticale. Il est constitué par le développement considérable du parenchyme cortical, tandis que le cylindre central y est extrêmement réduit. Ses réserves consistent en saccharoses.

Caractères de la Tige.

La tige est dépourvue de coiffe au sommet où elle est protégée par de jeunes feuilles et de nombreux poils. Elle porte des feuilles et des bourgeons.

Revêtue entièrement d'un épiderme, la tige jeune comprend, en outre, une écorce et un cylindre central avec des faisceaux libéroligneux disposés symétriquement par rapport à l'axe de la tige.

L'accroissement de la tige est terminal ; son origine est exogène. 3 cellules initiales ou 3 groupes d'initiales forment, en se multipliant, les trois régions de la tige (épiderme, écorce et cylindre central) chez les Phanérogames. La plupart des Cryptogames vasculaires et les Muscinées ont une seule initiale.

CARACTÈRES ESSENTIELS COMPARÉS DE LA RACINE ET DE LA TIGE

RACINE.	TIGE.
1° Caractères externes.	
Une *coiffe* en protège le sommet.	*Bourgeon terminal.*
Région d'accroissement *subterminale.*	Région d'accroissement *terminale.*
Géotropisme positif de la racine principale.	*Géotropisme négatif* de la tige principale.
Poils absorbants.	*Poils protecteurs,* quelquefois absorbants (rhizomes).
Pas de feuilles. *Bourgeons adventifs* seulement.	*Feuilles. Bourgeons axillaires* régulièrement disposés et *bourgeons adventifs.*
Pas de stomates.	*Stomates.*
Pas d'assimilation chlorophyllienne.	*Assimilation chlorophyllienne* chez les tiges vertes.
Pas de transpiration.	*Transpiration* active des tiges jeunes.
2° Caractères internes.	
Origine *endogène.*	Origine *exogène.*
Épiderme représenté seulem. par la coiffe.	*Épiderme continu.*
Écorce épaisse ; cylindre central étroit.	Écorce réduite ; cylindre central large.
Faisc. ligneux et faisc. libériens alternes.	*Faisceaux libéroligneux.*
Gros vaisseaux du bois primaire situés en dedans.	Gros vaisseaux du bois primaire situés en dehors.
Symétrie axiale franche.	*Symétrie axiale* plus ou moins nette.

CHAPITRE III
LA FEUILLE

La feuille est une lame verte portée par la tige des Phanérogames, des Cryptogames vasculaires et de la plupart des Muscinées. Quand le corps végétatif se différencie, les deux membres qui résultent de cette différenciation s'appellent *tige* et *feuille:* le nom de tige est réservé au membre qui possède une *symétrie axiale* le plus souvent, et le nom de feuille à la portion du corps végétatif dont la *symétrie est bilatérale.*

§ 1. — MORPHOLOGIE DE LA FEUILLE

Description de la feuille. — La feuille présente trois parties essentielles : 1° le *limbe* en forme de lame étalée ; 2° le *pétiole*, prolon-

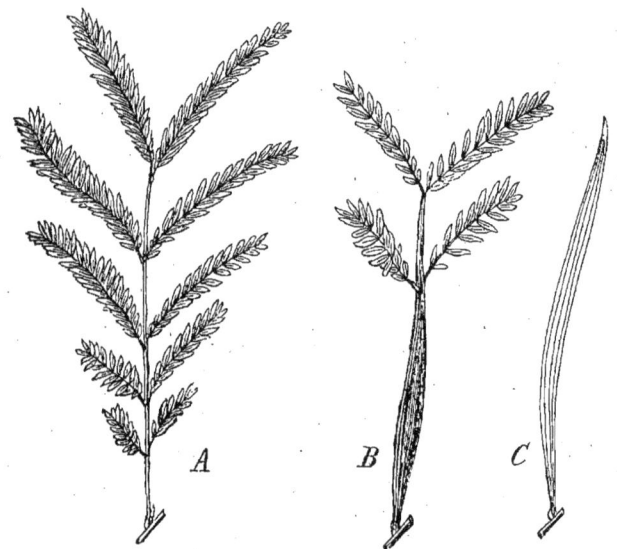

Fig. 442. — *Acacia heterophylla.* Transformation progressive des feuilles normales *A* en phyllodes *C.*

gement à section plus étroite qui porte le limbe ; 3° la *gaine*, partie plus ou moins aplatie qui rattache le pétiole à la tige. Les surfaces d'insertions des gaines foliaires sur la tige indiquent la position des nœuds (fig. 408).

LA FEUILLE.

Tableau XLII.
De la Feuille.

La feuille existe chez tous les végétaux, sauf les Thallophytes et quelques Muscinées ; sa *symétrie bilatérale* la distingue de la racine et de la tige à *symétrie axiale* ordinairement.

Morphologie de la Feuille.

- *Description.*
  - *Limbe* : partie élargie — absent chez certaines feuilles de l'*Acacia heterophylla* : Phyllodes.
  - *Pétiole.*
  - *Gaine* insérée sur la tige. { Feuilles { *engainantes* sans pétiole (Graminées). *sessiles* sans pétiole ni gaine (Chèvrefeuille). *stipulées* : Pois, Rosier, Fraisier, Lathyrus.

- *Constitution externe....* { Limbe { Parenchyme chlorophyllien. Nervures. Pétiole de formes diverses (cylindrique, en gouttière, etc.).

- *Classification basée sur*
  - 1° *la nervation.*
    - F. *uninerves* : 1 nervure (Pin, Sapin).
    - F. *rectinerves* : n nervures parallèles (Lis, Muguet, Blé).
    - F. *penninerves* : 1 nerv. principale (Tilleul, Charme, Châtaignier).
    - F. *palminerves* : n nervures principales (Mauve, Vigne).
  - 2° *la ramification*
    - du limbe.
      - F. *entière* : Buis, Lilas.
      - F. *dentée* : Charme, Noisetier, Peuplier.
      - F. *lobée* : Chêne, Vigne, Mauve, Lierre.
      - F. *séquée* : Chanvre.
    - du pétiole.
      - F. *simple* (pétiole non ramifié).
      - F. *composée* (pétiole ramifié). { F. *penninerve* : Acacia, Frêne. F. *palminerve* : Vigne-vierge.

- *Modifications dans la forme des feuilles.*
  - *Adaptation* à des milieux divers : Sagittaire, *Trapa natans*.
  - *Différenciation dans le même milieu due*
    - à leur position : Haricot, Campanule.
    - à leur fonction : { Écailles, bourgeons, bulbes (Lis, Oignon). Cotylédons (graines). Vrilles, Piquants, Urnes. Parties de la *fleur*.

Structure de la Feuille.

- *Structure primaire.*
  - *Limbe.* { Épiderme { face supérieure : peu ou pas de stomates. face inférieure : nombreux stomates. } Poils.
  - Parenchyme palissadique et lacuneux (variations avec le milieu).
  - Faisceaux libéroligneux { bois du côté ventral. liber — dorsal.
  - *Pétiole.* Épiderme, parenchyme et faisceaux.

- *Origine exogène.* { 2 initiales ou 2 groupes d'initiales : Phanérogames. 1 initiale exodermique : Cryptogames vasculaires.

- *Phyllotaxie.*
  - F. *verticillées* { (plusieurs feuilles insérées au même nœud sur la tige). opposées (2), ternées (3), etc.
  - F. *alternes.* { 1 seule feuille à chaque nœud. Divergence : $\frac{1}{2}$, $\frac{1}{3}$, $\frac{2}{5}$, $\frac{3}{8}$, etc.

Formations secondaires (mort et chute des feuilles).

Physiologie de la Feuille.

I. **Causes extérieures influant sur la croissance des feuilles.**
  - Lumière inégale : *Phototropisme* positif.
  - Pesanteur : *Géotropisme* négatif absolu du pétiole seulement.

II. **Mouvements des feuilles développées.**
  - 1° *Mouvements périodiques* (veille et sommeil) ; Acacia...
  - 2° — *spontanés* : Trèfle oscillant, etc........... } dus à *l'irritabilité*.
  - 3° — *provoqués* : Sensitive, Dionée............

III. **Fonctions de la feuille.**
  - Organe de nutrition. { Transpiration......... Chloro- { vaporisation.. assimilation.. } (Voir la Tige, Tableau XLI.) Respiration............

Histoire naturelle. — 1.

450 LA FEUILLE.

Ces trois parties ne sont pas toujours représentées dans la feuille.

Le limbe est le moins rarement absent ; quand il manque, le pétiole s'élargit parfois pour le suppléer et en remplir

Fig. 443. — LIS.

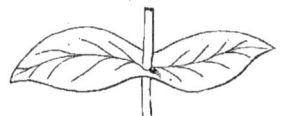

Fig. 444. — Chèvrefeuille : deux feuilles concrescentes par leur base.

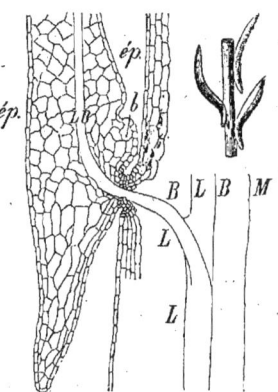

Fig. 445. — *Sedum reflexum*. A droite, fragment de tige portant 3 feuilles. A gauche, section longitudinale d'une feuille. *M*, moelle ; *B*, bois ; *L*, liber ; *ép*, épiderme ; *b*, bourgeon axillaire en voie de formation.

les fonctions : le pétiole élargi dans ce cas s'appelle *phyllode* (*Acacia heterophylla* : la figure 442 montre le passage d'une feuille parfaite A au phyllode simple C). Chez l'Iris, c'est la gaine qui a formé le phyllode.

Le pétiole est absent dans les feuilles des Graminées (Blé, Maïs, fig. 415, etc.), d'un grand nombre d'Ombellifères (Angélique, Fenouil, etc...) ; le limbe est alors soutenu directement par la gaine : la feuille est dite *engainante*.

Gaine et pétiole manquent parfois (Lis, fig. 443, *Lychnis*, Chèvrefeuille, fig. 444, quelques *Crassula*, *Sedum reflexum* (fig. 445) : la feuille est dite *sessile* dans ce cas.

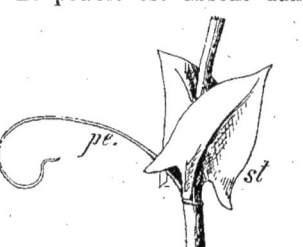

Fig. 446. — Feuille de Gesse (*Lathyrus Aphaca*) réduite à son pétiole *pé* avec deux grandes stipules *st*.

A la base du pétiole, on trouve fréquemment deux expansions foliacées appelées *stipules st* (fig. 449, 9 et 11), caduques chez les feuilles de beaucoup d'arbres (Poirier, Figuier, Chêne, Charme, etc.), persistantes chez le Rosier, la Violette, la Fève, etc... Le stipules prennent un développement considérable chez le *Latyrus Aphaca* (fig. 446), le Pois, la Pensée, le *Galium*, l'Aspérule, etc... où elles remplissent les mêmes fonctions que les feuilles ; elles suppléent parfois ces dernières (*Lathyrus*).

Constitution externe de la feuille. — 1° *Limbe*. C'est une lame mince d'ordinaire, très épaisse chez certaines plantes grasses (*Crassula*, fig. 335, *Sedum*, *Mesembryanthemum*, etc...); sa symétrie est bilatérale. Le limbe possède une face supérieure ou ventrale (celle qui est appliquée contre la tige quand la feuille est relevée), et une face inférieure ou dorsale. La face ventrale est plus verte; quand la feuille est pourvue de poils, c'est la face dorsale qui en présente le plus.

Une feuille, vue par transparence, se montre pourvue d'un réseau très délicat formé par des *nervures*. Dans une feuille, on trouve une ou plusieurs nervures saillantes du côté dorsal (chez les feuilles de Chou, de *Begonia*, etc., le développement en est excessif); ces nervures émettent un nombre plus ou moins considérable de nervures secondaires, elles-mêmes ramifiées en nervures de 3°, 4°, 5° ordres, etc...; les ramifications les plus ténues s'anastomosent pour former un réseau très net dans la feuille du Peuplier (fig. 447). Les mailles du réseau sont occupées par du parenchyme vert.

Fig. 447. — Feuille de Peuplier réduite à ses nervures par le *Bacillus Amylobacter*.

Les feuilles qui tombent sur le sol humide et y demeurent pendant l'hiver sont attaquées par le *Bacillus Amylobacter* qui détruit le parenchyme et laisse intact le réseau formé par les nervures.

2° *Pétiole*. — Le pétiole est un support plus ou moins long à section circulaire du côté dorsal, plane ou concave du côté ventral

(Violette, Haricot, Poirier, etc...); le pétiole du Lierre est cylindrique, celui du Peuplier est très aplati latéralement.

A la base du pétiole se trouvent des renflements dits *renflements moteurs*, importants à considérer chez les feuilles du Haricot (fig. 452), du Trèfle (*Trifolium incarnatum, pratense, repens*), du Sainfoin oscillant (*Hedysarum gyrans*), de la Sensitive, de l'*Acacia*, des *Oxalis*, etc.

Nervation des feuilles. — Quelques feuilles dites en aiguille (Pin, Sapin) possèdent une seule nervure médiane : on les dit feuilles *uninerves* (fig. 448, 1).

Les feuilles de la plupart des Monocotylédones sont parcourues par un certain nombre de nervures principales parallèles [Muguet (fig. 448, 2), Maïs, Blé, Iris, etc.] : on les dit feuilles *rectinerves*.

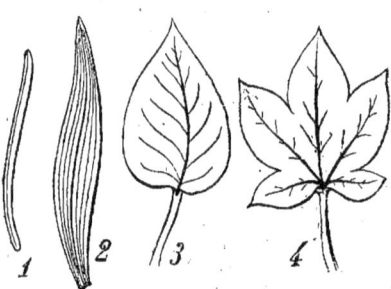

FIG. 448. — Nervation des feuilles. — Feuilles : uninerve (1), rectinerve (2), penninerve (3), palminerve (4).

Chez les Dicotylédones, on trouve deux modes de nervation : quand du pétiole part *une seule nervure principale* médiane qui se ramifie en nervures d'ordres supérieurs (fig. 448, 3), la nervation est dite *pennée* et les feuilles sont *penninerves* (Peuplier, fig. 449, 4; Chêne, 6, Aulne, 17; Orme, 18).

Quand se détachent du pétiole *un certain nombre de nervures principales* divergentes (fig. 448, 4), la nervation est dite *palmée* et les feuilles sont *palminerves* (Érable, fig. 449, 5; Liseron, 15; Vigne, Mauve).

Croissance de la feuille en surface. — Nous avons vu (page 420) que le sommet de la tige, en s'accroissant, produit sur les côtés des mamelons qui grandissent et prennent la forme de lames de plus en plus grandes; ces lames sont de jeunes feuilles, d'abord concaves sur la face ventrale et protectrices du sommet de la tige, puis planes et étagées le long de la tige (fig. 408).

* Les feuilles ont une *croissance terminale* due à une multiplication cellulaire active qui se produit à leur sommet; mais elle est de courte durée en général, car elle ne se manifeste plus quand la feuille s'épanouit en dehors du bourgeon. En revanche, la *croissance intercalaire* permet à la feuille de prendre tout son développement.

La croissance est intercalaire *discontinue* chez les plantes qui traversent une période hivernale pendant laquelle toutes les fonctions sont ralenties; le cloisonnement des tissus jeunes, contenus dans les bourgeons, est arrêté jusqu'au printemps, moment où le réveil de la végétation s'accuse par l'ouverture des bourgeons (fig. 411) sous la poussée des feuilles qui reprennent leur croissance intercalaire désormais ininterrompue.

La croissance est dite *basipète*, *basifuge* ou *mixte*, suivant que les parties nouvelles de la feuille apparaissent du côté de sa base (Monocotylédones, Bouleau,

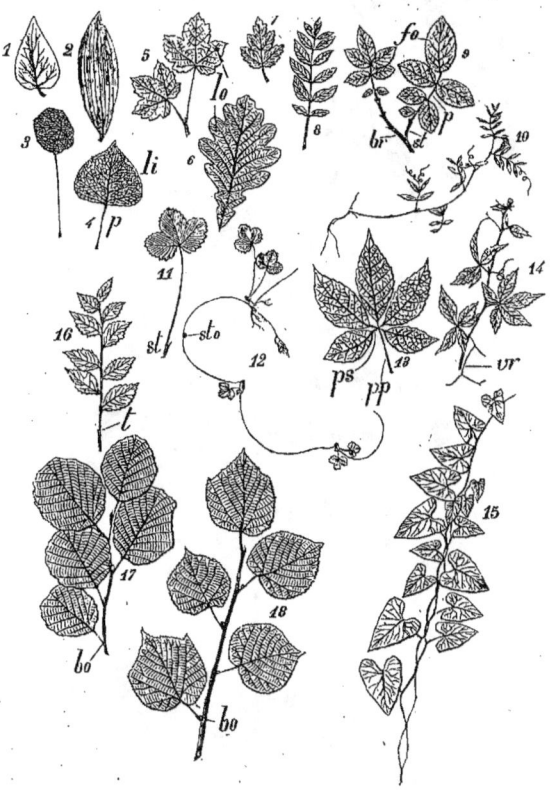

Fig. 449. — Diverses sortes de feuilles. — Feuilles simples : Lilas (1), Muguet (2), Capucine (3), Peuplier (4), Érable (5), Chêne (6), Armoise (7), Liseron (15), Orme (16 et 18), Aulne (17). — Feuilles composées : Frêne (8), Rosier (9), Vesce (10), Fraisier (11 et 12), Vigne vierge (13 et 14) ; *p*, pétiole ; *li*, limbe ; *st*, stipules ; *pp*, pétiole principal ; *ps*, pétiole secondaire ; *bo*, bourgeon axillaire ; *vr*, vrille.

Chêne, Érable, Vigne, Rosier), au voisinage du sommet, ou dans ces deux régions à la fois (Centaurée, Pissenlit).

L'activité de la nutrition règle l'énergie de la croissance intercalaire aux divers points d'une feuille. La plupart du temps, la croissance étant inégale à la périphérie de la feuille, celle-ci *se ramifie* en prenant des aspects très variés. Dans tous les cas, avant toute autre différenciation, l'inégalité de croissance à la base de la masse foliaire primitive produit le *limbe* dont la croissance est active et le *pétiole* à développement plus ou moins tardif.

Ramification de la feuille. — Une feuille est dite *simple* quand le limbe subit une croissance uniforme dans toute son étendue ou

Fig. 450. — Lentille commune. Feuilles composées pennées avec vrilles et stipules.

quand il se ramifie seul (1 à 7, fig. 449); si le pétiole est ramifié, le limbe n'est plus unique ; chaque ramification du pétiole se termine par une *foliole* indépendante et la feuille est dite *composée* (8 à 14, fig. 449).

Ramification du limbe. Feuille simple. — La feuille simple est dite :

entière, quand son bord n'est pas découpé [Lilas (1), Muguet (2), Buis];

dentée, quand les découpures sont peu profondes [Peuplier (4), Orme (16 et 18), Aulne (17), Noisetier, Charme];

lobée, si les découpures sont très prononcées et partagent le limbe en lobes [Érable (5), Chêne (6), Vigne, Mauve];

séquée, quand les découpures atteignent presque les nervures principales (Chanvre).

Ramification du pétiole. Feuille composée. — Le pétiole peut être ramifié suivant le mode *penné* ou suivant le mode *palmé*.

Mode penné : Le pétiole principal émet latéralement, à divers niveaux, des pétioles secondaires portant chacun une foliole, et la feuille est dite *composée pennée* [Frêne (8), Rosier (9), Vesce (10), Lentille, fig. 450]. Le nombre des folioles y est variable (Rosier : 5 folioles ; Frêne, Sainfoin, Robinier : *n* folioles).

La feuille composée pennée est dite *bipennée*, quand les pétioles secondaires sont eux-mêmes ramifiés suivant le mode penné (*Acacia heterophylla*, Sensitive).

Mode palmé : Le pétiole principal se divise à un seul niveau en plusieurs pétioles secondaires portant chacun une foliole et la feuille est dite *composée palmée* [Marronnier d'Inde, Vigne-vierge (13 et 14), Trèfle, *Oxalis*].

On peut facilement reconnaître une feuille composée : la base du pétiole principal est seule pourvue d'une gaine ou de stipules.

Modifications éprouvées par les feuilles. — Ces modifications résultent d'une adaptation de la feuille : soit à des milieux divers, soit à des fonctions particulières. Elles sont nombreuses et intéressent quelques feuilles seulement sur un même pied ou toutes les feuilles de la plante.

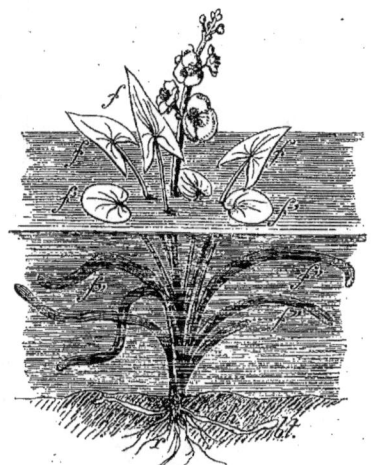

Fig. 451. — Sagittaire. Feuilles : aériennes *f*, nageantes *f'*, submergées *f"*.

1° *Adaptation à des milieux divers.* — Les feuilles de la Sagittaire (fig. 451) se développent les unes dans l'air, les autres à la surface de l'eau, les autres dans l'eau; les feuilles aériennes ont la forme d'un fer de flèche, les feuilles nageantes sont ovales et les feuilles submergées ressemblent à de longues lanières.

Les feuilles aériennes de la Châtaigne d'eau (fig. 452, B) sont

Fig. 452. — Modifications des feuilles : A, *Campanula rotundifolia*; B, Châtaigne d'eau (*Trapa natans*) C, C', feuilles du Haricot.

simples et leur limbe est continu; les feuilles submergées sont réduites à leurs nervures.

2° *Différenciation dans le même milieu*. — Certaines modifications ne semblent pas régies par l'accomplissement de fonctions différentes. Ainsi un pied de *Campanula rotundifolia* (fig. 452, A) présente, à *la base* du pied, des feuilles f' à pétiole très long avec un limbe arrondi, tandis que les feuilles f insérées le long de la tige ont un pétiole court et un limbe allongé. Chez le Haricot,

Fig. 453. — Feuilles de *Nepenthes* avec urnes.

les premières feuilles épanouies sur la tige épicotylée sont simples (C) ; les autres sont composées (C').

Les feuilles de la base d'un pied de Pivoine sont profondément découpées ; celles qu'on rencontre à divers niveaux sur la tige, en se rapprochant du sommet, se simplifient de plus en plus, et la différenciation se poursuit jusque dans la fleur, comme nous le verrons plus loin.

Différenciation en vue de fonctions variées. — Toutes les plantes phanérogames possèdent dans la graine des *cotylédons*, sortes de feuilles différenciées pour recevoir les matières propres à nourrir la plantule (fig. 309).

Les feuilles ordinaires du Lis (fig. 443) sont élancées, minces et vertes ; celles de la base, réduites à une gaine très épaisse, s'appellent *écailles* et renferment, comme les cotylédons, des matières nutritives de réserve, des sucres en particulier.

On appelle *bulbe* la réunion de ces feuilles nourricières ; il existe deux sortes de bulbes d'après la disposition des écailles :

les *bulbes écailleux* dont les écailles se recouvrent incomplètement (Lis, fig. 443) ; les *bulbes tuniqués* dont les écailles externes enveloppent totalement les internes (Oignon, Tulipe, Jacinthe (fig. 370).

Les *écailles brunes qui enveloppent les bourgeons* (fig. 411), et qui tombent au printemps, sont autant de feuilles différenciées.

Les *vrilles* que présentent les feuilles composées pennées des Viciées [Pois, *Vicia* (10, fig. 449), Gesse, etc...] résultent de l'atrophie des folioles ; chez le *Lathyrus Aphaca* (fig. 446), la vrille est formée par la feuille entière, sauf les deux grandes stipules.

Parfois un *piquant* résulte de la transformation du limbe d'une feuille (Avoine, Blé barbu), des stipules (Robinier), de la feuille entière (Épine-vinette parfois).

Des modifications plus profondes s'observent chez les *Sarracenia, Nepenthes* (fig. 453), *Cephalotus*, où la feuille présente de véritables urnes, avec ou sans couvercle, dont le fond contient un liquide sucré et acide sécrété par le végétal. Un insecte, attiré par l'odeur, vient-il à tomber dans l'urne ? il se décompose et peu à peu ses parties molles, transformées par les bactéries en matières solubles, sont absorbées par les plantes elles-mêmes.

Des phénomènes semblables se produisent dans les feuilles de Dionée et de Drosera quand celles-ci ont capturé des insectes.

§ 2. — STRUCTURE DE LA FEUILLE

A. — STRUCTURE PRIMAIRE DE LA FEUILLE

La feuille a une durée moindre que la racine et la tige ; aussi sa *structure primaire*, une fois acquise, subit-elle des modifications peu profondes en général. Nous n'étudierons donc que la structure primaire de la feuille, en envisageant d'abord la structure du pétiole, puis celle du limbe.

1° Structure du pétiole. — Une coupe mince transversale, détachée du pétiole de la feuille de Violette et examinée au microscope (I, fig. 454), présente une forme demi-circulaire avec un côté dorsal arrondi, un côté ventral presque plan ou légèrement excavé en gouttière. Un épiderme *ép*, interrompu çà et là par des stomates et portant quelques poils, revêt le pétiole et enveloppe le parenchyme *pa*, formé de cellules riches en chloroleucites ; au milieu du parenchyme, entourés complètement par l'endoderme *en* et le péricycle, sont des faisceaux libéroligneux *f* et *f'*, l'un médian *f* plus développé que les faisceaux latéraux *f'*. Ces faisceaux renferment du bois *b* (orienté du côté de la face ventrale) et du liber *l* (orienté du côté dorsal) ; ils sont disposés symétriquement par rapport au plan XY qui renferme l'axe de la tige *T*.

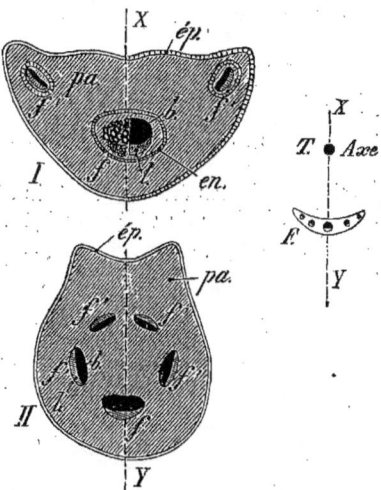

FIG. 454. — Sections transversales de pétioles : I, Violette ; II, Lierre. *ép*, épiderme ; *pa*, parenchyme ; *f*, *f'*, faisceaux libéroligneux : *b*, bois ; *l*, liber. A droite, la figure montre l'orientation de la coupe transversale d'une feuille *F* par rapport à l'axe de la tige *T*, et la symétrie bilatérale de la feuille. XY, trace du plan de symétrie.

Parfois la section du pétiole est presque circulaire (Lierre, II, fig. 454) ; les faisceaux y forment alors un cercle total et non seulement un arc ; l'ensemble des faisceaux est néanmoins symétrique par rapport à un plan ; il existe toujours un faisceau médian dorsal *f* plus développé que les autres *f'*. Le bois *b* regarde alors le centre du cercle formé par les faisceaux et le liber *l* est placé en dehors.

2° Structure du limbe. — Le limbe, partie élargie de la feuille, peut être considéré comme l'épanouissement du pétiole ;

on y trouve effectivement les mêmes parties : épiderme *ép* (fig. 455), parenchyme *pa* et faisceaux libéroligneux *f,f'*,... avec une symétrie bilatérale nette par rapport au plan XY défini comme plus

Fig. 455. — Section transversale du limbe d'une feuille. *ép.s*, *ép.i*, épiderme des faces ventrale *f.v* et dorsale *f.d* de la feuille ; *st*, stomate ; *pa*, parenchyme. *f*, faisceau libéroligneux médian ; *f'*, faisceaux latéraux de plus en plus réduits du centre au bord du limbe.

haut. Le bois des faisceaux est du côté de la face ventrale *f.v* de la feuille, le liber du côté dorsal *f.d*.

La figure 456 permet de comprendre la raison de cette orientation ; elle montre, en effet, l'épiderme *ép* de la tige *T* se continuant par l'épiderme supérieur *ép.s* et l'épiderme inférieur *ép.i* de la feuille *F* ; le parenchyme de l'écorce *Ec* et le parenchyme foliaire *pa* sont ininterrompus ; le bois *b* et le liber *l* des faisceaux foliaires s'incurvent pour rejoindre les faisceaux libéroligneux de la tige.

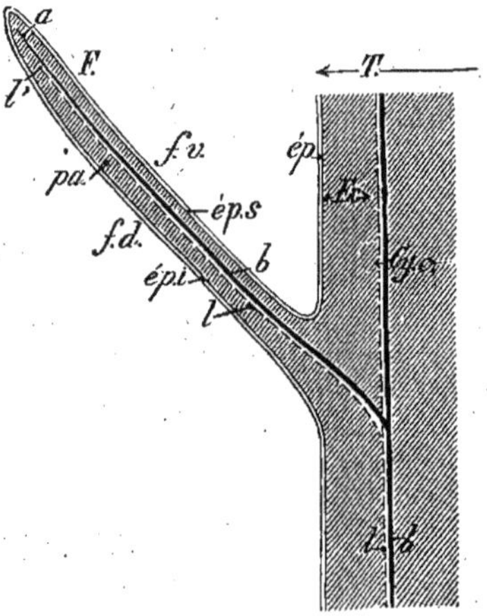

Les vaisseaux qui composent le bois se terminent en *a* plus près du bord de la feuille que les éléments du liber terminés en *l'*.

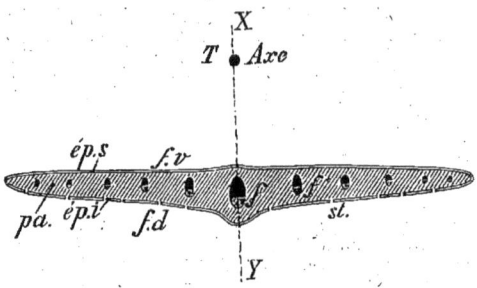

Fig. 456. — Section longitudinale d'une feuille E et de la tige *T* (Mêmes désignations que pour les figures 454 et 455). *Ec*, écorce ; *Cy.c*, cylindre central.

Examinons de plus près la structure du limbe de la feuille.

Épiderme. — L'épiderme de la face supérieure *ép.v* (fig. 337) est ordinairement dépourvu de *stomates*, ou tout au moins il n'en renferme que peu, tandis qu'on en compte jusqu'à 700 par millimètre carré sur l'épiderme dorsal *ép.d*.

Chez les plantes aquatiques (Sagittaire, *Potamogeton*) qui possèdent des feuilles nageantes et des feuilles submergées, les premières n'ont de stomates que sur l'épiderme de la face supérieure, les secondes en sont totalement dépourvues.

Des *stomates aquifères* (fig. 345) existent près du bord de la feuille de Violette, de *Crassula*, à la pointe des feuilles des Graminées.

L'épiderme dorsal est composé de cellules incolores plus fortement cutinisées que celles de l'épiderme ventral (Houx). Des *poils* plus ou moins nombreux protègent la surface des feuilles d'un grand nombre de plantes, ainsi préservées du froid ou des rayons solaires trop actifs.

Parenchyme. — Entre les deux épidermes est réparti un parenchyme d'aspect variable avec les feuilles considérées.

Chez les feuilles submergées, ce parenchyme tout entier chlorophyllien est formé de cellules arrondies et creusé de grandes lacunes aérifères. Les feuilles épaisses de *Crassula* (fig. 335), *Aloe*, *Mesembryanthemum*, etc., présentent déjà une différence et dans la forme des cellules et dans le développement de la chlorophylle : les cellules du parenchyme placé sous l'épiderme ventral sont déjà plus allongées dans le sens radial, laissent entre elles peu de méats ; les cellules voisines de l'épiderme dorsal sont sphériques, plus espacées et séparées par de grands vides ; le parenchyme central des feuilles très épaisses d'*Aloe* est dépourvu de chlorophylle contrairement au parenchyme sous-épidermique.

Dans la plupart des feuilles ordinaires (Houx, fig. 337), le parenchyme du côté ventral est formé de cellules nettement prismatiques, sans méats entre elles ; leur disposition d'ensemble, comparable à celle des planches d'une palissade, a fait donner le nom de *parenchyme palissadique* au parenchyme ventral *p.pa*. Le parenchyme dorsal, composé de cellules arrondies, séparées par de grandes lacunes, s'appelle *parenchyme lacuneux p.la*. L'air qui remplit les lacunes est en rapport avec l'air extérieur par les stomates *st*.

Si la face inférieure des feuilles est plus pâle ordinairement que la face supérieure, c'est à cause des nombreuses lacunes du parenchyme dorsal.

La distribution du parenchyme en palissade est étroitement liée au mode d'éclairement de la feuille : dans une feuille horizontale et éclairée de haut, le parenchyme palissadique se développe comme plus haut ; sur une feuille verticale également éclairée sur ses 2 faces, le parenchyme palissadique se développe sur les 2 côtés de la feuille.

Faisceaux libéroligneux. — Ces faisceaux sont noyés dans le parenchyme au milieu duquel ils se ramifient ; ils constituent les *nervures* de la feuille. Les divers modes de nervation étudiés précédemment (page 452) sont dus aux variations présentées par la répartition des faisceaux dans le limbe.

Les faisceaux libéroligneux parviennent en faible nombre de la tige dans la plupart des feuilles ; les feuilles engainantes des Monocotylédones, en particulier,

462 LA FEUILLE.

en reçoivent beaucoup au contraire : aussi les 3, 5 ou 7 faisceaux que contient le pétiole chez une Dicotylédone se ramifient à l'infini dans le limbe (Peuplier, fig. 447); ils parviennent jusque près du bord de la feuille, le nombre des vaisseaux et des tubes criblés y diminue avec l'importance de la nervure : les tubes criblés et autres éléments du liber cessent, alors que la nervure très fine contient encore quelques vaisseaux annelés et spiralés qui cessent à leur tour au milieu du parenchyme, quelquefois au-dessous d'un stomate aquifère (fig. 345) ou d'une glande.

Chez les feuilles grasses (*Crassula arborescens*), chaque faisceau libéroligneux est peu important (*f*, fig. 335, à gauche).

Stéréome. — Les faisceaux libéroligneux sont placés à la limite du parenchyme palissadique et du parenchyme lacuneux, le bois *f.b* du côté ventral et le liber *f.l* du côté dorsal (fig. 337). Le plus souvent, ils sont soutenus par un *stéréome* formé de fibres scléreuses rassemblées soit en arc, soit en un manchon cylindrique qui les enveloppe immédiatement (fig. 353). Parfois les manchons de sclérenchyme sont autant de colonnes creuses s'étendant transversalement d'un épiderme à l'autre. Dans la feuille des Conifères (Pin, Cèdre, fig. 339), le parenchyme sous-épidermique ou hypoderme est lui-même sclérifié.

B. — ORIGINE DE LA FEUILLE. — PHYLLOTAXIE

1° **Origine de la feuille.** — La feuille a une *origine exogène;* elle se développe *chez les Phanérogames aux dépens de deux initiales ou de deux groupes de cellules initiales* dont l'une au moins est épidermique et les autres sous-jacentes; *chez les Cryptogames, on trouve une seule cellule initiale.*

Le méristème f_1 (fig. 457) qui résulte du cloisonnement de ces initiales forme et soulève peu à peu l'épiderme en donnant un mamelon de plus en plus saillant f_2. Le sommet de la jeune feuille s'incline d'abord vers l'extrémité de la tige ou du rameau formateur, parce que sa face dorsale croît plus vite que sa face ventrale; plus tard l'accroissement de la face ventrale prédominera et la jeune feuille, d'abord concave du côté interne, deviendra plane, puis convexe au moment de son épanouissement (fig. 408).

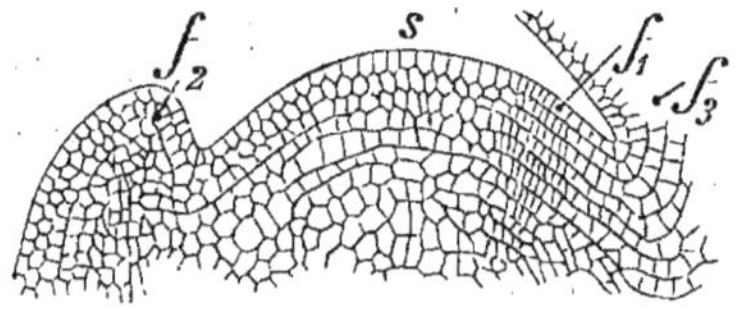

FIG. 457. — Section longitudinale du sommet *s* de la tige d'*Euphorbia lathyris*. f_1, cloisonnements des cellules du méristème précurseurs de l'apparition de la 1re feuille; f_2, f_3, feuilles successives.

A mesure que la jeune feuille grandit, ses tissus s'organisent : l'épiderme d'abord, puis le parenchyme et les nervures. L'apparition des premiers vaisseaux dans les nervures a lieu lorsque la croissance terminale de la feuille est épuisée; le sens suivant lequel se développent et se lignifient les vaisseaux est basipète, basifuge ou mixte, en harmonie avec le développement général de la feuille.

Nous avons étudié, page 430, la manière dont s'effectue le passage des faisceaux foliaires de la tige dans les feuilles et les rapports qui existent entre ceux-ci et les faisceaux caulinaires.

2° **Phyllotaxie.** — La *phyllotaxie*, c'est-à-dire l'arrangement des feuilles sur la tige, est déterminée chez les Phanérogames par la disposition des mamelons foliaires dans le bourgeon.

Un mamelon foliaire nouveau naît au-dessus du plus large intervalle laissé par les mamelons les plus récemment formés.

Cette règle est toute mécanique.

Comme les feuilles conservent, en général, le même arrangement tout le long de la tige, il suffit d'étudier la position relative des feuilles épanouies.

Deux cas principaux se présentent :

1° Plusieurs feuilles sont insérées au même nœud sur la tige et constituent un *verticille; les feuilles sont dites verticillées.*

2° Les feuilles sont insérées isolément sur la tige ; elles sont dites *alternes*.

Feuilles verticillées. — Les feuilles verticillées par 2 sont *opposées* (Fusain ; Houblon ; Mercuriale, fig. 404 ; Haricot, Clématite, etc.) les feuilles verticillées par 3 sont *ternées* (Laurier-rose).

Les verticilles de n feuilles ($n > 3$) sont plus rares (Prêle).

Quand les feuilles sont opposées, un verticille V_2 (fig. 458, A), pris quelconque sur la tige, est en croix avec celui qui le précède V_1 et avec celui qui le suit immédiatement V_3 ; les plans de symétrie de deux feuilles voisines, choisies dans deux verticilles successifs, forment un angle de 90°. Cet angle est seulement de 60°, quand les feuilles sont ternées (fig. 458, B).

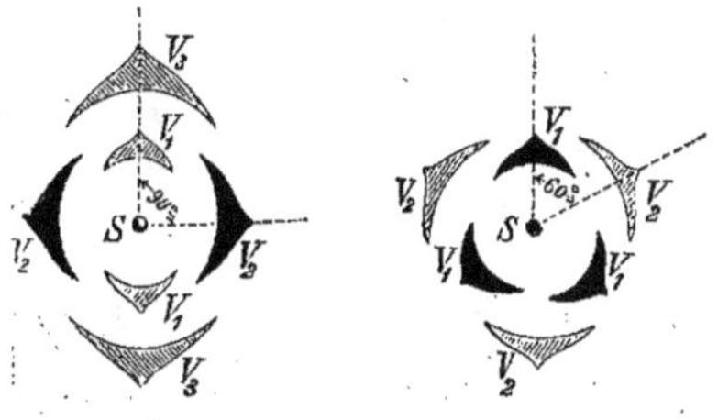

Feuilles alternes. — Quand les feuilles sont insérées isolément, si l'on trace, sur la tige conique, la génératrice passant par le centre d'insertion d'une feuille quelconque, on trouvera toujours sur cette génératrice les centres d'insertion de plusieurs autres feuilles placées au-dessus ou au-dessous de la feuille considérée.

Fig. 458. — Feuilles verticillées : A, feuilles opposées ; B, feuilles ternées. V_1, V_2, V_3, verticilles successifs. S, axe du bourgeon.

Entre deux feuilles consécutives situées sur une même génératrice en sont disposées d'autres plus ou moins nombreuses.

Pour définir la position des feuilles alternes, on procède ainsi : partant de la feuille 1 (fig. 459, B), on décrit une spire autour de la tige en passant par toutes les feuilles, 2, 3, etc., intercalées entre la feuille 1 et celle qui lui est immédiatement superposée.

On compose une fraction dont le numérateur indique le nombre de tours effectués en passant de 1 à 4, et dont le dénominateur

464   LA FEUILLE.

égale le nombre de feuilles rencontrées, sans compter la feuille point de départ. La fraction fournie par l'exemple choisi est $\frac{1}{3}$.

Un procédé moins pratique consiste à mesurer la *divergence*

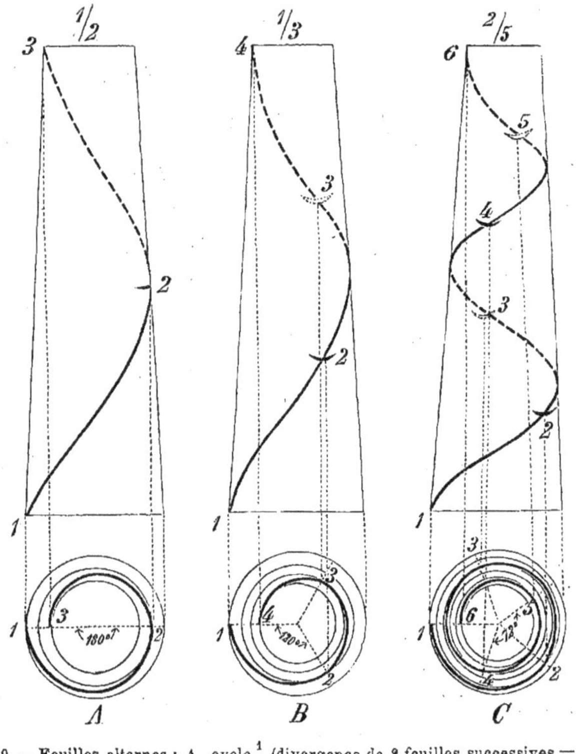

Fig. 459. — Feuilles alternes : A, cycle $\frac{1}{2}$ (divergence de 2 feuilles successives = 180°). B, Cycle $\frac{1}{3}$ (divergence = 120°). — C, cycle $\frac{2}{5}$ (divergence = 72°).

formée par les plans de symétrie de deux feuilles consécutives; dans l'exemple B, l'angle dièdre formé par ces 2 plans est de 120° ou $\frac{1}{3}$ de circonférence.

Dans l'Orme A (fig. 459) et l'Iris, la divergence = 180° ou $\frac{1}{2}$ circonférence : disposition *distique*. Dans l'Aulne, B, elle est de $\frac{1}{3}$: dis-

LA FEUILLE.

position *tristique*. Dans le Pêcher C, la divergence est de $\frac{2}{5}$: disposition *quinconciale*.

Les principales divergences constatées dans la nature sont :

$$\frac{1}{2},\ \frac{1}{3},\ \frac{2}{5},\ \frac{3}{8},\ \frac{5}{13},\ \frac{8}{21},\ \text{etc...}$$

$$\frac{1}{3},\ \frac{1}{2},\ \frac{2}{5},\ \frac{3}{7},\ \frac{5}{12},\ \frac{8}{19},\ \text{etc...}$$

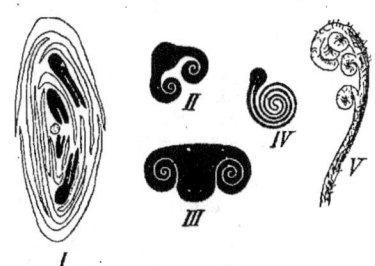

Fig. 460. — Préfoliation ; I, condupliquée (Chêne) ; II, involutée (Poirier), III, révolutée (Patience) ; IV, convolutée (Prunier) ; V, circinée (Fougère). — (On a représenté la forme d'une feuille seulement prise dans le bourgeon, dans les figures II, III, IV.)

Préfoliation. — On appelle ainsi l'arrangement des feuilles dans le bourgeon pour y occuper le moins de place possible : cette disposition est constante pour chaque espèce.

Préfoliation
{
plane........ la feuille ne se reploie pas (Lilas) (*A* et *B*, fig. 458).
condupliquée. les 2 moitiés sont appliquées longitudinalement l'une sur l'autre (Chêne) (I, fig. 460).
réclinée...... la moitié supérieure est repliée sur la moitié inférieure (Aconit).
involutée..... les bords de la feuille sont roulés sur sa face ventrale (Poirier) (II)
révolutée..... — — — dorsale (Patience) (III).
convolutée... la feuille est roulée en cornet (Prunier) (IV)
circinée...... — — crosse du sommet à la base (Fougère) (V).
}

C. — FORMATIONS SECONDAIRES AMENANT LA MORT ET LA CHUTE DES FEUILLES

La plupart des feuilles ont une durée très limitée, elles naissent au printemps et meurent en été ou à l'automne : elles sont dites *caduques* et nos arbres en sont dépouillés en hiver. Sur certains bres toutefois (Conifères dans nos contrées, Lierre, Houx, *Mahonia*, etc...), les feuilles peuvent traverser plusieurs périodes de végétation ; elles sont dites *persistantes* et leur présence sur les Pins, Sapins, Cèdres, etc..., *à toute époque de l'année*, a fait nommer ces végétaux des *arbres toujours verts*. Toutefois les feuilles persistantes meurent et sont aussitôt remplacées par d'autres plus jeunes.

Les feuilles qui vont mourir subissent un changement de couleur ; la chlorophylle disparaît par résorption, les matières de réserve et autres substances utilisables sont entraînées vers la tige où elles s'accumulent pour l'hiver.

Les feuilles jaunes ou brunes se dessèchent et tombent : tantôt elles se détachent entièrement et de suite (Marronnier, Peuplier, Érable, Lilas, Robinier, etc.), en laissant une cicatrice nette à leur point d'insertion, tantôt elles passent l'hiver desséchées sur l'arbre (Chêne) pour ne tomber qu'au printemps suivant; parfois elles tombent en laissant adhérente à la tige la base de leur pétiole qui se désorganise et disparaît à la longue (Palmiers, Fougères arborescentes).

La chute des feuilles est due à la production, vers la base du pétiole, d'une assise transversale de cellules qui coupe l'épiderme et tout le parenchyme. Cette assise devient génératrice, forme un méristème dont la zone moyenne se résorbe en séparant le méristème en deux feuillets indépendants, l'un adhérant à la tige, l'autre porté par la feuille. La faible adhérence de la feuille avec la tige sera facilement rompue par le poids de la feuille, l'action du vent ou le contact le plus léger; du liège de cicatrisation se développant après la chute recouvrira la plaie (Hêtre, Orme, Mûrier, Figuier, etc...).

Le liège de cicatrisation apparaît dans la lame moyenne du méristème, avant la chute de la feuille, chez le Peuplier, l'Aulne, la Vigne, le Marronnier, etc., et se raccorde sur les côtés avec le liège protecteur de la tige.

§ 3. — PHYSIOLOGIE DE LA FEUILLE

A. — CAUSES EXTÉRIEURES INFLUANT SUR LA CROISSANCE DE LA FEUILLE

Influence de la lumière. — *La lumière retarde la croissance des feuilles.* Il importe de considérer ce phénomène indépendamment des réactions chimiques que suscite la lumière dans la feuille (réactions qui ont, au contraire, pour effet d'activer la croissance).

Deux expériences nous permettront de rendre évidents ces résultats opposés :

1° *La lumière retarde la croissance des feuilles.* — On dispose devant une fenêtre, avec un éclairement latéral, des pots ou des éprouvettes contenant de jeunes plantes (Lupins, Haricots, Pois, fig. 428 à 433); toutes se couvrent de feuilles dont le pétiole, *pé* (fig. 461), se dirige vers la lumière, la face ventrale du limbe *li* étalée perpendiculairement aux rayons incidents : puisque le pétiole s'est courbé vers la lumière de *pé* en *pé'*, sa face éclairée s'est donc moins accrue que la face opposée.

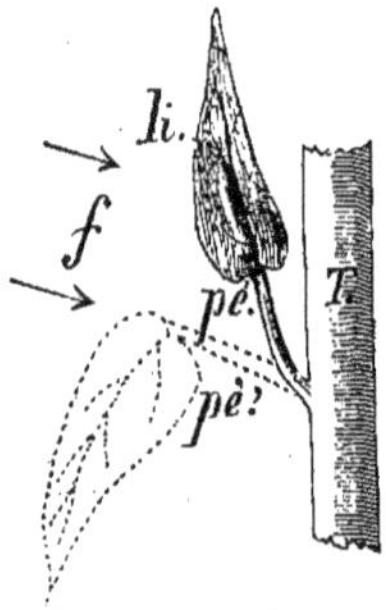

2° *La lumière favorise la croissance du végétal en général, et des feuilles en particulier.* — Grâce à l'orientation adoptée par les feuilles, les radiations qu'elles emmagasinent provoquent, dans les cellules, la production de matières éminemment nutritives, ainsi que nous le verrons plus loin (page 480). Ces substances, consommées par les tissus jeunes en voie de cloisonnement actif, contribuent à l'accroissement du végétal. La figure 429 montre l'effet de l'obscurité, prolongée pendant trois semaines, sur des Pois et des Lupins : les feuilles jaunâtres sont à peine visibles sur les tiges grêles et incolores des Pois; on ne les voit pas sur les Lupins ; or, pendant le même temps, des plantes identiques, soumises aux conditions normales de la végétation, ont acquis des feuilles vertes dépassant 5 centimètres de longueur.

FIG. 461. — Phototropisme positif du pétiole *pé*, nul pour le limbe *li* de la feuille *f*. Direction de la lumière incidente.

Influence de la pesanteur. — Cette influence se manifeste sur les feuilles épanouies dont le pétiole est dressé et le limbe horizontal (la face ventrale tournée vers le ciel). Toute modification dans la direction du rameau qui porte des feuilles détermine une torsion du pétiole propre à ramener chaque feuille à son orientation première, et cela *la nuit comme le jour*.

Dans les branches pendantes de la Vigne-vierge, de la Ronce, de la Clématite et de toutes les plantes d'ornement à tige grêle dirigées par les jardiniers le long des grillages, on peut facilement observer :

Le redressement et la torsion du pétiole des feuilles simples ;

Le redressement du pétiole primaire et la torsion du pétiole secondaire des feuilles composées.

Ainsi *le pétiole est doué de géotropisme négatif*.

Les influences combinées de la lumière et du géotropisme impriment à la feuille l'orientation la plus favorable à la réception des radiations.

B. — CAUSES DIVERSES INFLUANT SUR LES MOUVEMENTS DES FEUILLES DÉVELOPPÉES

Les feuilles d'un assez grand nombre de plantes sont soumises à des mouvements soit périodiques, soit provoqués, dont nous envisagerons les causes encore mal connues, au chapitre général de l'irritabilité (page 560).

Nous nous bornerons ici à indiquer quelques-uns de ces phénomènes et à en donner l'explication admise, bien qu'elle ne nous paraisse pas rigoureuse.

Mouvements périodiques de veille et de sommeil. — Les feuilles de plusieurs Légumineuses (Trèfle, Luzerne, *Vicia*, Lupin, Robinier, Haricot, etc.) et des

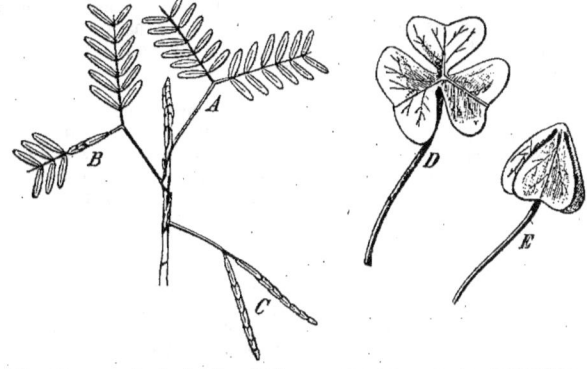

Fig. 462. — Mouvements des feuilles. 1° Mouvements provoqués chez la Sensitive A, B, C (*A*, position normale des folioles de la feuille épanouie ; *B*, reploiement de quelques folioles à la suite d'un choc léger ; *C*, position des folioles après un fort ébranlement). — 2° Mouvements de veille et de sommeil chez l'*Oxalis*: feuille pendant le jour *D*, pendant la nuit *E*.

Oxalidées (fig. 462) adoptent à l'obscurité une position différente de celle qu'elles occupent à la lumière : tandis que, exposées à l'obscurité, les folioles du Trèfle se replient vers le haut en recouvrant leurs faces ventrales, celles du Lupin se recourbent en bas pour se toucher par leurs faces dorsales.

Ainsi les feuilles de ces végétaux sont épanouies à la lumière (*veille*) ; à l'obscurité, elles sont repliées (*sommeil*). Toutes possèdent d'ailleurs un renflement basilaire, assez nettement délimité en général, appelé *renflement moteur* (fig. 452, C et C'). Les folioles de la Sensitive exécutent aussi des mouvements de veille et de sommeil ; en outre, le pétiole primaire de chaque feuille s'abaisse du matin au soir, atteint son maximum de descente au coucher du soleil, puis se relève pendant la nuit jusqu'à l'aurore.

Les mouvements de veille et de sommeil sont dus à l'intervention des radiations.

Mouvements spontanés. — La feuille de l'*Hedysarum gyrans* est l'une des plus intéressantes à considérer, parce que les mouvements de ses deux petites folioles latérales ne sont pas masqués par les mouvements de veille et de sommeil.

La foliole médiane, très grande, est très sensible à l'influence de la lumière : vers midi, elle est très élevée et située dans un même plan avec le pétiole principal ; elle s'abaisse beaucoup le soir pour demeurer ainsi toute la nuit.

Les folioles latérales oscillent nuit et jour ; le sommet de chacune d'elles décrit une ellipse, en deux à cinq minutes, avec de nombreuses saccades.

Toutefois un séjour trop prolongé à l'obscurité, une température très différente de la température moyenne, l'introduction de vapeurs d'éther ou de chloroforme dans un espace limité renfermant la plante, sont autant de conditions qui font cesser tout mouvement.

Un renflement moteur à la base du pétiole est encore ici le siège du phénomène.

Mécanisme de ces mouvements. — Les deux sortes de mouvements périodiques que nous venons d'exposer sont dus à l'*accumulation et à la disparition alternatives d'eau* dans les cellules qui composent le renflement moteur ; et *ces oscillations de la proportion d'eau paraissent dépendre d'oscillations de même sens dans la proportion de sucre* mis en réserve dans les mêmes cellules.

Si ces dernières reçoivent du sucre à un moment donné (résultat de l'assimilation chlorophyllienne), un courant endosmotique s'y établit, les cellules se gorgent d'eau, la turgescence du renflement moteur est maximum et le pétiole adopte une certaine position : que l'on suppose maintenant le liquide sucré entraîné vers le limbe de la feuille ou vers la tige par les courants internes qui se produisent dans tout végétal, le renflement moteur devient flasque par perte d'eau et le pétiole adopte une position différente.

Dans les mouvements de veille et de sommeil, la turgescence et la flaccidité du renflement moteur dépendent de la transpiration plus faible à l'obscurité qu'à la lumière ; les mouvements spontanés sont plutôt dus à des oscillations du sucre, mis en réserve tout à tour à la base et *au sommet du renflement moteur*.

Toutefois l'activité protoplasmique joue un rôle fondamental dans ce phénomène qui n'est pas purement mécanique, puisque l'altération du protoplasme, provoquée par l'obscurité prolongée ou les anesthésiques, y met fin.

Mouvements provoqués. — *Sensitive.* — Une feuille de Sensitive (*Mimosa pudica*) épanouie *A* (fig. 462) est impressionnable à divers degrés par des contacts d'intensité différente. Un choc léger sur une foliole détermine l'application de celle-ci sur la foliole opposée qui se meut en même temps ; une secousse plus forte entraîne le mouvement de plusieurs folioles, *B* ; un ébranlement violent agit sur les folioles de la plante entière, *C*.

La fermeture des folioles dure peu après l'excitation, et les folioles s'étalent à nouveau.

La plante est d'une extrême irritabilité quand elle est soumise à une température élevée (celle des régions équatoriales).

Dionée ou Gobe-mouches. — Ses feuilles se prolongent au sommet par deux lames symétriques, à bord denté, pourvues sur leur face interne de deux ou trois gros poils. Qu'un insecte frôle ces poils lorsqu'il passe sur la feuille, aussitôt les deux lames se ferment l'une sur l'autre et emprisonnent l'animal jusqu'au moment où il a cessé de se débattre.

Drosera. — Les feuilles de ce végétal qui pousse dans nos marais sont hérissées de nombreux poils glandulifères ; le limbe de la feuille et les poils sont très irritables ; au moindre attouchement porté sur la partie ventrale du limbe, tous les poils se recourbent de dehors en dedans et forment autant d'arceaux au-dessus du limbe lui-même replié du sommet sur la base. Si un insecte a provoqué ce mouvement, il est condamné à mourir.

Dans ce cas, comme dans le cas précédent, les tissus de l'animal sont attaqués par le liquide acide de nombreuses glandes foliaires et par des bactéries; la plante résorbe toutes les matières rendues solubles par cette attaque : d'où le nom de *plantes carnivores* attribué à ces deux espèces végétales, comme aux *Nepenthes* (fig. 453).

Quant au mécanisme de ces mouvements, il est presque totalement ignoré.

C. — FONCTIONS ESSENTIELLES DE LA FEUILLE

La sève ascendante, conduite par les vaisseaux du bois à travers le pétiole et le limbe jusqu'aux extrémités des nervures de la feuille, y subit des modifications profondes :

1° Elle abandonne à l'air extérieur de l'eau, surtout à l'état de vapeur (*Transpiration* et *Chlorovaporisation*), rarement à l'état liquide.

2° Elle reçoit des principes nutritifs élaborés par la feuille, en vertu des échanges gazeux qui s'y accomplissent (*Respiration* et *Assimilation chlorophyllienne*).

La *sève élaborée* qui résulte de ces transformations est répartie dans tout le végétal à l'entretien duquel elle concourt.

I. Transpiration et Chlorovaporisation. — Ces phénomènes sont relatifs au dégagement de vapeur d'eau par les feuilles aériennes : le premier a lieu nuit et jour chez toutes les feuilles, de quelque couleur qu'elles soient; le second s'accomplit *à la lumière seulement et chez les plantes possédant de la chlorophylle*.

Avant d'établir une distinction entre ces deux phénomènes, mettons en évidence le dégagement de vapeur d'eau.

Une feuille de Vigne, par exemple, adhérente à sa tige, est engagée dans un flacon A (fig. 463) dont le col est pourvu d'un bouchon préalablement coupé en deux et un peu excavé pour le passage du pétiole : on a disposé préalablement dans le flacon un petit vase v renfermant de la baryte anhydre pour l'absorption de la vapeur d'eau, vase préalablement taré.

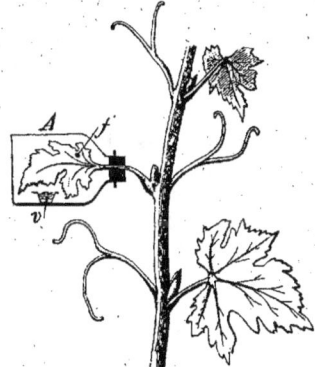

Fig. 463. — Transpiration de la feuille f renfermée dans le flacon A, avec une petite capsule v contenant du chlorure de calcium ou de la baryte anhydre.

Le tout est exposé à la lumière solaire pendant une heure ; la baryte a subi une augmentation de poids p au bout de ce temps. On abandonne l'appareil pendant une heure encore, mais à l'obscurité; la baryte subit une

470 LA FEUILLE.

nouvelle augmentation de poids p'. L'augmentation p est de beaucoup supérieure à p' ($p = 150\ p'$, par exemple); p aurait été seulement égal à 2 ou 3 fois p', si l'expérience avait été faite avec une feuille incolore comme en présentent les *Aspidistra* et certaines plantes à feuilles panachées[1].

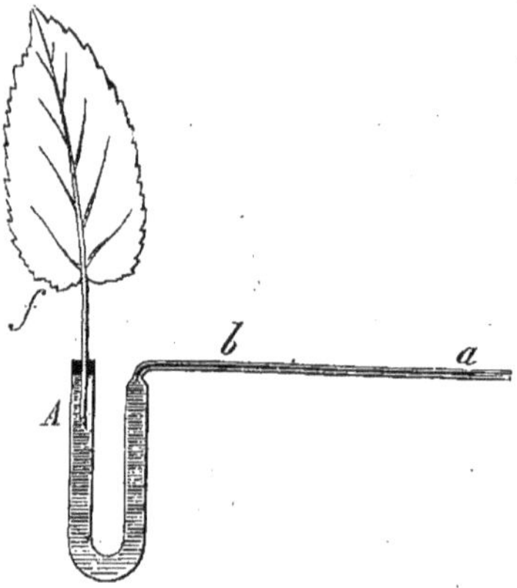

L'expérience montre donc que :

1° *Les feuilles dégagent de la vapeur d'eau dans l'air;*

2° *Les feuilles vertes dégagent, à la lumière, beaucoup plus de vapeur d'eau qu'à l'obscurité.*

Transpiration. — La *transpiration proprement dite* est l'émission de vapeur d'eau par la feuille (comme aussi par toute partie aérienne de la plante). *Elle est d'autant plus grande que l'épiderme est plus perméable, les stomates plus nombreux;* elle croît avec la température, la sécheresse et l'agitation de l'air extérieur; elle est deux à trois fois plus grande à la lumière qu'à l'obscurité. (La transpiration ne peut donc être rigoureusement comparée au phénomène physique de l'*évaporation* que n'influence pas la lumière.)

Fig. 464. — Mesure de la transpiration d'une feuille par la quantité d'eau qu'elle absorbe dans le tube en U; a, niveau du liquide qui se déplace vers b.

Chlorovaporisation. — Une feuille de Blé, qui émet 1 milligramme de vapeur à l'obscurité, en rejette 168 milligrammes au soleil. Or la lumière solaire ne faisant que doubler ou tripler la transpiration, la feuille de Blé eût dû rejeter au plus, dans le deuxième cas, 3 milligrammes de vapeur d'eau; les 165 milligrammes en excès ont été dégagés pour une autre raison. Or l'expérience a montré que *des feuilles de Blé*, installées d'une manière identique et exposées dans les diverses régions du spectre solaire, *ont dégagé le plus de vapeur d'eau aux points correspondant aux bandes d'absorp-*

---

[1]. Dans les cours, on montre ainsi la perte d'eau éprouvée par les feuilles : le pétiole d'une feuille f (fig. 464) est engagé dans un bouchon qui ferme hermétiquement la branche A d'un tube en U plein d'eau; l'autre branche se prolonge par un tube horizontal fin et gradué également rempli de liquide en continuité avec celui du tube en U. Que l'appareil soit exposé à l'obscurité ou à la lumière, le niveau du liquide se retire de a vers b; car la feuille absorbe par le pétiole une certaine quantité d'eau *destinée à compenser* celle qu'elle a perdue; mais le niveau a se déplace beaucoup plus rapidement vers b, *pendant l'unité de temps*, quand la feuille est exposée à la lumière solaire que lorsqu'elle est soumise à l'obscurité. C'est l'expérience de Hales et Sachs.

tion de la chlorophylle (voir page 336 et fig. 314). Donc l'excès de vapeur d'eau dégagée est dû à ce que la chlorophylle emmagasine dans la feuille verte des radiations dont l'énergie est en partie utilisée à l'évaporation de l'eau apportée par la sève ascendante. Ce phénomène, distinct de la transpiration, se nomme *chlorovaporisation;* il ne se produit pas chez la feuille verte anesthésiée par la vapeur d'éther ou de chloroforme, qui n'apporte au contraire aucun changement à la transpiration.

Modes de dégagement de la vapeur d'eau. Rôle des stomates. — Une feuille de papier, sensibilisée au chlorure double de palladium et de fer au minimum, puis exposée à la vapeur d'eau, noircit quand on la plonge ensuite dans une dissolution de perchlorure de fer. Or, si une feuille lisse d'un végétal est appliquée contre un tel papier sensible traité ensuite par Fe^2Cl^6, on voit que le papier réactif se couvre d'une foule de petits points noirs correspondant aux stomates. La vapeur d'eau se dégage donc par les stomates des feuilles.

Toutefois, la perte de vapeur d'eau n'est pas en rapport uniquement avec le nombre des stomates, mais avec l'étendue des surfaces que présentent les lacunes dans le parenchyme de la feuille et avec la perméabilité de l'épiderme. Comme le parenchyme lacuneux est voisin de la face dorsale, elle-même pourvue d'un plus grand nombre de stomates que la face ventrale, *la transpiration et la chlorovaporisation de la feuille sont plus actives du côté dorsal que du côté ventral:*

Garreau l'a montré en appliquant, de part et d'autre d'une feuille fixée à la plante mère, deux cloches opposées par leurs bords et contenant de petites capsules avec du chlorure de calcium; la capsule de la cloche appliquée du côté dorsal a plus augmenté de poids que l'autre. Le rapport des pertes pour le Lilas, l'Oranger, la Vigne, etc., a été trouvé de :

	Soleil	Ombre
Face dorsale	1	1
— ventrale	0.23	0.42

Rôle des stomates aquifères. — Si la feuille est plongée dans de l'air presque saturé d'humidité, le dégagement de vapeur d'eau ne peut s'y produire. Les cellules, portées au maximum de turgescence, rejettent par les stomates aquifères, *sous la forme liquide,* une partie de l'eau en excès (page 359); c'est pour cette raison qu'au printemps, à l'aurore, on voit perler une goutte d'eau à l'extrémité des feuilles des Graminées (Blé, Avoine, etc.) où se trouve un stomate aquifère. Nombre d'autres feuilles pourvues de ces stomates, portent aussi le matin des gouttelettes d'eau qu'il ne faut pas confondre avec la rosée.

Importance de la perte de vapeur d'eau par les feuilles. — On a pu évaluer approximativement les quantités de vapeur d'eau dégagées par certaines plantes; elles atteignent pendant la durée d'une période végétative (depuis l'éclosion des bourgeons jusqu'à la chute des feuilles) les nombres suivants *exprimés en fonction du poids de la plante:* Houx 30, Sapin 52, Mélèze 177, Chêne 226, Sycomore 455.

Les arbres à feuilles caduques (Sycomore) perdent donc en six mois beaucoup plus de vapeur d'eau que les arbres à feuilles persistantes (Houx, Sapin) en un an.

Parmi les plantes herbacées, la perte de vapeur d'eau est plus considérable chez les espèces à feuilles minces (Haricot) que chez les espèces charnues (*Sedum, Crassula*).

Les exemples suivants montrent l'importance du dégagement de vapeur d'eau chez certaines plantes; ils rendent compréhensible l'effet désastreux d'une longue période de sécheresse comme celle de 1893 :

Un plant d'Avoine a perdu, en 90 jours :	2^{k}278 d'eau
Un hectare, semé en Avoine, perd ainsi par jour :	25 000 k. —
Un hectare, planté en Maïs, perd par jour :	36 000 k. —
Un Chêne, portant 700 000 feuilles, perd en 5 mois :	111 225 k. —

Ces dégagements énormes sont compensés par une absorption de même ordre effectuée par les racines dans le sol : de là la nécessité des pluies, des arrosages, quand l'eau de pluie vient à manquer.

II. Respiration et Assimilation chlorophyllienne. — Ces deux phénomènes ont trait aux échanges d'oxygène et de gaz carbonique entre la feuille et le milieu extérieur, *quel qu'il soit*. Tandis que la transpiration et la chlorovaporisation ne se produisent pas chez les feuilles submergées, ces dernières échangent les gaz O et CO^2 avec l'eau dans laquelle elles sont plongées. L'étude qui va suivre s'applique de préférence aux feuilles aériennes dont la respiration et l'assimilation sont très actives.

La respiration des feuilles s'accomplit nuit et jour, quels que soient leur état et leur couleur; l'assimilation chlorophyllienne a lieu chez *les feuilles vertes seulement et sous l'influence de la lumière*, ainsi qu'il a été dit à propos de la tige (page 443).

Quelques expériences nous permettront de mettre en évidence ces deux phénomènes.

Respiration. — Introduisons des feuilles dans l'éprouvette (fig. 401, I) qui nous a déjà servi à montrer la respiration des racines et des tiges, et abandonnons le tout à l'obscurité; au bout de quelques heures, l'air confiné dans l'éprouvette renfermera une forte proportion de gaz carbonique décelé par l'eau de baryte ou de chaux. D'où :

Les feuilles dégagent du gaz carbonique dans l'air. Comment se comportent-elles vis-à-vis de l'oxygène ? Pour le savoir, on expose des feuilles vertes à l'obscurité, pendant 1, 2 ou 3 heures, dans l'appareil II (fig. 401), appareil dont l'emploi a été décrit page 411. Une première analyse de l'air confiné a été faite au début de l'expérience; au bout d'une heure on fait une prise de gaz qu'on analyse ; de même après deux heures, puis après trois heures. Ayant dosé, dans ces trois cas, l'oxygène et l'acide carbonique, on reconnaîtra que la proportion d'oxygène diminue à mesure que se prolonge l'expérience, et que celle du gaz carbonique augmente.

Les feuilles vertes, à l'obscurité, absorbent de l'oxygène et dégagent du gaz carbonique.

Les résultats des analyses successives permettent, en outre, de déterminer le rapport $\frac{CO^2}{O}$ du volume de gaz carbonique dégagé au volume d'oxygène absorbé.

On peut répéter la même expérience *à la lumière*, soit avec des feuilles incolores (variété panachée d'une plante normalement verte), soit avec des feuilles vertes en prenant soin, dans ce dernier cas, d'introduire dans le flacon une petite éponge imbibée d'éther ou de chloroforme : *les feuilles vertes n'assimilent pas* alors, tandis que *leur respiration n'est pas troublée.* (Claude Bernard.)

Circonstances qui influent sur l'intensité des échanges gazeux respiratoires.

Valeur du rapport $\frac{CO^2}{O}$. — Les échanges gazeux dus à la respiration des Végétaux augmentent avec la température ; ils diminuent à mesure que la plante est plus âgée et à mesure qu'elle est plus charnue.

Le rapport $\frac{CO^2}{O}$ est voisin de l'unité et < 1 pour les plantes adultes à feuilles minces ; chez les plantes grasses il est plus petit que 1 et d'autant moindre que ces végétaux sont plus charnus (voir la figure 465 et sa légende).

Ce rapport, indépendant de la température, de la pression et de l'éclairement pour les mêmes feuilles prises à un état déterminé, est variable avec les divers états de leur développement.

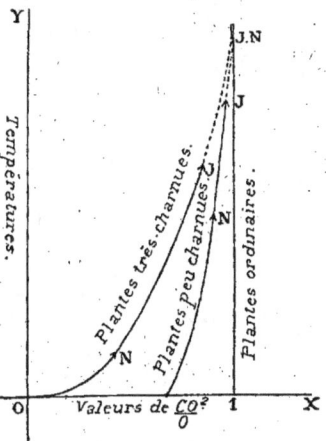

Fig. 465. — Courbes des variations du rapport $\frac{CO^2}{O}$: OX, axe des valeurs de $\frac{CO^2}{O}$; OY, axe des températures. La courbe des plantes ordinaires est une droite, car $\frac{CO^2}{O}$ est constant avec la température et voisine de l'unité ; la courbe des plantes peu charnues tend vers l'unité avec l'élévation de la température ; les valeurs J (obtenues pendant le jour) sont toujours plus voisines de 1 que les valeurs N (obtenues pendant la nuit) ; la courbe des plantes très charnues indique que $\frac{CO^2}{O}$ est quelquefois voisin de zéro pendant la nuit et se rapproche de l'unité avec l'élévation de la température ; J est le plus souvent très différent de N pour ces plantes. J > N.

Assimilation chlorophyllienne. — On introduit une grande feuille verte *f* sous une éprouvette *E* (fig. 466) pleine d'eau légèrement acidulée par l'acide carbonique (en l'additionnant d'un peu d'eau de Seltz) ; cette éprouvette repose dans un cristallisoir qui contient également de l'eau ; le tout est exposé aux rayons solaires. Au bout de peu de temps, on voit apparaître sur la feuille une foule de petites bulles gazeuses qui grossissent et se dégagent au sommet de l'éprouvette. Si, après plusieurs heures, on recueille le gaz dégagé, on lui reconnaît les propriétés de l'oxygène ; quant à l'acidité de l'eau, elle a disparu.

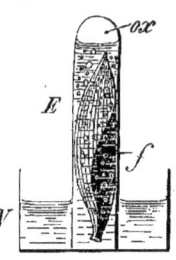

Fig. 466. — Assimilation chlorophyllienne. La feuille f, plongée dans une éprouvette pleine d'eau légèrement acidulée par l'acide carbonique, puis exposée à la lumière, dégage de l'oxygène ox et absorbe CO^2 dissous dans l'eau.

Des feuilles incolores ou des feuilles vertes anesthésiées n'eussent permis aucune constatation de ce genre.

On peut faire plus exactement cette expérience avec l'appareil II de la figure 401 ; on mélange préalablement à l'air du flacon une petite quantité de gaz carbonique (par exemple, en y laissant séjourner pendant une ou deux heures des feuilles vertes à l'obscurité) et on fait l'analyse de ce gaz. Puis on expose l'appareil à la lumière diffuse ou à la lumière solaire directe ; des analyses de gaz, faites à plusieurs reprises, montrent que la proportion de gaz carbonique diminue, tandis que celle d'oxygène augmente.

Ainsi *les feuilles* **vertes**, *à la lumière seulement*, *absorbent du gaz carbonique dans l'air, le décomposent et dégagent de l'oxygène.*

Quel rôle joue la chlorophylle dans ce phénomène? Exposons à cet effet, dans les diverses régions d'un spectre solaire bien étalé, une série d'éprouvettes étroites et longues, remplies toutes de la même eau légèrement acidulée par CO^2 et contenant chacune une feuille de Bambou. *Nous verrons*, au bout de quelque temps, *l'oxygène se dégager* **uniquement** *dans les régions correspondant aux bandes d'absorption de la chlorophylle* (fig. 314) ; c'est en B,C (rouge) que le dégagement d'oxygène est le plus considérable ; dans le vert, en E,F, ce dégagement est nul ; dans la région bleue et violette, il est faible.

La décomposition du gaz carbonique déterminée par la chlorophylle et le dégagement d'oxygène sont ainsi démontrés ; la puissance de cette décomposition est proportionnelle à la quantité d'énergie calorifique (rouge) et chimique (violet) absorbée par le protoplasme vert.

E. Becquerel a montré que la *chlorophylle dissoute*, indépendante de tout protoplasme, *se charge d'énergie qu'elle communique aux corps placés à son contact* : Du collodion au chlorure d'argent est teint dans l'obscurité avec une solution de chlorophylle conservée aussi à l'abri de la lumière ; on l'étale sur une plaque de verre qu'on expose ensuite aux rayons du spectre solaire. Après un temps d'exposition suffisant, la plaque impressionnée, développée par les procédés ordinaires, présente le spectre de la chlorophylle.

Résultante de l'assimilation chlorophyllienne et de la respiration. Séparation de ces deux phénomènes.
— Toute feuille verte exposée à la lumière est donc le siège de deux phénomènes inverses et simultanés :

La respiration (O absorbé, CO^2 dégagé) ;
L'assimilation (CO^2 absorbé, O dégagé).

Les variations de composition que font éprouver à un gaz confiné les feuilles vertes exposées à la lumière ne sont que la résultante des deux actions superposées.

Au début du jour, l'intensité de la lumière est faible, la respiration l'emporte sur l'assimilation : la résultante est (comme pendant la nuit mais avec atténuation), une absorption d'oxygène et un dégagement de CO^2. — L'intensité lumineuse augmente, l'assimilation contrebalance la respiration : les échanges gazeux sont à peine sensibles ; ils deviennent plus prononcés, mais de sens inverse quand la lumière est vive : absorption de CO^2, dégagement d'oxygène. — Au déclin du jour, la résultante sera la même qu'au début ; puis la respiration se produira seule quand la nuit sera complète.

Toutefois, si la lumière du jour devient assez intense pour provoquer l'altération de la chlorophylle, l'assimilation diminue. Les feuilles très riches en chlorophylle (*Elodea canadensis*, *Ceratophyllum*, Fougères, Mousses) assimilent très énergiquement à une faible lumière diffuse.

La séparation des deux phénomènes peut être réalisée, quand on connaît leur résultante et les échanges gazeux dus à la respiration. On en tire le rapport $\frac{O}{C}$ du volume d'oxygène dégagé au volume de CO^2 absorbé.

Circonstances qui influent sur l'intensité de l'assimilation. Valeur du rapport $\frac{O}{C}$. — L'intensité de l'assimilation croît avec la température dans des conditions d'éclairement identiques ; elle diminue à mesure que la plante avance en âge, et à mesure que sa carnosité augmente.

Le rapport $\frac{O}{C} > 1$, est voisin de l'unité pour les plantes adultes à feuilles minces et s'en éloigne d'autant plus, pour les feuilles grasses, que celles-ci sont plus charnues, toutes conditions égales d'ailleurs.

Accroissement des végétaux chlorophylliens.
— Bornons-nous à discuter les résultats qui précèdent en ce qui concerne les végétaux ordinaires pour en tirer les conclusions relatives à leur développement.

Le rapport $\frac{CO^2}{O}$ plus petit que 1, mais voisin de l'unité, indique que la plante perd du carbone et gagne un peu d'oxygène pendant la nuit, au début et au déclin du jour (Respiration).

Le rapport $\frac{O}{C} > 1$ indique que, pendant le jour, la plante perd un peu d'oxygène et gagne du carbone (Assimilation).

Si les échanges dus à l'assimilation compensaient les échanges respiratoires pendant le même temps, la plante ne subirait pas de variation de poids; mais la première heure d'exposition de la plante à la lumière du jour suffit à réparer la perte de carbone éprouvée pendant la nuit. Tout le reste du jour, la plante s'enrichit en carbone.

En évaluant le poids de la récolte faite dans les prairies pendant une période de végétation, on a pu calculer approximativement la quantité de carbone fixée par les Graminées : elle varie de 1 500 à 4 500 kilogrammes par hectare.

* *Mécanisme des échanges gazeux.* — L'expérience montre que *les échanges gazeux entre l'air extérieur et la feuille s'accomplissent non seulement par les stomates, mais par toute la surface de la feuille.* La perméabilité de l'épiderme intervient dans ce phénomène, puisque les échanges sont beaucoup plus petits pour les feuilles recouvertes d'une cuticule épidermique épaisse que pour celles dont la cuticule est mince. Les feuilles submergées, dépourvues de stomates, cèdent de l'oxygène et prennent du gaz carbonique à l'eau qui les baigne, et inversement.

Toutefois *les stomates facilitent beaucoup ces migrations gazeuses.*

Les échanges gazeux entre la cellule végétale et l'atmosphère des lacunes foliaires d'une part, entre cette atmosphère interne et l'air extérieur d'autre part, sont conformes aux lois physiques de la diffusion entre deux milieux différents, séparés ou non par une membrane.

Quand la proportion de gaz carbonique dissous dans la cellule est supérieure à celle qui correspond à la force élastique de ce gaz dans les lacunes, l'excès de CO^2 dissous se dégage dans l'atmosphère interne (diffusion à travers la membrane de la cellule); une partie du gaz CO^2 de l'atmosphère interne diffuse à son tour par les stomates dans l'air extérieur où sa force élastique est moindre (diffusion sans interposition de membrane). Des échanges inverses se produisent pour l'oxygène en même temps

Tel est le mode suivant lequel se produisent les échanges gazeux.

Fonctions secondaires de la Feuille.

Ces fonctions ont été énumérées lors de l'étude des modifications morphologiques éprouvées par les feuilles (page 458).

Caractères de la Feuille.

La feuille, portée par la tige, a une symétrie bilatérale, c'est-à-dire qu'elle est symétrique par rapport à un plan (qui contient l'axe de la tige). Les faisceaux libéroligneux que renferment ses nervures sont orientés : le bois du côté de la face ventrale, le liber du côté dorsal.

La feuille a une origine exogène; elle provient, en effet, chez les Phanérogames, du cloisonnement de 2 cellules initiales ou de 2 groupes d'initiales, dont l'une au moins est épidermique; chez les Cryptogames vasculaires et les Mousses, elle procède d'une seule initiale exodermique.

CHAPITRE IV

DE LA NUTRITION CHEZ LES VÉGÉTAUX

Tout être vivant détruit peu à peu ses organes et doit les réparer à l'aide d'éléments empruntés au milieu extérieur (page 2 et suivantes). Les végétaux puisent effectivement dans le sol, dans l'air ou l'eau, les matériaux qui leur sont utiles, quelle que soit la différenciation de leur corps végétatif. Chez les Végétaux supérieurs, la racine, la tige et les feuilles sont les organes de la nutrition ; chacun de ces organes a, dans l'alimentation, ses attributions bien définies que nous avons précédemment indiquées.

Quelles sont la *composition* et l'*origine des matières absorbées*? Quelles *transformations* subiront ces substances, une fois introduites dans la plante, *pour en devenir partie intégrante, vivante*? Comment seront-elles tôt ou tard *désagrégées* et de quelle manière la plante rejettera-t-elle les *déchets* qui en proviendront? Telles sont les questions qu'il nous faut successivement envisager.

§ 1. — COMPOSITION ET ORIGINE DES MATIÈRES ABSORBÉES

Le végétal emprunte au milieu extérieur des aliments dont la composition élémentaire est identique à la sienne.

La recherche des corps simples nécessaires à une plante pour assurer son entier développement se fait par deux méthodes :

Fig. 467. — Plant de Maïs développé dans une solution nutritive convenable renfermant, pour 1 litre d'eau : azotate de calcium, 1 gr. ; chlorure de potassium, 0 gr. 25 ; sulfate de magnésium, 0 gr. 25 ; phosphate acide de potassium, 0 gr. 25.

1° La *méthode analytique* qui consiste à déterminer par l'analyse chimique les éléments composant le végétal ;

2° La *méthode synthétique* par laquelle on prépare des solutions nutritives, variées par les substances qu'elles renferment et par la proportion de ces substances; dans chacune de ces solutions, on cultive des plantes de même espèce et on compare leurs développements respectifs (fig. 467 et 468). La solution qui a permis à la

FIG. 468. — Cultures comparées de Haricots semés dans un sol à peu près stérile, imbibé d'eau pure en 1, additionné en 2 d'une solution nutritive convenable.

plante d'accomplir son *évolution totale* (partant d'une graine pour donner une plante, avec une récolte abondante de graines) donne en même temps la série cherchée des corps simples nécessaires à cette plante.

L'analyse immédiate a révélé, chez les Végétaux, la présence des produits organiques suivants :

1° Matières ternaires : { Alcools, sucres, hydrates de carbone divers. Graisses, certains acides végétaux.
2° Matières hydrocarburées : Résines, Essences, etc.
3° Matières albuminoïdes.
A ces produits, il convient d'ajouter de l'eau et des sels minéraux.

L'analyse élémentaire indique que 12 corps simples suffisent au développement d'une plante :

Le **carbone** (indispensable à la formation de *tous* les principes organiques), l'**hydrogène**, l'**oxygène**, l'**azote**, le **soufre** et le **phosphore** composent la substance protoplasmique et sont **essentiels** à toutes les plantes ; le *silicium*, le *chlore*, le *potassium*, le *calcium*, le *fer* et le *manganèse* sont **utiles**.

D'autres éléments se rencontrent chez certains Végétaux, notamment le sodium, le brome et l'iode chez les Algues marines et les plantes du littoral; toutefois ils ne leur sont pas indispensables.

Alors même que la plante trouvera tous ces corps simples dans le milieu extérieur, elle ne pourra se les incorporer, se les assimiler, s'ils

Tableau XLIII.
De la nutrition chez les Végétaux.

La nutrition est en rapport avec les besoins de l'être vivant.

I. **Composition des matières absorbées.** — Elle est déterminée par :

L'*analyse chimique* du végétal ;
La *synthèse* (recherche de la solution nutritive la plus favorable au développement du végétal).

Résultats de l'*analyse*
- immédiate..
  - Matières ternaires (C, H, O) [Hydrates de carbone, Alcools, Graisses, Acides végétaux,...]
  - Matières albuminoïdes (C, H, O, Az).
  - Hydrocarbures (C, H) [Résines, huiles essentielles,...]
- élémentaire.
  - 12 corps simples utiles { C, H, O, Az, S, P, *essentiels*. Si, Cl, K, Ca, Fe, Mn, utiles.
  - Corps accessoires : Na, Br, I, Zn, Mg, Cu, etc...

Les 12 éléments utiles doivent être fournis aux végétaux sous une forme *absorbable* différente, suivant qu'ils possèdent ou non de la chlorophylle.

II. **Origine et destination des matières absorbées. Fonction chlorophyllienne. Assimilation.**

1° *Végétaux chlorophylliens.* — Origine de C (gaz carbonique de l'air et du sol, carbonates); H (eau); O (eau et air); Az (azotates et sels ammoniacaux); les autres corps puisés à l'état d'azotates, phosphates, sulfates, chlorures, etc.

Destination. La sève brute, puisée par les racines, *circule* à travers la tige jusqu'aux feuilles qui *absorbent aussi l'oxygène et* CO^2 dans l'air. Grâce à la *fonction chlorophyllienne*, à la *respiration* et à la *transpiration*, la sève brute devient *sève élaborée* distribuant au végétal ses principes *assimilables*.

Utilisation immédiate
Mise en réserve...... } des substances assimilables.

2° *Végétaux sans chlorophylle et végétaux chlorophylliens à nutrition propre incomplète.* Se nourrissent de matière organique qu'ils élaborent ensuite.

Plantes
- *saprophytes* : vivent sur des êtres morts ou dans des solutions avec matière organique. *Mucor Mucedo, Aspergillus niger*, etc.
- *parasites* : vivent aux dépens d'êtres vivants..
  - Orobanche, Cuscute,... sans chlorophylle.
  - Gui, Rhinanthe..., avec chlorophylle.

Symbiose. Association de 2 êtres vivants (*l'un au moins chlorophyllien*) qui se prêtent un mutuel secours dans la lutte pour l'existence : Lichens.

III. **Réserves nutritives.** Leur nature et leur emploi par l'action de *diastases* (voir p. 491).

IV. **Désassimilation....** Matières
- localisées.
  - Oxalate de calcium, Silice, Carbonate de calcium, etc...
  - Xanthine, Leucine, Tyrosine, etc. Résines.
- rejetées : CO^2, H^2O, huiles essentielles, etc.

V. **Sources de l'énergie.** — Vie aérobie et anaérobie. — Fermentations.

Sources de l'énergie : Oxydations, hydratations, dédoublements *exothermiques* des matières organiques.

La plante, comme tout être vivant, *a donc besoin d'oxygène.*

Vie
- *aérobie :* celle des êtres qui ne peuvent vivre sans oxygène libre (Air).
- *anaérobie* : celle des êtres qui vivent sans le secours d'oxygène libre; ils s'assimilent des substances étrangères qu'ils hydratent et dédoublent (source d'énergie).

La plupart des êtres vivants sont aérobies et anaérobies tout ensemble.

Ferments figurés
- aérobies
- anaérobies
} font subir aux milieux dans lesquels ils vivent des modifications spéciales à chacun d'eux (Fermentations).

Cultures microbiennes. Procédés de *stérilisation*.

ne lui sont offerts sous une **forme convenable**. *A ce point de vue, les Végétaux diffèrent profondément, suivant qu'ils* **renferment ou non de la chlorophylle.**

Grâce à l'énergie des radiations solaires qu'elle emmagasine (page 336), une plante *verte* peut décomposer le gaz carbonique puisé par elle dans l'air; une plante dépourvue de chlorophylle en sera incapable. Le gaz carbonique est un aliment pour les plantes à chlorophylle; il ne peut être utilisé par les autres (Champignons, Orobanche, etc.).

Nous devons donc étudier à part le mode d'alimentation concernant ces deux catégories de végétaux.

I. — ORIGINE DES MATIÈRES ABSORBÉES PAR LES VÉGÉTAUX CHLOROPHYLLIENS

Le *carbone* a pour origine le gaz carbonique puisé par les plantes dans l'air, dans les liquides du sol et même dans leurs tissus. Les végétaux acquièrent de l'*hydrogène* et de l'*oxygène* en absorbant de l'eau; l'oxygène provient aussi directement de l'air. L'*azote* est absorbé sous la forme d'azotates et de sels ammoniacaux.

Les huit autres corps simples indispensables sont fournis par le sol aux racines des plantes sous la forme de phosphates, silicates, sulfates, chlorures, carbonates, etc... Toutefois la méthode de culture, indiquée plus haut, consistant dans la nutrition d'une plante à l'aide d'une solution convenable, a montré que :

1° Les solutions minérales doivent être suffisamment étendues d'eau;

2° Certains sels sont nuisibles au développement des Végétaux, soit par leur acide, soit par leur base. L'azotate d'argent, les chlorures de mercure et de platine, etc., sont des poisons violents.

* *Carbone*. — Les plantes puisent cet élément par leur tige et leurs feuilles dans l'air, par leurs racines dans les liquides du sol ; elles l'empruntent à leurs propres tissus qui respirent (les plantes grasses, à la lumière, dégagent de l'oxygène dans l'air préalablement dépourvu de CO^2.)

L'eau et le gaz carbonique, sous l'influence des radiations que leur fournit la chlorophylle, réagissent l'un sur l'autre conformément à l'équation fondamentale suivante :

$$H^2O + CO^2 = CH^2O + O^2.$$
Aldéhyde méthylique.

Or de CH^2O, qu'on n'a encore pu isoler dans les Végétaux, dérivent : le *glucose* $(CH^2O)^6$, l'*amidon* $(C^6H^{10}O^5)^n$, l'*alcool méthylique* CH^4O, l'*acide formique* CH^2O^2 (ces deux dernières substances prenant naissance : la première par fixation de H^2, la seconde par fixation de O sur CH^2O). Tous ces principes se trouvent dans les Végétaux; le glucose et l'amidon apparaissent dès que les feuilles reçoivent de la lumière.

Hydrogène et oxygène. — Les plantes acquièrent l'hydrogène en même temps que l'oxygène, en absorbant de l'eau. Ce dernier gaz est, en outre, absorbé directement dans l'air et emprunté aux azotates du sol. La plupart des composés organiques contiennent ces deux éléments.

Azote. — L'azote est emprunté par les végétaux : au sol, sous la forme d'*azotates* principalement; au sol et à l'air, à l'état de *sels ammoniacaux*; à l'air, sous la forme d'*azote libre*, sous l'effet continu de l'électricité atmosphérique à faible tension.

Fixation de l'azote dans le sol. — La majeure partie de l'azote contenu dans le sol à l'état d'azotates, a pour origine l'oxydation de la matière organique ou des sels ammoniacaux apportés par les eaux de pluie. La transformation de l'azote organique ou ammoniacal en *nitrates* s'appelle *nitrification*; elle exige, outre l'oxygène, une *légère* alcalinité du milieu, l'humidité du sol, une température comprise entre 5 et 50° ($t = 37°$) et le *concours de microbes*.

Cette dernière condition est indispensable, car la terre ne nitrifie pas quand elle a été *stérilisée* à 100° (voir page 496), ou en présence de l'air chargé de vapeur de chloroforme qui anesthésie les microbes.

La nitrification des composés humiques comprend divers stades dus à l'action de *microbes distincts* :

1° Nous connaissons l'action du *Micrococcus ureæ* (p. 168) transformant par hydratation l'urée [$CO(AzH^2)^2$] en carbonate d'ammonium [$CO^2(AzH^4)^2$]. L'azote organique est devenu ammoniacal. — 2° L'azote ammoniacal est oxydé par l'intervention de corpuscules ovoïdes appelés *ferments nitreux*. — 3° Les azotites sont rapidement transformés en azotates par un bâtonnet anguleux, irrégulier, le *ferment nitrique*, qui ne peut oxyder l'ammoniaque.

L'acide *azotique engendré réagit sur les carbonates du sol qu'il amène à l'état d'azotates solubles et dialysables absorbés par les végétaux*.

L'azote atmosphérique est fixé directement par les Légumineuses. Depuis longtemps on sait que les Légumineuses enrichissent en azote le sol sur lequel elles croissent; Hellriegel, observant les nodosités des radicelles de ces plantes, y découvrit des colonies de

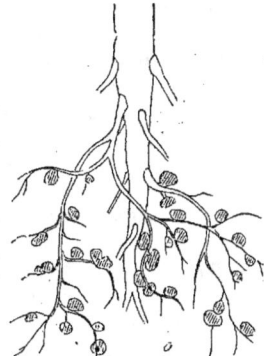

Fig. 469. — Racine de Haricot avec nodosités provoquées par le *Rhizobium Leguminosarum*.

Bactéries (*Rhizobium*). Par des cultures comparatives, Hellriegel et Wilfarth virent que toute graine de Légumineuse, *flambée* et mise dans un sol riche en matières nutritives autres que l'azote, *stérilisée* (dépourvu du *Rhizobium*), épuisait ses réserves par la germination, puis se fanait; au contraire, une graine identique donnait une plante superbe *lorsqu'on avait préalablement inoculé dans sa radicule une faible quantité de matière tirée de la nodosité d'une plante de même espèce*.

Une ample réserve de l'azote assimilé, originaire de l'atmosphère, est contenue dans ces nodosités.

Il semble aujourd'hui que la même Bactérie ne convienne à la production de nodosités que sur certaines espèces de Légumineuses.

D'après M. Gautier, les azotates solubles dans le protoplasme des cellules végétales se trouvent en présence de l'aldéhyde méthylique CH^2O et du glucose $C^6H^{12}O^6$ naissants, corps extrêmement réducteurs qui les transforment en acide cyanhydrique CAzH libre ou combiné. (Celui-ci se trouve chez de nombreux végétaux : feuilles et fleurs de Rosacées (Pêche, Cerisier, etc.), de Laurier-Rose, de Laurier-Cerise, etc.]

Le groupe CHAz serait le point de départ de l'organisation des matières albuminoïdes, grâce à des groupements de radicaux variés que nous ne pouvons examiner ici.

Matières minérales. — Leur absorption est régie par le principe énoncé page 413 : *la consommation règle l'absorption*. Cette consommation est variable avec les cellules qui composent les divers tissus; ainsi la potasse est retenue surtout par la racine, le protoplasme vert et les fruits, tandis que le bois en contient peu; les phosphates augmentent partout où la vie est très active; la silice est abondante dans l'épiderme des Carex, des Cypéracées, des Graminées, etc.

II. — DESTINATION DES MATIÈRES ABSORBÉES.
CIRCULATION ET ÉLABORATION DE LA SÈVE. — FONCTION CHLOROPHYLLIENNE. ASSIMILATION.

Les racines puisent des liquides nutritifs dans le sol, conformément aux lois de l'osmose; la tige et les feuilles échangent des gaz avec l'air extérieur et exhalent de la vapeur d'eau, en vertu des lois de la diffusion. Des racines aux feuilles, par l'intermédiaire de la tige, sont établis des canaux, les *vaisseaux du bois*, dans lesquels se rendent et peuvent *circuler* les liquides absorbés par les racines et formant la *sève brute*. Deux causes déterminent alors l'*ascension* de la sève brute de la racine vers les feuilles :

1° La *poussée des racines*, c'est-à-dire l'impulsion que transmet le liquide absorbé par les poils radiculaires à celui qui est déjà engagé dans les vaisseaux,

2° L'*aspiration* exercée par la transpiration et la chlorovaporisation qui s'accomplissent dans les feuilles.

La poussée des racines peut atteindre et dépasser une pression d'une atmosphère, c'est-à-dire provoquer l'ascension de l'eau au delà de 10 mètres, comme le montre l'expérience :

Après le coucher du soleil, vers le mois de juin de préférence, on coupe près du niveau du sol la tige d'une Vigne, et l'on adapte un tube de verre (fig. 470) au tronçon adhérent à la racine intacte. Ce tube est droit, I', si l'on veut simplement y constater l'accès du liquide, ou fermé en haut et pourvu d'un manomètre, I, si l'on désire mesurer une pression. On voit alors s'accumuler dans le tube le liquide qui, dans le dernier cas, presse sur le mercure avec une intensité que l'on peut évaluer.

L'aspiration de la sève est démontrée par l'expérience suivante : la tige feuillée de Vigne, détachée plus haut, est fixée au sommet d'un tube droit *A B* plein d'eau (fig. 470, II) et reposant sur le mercure en *C*; au bout de peu de temps, l'eau est absorbée et le mercure s'élève dans le tube en *D*.

Les gaz directement absorbés par les feuilles s'y trouvent donc en présence de la *sève brute* ou ascendante. La transpiration et l'activité du protoplasme (augmentée de l'énergie des radiations recueillies par la chlorophylle) interviennent pour modifier la composition de la sève brute qui devient la *sève élaborée* essentiellement nutritive, distribuée ultérieurement dans toutes les parties du végétal (voir page 484).

La sève brute comprend une forte proportion d'eau et des sels (azotates, phosphates, sulfates, chlorures, carbonates, etc.) Par la transpiration, une certaine quantité d'eau s'échappe au dehors (nuit et jour) ; mais la *fonction chlorophyllienne* a pour résultats une *concentration plus active* et une *transformation* profonde de la sève.

Parmi les radiations diverses qu'émet tout corps incandescent (soleil, lumière électrique, flammes du gaz d'éclairage et de la bougie, etc...), la chlorophylle arrête des radiations calorifiques

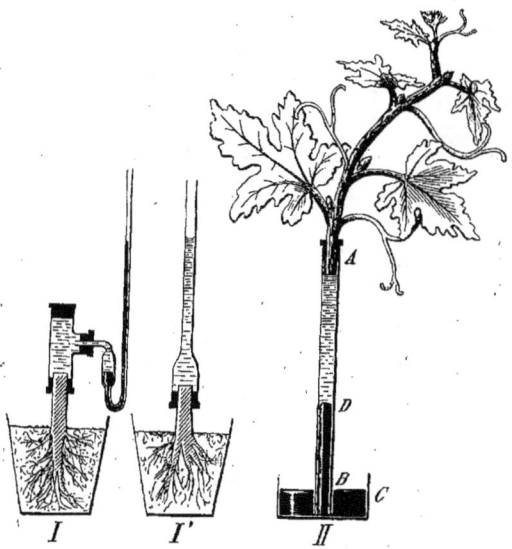

Fig. 470. — La sève brute s'élève de la racine aux feuilles : 1° par la poussée des racines I,I' ; 2° par l'aspiration des feuilles, II. — I, pied de Vigne coupé, le soir, près du sol et pourvu d'un manchon de verre plein d'eau avec un manomètre à air libre contenant du mercure ; la sève brute, écoulée par la section, s'ajoute à l'eau du manchon et repousse le mercure. — I', un pied identique est pourvu d'un tube de verre dans lequel la sève monte. — II, la partie supérieure du pied de Vigne coupé est fixée au sommet du tube AB plein d'eau et reposant sur le mercure en C. Les feuilles transpirent, provoquent l'aspiration de l'eau et, par suite, l'ascension du mercure en BD.

(principalement) et des radiations chimiques qui déterminent la *chlorovaporisation* et l'*assimilation du carbone*.

Ces fonctions ont été suffisamment étudiées au sujet de la physiologie de la feuille (page 472 et suivantes) pour que nous nous dispensions d'y revenir ici.

Synthèse des matières organiques dans les plantes. — Il importe d'examiner toutefois les réactions internes qui font suite à l'exhalation de la vapeur d'eau et à la fixation du carbone. Ces réactions ne sont qu'imparfaitement connues jusqu'ici ; les physiologistes ne peuvent songer à établir dès maintenant tous les anneaux de la chaîne complexe qui a pour origines l'acide carbonique et l'oxygène (puisés dans l'air) et les sels (fournis par le sol), chaîne qui comprend les

484 DE LA NUTRITION CHEZ LES VÉGÉTAUX.

substances variées du protoplasme et se termine par l'oxygène et le gaz carbonique rendus à l'air) et par certains principes fixes formant la charpente du végétal.

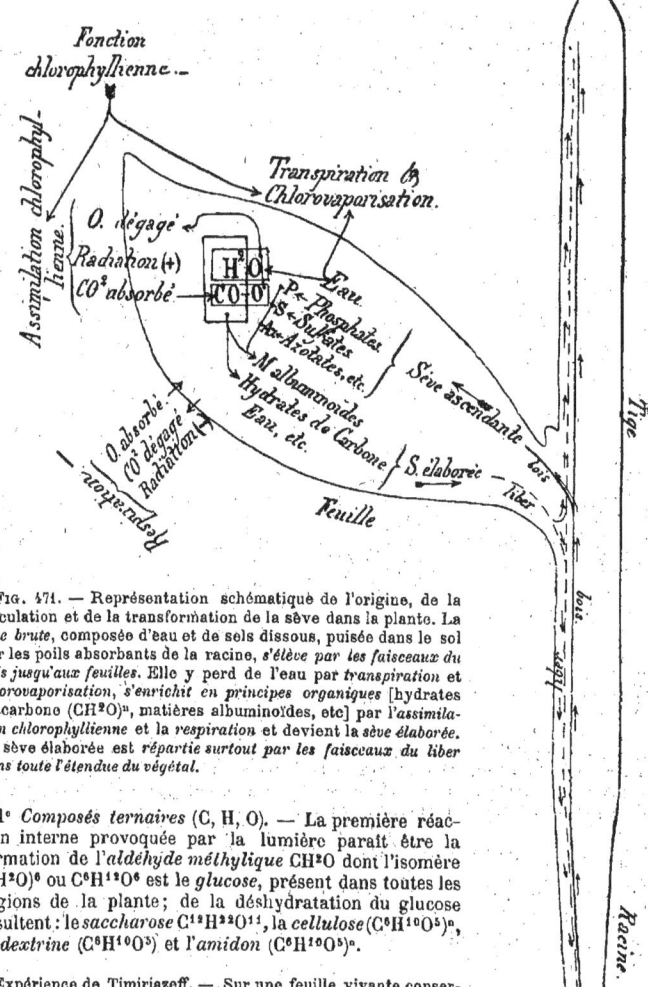

Fig. 471. — Représentation schématique de l'origine, de la circulation et de la transformation de la sève dans la plante. La *sève brute*, composée d'eau et de sels dissous, puisée dans le sol par les poils absorbants de la racine, *s'élève par les faisceaux du bois jusqu'aux feuilles*. Elle y perd de l'eau par *transpiration* et *chlorovaporisation*, *s'enrichit en principes organiques* [hydrates de carbone $(CH^2O)^n$, matières albuminoïdes, etc] par l'*assimilation chlorophyllienne* et la *respiration* et devient la *sève élaborée*. La sève élaborée est *répartie surtout par les faisceaux du liber dans toute l'étendue du végétal*.

1° *Composés ternaires* (C, H, O). — La première réaction interne provoquée par la lumière paraît être la formation de l'*aldéhyde méthylique* CH^2O dont l'isomère $(CH^2O)^6$ ou $C^6H^{12}O^6$ est le *glucose*, présent dans toutes les régions de la plante; de la déshydratation du glucose résultent : le *saccharose* $C^{12}H^{22}O^{11}$, la *cellulose* $(C^6H^{10}O^5)^n$, la *dextrine* $(C^6H^{10}O^5)$ et l'*amidon* $(C^6H^{10}O^5)^n$.

Expérience de Timiriazeff. — Sur une feuille vivante conservée à l'obscurité pendant plusieurs heures, on fait tomber un spectre lumineux : dans les points correspondant aux bandes d'absorption de la chlorophylle, les cellules se chargent d'amidon qu'on révèle en traitant la feuille impressionnée par l'alcool qui dissout la chlorophylle, puis par la teinture d'iode qui colore l'amidon en bleu. Le spectre d'absorption de la chlorophylle est tout imprimé en amidon bleu!

Or le nombre des glucoses découverts par les chimistes dans les végétaux s'accroît chaque jour, ainsi que le nombre de leurs dérivés mis en *réserve* dans les racines (saccharose de la Betterave), dans la tige (canne à sucre), dans la paroi cellulosique (cellulose de la Levure de bière), etc. La synthèse chimique a prouvé que ces composés sont tous des produits de polymérisation de l'aldéhyde formique CH^2O à des degrés divers.

Ici déjà commence la complication des réactions internes qui aboutissent à la formation des dextrines, des amidons, des gommes, des *mannites*, des *acides végétaux*, des *glucosides*, des *phénols*, des *tanins*, etc.

La déshydratation, la réduction par l'hydrogène naissant, la fixation de radicaux organiques variés sur des principes déjà formés sont les moyens par lesquels le végétal prépare ses *réserves de corps gras* et *édifie ses tissus*. Celluloses, principes pectiques, mucilages diversement polymérisés forment, en effet, les membranes des cellules, la cutine de l'épiderme et du liège, la substance ligneuse des vaisseaux.

2° *Composés azotés.* — L'absorption des azotates, des sulfates et des phosphates, puis leur réduction par l'aldéhyde méthylique et le glucose naissants, déterminent au sein de la cellule l'apparition de l'*acide cyanhydrique* CAzH et de principes plus complexes contenant du soufre et du phosphore. L'obscurité est presque complète sur la synthèse des corps azotés qui composent le protoplasma (V. p. 158).

La fonction chlorophyllienne est de la plus haute importance pour le végétal vert qui, issu d'une faible masse de protoplasme primordial (spore, œuf ou graine) et puisant *exclusivement* des substances minérales dans l'air et le sol, fabrique à leurs dépens des composés organiques variés, de la *substance vivante*. L'accroissement des végétaux verts est ainsi assuré.

Mais *cette fonction ne s'accomplit qu'à la lumière ; à l'obscurité, la plante verte vit aux dépens des réserves qu'elle a accumulées pendant le jour; elle se comporte, vis-à-vis de sa propre substance, comme le font les plantes sans chlorophylle à l'égard des matières organiques qu'elles puisent dans le milieu extérieur, ou comme les végétaux chlorophylliens dépourvus d'organes d'absorption suffisamment développés.*

Plantes saprophytes et parasites dépourvus ou non de chlorophylle. — Les plantes dépourvues de chlorophylle ne peuvent fabriquer de toutes pièces, *tout au moins en notable quantité*[1], de la matière organique à l'aide de substances minérales seules; elles empruntent au milieu extérieur de la matière organique qu'elles s'assimilent et transforment en leurs principes constitutifs.

On appelle *saprophytes* les plantes qui vivent de la matière organique fournie par la décomposition des animaux et des végétaux morts; tels sont les nombreux Champignons qui poussent dans le terreau, sur le fumier (*Agaric*, fig. 357) les moisissures développées sur le bois pourri (*Mucor Mucedo*, fig. 355), sur le cuir (*Pénicillium glaucum*), dans les infusions (Levure de bière[2], fig. 354; *Aspergillus niger*).

1. Cette restriction est nécessaire : M. Winogradsky a découvert en 1890 un ferment nitrificateur qui, placé à *l'obscurité* dans une solution nutritive *totalement privée de matière organique*, a néanmoins augmenté de poids en accomplissant la synthèse de sa propre substance.

2. La Levure de bière se développe à merveille dans de l'eau contenant pour 100 grammes d'eau : 10 grammes de sucre, des traces d'azotate et de carbonate de potassium, de phosphate d'ammonium, de carbonate de magnésium, etc.

Certaines Orchidées (*Neottia*) sont aussi saprophytes.
On appelle *parasites* les végétaux qui se développent sur des êtres vivants et à

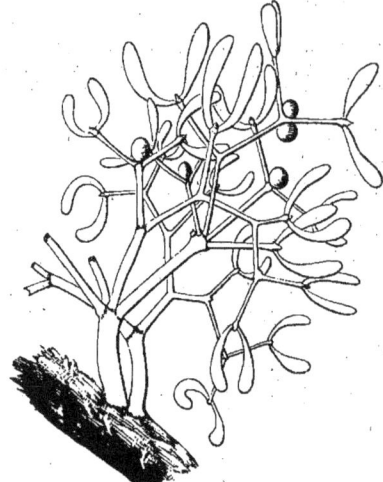

Fig. 473. — Gui (parasite avec chlorophylle, pourvue de racines-suçoirs).

Fig. 472. — Cuscute (parasite sans chlorophylle, pourvue de racines-suçoirs).

Fig. 474. — Rhinanthe (parasite avec chlorophylle, pourvue de racines-suçoirs et de racines normales).

leurs dépens. Les principales plantes parasites sans chlorophylle sont : la *Cuscute* (fig. 472), développée sur la Luzerne, le Trèfle, le Chanvre, l'Ajonc ; l'*Orobanche*, parasite sur la racine de Luzerne, de Thym, etc. ; le *Cystopus candidus* (fig. 577), parasite dans le Chou ; le *Phytophtora infestans*, parasite de la Pomme de terre ; le *Peronospora viticola*, parasite sur la Vigne ; etc.

Les principaux végétaux chlorophylliens parasites sont : le *Gui* (fig. 473), qui enfonce dans le Pommier, par exemple, ses racines transformées en suçoirs ; le *Mélampyre* et le *Rhinanthe* (fig. 474), parasites sur les racines de Graminées. (Ces 2 dernières plantes parasites possèdent des racines-suçoirs et des racines normales ; elles sont donc moins épuisantes pour leurs hôtes que ne l'est le Gui pour le Pommier.

Les plantes parasites à chlorophylle n'empruntent qu'une partie de leur aliment au végétal qui les supporte, puisqu'elles sont capables d'assimiler comme les Végétaux ordinaires. De ces végétaux peuvent être rapprochées les plantes *épiphytes* qui, dans les forêts sombres tropicales, s'y développent à des niveaux plus ou moins élevés pour recevoir la lumière nécessaire, lumière qui leur ferait défaut au niveau du sol ; il y a plutôt, dans ce cas, *secours mécanique* que nutrition de la part de l'hôte ; le parasitisme de la plante n'est pas réel.

Certaines plantes parasites ne peuvent accomplir leur développement total qu'avec le secours de deux hôtes successifs : ainsi la Rouille du Blé (*Puccinia graminis*) se développe au printemps sur l'Épine-Vinette et en été sur le Blé.

Symbiose. — Au *parasitisme* que nous venons d'envisager, véritable lutte corps à corps de deux Végétaux pour la satisfaction d'intérêts différents, il convient d'opposer la *symbiose*, association de deux Végétaux pour la satisfaction d'intérêts communs. Dans le premier cas, l'une des plantes tire de l'autre tous les bénéfices, sans réciprocité ; dans la symbiose, chacun des associés apporte à l'*association* son contingent d'efforts et assure sa prospérité.

Les *Lichens* nous en fournissent l'exemple le plus remarquable (fig. 475). Ils résultent de l'association d'une Algue et d'un Champignon. Le Champignon incolore, *protecteur*, puise dans l'Algue *abritée* et *pourvue de chlorophylle* des principes hydrocarbonés transformés par le Champignon en matières azotées et albuminoïdes, avec le secours de quelques principes minéraux empruntés au

Fig. 475. — Lichen (*Parmelia parietina*) : symbiose d'une Algue et d'un Champignon.

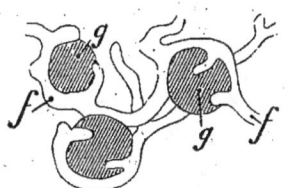

Fig. 476. — Portion d'un Lichen (*Lecidea cinereo-virens*) fortement grossie ; *f*, mycélium du Champignon entourant les gonidies *g* de l'Algue (*Cystococcus*).

support (rocher, écorce, etc.). L'Algue profite d'une partie de ces principes azotés.

Chacun des deux associés conserve cependant son autonomie ; il est possible à chaque instant de reconstituer le Lichen en disposant, au voisinage des cellules de l'Algue, les spores du Champignon qui s'y associe d'ordinaire ; ces spores émettent des filaments mycéliens dans la direction de l'Algue ; cellules vertes *g* et mycélium *f* se développent plus vigoureusement à partir du moment où ils sont en contact intime (fig. 476).

488 DE LA NUTRITION CHEZ LES VÉGÉTAUX.

L'Algue pourrait vivre seule. Comme le Champignon ne saurait se passer de matières hydrocarbonées, il tire de l'association le plus grand bénéfice; mais, grâce à l'abri qu'il procure à son associée, l'Algue peut croître plus rapidement et vivre avec lui dans un milieu relativement défavorable : telle est la raison du développement des Lichens sur les rochers les plus dénudés, dans les endroits les plus arides.

III. — ACCUMULATION DE RÉSERVES NUTRITIVES. — LEUR EMPLOI

Les plantes n'utilisent pas toujours immédiatement les composés dont nous avons étudié précédemment la formation.

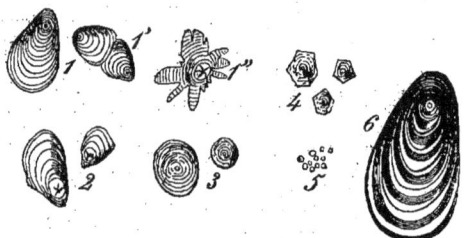

Fig. 477.— Grains d'amidon : 1, 1', Pomme de terre (1'', grain corrodé; 6, grain fortement grossi montrant les zones claires et les zones ternes); 2, Sagou; 3, Blé; 4, Maïs; 5, Betterave.

Certains d'entre eux sont mis en réserve, c'est-à-dire amenés à l'état de principes stables pouvant être utilisés à brève échéance ou après un temps assez considérable : ainsi telle matière, accumulée dans les feuilles pendant le jour, sera consommée pendant la nuit; telle autre, mise en réserve dans les cotylédons ou l'albumen de la graine, dans la tige des arbres à l'automne, sera utilisée au réveil de la végétation au printemps.

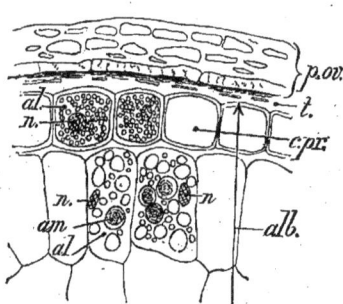

Fig. 478. — Section transversale d'un grain de Blé (fruit) dans la région superficielle. *p.ov.*, paroi du fruit; *t*, tégument de la graine. *alb*, albumen composé : 1° de la couche protéique superficielle *c.pr*, riche en aleurone *al* ; 2° du parenchyme amylacé profond avec grains d'amidon *am* et grains d'aleurone *al*.

1° **Hydrates de carbone mis en réserve**. — Les principaux sont l'*amidon*, l'*inuline*, les *gommes* et *mucilages*, les *sucres*, la *cellulose*.

Amidon $(C^6H^{10}O^5)^5$. — *Forme*. — Très fréquent dans les cellules végétales, l'amidon s'y présente en *grains* de forme et de dimensions très variables, mais assez fixes pour chaque espèce végétale (fig. 477 et 478) :

Pomme de terre.....	0^mm 185 à 0^mm 140	—	Forme allongée.
Sagou.............	0 075 à 0 068	—	—
Blé...............	0 050 à 0 040	—	— sphérique.
Maïs..............	0 036 à 0 025	—	— polyédrique.
Graines de Betterave,	0 004		— irrégulière.

Constitution. — Les grains sont composés de couches superposées, alternativement brillantes et ternes, disposées autour d'un centre ou *hile ;* les couches brillantes sont les plus denses et renferment le moins d'eau ; un grain d'amidon, traité par l'alcool absolu, perd son eau et ne présente plus la striation concentrique. Chaque grain d'amidon est formé de cristalloïdes disposés en rayonnant autour du noyau, les axes de ces cristaux amylacés étant perpendiculaires aux couches.

Propriétés. — Insoluble dans l'eau froide, l'amidon se gonfle dans l'eau à 60° par l'hydratation des couches brillantes et la dislocation des grains (*empois*). Longtemps soumis à l'ébullition dans l'eau à 100°, il se transforme en amidon soluble (page 36) ; dans l'eau acidulée, il se dissout rapidement et passe successivement, en s'hydratant, par les phases *dextrines*, *maltose* et *glucose* (*Saccharification*).

L'*amylase*, ferment soluble qui se développe chez les cellules pourvues d'une réserve amylacée (graines et tubercules amylacés pendant la germination), effectue rapidement la saccharification de l'amidon.

Formation. — Les grains d'amidon prennent naissance dans les cellules incolores comme dans les cellules avec chloroleucites ; en rapport le plus ordinairement avec des leucites (fig. 312, E, G), ils croissent par l'apposition de cristalloïdes nouveaux en dehors des anciens, comme le font les cristaux ordinaires ; de là, les couches successives qui les composent.

Des grains *simples* peuvent se souder entre eux et former des *grains composés* (Riz, Avoine, Pomme de terre, 1', fig. 477).

Inuline. ($C^6 H^{10} O^5)^n$. — C'est un hydrate de carbone dissous dans le suc cellulaire et abondant chez les Composées (*Inula*), certains Champignons et Lichens, où l'amidon ne se trouve pas. Insoluble dans l'alcool, l'inuline peut être obtenue en beaux

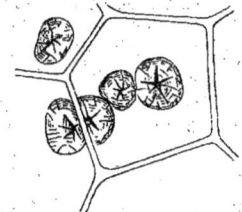

Fig. 479. — Sphérocristaux d'inuline.

sphérocristaux (fig. 479), par une cristallisation lente dans l'alcool un peu étendu (cellules des tubercules de Topinambour, de Dahlia).

Gommes et mucilages. — Les Cactées renferment une forte proportion de ces principes amorphes, translucides, encore mal connus chimiquement et précipités par l'alcool. On appelle *gommes* celles de ces substances qui sont solubles dans l'eau, et *mucilages* celles qui s'y gonflent sans se dissoudre.

Sucres. — Le *saccharose* $C^{12}H^{22}O^{11}$ se rencontre abondamment dans la Betterave, la Carotte, l'Érable à sucre, la canne à sucre, les écailles du bulbe d'Oignon ; il y est en réserve à l'état dissous mais non dialysable. L'hydratation ou *interversion* du saccharose est nécessaire pour le rendre assimilable (voir page 36).

Glucosides. Tanins. — Des corps neutres ou faiblement acides, désignés sous le nom de *glucosides*, se rencontrent en dissolution dans le suc cellulaire de nombreux végétaux. L'*esculine* (écorce du Marronnier), la *digitaline* (Digitale), la *salicine* (tige du Saule et du Peuplier), l'*amygdaline* (feuilles du Laurier-Cerise, du Prunier), le *myronate de potassium* (Crucifères), etc., sont quelques-uns de leurs représentants. Les *tanins* sont les plus répandus de tous ; les figures 336, 480 et 481 montrent ces principes répartis dans tous les organes ;

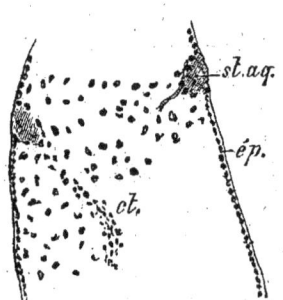

Fig. 480. — Répartition du tanin dans un fragment de feuille (*Crassula arborescens*). *ép*, épiderme ; *st.aq*, stomate aquifère. Le tanin est plus abondant dans les cellules avoisinant les faisceaux.

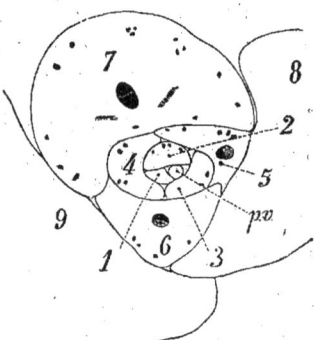

Fig. 481. — Coupe transversale d'un bourgeon de *Crassula arborescens* y montrant déjà les cellules à tanin. 1 à 9, feuilles successives ; dans les feuilles 5, 6 et 7 ont été figurés les faisceaux libéroligneux.

abondants chez le Chêne (écorce et noix de galle), le Peuplier, le Bouleau, ils sont l'objet d'une exploitation industrielle pour le tannage des peaux (la peau fraîche forme avec le tanin un composé imputrescible).

Tous ces composés peuvent s'hydrater et se dédoubler en glucose et principes divers que nous examinerons plus loin.

2° Corps gras mis en réserve. — Ces substances dont nous avons examiné déjà la composition (page 38) se rencontrent dans les graines, les fruits d'un grand nombre de végétaux d'où on peut les extraire par l'éther ou le sulfure de carbone. On appelle *huiles* celles qu'on extrait des graines de Lin, de Pavot, de Noix, de Chanvre, de Ricin (*huiles siccatives* qui s'épaississent à l'air), et aussi celles que renferment les Olives, les graines de Hêtre, de Colza, de Moutarde (*huiles non siccatives*).

Les *beurres*, plus épais, se retirent du Laurier, de la Muscade, de la noix de Coco, des graines de Cacao.

Les *cires* forment un revêtement sur l'épiderme de nombreux végétaux (Canne à sucre, fig. 338, *h*).

3° **Matières albuminoïdes mises en réserve.** — Ces substances très variées comme nous l'avons vu (page 38) sont ordinairement dissoutes dans le suc cellulaire des hydroleucites, abondantes à cet état dans les graines en voie de formation (surtout dans les graines oléagineuses), ces matières se prennent en masses solides pendant la maturation de la graine, moment où celle-ci se dessèche. Les cellules de la graine renferment alors beaucoup de *grains d'aleurone* qui ne sont pas autre chose que la matière albuminoïde privée d'eau (albumen du Ricin, fig. 482, cotylédons du Pois, du Noyer, du Lupin, etc...). Les grains d'aleurone disparaissent aussitôt qu'on rend de l'eau aux cellules qui les renferment.

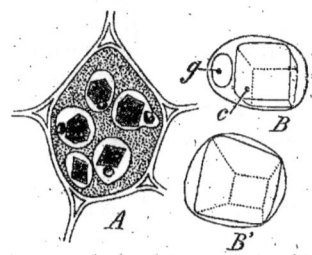

FIG. 482. — A, Grains d'aleurone dans une cellule de l'albumen du Ricin. B, B', grains d'aleurone très fortement grossis pour montrer les enclaves : cristalloïde *c*, globoïde *g*.

Examinés dans la glycérine ou dans l'huile, les grains d'aleurone renferment souvent des enclaves : 1° des *cristalloïdes protéiques c*, B et B', gonflables et déformables dans l'eau ; 2° des *globoïdes g* (glycérophosphate de magnésium et de calcium) qui forment une réserve de phosphore.

Digestion des réserves. — La digestion des réserves consiste dans leur transformation en principes solubles et *dialysables*, *capables de cheminer, de cellule en cellule, dans tout l'organisme* ou d'y *émigrer rapidement, par les tubes criblés*, jusqu'au lieu où ces principes seront utilisés.

La stabilité relative dont jouissent les réserves peut s'effacer sous l'influence de causes diverses ; le plus souvent, une *diastase* opère ce changement : c'est ainsi, *et seulement ainsi*, que le saccharose, l'amidon, etc..., acquièrent la qualité nutritive et entrent dans la consommation protoplasmique.

Les *diastases* ou *ferments solubles* sont des substances de nature albuminoïde, totalement ou partiellement solubles[1], qui paraissent

---

[1]. La plupart des sucrases sont complètement arrêtées par filtration à travers le biscuit de porcelaine, notamment la sucrase produite par l'*Aspergillus niger* (Fernbach).

être de véritables matières *organisées* (mais non vivantes) malgré leur solubilité. Elles sont sécrétées : soit par les cellules mêmes qui renferment des matières de réserve, soit par des cellules voisines. Parmi les diastases, les unes sont nettement connues : l'*amylase*, la *sucrase*, la *myrosine*, l'*émulsine*, la *pepsine*, la *cellulase*; d'autres, comme la *saponase*, sont seulement soupçonnées.

Diastases principales. Leur action. — C'est surtout au printemps, lors de la germination des graines et de l'éclosion des bourgeons chez les arbres, que l'activité cellulaire se réveille. Le protoplasme sécrète les diastases nécessaires à la transformation des matières de réserve; une fois produites, les diastases, favorisées en général par une légère acidité du suc cellulaire, *provoquent l'hydratation et le dédoublement des substances insolubles ou non dialysables qui sont rendues assimilables*. L'eau absorbée par la plante, ne pouvant encore s'exhaler dans les feuilles peu ou pas développées, dissout les principes nouveaux et les disperse dans toute l'étendue du végétal qui s'éveille ou de la plantule qui croît[1].

MATIÈRES mises en réserve	DIASTASES correspondantes	PRINCIPES ISSUS de la transformation des réserves
Amidon $(C^6H^{10}O^5)^n$	*Ptyaline*	Dextrines $(C^6H^{10}O^5)^4$ à $C^6H^{10}O^5$, Maltose $C^{12}H^{22}O^{11}$, Glucose $C^6H^{12}O^6$
Saccharoses $C^{12}H^{22}O^{11}$	*Sucrase* ou *Invertine*	⟶ Glucose.
Cellulose $(C^6H^{10}O^5)^p$	*Cellulase*	⟶ Glucose.
Salicine $C^{13}H^{18}O^7$		⟶ Glucose et Saligénine $C^7H^8O^2$.
Amygdaline $C^{20}H^{27}AzO^{11}$	*Émulsine*	Glucose, aldéhyde benzoïque (C^7H^6O) et acide cyanhydrique $CAzH$.
Myronate de potassium $C^{10}H^{17}K^2AzSO^{10}$	*Myrosine*	Glucose, sulfocyanure d'allyle C^4H^5AzS et sulfate de potassium SO^4K^2.
Tanins $C^{27}H^{22}O^{17}$	?	⟶ Glucose, acide gallique $C^7H^6O^5$.
Corps gras	*Saponase* (?)	⟶ Glycérine $C^3H^8O^3$ et Acides gras.
Albuminoïdes	*Pepsine* et *Trypsine*	⟶ Peptones.

La *saccharification* de l'amidon s'opère par étapes successives ; diverses dextrines apparaissent transitoirement qui se résolvent chacune, par hydratation, en une dextrine plus simple et en maltose ; le maltose donne enfin du glucose :

$$2(C^6H^{10}O^5)^5 + H^2O = 2(C^6H^{10}O^5)^4 + C^{12}H^{22}O^{11}$$
$$\text{Amidon} \qquad \qquad \text{Amylodextrine} \qquad \text{Maltose}$$

$$2(C^6H^{10}O^5)^4 + H^2O = 2(C^6H^{10}O^5)^3 + C^{12}H^{22}O^{11}$$
$$\text{Amylodextrine} \qquad \text{Erythrodextrine}$$

. . . .

$$C^{12}H^{22}O^{11} + H^2O = 2(C^6H^{12}O^6)$$
$$\text{Maltose} \qquad \qquad \text{Glucose}$$

Ces transformations sont très actives pour la nutrition de la

---

[1] La lumière solaire détruit les diastases ; toutefois, la partie violette du spectre est seule active, tandis que les rayons de moindre réfrangibilité paraissent favoriser l'action de ces principes.

plantule, dans l'Orge soumis à la germination, dans les tubercules de Pomme de terre et les bulbes amylifères qui développent une jeune plante.

L'*interversion* du saccharose se produit dans les graines de Châtaignier en germination, dans la racine de Betterave ou de Carotte au commencement de sa deuxième période de végétation. Le glucose qui en résulte émigre dans la jeune tige où il sert à former les feuilles, fleurs, fruits et graines.

La *saponification* des corps gras s'opère après leur émulsion; les acides gras qui prennent naissance s'oxydent et semblent contribuer à la formation des matières albuminoïdes et se transformer aussi en amidon et en glucose.

La *peptonisation* des matières albuminoïdes est encore obscure.

IV. — PRODUITS DE DÉSASSIMILATION

Les produits de désassimilation des composés ternaires (C,H,O) sont la plupart des acides organiques (lactique, butyrique, malique, tartrique, etc.) transformés eux-mêmes par une oxydation complète en gaz carbonique et eau que dégagent constamment les

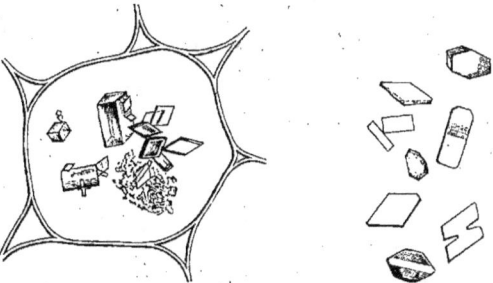

Fig. 483. — Cristaux d'asparagine inclus dans une cellule d'une jeune plantule de Lupin après traitement par la glycérine à 30° Baumé (indépendants à droite).

végétaux. Certains des acides végétaux forment avec des bases, et principalement la chaux, des composés insolubles [*oxalate de calcium*, soit sous forme d'octaèdres en macles (fig. 338, *a*, *a'*) chez les Oxalidées, les Cactées, etc., soit à l'état d'aiguilles prismatiques ou *raphides* chez la Vigne; *carbonate de calcium* en mamelons dans les cystolithes des *Ficus*, fig. 319, *A*].

Les hydrocarbures (C,H) (*huiles essentielles*, *résines*) semblent être aussi des produits de désassimilation des hydrates de carbone; ils apparaissent là où le mouvement vital est le plus actif (jeunes bourgeons, jeunes feuilles, pétales des fleurs, surface des fruits).

La désassimilation des matières azotées est beaucoup moins connue; on remarque l'apparition dans les organes végétaux de divers principes azotés cristallisables : l'*asparagine*[1] $C^4H^8Az^2O^3$ (fig. 483), la *tyrosine* $C^9H^{11}AzO^3$, la *leucine* $C^6H^{13}AzO^2$, la *xanthine* $C^5H^4Az^4O^2$.

En plongeant dans l'alcool glycériné la tige hypocotylée du Lupin blanc jeune, on détermine de belles cristallisations d'asparagine.

Les produits de désassimilation définitive sont rejetés par les plantes ou localisés dans le tissu sécréteur (voir page 353 et suivantes).

SOURCES DE L'ÉNERGIE CHEZ LES VÉGÉTAUX
LA VIE AÉROBIE ET ANAÉROBIE. — FERMENTATIONS

La plante verte possède de la chlorophylle capable d'absorber, en présence de tout corps incandescent, une partie des radiations qui lui parviennent : c'est là, pour la plante verte, une source précieuse d'énergie consacrée à la transformation des matériaux saturés et généralement inoxydables dont elle se nourrit (CO^2, H^2O, sels minéraux) en substances organiques oxydables (sucre, amidon, graisses, albuminoïdes). Ces substances, mises en réserve, employées à l'édification de nouveaux tissus ou à la réfection des anciens, constituent elles-mêmes une source d'*énergie potentielle* dont profite la plante à tout instant.

Cette remarque nous amène à considérer *la manière dont se comportent* non plus seulement les végétaux verts à la lumière, mais *tous les végétaux*, incolores ou non, *à la lumière comme à l'obscurité*.

C'est là le point de vue général qu'il convient d'envisager, puisqu'il s'applique à tous les êtres vivants; nous en avons dit quelques mots déjà dans le premier chapitre de cet ouvrage et au sujet de la respiration des animaux.

La plante, comme l'animal, *absorbe de l'oxygène et dégage du gaz carbonique* ayant pour origine la combustion de ses réserves. L'énergie chimique disponible qui résulte de ces oxydations est consommée sous forme de chaleur rayonnée ou de travail intérieur (réduction, changements d'état des substances nutritives); l'activité des combustions dans chaque organe du végétal est proportionnelle au travail d'organisation qui s'y accomplit : les fleurs au moment de leur épanouissement s'échauffent parfois de plusieurs degrés au-dessus de la température ambiante (dans la spathe de l'*Arum maculatum*, fig. 484, au moment de la fécondation, cet échauffement atteint 10 à 12° pendant plusieurs jours).

L'être vivant a donc besoin d'énergie propre à entretenir son activité; sa conservation dépend, en effet, du remplacement immédiat de toute molécule détruite par les éléments d'une molécule semblable apportés par le courant alimentaire.

La source de cette énergie se trouve dans les oxydations des matières organiques, et aussi dans leur hydratation, dans les dédoublements exothermiques qu'elles subissent, etc.

L'état de vie *aérobie* est celui de tout être qui puise une partie de son énergie dans les oxydations faites *avec le secours de l'oxygène extérieur*. L'état de vie *anaérobie* est celui de l'être qui, *sans le secours de l'oxygène extérieur*, puise son énergie dans l'hydratation et les dédoublements de ses matériaux constitutifs.

---

[1] L'asparagine est considérée par un certain nombre de chimistes comme un produit de désassimilation des matières albuminoïdes; d'autres admettent, au contraire, qu'elle est l'une des formes transitoires de l'assimilation de ces mêmes matières.

La plupart des êtres vivants (plantes et animaux) sont à la fois aérobies et anaérobies; l'animal est plus aérobie; la plante (verte surtout) est plus anaérobie.

Il existe toutefois une catégorie d'êtres unicellulaires, formant la transition entre les animaux et les végétaux, qui sont les uns aérobies, les autres anaérobies exclusivement; certains d'entre eux sont aérobies ou anaérobies suivant les conditions de milieu qui leur sont imposées. On les désigne sous le nom de *ferments figurés*. [De ce nombre font partie certains Mucors, les Levures et les Bactériacées.] On appelle *fermentations* les modifications chimiques qu'ils font éprouver aux milieux dans lesquels ils pénètrent.

Ferments aérobies. — Les ferments aérobies absorbent l'oxygène de l'air et le fixent activement sur les principes dont ils se nourrissent. Ainsi le *ferment acétique* (*Mycoderma aceti*), ensemencé dans du vin étendu d'eau, absorbe jusqu'à 50 fois son poids d'oxygène en une heure, oxyde l'alcool du vin et le transforme en vinaigre. De même, le *ferment lactique* change en acide lactique le glucose du lait; le *Mycoderma vini* brûle complètement l'alcool du vin en dégageant CO^2 et H^2O. Les *Tyrothrix tenuis, distortus, filiformis* développent, aux dépens des principes du lait, de l'acétate et du valérianate d'ammoniaque, de la leucine, de la tyrosine, etc. Nombre de ces organismes s'attaquent aux êtres vivants dans lesquels ils vivent en parasites et provoquent des maladies (*Bactéries pathogènes*).

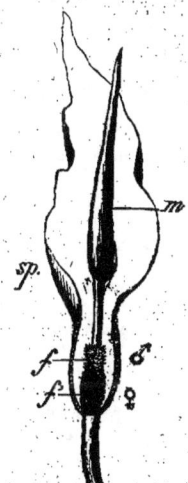

Fig. 484. — Inflorescence d'*Arum maculatum. sp*, spathe ouverte pour montrer la massue *m*, les fleurs mâles *f* et les fleurs femelles *f'*.

Parmi les Bactéries pathogènes aérobies, on peut citer le *Bacillus anthracis* (maladie du charbon); le *Vibrio choleræ* ou Bacille-virgule de Koch (choléra asiatique)[1].

Ferments anaérobies. — Ces ferments vivent à l'abri de l'air et sont même tués par l'oxygène libre; ils puisent dans la décomposition de matières diverses (sucre, amidon, glycérine, etc.) l'énergie qui leur est nécessaire pour constituer leur protoplasme.

Le *ferment butyrique* (*Bacillus Amylobacter*), qui transforme le sucre et l'amidon en acides butyrique et carbonique, en hydrogène et autres produits, est l'agent actif dans le rouissage du Lin et du Chanvre; il désorganise, en effet, les tissus végétaux en isolant les fibres textiles. Les *Bacillus urocephalus, claviformis* et *catenula* (Duclaux) sont les ferments anaérobies du lait qu'ils putréfient en suscitant le dégagement des gaz hydrogène, azote, acide carbonique et hydrogène sulfuré.

L'une des principales Bactéries pathogènes anaérobies est le *Vibrio septicus* (Septicémie gangreneuse).

Ferments aérobies ou anaérobies par circonstance. — La *Levure de bière* (*Saccharomyces cerevisiæ*, fig. 354), semée dans un liquide contenant du glucose dissous et exposé *à l'air libre*, absorbe l'oxygène de l'air et le fixe sur le sucre qu'elle transforme en eau et CO^2; c'est alors un *ferment aérobie*.

Vient-on à plonger la même Levure dans le même liquide sucré, *à l'abri de l'air* ? Elle dédouble alors le glucose qu'elle dédouble en alcool et CO^2, et emprunte à cette réaction exothermique l'énergie nécessaire pour constituer de nouvelles cellules. On dit que la Levure a déterminé la *fermentation alcoolique* (pages 6, 83, 97); elle est *anaérobie* dans ce cas.

Si le liquide sucré ne contient que du sucre de canne, le *Saccharomyces*

---

1. Voir *Histoire naturelle des Êtres vivants*. Tome II. — Consulter aussi le *Cours élémentaire d'hygiène* par E. Aubert et A. Lapresté.

cerevisiæ sécrète préalablement une sucrase destinée à *l'intervertir*; et c'est seulement alors qu'il dédouble le glucose obtenu. Le *Saccharomyces apiculatus* ne fait pas cette interversion préalable.

Les *Mucorinées* sont des Champignons aérobies à des degrés divers : tandis que les *Rhizopus, Syncephalis,* etc., ont besoin de beaucoup d'oxygène et se développent presque totalement en dehors de leur substratum, les *Mucor, Pilobolus,* etc., croissent à l'intérieur du milieu nutritif où ils reçoivent une moindre proportion d'oxygène; mais ils meurent quand on les prive longtemps de ce gaz, à moins qu'ils ne soient placés dans un liquide nutritif contenant du glucose, du fructose ou du sucre interverti. Les Mucorinées deviennent alors anaérobies et se comportent comme les Levures.

Dans la catégorie des Bactéries pathogènes indifféremment aérobies ou anaérobies, on range le *Vibrio typhosus* ou Bacille d'Eberth (fièvre typhoïde).

CULTURES MICROBIENNES. — PROCÉDÉS DE STÉRILISATION

Depuis l'époque (1857) où M. Pasteur a découvert les ferments qui provoquent l'altération des liqueurs sucrées (*jus* de betteraves) et du *lait*, un champ d'études nouveau a été ouvert à la sagacité des naturalistes pour la recherche des êtres qui, pensait-on, attaquent les diverses substances organiques et provoquent les maladies.

Que d'efforts déployés depuis 30 ans! Mais aussi que de résultats? Le nombre des *microbes* connus est déjà considérable; il est bien faible cependant en regard de celui des microbes entrevus, mais encore imparfaitement définis. Comme ces organismes existent à profusion, dans l'air, l'eau et le sol qui nous entourent, la difficulté n'est pas d'en obtenir, mais de savoir les isoler pour reconnaître la nature, l'aspect et les propriétés spécifiques de chacun d'eux. A cet effet, *on a entrepris des cultures de microbes en milieux stérilisés.*

Les microbes sont répartis dans l'air, l'eau et le sol. — M. Pasteur a montré, par les expériences suivantes, que les infusions de matières organiques, telles que le bouillon, l'urine, se peuplent de germes provenant de l'air.

Expériences : — 1° Se basant sur ce que tout être vivant ne peut vivre longtemps à une température de 100°, M. Pasteur prépara des ballons à col effilé contenant un peu de bouillon qui y fut soumis à l'ébullition prolongée; il *stérilisa*, en un mot, les ballons et leur contenu, puis en ferma plusieurs à la lampe (fig. 485, A).

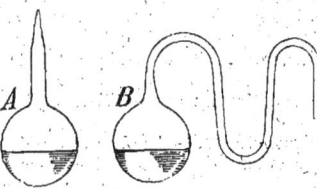

Fig. 485. — Ballons pour conserver des liquides à l'abri des microbes.

Tandis que le bouillon d'aucun des ballons fermés ne s'altéra, dans tous ceux qui demeurèrent ouverts le liquide entra en fermentation. Après plusieurs années, les ballons fermés ayant été ouverts, leur contenu mis en contact avec l'air extérieur subit rapidement la fermentation.

2° Un ballon de verre à col allongé et recourbé, contenant un liquide très putrescible tel que de l'urine, fut mis en communication avec l'air extérieur par un tube de platine chauffé au rouge sur un fourneau; l'urine fut soumise à l'ébullition, puis abandonnée au refroidissement, *sans que le tube de platine cessât d'être rouge*. L'air intérieur du ballon et le liquide furent ainsi stérilisés et l'air extérieur ne put rentrer dans le ballon qu'après avoir été fortement chauffé : l'urine demeura inaltérée.

3° On aspire de l'air à travers un tube de verre contenant une bourre d'amiante préalablement portée au rouge, cette bourre arrête les poussières de l'air, il suffit de la plonger dans un liquide nutritif, préalablement stérilisé, pour voir ce dernier s'altérer rapidement.

4° M. Pasteur étira et recourba en col de cygne *B* le col des ballons contenant des liquides putrescibles; puis il fit bouillir ces liquides; l'air qui rentra dans les ballons pendant le refroidissement dut passer à travers les courbures encore humides qui arrêtèrent les germes. Les liquides demeurèrent intacts; il suffit pour en provoquer la fermentation de les amener au contact des courbures chargées de germes.

Du même coup, par ces expériences mémorables, M. Pasteur démontrait l'existence de ferments en suspension dans l'air (et par suite dans l'eau et le sol) et annihilait la théorie de la *génération spontanée* par laquelle on admettait la possibilité, pour une infusion organique, d'engendrer de toutes pièces les organismes qui en provoquaient l'altération.

Étude des microbes. — Pour étudier les microbes, il faut donc les *séparer* et suivre chaque espèce dans ses manifestations, en l'introduisant dans un *milieu de culture stérilisé préalablement*.

Stérilisation des infusions. — Le chauffage à 100° d'un milieu de culture est parfois insuffisant; certains microbes résistent longtemps à cette température, le *Bacillus subtilis* de l'eau de foin notamment.

On peut obtenir la stérilisation complète par une *ébullition discontinue*: c'est-à-dire qu'un liquide, bouilli une première fois, est abandonné pendant un quart d'heure environ, puis soumis à une nouvelle ébullition de quelques minutes, et ainsi de suite. Les microbes qui ont échappé à la mort en premier lieu et les jeunes germes qu'ils produisent sont tués par une nouvelle ébullition. Il est préférable de porter à 115°, pendant un quart d'heure, dans un autoclave, les liquides nutritifs contenus dans des tubes scellés à la lampe.

Dans le cas où le milieu de culture ne peut être soumis sans altération à la température de 115°, on le filtre pour arrêter les microbes.

Les meilleurs filtres imaginés jusqu'ici sont des tubes de faïence (bougies Chamberland) ou en porcelaine d'amiante (filtres Garros), à travers lesquels on fait passer sous pression le liquide à filtrer. Leurs pores très fins retiennent les microbes, de même que toutes les matières en suspension. La solution nutritive est recueillie dans un flacon préalablement stérilisé et pourvu d'une tubulure latérale avec un tampon de coton; c'est par cette tubulure qu'on fera l'ensemencement du microbe à étudier.

Stérilisation des milieux de culture solides. — On emploie souvent comme milieux de culture des tranches de pomme de terre, de la pâte de pain ou d'amidon, des rondelles de pain azyme, disposées dans des cristallisoirs ou dans des tubes de verre spéciaux. On les stérilise à 115° dans l'autoclave.

L'usage se répand beaucoup aussi des milieux de culture solides et transparents (gélatine en tubes ou sur plaques, feuilles de gélose, etc...).

Séparation des microbes. — On procède soit par dilution dans les milieux liquides, soit au moyen des milieux de culture solides.

Dans le 1ᵉʳ cas, on introduit dans un liquide stérilisé une trace de la substance contenant le microbe à étudier mélangé à une foule d'autres; on agite le liquide où tous les organismes se dispersent. Une goutte de ce liquide est introduite dans un 2ᵉ flacon renfermant un liquide également stérilisé; on agite, on ensemence un 3ᵉ flacon avec une goutte du liquide du second, et ainsi de suite. Quelques flacons de la série finissent par ne renfermer plus qu'une espèce microbienne qu'on peut suivre tout à l'aise dans son développement.

La séparation par milieux de culture solides se fait sur gélatine, sur gélose, etc., dont on touche divers points avec l'extrémité d'un fil de platine *plongé une seule fois dans le milieu chargé de microbes*; il se développe, aux points de contact, des colonies microbiennes de moins en moins complexes; en ensemençant d'autres plaques de gélatine avec la colonie la moins variée, on finira par obtenir une colonie constituée par une espèce unique.

Tel est le principe de la méthode usitée en bactériologie pour l'étude des ferments.

FONCTIONS DE REPRODUCTION

Tout Végétal qui accomplit le cycle normal de son évolution assure, à un moment donné, la conservation de son espèce en *se multipliant*.

Les expériences de M. Pasteur (page 496) nous ont montré que la *génération spontanée est une chimère* et que *tout être vivant a pour origine des êtres qui lui ressemblent*.

Les modes de multiplication des Végétaux sont les suivants :

1° La *multiplication par scissiparité*, produite à l'aide d'un fragment quelconque de la plante à conserver ;

2° La *reproduction proprement dite*, à l'aide d'éléments spéciaux produits par le Végétal (*spore, œuf* ou *graine*).

Multiplication végétative ou par scissiparité. — Le *marcottage* et le *bouturage* sont les procédés employés par la nature ou l'agriculteur pour obtenir plusieurs individus à l'aide de fragments d'un individu robuste.

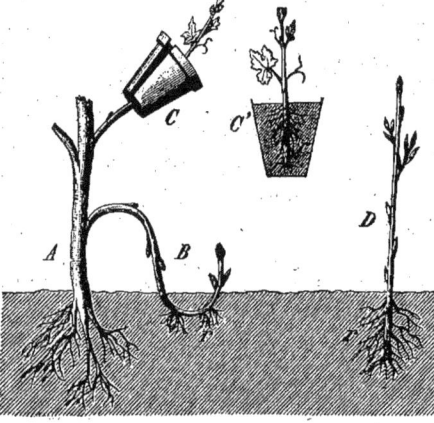

Fig. 486. — Marcottage suivant deux modes en C et en B. Les rameaux émis par la tige A sont enfouis en partie dans le sol; ils se recouvrent de racines adventives r (B,C') de plus en plus nombreuses et suffisantes pour les nourrir. — D, Bouturage d'un fragment de tige de Saule ; planté dans le sol humide, ce rameau s'est également couvert de racines adventives.

Un pied de Fraisier émet des tiges rampantes (*stolons*) qui s'enracinent aux nœuds et y développent autant de jeunes Fraisiers ; les stolons, en se desséchant, rendent indépendants tous ces êtres issus d'un même pied. C'est là un *marcottage naturel*.

Les vignerons multiplient les plants de Vigne de pareille manière (fig. 486) et les arboriculteurs procèdent comme il est indiqué en C et C' ; en cela consiste le *marcottage artificiel*.

Tableau XLIV.

De la multiplication chez les Végétaux.

I. **Multiplication par** *scissiparité*.
- *Marcottage*
  - naturel : Fraisier (stolons), *Glechoma hederacea*, etc...
  - artificiel : Vigne (provignage), procédés de culture.
- *Bouturage*
  - naturel : Tubercules (Pomme de terre), Bulbes et bulbilles (Ficaire), etc.
  - artificiel : Saule. — *Greffe*.

Transmission des caractères de la plante mère par *hérédité complète*.

II. **Reproduction proprement dite**
- par *spores* : cellules jouissant de propriétés spéciales (protoplasme plus condensé ; réserves).
- ....
- par *œufs*.
  - Fusion de 2 protoplasmes issus de *gamètes* distincts (Cryptogames).
  - Un développement ultérieur de l'œuf et l'accumulation de réserves autour de *l'embryon formé* donnent une **graine** (Phanérogames).

Transmission des caractères de la plante mère par *hérédité incomplète*.

Une pomme de terre (fig. 438) est un fragment de tige possédant des bourgeons (*yeux*) capables de donner une tige nouvelle, en se nourrissant de la réserve d'amidon du tubercule, lorsque celui-ci est placé dans un sol humide au printemps. Des racines adventives apparaissent sur chaque tige feuillée émise par le tubercule. Une plante complète s'est ainsi formée aux dépens de la pomme de terre qui est une *bouture*.

Un fragment de tige de Saule D, enfoncé dans le sol, s'y couvre de racines adventives et forme un végétal nouveau ; c'est aussi une bouture.

La *greffe* est une sorte de bouturage consistant dans le transport d'un fragment de végétal (*greffon*, fig. 487, à droite) sur un autre végétal appelé *sujet*, aux dépens duquel il se nourrira. Le greffon peut être un rameau ou un simple bourgeon (fig. 488).

On peut définir la *marcotte* et la *bouture* de la manière suivante :

Une *marcotte* est une partie de plante qui, enfoncée partiellement dans le sol, s'y couvre de racines adventives sans cesser d'appartenir à la plante mère.

Une *bouture* est une portion de végétal détachée avant d'avoir acquis les racines adventives nécessaires à son développement.

Les propriétés de la plante primitive se transmettent, en vertu d'une *hérédité complète*, aux jeunes végétaux qui en sont issus par la multiplication végétative.

Reproduction proprement dite.—Une *spore* est un fragment unicellulaire, produit d'ordinaire par les plantes Cryptogames, et capable de reproduire, après une certaine période de vie ralentie, une *nouvelle plante semblable à la plante mère*.

La spore n'est pas absolument identique à une cellule ordinaire; son protoplasme est plus condensé et riche en matériaux de réserve.

Un *œuf* résulte de la fusion des protoplasmes issus de deux cellules distinctes appelées *gamètes* (page 344). Si les gamètes ne

Fig. 487. — Greffe en fente.   Fig. 488. — Greffe en écusson.

se rencontrent pas, chacun d'eux se flétrit et meurt; dans le cas contraire, ils confondent leurs protoplasmes et l'on dit que la cellule femelle, ordinairement immobile, a été *fécondée* par la cellule mâle mobile.

La *graine*, qu'on trouve chez les Phanérogames, résulte du développement ultérieur de l'œuf et de l'accumulation de réserves autour de l'organisme qu'il a formé (*plantule*).

L'œuf et la graine procèdent de deux parents; les êtres qu'ils produisent en germant possèdent la plupart des caractères des parents; *ils présentent aussi d'autres caractères qui en font vraiment des individus nouveaux: l'hérédité est incomplète.*

REPRODUCTION CHEZ LES PHANÉROGAMES

CHAPITRE PREMIER

LA FLEUR

La *fleur* est un ensemble de pièces d'origine foliaire portées par un rameau appelé *pédicelle;* celui-ci est inséré sur la tige à l'aisselle d'une *bractée* parfois.

§ 1. — INFLORESCENCE

On appelle *inflorescence* la disposition des fleurs sur la plante. L'inflorescence est *solitaire* quand le pédicelle floral n'est pas ramifié (Tulipe, Pavot, fig. 489, Pensée, fig. 490); elle est *groupée*, dans le cas contraire.

L'inflorescence groupée est *simple* si les pédicelles demeurent simples; elle est *composée* quand les pédicelles se ramifient comme l'axe principal. Elle se distingue en *grappe* et en *cyme*.

Dans la *grappe*, le support commun de *l'inflorescence* peut croître au sommet et porte latéralement des fleurs inégalement développées, d'autant plus âgées et mieux épanouies qu'on les considère plus près de la base (Lis, fig. 491; Digitale).

Fig. 489. — Coquelicot, feuilles, bouton et fleur épanouie.

L'axe principal de la grappe se ramifie à divers niveaux.
Dans la cyme, l'axe principal se ramifie à un seul niveau, au-dessous de la fleur qui le termine; cet axe émet alors 1, 2 ou *n*

pédicelles portant chacun une fleur terminale et ramifiés de la même manière. La cyme est *unipare*, *bipare* ou *multipare* sui-

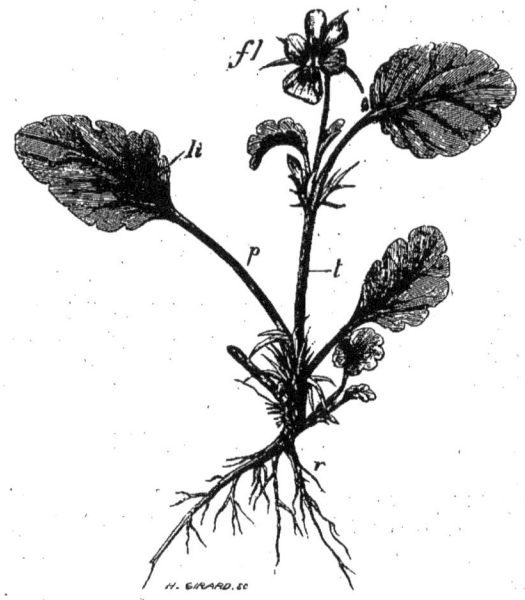

Fig. 490. — Pensée (Viola tricolor).

vant le nombre des rameaux insérés au même niveau sur le pédicelle.

Inflorescences groupées (fig. 416).	Grappe	*Grappe proprement dite* (1)	simple : Lis, Fuchsia (fig. 492), Lin (fig. 493). composée : Tabac (fig. 494), Ronce (fig. 495).
		Épi (2)	simple : Noisetier (fleurs mâles, fig. 496), Verveine, Carex (fig. 405). composé : Blé (fig. 497).
		Corymbe (3)	simple : Pommier (fig. 498). composé : Alisier.
		Ombelle (4)	simple : Lotier (fig. 499). composée : Carotte (fig. 500).
		Capitule (5)	Pâquerette (fig. 501), Pissenlit (fig. 502), Seneçon (fig. 503).
	Cyme	*bipare* (I)	Petite Centaurée (fig. 504).
		unipare	*scorpioïde* (III) : Bourrache, Myosotis. *hélicoïde* (II) : Ornithogale.

Variations de forme des inflorescences. — *Grappe.*— Elle présente diverses formes définies à la page 425 : *grappe, épi, corymbe, ombelle, capitule.*

Le corymbe, l'ombelle et le capitule peuvent être considérés comme des grappes de plus en plus raccourcies vers le sommet, à la fois dans les pédicelles secondaires et dans les entrenœuds qui les séparent. Dans la nature, on rencontre

LA FLEUR.

TABLEAU XLV.
Reproduction des Phanérogames.
DE LA FLEUR.

La fleur est un ensemble de pièces d'origine foliaire groupées, au sommet d'un *pédicelle* en *verticilles* le plus souvent (Fleurs verticillées), rarement en spirales (Fleurs spiralées).

I. Inflorescence. — Disposition des fleurs sur la plante, avec des *bractées*, *spathes*, *involucres*, etc.

Inflorescence { *solitaire* : Tulipe, Pavot, Violette.
{ *groupée* (voir p. 425).

II. Description et III. Rôles des verticilles.

Verticilles composés de Feuilles modifiées.

Périanthe { Calice — Sépales [Limbe sessile].
{ Corolle — Pétales [Onglet, limbe].

Appareil reproducteur { Androcée — Étamines [Filet, Anthère (Pollen)]
{ Pistil — Carpelles [Ovaire (ovules), Style, Stigmate].

Les pièces des verticilles successifs sont *alternes* en général (*Diagramme*).

Origine *foliaire* des pièces florales. } Preuves { Métamorphose progressive.
{ — régressive (horticulture).
{ Fleurs monstrueuses.

IV. Classification. — Fleurs verticillées.

1° *Verticilles tous présents.* { Nombre de pièces florales par verticille :
2 ou 5 et — multiples : Dicotylédones.
3 et — — : Monocotylédones.

2° *Nombre des verticilles.*

Périanthe. { 2 vert.: *Fleur dipérianthée* (Lin, Giroflée, Pois).
{ 1 — : *Fleur monopérianthée* (Ortie, Anémone).
{ 0 — : *Fleur apérianthée* ou nue (Saule, Peuplier).

Appareil reproducteur. { 2 — : *Fleur bisexuée* ou hermaphrodite (Lin, Pois, Anémone).
{ 1 — : *Fleur unisexuée* { mâle (androcée).
{ femelle (pistil).

Avortement *partiel* des verticilles floraux (Blé, Orchis, etc.).

Plante { *monoïque* : Fleurs mâles et femelles sur le même pied (Maïs, Noisetier).
{ *dioïque* : Fleurs mâles et femelles sur pieds différents (Chanvre).

3° *Préfloraison et développement* (voir p. 517).

(a) *des pièces d'un même verticille.*

Périanthe { Calice { *dialysépale* : sépales libres (Lin, Géranium).
{ *gamosépale* : — soudés (Pois, Sauge).
{ Corolle { *dialypétale* : pétales libres (Rose, Giroflée).
{ *gamopétale* : — soudés (Campanule).

4° *Concrescence.*

Appareil reproducteur.

Androcée { *dialystémone* : étamines libres [didynames (Labiées).
[tétradynames (Crucifères).
{ *gamostémone* : étamines soudées par leurs { filets { Ét. monadelphes (Mauve).
{ Ét. polyadelphes (Haricot, Oranger).
{ anthères (Composées).

Pistil. { Carpelles indépendants (Renoncule).
{ Carpelles soudés (on admet : 1 ovaire, 1 style et 1 stigmate quand ils sont soudés complètement).

(b) *de plusieurs verticilles entre eux.*

Ovaire { *supère* ou *libre* : indépendant des vertic. concrescents (Lin, Lis).
{ *infère* ou *adhérent* : soudé aux — (Pommier).

5° *Régularité.* { *Fleurs régulières* : n plans de symétrie (Lin, Lis, Géranium).
{ *Fleurs zygomorphes* : 1 plan de symétrie ou pas du tout (Haricot, Muflier, Sauge).

non seulement des grappes simples, des épis simples, etc., mais aussi des *grappes de grappes* ou grappes composées, des épis composés ou épis d'*épillets*, des ombelles composées ou ombelles d'*ombellules*.

Fig. 491. — Lis. Tige portant une grappe de fleurs.

Fig. 492. — Fuchsia. Grappe de fleurs.

Fig. 493. — Lin (*Linum usitatissimum*).

Cyme. — La *cyme bipare* ou *dichotome* est la plus fréquente; elle se simplifie quelquefois par l'avortement de l'un des rameaux et devient une cyme *unipare* ou *sympodique*. Quand l'avortement porte toujours sur le rameau du même côté, la cyme est *scorpioïde*; elle est *hélicoïde* quand l'avortement a lieu à droite et à gauche alternativement.

Inflorescence mixte. — L'inflorescence est dite *mixte* quand ces diverses formes sont combinées entre elles de manières diverses : l'Avoine et le *Dactyle* (fig. 505) portent une grappe d'épillets ; le Marronnier (fig. 506) porte une grappe de cymes scorpioïdes, l'Achillée millefeuilles présente un corymbe de capitules.

Fig. 494. — Tabac. Grappe composée, fruit ouvert (capsule) et graine.

Fig. 495. — Ronce frutescente. Grappe composée.—A gauche, coupe longitudinale d'une fleur dont la corolle est déjà tombée: *s*, sépales du calice ; *ét*, étamines de l'androcée ; *ca*, carpelles du pistil ; *ca'*, un fruit détaché et coupé en *ca''* pour montrer la graine

Bractée. — Spathe. — Involucre. — Une *bractée* est une feuille plus ou

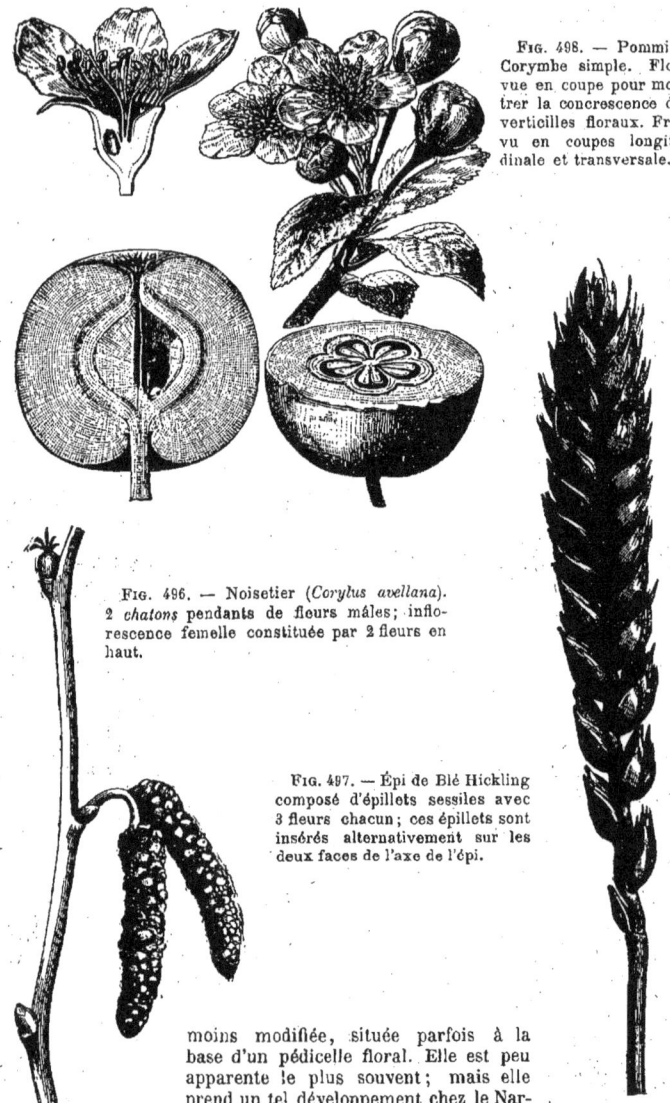

Fig. 498. — Pommier. Corymbe simple. Fleur vue en coupe pour montrer la concrescence des verticilles floraux. Fruit vu en coupes longitudinale et transversale.

Fig. 496. — Noisetier (*Corylus avellana*). 2 *chatons* pendants de fleurs mâles; inflorescence femelle constituée par 2 fleurs en haut.

Fig. 497. — Épi de Blé Hickling composé d'épillets sessiles avec 3 fleurs chacun; ces épillets sont insérés alternativement sur les deux faces de l'axe de l'épi.

moins modifiée, située parfois à la base d'un pédicelle floral. Elle est peu apparente le plus souvent; mais elle prend un tel développement chez le Narcisse, l'*Arum* (fig. 484), etc., qu'elle remplit un rôle protecteur évident pour leurs fleurs; on l'appelle alors *spathe*.

Chez la Carotte et beaucoup d'Ombellifères, les bractées forment un verticille appelé *involucre* à la base de l'ombelle, et des *involucelles* à la base des ombellules (fig. 500).

Dans la Pâquerette (fig. 501), le Pissenlit (fig. 502), le Seneçon (fig. 503) et autres Composées, où l'inflorescence est un capitule, les bractées mères des fleurs les plus externes se développent de manière suffisante pour envelopper le capitule avant son épanouissement; leur ensemble constitue un involucre complété par un nombre

Fig. 500. — Fleurs en ombelle. 1, involucre; 2, involucelles; 3, ombellule.

Fig. 499. — Lotier corniculé (*Lotus corniculatus*).

plus ou moins grand de bractées stériles imbriquées, insérées plus bas sur le pédicelle floral.

§ 2. — DESCRIPTION D'UNE FLEUR. — DIAGRAMME

Fig. 501. — Pâquerette (*Bellis perennis*).

Prenons comme type la fleur de Lin (fig. 493). Au sommet du pédicelle sont étagés, de bas en haut, 4 verticilles formés chacun de 5 pièces florales (fig. 507) :

1° Le *calice*, composé de lames vertes, 1 (*sépales*) ;

2° La *corolle*, formée de lames bleues, 2 (*pétales*),

3° L'*androcée*, formé d'*étamines*, 3,

4° Le *pistil* constitué par les *carpelles*, 4, qui coiffent l'extrémité du pédicelle *pé*.

Les sépales du calice *alternent* avec les pétales de la corolle, ceux-ci avec les étamines de l'androcée ; chaque carpelle est de même disposé entre deux étamines.

Pour embrasser d'un coup d'œil une pareille

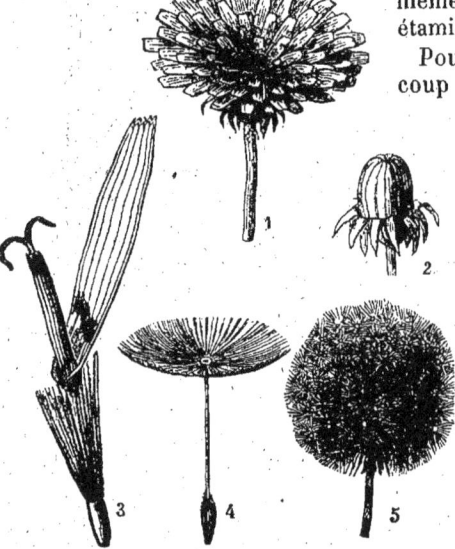

Fig. 502. — Pissenlit (*Taraxacum dens leonis*). 1, capitule de fleurs épanouies. — 3, l'une d'elles détachée montre le calice formé par une aigrette, la corolle gamopétale irrégulière, les étamines soudées par leurs anthères en un tube autour du style que surmonte le stigmate. — 4, fruit indépendant. — 5, ensemble des fruits mûrs sur le pédicelle.

disposition, on trace le *diagramme* de la fleur : on suppose, à cet effet, la fleur coupée par un plan transversal qui en rencontre toutes les pièces; la section de chacune d'elles est inscrite dans une figure théorique avec sa place, ses dimensions et ses rapports.

Les sépales et les pétales sont représentés par des croissants, les étamines par la section de leurs anthères, les carpelles par la coupe des ovaires correspondants.

Le diagramme de la fleur du Lin (fig. 508) a été ainsi obtenu.

L'orientation de la fleur est telle que le milieu de l'un des

Fig. 503. — Seneçon vulgaire (*Senecio vulgaris*). Grappe de capitules.

Fig. 504. — Petite Centaurée (*Erythræa Centaurium*). Fleurs solitaires au sommet des rameaux de la tige ramifiée en cyme bipare. La partie gauche de la figure est schématisée.

sépales du calice est opposé à l'axe de l'inflorescence, et la section du pétale opposé est parallèle à celle de la bractée axillante.

Pièces florales. Leur origine foliaire. — *Sépale*.

— Un sépale (fig. 507) est une lame *verte*, *I*, analogue à une feuille pourvue d'un limbe *li* net, sans pétiole, insérée sur le pédicelle *pé* (6) ; l'*épiderme* avec *stomates*,

Fig. 505. — Dactyle pelotonné (*Dactylis glomerata*).

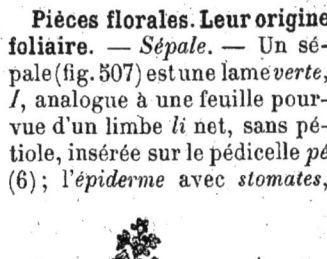

Fig. 506. — Marronnier d'Inde (*Æsculus Hippocastanum*). Inflorescence et fruit ouvert.

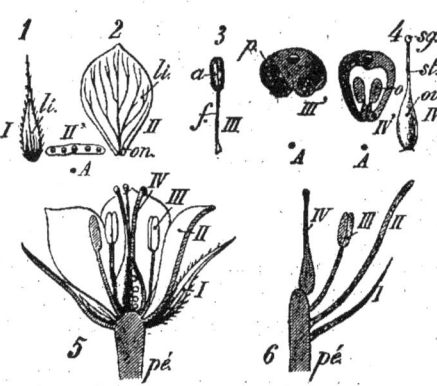

Fig. 507. — Fleur de Lin. 1,2,3,4, pièces florales indépendantes. — *I*, sépale ; *li*, limbe. — *II*, pétale ; *li*, limbe ; *on*, onglet. *II'*, coupe d'un pétale montrant les faisceaux libéroligneux dont le bois est orienté du côté de l'axe *A* du pédicelle. — *III*, étamine ; *f*, filet ; *a*, anthère. *III'*, coupe de l'anthère montrant les 4 sacs polliniques *p*. — *IV*, carpelle ; *ov*, ovaire ; *st*, style ; *sg*, stigmate. *IV'*, section de l'ovaire montrant les ovules *o*. Les coupes *III'* et *IV'* montrent aussi l'orientation des faisceaux libéroligneux de l'étamine et du carpelle par rapport à l'axe *A* du pédicelle (bois en dedans, liber en dehors). — 5, coupe de la fleur avec les verticilles floraux en place. — 6, figure schématique montrant la superposition des verticilles : *I* (calice), *II* (corolle), *III* (androcée), *IV* (pistil).

le parenchyme, les nervures et faisceaux libéroligneux du sépale rappellent absolument les caractères anatomiques de la feuille.

Pétale. — Le pétale, *II*, est une lame d'un bleu plus ou moins accentué, composée d'un *limbe li* étalé et d'un *onglet on* court ; il rappelle aussi, mais de plus loin, les caractères de la feuille par sa structure.

Étamine. — Cette pièce florale, *III*, comprend un *filet f*, surmonté d'une *anthère a*; l'anthère est creusée de 4 cavités (*sacs polliniques*), disposées à droite et à gauche du *connectif* qui prolonge le filet. Ces cavités contiennent les grains de pollen *p*, *III'*; le pollen est une poussière jaune qui se répand dans l'air à la maturité de l'anthère, lors de l'ouverture des sacs polliniques.

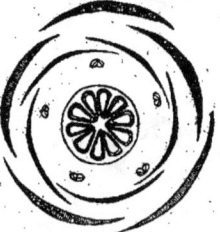

Fig. 508. — Diagramme de la fleur du Lin.

Carpelle. — Un carpelle, *IV*, présente à la base, et fixé au pédicelle, un sac appelé *ovaire ov* surmonté d'un *style st* et d'un *stigmate sg* dont la surface, couverte de papilles et enduite d'un liquide sucré, est destinée à recueillir les grains de pollen. L'ovaire contient des *ovules o*, *IV'*, qui, fécondés par le pollen, donneront plus tard des graines.

La figure 507 présente en *II'*, *III'* et *IV'* les sections transver-

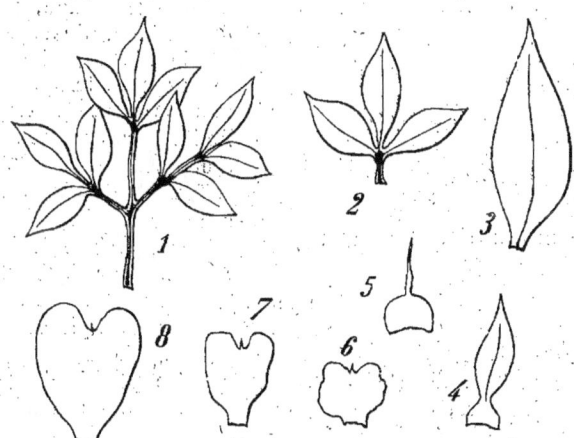

Fig. 509. — Modifications successives des feuilles de Pivoine, de la base au sommet de la tige ; 4,5, bractées faisant passage aux sépales 6,7, puis au pétale 8.

sales des différentes pièces florales. On y distingue les sections de faisceaux libéroligneux dont le bois est orienté du côté de l'axe A du pédicelle et le liber en dehors.

L'anatomie nous fournit donc la preuve que *les pièces florales sont des feuilles modifiées*. La morphologie nous conduit à la même conclusion par l'examen, soit de fleurs normales, soit de monstruosités.

Fig. 510. — Nénuphar. Feuilles et fleur.

Examen des fleurs normales. — La Pivoine à fleurs blanches présente, depuis la base de la tige jusqu'au voisinage de la fleur : des feuilles à nombreux segments, puis des feuilles simplifiées, 1 (fig. 509), plus haut des feuilles réduites à 3 segments (2), plus haut encore des feuilles à limbe non découpé (3), puis des bractées (4, 5) à gaine de plus en plus large; celles-ci forment le passage aux sépales (6, 7) verts, mais réduits à la gaine. La différence entre un sépale (7) et un pétale (8) consiste dans la couleur blanche de ce dernier et sa plus grande délicatesse de structure.

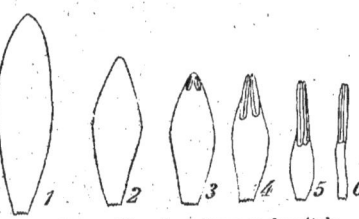

Fig. 511 — Nénuphar. Passage du pétale à l'étamine.

Cette transition, un peu discontinue, du sépale au pétale chez la Pivoine n'existe pas chez le *Camellia* où l'on ne peut trouver une limite entre ces deux sortes d'enveloppes florales.

Tous les stades du passage du sépale à l'étamine nous sont offerts par la fleur du Nénuphar blanc (fig. 510 et 511) où l'on voit apparaître peu à peu, au sommet de certains pétales, une anthère (3) mieux développée dans les pièces florales plus internes (4, 5, 6).

Dans la fleur de Joubarbe, on rencontre parfois des pièces florales internes, portant une demi-anthère et un demi-ovaire avec des ovules (fig. 512, *III* et *III'*).

Ce sont là des exemples d'une *métamorphose progressive* des feuilles.

Examen des fleurs monstrueuses. — Ces dernières présentent le plus souvent des cas de *métamorphose régressive*, c'est-à-dire

LA FLEUR.

l'arrêt de développement du carpelle au stade étamine, de l'étamine au stade pétale (*fleurs doubles des horticulteurs*), du pétale au stade sépale, enfin du sépale à la feuille.

L'examen de la Rose prolifère (fig. 513) suffit à nous convaincre de ce fait, sans qu'il soit nécessaire d'insister davantage.

En résumé, une fleur est composée de pièces florales ayant toutes pour origine des feuilles modifiées. Les modifications, moins accusées chez les sépales et les pétales, sont plus profondes dans les étamines et les carpelles. Une partie du limbe de la feuille staminale

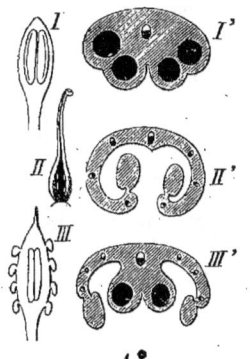

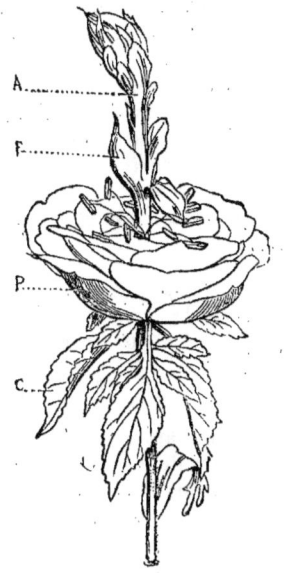

Fig. 512. — Joubarbe. *I*, étamine dont l'anthère est vue en coupe en *I'*. — *II*, carpelle dont l'ovaire est vu en coupe en *II'*. — *III*, étamine à demi transformée en carpelle, et portant des ovules, vue en coupe en *III'*.

Fig. 513. — Rose prolifère. Fleur monstrueuse dont plusieurs étamines se sont transformées en pétales; les sépales du calice sont demeurés à l'état de feuilles C; le pédicelle A a continué de croître au lieu de produire des carpelles (métamorphose régressive).

se transforme en sacs remplis de cellules modifiées qui produisent les grains de pollen (fig. 512, *I* et *I'*). *Les bords de la feuille carpellaire se replient du côté ventral, et forment une cavité close ou une simple gouttière destinée à protéger les ovules* (*II* et *II'*); *ces derniers semblent autant de lobes de la feuille carpellaire, développés en vue d'une fonction spéciale.*

§ 5. — EXAMEN DU ROLE ATTRIBUÉ AUX DIVERSES PIÈCES FLORALES

Un certain nombre de fleurs identiques étant prêtes à s'épanouir, on supprime : dans l'une d'elles, le calice ; dans une deuxième, la corolle ; dans une troisième, l'androcée ; dans une quatrième, le pistil. Les fleurs dépourvues de calice ou de corolle, abritées par une feuille de papier, suivent leur évolution normale et donneront des graines (il en serait de même d'une fleur à laquelle on aurait enlevé calice et corolle à la fois). La troisième fleur *pourra* donner des graines si elle n'a pas été protégée par une coiffe de papier contre les mouvements de l'air ou l'accès des insectes qui auront apporté du pollen sur le stigmate du pistil ; mais si une coiffe de papier la recouvre, elle se flétrira et mourra sans produire de graines : *quelles que soient les précautions prises*, la quatrième fleur, dépourvue de pistil, *mourra sans donner de graines*.

Ainsi *le calice et la corolle sont des verticilles seulement* **protecteurs** *des parties internes ;* ils forment le *périanthe*. *L'androcée et le pistil sont les verticilles essentiels*, **reproducteurs**, *sans lesquels toute fécondation, et par suite toute production de graines, est impossible.*

		Verticilles.		Feuilles modifiées.
eur	Périanthe protecteur..	Calice	composé de	sépales.
		Corolle	—	pétales.
	Appareil reproducteur.	Androcée	—	étamines.
		Pistil	—	carpelles.

§ 4. — CLASSIFICATION DES FLEURS

La plupart des fleurs sont *verticillées* comme la fleur du Lin ; certaines fleurs sont *spiralées*, c'est-à-dire que leurs pièces florales sont disposées, à la suite les unes des autres, le long d'une spirale

Fig. 514. — Diagramme de la fleur du Géranium.

Fig. 515. — Fleur régulière de la Giroflée.

Fig. 516. — Diagramme de la fleur d'Iris. — *s*, 3 sépales. — *p*, 3 pétales. — *et*, 3 étamines développées ; *ét'*, 3 étamines atrophiées ; — 3 carpelles au centre.

très surbaissée qui contourne le sommet du pédicelle floral. La fleur des Nymphéacées (Nénuphar, fig. 510), des Renonculacées, etc., présente cette constitution ; mais alors le nombre des pièces florales n'est pas fixe et la transition ménagée d'une forme à l'autre s'y remarque plus que dans les fleurs verticillées.

Ces dernières étant les plus nombreuses, nous les envisagerons spécialement dans la classification suivante.

1° **Les verticilles sont tous représentés.** — *Nombre de feuilles florales par verticille.* — Les fleurs des Dicotylédones sont constituées d'après le type 2 ou le type 5, c'est-à-dire que chacun de

Fig. 517. — Fleur d'Iris.

Fig. 518. — Diagramme de la fleur du Blé. *g.s*, glumelle supérieure; *g.i*, glumelle inférieure; *s*, 2 glumellules seulement; *ét*, 3 étamines; *c*, carpelle.

Fig. 519. — Fleur irrégulière du Pois.

leurs verticilles renferme 2 ou 5 pièces florales, ou un multiple de ces nombres.

    Type 5 : Lin (fig. 508), Géranium (fig. 514), Œillet, Ronce (fig. 495).
    — 4 : Giroflée (fig. 515), Moutarde.
    — 2 : Circée.

Les fleurs des Monocotylédones sont constituées d'après le type 3 ou un multiple de 3 : *Lis* (fig. 491), *Iris* (fig. 516 et 517), *Amaryllis*, Blé (fig. 518).

2° **Nombre des verticilles floraux.** — *Périanthe.* Quand le périanthe comprend : 2 verticilles (calice et corolle), la fleur est *dipérianthée* : Lin, Giroflée, Pois (fig. 519), Pomme de terre (fig. 520). S'il renferme seulement 1 verticille, la fleur est *monopérianthée* : Anémone, Ortie (fig. 521).

Dans ce cas, on admet que le verticille absent est la corolle. Le verticille qui subsiste est souvent coloré; il s'appelle alors *périanthe pétaloïde;* on donne le même nom à deux verticilles presque identiques comme ceux du Lis.

Quand le périanthe fait défaut, la fleur est *apérianthée* ou *nue* : Saule, Carex (fig. 522 et 523). Une ou plusieurs bractées *b* remplacent le périanthe qui manque.

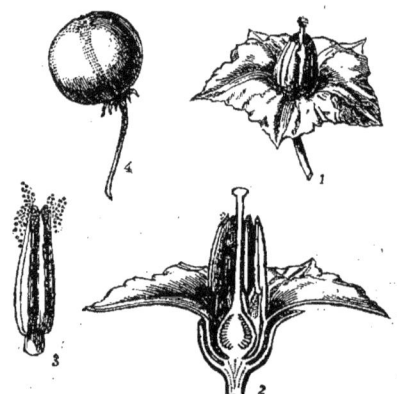
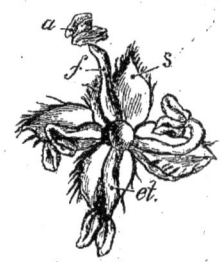

Fig. 520. — Fleur de la Pomme de terre 1, montrant la corolle gamopétale ; 2, vue en coupe , 3, étamine dont les sacs polliniques s'ouvrent par des pores au sommet ; 4, fruit (baie).

Fig. 521. — Fleur mâle d'Ortie (*Urtica dioica*).— *s*, 4 sépales du calice ; *ét*, 4 étamines avec filet *f* et anthère *an*.

(b) *Verticilles reproducteurs.* — Quand l'appareil reproducteur est représenté : par 2 verticilles (androcée et pistil), la fleur est *bisexuée* ou *hermaphrodite* (Giroflée, Lin, Pomme de terre, Pois,

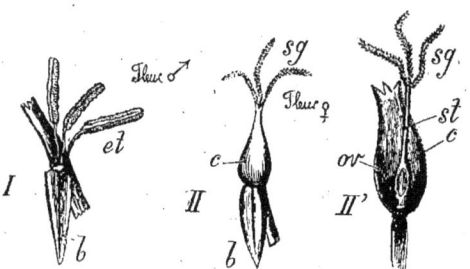

Fig. 522. — *Carex glauca*. *I*, fleur mâle avec 3 étamines. *II*, fleur femelle entourée d'une cupule *c*, vue en coupe en *II'*; *st*, style ; *sg*, stigmate ; *b*, bractée.

Lis, etc.); par 1 verticille, la fleur est *unisexuée* : Ortie (fig. 521), Saule, Chanvre, Lychnis dioïque, Maïs.

Une fleur unisexuée est *mâle* quand elle renferme l'androcée, et *femelle* quand le pistil s'y trouve seul.

Si les fleurs unisexuées mâles et femelles sont portées sur la même plante, la plante est *monoïque* : Maïs (fig. 415), Noisetier (fig. 496); si une espèce végétale à fleurs unisexuées présente des plantes uniquement pourvues de fleurs mâles, et d'autres avec des fleurs femelles seulement, elle est dite *dioïque* : Chanvre, Mercuriale (fig. 404).

Avortement partiel des verticilles floraux. — Dans la fleur d'Iris (fig. 516), etc., il y a suppression totale de l'un des 2 ver-

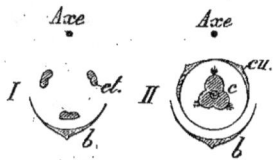

Fig. 523. — *Carex glauca*. Diagrammes des fleurs mâle *I* et femelle *II*.

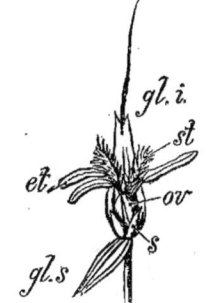

Fig. 524. — Fleur d'Avoine (*Avena pratensis*). *ov*, ovaire; *st*, stigmates plumeux. Même légende que la fig. 518.

ticilles qui composent l'androcée. Dans certaines fleurs l'avortement est partiel ; ainsi la fleur d'Orchis ne possède qu'une étamine

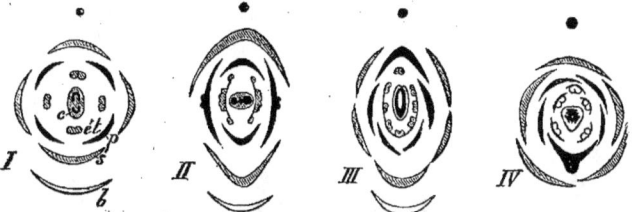

Fig. 525. — Diagrammes de diverses fleurs : *I*, *Galium*; *II*, *Dielytra*; *III*, Haricot; *IV*, Violette. Les points noirs situés au-dessus des diagrammes indiquent l'orientation de ces figures par rapport à l'axe de la plante. *b*, bractée axillante ; *s*, sépale; *p*, pétale; *ét*, étamine; *c*, carpelle. [Dans le diagramme *III*, il doit y avoir 9 étamines soudées, et non 7, comme l'indique la figure.]

au lieu de 6. Les fleurs du Blé (fig. 518) et de l'Avoine (fig. 524) sont remarquables par l'absence de deux carpelles sur 3.

3° **Préfloraison. Liberté ou soudure et grandeur relative des pièces florales qui composent un même verticille.** — Les pièces florales ont une origine identique à celle des feuilles.

On appelle *préfloraison* la disposition adoptée par les pièces du périanthe dans

518   LA FLEUR.

le bouton, disposition facile à reconnaître par une section transversale de la fleur non épanouie.

Préfloraison
- *valvaire* : Les pièces florales se touchent par leurs bords sans se recouvrir : Vigne, *Galium* (fig. 525, *I*).
- *tordue* : Chaque pièce florale est recouverte par un bord et recouvrante par l'autre : Iris (fig. 516), *Cyclamen*.
- *imbriquée*
  - *alternative* : 2 pièces recouvertes, 2 recouvrantes : *Dielytra* (fig. 525, *II*).
  - *quinconciale* : 2 p. recouvertes, 2 recouvrantes, 1 p. recouverte par un bord et recouvrante par l'autre : Fraisier.
  - *vexillaire* : (Papilionacées, fig. 519). L'*étendard* recouvre les *ailes* qui recouvrent les 2 pièces de la carène : Haricot, *III*.
  - *cochléaire* : 1 p. recouverte, 1 recouvrante, les autres recouvertes par un bord et recouvrantes par l'autre : Violette, *IV*.

La disposition peut être différente pour les sépales et pour les pétales : chez le Géranium fig. 514), la préfloraison des sépales est imbriquée cochléaire; celle des pétales est tordue.

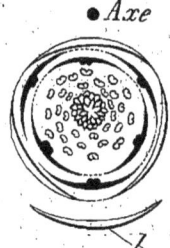  

Fig. 525 *bis*. — Diagramme de la fleur de Ficaire (Renonculacées).

Fig. 525 *ter*. — Diagramme de la fleur d'*Eryngium* (Ombellifères).

Fig. 526. — Tabac. Calice gamosépale et corolle gamopétale hypocratériforme.

Si le développement de chacune des pièces florales est indé-

  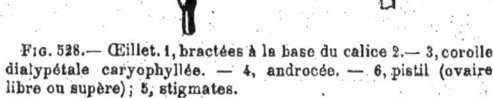

Fig. 527. — Sauge. Calice gamosépale et corolle gamopétale labiée.

Fig. 528. — Œillet. 1, bractées à la base du calice 2.— 3, corolle dialypétale caryophyllée. — 4, androcée. — 6, pistil (ovaire libre ou supère); 5, stigmates.

pendant de celui de ses voisines, elles demeurent toutes *libres*;

dans le cas contraire elles s'unissent sur tout ou partie de leurs bords en contact : elles sont alors *concrescentes*. La concrescence atteint parfois non seulement les pièces d'un même verticille, mais encore deux ou plusieurs verticilles.

Concrescence des pièces d'un même verticille.

(a). *Périanthe.* — Le calice est dit *dialysépale* quand les sépales

Fig. 528 bis. — Fleur entière d'Œillet et fleurs non épanouies.

Fig. 530. — Muflier. Corolle personnée.

sont libres : Giroflée (fig. 515), Lin (fig. 493), Géranium. Il est

Fig. 529. — Campanule. 1, calice gamosépale. — 2, corolle gamopétale campanulée. — 3, androcée. — 4, 5, pistil (ovaire adhérent ou infère).

Fig. 531. — Diagramme de la fleur du Muflier.

gamosépale quand les sépales sont plus ou moins soudés entre eux : Pois (fig. 519), Tabac (fig. 526), Sauge (fig. 527).

520 LA FLEUR.

La corolle est *dialypétale* quand les pétales sont libres : Giroflée, Œillet (fig. 528), Ronce (fig. 495), Rose ; elle est *gamopétale* chez la Pomme de terre (fig. 520), la Campanule (fig. 529), le Muflier (fig. 530 et 531), la Centaurée (fig. 532), le Pissenlit (fig. 502).

Suivant la forme qu'elle affecte, la corolle a reçu des noms différents :

Corolle.
- dialypétale
  - *rosacée :* pétales disposés en rosace (Rose),.......... Rosacées.
  - *cruciforme :* 4 pétales en croix (Moutarde, Giroflée). Crucifères.
  - *caryophyllée :* 5 pétales à onglet très long contenu dans le calice gamosépale tubuleux (Œillet) Caryophyllées.
  - *papilionacée :* 5 pétales inégaux (étendard, ailes, carène) (Pois, Haricot)..................... Papilionacées.
- gamopétale
  - *tubuleuse,* pétales soudés en un tube (Consoude fig. 533, Bruyère).
  - *campanulée,* pétales soudés en cloche (Campanule).... Campanulacées.
  - *infundifiliforme* ou en forme de coupe conique (Liseron).
  - *rotacée,* pétales en roue (Pomme de terre).
  - *hypocratériforme* ou en entonnoir (Tabac).
  - *personnée,* formant un mufle (Muflier, Linaire)........ Personnées.
  - *labiée,* formant 1 ou 2 lèvres (Sauge)................. Labiées.
  - *ligulée,* formant 1 seule lame dentée (Pissenlit, Marguerite).

(b) *Verticilles reproducteurs.* — Androcée. — Quand les étamines sont libres, l'androcée est dit *dialystémone* : Giroflée, Ronce, Œillet, Renoncule, Lamier.

La Giroflée, comme toutes les Crucifères, possède 6 étamines dites *tétradynames*, parce que 4 d'entre elles sont plus grandes que les 2 autres (fig. 534). Les Labiées, comme le Lamier, la Sauge, etc..., possèdent 4 étamines dites *didynames*, parce que 2 d'entre elles sont plus grandes que les 2 autres (fig. 536, 4).

Fig. 532. — Centaurée : capitule. A droite, fleur détachée : 5, aigrette ; 1, corolle gamopétale. 3, androcée dont les étamines sont soudées par les anthères ; 4, stigmate du pistil.

L'androcée est *gamostémone* quand les étamines sont soudées, en tout ou en partie.

Les étamines sont soudées par leurs filets :

1° En un seul faisceau entourant le style chez la Mauve, le Cotonnier (fig. 535) ; on les dit *monadelphes* ;

2° En deux faisceaux chez le Haricot (sur 10 étamines, 9 sont soudées, 1 est libre, fig. 536,5) ; elles sont dites *diadelphes* ;

3° En *n* groupes chez l'Oranger, le Millepertuis ; elles sont *polyadelphes*.

Les étamines sont soudées par leurs anthères chez les Composées ou Synanthérées (Bleuet, Pissenlit, Centaurée, Marguerite).

Pistil. — Les *carpelles sont indépendants* chez la Renoncule, le Fraisier, la Ronce (fig. 495); ils sont généralement *soudés entre eux à divers degrés* que nous examinerons spécialement plus loin : Lis, Campanule, Pavot, Violette.

On appelle communément *ovaire, style et stigmate de la fleur*

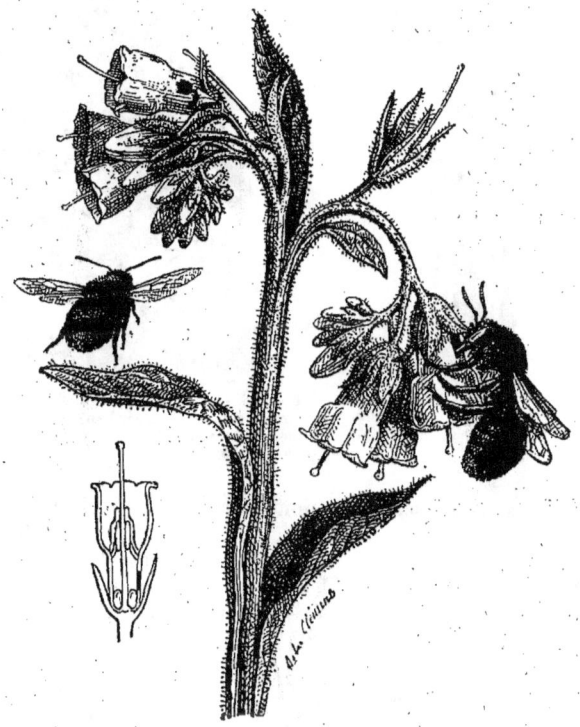

Fig. 533. — Inflorescence de Consoude visitée par des Bourdons. A gauche, fleur vue en coupe.

l'ensemble des ovaires, des styles et des stigmates plus ou moins concrescents.

Concrescence de plusieurs verticilles entre eux. — Les quatre verticilles de la fleur sont parfois adhérents entre eux sur toute la hauteur de l'ovaire. Le calice, la corolle et l'androcée semblent insérés au niveau où le style prend naissance; et cependant l'examen d'une coupe pratiquée un peu au-dessous de ce niveau y montre des faisceaux libéroligneux disposés suivant

522 LA FLEUR.

plusieurs cercles concentriques correspondant : le plus extérieur au calice, le deuxième à la corolle, etc...

Ainsi, malgré la concrescence, *l'individualité anatomique de chaque verticille, de chaque pièce florale, est conservée.*

On appelle *ovaire supère* ou *libre* celui qui est indépendant des verticilles

FIG. 535. — Cotonnier. A gauche, fleur dont les étamines sont soudées par leurs filets. A droite, fruit ouvert renfermant les graines entourées de longs poils (coton).

FIG. 534. — Giroflée. Étamines tétradynames.

extérieurs concrescents ou non : Giroflée, Lin, Œillet (fig. 528), Pomme de terre (fig. 520); l'ovaire est dit *infère* ou *adhérent* lorsque sa paroi est soudée à la coupe formée par la concrescence des organes extérieurs : Campanule (fig 529), Pommier (fig 498).

4° **Régularité ou irrégularité des fleurs.** — Toute fleur est dite *régulière* quand elle possède plusieurs plans de symétrie (autant que de pièces florales dans chaque verticille) : Lin, Ronce, Tabac, Campanule, Lis, Iris.

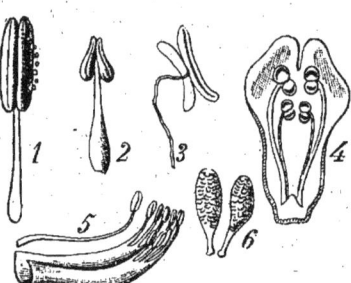

FIG. 536. — Étamines : 1, Iris. — 2, Liseron. — 3, Blé. — 4, Muflier (étamines didynames). — 5, Androcée du Haricot (9 étamines soudées par leurs filets et 1 libre). — 6, Pollinies d'Orchidée.

Une fleur *irrégulière* possède un seul plan de symétrie : Haricot, Sauge, Muflier (*fleurs zygomorphes*), ou n'en a pas : Valériane.

Les fleurs zygomorphes ont une symétrie bilatérale.

§ 5. — DE L'ANDROCÉE

L'androcée comprend les étamines.

A. Angiospermes. — Nous avons vu précédemment que l'étamine est une feuille modifiée composée d'un *filet* et d'une *anthère*. L'anthère renferme quatre *sacs polliniques* contenant le *pollen*. On appelle *connectif* le prolongement du filet qui unit les deux moitiés de l'anthère.

Le connectif s'étend sur toute la longueur de l'anthère chez l'Iris (fig. 536, 1) il est très court chez le Liseron (2); chez le Blé (3) où les deux moitiés (*loges*) de l'anthère s'écartent en forme d'X, chez le Sarrasin où l'anthère forme deux parties à loges parallèles, chez le Laurier où ces loges distinctes sont opposées.

L'anthère est de couleur jaune en général ; elle est rouge dans le Réséda, le Marronnier, etc.

* **Origine, développement et structure de l'étamine.** — L'étamine apparaît dans le bouton, comme un mamelon (future *anthère*) porté par un *filet* très court, quand s'est produit déjà l'étranglement basilaire qui limite ces deux régions. Un sillon ventral médian plus accusé et 2 légers sillons latéraux font entrevoir la différenciation de l'anthère. Une coupe transversale 1 (fig. 537), examinée à ce moment, laisse voir l'épiderme *ép* déjà différencié et 4 cellules ou 4 groupes de cellules *c.m* plus volumineuses que leurs voisines; le dédoublement de la couche sous-épidermique de l'anthère (1') a donné deux rangées de cellules : l'une externe A, l'autre interne M; cette dernière fournit les cellules *c.m* (1), et M (2 et 2'), futures *cellules-mères du pollen*. Pendant que les cellules M se multiplient par segmentation, l'assise externe A subit 2 cloisonnements tangentiels d'où résultent les couches concentriques a, a', a''. La couche a formera un peu plus tard l'*assise fibreuse* ou *mécanique;* a' est dite *assise moyenne* qui joue, en général, un rôle identique à celui de l'*assise nourricière* a''. Les cellules de cette dernière sont de couleur jaune; elles accumulent des réserves abondantes (amidon). A mesure que l'anthère se développe, les cellules de l'*assise mécanique a* se *lignifient* totalement ou en partie (5) sur la face interne *c.i*, tandis que du côté externe *c.e*, appliqué contre l'épiderme, elles demeurent minces. Cette lignification s'opère tout autour du massif des cellules M, sauf dans les cellules *c* (fig. 537, 3) placées vis-à-vis des sillons latéraux de l'anthère; en même temps, le contenu des assises a' et a'' est résorbé par les grains de pollen auxquels ont donné naissance les cellules-mères M.

Chacune des cellules M se segmente simultanément en quatre cellules-filles (7) qui s'isolent peu à peu, dans la cellule-mère, par des cloisons (6) (Dicotylédones). La membrane de la cellule-mère et la partie moyenne des membranes communes aux cellules-filles (uniquement composées de pectose), se gélifient et sont résorbées par ces dernières.

Les jeunes grains de pollen, associés d'abord en tétrades, grossissent aux dépens du liquide granuleux épais formé par le protoplasme et par la membrane gélifiée des cellules M et des deux assises cellulaires a'' et a'. Ils acquièrent leur forme définitive; leur noyau se divise en deux parties (8) séparées quelquefois par une cloison (fig. 322, A); mais le plus souvent, c'est une ébauche de cloison qui apparaît et disparaît ensuite.

Les grains de pollen (9) deviennent indépendants dans les cavités ou *sacs polliniques s. p.* (fig. 537, 3) dont l'assise mécanique a forme le revêtement.

L'anthère est mûre; à ce moment, le filet qui la soutient s'allonge rapidement, et l'étamine est constituée. Le périanthe de la fleur s'épanouit, les tissus de l'anthère se dessèchent et provoquent sa *déhiscence*, nécessaire à la dissémination du pollen.

Chez certaines Orchidées, la gélification des membranes des cellules-mères est incomplète et les grains de pollen demeurent associés soit par tétrades (Bruyère).

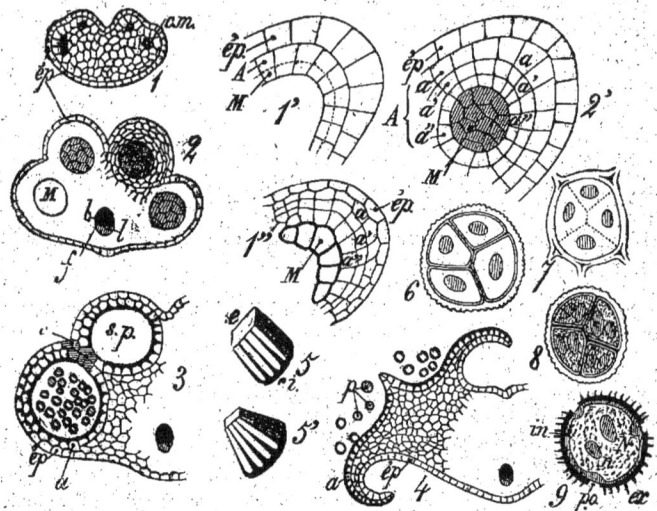

Fig. 537. — Origine et développement de l'anthère et du pollen. — 1, Coupe transversale d'une jeune anthère; *ép,* épiderme; *c.m,* initiales des cellules mères du pollen. — 1', un quart de cette section grossie montre le dédoublement de l'assise sous-épidermique (A, M). — 1", la couche A a donné l'assise mécanique a et les assises nourricières a' et a''; la couche M a formé les cellules mères du pollen (*Mentha aquatica*). — 2 et 2', mêmes transformations dans l'anthère jeune de *Symphytum orientale*; *f,* faisceau libéroligneux du connectif: *b,* bois; *l,* liber. — 3, anthère mûre; l'assise a est formée de cellules 5, épaissies sur leur face interne *c.i,* sauf dans la région c commune à deux sacs polliniques voisins. Les assises a' et a'' sont résorbées et, dans les sacs polliniques *s.p,* les grains de pollen sont devenus libres. — 4, Déhiscence de l'anthère par la dessiccation et la déformation des cellules 5 qui ont pris la forme 5'; la paroi des sacs polliniques s'est déchirée en c (3) et renversée pour mettre en liberté le pollen *p.* — 7, 6, division d'une cellule mère en 4 cellules filles. — 8, bipartition du noyau et gélification de la membrane (lame mitoyenne) — 9, Grain de pollen : *ex,* exine avec pores *po* et ornements en relief; *in,* intine avec réserves de cellulose en face des pores; N, n, noyaux des deux cellules à protoplasmes confondus.

soit en totalité (Orchis) : ils forment, dans ce dernier cas, une sorte de massue appelée *pollinie* (fig. 536,6) qui ne peut contribuer à la fécondation qu'avec le concours inconscient des insectes ou des oiseaux.

Déhiscence de l'anthère. — Quand la fleur est épanouie, les étamines exposées à l'air libre transpirent abondamment; le tissu de l'anthère se déchire (*déhiscence*) et provoque la mise en liberté du pollen.

DE L'ANDROCÉE.

TABLEAU XLVI.

Reproduction des Phanérogames (suite).

DE L'ANDROCÉE.

Angiospermes. — L'androcée est composé d'*étamines* { *Filet.*
Anthère : 4 *sacs polliniques.*

Étamines.
- *Origine foliaire*, développement.
- **Anthère.**
  - Dans l'anthère, *cellules mères* donnent des *tétrades* de grains de pollen.
  - *Déhiscence* par sa face antéro-latérale (rôle de l'assise mécanique)
  - Mise en liberté du pollen { en grains libres
    — accolés (*pollinies*).
- **Pollen.**
  - Structure : 2 *cellules* à protoplasmes confondus et noyaux distincts,
    entourées d'une double membrane : { *exine* cutinisée (pores, accidents en relief).
    intine mince (réserves de cellulose).
  - *Germination* dans un liquide nutritif ou sur le stigmate du pistil : *Tube pollinique.*

Gymnospermes. — *Cônes* de fleurs mâles.
- Une étamine est une *écaille foliaire* avec 2 *sacs polliniques* d'ordinaire.
- Déhiscence des sacs par la face dorsale de l'écaille.
- *Pollen.* — Plusieurs cellules *distinctes* dans un même grain : les unes *actives*, les autres inactives, à la germination.

DU PISTIL.

Angiospermes. — Le pistil est composé de *carpelles.* { *Ovaire :* ovules.
Style et Stigmate.

Carpelles.
- *Origine foliaire.*
- **Développement**
  - *libre.* — Carpelles libres : Cerisier, Haricot, Renoncule.
  - *avec concrescence.*
    - *Placentation axile.* ovules autour de l'axe de l'ovaire pluriloculaire.
    - *Placentation pariétale* : ovules sur les parois de l'ovaire uniloculaire.
    - *Placentation centrale libre :* ovules sur un massif central dans l'ovaire uniloculaire.
- **Ovule.**
  - Description...... { 2 enveloppes (*primine* et *secondine*) (1 seule . Gamopétales) entourant le *nucelle* (au sommet, *micropyle*).
  - Origine : Lobe de la feuille carpellaire y attaché par le *funicule* (*hile, chalaze*).
  - *Formes diverses.* { Ovule. dressé (*orthotrope*)
    — courbé (*campylotrope*) } assez rares
    — renversé (*anatrope*) . le plus fréquent
  - *Sac embryonnaire* { Cellule supérieure (*Calotte*) d'ordinaire.
    1re segmentation : — inférieure. { 2 synergides, *Oosphère*,
    (3 bipartitions) *Noyau secondaire*, 3 antipodes.

Gymnospermes. — Cônes d'écailles carpellaires portant ordinairement 2 *ovules nus.*
- **Ovule nu.**
  - *Primine* seulement (chambre pollinique).
  - *Nucelle.* { Sac embryonnaire forme l'*endosperme.*
    n Corpuscules (Rosette ; cellule de canal et oosphère).

Fécondation : Angiospermes.
- 1° *Pollinisation* [directe, croisée (rôle du vent et des insectes)].
- 2° *Germination* du pollen sur le stigmate ; — 3° *Développement* du tube pollinique ; digestion du tissu conducteur (style et ovaire) : rôle du *noyau végétatif.*
- 4° *Fécondation.* { Le noyau mâle pénètre dans l'*oosphère ;* fusion des *sphères directrices* d'abord, puis des noyaux mâle (tube pollinique) et femelle (oosphère) : Œuf.
  Disparition ultérieure des synergides et des antipodes.

Chez les **Gymnospermes**, la cellule de canal désorganise la rosette et facilite l'accès du noyau mâle à l'oosphère.

Mécanisme de la déhiscence. — L'ouverture de l'anthère est déterminée par le jeu de l'assise mécanique *a*. Les cellules de cette assise sont fortement lignifiées sur leur face interne *c.i* (fig. 537, 5), leur face externe *c.e*, appliquée contre l'épiderme *ép* (3), est cellulosique. Toutes choses égales d'ailleurs, la cellulose pure se contractant plus dans l'*air sec* que la cellulose lignifiée, la face *c.e* se rétrécit lors de l'épanouissement de l'étamine et chaque cellule (5) de l'assise mécanique prend la forme 5'. La surface externe de l'assise *a*, devenue plus petite que sa surface interne, provoque la déchirure de la paroi de l'anthère au point *c* (3) où se trouvent des cellules non lignifiées; les 2 sacs polliniques voisins s'ouvrent suivant une fente commune et mettent en liberté le pollen *p* (fig. 537, 4).

Dans le Jonc fleuri, la déhiscence se fait en dedans, parce que la lignification des cellules de l'assise mécanique s'est produite sur la face externe *c.e*.

Divers modes de déhiscence. — La déhiscence de l'anthère est le plus souvent *longitudinale*, c'est-à-dire que sur ses deux faces latérales apparaît une fente en long, fente commune à deux sacs polliniques voisins : Iris (fig. 536, 1), Liseron (2). Parfois la déhiscence est *terminale :* ainsi, chez la Pomme de terre (fig. 520), l'anthère s'ouvre par deux orifices situés à son extrémité supérieure (déhiscence terminale *poricide*); elle est *valvaire* chez l'Épine-vinette où deux sortes de couvercles se soulèvent de bas en haut.

Pollen. — Le pollen est une poussière jaune en général, parfois rouge, brune (Pavot), bleue (Épilobes) ou blanche (*Richardia*). Libres le plus souvent, les grains de pollen demeurent associés en *pollinies* (6, fig. 536) chez les Orchidées et les Asclépiades.

Chaque grain de pollen est au moins une *double cellule* dont les noyaux N et n (fig. 537, 9) ne sont pas séparés par une cloison persistante.

Un noyau représente donc la huitième partie du noyau de la cellule-mère primitive.

La membrane de cette double cellule est mince chez l'Orchis; fort épaisse chez l'Ail, le Seneçon, etc.; elle demeure simple, mais sa partie externe est cutinisée sauf aux endroits où elle présente des pores et des plis. Le plus souvent le grain de pollen est enveloppé de deux membranes : l'une externe, appelée *exine*, *ex* (fig 538, *A*) est cutinisée, pourvue de pores et d'épaississements en relief (pointes, bandes); l'autre interne, nommée *intine*, *in*, demeure mince, sauf aux endroits des pores de l'exine où elle présente une réserve cellulosique constituant une sorte de bouchon saillant vers l'intérieur *c* (fig. 538, *A'*).

Le protoplasme du grain de pollen est condensé et très riche en réserves (sucre, amidon, huile).

Développement du grain de pollen. — Abandonné à l'air humide, ou mieux au contact d'un liquide nutritif contenant du sucre, des gommes, etc..., sous l'influence d'une douce chaleur, le grain de pollen *germe comme une spore* (voir page 372); il absorbe de l'eau à l'extérieur, se gonfle et pousse un *tube pollinique* *t.p.* (fig. 538, *A* et *B'*), en dehors de l'exine, par les points de plus faible résistance de cette membrane (pores, sillons). L'intine, utilisant les bouchons de cellulose *c* et les réserves du grain, fournit la paroi du tube pollinique dont la longueur atteint 100, 1 000 fois le diamètre du grain primitif.

La majeure partie du protoplasme et les deux noyaux *N* et *n* s'engagent dans le tube et se maintiennent toujours à une faible distance de son extrémité.

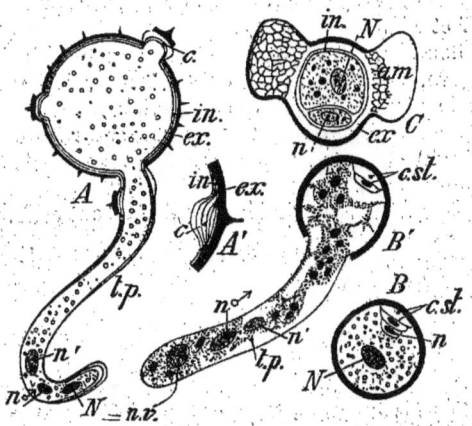

Fig. 538. — Germination du pollen. *A*, grain de pollen de Courge; la réserve de cellulose *c* (*A* et *A'*) sert à la production du tube pollinique *t.p* dans lequel se sont engagées : 1° la cellule avec *noyau végétatif* ($N = n.v$); 2° la cellule *n* dont le noyau s'est dédoublé en *n* ♂ (*cellule primordiale* avec noyau mâle) et *n'* (noyau accessoire). — *B*, grain de pollen pluricellulaire de *Ceratozamia* avec cloisons persistantes : *N*, cellule végétative; *n*, cellule primordiale; *c.st*, cellules inactives. *B'*, sa germination. — *C*, grain de pollen de Pin pourvu de 2 ampoules *am* formées par l'exine *ex*; *in*, intine renfermant les 2 cellules *N* et *n*.

La germination du pollen demeure sans effet utile, si elle n'aboutit pas à un ovule (pistil de la fleur).

Remarque. — Le grain de pollen mûr renferme des diastases, l'amylase et l'invertine notamment; pendant la germination, la proportion de ces diastases augmente, puis diminue beaucoup quand le grain de pollen a perdu la faculté de germer. Le tube pollinique se nourrit des réserves du grain et des matériaux que renferme le style dans le cas de la germination normale (page 534); le style, en effet, sécrète des diastases propres à dissoudre le tissu conducteur qu'il renferme; il prépare ainsi les substances qu'absorbera le tube pollinique.

B. *Gymnospermes*. — Chez les Gymnospermes où les fleurs sont unisexuées, on trouve des fleurs mâles, *C* ♂ (fig. 361), au sommet de certains rameaux.

Une fleur mâle est une réunion d'écailles, *et₁*, dans le parenchyme dorsal desquelles s'organisent 2 sacs polliniques avec de nombreux grains de pollen, *p* (3 sacs polliniques chez le Genévrier). Quand ces derniers sont mûrs, les sacs polliniques s'ouvrent chacun par une fente, *et₁*, sur la face dorsale de l'écaille, et le pollen se répand à profusion dans l'air (pluies de soufre des légendes).

Les grains de pollen des Gymnospermes sont formés de 2 cellules au moins, dont les noyaux sont séparés par une *cloison persistante* : Pin (fig. 538, *C*); ceux de *Ceratozamia*, *B*, possèdent 4 cellules dont deux, *c.st*, demeureront inactives lors de la germination. Les grains de pollen du Pin sont pourvus de deux ampoules pleines d'air, *am*, creusées entre l'intine et l'exine; ces ampoules augmentent la surface des grains et facilitent leur dispersion par le vent.

§ 6. — DU PISTIL

Le *pistil* est composé de la réunion des *carpelles*.

A **Angiospermes**. — Un carpelle est une feuille modifiée; il est formé d'un *ovaire*, surmonté d'un *style* et d'un *stigmate*. Sur les bords de la feuille carpellaire, dans l'ovaire, sont insérés les *ovules* (fig. 512, *II* et *II'*).

Peu de fleurs ne renferment qu'un carpelle (Haricot, Pois, Lentille, Fève, etc.). Dans les autres fleurs, les carpelles qui composent le pistil sont disposés symétriquement autour de l'axe de la tige (quelquefois la tige se prolonge entre les carpelles qui sont déjetés sur ses côtés en un verticille comparable à un verticille de feuilles normales).

Les carpelles demeurent indépendants ou sont concrescents.

Liberté ou concrescence des carpelles. Placentation. — *Pistil réduit à un seul carpelle.* — Chez le Haricot (fig. 539), le Pois (fig. 540), le carpelle unique qui compose le pistil se place dans le prolongement du pédicelle floral *p;* les deux moitiés de la feuille carpellaire *ca* s'y

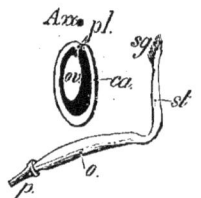

Fig. 539.— Carpelle de Haricot porté par le pédicelle *p*. — *o*, ovaire; *st*, style; *sg*, stigmate. Au-dessus de l'ovaire *o*, s'en trouve une section transversale passant par un ovule *ov* fixé sur le placenta *pl*. Cette section est orientée par rapport à l'*axe de la fleur* et normalement à cet axe.

Fig. 540. — Pois. A gauche, fleur et gousse entr'ouverte.

sont rejointes par leurs bords, et les ovules *ov* sont insérés sur la soudure appelée *placenta pl*.

Le Pêcher, l'Abricotier, l'Amandier, le Cerisier renferment un carpelle unique avec un seul ovule.

Pistil pluricarpellaire. — 1° *Carpelles libres.* La Renoncule, le Fraisier, la Ronce (fig. 495) renferment un grand nombre de carpelles libres *uniovulés*, disposés au sommet du pédicelle ; chez tous, le placenta *est tourné du côté de l'axe de la fleur.*

2° *Carpelles concrescents.* — *Placentation axile.* — Chez l'Aconit, la Nigelle, les carpelles, indépendants quant à leur structure, sont accolés par leur base, les placentas (fig. 541, *I*) tournés du côté de l'axe de la fleur. Au sommet, les carpelles sont libres, et la figure *I'* montre l'orientation des placentas par rapport à l'axe *A* de la fleur. — Chez la *Nigelle de Damas*, les ovaires sont concrescents sur toute leur longueur, les styles et les stigmates

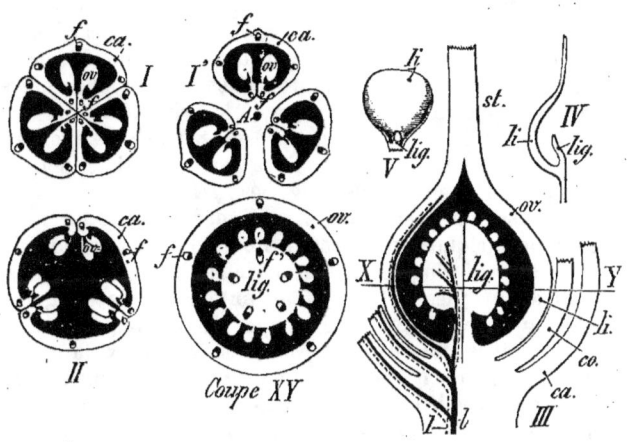

Fig. 541. — Sections transversales d'ovaires (*modes de placentation*). — I, Aconit : *placentation axile*; 3 carpelles *ca* clos, soudés à la base, portent les ovules *ov* sur 3 placentas confondus en un seul qui continue l'axe du pédicelle. — I', les mêmes carpelles sont libres au sommet et les placentas séparés sont symétriquement disposés par rapport à l'axe A. — II, Violette : *placentation pariétale*; 3 carpelles *ca*, non clos, sont soudés 2 à 2 par leurs bords, et forment 3 placentas latéraux portant les ovules *ov*. — III, Primevère : *placentation centrale libre* (coupe longitudinale); coupe transversale en XY; *lig*, placenta situé dans la cavité de l'ovaire *ov* et montrant la disposition des faisceaux libéroligneux *f* contraire à celle des faisceaux *f* de la paroi de l'ovaire *ov*. — V, pétale de Renoncule montrant l'écaille (ligule *lig*) opposée au limbe *li*. — IV, section longitudinale.

sont libres; dans le Lis, les 3 ovaires et les 3 styles sont concrescents, les stigmates sont distincts; chez la Jacinthe, la concrescence s'étend sur toute la longueur des carpelles.

On appelle *placentation* la disposition des ovules dans le pistil. Or, malgré la concrescence des carpelles dans les exemples que nous venons de citer, leurs cavités ovariennes sont closes et indépendantes les unes des autres : ainsi l'Aconit (fig. 541, *I*) présente 3 carpelles et 3 ovaires clos (ce qu'on exprime en disant que l'ovaire de l'Aconit est *pluriloculaire* ou à plusieurs loges). Les placentas, soudés entre eux, forment une colonne centrale unique ayant pour axe celui de la fleur; les ovules sont disposés tout autour de cet axe : *la placentation de l'Aconit est dite axile*.

Placentation pariétale. — Chez la Violette (fig. 541, *II*) se trouvent trois carpelles concrescents; mais, chaque feuille carpellaire ayant replié ses bords incomplètement, la concrescence s'est faite entre les bords adjacents de deux carpelles voisins ; de cette sorte, les cavités des trois ovaires se confondent en une seule (on dit que l'ovaire de la Violette est *uniloculaire* ou à une loge) ; les ovules sont insérés le long des trois lignes de soudure, des trois placentas disposés sur la *paroi* latérale ; la *placentation de la Violette est pariétale*.

Placentation centrale libre. — L'orientation du bois et du liber des faisceaux contenus dans la paroi des feuilles carpellaires (le bois du côté ventral et le liber du côté dorsal) permet de reconnaître le nombre, la nature et la soudure de ces feuilles ; elle seule a permis de comprendre la placentation de la Primevère.

Au milieu d'une cavité unique présentée par le pistil s'élève une colonne centrale *lig* (*placenta*), libre par sa partie supérieure, et portant de nombreux ovules (fig. 541, *III*).

Sur une section transversale pratiquée en XY, on voit deux séries concentriques de faisceaux libéroligneux : les uns f, dans la paroi externe du pistil, sont orientés, le bois en dedans et le liber en dehors ; les autres f', tout autour du placenta, ont une orientation inverse. Sur une coupe longitudinale médiane du pistil, on suit les faisceaux libéroligneux normaux du limbe de la feuille carpellaire li qui émettent des prolongements dans le placenta *lig*, avec le bois du côté externe et le liber près du centre de ce placenta. Or une pareille disposition des faisceaux se rencontre dans le pétale de la Renoncule (fig. 541, *V*) et dans la feuille des Graminées qui présentent une *ligule lig* opposée au limbe (*IV*).

Le placenta central de la Primevère a donc pour origine la soudure des ligules *lig* des feuilles carpellaires elles-mêmes soudées par leurs bords, en une capsule unique qui forme un ovaire uniloculaire *ov*.

* **Origine, développement et structure du Carpelle.** — Le carpelle a pour origine un mamelon qui se développe comme ceux qui produisent les feuilles ; toutefois il produit un limbe sans pétiole (la feuille carpellaire est *sessile*), prend une forme concave du côté ventral, constitue l'*ovaire* totalement ou partiellement clos, et porte sur ses bords des mamelons qui donnent naissance aux *ovules*. La feuille carpellaire présente une série de faisceaux libéroligneux d'importance décroissante depuis le faisceau médian jusqu'aux faisceaux marginaux *ca* (fig. 541, *I* et *I'*), ces derniers envoient des prolongements dans les ovules développés.

Le limbe du Carpelle se continue par le *style* quelquefois creusé d'un tube en rapport avec la cavité de l'ovaire, mais ordinairement plein ; dans ce cas, les cellules qui en forment le centre se dissocient, gélifient leur membrane, s'enrichissent en sucre et en amidon. Le tissu médian du style, peu cohérent, s'appelle *tissu conducteur*; il se continue jusqu'au *stigmate* recouvert de *papilles* imprégnées d'un liquide visqueux. Le liquide stigmatique est capable de retenir les grains de pollen flottant dans l'air ; il en favorisera la germination, de même que le tissu conducteur du style nourrira le tube pollinique et contribuera à sa pénétration jusque dans l'ovaire.

Développement et structure de l'ovule. — Le mamelon 1 (fig. 542), porté par le placenta de l'ovaire en formation, représente la partie centrale ou *nucelle n* de l'ovule; bientôt deux bourrelets *s* et *p* (2 et 3), de plus en plus saillants, entourent

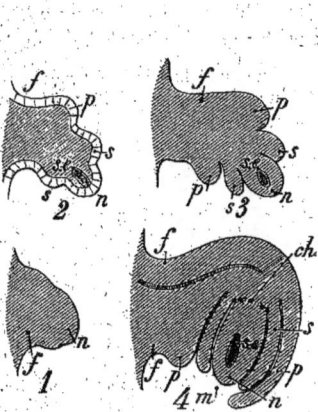

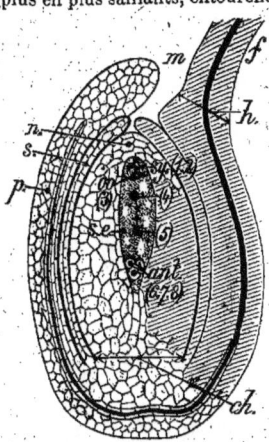

Fig. 542. — Développement de l'ovule. — 1, nucelle *n* porté par le funicule *f* sur la paroi interne de l'ovaire. — 2, apparition de la secondine *s*, de la primine *p* et du sac embryonnaire *s.e.* — 3 et 4, phases plus avancées. Le nucelle *n* est enveloppé par la secondine et la primine ; *m*, micropyle ; *ch*, chalaze.

Fig. 543. — Ovule anatrope complètement développé. *f*, funicule ; *h*, hile ; *p*, primine ; *s*, secondine ; *ch*, chalaze ; *n*, nucelle renfermant le sac embryonnaire *se*. Dans le sac, on remarque : les synergides *sy* (1,2) l'oosphère *oo* (3), les cellules (4 et 5) les antipodes *ant* (6,7,8).

le nucelle et constituent les membranes appelées *secondine* (s) et *primine* (p). Ces dernières enveloppent totalement le nucelle, sauf à son sommet où, par le *micropyle m*, on peut accéder au nucelle sans altérer les membranes *s* et *p*.
[Chez les Gamopétales, l'ovule possède une seule enveloppe.]
L'ovule ainsi développé est maintenu au placenta par un support ou *funi-*

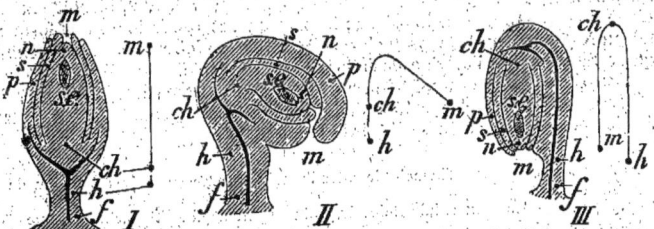

Fig. 544. — I, Ovule droit (orthotrope). — II, Ovule courbé (campylotrope). — III, Ovule renversé (anatrope) (voir les légendes des figures 542 et 543).

cule f (fig. 543); le *hile h* est la surface d'attache de l'ovule au funicule; la *chalaze ch* est la surface d'insertion du nucelle sur ses enveloppes protectrices. Un faisceau libéroligneux émanant du placenta traverse le funicule et vient se ramifier *dans la primine seulement*.

Les ovules subissent une croissance uniforme ou inégale qui influe sur leur forme définitive. On distingue à ce point de vue 3 sortes d'ovules :

L'ovule dressé ou *orthotrope* (fig. 544, I) dans lequel hile h, chalaze ch et micropyle m sont sur une même ligne droite : Sarrasin, Oseille.

L'ovule courbé ou *campylotrope* (II) dans lequel hile, chalaze et micropyle sont à peu près au même niveau ; Haricot, Fève.

L'ovule renversé ou *anatrope* (III) dans lequel hile et micropyle sont voisins et opposés à la chalaze. Cette dernière forme est la plus fréquente et la plus favorable à la fécondation.

Développement du sac embryonnaire. — Presque au début de la formation du nucelle, on distingue, près de son sommet, une cellule sous-épidermique $s.e$

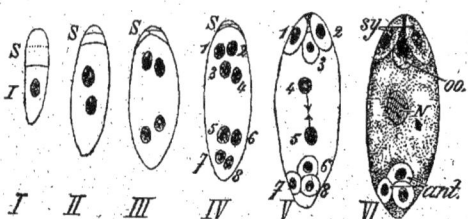

Fig. 545. — Modifications successives de la cellule primordiale du sac embryonnaire. I, 1re segmentation donnant une cellule supérieure S (calotte généralement) et une inférieure I (sac embryonnaire généralement). — II à VI, 3 bipartitions successives du noyau de la cellule I donnant les synergides sy, l'oosphère oo, les noyaux 4 et 5 (se fusionnant pour constituer le noyau N de *l'albumen*) et les 3 antipodes *ant*.

(fig. 542, 2) plus grande que les autres, pourvue d'un protoplasme abondant et d'un gros noyau. Cette cellule, allongée suivant l'axe du nucelle, se cloisonne perpendiculairement à cet axe et forme 2 cellules S,I (fig. 545, I) ; la cellule S, d'ordinaire, donne par 2 segmentations successives la *calotte* dont les cellules, riches en réserves nutritives, seront résorbées plus tard. La cellule inférieure I devient le véritable *sac embryonnaire* ; son noyau se divise par 3 bipartitions successives en 2, 4, 8 noyaux secondaires (fig. 545, II à V) autour desquels s'accumule le protoplasme de la cellule primitive ; 3 cellules nues se rendent au sommet du sac : 1 et 2 sont les *synergides*, 3 est l'*oosphère* ; 3 autres cellules se rendent à la base du sac et constituent les *antipodes* 6, 7, 8, bientôt entourées d'une fine membrane cellulosique ; les noyaux 4 et 5 se fusionnent et forment le noyau N (VI) entouré de protoplasme, *noyau secondaire du sac embryonnaire*, qui sera plus tard l'origine de l'albumen de la graine.

L'*oosphère oo* (VI, et fig. 543) occupe le sommet du sac entre les 2 synergides.

Là s'arrête le développement du nucelle et du sac embryonnaire chez les Angiospermes, jusqu'au moment de la fécondation.

Remarquons en passant l'homologie entre l'oosphère renfermant $\frac{1}{8}$ du noyau du sac embryonnaire et les deux cellules filles du grain de pollen qui contiennent chacune $\frac{1}{8}$ du noyau de la cellule mère.

B. **Gymnospermes.** — Le carpelle du Pin, par exemple, se borne à une écaille ca (fig. 546) sur la face *dorsale* de laquelle sont insérés 2 ovules ov (fig. 361). Les écailles sont disposées entre les bractées br qui forment par leur ensemble un *cône femelle* (fig. 361). Un ovule est pourvu d'un nucelle *nu* (fig. 547) protégé par la primine seule pr qui, large ouverte au sommet, constitue la *chambre pollinique*, $ch.p$.

L'ovule des Gymnospermes se développe *au début* comme celui des Angiospermes; mais le noyau du sac embryonnaire *s. e* (fig. 547) subit de nombreuses segmentations d'où résultent des cellules entourées d'une membrane cellulosique; le sac *s.e* est bientôt rempli d'un tissu appelé *endosperme end*.

Toutefois certaines cellules, appelées *corpuscules c*, se distinguent des autres par leurs dimensions et leur rôle. Une première segmentation en isole une petite cellule supérieure qui se divise en 4 et forme la *rosette ro*; la grande cellule inférieure se partage elle-même en une petite *cellule de canal c.c* (qui s'engage entre les cellules de la rosette) et l'*oosphère oo*.

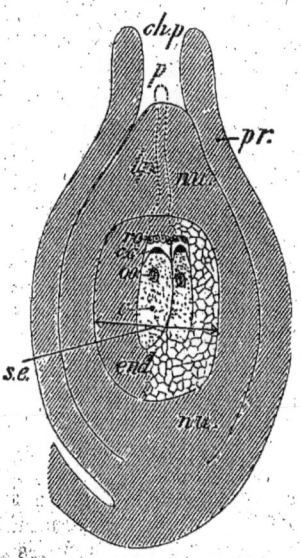

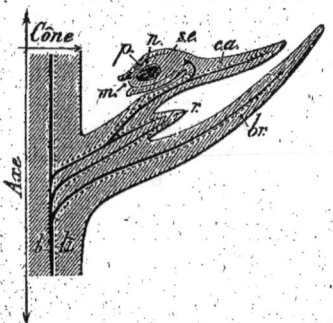

Fig. 546. — Position de l'ovule nu sur un carpelle *ca* (écaille) de Conifère (figure schématisée). — *br*, bractée portée par le *Cône* femelle; *r*, rameau atrophié dans l'aisselle de la bractée, pourvu d'une écaille carpellaire *ca*. Sur le dos de cette dernière est placé l'ovule (*n*, nucelle; *p*, primine; *m*, micropyle).

Fig. 547. — Ovule de Gymnosperme (schématisé). — *pr*, primine; *ch.p*, chambre pollinique. *nu*, nucelle renfermant le sac embryonnaire *s.e*, rempli de l'endosperme *end*. — *c*, corpuscule [*ro*, rosette; *c.c*, cellule de canal; *oo*, oosphère]. On a figuré en pointillé un grain de pollen *p* qui, germant au détriment du nucelle, allonge son tube pollinique *t.p* jusqu'à la rosette *ro*.

Le nombre des corpuscules dans un sac embryonnaire est variable de 1 à 20 avec les espèces.

§ 7. — FÉCONDATION

La *fécondation* consiste dans la fusion de la substance du grain de pollen avec celle de l'oosphère, pour la production d'un *œuf* qui sera le point de départ d'un organisme nouveau.

La fécondation comprend : 1° la *pollinisation*, c'est-à-dire le transport du grain de pollen, émis par l'anthère ouverte, jusqu'au stigmate du carpelle renfermant l'oosphère ; 2° la *germination* du grain de pollen sur le stigmate ; 3° le *développement* du tube pollinique à travers le style jusqu'au sac embryonnaire ; 4° la *fusion des protoplasmes* du pollen et de l'oosphère.

Toute circonstance capable d'empêcher cette fusion rend inutile la production des fleurs par la plante : ainsi les pluies trop abondantes au printemps déterminent la *coulure* de la vigne, en entraînant le pollen avant la fécondation.

A. **Angiospermes.** — 1° **Pollinisation.** — Elle est *directe* ou *croisée*. Dans le premier cas, le pollen d'une fleur tombe sur le stigmate de la même fleur.

La pollinisation est favorisée : soit par la disposition naturelle des anthères qui, voisines du stigmate ou placées au-dessus de lui, y laissent tomber le pollen ; soit par des courbures appropriées des étamines qui viennent appliquer leur anthère contre le stigmate (Épine-vinette, Rue) ; soit par l'intervention de l'air ou des insectes attirés par l'odeur et le *nectar* des fleurs (fig. 533 et 548).

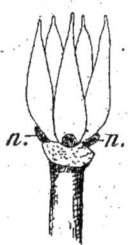

Fig. 548. — Nectaires *n* de *Sedum*, à la base des carpelles.

Ce mode de pollinisation n'est possible que pour les fleurs hermaphrodites dont la maturité du pollen correspond à celle de l'ovule.

Les fleurs *cléistogames* sont celles dont la pollinisation a lieu avant l'éclosion (Violette).

La pollinisation est *croisée* chez les fleurs unisexuées et chez les fleurs *dichogames* dont la maturité du pollen ne correspond pas à celle de l'ovule. Ici le vent et les insectes jouent un rôle essentiel.

2° **Germination du pollen sur le stigmate.** — (Voir page 526.) Le grain de pollen se nourrit de la matière sucrée dont sont imprégnées les papilles stigmatiques et pousse un tube pollinique (fig. 538).

Le grain de pollen renferme 2 *cellules fusionnées* chez les Angiospermes, et au moins 2 cellules distinctes chez les Gymnospermes. Le noyau N (fig. 538, A) s'engage le premier dans le tube pollinique émis par la cellule unique (Angiospermes), par la plus grande cellule (Gymnospermes) ; il paraît présider à l'accroissement et à la nutrition de ce tube : d'où son nom de *noyau végétatif n.v* (fig. 549).

La cellule *n* (noyau et protoplasme) s'engage ensuite dans le tube, s'y dédouble et, des deux parties $n\,\sigma^{\!\!*}$ et n' qui en résultent, la cellule $n\,\sigma^{\!\!*}$ seule réalisera la fécondation ; aussi l'appelle-t-on *cellule primordiale*.

3° **Développement du tube pollinique.** — Ce tube *t.p* (fig. 550) s'engage dans le tissu mou du stigmate *sg*, puis dans le tissu conducteur du style *st* dont il se nourrit ; parvenu dans la cavité ovarienne, il y trouve, en continuité avec le tissu conducteur du style, un tissu occupant toute la base du placenta commun aux ovules[1].

Le tube pollinique parvient ainsi normalement à la base d'un ovule, *ov*, et s'engage facilement dans le micropyle, *m*, si cet ovule

1. Voir la remarque de la page 527.

est anatrope. [Avec les ovules orthotropes, la fécondation est plus difficile].

Le tube pénètre ensuite entre les cellules du nucelle et s'accole au sac embryonnaire, au voisinage de l'oosphère.

Fécondation. — Les membranes du tube pollinique et du sac embryonnaire s'unissent intimement; le tube tp continue de croître jusqu'à l'oosphère oo (fig. 551), soit en passant entre les deux synergides sy, soit en traversant l'une d'elles qui se désorganise. Le noyau mâle $n\sigma$ (précédé des deux sphères directrices s_1, d_1) perfore le tube, traverse

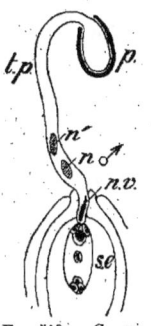

Fig. 549. — Germination d'un grain de pollen p (de grandeur exagérée). La figure schématique montre le tube pollinique tp avec ses 3 noyaux (légende de la fig. 538), engagé dans le micropyle de l'ovule et appliqué contre le sac embryonnaire.

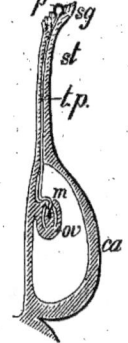

Fig. 550. — Figure montrant le grain de pollen p germant sur le stigmate sg; le tube pollinique $t.p$ se nourrit aux dépens du tissu conducteur du style st et de l'ovaire ca et parvient au micropyle m d'un ovule anatrope.

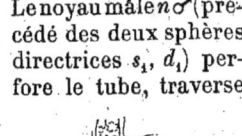
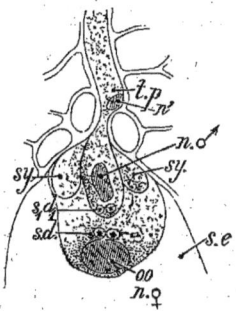

Fig. 551. — Fusion des sphères directrices, $s_1 d_1$ et $s.d$, puis fusion des noyaux $n\sigma$ et $n\varphi$ du tube pollinique $t.p$ et de l'oosphère oo, pour la production de l'œuf.

l'oosphère : la fusion des noyaux mâle $n.\sigma$ et femelle $n.\varphi$ s'opère en même temps que la fusion des sphères directrices $s_1 d_1$, $s.d$.

Une membrane de cellulose entoure l'*œuf* ainsi formé et désormais capable de se segmenter activement.

Synergides et antipodes sont résorbées; le sac embryonnaire ne contient plus que l'œuf et le noyau N de l'albumen.

B. Gymnospermes. — Le pollen abondant des fleurs mâles est transporté par le vent dans les cônes femelles, s'engage entre leurs écailles; quelques grains parviennent jusqu'à la chambre pollinique $ch.p$ d'un ovule (fig. 547) et germent sur le nucelle nu; le tube pollinique $t.p$ désorganise le nucelle, puis le sac embryonnaire, et s'accole à la rosette ro que la cellule de canal $c.c$ dissocie; le tube pollinique parvient ainsi jusqu'à l'oosphère qu'il féconde.

Une fois la fécondation opérée, *les ovules grossissent et se transforment en graines, l'ovaire devient un fruit*. Généralement, le style, le stigmate et les autres verticilles floraux, désormais inutiles, se flétrissent et disparaissent.

CHAPITRE II

DÉVELOPPEMENT DE L'OVULE EN GRAINE

A. *Angiospermes*.

Le sac embryonnaire (fig. 552, 1), après la fécondation, contient l'*œuf O* duquel provient la *plantule* ou *embryon* et la cellule *N* génératrice de l'*albumen* ; suivons-en le développement par l'examen d'une série d'ovules à des phases de plus en plus avancées.

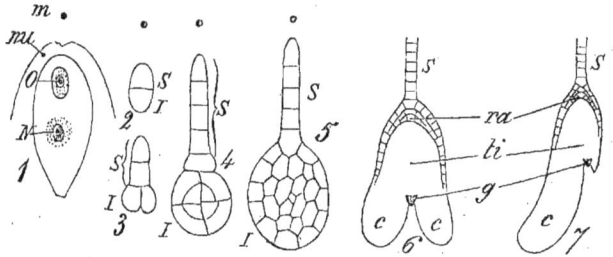

Fig. 552. — 1, Développement de l'œuf O. — 2, division de l'œuf en 2 cellules : *S* donnera le suspenseur, *I* donnera la plantule. — 3,4,5, la plantule s'organise par bipartitions successives de la cellule *I*. — Plantules de Dicotylédone (6) et de Monocotylédone (7), avec leur suspenseur *S*. — *ra*, radicule ; *ti*, tigelle ; *g*, gemmule ; *c*, cotylédons.

Développement de l'œuf. Plantule. — L'œuf O se segmente en deux cellules : l'une supérieure *S* (fig. 552, 2) est l'origine du *suspenseur* ; l'autre inférieure *I* donnera la *plantule* ou *embryon*.

Le suspenseur *S* (3, 4, 5, 6) est un organe transitoire composé d'une série unique de cellules (Orchis) ou d'un massif cellulaire important (Cytise) ; il maintient l'embryon attaché au sac embryonnaire sous le micropyle *m*, et lui permet, par son allongement, de se nourrir aux dépens de l'albumen développé simultanément dans le sac embryonnaire.

La cellule inférieure *I* se partage en huit cellules par trois bipartitions successives (fig. 552, 4) ; par suite de cloisonnements répétés, un massif cellulaire (5) s'organise dans lequel on distingue une *radicule ra*, une *tigelle ti* qui soutient une *gemmule g* et deux *cotylédons* (6) ou un seul (7) suivant que la plante mère est une *Dicotylédone* ou une *Monocotylédone*. L'extrémité de la radicule fait face au micropyle (le suspenseur est résorbé) ; les cotylédons sont les premières feuilles portées par la tige.

Tels sont le mode de formation et l'orientation de la plantule.

Tableau XLVII.

Reproduction des Phanérogames (*fin*).

TRANSFORMATION DE L'OVULE EN GRAINE.

Angiospermes.

Dans le sac embryonnaire { l'*œuf* se développe en *plantule* ou *embryon*;
le *noyau secondaire* donne l'*albumen* utilisé par l'embryon.

Destination du nucelle. { Résorption partielle par le sac embryonnaire.
Le reste forme le *tégument* de la graine.
Résorption nulle, accroissement : *périsperme* (Poivre).

Graine..... { *Tégument* (n couches très variables).
Embryon. { *Radicule.*
Tigelle avec *cotylédons* latéraux et *gemmule* terminale.
Réserves nutritives. { Cotylédons.
Albumen parfois (amylacé, oléagineux, corné).
Périsperme parfois.

Gymnospermes. — Plusieurs embryons développés aux dépens de l'endosperme ; 1 *seul* forme une *graine*.

TRANSFORMATION DE L'OVAIRE EN FRUIT.

Le *Fruit* est composé du *péricarpe* (paroi de l'ovaire développée) contenant les *graines*.
Maturation du fruit et *dissémination* des graines : Modes de *déhiscence* (p. 545).

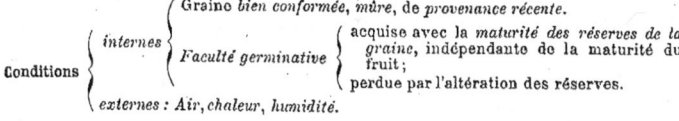

Classification générale. { Fruits à péricarpe { sec.... { indéhiscent (1 graine) : *Akènes*.
déhiscent (n graines) : *Capsules*.
charnu { à noyau (1 graine) : *Drupes*.
à n graines (pépins) : *Baies*. } (page 546).

GERMINATION DE LA GRAINE.

Développement de la graine en une plante.

Conditions { internes { Graine *bien conformée, mûre, de provenance récente*.
Faculté germinative { acquise avec la *maturité des réserves de la graine*, indépendante de la maturité du fruit ;
perdue par l'altération des réserves.
externes : Air, chaleur, humidité.

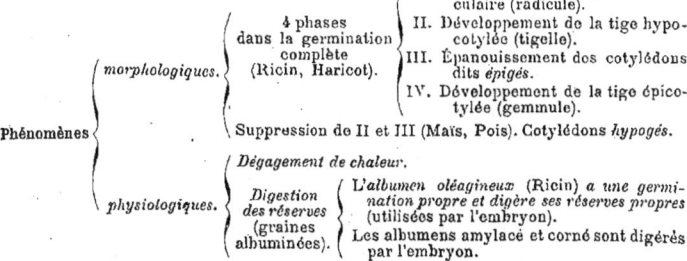

Phénomènes { *morphologiques.* { 4 phases dans la germination complète (Ricin, Haricot). { I. Développement du système radiculaire (radicule).
II. Développement de la tige hypocotylée (tigelle).
III. Épanouissement des cotylédons dits *épigés*.
IV. Développement de la tige épicotylée (gemmule).
Suppression de II et III (Maïs, Pois). Cotylédons *hypogés*.
physiologiques. { Dégagement de chaleur.
Digestion des réserves (graines albuminées). { L'*albumen oléagineux* (Ricin) *a une germination propre et digère ses réserves propres* (utilisées par l'embryon).
Les albumens amylacé et corné sont digérés par l'embryon.

La reproduction chez les Cryptogames est résumée et comparée à celle des Phanérogames dans la légende de la figure 579, p. 560.

Développement de l'albumen. — L'albumen provient du cloisonnement de la cellule N. Le protoplasme et les nombreux noyaux qui résultent de cette division se disposent tout autour du sac embryonnaire qui s'agrandit à mesure (fig. 323, C); des cloisons se forment, de moins en moins nettes, c, c_1, c'_1, de l'extérieur vers l'intérieur du sac où les protoplasmes des cellules jeunes sont et *demeurent souvent* confondus (Noix de Coco). Chez les plantes où l'albumen subit son développement complet, le sac embryonnaire en est rempli et un tissu compact entoure l'embryon.

Or l'embryon se nourrit aux dépens de l'albumen : ou bien il le résorbe totalement, *sauf l'assise externe* (Crucifères, Résédacées, etc.),

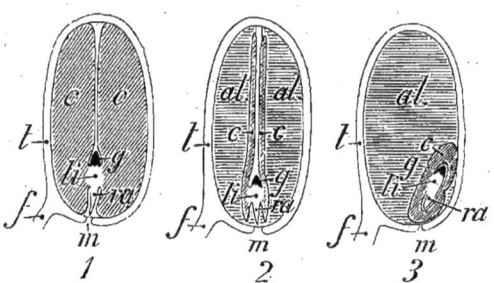

Fig. 553. — Coupes schématiques de graines : 1, Haricot ; 2, Ricin ; 3, Blé. — t, tégument ; f, funicule ; m, micropyle ; $al.$ albumen (les autres désignations comme fig. 552).

et la réserve nutritive s'accumule dans les cotylédons c, c, qui deviennent volumineux (Haricot, fig. 553, 1) ; ou bien la résorption de l'albumen est faible et les cotylédons c, c, de la plantule demeurent minces [Ricin (2), Blé (3)].

Modifications de l'ovule. Nucelle et téguments. — Le sac embryonnaire s'est agrandi, *même avant la fécondation*, aux dépens du nucelle qu'il a déjà résorbé complètement chez les Composées ; la résorption est plus ou moins complète dans les autres familles et variable avec chaque genre : ce qui reste du nucelle contribue à former le *tégument de la graine*.

L'assise externe de l'albumen, non résorbée par l'embryon, que nous avons signalée chez les Crucifères, Résédacées, etc..., devient la *couche protéique* ou *couche à aleurone c.pr.* (fig. 478), capable de produire des diastases pendant la germination ultérieure des graines, comme l'assise périphérique de l'albumen des Graminées et des Polygonées.

Quelquefois le nucelle subsiste, s'accroît et se remplit de matière nutritive pour former une réserve supplémentaire : c'est le *périsperme*, transitoire chez les Amygdalées (Amandier), permanent chez les Nymphéacées (Nénuphar) et les Pipéracées (Poivre, p, fig. 554).

Des deux téguments de l'ovule, la primine seule subsiste et la secondine disparaît par résorption. Le double tégument de la graine peut être alors formé d'un nombre variable de couches persistantes du nucelle.

La *graine* résulte de toutes les transformations qui précèdent ; elle est dite *mûre* lorsque les réserves nutritives que renferment les cotylédons, l'albumen et le périsperme, ont subi certaines modifications sans lesquelles la graine ne saurait germer.

GRAINE.

La graine comprend un *tégument* et une *amande*, comme nous l'avons vu page 331, et tableau XXXIV.

L'amande se compose de la *plantule (embryon)*

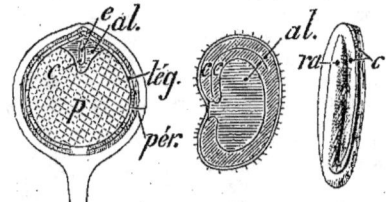

Fig. 554. — Fruit du Poivre à gauche, montrant le péricarpe *per*, le tégument *tég* de la graine, l'embryon *e* et le périsperme *p*. Au milieu, graine de *Lychnis* avec embryon entourant l'albumen *al*. A droite, graine d'*Isatis* avec cotylédons *c* appliqués contre la radicule *ra*.

et d'une réserve nutritive externe plus ou moins abondante figurant l'*albumen* (le *périsperme* existe rarement). Dans la plantule, on distingue la *radicule* et la *tigelle* qui porte un ou deux *cotylédons* (feuilles primordiales avec réserve nutritive interne) la tigelle se termine par un bourgeon appelé *gemmule*.

Graines
- *sans albumen*..
  - Légumineuses [Haricot (fig. 553,1), Fève, Pois, etc.].
  - Rosacées [Amandier, (fig. 557), Chêne, etc.].
- *avec albumen*..
  - Graminées [Blé (fig. 553, 3), Maïs (fig. 571, 1), etc.].
  - Ricin (fig. 553,2), Pavot, Lin, Lychnis (fig. 554), etc.
- *avec périsperme*.....
  - *et albumen* : Nymphéacées (Nénuphar), Pipéracées (Poivre, fig. 554).
  - *sans albumen* : Canna.

Le sommet de la radicule occupe le voisinage du micropyle ; l'axe de l'embryon (radicule et tigelle) est droit le plus souvent, quelquefois courbé en arc, en cercle (Lychnis, fig. 554), en spirale (*Salsola*), ou infléchi sur lui-même (*Isatis*, fig. 554). Chez les Monocotylédones, le cotylédon enveloppe parfois complètement la plantule (Graminées, fig. 553, 3).

Nature de la réserve nutritive. — Suivant la composition chimique de la principale réserve nutritive, interne ou externe à l'embryon et toujours unie à des grains d'*aleurone* abondants, on dit d'une manière générale que l'*albumen* est :

Farineux ou *amylacé*, quand il contient beaucoup d'amidon (Haricot, Pois, Fève, Blé) ;

540 DÉVELOPPEMENT DE L'OVULE EN GRAINE.

Oléagineux ou *charnu*, quand il renferme des matières grasses surtout (Ricin, Pavot, Lin, Colza, etc.);

Corné ou *cellulosique*, lorsque les membranes des cloisons de l'albumen se sont très épaissies (Dattier, Caféier, *Phytelephas* fournissant l'*ivoire végétal*).

Tégument. — Quelle que soit son origine, le tégument de la graine présente un caractère anatomique important : *la distribution des nervures*, qui partent toutes du *hile, y est symétrique par rapport à un plan*.

La surface épidermique, lisse chez le Haricot, le Pois, le Ricin (fig. 555), etc., s'épaissit dans certains cas; les cellules épidermiques se prolongent en longs poils, uniformément répartis sur la graine (Cotonnier, fig. 535), localisés en certains points où ils se dressent en aigrettes (*Strophanthus*, fig. 555, Saule, etc.) et facilitent la dissémination par le vent.

La membrane des cellules épidermiques est gélifiée chez le Lin, la Moutarde, le Cresson,

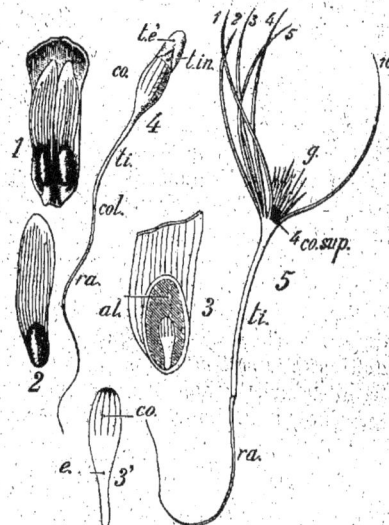

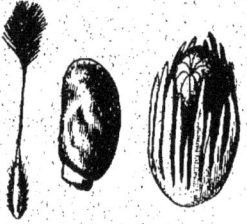

Fig. 555. — Fruits : *Strophanthus* à gauche avec aigrette ; Ricin, au milieu ; Muscadier, à droite avec arilles.

Fig. 556. — Fruit, graine et germination du Pin. 1, Écaille du cône femelle portant 2 graines. — 2, graine isolée. — 3, coupe de la graine montrant la plantule entourée de l'albumen *al.* — 3', plantule isolée. — 4,5, germination de la graine : *ra*, radicule ; *ti*, tigelle ; *co*, cotylédons au nombre de 10 ; *g*, gemmule.

le Coignassier; aussi ces graines une fois mouillées deviennent très adhérentes aux objets.

Chez la Grenade, le Figuier de Barbarie, le tégument de la graine est comestible et charnu; il est ligneux dans le Raisin, papyracé dans l'Amande.

On appelle *arille* toute hypertrophie du tégument ou du funicule de la graine. Chez le Ricin et l'Euphorbe, cette production avoisine le micropyle; elle entoure la graine du Muscadier (fig. 555).

B. **Gymnospermes.** — La *polyembryonie* est presque générale chez les Gymnospermes, c'est-à-dire que dans chaque ovule, après la fécondation, se développent plusieurs embryons. Le fait est dû à ce que :

1° Dans un même nucelle se trouvent plusieurs corpuscules fécondés;

2° D'un même œuf peuvent naître plusieurs embryons par suite de divisions longitudinales (4 embryons par œuf chez le Genévrier et le Pin).

Ces embryons sont tous soutenus par un long suspenseur qui les amène au contact de l'endosperme.

Toutefois un grand nombre d'embryons s'arrêtent au cours de leur développement ; l'un d'eux prédominant digère successivement tous les autres, puis une partie de l'endosperme. La partie non résorbée de l'endosperme, contenue dans la graine mûre, est comparable à l'albumen des Angiospermes.

La graine renferme un embryon pourvu toujours de plusieurs cotylédons (6 à 10 chez le Pin, fig. 556, 3, 3' et 4).

La reproduction des Gymnospermes diffère de celle des Angiospermes en ce que le noyau N de l'albumen se segmente chez les Gymnospermes et engendre l'endosperme avant la fécondation de l'oosphère et la formation de l'œuf; chez les Angiospermes, la segmentation de ce même noyau est postérieure à la formation de l'œuf.

CHAPITRE III

DÉVELOPPEMENT DE L'OVAIRE EN FRUIT

Le fruit provient du développement de l'ovaire après la fécondation : Les Angiospermes seules possèdent donc un véritable fruit. La paroi de l'ovaire devient la paroi du fruit ou *péricarpe.*

Le péricarpe est toute l'enveloppe de la graine chez la Cerise (fig. 557), la Pêche, l'Abricot et le Poivre (fig. 554) ; il comprend toute la paroi de la gousse du Haricot, du Pois, de la Fève, etc.

Structure du péricarpe. — Cette enveloppe consiste en une couche de *parenchyme* plus ou moins épaisse avec nervures, limitée par un *épiderme externe* et *interne* (ce dernier tapisse la cavité ovarienne devenue la cavité du fruit).

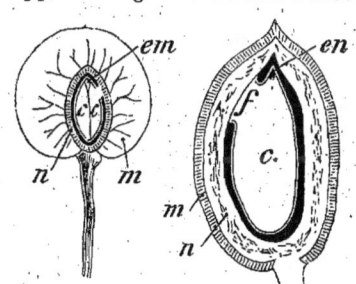

Fig. 557. — Coupes de fruits : à gauche, Cerise ; à droite, Amande. *m*, parenchyme mou; *n*, noyau renfermant la graine.

Les variations de structure du péricarpe sont nombreuses et dues, soit à des productions épidermiques, soit à des modifications du parenchyme.

Modifications de l'épiderme. — A l'extérieur, l'épiderme est uni chez la Cerise, revêtu d'un enduit cireux dans le Raisin et la Prune,

542   DÉVELOPPEMENT DE L'OVAIRE EN FRUIT.

hérissé de poils formant un duvet serré dans l'Amande, la Pêche, l'Abricot, etc. ; il forme des lames saillantes dans l'Orme (fig. 558, *A*), le Frêne, l'Érable (*B*), etc. Jamais l'épiderme externe n'est stratifié. L'épiderme interne, lisse le plus souvent, est parfois recouvert de poils qui, dans l'Orange et le Citron, se gorgent de suc nutritif et forment la partie comestible de ces fruits ; stratifié chez le Muguet, l'épiderme interne est stratifié et sclérifié dans la Cerise et l'Amande dont il forme la couche interne du noyau (fig 559)

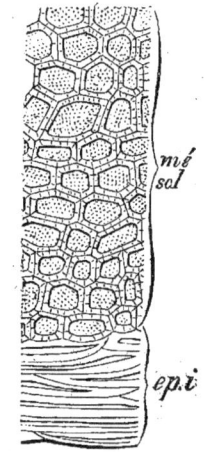

FIG. 558. — Fruits : Orme, *A* ; Érable, *B*, avec péricarpe ailé. *gr*, graine.

FIG. 559. — Portion interne du noyau de la Cerise. *ép.i*, épiderme interne recouvert d'une portion sclérifiée *mé.scl*.

Modifications du parenchyme. — *Fruit sec.* — *Fruit charnu.* — Un fruit est dit *sec*, lorsque la lame parenchymateuse de son péricarpe est très mince, composée de *cellules mortes, vides et sèches, à membrane quelquefois épaissie à la maturité du fruit*.

Fruits secs { à 1 graine : *Akène* [Blé ; Maïs (fig. 571) ; Renoncule (fig. 560, 1)].
à *n* graines : *Capsule* [Pivoine (fig. 561) ; Pois (fig. 540) ; Pavot, (fig. 562)].

Un fruit est *charnu* quand son parenchyme, en général bien développé, est mou en totalité ou partiellement lorsqu'il est mûr : c'est une *baie* si le parenchyme est entièrement mou ; c'est une *drupe*, quand la partie externe du parenchyme est molle (chair) et la partie interne sclérifiée (noyau).

Fruits charnus { sans noyau [*Baie*, Morelle noire, Belladone, Pomme de terre (fig. 520), Troène].
avec noyau : *Drupe* [Cerise, Prune, Pêche, Amande, Cornouiller].

Maturation du fruit. — Les réserves nutritives qui émigrent de la plante vers le fruit sont très variées, comme nous l'avons vu au chapitre de la Nutrition. Tant que le fruit est *vert*, le parenchyme du péricarpe se remplit d'amidon (Banane), de corps gras (Olive), de tanin (Noix), d'acides végétaux (Pomme, Poire, Citron, Orange, etc.)

Amidon, tanins, acides végétaux, corps gras subissent les transformations déjà étudiées, qui aboutissent aux glucoses, fructoses et sucres divers que les chimistes ont trouvés dans les *fruits mûrs*.

Différences entre le fruit et le pistil originel. — En général, le plan d'organisation du fruit est le même que celui du pistil qui l'a formé. Il se simplifie chez les Amentacées dont le fruit n'a qu'une loge, tandis que l'ovaire en

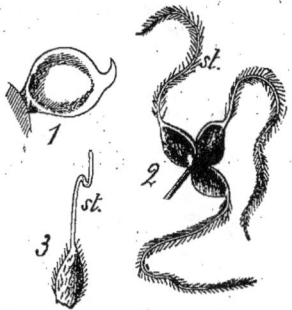

Fig. 560. — Fruits : 1, Renoncule ; 2, Clématite avec style *st* plumeux ; 3, *Geum urbanum* (Benoîte) avec style *st* pourvu d'un crochet.

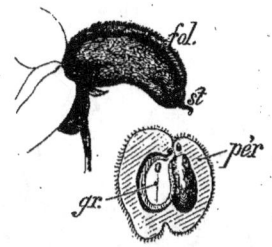

Fig. 561. — Fruit de la Pivoine (follicule, *fol*) ; coupe de ce fruit en bas et à droite, pour montrer le mode d'insertion des graines *gr* sur le placenta.

présente deux chez l'Aulne, le Charme, le Coudrier, trois chez le Chêne et le Hêtre, six chez le Châtaignier.

Le nombre des loges augmente, au contraire, chez le Raifort dont la cavité du fruit est divisée par des cloisons transversales en autant de loges que de graines ; chez les Labiées, le fruit se compose de 4 parties, bien qu'il provienne d'un ovaire à 2 loges seulement.

Fig. 562. — Fruit du Pavot (capsule).

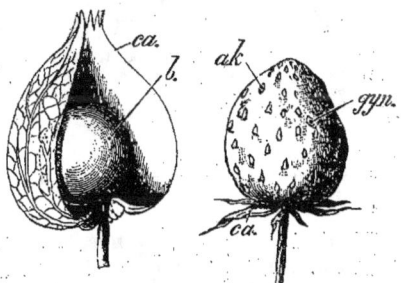

Fig. 563. — Fruits : Alkékenge, à gauche, avec le calice persistant *ca*. Fraise, à droite, portant de nombreux akènes *ak* sur le gynophore *gyn*.

Parties accessoires du fruit. — Le fruit, originaire de l'ovaire du pistil, présente parfois d'autres parties provenant des divers organes de la fleur non atrophiés :
1° Le style est persistant chez la Clématite (fig. 560, 2), forme une aigrette

544 DÉVELOPPEMENT DE L'OVAIRE EN FRUIT.

plumeuse chez le Pissenlit (fig. 502) et un bec crochu chez le Géranium, le *Geum urbanum* (fig. 560, 3).

2° Chez les plantes à ovaire infère, la paroi commune au périanthe et au pistil se développe pour former la paroi du fruit : Pommier (fig. 498), Poirier, Néflier, Groseillier; on voit au sommet de ces fruits une couronne à dents flétries, entourant les étamines desséchées et la partie supérieure des carpelles.

3° Le calice, indépendant du fruit, l'enveloppe plus ou moins complètement chez l'Alkékenge (fig. 563); il concourt, ainsi que le pédicelle floral, à former la cupule du Noisetier, du Châtaignier (fig. 564), etc.

4° Dans le Fraisier, le pédicelle floral se renfle à son sommet et forme le *gynophore gyn* (fig. 563), qui supporte un grand nombre d'akènes.

5° Si le réceptacle floral portait à son sommet un capitule de fleurs ayant donné un nombre égal de petits fruits, serrés les uns contre les autres, il peut arriver que ce réceptacle forme une coupe enveloppant tous ces fruits; telle est l'origine de la Figue (fig. 565) qui est l'un des

Fig. 564. — Châtaignier. Rameau feuillé portant des épis de fleurs mâles réparties sur presque toute leur longueur et des fleurs femelles à la base Fruits entourés d'une cupule ouverte.

Fig. 565. — Figuier. Rameau feuillé portant un fruit composé appelé *figue*.

meilleurs types de *fruits composés*. La Mûre (fig. 495) et l'Ananas sont aussi des fruits composés. On y range également les cônes femelles de Pin, de Sapin (fig 361), etc.

Dissémination des graines. — Déhiscence des fruits.

Un fruit est *déhiscent* lorsqu'il s'ouvre à maturité pour mettre en liberté les graines qu'il contient.

La déhiscence ne s'observe guère chez les fruits charnus; elle n'est pas nécessaire chez les fruits secs à une seule graine ; elle est générale chez les fruits secs à plusieurs graines.

La dissémination des graines chez les fruits charnus est assurée le plus souvent par les animaux, friands de leur péricarpe sucré et comestible. Les oiseaux et les insectes surtout attaquent les cerises, prunes, raisins, poires, etc..., laissent tomber les noyaux et les graines que le vent emporte parfois très loin.

La Balsamine, bien que possédant un péricarpe charnu, s'ouvre *brusquement* à la maturité des graines, et les valves du fruit, roulées sur elles-mêmes, *projettent* au loin ces graines; il en est de même

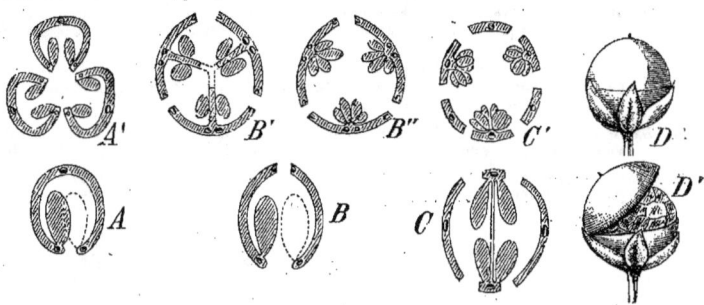

Fig. 566. — Déhiscence des fruits : 1° Déhiscence longitudinale du follicule de la Pivoine A. — Déhiscence *septicide* de l'Aconit, A'. — Déhiscence *loculicide* de la Tulipe, B'; de la Violette, B''. — Déhiscence septicide et loculicide de la gousse du Pois, B. — Déhiscence *septifrage* de l'Orchis C'; de la silique de Giroflée, C. — 2° Déhiscence transversale : Pyxide du Mouron rouge, D, D'.

de la déhiscence avec explosion du *Hura crepitans* d'Amérique. Le fruit du Marronnier (fig 506) est également charnu et déhiscent, mais sans explosion.

Chez les fruits secs contenant une seule graine, la dispersion de la graine se fait en même temps que celle du fruit. Le plus souvent l'*akène* est alors pourvu d'aigrettes plumeuses (Clématite, fig. 560, 2). Pissenlit, fig. 502) ou s'étend en une lame mince (*samare* de l'Orme, de l'Érable, fig. 558), dispositions qui donnent beaucoup de prise au vent; les akènes de la Benoîte (fig. 560, 3) et de la Bardane, pourvus d'un style avec crochet, s'attachent à la toison des animaux qui concourent à leur répartition sur de grandes étendues.

Les fruits secs à plusieurs graines (capsules) s'ouvrent à maturité et leurs graines libres sont emportées par le vent.

La *déhiscence* de ces fruits s'effectue : soit par des *fentes longitudinales* (Haricot, Giroflée), soit par des *fentes transversales* (Mouron rouge), soit par des *pores* (Pavot).

A. *Déhiscence longitudinale.* — Elle s'opère de 4 manières :

1° Déhiscence suivant la ligne de soudure des bords de la feuille carpellaire (fig. 566, A, A').

— Ovaires libres et clos : ils s'ouvrent simplement : *Follicule* (Pivoine, fig. 566, A).
— soudés et clos (ovaire pluriloculaire) : ils se séparent et se comportent chacun comme un follicule · *Déhiscence septicide* (Colchique, fig. 566, A'; Aconit, fig. 567).
— soudés et ouverts (ovaire uniloculaire) : ils se séparent simplement (Gentiane).

2° Déhiscence suivant la nervure médiane de la feuille carpellaire (B', B'').
Ovaires libres et clos : ils s'ouvrent en dehors (*Magnolia*).
— soudés et clos : ils se séparent au dos de chaque loge :
Déhiscence loculicide (Tulipe, B')
— soudés et ouverts : ils s'étalent en valves chargées de graines (Violette, B'').
3° Déhiscence suivant les 2 modes précédents (B,C,C').
Ovaires libres et clos : chacun forme 2 valves portant des graines sur un seul bord :
Gousse des Légumineuses (Pois, fig. 568 et 566, B).
4° Déhiscence suivant des lignes latérales voisines des bords de la feuille carpellaire (C).
Chaque carpelle présente une valve médiane nue et 2 bords portant les graines :
Déhiscence septifrage.
Ovaires soudés et clos : deux fois autant de valves que de carpelles (Orchis, C' ; *Silique* des Crucifères, fig. 360, *si*, *si'* et 566, C).

B. *Déhiscence transversale.* — Il se produit une fente circulaire qui permet à l'ovaire de s'ouvrir comme une boîte avec un couvercle. Pyxide du Mouron rouge (fig. 566, D, D').

C. *Déhiscence par pores.* — L'ovaire uni ou pluriloculaire s'ouvre soit au sommet (Pavot, fig. 562 ; Muflier), soit à la base (Campanule), en autant de trous en général qu'il y a de loges.

Fig. 567. — Fruit de l'Aconit composé de 3 follicules (déhiscence septicide).

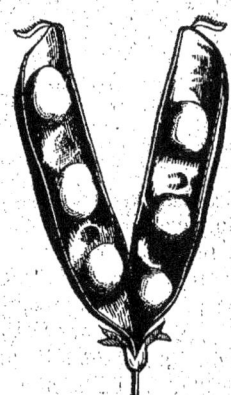

Fig. 568. — Gousse du Pois (déhiscence septicide et loculicide).

CLASSIFICATION DES FRUITS

Fruits
- secs
  - indéhiscents-Akènes
    - *Akène* proprement dit : Renoncule, Clématite, Pissenlit, Blé.
    - *Samare* : Orme, Érable.
  - déhiscents-Capsules s'ouvrant par
    - fente longitudinale
      - *Follicule* : Pivoine (1 fente).
      - *Gousse* : Pois, Haricot (2 fentes).
      - *Silique* : Giroflée (4 fentes).
    - fente transversale. — *Pyxide* : Mouron.
    - pores. — *Capsule* proprement dite : Pavot, Muflier.
- charnus
  - à pépins. — Baie. Raisin, Orange, Pomme, Melon.
  - à noyau. — Drupe. Cerise, Amande, Noix.

CHAPITRE IV

GERMINATION DE LA GRAINE

Toute graine est une plante en miniature, douée de *vie ralentie*, capable d'entrer en état de *vie active*, au bout d'un temps considérable parfois : ainsi des graines conservées depuis 100 ans (Haricot) et 140 ans (Seigle), placées dans des conditions convenables, ont *germé* et donné des plantes nouvelles. (Voir, à la page 4, l'expérience par laquelle a été mis en évidence l'état de vie ralentie des graines.)

Les conditions nécessaires à la germination de la graine dépendent :
Les unes, de la graine même (*conditions internes*);
Les autres, du milieu extérieur (*conditions externes*).

Conditions internes. — La graine doit être *bien conformée*, entièrement *mûre* et de *provenance assez récente*.

La maturité des réserves de la graine ne coïncide pas toujours avec celle du fruit : elle la précède chez les Légumineuses (Haricot, Pois, Fève, etc.); les Graminées (Blé, Seigle, etc.); elle la suit chez les Rosacées (Rosier, Aubépine, Pêcher).

Des Haricots n'ayant atteint que la moitié de leur grosseur ordinaire peuvent produire des plantes vigoureuses, quand on les plante dans des conditions convenables. Des graines de Pêcher, dans les mêmes conditions, ne peuvent germer souvent qu'après 1 an ou plus.

La *faculté germinative* que possède la graine ne se conserve pas indéfiniment, parce que ses réserves nutritives s'*altèrent* à la longue ; cette altération est plus rapide pour les graines oléagineuses que pour les graines amylacées ; ces dernières peuvent germer après de nombreuses années parfois, comme nous l'avons vu plus haut.

Conditions externes. — Une graine pour germer a besoin d'*eau*, d'*oxygène* et de *chaleur* (voir les pages 5, 6 et 7 de cet ouvrage).

PHÉNOMÈNES MORPHOLOGIQUES DE LA GERMINATION

Les graines se divisent en *graines sans albumen* (Haricot, Pois, Fève, Lupin, Marronnier, etc.) et *graines avec albumen* (Ricin, Blé, Maïs, etc....)

I. Cas des graines avec albumen. — **1° Germination du Ricin.** — Une graine de Ricin comprend : le *tégument t* (fig. 553, 2), la *plantule* pourvue de deux cotylédons minces *c* et l'*albumen al* qui occupe presque tout le volume intérieur de la graine.

Soumise dans de la terre humide, à une température modérée, la graine absorbe de l'eau, surtout par le hile, se gonfle et déchire le tégument qui l'entoure ; la radicule de l'embryon s'allonge en une *racine* qui plonge verticalement dans le sol (fig. 569), et se couvre de poils absorbants (1re phase).

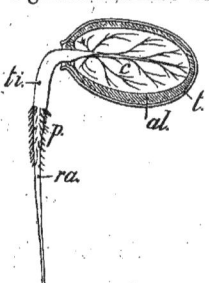

Fig. 569. — Germination de la graine de Ricin. *t*, tégument de la graine. *ra*, radicule avec poils absorbants *p*; *ti*, tigelle; *c*, cotylédons; *al*, albumen.

La tigelle se développe à son tour en une *tige hypocotylée* qui soulève hors de terre la graine et son contenu (cotylédons et albumen) ; des radicelles apparaissent sur la racine (2e phase).

Le tégument de la graine tombe sous la pression des cotylédons et de l'albumen gonflés ; les cotylédons, digérant peu à peu l'albumen, s'étalent en *deux grandes feuilles vertes* entières qui portent pendant quelque temps encore le reste de l'albumen non résorbé (3e phase).

La jeune plante, abondamment nourrie par son système radiculaire, développe sa gemmule en une *tige épicotylée* couverte de feuilles lobées (4e phase).

Système radiculaire, tige hypocotylée, cotylédons, tige épicotylée : tels sont les membres successivement apparus lors de la germination de la graine (fig. 570, A).

2 Germination du Maïs, du Blé, etc. — Ces graines sont monocotylédones et albuminées ; leur germination s'opère comme plus haut. Toutefois le cotylédon *co*, (fig. 571, 1) enveloppant complètement la plantule, est perforé par la radicule *r* et la tigelle *ti*, lors de leur développement (fig. 571, 2,3).

De plus, la tige hypocotylée demeure courte (fig. 570, B) ; la graine reste enfouie dans le sol où elle germe et le cotylédon ne s'épanouit pas.

Les phases I et IV sont les seules remarquables.

II. Cas des graines sans albumen. — **3° Germination du Lupin.** — Elle a été exposée page 330 ; elle comprend quatre phases comme la germination du Ricin, mais l'épanouissement des cotylédons, soulevés hors de terre, est d'assez courte durée, car ils se flétrissent et tombent de bonne heure. Chez le Haricot, fig. 570, C, la chute en est très rapide.

GERMINATION DE LA GRAINE.

4° Germination du Pois, de la Fève (fig. 570, D), etc. — Elle

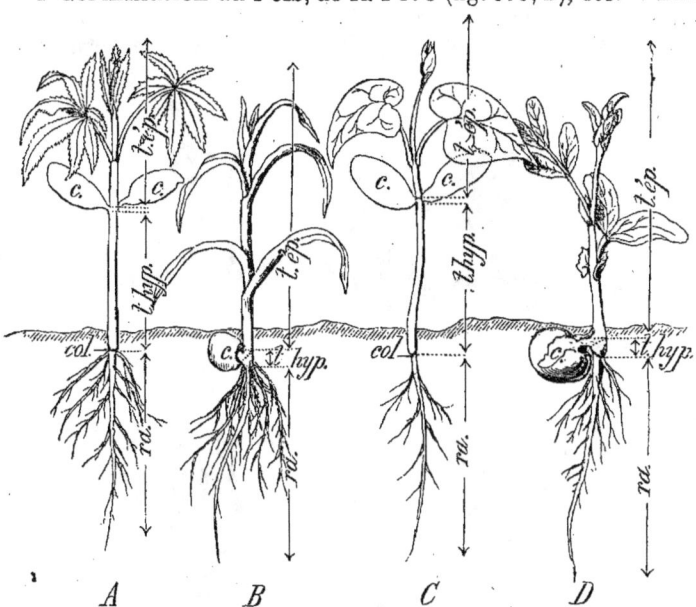

Fig. 570. — Germination comparée du Ricin, A; du Maïs, B; du Haricot, C; de la Fève, D. — 4 phases successives dans la germination du Ricin (graine avec albumen) et du Haricot (graine sans albumen) : I, développement de la racine, *ra*; II, allongement de la tige hypocotylée, *t.hyp*; III, épanouissement des cotylédons, *c* ; IV, développement de la tige épicotylée, *t.ép* ; 2 phases seulement (I et IV) dans la germination du Maïs (graine avec albumen et de la Fève (graine sans albumen).

est analogue à celle du Maïs et ne comprend que 3 phases (I, II, IV) ; et encore la phase II est très courte (fig. 570, D).

Les cotylédons sont dits *épigés* quand ils sont soulevés hors de terre par le développement de la tige hypocotylée (Ricin, Haricot, Lupin); ils sont dits *épigés* quand ils demeurent sous le sol (Maïs, Blé, Fève) pendant toute la germination.

PHÉNOMÈNES PHYSIOLOGIQUES DE LA GERMINATION

1° Phénomènes externes. — La plantule issue d'une graine en germination absorbe de l'oxygène, dégage de l'acide carbonique et de la vapeur d'eau; elle perd en outre une partie de sa substance sèche. Le Blé, après 50 jours de germination à l'obscurité a donné les résultats suivants :

	Poids total	C	H	O	Az	Subst. minérales.
Graines...	1gr665	0gr758	0gr095	0gr718	0gr057	0gr038
Plantules..	0gr712	0gr293	0gr043	0gr282	id.	id.
Pertes...	0gr953	0gr465	0gr052	0gr436	0	0

Les graines en germination dégagent de la chaleur; il suffit de comparer les températures t et t' données par deux thermomètres, dont les réservoirs plongent : l'un dans un flacon renfermant des

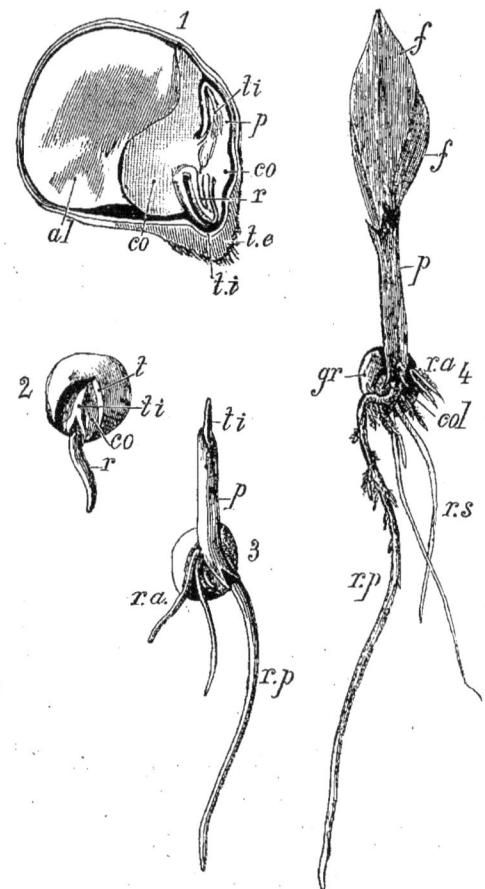

Fig. 571. — Germination du Maïs. — 1, Fruit du Maïs vu en coupe : *t.e*, tégument du fruit ; *t.i*, tégument de la graine ; *r*, radicule ; *ti*, tigelle surmontée de la gemmule ; *co*, cotylédon coiffant la tigelle (piléole, *p*) et formant un manchon autour de la radicule ; *al*, albumen. — 2,3,4, phases successives du développement de la jeune plante. *r.p*, racine principale ; *r.s*, radicelles ; *r.a*, racines adventives ; *f*, feuilles.

graines germant à l'obscurité (t), l'autre dans l'air à proximité du flacon (t'). La différence $t-t'$ peut atteindre 10 à 12° (Blé), 6 à 7° (Maïs), 17° (Trèfle), etc.

2° **Phénomènes internes.** — *Digestion des réserves.* — La digestion des réserves contenues dans l'embryon et l'albumen s'effectue à l'aide de diastases (voir page 492).

La graine possède seulement des cotylédons. — La dissolution des réserves s'effectue dans les cellules mêmes des cotylédons ; elle débute au voisinage de l'axe et se continue peu à peu de *l'intérieur vers l'extérieur* du grain. Ce fait est très visible dans les cotylédons du Haricot où la marche du phénomène est indiquée par la corrosion des grains d'amidon. L'amidon est totalement résorbé dans les diverses parties de la plantule à mesure qu'elles atteignent un développement plus complet ; le glucose, originaire de l'amidon dissous, est peu à peu utilisé par la jeune plante, en même temps que les substances albuminoïdes des cotylédons.

La graine possède un albumen. — L'albumen, isolé du reste de la graine, est capable de germer, surtout s'il est *oléagineux* (Ricin) ; il digère ses propres matériaux de réserve aux dépens desquels il s'accroît. Or, dans la germination de la graine complète du Ricin, l'albumen se comporte d'abord comme s'il était seul ; il dissout et rend assimilables les matières albuminoïdes et les corps gras qu'il renferme, puis l'embryon, étroitement appliqué contre lui, absorbe ces produits tout préparés.

Si l'albumen est *amylacé* ou *corné*, il ne peut digérer lui-même ses réserves ; les cotylédons sécrètent les diastases propres à le dissoudre. La *couche protéique* signalée chez les Crucifères, les Résédacées, les Graminées (fig. 478), etc., paraît spécialisée en vue de cette production de diastases. La dissolution de l'albumen se produit alors depuis la surface de contact du cotylédon avec l'albumen jusqu'à la périphérie de ce dernier.

REMARQUE. — Les diastases existent en quantité considérable dans le point végétatif d'une plantule en germination ; elles diminuent brusquement au-dessous du point d'insertion des cotylédons. Dans les cotylédons, les diastases se développent progressivement de la base vers le sommet, diminuant peu à peu dans les régions où elles étaient apparues pabord ; ce fait est dû à la migration des diastases des cotylédons vers la tige.

Durée du développement d'un végétal. — Une plante est dite improprement *annuelle*, quand elle vit pendant une seule période de végétation (Pois, Fève, Haricot, Blé, Maïs, etc...). Elle est dite *bisannuelle*, quand elle forme des réserves pendant une première année et qu'elle fleurit l'année suivante (Carotte, Betterave).

Plantes annuelles et bisannuelles sont *monocarpiques* parce qu'elles ne fleurissent et ne fructifient qu'une fois.

Une plante est dite *vivace* quand sa durée est de plus de deux années ; elle est *polycarpique* parce qu'elle fructifie à plusieurs reprises : tels sont les arbres de nos pays. La vie de certaines plantes est illimitée (Pomme de terre, Orchis, plantes à tubercules et à bulbes).

REPRODUCTION CHEZ LES CRYPTOGAMES

Les Phanérogames se reproduisent par *graines* issues de fleurs ; les Cryptogames ne portent jamais de fleurs et se reproduisent par des *œufs* et des *spores*.

§ 1. — CRYPTOGAMES VASCULAIRES

1° FOUGÈRES.

La surface dorsale des feuilles ordinaires *f* (fig. 359, 1) porte, chez les Fougères, des amas *s* de *sporanges spo* groupés sous des expansions de formes diverses appelées *indusies in* (fig. 572). L'ensemble des sporanges abrités sous le même toit est un *sore*.

Sporange. Spore. — Un *sporange* est un poil (1) qui se segmente peu à peu (2) en formant un revêtement pariétal et une grosse cellule tétraédrique centrale.

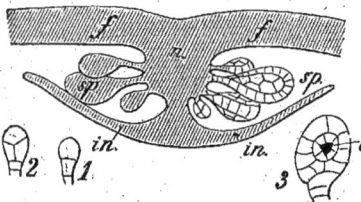

Fig. 572. — Section transversale d'une fronde (lobe de feuille) de Fougère, passant par un amas de sporanges (*sore*). *in*, indusie ; *sp*, sporanges. 1,2,3, premières phases du développement d'un sporange ; *c*, cellule-mère des spores.

Cette dernière se cloisonne suivant ses quatre faces (3) et engendre les cellules mères des spores. Parmi les cellules qui composent la paroi du sporange spo_1 (fig. 359, 2) il en est une série annulaire qui s'épaissit en fer à cheval du côté interne ; toutes les autres conservent une membrane mince. Quand le sporange est mûr spo_2, il se dessèche et se fend comme le fait l'anthère (page 524), et pour une raison identique.

Les spores *sp* tombent sur le sol où le vent les a dispersées.

Une spore est une cellule riche en protoplasme et en réserves nutritives, pourvue de deux membranes : l'une externe épaisse, l'autre interne et mince. La spore peut traverser, en état de vie ralentie, une période assez longue. Quand le sol sur lequel elle tombe est humide, elle y *germe* en déchirant sa membrane externe cutinisée et donne naissance au *prothalle pr* (fig. 359, 4).

Prothalle : **Production sexuée.** — *Anthéridie.* — *Archégone.* — Le prothalle est une lame verte, en forme de cœur, atteignant au plus 1 centimètre carré ; la plupart de ses cellules sont riches en chlorophylle ; nombre de cellules de la face inférieure se prolongent en poils qui absorbent les sels nutritifs du sol. Bientôt apparaissent, *sur cette même face inférieure*, deux sortes d'organes reproducteurs : les *anthéridies A* (fig. 573) (organes mâles) et les *archégones Ar* (organes femelles).

Une *anthéridie* est un poil dont l'extrémité renflée a subi des cloisonnements tels qu'on y trouve une paroi latérale formée d'un seul plan de cellules, une cellule terminale formant couvercle et une cellule centrale. Cette dernière se segmente en un grand nombre de petites cellules *an* dont chacune est l'origine d'un *anthérozoïde*.

L'anthéridie mûre absorbe de l'eau, se gonfle et perd son couvercle; la paroi des cellules mères *an* devenues libres se dissout dans l'eau, et les anthérozoïdes *an'* nagent à l'aide de leurs cils vibratiles dans l'eau qui baigne le prothalle.

L'origine d'un *archégone* *Ar* est identique à celle de l'anthéridie : des 2 cellules terminales, engendrées par des cloisons transversales dans le poil proéminent à l'extérieur, la cellule profonde donne le centre de l'archégone (*oosphère oos* et *cellule de canal*, *c.ca*, fig. 573). La cellule de canal s'engage entre les cellules du col *col* qu'elle dissocie; elle gélifie sa membrane, absorbe de l'eau, et fait éclater l'archégone mûr à son sommet *o*; un bouchon mucilagineux apparaît en *o*.

Formation de l'œuf. — L'un des anthérozoïdes *an'* qui nagent sous le prothalle, peut être retenu par le mucilage coiffant l'archégone; il s'y engage, pénètre par le col jusqu'à l'oosphère *oos* qu'il féconde et transforme en Œuf. Une membrane de cellulose entoure aussitôt l'œuf.

Développement de l'œuf. **Plante feuillée asexuée.** — L'œuf Œ, porté par le pro-

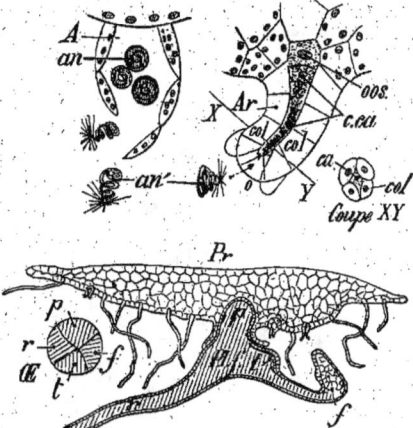

Fig. 573. — Organes reproducteurs sexués d'une Fougère. — A, anthéridie dont la cellule-couvercle, soulevée, a laissé échapper des anthérozoïdes *an'*. — *Ar*, archégone formé par les cellules du col *col* entre lesquelles est engagée la cellule de canal *c.ca*. (La coupe XY, à droite, montre cette disposition); *oos*, oosphère. Un anthérozoïde *an'*, voisin du col de l'archégone au moment de sa déhiscence, pénètre suivant la flèche, par l'ouverture *o*, au milieu de la gelée qui surmonte l'oosphère. — Œ, œuf résultant de la fusion de *an'* et de *oos*. Il se divise en 4 parties d'où proviennent : la 1ʳᵉ racine *r*, la 1ʳᵉ tige *t*, la 1ʳᵉ feuille *f* et le pied *p* (qui absorbe une partie de la substance du prothalle *Pr* pour l'édification de la plante feuillée *Pl.f.*).

thalle, se partage par deux cloisons perpendiculaires en 4 cellules : *p* origine du pied, *r* origine de la racine, *t* formant la tige et *f* produisant la première feuille, par des cloisonnements ultérieurs. Le pied *p* se développe sur le prothalle *Pr* auquel il emprunte la matière nutritive propre au développement de la jeune plante *Pl.f*. Au bout de peu de temps, le prothalle peu à peu flétri laisse voir les premiers éléments de la plante feuillée pourvue de racines *ra*, d'une tige *ti* et de feuilles *f* (fig. 359, 1).

Spore ⟶ Prothalle sexué { Anthéridie-anthérozoïde / Archégone-oosphère } ⟶ Œuf ⟶ Plante feuillée asexuée ⟶ Sporange ⟶ Spore :

telle est la succession des formes qui caractérisent le développement des Fougères.

2° AUTRES CRYPTOGAMES VASCULAIRES.

Chez les *Fougères*, toutes les spores issues d'une même plante feuillée sont semblables et donnent des prothalles identiques, portant des anthéridies et des archégones.

Les *Équisétacées* (Prêles) et les *Lycopodinées isosporées* (Lycopodiacées) produisent, au sommet de certains rameaux, des sporanges avec spores toutes semblables ; mais certaines de ces spores donnent en germant de petits *prothalles mâles* (avec anthéridies exclusivement) et des *prothalles femelles* plus grands (avec archégones).

Les *Hydroptérides* (*Salviniacées* et *Marsiliacées*) et les *Lycopodinées hétérosporées* (*Isoètes, Sélaginelles* et *Lépidodendrées*) possèdent des spores de deux sortes. Soit la Sélaginelle : au sommet des rameaux sporangifères, les épis A (fig. 574)

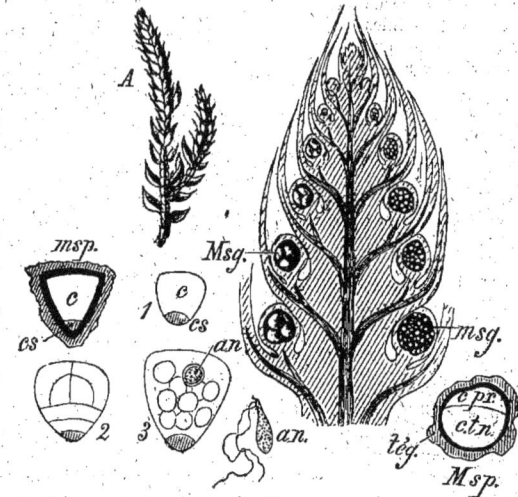

FIG. 574. — Organes reproducteurs de la Sélaginelle. — A, extrémité d'un rameau sporangifère vu en coupe longitudinale à droite. *m.sg*, microsporange ; *Msg*, macrosporange. — *msp*, 1,2,3, microspore contenant une cellule stérile *cs* et une cellule fertile *c* (cellule mère d'anthérozoïdes *an*). *Msp*, macrospore renfermant, dans le tégument *tég*, deux cellules : *c.tn*, qui donnera le tissu nutritif ; *c.pr*, qui engendrera le prothalle.

contiennent, dans l'aisselle des feuilles, des *microsporanges m.sg* avec de nombreuses microspores et des *macrosporanges Msg* pourvus de 4 macrospores.

Une *microspore msp* a une forme tétraédrique et se cloisonne de bonne heure, en isolant une cellule *c.s* dite *cellule stérile* qui joue le rôle de *prothalle mâle*, tandis que l'autre cellule *c* est l'*anthéridie* qui donne, par segmentation, un certain nombre d'anthérozoïdes *an* (1, 2, 3).

Une *macrospore Msp* subit également un premier cloisonnement qui divise la cellule primordiale en deux cellules : l'une *c.t.n.* produira un tissu nutritif pour les embryons issus de l'autre cellule *c.pr.* ; cette dernière donne, en effet, par segmentation, le *prothalle femelle pr* (fig. 575) dans lequel on remarque ici trois archégones à divers états de développement : 1°, *oos* est l'oosphère surmonté de la cellule de canal *c.ca* dans un archégone non ouvert ; 2°, en Œ est l'œuf, déjà divisé en deux, formé par la fécondation de l'oosphère ; 3°, *e* est l'embryon qui, provenant de la segmentation de l'œuf, se développe aux dépens du tissu nutritif *t.nu* et du prothalle *pr* de la macrospore.

Un fait important découle de ces observations : *l'extrême réduction des prothalles mâle et femelle, à mesure qu'on passe, des Fougères, par les Équisétacées et les Lycopodinées isosporées, aux Lycopodinées hétérosporées.*

La succession des formes qui caractérisent les Cryptogames **vasculaires** hétérosporées est :

Microspore. { Prothalle mâle. { Anthéridie ⇒ anthérozoïde. }   { Microsporange. ⇒ Microspore.
Macrospore. { Archégone ⇒ oosphère.... } Œuf. ⇒ Plante feuillée. { Macrosporange. ⇒ Macrospore.
           { Prothalle femelle.

Passage des Cryptogames vasculaires aux Gymnospermes et aux Angiospermes. — Il suffit, pour établir ce passage, de remarquer que :
1° *La microspore est le grain de pollen avec une ou deux cellules stériles* (isolées chez les Gymnospermes) *jouant le rôle de prothalle mâle* excessivement réduit, *tandis que la grande cellule émet le tube pollinique*, guide du noyau mâle $n\sigma^{\!\!\!\!\!\!}$ qui est dépourvu de cils vibratiles et destiné à féconder l'oosphère.

2° *La macrospore est le sac embryonnaire des Gymnospermes avec un prothalle femelle* (endosperme) *et des archégones représentés par les corpuscules* : oosphère et cellule de canal s'y trouvent, en effet, surmontés de la rosette qui correspond aux cellules du col de l'archégone, chez les Cryptogames vasculaires.

Chez les Angiospermes, la différence est un peu plus accentuée à ce point de vue : le prothalle femelle est représenté seulement par les synergides, le noyau secondaire de l'albumen et les antipodes (voir la figure 543).

L'émission de tubes polliniques et la complication de l'appareil reproducteur appelé *fleur*, chez les Phanérogames, sont le résultat d'une adaptation : la fixité de la macrospore (sac embryonnaire) et l'impossibilité pour le pollen de se mouvoir dans l'air à l'aide de cils vibratiles (comme les anthérozoïdes se déplacent dans l'eau) ont provoqué : 1° l'apparition d'une chambre pollinique (Gymnospermes), d'un ovaire avec un style et un *stigmate* (Angiospermes) ; 2° l'émission d'un tube pollinique par le grain de pollen. La conséquence de ce fait est la formation de graines, renfermées ou non dans un *fruit*.

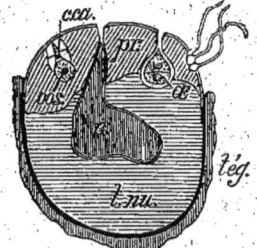

Fig. 575. — Macrospore de Sélaginelle très avancée, portant le tissu nutritif *t.nu*, le prothalle *pr*. Ce dernier renferme : à gauche, un archégone non fécondé ; à droite, un œuf Œ déjà segmenté en 2 ; au milieu, un embryon *e* provenant du développement de l'œuf.

§ 2. — MUSCINÉES

1° MOUSSES.

Spore. — *Protonéma.* — Ces végétaux présentent, au sommet de leur tige (fig. 358, *D*), ou inséré sur le côté *E*, un pédicelle terminé par une urne *ca* contenant des spores. Une spore *sp*, F tombant sur le sol humide, y germe en un filament ramifié appelé *protonéma*, sorte d'Algue filamenteuse pourvue de rhizoïdes bruns *c* plongeant dans le sol et de rameaux aériens *r* riches en chlorophylle.

Plante feuillée sexuée. — *Anthéridie.* — *Archégone.* — Sur le protonéma se développent des *bourgeons b* qui deviennent autant de tiges feuillées, rendues indépendantes par la destruction rapide du protonéma.

Soit la Funaire hygrométrique : on y trouve, au début du printemps, des tiges terminées par des cupules entourées de feuilles et contenant les unes des *anthéridies An* (fig. 576, *I*), les autres des *archégones Ar* (II).

Une *anthéridie* est un poil qui a subi des cloisonnements successifs (1, 2, 3, 4,

5, 6); c'est une sorte de massue *An*, avec une paroi externe mince, formée de cellules très vertes, et un parenchyme central dont les nombreuses et petites cellules engendrent chacune un anthérozoïde et gélifient leur membrane.

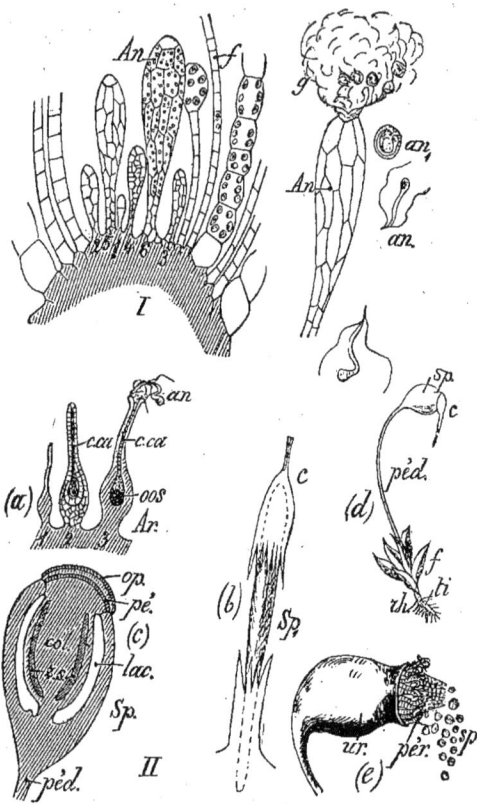

Fig. 576. — Organes reproducteurs d'une Mousse (*Funaria hygrometrica*). — I, sommet d'une tige portant des anthéridies *An* à divers états de développement, 1,2,...6. A droite, anthéridie mûre, ouverte à son sommet, laissant échapper les anthérozoïdes *an*₁, *an*. — II, (*a*) *Ar*, 1,2,3, archégones à divers états; *oos*, oosphère; *c.ca*, cellule de canal; l'archégone 3 reçoit l'anthérozoïde *an* qui va féconder l'oosphère *oos*. — (*b*), Développement de l'œuf en un appareil sporifère *Sp*₁ surmonté de la coiffe *c*. — (*c*), section du sporogone *Sp*; *col*, columelle; *z.s*, zone sporifère; *lac*, lacune; *op*, opercule; *pé*, péristome; — (*d*), une tige feuillée surmontée du sporogone (*péd*, pédicelle; *sp*, sporange). — (*e*), le sporange, de *Fontinalis*, dont l'opercule est tombé, laisse échapper les spores, *sp*, entre les dents du péristome, *pér*.

Quand l'anthéridie est mûre, la moindre goutte de rosée ou de pluie, déposée dans la rosette terminale, fait gonfler le mucilage interne; la massue éclate au sommet et son contenu, projeté au dehors, abandonne dans l'eau les *anthérozoïdes*, *an*₁, *an*, pourvus de deux cils qui en permettent le déplacement.

Un *archégone Ar* (1, 2, 3, *II*), également originaire d'un poil, a la forme d'une bouteille présentant un ventre et un col ; dans le ventre sont logées l'oosphère *oos* et la cellule de canal *c.ca* qui, divisée en plusieurs cellules superposées, s'engage entre les cellules du col.

La déhiscence de l'archégone et la fécondation de l'oosphère par l'un des anthérozoïdes mobiles dans l'eau, se produisent comme pour les Fougères ; l'*œuf* est formé et tous les autres archégones d'une même rosette se flétrissent.

Développement de l'œuf. — **Sporogone asexué.** — L'œuf engendre, par une série de cloisonnements, un massif cellulaire allongé *Sp* [*II* (*b*)], dont la base se nourrit aux dépens de la tige qui le supporte ; la partie supérieure entraîne avec elle la paroi de l'archégone qui, ne pouvant croître assez vite, se déchire transversalement : Le sommet du massif est ainsi couvert d'une *coiffe c*. Sous cette coiffe s'organise le *sporogone* comprenant le *pédicelle* grêle *péd* et la *capsule Sp* ou sporange [*II* (*c*)].

Le sporange est formé, au début, d'un parenchyme homogène qui se différencie bientôt en un épiderme fortement cutinisé, une *lacune aérifère lac*, une *zone sporifère z.s* et une *columelle* centrale *col* : chaque cellule de la zone *z.s* se divise en 4 spores bientôt indépendantes les unes des autres. En même temps s'est organisé, au-dessus de l'*urne* (base de la capsule), un opercule *op* qui se détache à la maturité et laisse voir une collerette de dents appelée *péristome*. Par l'ouverture du péristome *per* [*II* (*e*)] sortent les spores *sp* qui germeront tôt ou tard.

2° HÉPATIQUES.

2° *Hépatiques.* — Le mode de reproduction des Hépatiques est identique à celui des Mousses. Le sporogone reste plus longtemps inclus dans le ventre de l'archégone dilaté, et son pédicelle, toujours court, n'apparaît qu'au moment de la dissémination des spores (fig. 358, *A* et *B*).

Chez la plupart des Hépatiques, les spores sont mélangées de cellules stériles développées en *élatères* qui, par leur tension brusque, favorisent la dispersion des spores.

Les spores donnent, par la germination, un protonéma le plus souvent rudimentaire.

Comparaison des Muscinées avec les Cryptogames vasculaires. — La succession des formes chez les Muscinées est la suivante :

Spore. ⇢ Protonéma. ⇢ *Plante feuillée sexuée* { anthéridie-anthérozoïde archégone-oosphère.... } Œuf { *Sporogone asexué* ⇢ Spore

Bien que paraissant fort analogues à celles des Cryptogames vasculaires, les formes reproductrices des Muscinées en diffèrent par le déplacement et la sexualité de la plante feuillée dans le cycle des transformations ; *l'œuf est produit par la plante feuillée chez les Muscinées, tandis qu'il engendre la plante feuillée chez les Cryptogames vasculaires.*

Cette différence rend impossible toute transition des Muscinées aux Cryptogames vasculaires, alors que cette transition est naturelle des Cryptogames vasculaires aux Phanérogames.

§ 3. — THALLOPHYTES

Les Thallophytes comprennent les Algues et les Champignons, plus les Lichens qui proviennent de l'association d'une Algue (chlorophyllienne) et d'un Champignon (dépourvu de chlorophylle).

Nous avons étudié, dans un chapitre précédent (page 369 et suivantes) quelques-unes des formes de Thallophytes qui, par différenciation progressive, nous ont conduits d'un végétal unicellulaire (Bactérie, Levure de bière, etc...) à une plante pluricellulaire d'organisation déjà complexe, où les appareils nutritif et reproducteur sont nettement distincts.

A ce propos, nous avons remarqué : 1° que certains Champignons (Levure de bière, Agaric) se multiplient exclusivement par des *spores*, de même que certaines Algues (Bactéries, etc.) ;

2° que certaines Algues (*Mesocarpus*, Spirogyre) se multiplient exclusivement par des œufs ;

3° qu'un grand nombre de Thallophytes (*Mucor*, etc... parmi les Champignons ; *Botrydium*, etc..., parmi les Algues) se multiplient par des spores ou par des œufs, suivant que le milieu extérieur est favorable ou non à la végétation. Deux nouveaux exemples pris, l'un parmi les Champignons, l'autre parmi les Algues, vont nous permettre de faire un rapprochement instructif entre les Thallophytes et les plantes supérieures.

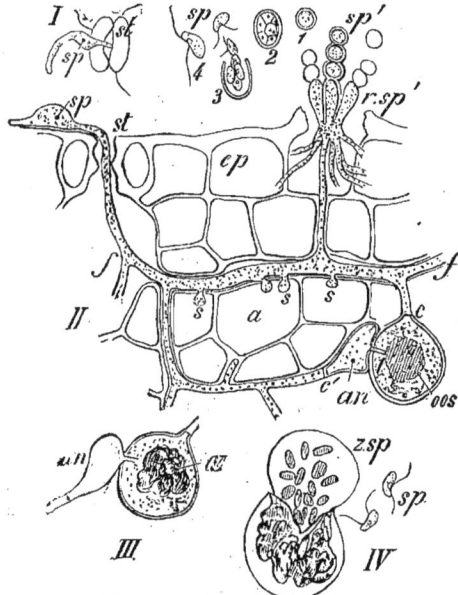

Fig. 577. — Mode de reproduction du *Cystopus candidus* (Champignon). — I. *sp*, spore germant sur une feuille de Chou et poussant un filament par un stomate *t*. — II, le filament mycélien *f* se ramifie dans le parenchyme du Chou, émet des suçoirs *s*; nombre de filaments forment, sur la feuille déchirée, un appareil sporifère *r.sp'* dont les spores *sp'* détachées (1), donnent des sporanges (2) qui émettent des *zoospores* (3,4). Certains filaments se renflent, en dedans du parenchyme du Chou, forment un *oogone* et un *pollinide an*; dans l'oogone, une partie du protoplasme s'isole en une oosphère *oos* que féconde le pollinide, à l'aide du tube *t*. — III, Œ, œuf formé. — IV, Un zoosporange *z.sp* sort de l'œuf au printemps et met en liberté des *zoospores sp*.

Multiplication du Cystopus candidus.—Spore.—Œuf.—Ce Champignon forme une poussière blanche sur les tissus du Chou et d'autres Crucifères (tige, feuilles, etc.).

Une spore *sp* (fig. 577, *I*), déposée sur une feuille, par exemple, s'y allonge en un filament qui, passant par un stomate *st*, pénètre dans les lacunes de la feuille. Le filament *f,f* (*II*), se nourrissant à l'aide de suçoirs *ss* aux dépens des cellules *a* du parenchyme, émet de nombreuses ramifications qui envahissent tout le tissu. Tant que les conditions sont favorables à sa nutrition, le mycélium *ff* s'accroît et émet hors de son hôte un appareil sporifère composé de rameaux *r.sp'*. Chacun de ces rameaux porte un chapelet de spores dont la plus âgée est la plus extérieure ; les spores se détachent une à une et germent ; mais, chez le *Cystopus candidus*, au lieu de donner directement un filament, la spore *sp'* (1) devient un *sporange* ; c'est-à-dire que son contenu se divise en petites portions (2) qui, à maturité (3), forment autant de *zoospores sp* (4). Celles-ci, mobiles à l'aide de deux cils vibratiles dans les gouttelettes d'eau que porte la feuille le matin, par exemple, nagent dans cette eau, puis se fixent sur la cuticule, perdent leurs cils et germent comme la spore *sp* (*I* et *II*).

A l'automne, on voit certains filaments mycéliens renflés et accolés par leurs extrémités : l'un *oos* (*II*) plus gros s'appelle *oogone* (organe femelle), l'autre *an* est un *pollinide* (organe mâle) ; leur contenu est isolé du protoplasme du filament par des cloisons *c*, *c'*. Dans l'oogone, une partie du protoplasme s'est isolée en une *oosphère*. Le pollinide est ainsi appelé, parce qu'il pousse un tube fin *t* qui, perçant la membrane de l'oogone, s'ouvre à son sommet et permet la fusion des protoplasmes de l'oosphère et du pollinide.

Un *œuf* ŒE (*III*) ainsi formé est pourvu de deux membranes (*endospore* mince et *exospore* cutinisée) ; il peut subir les rigueurs de l'hiver. Au printemps suivant, l'œuf se gonfle par l'eau, l'exospore se déchire, *un zoosporange z.sp* (*IV*) *est mis en liberté* qui, à son tour, produit de nombreuses zoospores *sp*.

L'*œuf du Cystopus produit un zoosporange qui donne des spores*; il y a donc *alternance de génération*, comme chez les Muscinées et les Cryptogames vasculaires, mais *sans régularité*.

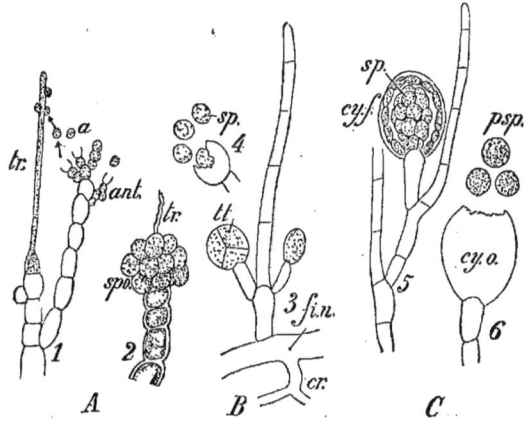

Fig. 578. — Mode de reproduction de certaines Algues Floridées. — A, *Nemalion* : 1, *ant*, pollinides flottant dans l'eau et retenus par le *trichogyne tr* d'une oogone ; ils le fécondent et forment l'œuf qui, en 2, se développe en bourgeons producteurs de protospores *spo*. — B, *Lejolisia*; *fi.n*, filament nutritif avec crampons *cr* et tétrasporange *tt* émettant 4 spores (*sp*, 4). — C, Les protospores *p.sp* de *Lejolisia* sont renfermées dans un cystocarpe, fermé en *cy.f* (5), ouvert en *cy.o* (6).

Multiplication des Algues Floridées. — Le *Lejolisia* porte certains rameaux courts qui se renflent en une cellule terminale appelée *tétrasporange tt* (fig. 578, B). Le tétrasporange mûr donne 4 spores *sp*.

D'autres rameaux se terminent différemment : les uns forment l'appareil femelle, et les autres l'appareil mâle.

Chez le *Nemalion* (A), au sommet d'un rameau, apparaissent de petites cellules donnant chacune un *pollinide a*, c'est-à-dire un anthérozoïde sans cils vibratiles.

L'*oogone*, qui termine un autre rameau, développe un long *trichogyne tr*, appendice grêle dont le rôle est de retenir les pollinides flottant dans l'eau. De la fusion des protoplasmes du pollinide et du trichogyne résulte un *œuf* qui se développe *sur la plante mère* (comme chez les Muscinées), émet des bourgeons multiples *spo* producteurs de *protospores*.

L'ensemble des bourgeons est un sporogone; le sporogone, *nu* chez le *Nemalion*, est *enveloppé chez le Lejolisia* d'un tégument ou cystocarpe *cy* (5 et, 6, fig. 578, C).

Les *protospores*, psp, donnent par germination un thalle provisoire (véritable protonéma) duquel émanent ensuite des thalles définitifs, rendus indépendants par la destruction du premier.

L'analogie est donc complète entre le mode de reproduction des Algues Floridées et celui des Muscinées. La seule différence consiste en ce que l'alternance des spores et des œufs est irrégulière chez les Algues et nécessaire chez les Muscinées.

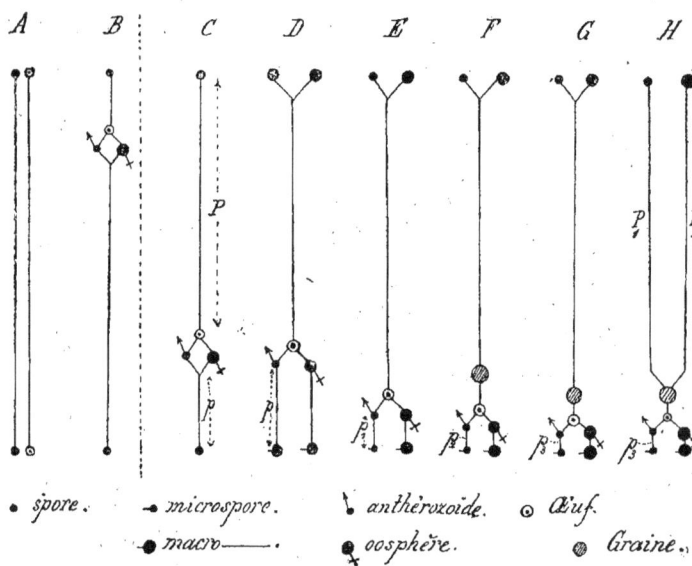

FIG. 579. — Reproduction comparée dans le règne végétal.

A. *Thallophytes.* — La plante originaire d'une spore ou d'un œuf produit, à un moment donné des spores ou des œufs.

B. *Muscinées et certaines Thallophytes.* — D'une spore sort un *protonéma* qui donne origine à une *plante feuillée sexuée*. Sur cette dernière se développent des anthéridies (anthérozoïdes) et des archégones (oosphères) ; la fusion d'un anthérozoïde et d'une oosphère produit un œuf d'où provient le *sporogone asexué* émettant des spores.

C. *Fougères.* — La spore produit un *prothalle sexué p* avec anthéridies et archégones. La fusion d'un anthérozoïde et d'une oosphère donne un œuf d'où provient la *plante feuillée asexuée* P qui émettra des spores.

D. *Equisétacées.* — Même série de phénomènes qu'en C ; toutes les spores sont identiques, mais certaines d'entre elles donnent des prothalles à anthéridies exclusivement, et d'autres des prothalles à archégones.

E. *Lycopodinées hétérosporées.* — Deux sortes de spores : *microspores* donnant naissance à des prothalles à anthéridies ; *macrospores* formant des prothalles à archégones. La suite des phénomènes est la même qu'en C et D.

F. *Gymnospermes.* — Dans la *fleur*, la microspore est le *noyau mâle n ♂* du tube pollinique (*cellule primordiale*) ; la macrospore est représentée par l'*oosphère n ♀* du corpuscule. *L'œuf forme une graine.*

G. *Angiospermes monoïques.* — La microspore est le *noyau mâle n ♂* du tube pollinique ; la macrospore est représentée par l'*oosphère* du sac embryonnaire (n ♀). Le reste est identique à F.

H. *Angiospermes dioïques.* — Elles ne diffèrent des Angiospermes monoïques que par deux sortes de plantes : les unes à fleurs mâles exclusivement, les autres à fleurs femelles.

L'IRRITABILITÉ CHEZ LES VÉGÉTAUX

« Les Animaux sont doués de sensibilité ; les Végétaux ne sentent pas » :
Ainsi exprimait-on, jusqu'à ces dernières années, un caractère distinctif des deux sortes d'êtres vivants. L'étude microscopique des animaux et des végétaux inférieurs a porté les naturalistes à douter de cette assertion, puis à la rejeter, en prouvant qu'un même organisme élémentaire, le *protoplasme*, est le point de départ des êtres organisés et la base commune aux deux règnes.

Toute l'activité vitale est régie par les phénomènes d'irritation les plus variés, a dit Pfeffer. Les phénomènes physiologiques précédemment exposés chez les plantes et les animaux suffisent à nous en convaincre ; nous les rappellerons brièvement ici en les résumant, pour tirer de cet examen les conclusions et les conséquences qu'il comporte.

Un être vivant, quel qu'il soit, ne saurait se passer du milieu extérieur dans lequel il *choisit* les matériaux nutritifs et les radiations indispensables à son entretien. Le déplacement total ou partiel du corps, chez l'animal, accuse cette préoccupation : ce déplacement est *visible*.

La plante a-t-elle souci de son existence? Exécute-t-elle de pareils mouvements?

L'affirmative n'est pas douteuse pour les zoospores qui, dans l'eau, se déplacent vers la lumière ou vers l'aliment convoité ; elle ne l'est pas davantage pour la plante *qui dispose le limbe de ses feuilles perpendiculairement aux radiations incidentes* (phototropisme), ni pour celle *qui dirige ses racines du côté où règne une plus grande humidité* favorable à la dissolution des principes nutritifs du sol (hydrotropisme). *La racine de toute plante dont le sommet se contourne* pour éviter les grains anguleux de sable (nutation), *dont les poils absorbants enserrent étroitement les particules terreuses ; la racine* du Gui, du Rhinanthe (parasites) *qui pousse des prolongements dans le corps d'une plante hospitalière ; la tige de la Cuscute développant des suçoirs au contact de la tige de Luzerne, d'Ajonc,* etc., nous fournissent de nombreux exemples des **mouvements effectués par les plantes en vue de leur nutrition.**

L'un des spectacles les plus curieux, à ce point de vue, est celui de Bactéries à quelque distance desquelles on dispose des fragments de viande, dans un tube capillaire. Elles cessent aussitôt d'errer sans but apparent, et toutes se précipitent sur l'appât ; vient-on à verser sur celui-ci une gouttelette d'alcool ou de toute autre substance nuisible? immédiatement les Bactéries fuient l'appât et la substance nuisible, et se précipitent à l'ouverture du tube capillaire.

L'enroulement des tiges volubiles et des vrilles autour d'un tuteur *est un fait d'irritabilité*, puisque la résistance d'un fil de soie de poids négligeable provoque l'enroulement, alors que le choc intense et prolongé d'un filet de mercure n'a sur ces tiges aucune action directrice. Les tiges volubiles savent ainsi faire une distinction entre l'état solide de la matière (capable de les soutenir) et l'état liquide (impropre à jouer ce rôle).

Le simple attouchement des feuilles de Sensitive, de Dionée, de Drosera n'en suscite-t-il pas la fermeture immédiate ?

Le géotropisme est une propriété commune à tous les Végétaux ; il détermine l'orientation de leur axe dans la direction la plus favorable à leur équilibre et à leur nutrition.

Les propriétés anesthésiques du chloroforme, de l'éther, etc. se manifestent sur les plantes de même que sur les animaux, et confirment, en l'annihilant, l'existence de leur irritabilité.

Toute plante est donc irritable, aussi bien celle qui adhère au sol que la plante capable de mouvements spontanés. S'il y a diversité dans la manière dont les espèces végétales réagissent aux excitations cela ne tient pas à la nature de l'excitabilité, mais à la spontanéité et à la vitesse de propagation de l'irritation. On a nié l'excitabilité des plantes parce qu'on ne constatait pas, chez elles, les mouvements habituels aux animaux ; et cependant, s'il était possible à l'Homme d'examiner la nature sous un grossissement de plusieurs milliers de diamètre, il verrait les Végétaux tous mobiles et les Bactéries douées d'une vitesse excessive comparativement à leurs dimensions : ainsi, tandis que l'Homme, forçant le pas, parcourt en une seconde la moitié de sa longueur, la Bactérie parcourt dans le même temps 4 à 5 fois son diamètre ; sa vitesse relative est donc 8 à 10 fois celle de l'Homme ; elle atteint beaucoup plus que celle de la Terre qui parcourt en une seconde, $\frac{1}{420}$ seulement de son diamètre dans l'espace.

De quelle nature sont les phénomènes qui découlent de l'irritabilité, ainsi établie chez les êtres vivants ? Au préalable, l'irritation n'est jamais l'impulsion *génératrice* des réactions qui résultent des propriétés caractérisant l'organisme considéré. L'irritation doit atteindre une valeur *minimum* pour être suivie d'effet ; ce résultat consiste dans la transformation en énergie actuelle d'une partie de l'énergie potentielle de l'être provoqué ; une sorte de détente se produit dont l'effet se répartit sur un temps plus ou moins prolongé. Plus le temps de la réaction est court, plus l'intensité de l'influence motrice est considérable et mieux l'effet en est visible.

Or, chez les plantes, les effets de l'irritation se manifestent, en général, après une période latente et s'accomplissent avec une faible vitesse. Ainsi se trouvent expliqués les phénomènes d'induction constatés chez les Végétaux par l'augmentation temporaire de chaleur, de lumière, etc.

L'irritabilité des êtres vivants n'est pas seulement mise en jeu par des causes externes. A ne considérer que les plantes, des influences internes nombreuses y provoquent, en effet, la naissance des membres secondaires (radicelles, bourgeons et rameaux) sur les membres principaux ; elles permettent d'entrevoir tôt ou tard une explication plausible des mouvements périodiques, celui des folioles du Trèfle oscillant par exemple, mouvements comparables aux pulsations rythmiques du cœur.

S'il paraît exister, jusqu'ici tout au moins, une différence entre les plantes et les animaux au point de vue de l'irritabilité, c'est surtout par la présence, chez les animaux, *d'organes spécialement affectés à la perception de l'irritation* sous ses diverses formes, organes inconnus ou à peu près chez les Végétaux ; il faut remarquer d'ailleurs que l'existence de pareils organes n'est pas plus indispensable à l'irritabilité qu'à la vie elle-même, et que les animaux inférieurs eux-mêmes sont aussi peu différenciés que les plantes à ce point de vue. Des recherches persévérantes sont indispensables pour jeter la lumière sur un sujet d'une telle importance, puisqu'il régit tous les phénomènes vitaux.

ADAPTATION DES VÉGÉTAUX AU MILIEU. — MODIFICATIONS DE STRUCTURE ET DE FORME.

Les êtres vivants appartenant à une même espèce, exposés à des conditions de milieu différentes, sont incapables de supporter leur nouveau mode d'existence (ils meurent alors); ou bien ils s'y accommodent, ils s'y *adaptent*, et prennent d'autres caractères dans leur forme et leur structure.

Les observations très générales faites sur les flores des diverses régions du globe, observations rapprochées des conditions d'existence propres à ces régions et complétées par des *tentatives expérimentales* faites depuis peu, permettent de formuler quelques conclusions touchant les modifications éprouvées par les Végétaux en vue de l'adaptation.

Certaines de ces conclusions concernent les changements dus au développement dans des milieux différents; les autres se rapportent à l'influence de la nature et de l'intensité des radiations incidentes. Quelques-uns de ces résultats ont été indiqués déjà aux pages 405, 437, 455, etc... de cet ouvrage.

Variations dues à des milieux différents. — *Air et sol.* Un même végétal émet plusieurs tiges; on dirige les unes dans l'air, les autres sont maintenues sous le sol : les tiges aériennes acquièrent de nombreuses fibres de soutien que ne possèdent pas les tiges souterraines. Ces dernières, soutenues par le sol, présentent, à la place des fibres qui leur seraient inutiles, un parenchyme abondant avec des réserves de sucre et d'amidon : ainsi s'explique la tuberculisation des rhizomes en général.

La symétrie axiale de la tige aérienne tend à devenir bilatérale chez les rhizomes.

Air et eau. — Les feuilles d'une même plante, développées les unes dans l'air, les autres sous l'eau, présentent, outre les différences signalées page 455, des variations de structure : le parenchyme en palissade disparaît chez les feuilles submergées où l'on ne trouve plus que du parenchyme lacuneux, un moins grand nombre de vaisseaux et de fibres de soutien, et la disparition des stomates.

Des modifications de même nature surviennent dans les tiges aquatiques.

Variations dues à la composition d'un même milieu. — *Composition du milieu nutritif (sol ou liquide) dans lequel plongent les racines.* La structure de deux plantes, primitivement identiques, se modifie quand les racines de l'une plongent dans une solution minérale appropriée à ses besoins, et que les racines de l'autre sont baignées par l'eau distillée. Dans cette dernière, la tige plus longue et moins épaisse est plus lignifiée, pourvue de vaisseaux moins nombreux et d'un parenchyme plus abondant : ces modifications résultent surtout d'une diminution dans la quantité d'eau de constitution.

Humidité de l'air. — Elle favorise la croissance des organes aériens; il est facile de le remarquer dans les forêts touffues et les régions humides où l'air est presque saturé de vapeur d'eau.

Dans les régions sèches (pampas, steppes, etc.), les plantes qui peuvent résister au climat adoptent une structure spéciale qui réduit leur perte en eau par transpiration : les Cactées, qui dominent dans certaines contrées (la zone torride et son voisinage), sont pourvues d'une cuticule épidermique épaisse et d'un duvet plus ou moins fourni; des stomates peu nombreux, un hypoderme épais, des feuilles petites et rapidement fanées, un parenchyme très épais avec gommes, mucilages et acides organiques qui fixent l'eau, réduction de la chlorophylle pour atténuer la chlorovaporisation, etc. : tels sont les caractères de ces végétaux intéressants.

Les autres plantes des steppes sont, au contraire, pourvues d'un parenchyme mince, à moins qu'elles ne contiennent beaucoup d'acides organiques et de sels en dissolution dans le suc cellulaire; elles sont souvent hérissées de poils et de piquants, comme les Cactées.

Lumière et chaleur. — La lumière, qui provoque l'assimilation chlorophyllienne, est précieuse pour l'accroissement des plantes. Quand la lumière parvient aux Végétaux difficilement (endroits sombres, fourrés, etc.) ou pendant un temps trop court (régions glaciales), les tissus présentent un parenchyme palissadique épais et très riche en chlorophylle; ils assimilent plus vite, de telle sorte que, dans les régions froides, la durée de la végétation, réduite souvent à deux mois, suffit pour assurer la germination et le développement complet des plantes herbacées, fructification comprise.

On conçoit donc que, malgré l'immense variété des espèces végétales réparties sur le globe, toutes les espèces adaptées aux conditions climatériques d'une région bien définie y aient pris des caractères généraux de structure et de forme assez identiques. Les botanistes ont pu ainsi établir des *zones botaniques* et, dans une même zone, des *flores de région* caractérisées par quelques plantes dominantes.

FIN.

COMPLÉMENTS
DU
COURS D'ANATOMIE ET DE PHYSIOLOGIE

I. — GLANDES

§ 1. — GLANDES MAMMAIRES.

La plupart des animaux naissent d'un œuf qui renferme la proportion de matières nutritives nécessaire au développement du jeune jusqu'au moment où, devenu libre, celui-ci puisera au dehors une nourriture analogue à celle de l'adulte.

Chez les *Mammifères*, le nouveau-né exige une alimentation spéciale que lui offre la mère : c'est le *lait*. Peu à peu, les glandes digestives du jeune Mammifère, incomplètement développées à la naissance, acquièrent la propriété de sécréter les principes acides ou salins qui caractérisent les sucs digestifs et rendent possible la dissolution d'aliments variés.

La *lactation* ou sécrétion du lait se manifeste chez la femelle seulement, après l'accouchement; elle dure aussi longtemps que l'*allaitement* du jeune. Le lait est le produit de sécrétion des mamelles.

Description des mamelles. — Les mamelles existent dans les deux sexes; elles se développent seulement chez la femelle, à partir de l'époque de la puberté. Elles forment alors, sauf chez les Monotrèmes, des proéminences plus ou moins accusées, variables comme nombre et comme position avec les espèces considérées.

Nombre des mamelles. — En général, le nombre des mamelles est en rapport avec le nombre moyen des petits d'une même portée : 2 (Homme, Singe, la plupart des Chéiroptères, Rhinocéros, Éléphant, Tapir, Cheval, Cétacés, etc...);

GLANDES.

4 (Vache, Lion, Panthère, Loutre); 6 (Ours, Raton); 8 (Chat); 10 (Chien, Lapin, Lièvre, Porc); plus de 10 (Porc quelquefois, Agouti); 8 à 14 (Marsupiaux, où les mamelles sont disposées en cercle autour d'une mamelle centrale). Quelques-uns de ces organes avortent parfois.

Position des mamelles. — Les mamelles sont généralement placées sur la face ventrale. (Un Rongeur de l'Amérique du Sud, le *Myopotamus*, a des mamelles dorsales.) Ancestralement disposées par paires en deux rangées longitudinales, parallèles et symétriques, les mamelles ont conservé ce caractère chez les femelles qui mettent bas un grand nombre de petits; quand le nombre des petits par portée diminue, ce sont les mamelles occupant la partie moyenne des deux rangées qui disparaissent d'abord; puis l'atrophie se poursuit : tantôt à la partie postérieure (les mamelles persistantes sont dites *pectorales*), tantôt à la partie antérieure (les mamelles persistantes sont dites *abdominales, inguinales, vulvaires, anales*, suivant leur position).

Mamelles
- thoraciques : Femme, Singes, Chéiroptères, Éléphant, Tatou, Sirénides.
- abdominales : Quadrupèdes pour la plupart.
- inguinales : Cheval, Chameau.
- vulvaires : Cétacés.
- anales : quelques Insectivores (Musaraigne).

En général, les mamelles font saillie et le mamelon également; quelquefois elles sont cachées dans une fossette cutanée : chez le Marsouin, des deux côtés de la vulve se trouve une ouverture en boutonnière pourvue, au fond, d'un mamelon qui fait saillie lorsque le petit a besoin de téter.

Les Mamelles sont situées, chez les Marsupiaux, au fond de la poche marsupiale.

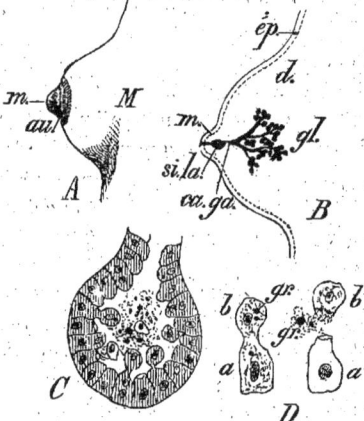

Fig. 59. — Constitution d'une mamelle et production du lait. — A, mamelle de la Femme, *M*; *m*, mamelon; *au*, auréole. — B, coupe schématique; *ép*, épiderme; *d*, derme; *gl*, glande en grappe; *ca.ga*, canal galactophore; *si.la*, sinus lactifère. — C, acinus glandulaire. — D, *ab*, *a'b'*, cellule épithéliale subissant la fonte; *gr*, globules gras.

Chez la Femme, les mamelles forment, sur la poitrine, deux proéminences hémisphériques *M* (fig. 59, A), pourvues chacune d'une saillie centrale appelée *mamelon*, *m*; le mamelon occupe le centre d'une *auréole*, *au*, dépourvue de poils, tandis que la mamelle est tapissée d'un grand nombre de poils fins.

Structure d'une mamelle. — Sous l'épiderme, *ép* (fig. 53, B) qui la revêt, la mamelle présente un derme, *d*, composé de fibres musculaires lisses enveloppant 15 à 20 glandes en grappe, *gl* (fig. 59 et 60), de nombreux vaisseaux sanguins nourrissent abondamment ces glandes, pendant la lactation en particulier. Le tout est réuni par du tissu conjonctif adipeux.

Les fibres musculaires lisses sont très nombreuses dans le mamelon; en se contractant sous l'influence d'une excitation, de la succion, etc..., elles en provoquent l'érection. Des glandes sébacées, très réduites dans le mamelon, atteignent un grand développement sur toute l'étendue de l'auréole et portent le nom de *glandes lactées erratiques;* elles sont un diminutif des *énormes glandes sébacées que représentent,* en réalité, *les 15 ou 20 lobes* inclus dans une mamelle.

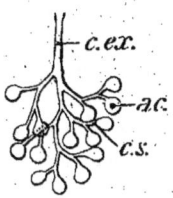

FIG. 60. — Glande en grappe; *ac.*, acinus; *c.s.*, canal excréteur de l'acinus; *c.ex*, canal excréteur de la glande.

Chaque lobe mammaire comprend une série d'acini, avec autant de courts canaux excréteurs qui rassemblent le produit de la sécrétion dans un *canal galactophore* commun, *ca.ga* (fig. 59, B). Ce dernier porte une dilatation ou *sinus lactifère, si.la.*, avant de s'ouvrir sur le mamelon. Le mamelon est percé d'autant d'orifices qu'il y a de canaux galactophores principaux dans la glande.

LAIT.

Mode de production du lait. — Chaque lobule de la glande mammaire possède un revêtement épithélial à cellules élevées (C). Ces cellules s'allongent encore, *a b* (D), et forment, dans le cul-de-sac du lobule, une saillie de plus en plus étranglée, *b*, puis libre, *b'*. Les éléments ainsi indépendants renferment des globules graisseux, *gr*, et leur protoplasma se liquéfie. *Le lait résulte de cette fonte épithéliale et s'engage dans les canaux galactophores.*

Le mode de production du lait est le plus facile à observer : soit au moment où la glande mammaire commence à sécréter le lait après la *parturition* (accouchement), soit à l'époque où cesse l'allaitement.

Le premier lait ou *colostrum* renferme, en effet, des cellules dont la fonte est incomplète et qui contiennent de nombreuses gouttes de graisse; quand la sécrétion est normalement établie, les cellules disparaissent, les globules graisseux subsistent seuls.

Composition du lait. — Le lait de la Femme est un liquide blanc, une *émulsion naturelle*, dont l'opacité est due aux globules butyreux en suspension, au nombre de 1 million environ par millimètre cube.

Abandonné au repos dans un endroit frais (10 à 15°), le lait se sépare en deux couches : l'une, supérieure, est la *crème* formée par la réunion des corpuscules graisseux, moins denses que le liquide et rassemblés à la surface; l'autre est un liquide blanc bleuâtre, *lait écrémé*. On peut faire plus rapidement cette séparation par le barattage ; l'agitation violente du lait a pour effet d'unir entre eux les corpuscules en une masse solide, le *beurre*.

Composition centésimale moyenne du lait.

	FEMME.	VACHE.	ANESSE.	JUMENT.	CHÈVRE.
Eau............................	87,7	85,2	90,12	82,81	79,5
Albuminoïdes (*Caséine*, etc.)	2,12	4,87	2,03	1,61	8,8
Corps gras....................	4,5	4,03	1,55	6,87	8,65
Sucre de lait..................	5,5	5,5	5,8	8,65	2,73
Sels..........................	0,18	0,4	0,5		0,32

Ces divers principes sont des produits d'élaboration des cellules sécrétrices des glandes mammaires, aux dépens des matériaux que leur apporte le sang. (Voir tome Ier, p. 159.)

Ainsi qu'on peut le voir, le lait renferme toutes les catégories de matières alimentaires propres à assurer le développement du nouveau-né, c'est même, pour le jeune, un *aliment complet*. (Voir tome Ier, p. 32-36.)

Caséine. — La majeure partie des matières albuminoïdes du lait est représentée par la *caséine* qui s'y trouve sous forme de *caséinate alcalin ou alcalino-terreux*, peut-être même unie aux phosphates (?). La caséine semble résulter de la désagrégation et du gonflement, par l'eau, du protoplasme ayant pour origine l'épithélium spécifique de la glande mammaire ; elle paraît être, dans le lait, à l'état d'un léger mucilage.

Le lait, filtré par aspiration à travers l'argile cuite ou le biscuit de porcelaine, fournit une liqueur transparente sans caséine (contenant seulement un peu d'albumine coagulable à chaud, du sucre de lait et des sels). Sur le filtre se dépose une *matière insoluble* qui, privée de ses graisses par l'éther, forme une couche translucide et cornée (mélange de *caséine* et de *nucléine*).

La caséine est séparée du lait : par l'action d'un acide (acide acétique, chlorhydrique, etc...); par la *présure* ; sous l'influence de *microbes*. On dit que le lait est *coagulé*.

Coagulation du lait. — 1° *Action des acides*. — Un acide ajouté au *lait frais* détermine la décomposition des caséinates alcalins ou des caséino-phosphates, avec formation de grumeaux de caséine qui entraînent les globules laiteux et diverses granulations. On lave à l'eau, puis à l'éther qui dissout les graisses.

2° *Action de la présure*. — La présure ou *chymosine* est un ferment contenu dans le suc gastrique des adultes et dans l'estomac des jeunes animaux.

On peut la préparer ainsi à l'aide de la caillette du Veau : on dissout par l'eau acidulée la pepsine que renferme la caillette ; le liquide obtenu est traité par l'acétate neutre de plomb qui ne précipite pas la présure. On sépare cette dernière, dans la liqueur filtrée, par le sous-acétate de plomb ; le précipité obtenu est additionné d'eau acidulée à 2 pour 1 000 d'acide sulfurique ; un excès d'alcool y précipite le ferment.

L'existence de la chymosine dans l'estomac n'est pas liée à celle de l'acide chlorhydrique ou de la pepsine ; la présure subsiste en présence de l'acide chlorhydrique faible, mais elle est détruite dès que le milieu est légèrement alcalin.

La présure transforme le lait en un caillot massif à 35° ou 40° ; au-dessous de 15°, son action est nulle ; la température de 70° suffit à détruire ce ferment.

Lait coagulé.
- Caillot (*Coagulum*) : Caséine. Matières grasses.
- Liquide (*Sérum* du lait) ou *petit-lait*. : Eau. Lactose (Sucre de lait). Sels.

La pepsine pure ne modifie pas le lait ; comme le suc gastrique du jeune Mammifère, même neutralisé, le coagule, c'est qu'il contient de la présure.

Transformations du lait dans l'organisme jeune. — Le lait subit deux transformations successives sous l'influence des ferments contenus dans les sucs digestifs :

1° La *coagulation* de la caséine par la présure du suc gastrique ;
2° La *liquéfaction* de la caséine et sa transformation en *caséine-peptone* soluble, sous l'influence de la *caséase* du suc pancréatique.

Chez les Mammifères jeunes, immédiatement après la naissance, le suc gastrique contient de la présure seulement ; puis apparaît peu à peu la pepsine, tandis que la présure diminue. [A l'âge de 8 mois, chez l'enfant, la présure a totalement disparu.] La coagulation du lait chez les Mammifères adultes est due à l'acide chlorhydrique du suc gastrique.

Ni la présure, ni le suc gastrique ne peuvent digérer la caséine qu'ils ont coagulée; ce rôle échoit à la caséase, ainsi que le montrent les expériences suivantes :

La présure, comme le suc gastrique, coagule le lait, mais ne le digère pas. — Dans un ballon Pasteur (fig. 61) stérilisé à 250° (voir tome Ier, p. 496), on introduit du lait également stérilisé dans l'étuve à 110° et de la présure.

A cet effet, l'ouverture du tube b, masquée d'ouate, ou, est mise en communication avec une trompe à eau faisant fonction d'aspirateur; on plonge l'extrémité du tube fermé et effilé a dans le lait stérilisé, puis on casse la pointe de ce tube; de la présure est aussi versée dans l'entonnoir d.

L'aspiration effectuée par la trompe provoque : d'une part, l'arrivée du lait dans le ballon; d'autre part, la filtration de la présure à travers le tube de porcelaine p.

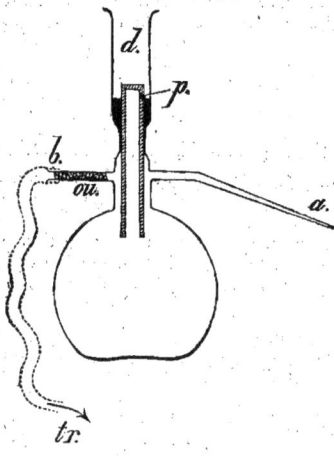

Fig. 61. — Ballon Pasteur; d, entonnoir; p, filtre en porcelaine; b, tube avec ouate, ou; tr, trompe à vide; a, tube effilé et fermé.

Le lait se coagule, mais le mélange demeure intact à partir de ce moment.

Une expérience identique peut être faite en remplaçant la présure par du suc gastrique.

Le suc pancréatique digère la caséine coagulée. — Comme il est difficile de stériliser le suc pancréatique, M. Duclaux, à qui nous sommes redevables de magnifiques recherches sur le lait, prend le pancréas lui-même :

Sur un animal qui vient d'être sacrifié, on prend, à l'aide d'une pince flambée, un petit fragment de pancréas qu'on flambe légèrement aussi, puis qu'on introduit rapidement dans du lait stérilisé et coagulé comme ci-dessus : au bout de quelque temps, la caséine est transformée en peptone dont on peut reconnaître tous les caractères.

3° **Action des ferments.** — Parmi les microbes, soit aérobies, soit anaérobies (voir tome Ier, p. 495), qui agissent sur le lait abandonné à l'air, les uns le coagulent, puis le digèrent; les autres l'altèrent, le putréfient, quelques-uns lui communiquent une certaine coloration.

Ferments aérobies. — Le *Tyrothrix tenuis*, semé sur du lait, élabore la présure qui coagule ce liquide, puis la caséase qui dissout le coagulum; mais bientôt apparaît du valérianate d'ammonium avec de la leucine, de la tyrosine, etc.

Les *Tyrothrix geniculatus, distortus, filiformis*, etc... transforment le lait en un liquide louche, avec formation d'acétate et de valérianate d'ammonium.

Ferments anaérobies. — Dans cette catégorie de ferments, M. Duclaux a signalé : les *Tyrothrix urocephalum* et *claviformis* qui putréfient le lait avec dégagement de gaz (H, Az, CO^2); le *Tyrothrix catenula* qui y développe de l'acide butyrique, etc.

Parmi les microbes qui colorent le lait, on peut signaler le *Bacillus prodigiosus* et le *Bacterium erythrogenes* qui le rougissent, le *Bacillus cyanogenes* qui colore en bleu le lait préalablement acidulé.

Conservation du lait. — Concentré dans le vide ou enfermé dans des boîtes scellées et porté à 120°, le lait peut se conserver longtemps, surtout s'il a été préalablement bien sucré.

Principaux sels du lait. — On retrouve dans les cendres du lait les sels que renfermait ce liquide; la proportion en est de 6 grammes environ par litre dans le lait de la Femme (9 grammes dans celui de Vache). Parmi ces principes figurent : les *chlorures de sodium* (1,35) et de *potassium* (0,41), les *phosphates de calcium* (3,95), *de magnésium* (0,27), *de sodium et de fer* (traces), des traces de *fluor*, de *silice*, etc...

Petit-lait. — Le sérum ou petit-lait, qui reste après la séparation du coagulum, est un liquide clair et opalescent. Il contient de la *lactalbumine* (non précipitable par la présure et les acides, mais coagulable par la chaleur), tout le sucre et tous les sels minéraux du lait (sauf les phosphates terreux combinés en majeure partie à la caséine), des traces de matières grasses, d'urée, d'alcool, d'acides organiques (acides lactique, acétique, etc...).

		Pour 100
Composition du petit-lait (Fleischmann).	Eau	93,30
	Albuminoïdes	1,05
	Sucre de lait	4,40
	Acide lactique	0,33
	Graisses	0,10
	Matières minérales	0,82

§ 2. — GLANDES INFLUANT SUR LA NUTRITION GÉNÉRALE.

Certaines glandes, considérées longtemps comme des organes atrophiés et ne jouant plus aucun rôle dans l'économie, ont appelé récemment l'attention des physiologistes; ceux-ci ont été frappés de voir les effets qu'entraîne, sur divers animaux, l'ablation partielle ou totale du *corps thyroïde*, du *thymus*, des *capsules surrénales*, voire du *pancréas* (ce dernier étant considéré en dehors de sa fonction essentielle comme glande digestive).

(a). CORPS THYROÏDE.

Origine et évolution. — Le *corps thyroïde* (glande thyroïde, fig. 62, A, *g.th*) naît, chez l'embryon humain, d'un diverticule creux du pharynx, *Ph* (B), sur la face ventrale et au point de bifurcation de la paire antérieure d'arcs aortiques. Bientôt cette excroissance se transforme en une masse solide de cellules qui se sépare du pharynx et vient se placer sur la face ventrale du larynx, au-dessous du cartilage thyroïde (pomme d'Adam); elle s'étend même en avant de la trachée-artère. Le corps thyroïde se divise incomplètement en deux lobes réunis par un isthme médian; le tissu conjonctif qui l'enveloppe forme une capsule de la face interne de laquelle partent des cloisons nombreuses qui divisent la masse cellulaire en follicules ramifiés et creux.

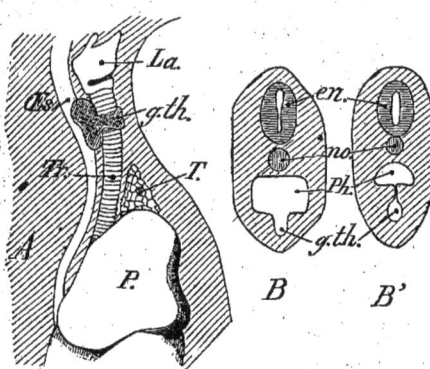

FIG. 62. — A, corps thyroïde, *g.th* et thymus, *T*, chez le Chat. *Tr*, trachée-artère; *P*, poumons; *Œs*, œsophage; *La*, larynx. — B, B', origine du corps thyroïde (gouttière hypopharyngienne) chez la larve de *Petromyzon*; *Ph*, pharynx; *no*, notochorde; *en*, encéphale.

Cette glande primitive, dont le canal excréteur a disparu[1], est capable de sécréter une matière *colloïde* qui remplit les vésicules creuses. Quand cette sécrétion est exagérée, la glande thyroïde s'hypertrophie et donne lieu au *goitre*, excroissance de la gorge dont les dimensions sont parfois considérables.

Le corps thyroïde se rencontre chez tous les Vertébrés; impair au début chez l'embryon, presque toujours divisé en deux lobes dans la suite, il apparaît chez tous comme une *gouttière hypopharyngienne*, largement ouverte dans le pharynx d'abord, puis transformée peu à peu en un organe pourvu d'un canal rétréci et de prolongements antérieurs et postérieurs; ces sortes de cornes deviennent autant de follicules glandulaires, en partie résorbés chez l'adulte.

Chez l'*Amphioxus*, on trouve également la gouttière hypopharyngienne homologue de l'*endostyle* des Ascidies.

---

1. Le *trou borgne* de la langue (voir tome Ier, page 250, fig. 227) paraît être la terminaison de ce canal dans la bouche.

Effets de l'atrophie ou de l'ablation du corps thyroïde. — Des observations récentes ont montré que l'atrophie du corps thyroïde chez l'Homme est accompagnée d'une altération profonde de la nutrition avec dépérissement, bouffissure de la peau, engorgement du derme par une sérosité abondante et épaisse.

Des phénomènes identiques se manifestent chez les personnes opérées du goitre; au bout d'un temps plus ou moins long, des troubles cérébraux surviennent chez ces malades dont les facultés intellectuelles s'éteignent. Vertiges, convulsions, inconscience, arrêt de développement du corps : tels sont les effets de l'ablation du goitre.

Frappés de l'analogie de tels faits qui sont la conséquence de l'atrophie du corps thyroïde ou de l'ablation du goitre, les physiologistes ont procédé à des expériences d'ablation partielle ou totale de la glande chez les animaux; les résultats acquis jusqu'à ce jour sont les suivants :

1° L'ablation partielle du corps thyroïde chez le Chien n'est suivie d'aucun accident.

2° L'ablation totale est suivie de torpeur, puis d'accès convulsifs; la mort survient à bref délai.

3° L'animal demeure bien portant après l'ablation totale si, de temps à autre, on lui injecte dans le sang le liquide obtenu en exprimant le corps thyroïde d'un autre Chien.

Il est difficile d'interpréter, quant à présent, le mode d'action de la glande thyroïde sur les actes de la nutrition générale; il semble toutefois, en raison des troubles nerveux que provoque sa suppression, que cet organe élimine de l'organisme, par l'intermédiaire du sang, quelque *leucomaïne*, poison analogue à ceux que nous rejetons constamment par les voies urinaire et respiratoire.

(b). THYMUS.

Placé, comme le corps thyroïde, à la partie antérieure de la trachée-artère et pénétrant même un peu dans la cavité thoracique, au-dessus des poumons, le *thymus*, T (fig. 62, A) est une excroissance ayant pour origine l'épithélium d'une paire des fentes viscérales constatées chez l'embryon (fig. 42, A et B). Il est formé de deux lobes, pleins chez l'adulte, ayant extérieurement l'aspect de grains chez le Veau et les jeunes Ruminants : d'où son nom de *ris de veau*. Son tissu est gorgé de cellules lymphatiques.

Bien développé pendant la période fœtale, le thymus continue à grossir chez l'enfant jusqu'à l'âge de deux ans, puis il perd de son importance et s'atrophie complètement ou à peu près chez l'adulte.

<small>Le thymus est représenté chez tous les Vertébrés. Plus allongé chez les Oiseaux et les Crocodiles que chez les Mammifères, il s'y étend tout le long du cou, du péricarde jusqu'à la mâchoire inférieure. C'est un petit tubercule chez les Amphibiens ; le même organe est contenu dans la cavité branchiale des Poissons.</small>

La fonction du thymus est encore inconnue.

(c). CAPSULES SURRÉNALES.

Origine et évolution. — Leur nom de *capsules surrénales* indique que ces organes, *C.sur.* (fig. 63), sont situés au-dessus des reins qu'ils coiffent à la manière d'un casque chez l'Homme.

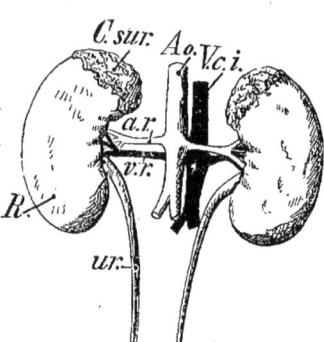

FIG. 63. — Capsules surrénales, *C.sur.* R, rein.

Quand on suit le développement des Vertébrés amniens (Mammifères, Oiseaux et Reptiles), on remarque que *les capsules surrénales dérivent des ganglions sympathiques et de cellules mésodermiques indifférentes*. Ces organes comprennent donc deux sortes d'éléments :

1° Des cordons irréguliers de cellules mésodermiques remplies de globules d'aspect graisseux forment la couche corticale des capsules.

2° Des amas de cellules brunes, abondantes dans la substance médullaire, principalement du côté dorsal, dérivent des ganglions sympathiques.

<small>Les Poissons Sélaciens possèdent une série de corps pairs, homologues des capsules surrénales, dérivés des ganglions sympathiques, et en outre un corps impair d'origine mésoblastique.</small>

Fonction des capsules surrénales. — Il est difficile de se prononcer sur le rôle de ces organes, rôle incontestable cependant, puisque la suppression de l'une des capsules, chez un animal, entraîne l'hypertrophie de l'autre : cette dernière a donc double travail à effectuer.

L'ablation simultanée des deux capsules détermine, dans le sang du patient, l'apparition et l'accumulation d'un poison dont l'effet sur l'économie est la paralysie générale, effet comparable à celui du curare.

Les capsules surrénales paraissent donc être des glandes à rôle défensif, des organes chargés de l'élimination d'une substance toxique, au même titre que le foie signalé déjà. (Voir tome Ier, page 173.)

(d). PANCRÉAS.

Des expériences récentes effectuées sur le Chien ont montré que le pancréas, outre sa propriété de sécréter un suc digestif riche en pancréatine (voir tome Ier, pages 58-59), joue un rôle important dans l'assimilation des matières sucrées.

La suppression *totale* du pancréas provoque, chez l'animal opéré, une sorte de *diabète* (apparition de sucre dans les urines), avec amaigrissement rapide, faiblesse générale suivie de mort. La suppression *partielle* du pancréas, même avec celle du canal excréteur de la glande (canal de Wirsung), n'entraîne pas ces phénomènes; le diabète ne se manifeste pas chez le Chien en expérience.

Quelle est la signification de ces faits? De quelle manière le pancréas contribue-t-il à l'utilisation du sucre contenu dans le sang? Sécrète-t-il un composé organique dont la combinaison avec le glucose en permet l'assimilation plus rapide par la cellule animale? De nouvelles expériences sont nécessaires pour jeter la lumière sur ce sujet encore obscur

II

ORGANES PRODUCTEURS de LUMIÈRE et d'ÉLECTRICITÉ

§ 1. — ORGANES PHOTOGÈNES.

La *fonction photogénique* ou *luminosité est une fonction physiologique et générale* (car elle s'étend aux plantes comme aux animaux), *indépendante de la nature des organes où elle s'exerce, placée sous la dépendance étroite du protoplasme des cellules qui engendrent le phénomène.*

Les exemples qui suivent confirment en effet ces données.

Organismes photogènes. — La fonction photogénique a été observée : chez certains êtres vivants des plus élémentaires (quelques *Bactériacées* parmi les plantes, *Noctiluques* parmi les animaux); chez les organismes végétaux plus élevés, mais *dépourvus de chlorophylle* (certains *Champignons*, fleurs jaunes du Souci, de l'Œillet d'Inde, etc.); chez des animaux appartenant à tous les degrés de la série : *Isis, Gorgones, Pennatules, Pelagia noctiluca, Cydippes, Béroés*, etc., parmi les Cœlentérés; *Brisinga*, parmi les Échinodermes; *Balanoglossus* (Entéropneustes); *Photodrilus* et certaines *Annélides*, parmi les Vers; quelques Crustacés; de nombreuses espèces d'Insectes dont *Lipura noctiluca, Lampyris noctiluca, Pyrophorus*, etc...; plusieurs Mollusques : *Æolis, Hyalea, Phyllirhoe, Pholas dactylus;* les Appendiculaires, les *Pyrosomes*, des *Salpes*, etc... parmi les Tuniciers; quelques espèces de *Poissons*.

Nombre d'animaux, autres que les précédents, ne sont pas lumineux par eux-mêmes et le deviennent parce qu'ils sont envahis par des parasites photogènes.

Description des organes photogènes. — Le *Photobacterium Sarcophilum* (fig. 64, A) est une Bactériacée qu'on peut obtenir à l'état de pureté, en culture sur bouillon de gélatine-peptone additionné de 4 pour 100 de sel marin. Cette Bactérie, dont les dimensions varient entre 1 et 4 µ, affecte diverses formes (microcoque, virgule, filament), sans cesser d'être lumineuse; elle envahit la viande des Mammifères.

Les Photobactériacées communiquent le pouvoir photogénique :

soit aux cadavres sur lesquels elles brillent jusqu'au moment de la décomposition, soit à des animaux (Pholades, Pélagies) avec qui elles vivent en symbiose, soit même à des liquides (urines, sueur, humeurs des plaies) qui constituent un excellent milieu de culture.

Le mycélium photogène de l'*Agaricus melleus* communique cette propriété aux débris végétaux qu'il pénètre et dont il se nourrit. Nombre d'autres Agarics exotiques jouissent de la même faculté.

La propriété d'émettre de la lumière est inhérente au protoplasme et non le résultat d'une sécrétion : en effet, un bouillon de culture,

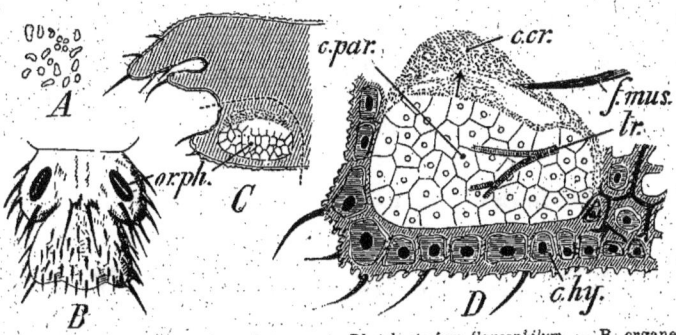

Fig. 64. — Organismes photogènes. — A, *Photobacterium Sarcophilum*; — B, organes photogènes, *or.ph*, de la larve de Lampyre noctiluque. — C, coupe d'un de ces organes, fortement grossie en D. *c.par*, couche parenchymateuse ; *c.cr*, couche crayeuse ; *f.mus*, faisceau musculaire ; *tr*, trachée.

lumineux par les Photobactériacées qui y pullulent, devient obscur dès que, par son passage à travers un filtre de porcelaine, il a été séparé de ces êtres.

L'étude histologique des organes photogènes des animaux conduit à la même conclusion.

Chez *Noctiluca miliaris*, Flagellé auquel est due souvent la *phosphorescence de la mer* (comme l'on dit encore *inexactement*), le pouvoir photogénique appartient à des granulations très réfringentes du protoplasme. La Noctiluque, qui semble, à l'œil nu, une source unique de lumière, se résout, à un grossissement suffisant, en une multitude de points lumineux qui correspondent aux granulations précitées. Ces mêmes granulations se retrouvent dans toutes les régions photogènes de la *Pelagia noctiluca* (surface externe, canaux radiaires, etc.) ; les cellules qui les renferment produisent, en se désagrégeant, un mucus qui demeure lumineux pendant quelque temps.

Dans l'organe photogène du Lampyre noctiluque (fig. 64, C et D), on distingue deux couches : l'une inférieure, *c.par*, composée de cellules granuleuses ; l'autre supérieure, opaque et crayeuse, *c.cr*, formée de *granulations cristalloïdes* très réfringentes qui résultent de la désagrégation des cellules précédentes. La respiration active des organes photogènes est assurée par les nombreuses trachées qui y aboutissent, *tr;* des faisceaux musculaires, *f.mus*, soumis à l'influence de la volonté de l'animal, règlent par leurs contractions l'irrigation sanguine et la nutrition des mêmes organes.

En outre, les éléments photogènes sont directement excitables par des agents mécaniques, physiques et chimiques qui peuvent, suivant les cas, y faire jaillir la lumière ou l'éteindre lorsqu'elle est produite.

MÉCANISME DE LA FONCTION PHOTOGÉNIQUE

1° **Couleur de la lumière physiologique.** — La lumière engendrée par l'activité des organismes photogènes présente une *couleur* variable : avec les espèces, chez une même espèce avec les conditions de milieu, chez un même individu parfois.

La couleur de la lumière émise est variable avec les espèces. — Ainsi les Photobactériacées apparaissent d'un blanc d'argent, sont quelquefois bleuâtres, vertes ou orangées ; il en est de même des Champignons (*Agaricus olearius*, blanc ; *Agaricus igneus*, bleu). Parmi les animaux, le Balanoglosse émet une lumière vert-émeraude ; celle du Lampyre est bleuâtre ; celle de la Luciole est blanche avec des reflets jaune d'or.

La couleur de la lumière varie chez un même individu photogène. — Chez certains *Gorgonidés*, la lumière prend rapidement et sans interruption la plupart des teintes du spectre ; il en est de même des *Pyrosomes* soumis à une forte excitation : le *Pyrosoma atlanticum*, d'abord rouge, devient successivement aurore, orangé, verdâtre et enfin bleu foncé.

Ces variations de la lumière émise par un même individu paraissent correspondre à un état de fatigue, à certaines variations dans la composition du sang : ainsi l'injection d'éosine dans le sang d'un Pyrophore en fait passer la lumière, préalablement verte, à la nuance rose.

2° **Analyse de la lumière physiologique.** — La lumière des Photobactériacées, des Champignons et de la plupart des animaux marins est d'intensité tellement faible que l'analyse spectroscopique n'en peut être faite ; on voit cependant que cette lumière est polychromatique. Par contre, la lumière des Insectes donne un beau spectre continu dont les diverses radiations sont nettement visibles. Le spectre du *Pyrophorus noctilucus* est compris entre les raies B et F du spectre solaire avec maximum d'intensité dans le jaune verdâtre, au voisinage de la raie E. Ce spectre n'a rien de commun avec celui du phosphore en combustion dans l'oxygène ou l'hydrogène [le mot *phosphorescence* n'est donc pas synonyme de *luminosité*].

M. R. Dubois pense qu'il existe dans le sang des Pyrophores une substance fluorescente, la *pyrophorine* (non isolée d'ailleurs), qui, diminuant la réfrangibilité de certaines radiations ultra-violettes, les transforme en radiations lumineuses rejetées dans la région moyenne du spectre : telle serait la raison de l'éclat particulier présenté par la lumière verte du Pyrophore.

En outre, les radiations chimiques contenues dans ce spectre, quoique faibles, sont suffisantes pour décomposer les substances sensibles à l'action de la lumière : une plaque photographique au gélatino-bromure est impressionnée en *cinq minutes* par l'organe photogène ventral du Pyrophore, tandis qu'avec la lumière solaire il suffit d'une *fraction de seconde*.

Origine de la lumière physiologique. — La production de lumière ne dépend ni de la structure de l'organe photogène, ni de son fonctionnement, car l'organe photogène du Lampyre desséché et broyé émet encore de la lumière quand on humecte d'eau le résidu ainsi obtenu.

Si l'on suit, à l'aide du microscope, l'évolution d'une cellule lumineuse de la Pholade dactyle à mesure que s'épuise son pouvoir photogénique, on voit que *le noyau cellulaire se désagrège en une foule de granulations qui, de la forme sphéroïdale et de l'état colloïdal, passent peu à peu à l'état radio-cristallin* : c'est la marche normale des transformations éprouvées par tout protoplasme qui se désassimile. Ici la matière protoplasmique photogène perd sa nature colloïdale avec l'énergie qu'elle rayonne ; mais *cette matière photogène est capable de survivre à l'animal et peut continuer à briller pendant quelque temps après sa mort*.

La conservation de la matière photogène ne peut être indéfinie, ainsi que le montrent les faits suivants : des organes lumineux, desséchés à l'étuve à 36°, sont épuisés par l'alcool absolu, puis par l'éther froid à 60°. Ainsi traités, ces organes redeviennent lumineux au contact de l'eau, après un temps plus ou moins long, mais non indéfini.

La matière photogène, comme beaucoup de micro-organismes, résiste à la température de 120° en milieu sec ; elle ne peut briller quand elle a été portée à 60° en milieu humide.

Depuis la température de sa congélation, la matière photogène émet une lumière de plus en plus intense jusqu'à 35°, constante de 35° à 55°, décroissante jusqu'à 60°, température à laquelle elle s'éteint. Les *réactifs oxydants* (oxygène, ozone, eau oxygénée) n'augmentent pas l'intensité lumineuse et peuvent même la détruire ; les *agents réducteurs* (H, H^2S, sulfites) la suspendent ; les solutions d'acides et de bases énergiques et les antiseptiques l'éteignent, ainsi que les réactifs qui coagulent l'albumine.

En résumé, *le phénomène photogénique n'exige pour s'accomplir ni l'intégrité de l'organe lumineux, ni celle des éléments cellulaires. Grâce à son activité physiologique, la cellule capable de luminosité forme la substance photogène qui, une fois produite, peut briller ou s'éteindre indépendamment de l'élément anatomique originel, et seulement suivant les modifications du milieu ambiant.*

Les conditions de milieu nécessaires à la luminosité sont : *l'eau, l'oxygène et une température convenable* (toutes conditions fondamentales pour l'entretien de la vie). Toute cause, capable de suspendre ou de supprimer l'activité protoplasmique, suspend ou supprime la fonction photogénique

La photogénie est donc un phénomène complexe : de nature physique en ce qu'il y a dégagement de lumière ; de nature chimique par la transformation d'une matière colloïdale en substance cristalline ; de nature physiologique, par suite de l'évolution du noyau de la cellule photogène, noyau résolu en granulations protoplasmiques par désassimilation.

Utilité de la fonction photogénique. — Le fait que l'œuf et la larve (fig. 64, B) du Lampyre, l'embryon du Béroé encore renfermé dans l'œuf, etc... possèdent déjà le pouvoir photogénique, prouve que *cette fonction, transmissible de génération en génération, est une propriété ancestrale*, perdue peut-être par l'*adaptation* de certaines espèces à des conditions de milieu particulières.

Remarquée ordinairement chez des animaux marins et fréquemment chez les espèces des grandes profondeurs, la luminosité paraît s'y être perpétuée parce que ces êtres sont normalement plongés dans l'obscurité; or la lumière leur est utile, temporairement au moins, pour chercher leur nourriture, effrayer leurs ennemis et faciliter leur accouplement. Il n'en est pas tout à fait ainsi pour les animaux adaptés à la vie aérienne qui vaquent à leurs occupations pendant le jour, le plus souvent.

Peut-être aussi la fonction photogénique est-elle ignorée encore chez bien des êtres vivants, parce que nos moyens d'investigation sont encore trop imparfaits pour nous permettre de reconnaître une faible émission de lumière? Il n'y aurait pas lieu de s'étonner qu'elle fût aussi générale, étant donné que la lumière, au même titre que l'électricité et la chaleur, est une forme de l'énergie.

§ 2. — ORGANES ÉLECTRIQUES.

Les nerfs et les muscles produisent de l'électricité. — 1° Si l'on sectionne un nerf, n (fig. 65, A), dont on réunit ensuite la surface a à un point quelconque b de la section par un fil métallique sur le trajet duquel est interposé un galvanomètre G, on remarque que l'aiguille du galvanomètre dévie, en accusant un courant électrique qui va de la surface à la section du nerf par le circuit extérieur.

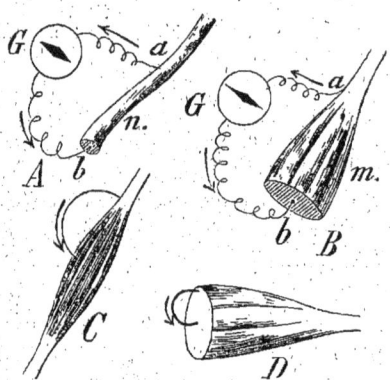

FIG. 65. — Organes producteurs d'électricité. — A, lors de la section du nerf n, il se produit, de a vers b, dans le circuit extérieur aGb, un courant accusé par la déviation de l'aiguille du galvanomètre G. — B, même expérience faite sur un muscle, m. — C, D, sens des courants obtenus en réunissant deux points de la surface ou de la section d'un muscle.

2° Une expérience identique à la précédente, réalisée sur un muscle m (B), coupé perpendiculairement au ventre, donne une déviation de même sens dans le galvanomètre. On remarque, en outre, que :

1° Sur la surface intacte d'un muscle au repos, la tension positive est plus grande au voisinage du ventre qu'aux extrémités (C);

2° Sur la section d'un muscle au repos, la tension négative est plus grande au centre qu'à la périphérie (D).

La figure 65 (C et D) montre le sens des courants qu'on obtiendrait ainsi dans un conducteur métallique appliqué sur le muscle en expérience.

La tension diminue en chaque point du muscle au moment de sa contraction : c'est ce qu'on appelle la *variation négative*.

Les nerfs, les muscles, les glandes, tous les organes, en un mot, *consacrent à la production d'électricité une partie de l'énergie qui a pour origine les réactions chimiques dont ces organes sont le siège.*

Les courants électriques ainsi obtenus sont de faible intensité ; il est fort probable cependant qu'ils jouent un certain rôle dans les réactions intracellulaires (mouvements moléculaires, électrolyse, etc.)

POISSONS ÉLECTRIQUES.

Quelques Poissons sont pourvus d'organes spéciaux qui leur permettent de donner de puissantes décharges électriques aux animaux qui les attaquent ou à ceux dont ils veulent faire leur proie. Ces sortes de piles vivantes sont : la *Torpille*, le *Gymnote*, le *Malaptérure*.

Chez la Torpille (fig. 66, A), les organes électriques, *Org.él*, sont situés de chaque côté et en avant des nageoires pectorales, *na.pec*, entre la tête, les sacs branchiaux, *Br* et *s.Br*, et le proptérygium de ces nageoires.

Constitution d'un organe électrique. — Un tel organe est composé d'une multitude de petits prismes hexagonaux dont les axes sont parallèles entre eux, ainsi qu'au plan de symétrie de l'animal ; les prismes sont séparés par du tissu conjonctif qui divise en outre chacun d'eux en disques ou alvéoles, superposés comme les rondelles d'une pile de Volta. Un plexus nerveux, très fin, issu du trijumeau, *n.tr* et du *pneumogastrique*, est réparti dans toute l'étendue du tissu conjonctif que renferme l'organe électrique ; un réseau vasculaire nourricier sillonne également le tissu conjonctif.

Alvéole. Lame électrique. — Chaque prisme de l'organe électrique comprend une pile d'alvéoles renfermant chacun :

1° une *lame électrique* qui en constitue *l'élément fondamental* (comparable à une rondelle zinc-cuivre de la pile voltaïque) ; 2° une couche de substance gélatineuse (correspondant à une rondelle de drap du même appareil).

Les lames électriques et les disques gélatineux alternent régulièrement. Dans les lames aboutissent les terminaisons en bois de cerf (fig. 66, B) du plexus nerveux contenu dans les cloisons conjonctives adjacentes.

582 ORGANES PRODUCTEURS DE LUMIÈRE ET D'ÉLECTRICITÉ.

Un alvéole donné présente donc : 1° une face occupée par la lame électrique (toujours électro-négative chez la Torpille);

2° une face opposée constituée par le disque gélatineux (électro-positif).

Comme tous les alvéoles sont disposés de même dans chaque prisme et tous les prismes identiquement placés dans chaque

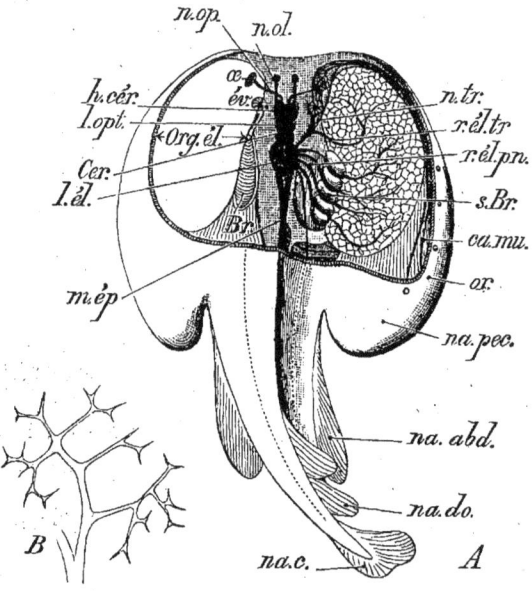

FIG. 66. — Organes électriques. — A, Torpille ; *na.pec*, nageoire pectorale ; *na.abd*, nageoire abdominale ; *na.do*, nageoire dorsale ; *na.c*, nageoire caudale ; *Br*, *s.Br*, sacs branchiaux ; *év*, évent ; *Org.él*, organes électriques (figurés seulement à droite); *h.cér*, hémisphères cérébraux ; *l.opt*, lobes optiques ; *l.él*, lobes électriques ; *m.ép*, moelle épinière ; *n.ol*, nerf olfactif ; *n.op*, nerf optique ; *œ*, œil ; *n.tr*, nerf trijumeau et son rameau électrique, *r.él.tr* ; *r.él.pn*, rameaux électriques du nerf pneumogastrique répartis dans l'organe électrique droit. — B, terminaisons en bois de cerf du plexus nerveux dans les organes électriques.

organe électrique, on conçoit facilement que la Torpille possède *une véritable pile dont l'activité dépend des centres qui l'innervent;* aussi la destruction des *lobes électriques*, *l.él*, annihile physiologiquement les organes électriques qui demeurent cependant excitables pendant quelque temps par des moyens artificiels.

Chez le *Gymnote*, les deux organes électriques sont placés dans la région caudale et de chaque côté du corps. Ceux du *Malaptérure* occupent la région du tronc ; ils forment une véritable ceinture placée sous la peau ; une mince cloison médiane, dorsale et ventrale, partage cette ceinture en deux parties symétriques.

Les organes du Gymnote et du Malaptérure sont innervés par la moelle épinière.

La *Raie* et le *Mormyrus* possèdent des organes pseudo-électriques, ainsi appelés parce que, tout en ayant une structure analogue à celle des organes électriques, ces appareils paraissent ne pas produire d'électricité.

Caractère et effets de la décharge. — M. Marey a reconnu que *la décharge de l'organe électrique, résultant de la fusion de secousses successives et rapides, présente une grande analogie avec l'acte musculaire.* Cette déduction est rationnelle, puisque *le tissu électrogène* qui compose les prismes *résulte d'une différenciation du tissu musculaire strié.*

Les effets produits par la décharge consistent en un ébranlement des articulations suivi d'engourdissement; ils sont tellement violents avec le Gymnote que cet animal est capable de foudroyer de gros animaux, parfois des Chevaux.

Le Gymnote vit dans les fleuves et les marais de l'Amérique méridionale; or les indigènes, poursuivant les Chevaux sauvages qu'ils veulent capturer, les chassent parfois dans les marais pour les exposer aux décharges engourdissantes des Poissons électriques.

J. Jauris 8

www.ingramcontent.com/pod-product-compliance
Lightning Source LLC
Chambersburg PA
CBHW060308230426
43663CB00009B/1624